KB203439

조론 역주

선어록총서 5

조론 역주

肇論 譯註

승조 저,
감산 약주,
강승욱 역주

운주사

역자 서문

『조론肇論』과 『조론약주肇論略註』를 번역하며 주註를 달았기에 책의 제목을 『조론 역주肇論 譯註』라고 하였음을 먼저 밝혀둔다.

물리적 공간에서 이쪽과 저쪽이 통하는 것이 길(道路)이면 마음과 마음이 통하는 것은 마음 길(心路)이라고 해도 무방할 것이다.

스무 살 약관의 승조僧肇는 구마라집鳩摩羅什이라는 디딤돌을 통해 서로 다른 언어문자와 기존의 사유체계라는 걸림돌을 걷어내고 서역 멀리 1,000년 전 성자와 길을 만들고, 또 다시 천 년이 지나 감산덕청憨山德淸은 승조라는 디딤돌을 통해 2,000년 전의 성자와 길을 만들었다. 바로 이것이 바로 『조론』과 『조론약주』이다.

이쪽에서 말하는 지인(至人, 또는 진인眞人)과 군자君子는 저쪽에서는 부처와 전륜왕이니, 이것이 바로 양쪽 문화의 핵심이다. 어린 승조는 가난이라는 현실 속에 이쪽에서 말하는 지인至人의 영역을 『노자』와 『장자』를 통해 꿈꾸었다. 하지만 생이지지生而知之와 전생의 인연은 그를 1,000년 전 서역의 그분과 새로운 길을 그리게 만들었다.

시절인연時節因緣에 명경明鏡으로 다가온 『유마경維摩經』은 저쪽의 그분을 동경하게 되었고, 마침내 격의불교格義佛敎라는 걸림돌을 무너뜨리고 저쪽을 가지고 이쪽을 평정하니, 이것이 바로 중국불교의 교과서가 되는 『조론』이다.

또한 이 교과서는 1,000년 세월이 흘러 감산憨山에 의해 또 다시

『조론약주』라는 이름으로 그간의 모든 논의들을 함축해 참고서로 내놓았으니, 이 또한 참고서이면서 동시에 그간의 발전된 교리가 심오하게 농축된 새로운 교과서이다.

공空과 무無의 만남은 바로 중국과 인도의 만남이고 지인과 부처의 만남이다. 승조는 언어 이전의 세계를 언어문자로 자유자재하면서 무無를 공空으로 녹여 반야와 열반의 참뜻을 제시하고, 이에 감산은 방대한 경전과 논서로 채색을 해서 불교佛教를 천명闡明하였다.

이번에 600년을 거슬러 오르고 또 다시 1,400년을 거슬러 올라 『조론 역주』라는 이름으로 우리나라와 중국 인도에 새로운 다리를 놓아보고자 한다. 2,600여 년 전 성자와 2,000년 전 31살의 천재 승려 조肇와 600여 년 전 감산憨山, 그리고 지금 이 시대의 나 자신과 독자 제현諸賢이 모두 마음이라는 한 길에서 하나되기를 소원한다.

혹여 졸역이 독자의 안로眼路에 걸림돌이 된다면 이는 전적으로 역자의 몫이니, 독자 제현의 일침과 함께 차후 개정을 약속한다.

불기 2566년(2022) 6월

삼각산 아래에서 덕우 강승욱 씀

구성과 해제

본서는 중화전자불전협회中華電子佛典協會에서 전산화한 『조론肇論』[1]과 『조론약주肇論略註』[2]를 저본底本으로 삼았다.

『조론』은 승려 조肇의 논문 모음집으로 「물불천론物不遷論」·「부진공론不眞空論」·「반야무지론般若無知論」·「열반무명론涅槃無名論」 등 네 편의 논論과 논 전체를 개괄하는 「종본의宗本義」, 그리고 당시 여산廬山의 백련결사白蓮結社[3]에 참여했던 은사隱士 유유민劉遺民과 주고받은 서신 두 편[4]으로 이루어졌다.

『조론약주』는 감산憨山이 상기 논論의 원문 사이사이에 〔 〕로 주註를 단 것과 논의 각 단락 말미에 약주略註를 한 것으로 이루어졌다. 특히

---

1 『대정신수대장경(大正新修大藏經, 이하 TS)』 제45책의 No.1858.

2 『만신속장경卍新續藏經』 제54책의 No. 873.

3 진晉나라 혜원법사(慧遠法師, 332~414)가 여산廬山의 호계虎溪 동림사東林寺에 있을 때 혜영慧永·혜지慧持·도생道生 등의 명덕名德을 비롯하여 유유민·종병宗炳·뇌차종雷次宗 등의 명유名儒 등 123명을 모아 무량수불상無量壽佛像 앞에서 맹세를 하고 서방西方의 정업淨業을 닦은 모임. 당시 그 절에 백련白蓮을 많이 심은 것을 인연으로 하여 이렇게 불림.

4 두 편의 서신은 「반야무지론」 말미에 수록되어 있다. 유유민이 이 논을 읽고, 감동과 의문을 함께 전하고, 이에 승조가 답한 것이다.

원문에 〔 〕로 주석을 단 것은 첫째 승조가 사용한 단어의 난해함을 명대明代의 언어로 설명한 것이고, 둘째 승조의 난해한 문장을 쉽게 이해하기 위해 문장과 문장을 연결하는 접속으로 설명을 한 것이고, 셋째 한 문구文句에 대한 촌평寸評의 역할을 하는 것이다.

그런 까닭에 『조론』 원문 전반에 대한 최소한의 일독一讀 없이 『조론약주』부터 접하면 읽고 이해하는 데 여러 불편함이 따를 것이다. 그래서 역자는 먼저 승조의 각 논을 앞에 싣고 이어서 감산이 약주한 것을 번역해 싣는 것으로 본서를 구성하였다.

『조론』은 번역 자체가 쉽지 않지만 가능한 한 직역直譯하는 것을 원칙으로 했다. 왜냐하면 그렇게 해야 『조론약주』가 의역意譯의 역할, 즉 설명서가 될 수 있기 때문이다. 또한 그 직역과 의역의 난해함에 역자가 주석註釋으로 이해를 돕고자 한 것이 본서의 주된 목적이다.

『조론』의 네 편의 논論은 한 번에 저술著述된 것이 아니다. 그 가운데 「반야무지론」이 가장 먼저 저술되었는데, 이는 401년에 나집羅什이 『대품반야경大品般若經』과 『대지도론大智度論』의 강독과 번역을 마쳤을 때, 승조가 직접 이를 듣고 지은 것이다.

이어서 「물불천론」과 「부진공론」 두 논을 저술했는데, 이 또한 나집이 용수龍樹의 『중론中論』 강독과 번역을 마쳤을 때 지은 것으로 추정해 볼 수 있다.[5]

네 번째의 「열반무명론」은 413년 나집이 입적한 직후에 저술해서

5 감산덕청의 서문 참조.

진왕秦王 요흥姚興에게 바친 것으로서 승조의 입멸 1년 전의 저작이다.

그리고 네 편의 논을 하나로 묶는 서문序文에 해당하는 「종본의」는 마지막에 저술된 것으로 추정해 볼 수 있다.[6]

네 편의 논을 개괄적으로 살펴보면 다음과 같다.

먼저 「물불천론」에서는 경불천境不遷·물불천物不遷·시불천時不遷·인과불천因果不遷 등을 통해 제법의 실상이 본래 진공명적眞空冥寂하다는 것을 밝힌다.

「부진공론」에서는 유有와 무無 양변을 통해 공空의 진정한 의미를 규명하는데, 먼저 당시 격의불교格義佛敎시대의 잘못된 공의 이해를 비판하고 진공묘유眞空妙有를 설파한다.

「반야무지론」에서는 지知와 무지無知를 상정해서 상대적인 앎을 뛰어넘어 일체지一切智로서의 무지無知를 밝히는데, 특히 9회에 걸친 자문자답自問自答의 형식을 빌려 진실반야의 체를 천명한다. 또한 당시에 이 논을 접한 여산혜원廬山慧遠의 재가제자 유유민과의 서신을 통해 분별을 뛰어넘은 반야무지般若無知를 보다 더 구체적이고 심층적으로 설명한다.

끝으로 「열반무명론」에서는 유명有明과 무명(無名, 승조 자신) 두 가상 인물을 내세워 열반의 실체에 관한 논의를 19회에 걸쳐 펼치는데, 구절(九折, 유명의 아홉 가지 질문)과 십연(十演, 무명이 제시한 명제와 아홉 가지 답변)으로 부제를 달아 전개한다.

한편, 『조론약주』의 「물불천론」 말미에는 감산 자신이 이 논을

---

6 「종본의」의 진위에 관련한 내용은 김성철의 논문 『승랑과 승조-생애와 사상, 영향과 극복에 대한 재조명』을 참조하기 바란다.

통해 깨달음을 얻게 된 것을 마치 고백서처럼 서술하고 있어 매우 흥미롭다.

참고로 승조 입멸 후 위진남북조 시대를 거쳐 원元나라에 이르기까지 20여 종이 넘는 『조론』 주석서가 있는데, 그 가운데 대표적인 것은 다음과 같다.

시기	저자	서명
진陳	혜달慧達	『조론소肇論疏』, 3권
당唐	원강元康	『조론소肇論疏』, 3권
송宋	준식遵式	『주조론소注肇論疏』, 6권
		『조론소과肇論疏科』, 1권
	정원淨源	『조론중오집해肇論中吳集解』, 3권
		『조론중오집해령모초肇論中吳集解令模鈔』, 2권
	몽암夢庵	『몽암화상절석조론夢庵和尙節釋肇論』, 2권
	효월曉月	『협과조론서주夾科肇論序注』, 1권
원元	문재文才	『조론신소肇論新疏』, 3권
		『조론신소유인肇論新疏游刃』, 3권

『조론』은 이후 청량징관淸涼澄觀의 『화엄경소華嚴經疏』, 영명연수永明延壽의 『종경록宗鏡錄』, 원오극근圜悟克勤의 『벽암록碧巖錄』, 만송행수萬松行秀의 『종용록從容錄』 등에서 인용, 달을 가리키는 손가락으로써의 역할을 마다하지 않는다.

『조론』과 『약주』 두 저본底本에는 모두 진陳나라 때(557~589)의 승려 혜달慧達의 서문(序)이 수록되어 있는데, 『조론』은 승조 입멸 후 150여 년이 지나 새롭게 유통된 본本이고, 혜달의 이 유통본이 세월을 거쳐 명대明代에 이른 것으로 추정해 볼 수 있다. 다만 이것이 명대에 유포되고 감산에 의해 『조론약주』가 저술되기까지 혜달의 서문이 첨삭添削된 것은 유통되는 과정에서 수차례에 걸쳐 편찬된 또 다른 유통본 중의 하나이거나 아니면 감산에 의한 첨삭으로 추정해 볼 수 있다. (역자는 『조론』과 『조론약주』 두 권에 실린 혜달의 「조론서肇論序」를 모두 번역 수록하였으며, 후자는 주註에 실었다.)

한자漢字로 이루어진 문장은 시대마다 그 문체가 달라 접근하기가 쉽지 않다. 특히 『조론』의 경우가 그렇다.

먼저 종이(紙) 발명 이전의 갑골문甲骨文으로부터 죽간竹簡에 기록한 『역경易經』과 사서四書를 중심으로 한 고문古文은 글자 하나하나에 함의含意가 너무 많다.

이후 위진남북조 시대의 (사륙)변려문(四六)駢儷文은 대구對句를 주로 하면서 평측平仄과 압운押韻을 존중하는데, 『조론』의 경우가 바로 이러한 고문과 변려문을 혼용하고 있다.

또한 흔히 중국어의 구어체口語體라고 하는 당나라 때 시작된 백화문白話文은 송·원·명대를 거치게 되는데, 이에 해당하는 것이 바로 『조론약주』이고, 이 또한 백화문의 형태와 지식인층에서 쓰던 고문[7]의 형태가 복합되어 있다.

---

7 당대唐代의 문장가 한유(韓愈, 768~824)를 중심으로 한 고문古文 운동.

그런 까닭에 이 두 권을 함께 번역하는 어려움은 역자에게 너무도 당연한 것일 수밖에 없었다. 또한 그래서 볼 때마다 번역이 달라지고, 읽을 때마다 해석이 다를 수밖에 없었음을 고백한다.

『조론약주』 원문에 있는 〔 〕는 모두 감산의 말이며, 역자 또한 이를 모두 〔 〕로 표기하여 번역하였다.

또한 『조론』과 『약주』의 번역에 있는 ( )는 모두 역자가 읽는데 도움을 주기 위한 노파심의 표기이고, 단어의 설명을 위한 한자 병기倂記임을 밝혀둔다.

언어를 뛰어넘는다는 것은 언어문자에 매이지 않아야 한다는 것이고, 또한 언어문자 속에 숨겨져 있는 참 뜻을 제대로 알아야 한다는 뜻이기도 하다. 이것이 선종에서 주장하는 불립문자不立文字의 본래 뜻이다.

불가佛家에서는 승조를 선승禪僧으로 분류하지는 않는다. 하지만 그가 『조론肇論』의 네 편의 논에서 보여준 이론과 사상은 이후 선종은 물론 교학에서도 후학들의 나침반이 됨 또한 분명하다. 그래서 역자는 과감하게 본서를 선어록 총서에 넣어 다섯 번째로 세상에 전하고자 한다. 교敎를 떠난 선禪, 선을 떠난 교는 있을 수 없다. 바로 승조의 『조론』은 교와 선을 아우르는, 달을 가리키는 손가락이다.

승조와 감산의 생애

1. 승조(僧肇, 384~414)의 생애[8]

승조는 산시성(陜西省) 장안(長安, 西安)의 한 가난한 집안[9]에서 태어나 31세의 젊은 나이에 생을 마감한 비운의 천재 승려이다.

소년시절 서사가書寫家로 생계를 꾸려가며 제자백가諸子百家의 고전을 만나게 되었는데 특히 노장사상老莊思想에 많은 관심을 가졌다. 어느 날 『유마경維摩經』[10]을 읽고서 환희가 넘쳐나 불문에 귀의,[11]

---

8 승조의 생애와 관련해서는 김성철의 논문(논제論題 註6)을 참조하기 바란다.

9 속성을 장張씨라고 전하기도 한다.

10 오吳나라 지겸이 번역한 『유마경』을 뜻한다.
지겸(支謙, 생몰연대 미상): 월지국 출신의 오吳나라 거사. 오왕吳王 손권孫權의 박사博士. 222년부터 30여 년간 『아미타경阿彌陀經』 등 49부의 불경 번역.
현존 『유마경』에는 세 종류가 있다.
① 지겸支謙 역, 『유마힐경維摩詰經』 2권.
② 구마라집 역, 『유마힐소설경維摩詰所說經』 3권.
③ 현장玄奘 역, 『설무구칭경說無垢稱經』 6권.

11 『양고승전梁高僧傳』에 다음과 같이 전한다.
(중략) 乃歷觀經史. 備盡墳籍 愛好玄微 每以莊老爲心要. 嘗讀老子德章 乃歎曰 "美則美矣 然期神冥累之方 猶未盡善也" 後見舊維摩經 歡喜頂受 披尋翫味 乃言

20세가 채 되기도 전에 장안長安에 그 이름이 알려지게 되었다.

그때 마침 구자국龜玆國[12]의 나집羅什[13]이 고장(姑臧, 감숙성, 양주)에 머물고 있다[14]는 말을 듣고 찾아가서 반야경 계통의 대승경전과 용수龍樹의 『중론中論』 등을 접하고 불교 전반에 대한 이해와 깨침의 영역을 넓혀갔다.

401년 나집이 장안에서 후진後秦의 왕 요흥姚興과 함께 불전의 번역과 강의를 시작했는데, 이때 함께 참여하게 되었다.[15]

이후 405년에 나집이 『마하반야바라밀경(摩訶般若波羅蜜經, 대품반야경)』과 『대지도론大智度論』의 번역을 마무리했는데, 이때 『반야무지

"始知所歸矣"

(중략) 경서經書와 사기史記를 두루 읽었다. 옛 서적들(墳籍)을 온 힘을 다해 탐독하고 그윽하고 미묘한 진리(玄微)를 좋아하여, 늘 『노자』와 『장자』를 마음의 요체로 삼았다.

(그러던 어느 날) 노자의 「덕장德章」 편을 읽다가 탄식을 하였다.

"아름답기는 아름답다. 하지만 마음(神)을 그윽함으로 묶기를 바라는 방법으로는 오히려 최선은 아니다."

그 후 그는 구역 『유마경』을 보고 기뻐서 머리 위로 받들고, 경전의 의미를 맛보고는 이내 말했다.

"비로소 귀의할 곳을 알았다."

12 산스크리트어 kucīna의 음사. 타클라마칸(Taklamakan) 사막의 북쪽, 지금의 고차庫車 지역에 있던 고대 국가.

13 구마라집(鳩摩羅什, 344~413): 산스크리트어 kumārajīva의 음사. 동수童壽라고도 함. 401년부터 12년간 대품반야경을 비롯한 35종 294권의 불서를 번역함.

14 382년부터 401년까지 고장姑臧에 있었던 것으로 추정.

15 나집 문하의 사철四哲로 불리는 도생道生·도항道恒·승예僧叡와 함께함.

론般若無知論』을 저술해서 나집으로부터 극찬을 받았다.[16] 이후 『부진공론不眞空論』과 『물불천론物不遷論』 등을 저술하였다.

407년에 나집이 『유마힐소설경維摩詰所說經』을 번역했는데,[17] 이때 또한 나집의 강의 내용과 자신의 해석을 묶어 『주유마힐경注維摩詰經』 10권을 저술하였다. 그리고 계속해서 여러 경론의 번역 작업을 함께하며 각각에 서문序文 등을 여럿 지었다.

413년에 나집羅什이 입적하였는데, 이때 『열반무명론涅槃無名論』을 저술해서 요흥에게 바쳤다.

그리고는 1년 뒤 414년에 31세의 짧은 생애를 마감하였다.

입적入寂 원인은 정확히 알 수 없으나,[18] 후대의 선종禪宗 문헌인

---

16 『양고승전』에서는 다음과 같이 극찬을 전한다.

因出大品之後 肇便著 波若無知論 凡二千餘言 竟以呈什. 什讀之稱善 乃謂肇曰 "吾解不謝子 辭當相挹" 時廬山隱士劉遺民見肇此論 乃歎曰 "不意方袍復有平叔" 因以呈遠公 遠乃撫机歎曰 "未常有也"

『대품반야경』을 번역한 후, 승조는 바로 모두 2천여 글자에 이르는 『반야무지론波若無知論』을 짓고, 마침내 구마라집에게 바쳤다. 구마라집이 이를 읽고 훌륭하다고 칭찬하며 승조에게 말했다.

"나의 견해는 그대에게 양보하지 못하지만, 문장은 양보함이 마땅하다."

당시 여산廬山의 은사隱士 유유민劉遺民이 승조의 이 논을 보고 곧 찬탄하였다.

"뜻밖에 방포(方袍, 가사를 걸친)에도 평숙(平叔=하안何晏)이 있었구나!"

(그리고는) 혜원 스님에게 보이니, 혜원이 궤안(机, 책상)을 어루만지며 찬탄하였다.

"일찍이 없었던 일이로다."

17 승조가 유유민에게 답한 편지에 전한다.

18 『양고승전』에서는 승조의 입적을 다음과 같이 전한다.

『경덕전등록景德傳燈錄』에 의하면 진왕秦王의 비난을 받아 참수형을 당했다고 하고, 이때 참수 전 7일간의 말미를 얻어 『보장론寶藏論』[19] 1권을 저술했다고 한다. 또한 그의 임종게臨終偈[20]를 다음과 같이 전한다.

四大元無主　사대는 원래 주인이 없고
五陰本來空　오음은 본래 공하니,
將頭臨白刃　머리에 서슬이 시퍼런 칼날이 번뜩이지만
猶似斬春風　마치 봄바람을 베는 것과 같다.

2. 감산덕청(憨山德淸, 1546~1623)의 생애

중국, 명말明末에 안후이성(安徽省) 금릉金陵의 전초(全椒)에서 태어났다. 속성俗姓은 채蔡이고, 자는 징인澄印이다. 법명은 덕청德淸이고, 감산憨山은 호이며, 시호는 홍각선사弘覺禪師이다. 일반적으로 감산대사憨山大師라고 존칭한다.

晉義熙十年 卒於長安 春秋三十有一矣.

진晋나라 의희義熙 10년(414)에 장안長安에서 죽었는데, 나이 서른한 살이었다.

19 「광조공유품廣照空有品」·「이미체정품離微體淨品」·「본제허현품本際虛玄品」의 3품으로 구성. 695~701년 사이에 실차난타實叉難陀가 번역한 『대승입능가경大乘入楞伽經』의 문장이 인용되어 있어 다른 이의 저작이라는 견해도 있다.

20 『전등록』 27권에 다음과 같이 전한다.
僧肇法師遭秦主難 臨就刑說偈曰 (게송 상기와 동일)

승조법사가 진주(=진왕)의 난을 만나 형장에 임하면서 게송으로 말했다.

11세에 출가의 뜻을 품고 불교 경전과 논서, 그리고 유교 문헌 등을 섭렵하였다.

19세에 출가하여 변융辯融·소암笑巖·운곡雲谷 등 여러 스승들을 찾아가 가르침을 받고 선풍禪風을 진흥함은 물론 여산에 초암草庵을 짓고 염불을 닦았다.

이후 덕청德淸은 일생을 선과 화엄의 융합에 중점을 두고 여러 종파 간의 조화를 이루려고 노력하였으며, 교선일치敎禪一致에 앞장섰다.

저서로 『능가경관기楞伽經觀記』·『법화경통의法華經通義』·『수능엄경통의首楞嚴經通義』·『원각경직해圓覺經直解』·『기신론직해起信論直解』·『감산노인몽유집憨山老人夢遊集』 등이 있다.

또한 외전으로 『중용직지中庸直指』·『노자해老子解』·『장자내편주莊子內篇註』 등을 저술하여 불교·유교·도교 3교의 조화를 추구하기도 하였다.

동시대의 걸승 자백진가(紫柏眞可, 1543~1603)[21]와 교우가 두터웠으며 사회활동이 활발해서 사대부로부터 존경을 한 몸에 받았다.

오대산五臺山과 감산憨山에서 화엄과 선의 융합을 설파하고 사찰과 도량道場의 건립에도 힘썼으며, 만년에는 광둥성廣東省의 조계도량曹溪道場을 재흥하고 그곳에서 입적하였다.[22]

21 운서주굉(雲棲株宏, 연지대사, 1532~1615) 우익지욱(藕益智旭, 1599~1655) 네 명을 일러 명사철明四哲 또는 명사대사明四大師라 부른다.

22 감산덕청의 생애는 『감산자전』을 중심으로 『종교학대사전』·『중국역대불교인명사전』·『두산백과』 등에서 편집하였음을 밝혀둔다.

일러두기

1. 본서는 중화전자불전협회中華電子佛典協會에서 전산화한 대정신수대장경(大正新修大藏經, 이하 TS)』 제45책(No.1858)의 『조론』과 『만신속장경卍新續藏經』 제54책(No.873) 『조론약주』를 저본으로 하였다.

2. 『선문염송집禪門拈頌集』은 동국대학교 불교기록문화유산아카이브에서 제공하는 것을 참고하였으며, 고칙 번호는 김월운의 『선문염송·염송설화』를 따랐다.

3. 『방광반야경』 등 논과 약주에서 인용한 대승경전은 중화전자불전협회의 전산본을 참고하였다.

4. 『노자』와 『장자』는 두 역서의 번역을 그대로 채용하였다.

5. 원문(註에서 인용한 원문 포함)의 단락과 방점, 인용부호는 역자가 편집하였다.

6. 원문의 한자(어) 설명은 네이버NAVER와 다음DAUM에서 제공하는 한자사전과 중국어사전을 사용하였으며, 漢韓大字典(민중서림)을 참조하였다. (한자사전과 중국어사전의 뜻이 다를 경우, ' / '표기하여 분류하였다.)

7. 각주에 페이지 표기가 없이 인용도서명만 있는 것은 포털사이트 네이버와 다음에서 제공하는 '지식백과'의 각종 사전을 참조한 것이다.

8. 각주에서 도서명의 꺾쇠(『 』)는 처음 나올 때만 표시하였다.

9. 각주에 출처를 표시하지 않은 것은 역자의 번역이다.

조론 서肇論序[1]

소초제사 사문 혜달 지음[2]

(나) 혜달은 솔직히 (말해) 어리석다. 〔慧達率愚.〕

(그럼에도 불구하고) 장안長安의 승조 법사가 지은 「종본의」와 「물불천론」 등 네 편의 논에 대해서 (다음과 같이) 통서通序한다. 〔通序長安釋僧肇法師所作 宗本 物不遷等四論.〕

(부처님께서) 말법에 불경을 세상에 널리 퍼뜨리는 일을 사의보살에게 윤허允許하고 부촉하셨다. 〔但末代弘經 允屬四依菩薩[3]〕

이에 이 땅에 전하는 것 또한 그 전례를 따랐으니, 예를 들면 미천대덕(彌天大德, 도안道安)과 동수(童壽, 구마라집) 등의 상문(桑門, 사문)이

---

1 조론(TS, No.1858)에 수록되어 있는 글이다. 참고로 조론약주의 서두에도 혜달의 서문이 수록되어 있는데, 후대에 누군가에 의해 간추려서 전해진 것이다. (이는 감산덕청이 간추린 것일 가능성도 있다. 간추린 조론 서는 주註에 실었으니 참고하기 바란다.) 한편, 혜달 자신의 『조론소肇論疏』(만신속장경卍新續藏經, 제54책, No.866)에는 본 서문이 전하지 않는다.

2 원문은 "小招提寺 沙門 慧達 作"이다.
소초제사小招提寺: 윤주 강녕현에 있던 사찰.

3 『대반열반경』 「사의품」에 근거하는데, 예를 들면 마명과 용수 등이다.

(바로 그들)이다.〔爰傳玆土 抑亦其例 至如彌天大德[4]童壽[5]桑門.〕

(이들은) 모두 처음으로 (부처님의) 명을 숭상하고 말씀을 도모하고 이치를 궁구하여 온전한 지혜를 얻었다(=格物致知).〔竝創始命宗 圖辯格致.〕

(또한 불법을) 널리 펴고 퍼뜨리면서도 현허玄虛를 섬겼으니, (이는) 오직 성스러운 침묵만을 헤아려 본받은 것이다.〔播揚宣述 所事玄虛 唯斯擬聖默之所祖.〕

예로부터 지금에 이르기까지 역대 고금에 명승전名僧傳에 이름만 있고 전해지는 것이 실리지 않은 이들이 있으니, 승예僧叡 등 3,000여 명의 승려와 청신단월 사령운謝靈運 등 800여 명이다.〔自降乎已還 歷代古今 凡著名僧傳及傳所不載者 釋僧叡等三千餘僧 淸信檀越謝靈運等八百許人.〕

(이들은) 정언正言과 방언方言을 능히 변별하고 경문의 계급을 요약하며 경전의 뜻을 잘 조사하여 밝히고 살펴서 그 의미(義理)를 정밀하게 탐구하였으니, 이 여러 현인들의 말씀을 통합한 것에 경의를 표한다.〔至能辯正方言 節文階級 善覈名教 精搜義理 揖此群賢語之所統.〕

(여기) 아름다운 사람이 있으니, (이 사람은) 말과 침묵을 뛰어넘었다.〔有美若人 超語兼默.〕

(또한) 근본을 드러냄에는 구구절절 불심을 깊이 통달하고 지말을

---

4 습착치習鑿齒와 도안道安이 만나 자신을 소개하는데, 습착치가 자신을 "四海習鑿齒"하자, 도안이 "彌天釋道安"한 데서 유래하였다.

5 구마라집을 뜻한다.

밝힘에는 말마다 여러 가르침들을 고루 잘 알았으니, 참으로 대승의 (여러) 경전에 깊고 방등의 (온갖) 서적에 해박하였다. 〔標本則句句深達佛心 明末則言言備通衆教 諒是大乘懿典 方等博書.〕

과거로부터 지금에 이르기까지 문장을 짓고 글을 썼는데, 지법상支法詳과 축법태竺法汰 등의 이름 있는 현인들이 여러 논을 지었다. 〔自古自今著文著筆 詳汰[6]名賢所作諸論.〕

혹은 육가칠종六家七宗, 이를 늘리면 십이가十二家가 모두 그 좋고 나쁨을 판단하고 그 차이점과 일치함을 말했지만, 오직 이 헌장(憲章, 조론)만은 폐단도 허물도 없다. 〔或六七宗 爰延十二 竝判其臧否 辯其差當 唯此憲章無弊斯咎.〕

(나는) 진실로 마음속 (사모하는) 정情이 약야(若, 若耶)[7]에 뜬 것과 같아 무엇으로 묶어야 할지를 모르겠으니, 비유하면 저 깊은 바다와 같고, 헤아리면 구류를 뛰어넘는다. 〔良由襟情泛若 不知何係 譬彼淵海 數越九流.〕

빼어나게 맑고 텅 비어서 물物 밖에서 적막하고 조용하니, 승조를 아는 이는 드물지만 승조에게 귀의하면 나집羅什까지 얻게 될 것이니, (이는) "공公을 아는 자는 드무니, 공公은 귀하다"고 한 것과 같다. 〔挺拔淸虛 蕭然物外 知公者希 歸公採什 如曰 "不知 則公貴矣"[8]〕

---

6 원강의 소에 상태詳汰를 지법상支法詳과 축법태竺法汰로 전한다.

7 약야若耶는 춘추시대 월나라 미녀 서시西施가 빨래하던 곳으로, 중국 회계현에 위치.

8 『노자老子』 제70장의 말을 인용해서 표현한 것이다. 아래 밑줄 친 부분을 살펴보기 바란다.

(나) 혜달은 외람되이 천행天幸으로 이 정음正音을 만나 기뻐 뜀에 다함이 없고 흠향을 말함에 피로가 없었다. 〔達猥生天幸 逢此正音 忻躍弗已 饗識無疲.〕

매번 펼치고 연구하기를 지극히 하면서도 너무 기뻐 덩실덩실 춤추는 것을 참을 수가 없어(不勝手舞)[9] 세세생생 목숨이 다하도록 (이 논서를) 널리 펼칠 것을 서원한다. 〔每至披尋 不勝手舞 誓願生生盡命弘述〕

(나) 혜달은 승조가 남긴 글에 대해서도 이와 같거늘, 더욱이 「중론」·「백론」·「십이문론」과 방등의 깊은 경전에 이르러서는 더욱 더하지 않겠는가! 〔達於肇之遺文 其猶若是 況中百門觀[10] 爰洎方等深經 而不至增乎.〕

세상에서는 속된 말로 모두 말하기를 "승조가 지은 것은 도리가 성실誠實의 진제眞諦이고, 지론地論의 통종通宗이다. 노자와 장자를 바탕으로 한 맹랑한 이야기이다"라고 한다. 〔世諺咸云 "肇之所作 故是誠實

吾言甚易知 甚易行. 天下莫能知 莫能行. 言有宗, 事有君. 夫唯無知 是以不我知. 知我者希, 則我者貴. 是以聖人被褐懷玉.

나의 말은 알기가 아주 쉽고, 행하기가 아주 쉽다. (하지만) 천하에 능히 아는 사람이 없고, 능히 행하는 사람이 없다. 말에는 근본이 있고 일에는 주인이 있거늘, 무릇 아는 것이 없을 뿐이니, 그래서 나를 알지 못한다. 나를 아는 사람은 드무니, 그러므로 나는 귀하다. 그러므로 성인은 베옷을 걸치고 옥을 품는다. (『노자타설, 하』, p.521, 2012, 부키)

9 不勝(불승): 어떤 감정이나 느낌을 스스로 억눌러 견뎌내지 못함.
手舞(수무): 手舞足蹈(수무족도: 너무 기뻐서 덩실덩실 춤추다, 기뻐 어쩔 줄을 모르다)로 이해하였다.

10 문관門觀은 십이문론을 뜻한다.

眞諦 地論通宗 莊老所資猛浪之說"〕

(하지만) 이는 진실로 거대한 벌레와 같은 말이고 거짓으로 꾸며낸 것으로써 이들은 모두 멸망해야 마땅할 것이니, 이는 (저자)거리에서 내뱉는 천박한 소리로 족히 거둘 것이 하나도 없는 것이다. 〔此實巨蟲之言 欺誣亡沒 街巷陋音 未之足拾.〕

무릇 신령스런 도는 형상으로 드러낼 수 없고 민첩한 마음으로 애를 써도 그리기가 어렵다. 〔夫神道不形 心敏難繪.〕

(그런데도 저들은) 문구에 구속되어 뜻이 멀어졌으니, 그런 까닭에 여러 궤변의 단서가 되었다. 〔旣文拘而義遠 故衆端之所詭.〕

승조가 헤아린 뜻이 어찌 부질없는 것이겠는가?〔肇之卜意豈徒然哉.〕

(여기에는) 진실로 (그럴 만한) 이유가 있다. 〔良有以也.〕

(하지만) 만약 저 말들을 따르면서 (승조를) 업신여긴다면, 세세생생 서로 보지 않기를 바란다. 〔如復徇狎其言 願生生不面.〕

무생법인의 마음(忍心)을 얻고, 돌아와 (그들을) 모두 끝까지 제도하리라. 〔至獲忍心 還度斯下.〕

(나) 혜달은 강원에 20여 년을 계속 머물면서 자못 중요한 자리를 맡느라 늘그막에 가서야 이 논을 보게 되었다. 〔達留連講肆二十餘年 頗逢重席 末[11]覩斯論.〕

부족하나마 서문 하나를 써 부치니, 깨달음에 의탁해 그 안에 있는 나와 같은 다른 어진 이들은 청컨대 장래의 철인哲人을 기다려라!

---

11 末에는 늘그막의 뜻이 있다.

〔聊寄一序 託悟在中 同我賢余 請俟來哲.〕

무릇 대강의 깊은 뜻 그것을 본무本無라고 한다. 〔夫大分[12]深義 厥號本無.〕

그런 까닭에 실상에 대해 종지를 진술하면, 공空의 법도(法道, 불법)는 진眞·속俗을 벗어나는 것이 없다. 〔故建言宗旨標乎實相 開空法道 莫逾眞俗.〕

그래서 (진·속) 이제二諦를 차례로 설명하여 불교의 문을 드러냈다. 〔所以 次釋二諦 顯佛教門.〕

다만 원만하고 바름의 원인으로는 반야보다 뛰어난 것이 없고, 지극한 결과로는 오직 열반뿐이다. 〔但圓正之因無上般若 至極之果唯有涅槃.〕

그런 까닭에 거듭해서 현묘함을 열어서 여러 성인들이 살고 계신 집을 밝혔다. 〔故末啓重玄 明衆聖之所宅.〕

비록 성품이 공한 것으로 근본을 헤아리려 하지만 칭할 만한 근본이 없다. 〔雖以性空擬本 無本可稱.〕

근본은 언어가 끊어져서 마음으로 행하는 곳이 아니다. 〔語本絶言非心行處.〕

그런즉, 불천不遷은 속俗에 해당하지만 속俗은 생하는 것이 아니다. 〔然則 不遷當俗 俗則不生.〕

진실하지 않은 것을 진실하다고 하니, 진실은 다만 명칭을 말하는

---

12 大分은 대강의 뜻이다.

것일 뿐이다. 〔不眞爲眞 眞但名說.〕

만약 활달하게 놓아 버리면 분명 이 도를 숭상하게 될 것이다. 〔若能放曠蕩然 崇玆一道〕

귀를 청정하게 하고 마음을 비우면 이제二諦를 말할 것도 없게 되는데, 이것이 청정하게 비추는 공이다. 〔淸耳虛襟 無言二諦 斯則淨照之功著.〕

그런 까닭에 반야무지는 이름 없는 덕이 일어나도 열반이라 칭하지 않는 것이다. 〔故般若無知 無名之德興 而涅槃不稱.〕

나는 이 말씀이 두루 원만하여 바다처럼 깊고 넓은 부처님을 보인 것이고 끝없이 크고 넓은 법의 체상을 궁구한 것이라고 말한다. 〔余謂此說周圓罄佛淵海 浩博無涯窮法體相.〕

비록 말은 간략하지만 뜻은 풍부하고, 문장은 화려하며 이치는 그 조예가 깊다. 〔雖復言約而義豐 文華而理詣.〕

말의 기세는 끝이 없고 뜻은 진실로 홀로 크다. 〔語勢連環 意實孤誕.〕

과연 절묘하고 뛰어난 말씀이니, 이 홍론(洪論, 대단한 논)에서 다하지 않음이 없다. 〔敢是絶妙好辭 莫不竭玆洪論.〕

그래서 동수童壽가 찬탄하여 말하기를 "해공제일解空第一은 (바로) 조공 그 사람이다"고 하였던 것이다. 〔所以 童壽歎言 "解空第一 肇公其人"〕

이 말에는 연유가 있으니 문서에 드러나 있다. 〔斯言有由矣 彰在翰牘.〕

다만 종본宗本은 소연(蕭然, 空寂)해서 따져 볼 수가 없다. 〔但宗本蕭然莫能致詰.〕

「물불천론」 등 네 편의 논은 사(事, 현상)를 전개해서 접인하고

문답으로 미세하게 분석하였다. 〔不遷等四論 事開接引 問答析微.〕

그래서 논이라 칭하는 것이다. 〔所以 稱論.〕[13]

---

13 조론약주에서 전하는 혜달의 서문은 다음과 같다.

(나) 혜달은 솔직히 (말해) 어리석다. 〔慧達率愚.〕

(그럼에도 감히) 장안의 승조 법사께서 지으신 종본의와 물불천론 등 네 편의 논에 서문을 쓴다. 〔序長安釋僧肇法師所作宗本不遷等四論曰.〕

여기 이름다운 사람이 있으니, 말과 침묵을 뛰어넘었다. 〔有美若人 超語兼默.〕

근본을 드러냄에는 모든 말과 모든 글귀가 불심佛心을 깊이 통달하였고, 지말을 밝힘에는 모든 말과 모든 글귀가 여러 경전들(衆教)을 고루 잘 알았다. 〔標本則句句深達佛心 明末則言言備通衆教.〕

(나) 혜달은 외람되이 천행天幸으로 이 정음正音을 만나 매번 펼치고 연구하기를 지극히 하면서도 너무 기뻐 덩실덩실 춤추는 것을 참을 수가 없어 세세생생 목숨이 다하도록 (이 논서를) 널리 펼칠 것을 서원한다. 〔達猥生天幸 逢此正音 每至披尋 不勝手舞 誓願生生盡命弘述.〕

무릇 신령스런 도는 드러낼 수 없고, 민첩한 마음은 그리기 어렵지만, 잠시 서문(序) 한 편을 부쳐, 철인哲人을 청하며 기다린다. 〔夫神道不形 心敏難繪 聊寄一序 請俟來哲.〕

대분(大分, 大綱)은 뜻이 깊고, 그 이름은 본래 없는 까닭에 말로 종지宗旨를 세워 실상實相을 드러내고 공법空法으로 도道를 연다면 진眞·속俗을 벗어나지 않는다. 〔蓋大分深義 厥號本無 故建言宗旨 標乎實相 開空法道 莫逾眞俗.〕

그래서 다음에 이제二諦로 설명해서 부처님의 교문教門을 드러냈다. 〔所以次釋二諦 顯佛教門.〕

다만 원만하고 바름의 인因인 무상반야와 지극의 과果인 열반만이 있을 뿐이다. 〔但圓正之因 無尙般若 至極之果 唯有涅槃.〕

그런 까닭에 마지막에 거듭해서 현玄을 일깨워주고 여러 성인이 사는 집을 밝혔다. 〔故末啓重玄 明衆聖之所宅.〕

비록 성품이 공한 것을 근본으로 헤아렸지만, 본래 칭할 것이 없다. 〔雖以性空擬本 無本可稱.〕

근본은 언어가 끊어져 마음의 작용처가 아니다.〔語本絶言 非心行處.〕
그런즉, 불천不遷은 속俗에 해당하며, 속俗은 곧 생하지 않는 것이다.〔然則不遷當俗 俗則不生〕
부진不眞은 진眞이 되는데, 진眞은 다만 이름으로 설명할 뿐이다.〔不眞爲眞 眞但名說.〕
만약 능히 이 일도一道를 숭상한다면 이제를 말할 것이 없으니, 이것이 곧 고요히 비추는 공이 드러나는 것이다.〔若能崇茲一道 無言二諦 斯則靜照之功著.〕
그런 까닭에 반야무지인 것이며, 무명의 덕이 일어나도 열반이라 칭하지 않는 것이다.〔故般若無知 無名之德興 而涅槃不稱.〕
나는 이 말씀이 두루 원만하여 바다처럼 깊고 넓은 부처님을 보인 것이고, 끝없이 크고 넓은 법의 체상을 궁구한 것인데, (이것을) 제일로 먼저 논한 사람이 바로 조공 그 사람이라고 말한다.〔余謂此說周圓 罄佛淵海 浩博無涯 窮法體相. 洪論第一 肇公其人矣.〕

이 혜달의 서문은 누군가(감산덕청일 수도 있다) 앞의 서문을 요약한 것이다.

조론약주肇論略注 서문

명明 광산匡山 사문沙門 감산 덕청憨山德淸 씀

『조론肇論』의 조肇는 바로 작자의 이름으로 '승조僧肇'라고 한 것이고, 당시에 (그를) 조공肇公이라고 불렀다. 〔肇論肇 乃作者之名 曰僧肇 時稱肇公.〕

논論은 논지를 정립하여 논한 것인데, 사람의 이름을 더하여 『조론』이라고 한 것이다. 〔論乃所立之論 蓋以人名論也.〕

(조)공은 구마라집(이하 나집) 문하의 뛰어난 제자였는데, 역경 도량에서 여러 경전들을 번역하면서 나집 법사를 오래도록 참례하고 실상實相에 깊이 통달하였다. 〔公爲什門高弟 從譯場翻譯諸經 久參什師深達實相.〕

(당시에) 서쪽에서 온 불법이 극히 적었기 때문에 (불법의) 대의에 막힘이 없지 않았다. 〔比因佛法西來甚少 大義未暢.〕

당시의 사람들 대다수가 노장老莊의 허무虛無에 대한 담론談論을 숭상하였고, 석가의 제자들인 사문들 또한 서로 이를 숭상하면서 많은 이들이 허무를 으뜸으로 해서 불교의 뜻을 이야기하며 각기 종파를 수립하였다. 〔時人多尙老莊虛無之談 而沙門釋子亦相尙之 多宗虛無以談佛義 各立爲宗.〕

예를 들면 진晉의 도항은 『무심론』을 저술하였고, 동진東晉의 도림은 『즉색유현론』을 지었으며, 진晉의 축법태는 『본무론』을 지었는데, 모두 상相에 떨어져 무無를 말하면서 단멸에 떨어졌다. 〔如晉道恒 述無心論 東晉道林 作卽色遊玄論 晉竺法汰 作本無論 皆墮相言無 都墮斷滅.〕

(조)공은 대도大道가 (세상에) 아직 밝혀지지 못한 것을 근심하였기 때문에 이 네 편의 논을 지어 삿된 집착을 타파하였으니, 이것이 논을 세상에 발표한(立言) 근본 뜻이다. 〔公愍大道未明 故造此四論 以破邪執 斯立言之本意也.〕

논論이라는 것은 빈賓과 주主를 가설로 세워 밝히고(徵)·분석하고(析)·따지고(論)·헤아림(量)으로써 바른 이치를 드러내고 삿된 집착을 꺾고 타파해서 사람과 법을 비추는 것을 말한다. 〔論者 謂假立賓主徵析論量 以顯正理 摧破邪執 人法雙影.〕

그런 까닭에 조론肇論이라고 한 것이다. 〔故曰 "肇論"〕

(『자치통감資治通鑑』에 따르면, 다음과 같다.)[14]

(조론은) 후진後秦의 장안長安의 석승조釋僧肇가 지었다. 〔後秦長安釋僧肇作.〕

부견苻堅이 소유하고 있던 나라는 관중關中을 근거로 하면서 국호를 대진大秦이라고 하였다. 요장姚萇에 이르러 왕위를 찬탈하고 국호를 진秦이라고 하였다. 〔苻堅有國 據關中 號爲大秦 曁姚萇簒立 亦號爲秦.〕

그런 까닭에 역사에서 전후로 구별하였다. 故史以前後別之.〕

---

14 이하의 내용은 감산이 『자치통감資治通鑑』과 『양고승전梁高僧傳』에서 인용, 요약한 것으로 이해하였음을 밝혀둔다.

요장이 죽고 그의 아들 요홍이 나라를 이었는데, 나집 법사의 역경(사업)이 요홍의 시대에 해당한다. 〔萇崩 其子興 嗣國 什師譯經 當興之時.〕

그런 까닭에 (조)공을 후진後秦 사람이라고 부른다. 〔故公稱後秦.〕

(『양고승전梁高僧傳』에서) 공의 전기를 살펴 간략하게 말하면, 다음과 같다. 〔按公傳略云.〕

법사法師 승조僧肇는 경조京兆 사람이다. 〔法師僧肇 京兆人.〕

어려서 집안이 가난해서 사람들에게 품팔이로 글을 써주었는데, 마침내 자사子史[15]를 두루 보게 되었다. 〔幼家貧 爲人傭書 遂博觀子史.〕

허현虛玄을 지향하고 좋아해서 항상 노장老莊으로 심요心要를 삼았다. 〔志好虛玄 每以老莊爲心要.〕

(얼마 지나지 않아) 이윽고 탄식하여 말했다. 〔旣而歎曰.〕

"훌륭하기는 훌륭하나, 마음이 그윽하게 깃들기에는 누累가 되는 처방이다. 아직 완전무결하지 못하다"고 하였다. 〔"美則美矣 然其栖神冥累之方 猶未盡善"〕

뒤에 『구역 유마경(舊維摩經)』을 보고, 머리 위로 받들고 기뻐하면서 말했다. 〔後見舊維摩經 歡喜頂受 乃曰.〕

"귀의할 바를 이제야 알았다." 〔"始知所歸矣"〕

이로 인해 출가를 했는데, 나이 스물에 사문沙門이 되어 명성이 삼보三輔[16]에 진동을 하였다. 〔因此出家 年二十爲沙門 名震三輔.〕

---

15 제자백가의 책들과 역사서, 즉 경사자집經史子集을 말한다.

16 중국 전한 무제武帝 때 장안을 중심으로 한 3행정구획. 곧 경조(京兆: 장안을 포함하는 동부東部)·좌풍익(左馮翊: 북부)·우부풍(右扶風: 서부)을 통틀어 일컬음.

(그때) 나집 공이 고장姑臧[17]에 있었는데, 승조가 달려가 의지하였다. 〔什公在姑臧 肇走依之.〕

나집이 말을 나누고는 놀라며 말했다. 〔什與語 驚曰.〕

"법 가운데 용상이로다." 〔"法中龍象也"〕

그리고는 관중關中[18]으로 돌아와 경과 논을 상정(詳定, 자세하게 바로잡다)하니, 사방에 배우려는 이들이 이 한곳으로 모여들어 왔다. 〔及歸關中 詳定經論 四方學者 輻輳而至.〕

질문과 답을 교대로 했는데 승조는 영인이해(迎刃而解, 아주 쉽게 해결함)하면서도 사람들의 의표를 뛰어넘었다. 〔設難交攻 肇迎刃而解 皆出意表.〕

(그때) 『반야무지론般若無知論』을 저술하자, 나집이 보고 말했다. 〔著般若無知論 什覽之曰.〕

"나의 견해는 그대에게 양보하지 못하지만, 문장은 양보함이 마땅하도다." 〔"吾解不謝子 文當相揖耳"〕

논이 전해져 광산匡山에 이르자, 유유민劉遺民이 혜원 공(遠公)에게 보였다. 〔傳其論至匡山 劉遺民以似遠公.〕

(그러자) 혜원 공이 장딴지를 치며 찬탄해서 말했다. 〔公拊髀歎曰.〕

"일찍이 없었다." 〔"未曾有也"〕

또 『물불천론物不遷論』 등의 논을 지으니, 모두 오묘하게 정미를 다했다. 〔復作物不遷等論 皆妙盡精微.〕

진주(秦主, 요흥)가 그의 필찰(筆札, 글)을 더욱 소중히 여겨 중외中外

---

17 감숙성, 양주를 뜻한다.

18 장안長安을 뜻한다.

로 전파하였다. 〔秦主尤重其筆札 傳布中外.〕

나이 서른둘에 죽었는데, 당시에 (모두들) 그가 젊은 나이에 죽은 것이 애석하다고 말했다. 〔年三十二而卒 當時惜其早世云.〕

I.
종본의
宗本義

본무本無·실상實相·법성法性·성공性空·연회緣會는 하나의 뜻일 뿐이다. 〔本無實相 法性性空 緣會一義耳.〕

어째서 그런가? 일체제법은 연緣이 모여서 생겨난 것이기 때문이다. 〔何則. 一切諸法 緣會而生.〕

(일체제법이) 연緣이 모여서 생겨난 것이라면 생겨나기 이전에는 있는 것이 없고, 연緣이 흩어지면 멸한다. 〔緣會而生 則未生無有 緣離則滅.〕

만약 그것이 진실로 있는 것(眞有)이라면 (진실로) 있는 것은 멸하는 것이 없어야 한다. 〔如其眞有 有則無滅.〕

이렇게 헤아려 본 까닭에 비록 지금 현재는 있지만(現有), 있어도 (그) 성품은 항상 스스로 공하다는 것을 아는 것이다. 〔以此而推 故知雖今現有 有而性常自空.〕

성품은 항상 스스로 공하기 때문에 성공性空이라고 하고, 성품이 공하기 때문에 '법성法性'이라고 한다. 〔性常自空 故謂之性空 性空故 故曰法性.〕

(또한) 법의 성품이 이와 같기 때문에 '실상實相'이라고 한다. 〔法性 如是 故曰實相.〕

실상은 원래 (스스로) 없는 것이지(自無), 헤아려서 없게 한 것(使無)이 아니기 때문에 '본무本無'라고 한다. 〔實相自無 非推之使無 故名本無.〕

"있는 것도 아니고 없는 것도 아니다(不有不無)"라고 말하는 것은 유견有見인 상견常見의 유有와 사견邪見인 단견斷見의 무無와는

다른 것이기 때문이다. 〔言不有不無者 不如有見常見之有 邪見斷見之無耳.〕

만약 (지금 현재) 있는 것을 (진실로) 있는 것이라고 한다면, (지금 현재) 없는 것은 (진실로) 없는 것이라고 해야 할 것이다. 〔若以有爲有 則以無爲無.〕

무릇 (있고) 없음에 (마음을) 두지 않고 법을 관해야 (제)법의 실상을 알았다고 말할 수 있다. 〔夫不存無以觀法者 可謂識法實相矣.〕

비록 (현재) 있는 것을 관할지라도 취하는(=집착하는) 상이 없어야 한다. 〔雖觀有而無所取相.〕

그런즉, 법상法相은 상相 없는 상이 되고, 성인의 마음은 머무는 바 없이 머물게 되는 것이다. 〔然則 法相 爲無相之相 聖人之心 爲住無所住矣.〕

삼승(三乘, 성문·연각·보살)은 (일체제법의) 성품이 공하다는 것을 평등하게 관해서 도를 체득한다. 〔三乘等觀性空而得道也.〕

성품이 공하다는 것은 이를테면 제법의 실상이니, (제)법의 실상을 보기 때문에 정관正觀이라고 한다. 〔性空者 謂諸法實相也 見法實相故云 "正觀"〕

만약 이와 다르게 본다면 바로 사관邪觀이 되며, 설사 이승二乘일지라도 이 이치를 보지 못하면 전도된다. 〔若其異者 便爲邪觀 設二乘不見此理 則顚倒也.〕

그래서 삼승이 법을 관하는 것은 다름이 없지만, 다만 마음에 크고 작음(大小, 정도의 차이)이 있어 다를 뿐이다. 〔是以三乘觀法無異

但心有大小爲差耳.〕

구화반야(漚和般若, 방편반야)는 대혜(大慧, 큰 지혜)를 칭한다.〔漚和般若者 大慧之稱也.〕

제법의 실상을 반야라고 하는데, (제법의 실상인 반야를) 증득한 것을 능히 드러내 보이지 않는 것은 구화의 공(功, 힘)이다.〔諸法實相 謂之般若 能不形證 漚和功也.〕

(또한) 중생에게 다가가 교화하는 것을 구화라고 하는데, (교화하면서도) 세속의 진루(塵累, 번뇌)에 물들지 않는 것은 반야의 힘 때문이다.〔適化衆生 謂之漚和 不染塵累 般若力也.〕

그런즉, 반야의 문에서는 공空을 관하고, 구화의 문에서는 유有와 관계하는 것이다.〔然則 般若之門觀空 漚和之門涉有.〕

유有와 관계하면서도 애초에 허虛에 미혹되지 않기 때문에 항상 유有에 처하면서도 물들지 않고, 유有를 싫어하지 않으면서 공空을 관하기 때문에 공을 관하면서도 증득하지 않는다.〔涉有未始迷虛 故常處有而不染 不厭有而觀空 故觀空而不證.〕

이를 일러 '방편과 지혜를 갖춘 일념의 힘'이라고 한다.〔是謂一念之力權慧具矣.〕

방편과 지혜를 갖춘 일념의 힘, (이를) 잘 생각해 보라! 분명히 알 수 있을 것이다.〔一念之力權慧具矣 好思. 歷然可解.〕

니원(泥洹, 열반) 진제盡諦는 바로 번뇌(結)가 다한 것일 뿐이다.〔泥洹盡諦者 直結盡而已.〕

생사를 영원히 멸했기 때문에 다했다(盡)고 말하는 것일 뿐이지,

다시 또 하나의 다한 곳(盡處)이 따로 있는 것은 아니다. 〔則生死永滅故謂盡耳 無復別有一盡處耳.〕

〔약주〕[1]

宗本者 示其立論 所宗有本也. 以四論非一時作 論旣成 乃以宗本義統之. 蓋所宗本乎一心 以窮萬法迷悟凡聖之源也. 如起信以一心爲宗. 有法有義 故曰 "宗本義"

종본宗本은 이론을 내세움에 종지宗旨가 되는 근본이 있음을 보인 것이다.

네 편의 논論은 한꺼번에 지은 것이 아니기 때문에 (각각의) 논을 다 쓰고 나서 이내 「종본의宗本義」로 총괄한 것이다.

종지는 일심(一心, 한 마음)을 근본으로 하며, 이로써 만법·어리석음과 깨달음·범부와 성인의 근원을 궁구하였다. (이는) 『대승기신론大乘起信論』에서 일심을 종지로 삼은 것과 같다.

법도 있고 뜻도 있기有法有義[2] 때문에 종본의宗本義라고 하였다.

---

1 종본의宗本義 전체에 대한 감산의 개괄적인 설명이다.

2 여법如法의 뜻이다. 『중아함中阿含經』에 다음과 같이 전한다.

此法如法　이 법은 여법해서
有法有義　법도 있고 뜻도 있으며,
爲梵行本　범행의 근본이 되고,
得通得覺　신통력을 얻고 깨달음을 얻으며,

【의】[3]

本無 實相 法性 性空 緣會 一義耳.

본무本無·실상實相·법성法性·성공性空·연회緣會는 하나의 뜻일 뿐이다.

〔약주〕

此標宗揀法 以爲四論之本也. 本無者 直指寂滅一心 了無一法. 離一切相 迥絶聖凡 故曰 "本無" 非推之使無也. 以一切諸法 皆一心隨緣之所變現 心本無生. 但緣會而生 故曰緣會. 以緣生諸法 本無實體. 緣生故空 故曰 "性空" 以全體眞如所變 故曰 "法性" 眞如法性所成諸法 眞如無相 故諸法本體寂滅 故曰 "實相" 是以本無 爲一心之體 緣會爲一心之用. 實相 法性 性空 皆一心所成萬法之義 故曰 "一義耳" 依一心法 立此四論 不遷當俗 不眞當眞. 二諦爲所觀之境 般若爲能觀之心. 三論爲因 涅槃爲果 故首爲宗體.

여기서는 종지를 나타내고 법(法, 본무本無·실상實相·법성法性·성공性空·

亦得涅槃　또한 열반을 얻는다.

참고로 원나라 문재(文才, 1241~1302) 『조론신소肇論新疏』에서는 다음과 같이 전한다.

宗本義 四論所崇曰宗 本謂根本通法及義.

종본의: 네 편의 논에서 숭상한 것을 종宗이라고 하고, 본本은 이를테면 근본으로 법과 뜻에 통한다는 것이다.

3 종본의宗本義의 원문을 말한다. (이하 원문은 의로 통일함.)

연회緣會)을 구별함으로써 사론四論의 근본을 삼았다.

본무(本無, 본래 없다)라는 것은 (번뇌 망상이) 적멸한 일심一心에는 어떠한 법도 없다는 것을 직접적으로 가리킨다. 일체의 상相을 떠나 성인이니 범부니 하는 (상대적인 모든) 것들을 끊어 버렸기 때문에 본무本無라고 한 것이지, 헤아려서 없게 한 것(使無)은 아니다.

일체제법은 모두 일심一心이 연緣을 따라 변화하여 드러난 것이기 때문에 마음은 본래 생겨나는 것이 없다(心本無生). 다만 연緣이 모여 생겨난 것이기 때문에 '연회(緣會, 因緣會合)'라고 한 것이다.

연緣으로 생겨난 제법은 본래 실체實體가 없다. 연緣으로 생겨났기 때문에 공하고, 그런 까닭에 '성공(性空, 성품이 공한 것)'이라고 하였다. (성공性空으로써) 진여 전체가 변화한 것이기 때문에 '법성(法性, 법의 성품)'이라고 하였다.

진여의 법성으로 이루어진 제법에는 진여의 상이 없기 때문에 제법의 본체가 적멸하다. 그런 까닭에 '실상實相'이라고 한 것이다. 그래서 본무本無는 일심의 체體가 되고, 연회緣會는 일심의 용用이 되는 것이다. 실상實相·법성法性·성공性空은 모두 일심으로 이루어진 만법의 뜻이기 때문에 '하나의 뜻일 뿐(一義耳)'이라고 한 것이다.

일심법一心法에 의지해서 이 네 편의 논論을 이룬 것이니, 불천(不遷, 물불천론)은 속제俗諦에 해당하고 부진(不眞, 부진공론)은 진제眞諦에 해당한다. (진·속) 이제二諦는 관하는 경계(=객관)가 되고, (반야무지론의) 반야는 관하는 마음(=주관)이 된다. (또한) 세 논論은 인因이 되고 열반(涅槃, 열반무명론)은 과果가 되기 때문에 맨 먼저 (일심을) 종체宗體로 삼은 것이다.

【의】

何則. 〔此徵起四論 各有所宗〕[4] 一切諸法 緣會而生.

어째서 그런가? 〔여기서는 네 편의 논에 각기 종지가 되는 것이 있음을 따져 밝혔다.〕 **일체제법은 연緣이 모여서 생겨난 것이기 때문이다.**

〔약주〕

此下標顯不遷宗體也. 寂滅一心 本無諸法 本無今有 故曰 "緣會而生"

여기서부터는 물불천론物不遷論의 종체(宗體, 종지가 되는 명제)[5]를 나타냈다. (일체의 번뇌가) 적멸한 일심一心에는 본래 제법이 없는데, 본래 없는 것이 지금 있기 때문에 연緣이 모여서 생겨난 것이라고 한 것이다.

---

4 승조의 원문에 감산이 〔 〕로 표기한 것은 단어의 설명, 앞뒤 문장의 연결, 촌평寸評 등의 역할을 한다.

5 종체宗體: 불교 인명논리학에서 주장 명제인 종宗을 말함. 예를 들면, "말은 무상하다"에서 말과 무상은 종의宗依라고 하는 데 반해, 말과 무상이 계사繫辭로 연결되어 있는 "말은 무상하다" 그 자체는 종체라고 함. (곽철환 저, 『시공불교사전』, 2003, 시공사)
종체宗體는 종지가 되는 명제로, 종의宗依는 종지를 이루는 구성 요소로 이해, 번역하였음을 밝혀둔다.

【의】

緣會而生 則未生無有 緣離則滅.

(일체제법이) 연緣이 모여서 생겨난 것이라면 생겨나기 이전에는 있는 것이 없고, 연緣이 흩어지면 멸한다.

〔약주〕

此顯心本不生. 但是緣生 非心生也. 以生本無生 故滅亦緣滅 非心滅也. 不生不滅一心之義 於是乎顯矣.

여기서는 마음은 본래 생하는 것이 아니라는 것(心本不生)을 드러냈다.
다만 연緣으로 생하는 것일 뿐, 마음이 생하는 것이 아니다. (연緣으로) 생한 것은 본래 생하는 것이 없기(無生) 때문에 멸해도 연緣이 멸하는 것이지 마음이 멸하는 것이 아니다. 불생불멸不生不滅의 일심一心의 뜻이 여기에 드러났다.

【의】

如其眞有 有則無滅.

만약 그것이 진실로 있는 것(眞有)이면 (진실로) 있는 것은 멸하는 것이 없어야 한다.

〔약주〕

此返顯緣生諸法非實有也. 眞 實也. 若諸法果是實有 則不應隨緣散滅. 今旣隨緣滅 則法非實有矣.

여기서는 연으로 생겨난(緣生) 제법은 실유(實有, 실제로 있는 것)가 아니라는 것을 돌이켜서 드러냈다.

진眞은 실(實, 실제)이다. 만약 제법이 과연 진실로 있는 것(實有)이라면 연緣을 따라 흩어지거나 멸해서는 안 된다. (그래서) 지금 연緣을 따라 (흩어지거나) 멸했다면 (제)법은 진실로 있는 것(實有)이 아니다.

【의】

以此而推 故知雖今現有 有而性常自空. 性常自空 故謂之性空

이렇게 헤아려 본 까닭에 비록 지금 현재는 있지만(現有), 있어도 (그) 성품은 항상 스스로 공하다는 것을 아는 것이다.

성품은 항상 스스로 공하기 때문에 이를 '성공性空'이라고 하고,

〔약주〕

以此緣生緣滅而觀諸法 則知雖今現有而非實有. 以體常自空 體常自空 故義說性空.

이렇게 연으로 생하고 연으로 멸하는 것(緣生緣滅)으로 제법을 관하면,

비록 지금 현재는 있는 것일지라도 실제로 있는 것이 아니라는 것을 알게 된다. (제법의) 체體는 항상 스스로 공하고, 체가 항상 스스로 공하기 때문에 뜻을 성공性空이라고 말한 것이다.

【의】

性空故 故曰法性.

성품이 공하기 때문에 '법성法性'이라고 한다.

〔약주〕

諸法實性 卽是眞如 眞如性空. 以眞如性現成諸法 法法全眞. 良由眞如性空 故諸法性空 稱爲法性.

제법의 진실한 성품(實性)이 바로 진여眞如이고, 진여는 성공(性空, 성품이 공한 것)이다.

(성공性空인) 진여의 성품으로 제법을 이루고 드러내기 때문에 법마다 모두 참된 것이다(法法全眞). 진실로 진여는 성품이 공하기 때문에 제법의 성품이 공한 것을 법성(法性, 법의 성품)이라고 칭한 것이다.

【의】

法性如是 故曰實相.

(또한) 법의 성품이 이와 같기 때문에 '실상實相'이라고 한다.

〔약주〕

諸法之性 全體眞如 眞如之相 本自無相. 法性如如 寂滅離相 故曰實相.

제법의 성품은 전체가 진여이고, 진여의 형상은 본래 자체의 모습이 없다. 법의 성품은 여여하며[6] 형상을 떠나 적멸하기 때문에 실상實相이라고 한 것이다.

【의】

實相自無 非推之使無 故名本無.

실상은 원래 (스스로) 없는 것이지(自無), 헤아려서 없게 한 것(使無)이 아니기 때문에 '본무本無'라고 한다.

〔약주〕

實相乃眞如實體. 今旣隨緣成一切法 則法法皆眞. 若觀法法全眞 則了無一法可當情者. 斯則不待推測使無 則法本無也. 萬法本無 又何有一毫可轉動哉. 以此而觀諸法 則不遷之旨 昭昭心目矣. 上明不遷

---

6 여여如如하다는 것은 법성의 이치적인 모습으로 둘이 아닌 평등을 뜻한다(法性之理體 不二平等, 정복보 『불학대사전』).

宗本.

※不待(부대): ~할 필요가 없다.

실상實相은 진여의 실체實體이다. 지금 인연을 따라서 일체법을 이루었다면 법마다 모두 진실하다(法法皆眞). (그러므로) 만약 법마다 모두 진실하다는 것을 관하면 어떤 법도 정情에 해당할 것이 없다. (또한) 이는 헤아려서 없다(使無)고 할 필요가 없으니, 바로 법은 본래 없는 것(本無)이다. 만법萬法이 본래 없는 것인데, 다시 또 무슨 털끝만큼이라도 전변하고 움직일 수 있는 것이 있겠는가? 이렇게 제법을 관하면 천류하지 않는다는(=물불천론物不遷論의) 뜻이 마음속(心目)에 뚜렷하게 될 것이다.

이상, 불천(不遷, 물불천론)의 종본(宗本, 종지의 근본)을 밝혔다.

【의】

言不有不無者〔此標不眞空宗本也〕**不如有見常見之有 邪見斷見之無耳.**

"있는 것도 아니고 없는 것도 아니다(不有不無)**"라고 말하는 것은**〔여기서는 부진공론不眞空論의 종본(宗本, 종지의 근본)을 나타냈다.〕**유견有見인 상견常見의 유有와 사견邪見인 단견斷見의 무無와는 다른 것이기 때문이다.**

〔약주〕

此標立論所破之執也. 不如猶不比也. 凡夫外道 定執諸法是實有 確執諸法爲斷滅之無. 政在所破 但以不字破之 故曰 "不有不無"

※政(정사 정): 확실히. 틀림없이. 정말로.

여기서는 이론(=불유불무不有不無)을 내세워 타파해야 할 집착(=상견常見과 단견斷見)을 나타냈다.

불여不如는 불비(不比, ~과 다르다)와 같다.

범부와 외도는 제법은 진실로 있는 것이라고 단정적으로 집착하거나,[7] 제법은 단멸하기 때문에 없는 것이라고 확고하게 집착한다.[8]

확실히 타파해야 할 것이 있는데 (여기서는) 다만 '불不'이라는 (한) 글자만을 가지고 타파했기 때문에 "있는 것도 아니고 없는 것도 아니다(不有不無)"고 한 것이다.

【의】

若以有爲有 則以無爲無.[9]

---

7 유견有見·상견(常見, 세간世間과 자아自我는 사후死後에도 없어지지 않는다는 견해)을 말한다.

8 사견邪見·단견(斷見, 세간과 자아는 사후에 없어진다는 견해)을 말한다. 일반적으로 상견常見과 단견斷見을 이견二見이라고 한다.

9 "若以現有爲實有 則以現無爲絶無"라고 할 수 있다.

만약 (지금 현재) **있는 것을** (진실로) **있는 것이라고 한다면,** (지금 현재) **없는 것은** (진실로) **없는 것이라고 해야 할 것이다.**

〔약주〕

此出計也. 若以諸法爲實有 則墮常見 若以諸法爲實無 則墮斷見.

여기서는 헤아림(計, 계교計較)을 드러냈다.

만약 제법이 진실로 있는 것이라고 하면 상견常見에 떨어지고, 만약 제법이 진실로 없는 것이라고 하면 단견斷見에 떨어지게 된다는 것이다.

【의】

夫不存無以觀法者 可謂識法實相矣.

무릇 (있고) **없음에** (마음을) **두지 않고 법을 관해야** (제)**법의 실상을 알았다고 말할 수 있다.**

〔약주〕

此示正觀也. 存無下應添一有字. 言不存有無二見以觀法 可謂識法之實相矣. 以有無二見 顚倒見也.

여기서는 정관正觀을 나타냈다.

'존무存無'에는 마땅히 '유有' 자 한 자를 첨가해야 한다.

유·무 두 견해를 마음에 두지 않고 (제)법을 관함으로써 (제)법의 실상을 안다고 말할 수 있음을 말한 것이다.

유·무의 두 견해 때문에 견해가 전도되는 것이다.

【의】

雖觀有而無所取相. 然則法相 爲無相之相 聖人之心 爲住無所住矣.

비록 (현재) 있는 것을 관할지라도 취하는(=집착하는) 상이 없어야 한다. 그런즉, 법상法相은 상相 없는 상이 되고, 성인의 마음은 머무는 바 없이 머물게 되는 것이다.

〔약주〕

此出觀益也. 謂離有無二見以觀諸法 則法法寂然 故法雖有而不取相. 不取法相 則當體如如 故相卽爲無相之相矣. 諸相無相 寂滅性空. 斯則所觀之境空 境空則心自寂. 故聖人之心 爲無住之住. 此心空也. 心境俱空 於何不寂.

여기서는 (정正)관觀의 이익을 나타냈다.

이를테면 유·무의 두 견해를 떠나 이로써 제법을 관하면 법마다 고요하기(法法寂然) 때문에 (제)법이 비록 (지금 현재 연회緣會로) 있어도 상相을 취하지 않는다는 것이다. 법상法相을 취하지 않으면 당체(當體, 본체)가 여여하기 때문에 (법)상은 곧 무상의 상이 된다.

모든 상相은 상이 없고 적멸해서 성품이 공하다. 이것이 바로 관하는 경계가 공한 것이며, 경계가 공하면 마음이 저절로 고요하게 되는 것이다. 그런 까닭에 "성인의 마음은 머무는 바 없이 머물게 된다"고 한 것이다.

이 마음은 공하다. 마음과 경계가 모두 공한데(心境俱空) 어디엔들 고요하지 않겠는가!

【의】

三乘等觀性空而得道也. 性空者 謂諸法實相也 見法實相 故云 "正觀" 若其異者 便爲邪觀 設二乘不見此理 則顚倒也.

삼승(三乘, 성문·연각·보살)은 (일체제법의) 성품이 공하다는 것(性空)을 평등하게 관해서 도를 체득한다.

성품이 공하다는 것은 이를테면 제법의 실상이니, (제)법의 실상을 보기 때문에 정관正觀이라고 한다.

만약 이와 다르게 본다면 바로 사관邪觀이 되며, 설사 이승二乘일지라도 이 이치를 보지 못하면 전도된다.

〔약주〕

此約法以顯能觀之人也. 三乘之人 同觀性空而得道果. 然此諸法性空 卽是實相 能見諸法實相 方爲正觀. 設使二乘 不見此理 則同凡夫顚

倒矣. 此單約諸法盡皆實相 二乘所見偏空 亦是實相性空. 若不是實相性空 何以得證道果. 意謂法一人異. 故下難明.

여기서는 법(法, 경계, 객관)을 근거로 해서 능히 관하는 사람(能觀之人, 주관)을 드러냈다.

삼승인은 (제법의) 성품이 공하다는 것(性空)을 동일하게 관해서 도과道果를 얻는다. 이 제법의 성품이 공한 것이 바로 실상實相이지만, 제법의 실상을 볼 수 있어야 바야흐로 정관正觀이라 할 수 있다. 설사 이승(성문·연각)이라도 이 이치를 보지 못하면 바로 전도된 범부와 같은 것이다.

여기서는 다만 제법이 모두 다 실상이라는 것을 근거로 하였기에 이승의 견해인 편공偏空 또한 실상實相의 성품은 공한 것이다. 만약 실상의 성품이 공한 것이 아니라면 무엇으로 도과道果를 증득할 수 있었겠는가? (논주가 말하고자 한) 의도는 법은 하나(=동일)이지만 사람이 다르다는 것(法一人異)을 말한 것이다. 그런 까닭에 아래에서 따져서 밝혔다.

【의】

是以 三乘觀法無異 但心有大小爲差耳.

그래서 삼승이 법을 관하는 것은 다름이 없지만, 다만 마음에 크고 작음(大小, 정도의 차이)이 있어 다를 뿐이다.

〔약주〕

此明法一人異也. 伏難 難曰 "旣三乘同見一法 何以證果有差" 答曰 "其實三乘觀法無異 但爲心有大小" 故證果有差耳 足知法本是一. 但人心大小有異 故所證果不同 以取不取相故耳 非法異也. 正若三獸渡河. 河本是一 但三獸大小不同 故所履淺深不一 斯乃獸三而河非三也. 詳夫立論之意 蓋以不遷當俗 不眞當眞 二諦爲所觀之境 般若爲能觀之智. 境智爲因 涅槃爲果. 其三乘乃能修之人. 故介宗本之中 良有以也.

여기서는 법은 하나(=동일)이지만 사람에 따라 다르다(法一人異)는 것을 밝혔다.

따져 말하기를 "삼승이 하나의 법을 동일하게 보았는데, 어째서 과(위)를 증득함에 차이가 나는 것인가?"라고 한 것이 (문장 안에) 숨겨져 있다. (이에) 답하기를 "사실, 삼승이 법을 관한 것은 다른 것이 없고, 다만 마음에 크고 작음이 있을 뿐이다"고 한 것이다. 그런 까닭에 증득한 과(위)에 차이가 있는 것일 뿐, 법은 본래 하나(法本是一)라는 것을 충분히 알 수 있는 것이다.

다만 사람의 마음에 정도의 차이가 있기 때문에 증득한 과(위)가 동일하지 않은 것이니, (이는) 상을 취하고 취하지 않는 것 때문이지, 법이 다른 것이 아니다. (이는) 바로 세 짐승이 강을 건너는 것과 같다.[10] 강은 본래 하나이지만 다만 세 짐승의 크고 작음의 정도가

---

10 삼수도하三獸渡河의 비유라고 하며, 『대반열반경』에서 전한다. 참고로 『우바새계경優婆塞戒經』 「삼종보리품三種菩提品」에서는 다음과 같이 전한다.

같지 않기 때문에 밟는 깊이가 동일하지 않은 것이니, 이것이 짐승은 셋이지만 강은 셋이 아닌 것이다.

무릇 (논주가) 논에서 내세운 뜻을 자세히 살펴보건대, 물불천론은 속제俗諦와 짝을 하고 부진공론은 진제眞諦와 짝을 해서 (진·속) 이제를 관하는 경계로 삼고 반야를 관하는 지혜로 삼았다. (또한) 경계와 지혜를 인因으로 삼고 열반을 과果로 삼았다.

삼승은 능히 수행하는 사람들(을 말하는 것)이다. 그런 까닭에 종본(宗本, 종지의 근본) 가운데에 들어 있는 것이 실로 이유가 있는 것이다.

【의】

漚和般若者 大慧之稱也.

구화반야(漚和般若, 방편반야)[11]**는 대혜**(大慧, 큰 지혜)**를 칭한다.**

善男子 如恒河三獸俱渡: 兎馬香象. 兎不至底 浮水而過; 馬或至底, 或不至底; 象則盡底.

선남자여! 토끼와 말 그리고 코끼리 등 세 짐승이 항하를 건너는 것과 같다. 토끼는 발이 바닥에 닿지 않아 물에 뜬 채 강을 건너고, 말은 그 발이 바닥에 닿기도 하고 닿지 않기도 하며, 코끼리는 모두가 그 발이 바닥에 닿는다.

11 구화漚和: 산스크리트어 upāya의 음사. 방편方便이라 번역. 교묘한 수단과 방법. 중생을 구제하기 위해 그 소질에 따라 임시로 행하는 편의적인 수단과 방법. 상황에 따른 일시적인 수단과 방법. (시공 불교사전)

〔약주〕

此標般若無知宗本也. 梵云 漚和 此云 方便 般若 此云 智慧. 以有方便之智 乃稱大慧 若無方便 但名孤慧. 故所取偏空 非大慧也. 前二論眞俗二諦 當所觀之境 今漚和般若 爲能觀之心 雙照二諦. 不取有無 不墮二邊 故云大慧.

여기서는 반야무지론의 종본(宗本, 종지가 되는 근본)을 드러냈다.

범어 구화漚和는 여기서는 방편方便이라 하고, 반야는 지혜智慧라고 한다.

방편의 지혜가 있기 때문에 대혜大慧라고 칭한 것인데, 만약 (지혜만 있고) 방편이 없으면 고혜(孤慧, 외로운 지혜)라고 한다. 그런 까닭에 편공(偏空, 공에 치우침)을 취하는 것은 대혜가 아니다.

앞의 두 논(물불천론과 부진공론)은 관觀하는 경계에 해당하고, 지금 구화반야는 관觀하는 마음이 되어 (진·속) 이제를 쌍으로 비춘다.

유·무를 취하지 않고 양변에도 떨어지지 않기 때문에 대혜大慧라고 한 것이다.

【의】

諸法實相 謂之般若. 能不形證 漚和功也. 適化衆生 謂之漚和 不染塵累 般若力也.

※塵累(진루)＝塵累(속루): 살아 나가는 데 얽매인 너저분한 세상일.

제법의 실상을 반야라고 하는데, (제법의 실상인 반야를) 증득한 것을 능히 드러내 보이지 않는 것은 구화(漚和, 방편)의 공(功, 힘)이다.

(또한) 중생에게 다가가 교화하는 것을 구화라고 하는데, (교화하면서도) 세속의 진루(塵累, 번뇌)에 물들지 않는 것은 반야의 힘 때문이다.

〔약주〕

此釋大慧之義也. 能見諸法實相 是謂般若. 雖觀空而不取證 仍起方便度生之事 是仗漚和之功也. 適化衆生 乃方便之事 雖涉生死 不被塵勞所累 全仗般若之力也. 是以菩薩觀空而萬行沸騰 涉有而一道淸淨. 淨名云 "無方便慧縛 有方便慧解 無慧方便縛 有慧方便解" 雙照二諦 不取有無之相 故能出空入假而無礙. 故云大慧.

※沸騰(비등): 물 끓듯 떠들썩하여짐.

여기서는 대혜大慧의 뜻을 설명하였다.

능히 제법의 실상을 보는 것을 반야般若라고 한다. 비록 공을 관하면서(觀空) 증득을 취하지 않고 거듭 방편方便을 일으켜 중생을 제도하는 일은 방편의 힘에 기댄 것이다.

중생에게 다가가 교화하는 것은 곧 방편의 일이니, 비록 생사를 겪으면서도 누累가 되는 진로(塵勞, 번뇌)를 받지 않는 것은 온전히 반야의 힘에 의지하기 때문이다. 그래서 보살이 공을 관하면서도 만행萬行이 물 끓듯 떠들썩하게 일어나고 유有와 관계하면서도 한결같이 청정한 것이다. 『정명경』에 이르기를 "방편 없는 지혜는 속박이고,

방편 있는 지혜는 해탈이다. 지혜 없는 방편은 속박이고, 지혜 있는 방편은 해탈이다"[12]고 하였다.

(지혜와 방편으로) (진·속) 이제를 쌍으로 비춰 유·무의 상을 취하지 않기 때문에 능히 공空에서 나와 가(假, 가유假有)에 들어가서도(出空入假) 걸림이 없는 것이다. 그런 까닭에 때문에 대혜大慧라고 한 것이다.

【의】

然則 般若之門觀空 漚和之門涉有. 涉有未始迷虛 故常處有而不染 不厭有而觀空 故觀空而不證. 是謂一念之力權慧具矣. 一念之力權慧具矣 好思. 歷然可解.

그런즉, 반야의 문에서는 공空을 관하고, 구화의 문에서는 유有와 관계하는 것이다.

유有와 관계하면서도 애초에 허虛에 미혹되지 않기 때문에 항상 유有에 처하면서도 물들지 않고, 유有를 싫어하지 않으면서 공空을 관하기 때문에 공을 관하면서도 증득하지 않는다. 이를 일러 '방편과 지혜를 갖춘 일념의 힘'이라고 한다.

방편과 지혜를 갖춘 일념의 힘, (이를) 잘 생각해 보라! 분명히 알 수 있을 것이다.

---

12 구마라집 역, 『유마힐소설경(維摩詰所說經, 이하 유마경)』 제2권, 「문수사리문질품文殊師利問疾品」에 전한다.

⊙ 〔약주〕

此重明不證不染之義也. 以般若唯照空 漚和唯涉有. 以涉有而不迷虛 是仗般若之力 故處有而不染. 以不厭有而觀空 故觀空而不取證 是仗漚和之功也. 斯則空有不異之二諦 權實不二之一心. 同時雙照 存泯無礙 故曰 "一念之力權慧具矣" 好思 歷然可解者 勉其用心 觀照分明 則心境歷然 權實並顯 當不勞而妙契矣.

여기서는 증득하는 것도 아니고 오염되는 것도 아니다(不證不染)는 뜻을 거듭해서 밝혔다.

반야(般若, 진실)로는 오직 공空만을 비추고, 구화(漚和, 방편)로는 오직 유有만을 관계하기 때문이다. 유와 관계하면서도 허(虛, 텅 빔=공)를 미혹하지 않은 것은 반야의 힘에 의지하기 때문에 유有에 처하면서도 오염되지 않는 것이다. (또한) 유有를 싫어하지 않으면서 공空을 관하기 때문에 공을 관하면서 증득을 취하지 않은 것은 방편의 힘에 의지하는 것이다. 이것이 바로 공과 유가 다르지 않은 (진·속) 이제二諦이고, 방편과 진실이 둘이 아닌 일심一心인 것이다.

동시에 쌍으로 비춰서 있고 없음(存泯=有無)에 걸림이 없기 때문에 "일념의 힘으로 방편과 지혜를 갖췄다"고 한 것이다.

"잘 생각해 보라! 분명히 알 수 있을 것이다"라고 한 것은 부지런히 마음을 써서 관하고 비추는 것(觀照)을 분명히 하면 마음과 경계가 분명하게 되고(心境歷然), 방편과 진실이 함께 드러나서(權實並顯) 마땅히 힘들이지 않고도 오묘하게 계합하게 된다는 것이다.

【의】

泥洹盡諦者 直結盡而已. 則生死永滅 故謂盡耳 無復別有一盡處耳.

니원(泥洹, 열반), 진제盡諦[13]는 바로 번뇌(結)[14]가 다한 것일 뿐이다. 생사를 영원히 멸했기 때문에 다했다(盡)고 말하는 것일 뿐이지, 다시 또 하나의 다한 곳(盡處)이 따로 있는 것은 아니다.

〔약주〕

此標涅槃無名宗本也. 言泥洹 亦名涅槃 稱爲盡諦者 直是煩惱結盡而已. 所謂五住究盡 故二死永亡, 是生死永滅 名爲盡耳 非復別有一盡處可歸 亦非實有一名可稱也. 故曰"涅槃無名" 四論所宗 一心爲本 謂不有不無之二諦 以非知不知之觀照 證不生不滅之一心. 因果冥會 妙契環中 宗本之義 盡乎是矣.

※環中(환중): 천하. 온 세상. 역자는 공空으로 해석함.

여기서는 열반무명론涅槃無名論의 종본(宗本, 종지의 근본)을 나타냈다. 니원泥洹은 또 열반涅槃이라고도 하는데, (이를) 진제盡諦라고 칭한 것은 바로 번뇌(煩惱, 煩惱結, 煩惱結使)[15]가 다했기 때문이다. (이는)

---

13 盡諦=滅諦.

14 결結: 번뇌를 뜻함. 번뇌는 중생을 결박하여 해탈하지 못하게 하므로 이와 같이 말함. (전게서)

이른바 5주(五住, 五住地, 다섯 번뇌)[16]를 끝까지 다했기 때문에 2사(二死, 分段生死와 變易生死)[17]가 영원히 없어졌다는 것이다.

이것은 생사를 영원히 멸해서 이름하기를 '진盡'이라고 한 것일 뿐이지, 다시 또 하나의 진처盡處가 따로 있는 것이 아니며, 또한 칭할 만한 하나의 명칭이 진실로 있는 것(實有)도 아니다. 그런 까닭에 열반무명涅槃無名이라고 한 것이다.

일심一心을 근본으로 한 사론四論의 종지는 이를테면 있는 것도 아니고 없는 것도 아닌 (진·속) 이제二諦는 알고 모름이 아닌 관조觀照로써 불생불멸의 일심을 증득한다는 것이다.

---

15 결사結使: 번뇌의 또 다른 이름. 번뇌는 중생을 결박하여 미혹에서 벗어나지 못하게 하므로 결結, 중생의 마음을 마구 부려 산란하게 하므로 사使라고 함. (전게서)

16 온갖 번뇌의 근본이 되는 다섯 가지 번뇌(五住煩惱, 五住地)를 말한다.
①견일처주지見一處住地: 욕계·색계·무색계의 견혹見惑. 이것은 견도(見道, 견혹을 끊는 단계)에 들어갈 때 일시에 끊으므로 견일처見一處라고 함.
②욕애주지欲愛住地: 욕계의 수혹修惑, 곧 탐·진·치·만.
③색애주지色愛住地: 색계의 수혹修惑, 곧 탐·치·만.
④유애주지有愛住地: 무색계의 수혹修惑, 곧 탐·치·만.
⑤무명주지無明住地: 욕계·색계·무색계의 무명. (전게서)
참고로, 오주번뇌는 『승만경勝鬘經』에서 구체적으로 전한다.

17 분단생사分段生死: 삼계에서 태어나고 죽는 일을 되풀이하는 범부의 생사. 각자 과거에 지은 행위에 따라 신체의 크고 작음과 목숨의 길고 짧음이 구별된다고 하여 분단分段이라 함.
변역생사變易生死: 삼계의 괴로움을 벗어난 성자가 성불할 때까지 받는 생사. 신체와 수명을 자유자재로 변화시킨다고 하여 변역變易이라 함. (전게서)

인과因果를 그윽하게 알아[18] 환중(環中, 공空)[19]에 오묘하게 계합하면 종본(宗本, 종지의 근본)의 뜻(義)이 여기에서 다하게 되는 것이다.

---

18 감산은 앞에서 "세 논論은 인因이 되고, 열반(涅槃, 열반무명론)이 과果가 되기 때문이다"고 하였다. 그러므로 인과는 수행의 인지와 열반의 과덕을 뜻한다.

19 시비를 초월한 절대적인 것으로 공, 중도를 뜻한다. 『장자』 「내편內篇」, 제물론齊物論에 나오는 말로 열반무명론의 註12 참조.

II.
물불천론
物不遷論

무릇 생사가 교대로 갈마들고, 추위와 더위가 번갈아 바뀌며, 만물은 흘러 움직인다는 것이 사람들의 일반적인 생각이다. 〔夫生死交謝 寒暑迭遷 有物流動 人之常情.〕

(하지만) 나는 그렇지 않다고 말한다. 〔余則謂之不然.〕

어째서 그런가? 『방광반야경』에 이르기를 "법은 가고 옴이 없으며 움직이는 것도 없다"고 하였기 때문이다. 〔何者. 放光云 "法無去來無動轉者"〕

"움직이는 것이 없다"고 한 것을 찾아봤지만, (이것이) 어찌 움직임(動)을 버리고 고요함(靜)을 구한 것이겠는가? 〔尋夫不動之作 豈釋動以求靜.〕

오로지 모든 움직임에서 고요함을 구한 것이다. 〔必求靜於諸動.〕

오로지 모든 움직임에서 고요함을 구한 것이기 때문에 비록 움직이지만 항상 고요하고, 움직임을 버리지 않고 고요함을 구한 것이기 때문에 비록 고요하지만 움직임을 떠나지 않는 것이다. 〔必求靜於諸動 故雖動而常靜 不釋動以求靜 故雖靜而不離動.〕

그런즉, 움직임과 고요함은 처음부터 다른 것이 아니다. 〔然則動靜未始異.〕

그런데도 미혹한 사람들은 (움직임과 고요함은 처음부터 다른 것이 아니라는 것에) 동의하지 않으니, 이로 인해 설사 진실한 말씀(眞言)일지라도 논쟁에 막히고, 종도들(宗途, 宗徒)은 다른 것을 애호함에 굴복 당하는 것이다. 〔而惑者不同 緣使眞言滯於競辯 宗途屈於好異.〕

그런 까닭에 고요함과 움직임(靜躁=動靜)의 극치는 말하는 것이 쉽지 않은 것이다. 〔所以 靜躁之極 未易言也.〕

어째서 그런가? 무릇 진(眞=진제)을 말하면 속(俗=속제)을 거스르고, 속을 따르면 진에 어긋나기 때문이다. 〔何者. 夫談眞則逆俗 順俗則違眞.〕

진에 어긋나기 때문에 성품을 미혹해 돌아오지 못하고, 속을 거스르기 때문에 말이 담담해서 맛이 없다. 〔違眞故迷 性而莫返 逆俗故言淡而無味.〕

이로 인해 보통 사람들(中人)은 존·망(存亡, 유·무)을 구분하지 못하고, 어리석은 사람(下士)은 손뼉을 치면서 돌아보지 않는 것이다. 〔緣使中人 未分於存亡 下士撫掌而弗顧.〕

가까이 있으면서도 알지 못하는 것, 그것은 오직 물物의 성품뿐이다. 〔近而不可知者 其唯物性乎.〕

그런데도 자신을 억제하지 못하고 잠시나마 그대로 마음을 동·정의 경계(動靜之際)에 의탁해보지만, (이것이) 어찌 필연(必然, 반드시 그러하다)이라고 말할 수 있겠는가! 〔然不能自已 聊復寄心於動靜之際 豈曰必然.〕

(지금부터) 시험 삼아 논해본다. 〔試論之曰.〕

『도행반야경道行般若經』에 이르기를 "제법은 본래 온 바도 없고, 또한 간 바도 없다"고 하였다. 〔道行云 "諸法本無所從來 去亦無所至"〕

(또한) 『중관론中觀(論)』에 이르기를 "(가는) 방향을 보고 그가 간다는 것을 알지만, 가는 자는 (그) 장소에 이르지 못한다"고

하였다. 〔中觀云 "觀方知彼去 去者不至方"〕

이것은 모두 움직임에 나아가서 고요함을 찾은 것이고, 이로써 물物은 천류하지 않는다는 것을 안 것이 분명하다. 〔斯皆卽動而求靜 以知物不遷明矣.〕

무릇 사람들이 이른바 움직인다고 하는 것은 과거의 물物이 (움직여서) 현재에 이르지 않았기 때문에 "움직여서 고요하지 않다"고 하는 것이다. 〔夫人之所謂動者 以昔物不至今. 故曰 "動而非靜"〕

(또한) 내가 이른바 고요하다고 하는 것 역시 과거의 물物이 현재에 이르지 않았기 때문에 "고요해서 움직이지 않는다"고 하는 것이다. 〔我之所謂靜者 亦以昔物不至今 故曰 "靜而非動"〕

(사람들이) "움직여서 고요하지 않다"고 하는 것은 그것(物)이 (현재로) 오지 않았기 때문이고, (내가) "고요해서 움직이지 않는다"고 하는 것은 그것(物)이 (과거로) 가지 않았기 때문이다. 〔動而非靜 以其不來 靜而非動 以其不去.〕

그런즉, 이른 것(所造, 오지 않고 가지 않은 것)은 일찍이 다른 적이 없지만, 본 것(所見, 견해)은 동일한 적이 없는 것이다. 〔然則 所造未嘗異 所見未嘗同.〕

(그런데도 사람들은) 거스르는 것을 막힌다고 하고 따르는 것을 통한다고 하는데, 만약 (진실로) 도를 얻는다면 다시 무엇에 막히겠는가? 〔逆之所謂塞 順之所謂通 苟得其道 復何滯哉.〕

슬프도다. 인정人情의 미혹함이 오래되어 눈앞에 진리를 대하면서도 깨닫지 못하다니! 〔傷夫. 人情之惑也久矣 目對眞而莫覺.〕

(사람들은) 과거의 물物이 (현재로) 오지 않은 것은 알면서도 현재의 물物이 (과거로) 갈 수 있다고 한다. 〔旣知往物而不來 而謂今物而可往.〕

(그렇다면) 과거의 물物이 아직 (현재로) 오지 않았는데 현재의 물物은 (대체) 어디로 간다는 것인가? 〔往物旣不來 今物何所往.〕

어째서 그런가? 과거의 물(向物)을 과거에서 찾으면 과거에 없었던 적이 없지만, 과거의 물(向物)을 현재에서 찾으면 현재에 있었던 적이 없기 때문이다. 〔何則. 求向物於向 於向未嘗無 責向物於今 於今未嘗有.〕

(과거의 물物은) 현재에 일찍이 있은 적이 없기 때문에 (과거의) 물物이 (현재로) 오지 않은 것이 분명하고, 과거에 일찍이 없던 적이 없기 때문에 (현재의) 물物이 (과거로) 가지 않았다는 것을 안다. 〔於今未嘗有 以明物不來 於向未嘗無 故知物不去.〕

(이를) 다시 현재에서 찾아봐도 현재 또한 (과거로) 가지 않았다. 〔覆而求今 今亦不往.〕

이는 이를테면 과거의 물物은 처음부터 과거에 있는 것이지 현재로부터 과거로 이른 것이 아니며, (또한) 현재의 물物은 처음부터 현재에 있는 것이지 과거로부터 현재에 이른 것이 아니라는 것이다. 〔是謂昔物自在昔 不從今以至昔 今物自在今 不從昔以至今.〕

그런 까닭에 중니(仲尼, 공자)가 말하기를 "안회야! 볼 때마다 새롭구나! 팔을 (한 번) 교차하는 것이 과거가 아니다"라고 하였다. 〔故仲尼曰 "回也見新 交臂非故"〕

이와 같이 물物은 (과거와 현재를) 서로 왕래하지 않는다는 것이 분명하다. 〔如此 則物不相往來 明矣.〕

가고 돌아오는 (그 어떤) 조그마한 조짐도 없는데, 어떤 물(物, 것)이 있어 움직인다고 하겠는가? 〔旣無往返之微朕 有何物而可動乎.〕

그런즉, 선람(旋嵐, 괴겁에 부는 바람)이 (수미)산을 쓰러뜨릴지라도 항상 고요한 것이고, 강하江河가 다투어 흘러가도 흐르는 것이 아니며, 아지랑이(野馬)가 부풀어 올라 바람에 날려도 움직이는 것이 아니고, 해와 달이 하늘을 지나가도 도는 것이 아니다. 〔然則 旋嵐偃嶽而常靜 江河兢注而不流 野馬飄鼓而不動 日月歷天而不周.〕

(그런데) 또 뭐가 괴이하겠는가? 〔復何怪哉.〕

아아(噫)! 성인 말씀에 "사람 목숨 빨리 지나가는 것이 시냇물 흐르는 것보다 빠르구나!"라고 하였다. 〔噫 聖人有言曰 "人命逝速 速於川流"〕

그래서 성문은 비상(非常, 無常)을 깨달아 이로써 도를 이루고, 연각은 연리(緣離, 인연의 화합과 분리)를 깨달아 이로써 진리에 나아갔던 것이다. 〔是以 聲聞悟非常以成道 緣覺覺緣離以卽眞.〕

(하지만 진실로) 만약 온갖 것이 움직이는데 변화하는 것이 아니라면, 어찌 변화를 탐구해 도에 오를 수 있었겠는가? 〔苟萬動而非化 豈尋化以階道.〕

다시 성인의 말씀을 탐구해 봐도 미묘하고 은밀해서 헤아리기 어렵다. 〔覆尋聖言 微隱難測.〕

움직이는 것 같지만 고요하고 가는 것 같지만 머무니, (이는)

가히 마음(神)으로 알 수 있는 것이지 사(事, 현상)로 구하는 것은 어렵다. 〔若動而靜 似去而留 可以神會 難以事求.〕

그래서 (흘러)가지만 반드시 (흘러)가는 것이 아니라고 말한 것은 사람들의 항상하다(常)는 생각을 막은 것이고, 머물지만 반드시 머무는 것이 아니라고 칭한 것은 사람들이 이른바 간다(往, 항상하지 않다)는 생각을 버리게 한 것이다. 〔是以 言去不必去 閑人之常想 稱住不必住 釋人之所謂往耳.〕

(하지만 이것이) 어찌 (생사가) 간다고 해서 (생사를) 버리는 것을 인정하고, (열반에) 머문다고 해서 (열반에) 머무는 것을 인정하는 것이라고 말하겠는가? 〔豈曰去而可遣 住而可留也.〕

그런 까닭에 『성구경成具經』에 이르기를 "보살은 항상(常)을 헤아리는 데에 처해서 항상하지 않음(非常=無常)의 가르침을 연설한다"고 하고, 『마하연론(摩訶衍論, 대지도론)』에 이르기를 "제법은 움직이지 않으며, 오고 가는 곳이 없다"고 하였다. 〔故成具云 "菩薩處計常之中 而演非常之教" 摩訶衍論云 "諸法不動 無去來處"〕

이것은 모두 여러 방법으로 인도해서 도달케 한 것이니, 두 말은 하나로 회합된다. 〔斯皆導達群方 兩言一會.〕

(그런데) 어찌 (표현한) 문장이 다르다고 해서 그 이치마저 어긋난다고 말하겠는가? 〔豈曰文殊而乖其致哉.〕

그래서 (열반은) 항상하지만 머무는 것이 아니라고 말하고, (생사는) (흘러)가지만 천류하는 것이 아니라고 칭한 것이다. 〔是以言常而不住 稱去而不遷.〕

천류하지 않기 때문에 (흘러)가지만 항상 고요하고, 머물지 않기 때문에 고요하지만 항상 (흘러)간다. 〔不遷 故雖往而常靜 不住 故雖靜而常往.〕

고요하지만 항상 (흘러)가기 때문에 (흘러)가지만 천류하지 않고, (흘러)가지만 항상 고요하기 때문에 고요하지만 머물지 않는다. 〔雖靜而常往 故往而弗遷 雖往而常靜 故靜而弗留矣.〕

그런즉, 장자가 산을 숨겼던 이유와 공자가 냇가에 임했던 까닭은 이들 모두 (흘러)가는 것을 머물게 하기 어렵다는 것을 깨달았기(感) 때문이지, (이것이) 어찌 현재를 버리고 (과거로) 갈 수 있다고 말한 것이겠는가? 〔然則 莊生之所以藏山 仲尼之所以臨川 斯皆感往者之難留 豈曰排今而可往.〕

그래서 성인의 마음을 관한 이는 (일반) 사람들이 보고 얻은 것과 같지 않은 것이다. 〔是以 觀聖人心者 不同人之所見得也.〕

어째서 그런가? 사람들은 어릴 때(少)와 장성한 때(壯)가 같은 몸이므로 백 세가 되어도 바탕(質, 본질)은 하나라고 말하는데, (이는) 부질없이 세월 가는 것만 알았지 몸도 (세월을) 따라서 흘러간다는 것을 깨닫지 못했기 때문이다. 〔何者. 人則謂少壯同體 百齡一質 徒知年往 不覺形隨.〕

그래서 범지梵志가 (젊은 시절) 출가해서 백수白首가 되어 돌아왔을 때, 이웃 사람들이 그를 보고 말하기를 "옛 모습이 아직 남아 있구먼" 하자, 범지가 "내게 옛 모습이 있는 듯해도 옛사람은 아니다"고 하였고, (그러자) 이웃 사람들이 모두 몹시 놀라면서 그의 말을 나무랐던 것이다. 〔是以 梵志出家 白首而歸 隣人見之曰 "昔人尙存乎" 梵志曰 "吾猶昔人 非昔人也" 隣人皆愕然 非其言也.〕

이른바 "힘 센 자가 짊어지고 달아나도 미혹한 사람은 깨닫지 못한다"고 한 것은 아마도 이것을 말한 것일 것이다. 〔所謂 有力者負之而趨 昧者不覺 其斯之謂歟.〕

그래서 여래께서는 군정(群情, 중생의 마음 또는 생각)이 막힌 것 때문에 바로 방편의 말씀(方言)으로 미혹을 변별하고, 둘이 아닌 진실한 마음을 타고 하나가 아닌 다른 가르침을 토해 내셨던 것이다. 〔是以 如來 因群情之所滯 則方言以辯惑. 乘莫二之眞心 吐不一之殊敎.〕

다르지만 다를 수 없는 것, 그것은 오직 성인의 말씀뿐이다. 〔乖而不可異者 其唯聖言乎.〕

그런 까닭에 진실(眞)을 이야기함에 천류하지 않는다고 일컫는 것이 있고, 세속을 이끄는데 흐르며 움직인다고 하는 말씀이 있는 것이다. 〔故談眞有不遷之稱 導俗有流動之說.〕

(그러므로) 비록 거듭해서 천 갈래 길로 다르게 (불법을) 제창했어도 모아보면 (모두) 동일한 이치로 돌아온다. 〔雖復千途異唱 會歸同致矣.〕

그런데도 문언에만 집착해서 따지는 이들(徵文者)은 천류하지 않는다는 말을 들으면 바로 과거의 물物이 현재에 이르지 않았다고 말하고, 흐르고 움직인다는 말을 들으면 현재의 물物은 과거에 이를 수 있다고 하는데, 과거와 현재를 이렇게 말했는데도 천류하기를 바라는 것은 어째서인가? 〔而徵文者 聞不遷 則謂昔物不至今 聆流動者 而謂今物可至昔. 旣曰古今 而欲遷之者 何也.〕

그래서 (돌아)가지만 반드시 (돌아)가는 것이 아니라고 말한 것이니, 과거와 현재는 항상 존재해서 움직이는 것이 아니기 때문이다. 〔是以 言往不必往 古今常存 以其不動.〕

(흘러)가지만 반드시 (흘러)가는 것이 아니라고 칭한 것은 이를테면 현재로부터 과거에 이르는 것이 아니니, 오는 것이 아니기 때문이다. 〔稱去不必去 謂不從今至古 以其不來.〕

오는 것이 아니기(不來) 때문에 과거와 현재를 말을 타고 달리듯 돌아다니는 것이 아니고, 움직이는 것이 아니기(不動) 때문에 각기 성품이 한 세대(과거는 과거에, 현재는 현재)에 머무는 것이다. 〔不來故不馳騁於古今 不動 故各性住於一世.〕

그런즉, 여러 서적의 문장이 다르고 백가百家의 말씀이 다르지만, 만약 (진실로) 회합해 안다면 어찌 문장의 다름에 미혹될 수 있겠는가? 〔然則 群籍殊文 百家異說 苟得其會 豈殊文之能惑哉.〕

그래서 사람들이 이른바 머문다(住)고 하면 나는 바로 간다(去)고 말하고, 사람들이 이른바 간다고 하면 나는 바로 머문다고 말하는 것이다. 〔是以 人之所謂住 我則言其去 人之所謂去 我則言其住.〕

그런즉, 가고 머무는 것이 비록 다르지만 그 이치는 하나이다. 〔然則 去住雖殊 其致一也.〕

그런 까닭에 경전에 이르기를 "올바른 말은 반대되는 것 같다"고 한 것이다. 〔故經云 "正言似反"〕

누가 마땅히 믿을 수 있겠는가마는 이 말에는 (그럴 만한) 연유가 있다. 〔誰當信者 斯言有由矣.〕

어째서 그런가? 사람들은 과거를 현재에서 구하면서 (과거가 현재에) 머물지 않는다고 말하지만, 나는 바로 현재를 과거에서 구하지만 (현재는 과거로) 가지 않는다는 것을 알기 때문이다. 〔何者. 人則求古於今 謂其不住 吾則求今於古 知其不去.〕

현재가 만약 과거에 이른다면 과거는 마땅히 현재에 있어야 하고, 과거가 만약 현재에 이른다면 현재는 마땅히 과거에 있어야 한다. 〔今若至古 古應有今 古若至今 今應有古.〕

(하지만) 현재에는 과거가 없기 때문에 (과거가 현재로) 오는 것이 아니라는 것을 알고, 과거에는 현재가 없기 때문에 (현재가 과거로) 가지 않는다는 것을 안다. 〔今而無古 以知不來 古而無今 以知不去.〕

만약 과거가 현재에 이르지 않으면 현재 또한 과거에 이르지 않는다. 〔若古不至今 今亦不至古.〕

사(事, 현상, 또는 물物)의 각기 성품은 한 세대(과거는 과거에 현재는 현재)에 (각기) 머무는데, 어떤 것이 있어 (과거와 현재를) 오고 갈 수 있겠는가? 〔事各性住於一世 有何物而可去來.〕

그런즉, 일월성신(四象)이 바람처럼 달리고 선기璇璣를 번개처럼 감아 돌려 털끝만큼이라도 뜻을 얻었다고 한다면, (그것이) 비록 빠르다고 하더라도 (진실로) 구르는 것이 아니다. 〔然則 四象風馳 璇璣電捲 得意毫微 雖速而不轉.〕

그래서 여래의 공덕은 만 세에 흘러 항상 존재하며, (여래의) 도는 백 겁에 통하면서 더욱 견고한 것이다. 〔是以 如來 功流萬世而常存 道通百劫而彌固.〕

산을 이루는 것은 첫 삼태기를 빌려 이루고, 길을 다져 만드는 것은 첫 걸음을 의지해 이르는 것이니, (이것이) 정말로 공업(功業, 공훈과 업적)은 썩지 않는 까닭이다. 〔成山假就於始簣 修途託至於初步 果以功業不可朽故也.〕

공업功業은 썩을 수 없기 때문에 비록 과거에 있던 것이라도 변화하지 않는 것이다. 〔功業不可朽 故雖在昔而不化.〕

변화하지 않기 때문에 천류하지 않고, 천류하지 않기 때문에 바로 잠연하고 분명한 것이다. 〔不化故不遷 不遷故 則湛然明矣.〕

그런 까닭에 경전에 이르기를 "삼재가 두루 가득해도 행업(行業, 수행의 선업)은 잠연하다"고 하였으니, 이 말씀을 믿으라! 〔故經云 "三災彌綸而行業湛然" 信其言也.〕

어째서 그런가? 과果는 인因과 함께하지 않지만, 인因으로 인한 과果이기 때문이다. 〔何者. 果不俱因 因因而果.〕

인으로 인한 과(因因而果)는 인이 과거에 멸하지 않았고, 과가 인과 함께하지 않는 것(果不俱因)은 인이 현재로 오지 않은 것이다. 〔因因而果 因不昔滅 果不俱因 因不來今.〕

멸하지도 않고 오지도 않았다면 천류하지 않는다는 이치가 분명하다. 〔不滅不來 則不遷之致明矣.〕

(그런데) 다시 무슨 가고 머묾에 미혹되고, 동과 정 사이에서

머뭇거리겠는가? 〔復何惑於去留 踟躕於動靜之間哉.〕

그런즉, 천지가 거꾸로 뒤집어져도 고요하지 않다고 말할 수 없고, 큰 물결이 하늘까지 이를 정도로 흘러넘쳐도 그것이 움직인다고 말할 수 없는 것이다. 〔然則 乾坤倒覆 無謂不靜 洪流滔天 無謂其動.〕

만약 (진실로) 마음(神)이 바로 물物에 나아가 계합할 수 있다면 이는 오래지 않아 알게 될 것이다. 〔苟能契神於卽物 斯不遠而可知矣.〕

〔약주〕[1]

此論俗諦卽眞 爲所觀之境也. 物者 指所觀之萬法 不遷 指諸法當體之實相. 以常情妄見諸法 似有遷流 若以般若而觀 則頓見諸法實相. 當體寂滅眞常 了無遷動之相 所謂無有一法可動轉者. 以緣生性空 斯則法法當體本自不遷 非相遷而性不遷也. 能見物物不遷 故卽物卽眞. 眞則了無一法可當情者 以此觀俗 則俗卽眞也. 良由全理成事 事事皆眞 諸法實相 於是乎顯矣. 論主宗維摩法華 深悟實相. 以不遷當俗卽俗而眞 不遷之旨 昭然心目.

※遷動(천동): 움직여서 옮김.

※動轉(동전): 변하여 달라짐. 이동 변전함. / 움직이다.

여기서는 속제俗諦가 곧 진(眞, 眞諦)임을 논하고, (속제를) 관하는

---

1 물불천론에 대한 개괄적인 설명이다.

경계(境, 대상)로 삼았다.

물物은 관하는 (대상인) 만법萬法을 가리키며, 불천(不遷, 천류하지 않음)은 제법 그 자체(當體)의 실상實相을 가리킨다. 상정常情과 망견妄見 때문에 제법이 흡사 천류遷流하는 것이 있는 것 같지만, 만약 반야(般若, 지혜)로 관하면 단박에 제법의 실상을 보게 된다. 그 자체가 적멸진상寂滅眞常해서 천동遷動하는 모습이 없으니, 이른바 어떤 법도 이동변전하는 것이 없다(無有一法 可動轉者)는 것이다.

연緣으로 생겨난 것은 성품이 공하기 때문에 이것은 곧 법마다 그 체가 본래 스스로 천류하지 않는 것이지, 상相은 천류하지만 성性은 천류하지 않는다는 것이 아니다.

능히 물物마다 천류하지 않는다는 것을 보기 때문에 물物은 곧 진실한 것(眞)이다. 진실하면 어떤 법도 정情에 해당할 것이 없으니, 이렇게 속(俗, 俗諦)을 관하면 속은 곧 진실한 것(眞, 眞諦)이 된다. 진실로 모든 이(理, 이치)로 사(事, 현상)를 이룸으로 말미암아 사事마다 모두 진실한 것이고, 제법의 실상이 여기에 드러난 것이다.[2]

논주論主는 『유마경』과 『법화경』을 존숭해서 (제법의) 실상을 깊이 깨달았다. (그리고는 이로써) 불천不遷으로 속俗을 대했기 때문에 속제가 바로 진제인 것이니(卽俗而眞), 불천不遷의 뜻이 마음속에 환하게 드러날 것이다.

---

2 全理成事 全事卽理와 같은 뜻이다.

【논】

夫生死交謝 寒暑迭遷 有物流動 人之常情. 余則謂之不然.

※迭(번갈아들 질): 번갈아들다. 달아나다.

무릇 생사가 교대로 갈마들고, 추위와 더위가 번갈아 바뀌며, 만물은 흘러 움직인다는 것이 사람들의 일반적인 생각이다. (하지만) **나는 그렇지 않다고 말한다.**

〔약주〕

將明不遷 先立遷流之相 爲所觀之境. 要在卽遷以見不遷 非相遷而性不遷也. 是由人迷謂之遷 人悟卽不遷. 故曰 "人之常情" 余則謂之不然 論主妙悟實相 故總斥之. 法華云 "不如三界 見於三界 大火所燒 此土安隱" 譬如恒河之水 人見爲水 鬼見爲火. 迷悟之分 亦由是也.

천류하지 않는다(不遷)는 것을 밝히려고 먼저 천류하는 모습을 내세워 관하는 경계(境. 대상)로 삼았다.

요지는 바로 천류하는 것으로 천류하지 않는 것을 보는 데 있는 것이지, 상相은 천류하지만 성性은 천류하지 않는다는 것이 아니다. 이것은 사람들이 미혹으로 말미암아 천류한다고 말하는 것이지, 사람들이 깨달으면 천류하지 않는다. 그런 까닭에 '인지상정人之常情'이라고 한 것이다.

"나는 그렇지 않다고 말한다"고 한 것은 논주가 실상을 오묘하게 깨달았기(妙悟實相) 때문에 총괄해서 배척한 것이다.

『법화경』에 이르기를 "삼계를 삼계로 보는 것만 못하다"고 하고, "큰 불이 태워도 이 땅은 안온하다"[3]고 했는데, 비유하면 항하의 물을 사람은 물로 보고 귀신은 불로 본다는 것과 같다.[4] 미혹과 깨달음의

---

3 『묘법연화경, (이하 법화경) 제16, 「여래수량품如來壽量品」에 전하는 것인데, 감산이 두 개의 글귀를 인용, 요약한 것이다.

①不如三界 見於三界

如實知見　여실하게 보니,
三界之相　삼계의 모습
無有生死　나고 죽음이 없고,
若退若出　물러나는 것 같기고 하고 나오는 것 같기도 하다.
亦無在世　또한 세상에 존재하는 것도
及滅度者　멸도하는 것도 없다.
非實非虛　실재하는 것도 아니고 없는 것도 아니며
非如非異　같지도 않고 다르지도 않아
不如三界　삼계를
見於三界　삼계로 보는 것만 못하다. (중략)

②大火所燒 此土安隱

衆生見劫盡　중생을 보니, 겁이 다해
大火所燒時　큰 불이 태워도
我此土安隱　나의 이 땅은 안온하고
天人常充滿　하늘과 인간 항상 충만하며
園林諸堂閣　동산과 숲, 모든 집들과 궁전
種種寶莊嚴　갖가지 보배로 장엄하고
寶樹多華果　보배 나무엔 꽃과 열매가 많네. (중략)

구분 또한 이와 같은 것이다.

【논】

何者〔徵釋迷悟之由〕**放光云 "法無去來 無動轉者"**

어째서 그런가?〔미혹과 깨달음의 이유를 따져가며 설명하였다.〕**『방광반야경』[5]에 이르기를 "법은 오고 감이 없으며 움직이는 것도 없다"[6] 고 하였기 때문이다.**

〔약주〕

引經立定宗體. 此義引彼經第七卷中云 "諸法不動搖 故諸法亦不去亦不來" 等卽法華云 "是法住法位 世間相常住" 蓋言諸法實相 當體如如

---

4 『대불정여래밀인수증요의제보살만행수능엄경大佛頂如來密因修證了義諸菩薩萬行首楞嚴經』(이하 능엄경)에서 전하는 일수사견一水四見(또는 일경사심一境四心)의 비유와 같다.
같은 물이지만, 천계天界에 사는 신神은 보배로 장식된 땅으로 보고, 인간은 물로 보고, 아귀는 피고름으로 보고, 물고기는 보금자리로 본다는 뜻. 곧, 같은 대상이지만 보는 이의 시각에 따라 각각 견해가 사뭇 다름을 비유하는 말. (전게서)

5 『방광반야바라밀경放光般若波羅蜜經』: 291년 무라차無叉羅가 번역. 『대품반야경大品般若經』, 『이만오천송반야二萬五千頌般若』라고도 불림. 이역본으로 286년 축법호竺法護가 번역한 『광찬반야경』, 404년 구마라집이 번역한 『마하반야바라밀경』, 현장의 『대반야경』이 있다.

6 인용, 요약한 것이다. 아래 약주와 註7 참조.

本無去來動轉之相. 佛眼觀之 眞空冥寂 凡夫妄見 故有遷流. 不遷論旨 以此爲宗.

경전을 인용하여 종체宗體를 정립하였다.

이 뜻은 『방광반야경』 제5권[7]에 "제법은 움직이지 않는다. 그런 까닭에 제법 또한 가는 것도 아니고 오는 것도 아니다"고 한 것에서 인용한 것인데, 바로 『법화경』에 이르기를 "이 법은 법위에 머물면서 세간의 모습으로 항상 머문다"[8]고 한 것과 같다.

이는 제법의 실상은 그 자체가 여여해서 본래 오고 가며 움직이는 모습이 없다는 것을 말한다.

불안佛眼으로 (제법의 실상을) 관하면 (제법은 본래) 진공명적(眞空冥寂, 진실한 공은 그윽하고 고요함)하지만, 범부의 망견妄見 때문에 천류하는 것이 있게 되는 것이다.

물불천론의 논지는 이것으로 종지(宗, 宗旨)를 삼은 것이다.

【논】

尋夫不動之作 豈釋動以求靜. 必求靜於諸動.

"움직이는 것이 없다"고 한 것[9]을 찾아봤지만, (이것이) 어찌 움직임

---

7 7권이 아니라 5권으로 바로잡았다. 제5권, 「마하반야바라밀연여공등품摩訶般若波羅蜜衍與空等品」에 전하는 문장이다.

8 법화경, 「방편품方便品」에 전하는 게송의 일부분.

(動)을 버리고 고요함(靜)을 구한 것이겠는가? 오로지 모든 움직임에서 고요함을 구한 것이다.

〔약주〕

此依宗出體也. 尋究不動之旨 蓋卽動物以見眞常 非捨動以求靜也. 良由全理所成之事 法法皆眞 當體常住 非於事外求理. 故但言事不遷不說理不遷也. 以卽事物以見不遷 故云"必求靜於諸動" 立論文義有四段. 初約動靜以明境不遷 次約境以明物不遷 三約古今以明時不遷 四約時以明因果不遷. 此初也.

※尋究(심구): 찾아서 밝힘.

여기서는 종(宗, 종지)에 의지해 체體를 드러냈다.

움직이지 않는다(不動)는 뜻을 찾아서 밝힌 것은 바로 움직이는 물物로써 진상(眞常, 참되고 영원한 것)을 본 것이지, 움직임을 버리고 고요함을 구한 것이 아니다.

진실로 모든 이(理, 이치)는 사(事, 현상)로 말미암아 법마다 모두 진실해서 그 자체가 항상 머무는 것이지, 사事 밖에서 (따로) 이理를 구한 것이 아니다. 그런 까닭에 다만 사事가 천류하지 않는다(事不遷=物不遷)고 말한 것이지, 이理가 천류하지 않는다(理不遷)고 말한 것이 아니다.

사事와 물物에 나아가서 천류하지 않는다는 것을 보았기 때문에

9 바로 앞에서 말한 法無去來 無動轉者를 뜻한다.

"오로지 모든 움직임에서 고요함을 구하는 것이다"고 한 것이다.

논論에서 내세운 문장의 뜻에는 네 가지가 있다. 첫째는 움직임(動)과 고요함(靜)에 근거해서 경계가 천류하지 않는다는 것(境不遷)을 밝히고, 둘째는 경계에 근거해서 (만)물이 천류하지 않는다는 것(物不遷)을 밝히고, 셋째는 고금(古今, 시간)에 근거해서 시간이 천류하지 않는다는 것(時不遷)을 밝히고, 넷째는 시간에 근거해서 인과가 천류하지 않는다는 것(因果不遷)을 밝혔다. 이것이 (바로 그) 처음이다.

【논】

必求靜於諸動 故雖動而常靜 不釋動以求靜 故雖靜而不離動.

오로지 모든 움직임에서 고요함을 구한 것이기 때문에 비록 움직이지만 항상 고요하고, 움직임을 버리지 않고 고요함을 구한 것이기 때문에 비록 고요하지만 움직임을 떠나지 않는 것이다.

〔약주〕

此依體釋義也. 必求靜於動 雖萬動陳前 心境湛然. 故曰"雖動常靜" 苟不捨動求靜 <u>故一道虛間</u> 雖應緣交錯 不失其會. 如華嚴云"不離菩提場 而徧一切處" 所謂"佛身充滿於法界 普現一切羣生前 隨緣赴感靡不周 而恒處此菩提座" 不悟此理 難明動靜不二之旨.

※밑줄 친 부분의 間은 '閒' 자가 本字이다.

여기서는 체體에 의지해서 뜻을 설명하였다.

오로지 (제법의 모든) 움직임에서 고요함을 구했기 때문에 비록 온갖 움직임이 앞에 펼쳐져도 마음 경계가 잠연(湛然, 청정)[10]한 것이다. 그런 까닭에 말하기를 "비록 움직이지만 항상 고요하다"고 하였다.

진실로 움직임을 버리지 않고 고요함을 구했기 때문에 한결같이 텅 비고 한가로우며, 비록 (인)연緣에 응해 뒤얽혀도(應緣交錯) 그 회(會, 깨달음)를 잃지 않는 것이다. (이는) 『화엄경』에 이르기를 "보리의 도량을 떠나지 않고, 일체처에 두루하다"[11]고 한 것과 이른바,

"불신은 법계에 충만해서(佛身充滿於法界)
일체중생 앞에 두루 드러나네(普現一切羣生前).
인연 따라 감응하사 두루하지 않음 없고(隨緣赴感靡不周),
항상 이 보리좌에 앉아 계시네(而恒處此菩提座)."[12]

---

10 湛然은 통상적으로 담연으로 읽어왔지만, 역자는 잠연으로 읽었다(이하 모두 동일하다). 왜냐하면 湛은 중국어 발음도 〔zhàn〕이고, 한자 훈독으로도 청정하다는 의미의 '맑을 잠'으로 읽어야 하기 때문이다. (참고로 湛의 훈독으로는 괼 담, 잠길 침, 맑을 잠, 담글 점, 장마 음 등이 있다.)

11 화엄경(80권 본) 제19권, 「승야마천궁품昇夜摩天宮品」에 다음과 같이 전한다.
如來廣大身　여래의 광대하신 몸
究竟於法界　마침내 법계에서
不離於此座　이 자리를 떠나지 않고
而徧一切處　일체처에 두루하시네.
한편, 이통현 장자의 『신화엄경론』과 『화엄합론』에서는 "不離菩提場 而昇一切處"로 전한다.

12 화엄경 제6권, 「여래현상품如來現相品」에 전하는 게송의 일부분이다.

라고 한 것과 같다. 이러한 이치를 깨닫지 못하면 "움직임과 고요함이 둘이 아니다(動靜不二)"고 한 뜻은 밝히기 어렵다.

【논】

然則 動靜未始異. 而惑者不同 緣使眞言滯於競辯 宗途屈於好異. 所以靜躁之極 未易言也.

※躁(조급할 조): 조급하다. 성급하다. 시끄럽다. / 여기서는 동動의 뜻.

그런즉, 움직임과 고요함은 처음부터 다른 것이 아니다. 그런데도 미혹한 사람들은 (움직임과 고요함은 처음부터 다른 것이 아니라는 것에) 동의하지 않으니, 이로 인해 설사 진실한 말씀(眞言)일지라도 논쟁에 막히고, 종도들(宗途, 宗徒)[13]은 다른 것을 애호함에 굴복 당하는 것이다. 그런 까닭에 고요함과 움직임(靜躁=動靜)의 극치는 말하는 것이 쉽지 않은 것이다.

〔약주〕

此依義辯惑也. 其實動靜一源. 本來不二 故未始異. 但迷者妄見不同 各執一端. 眞言 如所引不去來動轉等了義之談. 以異見不同 故使眞

---

13 역자는 宗途를 종도(宗徒, 종문의 신자들)로 읽었다(途와 徒는 발음이 똑같다). 여타의 선어록 등에서도 宗途를 종파로 읽는 경우도 다. 한편, 감산은 이어지는 아래 약주에서 일승의 참된 종지(一乘眞宗)로 표현하고 있음을 참고하기 바란다.

實之言 滯於競辯而不通 使一乘眞宗不能伸暢 返屈於好異之論. 如所破心無本無廓然等 皆不了實相而妄生異論. 論者以此之故 所以靜躁之極致 難與俗人言也.

여기서는 뜻에 의지해서 미혹을 변별하였다.

사실 움직임과 고요함은 하나의 근원이다. 본래 둘이 아니기 때문에 처음부터 다른 것이 아니다. 다만 미혹한 사람이 허망한 견해로 동일하지 않다고 보고, 각기 한 쪽에 집착하는 것일 뿐이다.

진언眞이라는 것은 예를 들어 인용한 "법은 가고 옴이 없으며, 움직이는 것이 없다"고 한 것과 같은 요의의 말씀(了義之談)[14]이다.

(움직임과 고요함이) 동일하지 않다고 달리 보는 까닭에 설사 진실의 말씀일지라도 논쟁에 막혀서 통하지 못하는 것이고, 설사 일승一乘의 참된 종지(眞宗)일지라도 통쾌하게 펼치지 못하고 반대로 (움직임과 고요함이) 다르다는 것을 애호하는 논의에 굴복 당하는 것이다. 예를 들면, 타파해야 할 대상인 심무心無와 본무本無와 확연廓然[15] 등은 모두 실상을 깨닫지 못했는데도 허망하게 다른 논리를 짓는다. 논주는 이런 이유 때문에 고요하고 시끄러움(靜躁, 動靜)의 극치는 속인俗人과 말하기 어렵다고 한 것이다.

14 요의경(了義經, 부처의 깨달음을 그대로 드러낸 경전)이라는 뜻이다.

15 부진공론에서 전하는 심무종과 본무종 등을 살펴보기 바란다.

【논】

何者.〔徵釋難言之所以〕夫談眞則逆俗 順俗則違眞. 違眞故迷性而莫返 逆俗故言淡而無味.

어째서 그런가?〔(고요하고 시끄러움의 극치는) 말하기 어렵다고 한 이유를 따져가며 설명하였다.〕무릇 진(眞=진제)을 이야기하면 속(俗=속제)을 거스르고, 속을 따르면 진에 어긋나기 때문이다. 진眞에 어긋나기 때문에 성품을 미혹해 돌아오지 못하고, 속俗을 거스르기 때문에 말이 담담해서 맛이 없다.

〔약주〕

所以難言者 以法不應機 所謂 高言不入於俚耳也. 若談眞則逆俗人之耳 若順俗則違眞常之道. 若眞常不明 則迷者不能使之歸眞 若逆俗人之耳 則言之出口淡而無味. 此其所以難言也.

※俚(속될 이): 속되다. 촌스럽다.

"(고요하고 시끄러움의 극치는) 말하기 어렵다"고 한 이유는 법이 기(機, 중생의 근기)에 응하지 않기 때문이니, 이른바 "고상한 말은 속된 (사람의) 귀에 들어가지 않는다"[16]고 하는 것이다.

---

16 장자 「외편外篇」, 천지天地에 다음과 같이 전한다.

大聲不入於里耳 折楊皇荂則嗑然而笑 高言不止於衆人之心 至言不出 俗言勝也.

만약 진眞을 이야기하면 속인의 귀를 거스르고, 만약 속俗을 따르면 진상의 도(眞常之道, 참되고 영원한 도)를 위배하게 된다. 만약 진상의 도를 밝히지 못하면 어리석은 사람을 진眞으로 돌아오게 할 수 없고, 만약 속인의 귀를 거스르면 입에서 나오는 말들이 담담해서 맛이 없다. 이것이 말하기 어려운 이유이다.

【논】

緣使中人 未分於存亡 下士撫掌而弗顧.

이로 인해 보통의 사람들(中人)은 존·망(存亡, 유·무)을 구분하지 못하고, 어리석은 사람(下士)은 손뼉을 치면서 돌아보지 않는 것이다.

〔약주〕

所以難言者 正爲根機之不同也. 其順眞逆俗之言 若上根利智 聞而便信 故不失人 亦不失言. 若使中根之人 則猶疑不決 故未分存亡.若下根聞之 則撫掌大笑而不顧矣. 存亡撫掌二語 出老子"中士聞道 若存若亡 下士聞道 大笑之 不笑不足以爲道" 是知實相妙談 聞而信者實不易得. 所以靜躁之極 未易言也.

훌륭한 음악은 속인의 귀에는 받아들여지지 않지만, 절양折楊이니 황화皇荂니 하는 속곡俗曲은 환성을 지르며 반긴다. 그러므로 고상한 말은 대중의 마음에 들어가지 않는다. 참된 진리의 말이 세상에 나타나지 않는 것은 비속한 말이 성하기 때문이다. (안동림 역주, 『장자』, p.338, 2020, 현암사)

※若使(약사): 만일 ~한다면, 가령 ~하다면.

"(고요하고 시끄러움의 극치는) 말하기 어렵다"고 한 이유는 바로 근기가 동일하지 않기 때문이다.

진을 따르고 속을 거스른다(順眞逆俗)는 말은 만약 영리한 지혜를 지닌 상근기(上根利智)가 들으면 바로 믿기 때문에 사람도 잃지 않고 말도 잃지 않는다. (하지만) 만약 중근기의 사람(中根之人)이라면 오히려 의심해서 결정하지 못하기 때문에 존·망(存亡, 생·사 또는 유·무)을 분간하지 못한다. (또한) 만약 하근기의 사람(下根)이 들으면 손뼉을 치고 크게 웃으면서 돌아보지 않는다.

존망存亡과 무장撫掌 두 말은 『노자(老子, 도덕경)』에 나오는데, "중근기(中士)가 도를 들으면 있는 것 같기도 하고 없는 것 같기도 하고, 하근기가 도를 들으면 크게 웃는다. 웃지 않으면 도라고 할 것이 못된다"[17]고 하였다. 이것으로 실상實相에 대한 오묘한 말씀을 듣고 믿는 사람은 진실로 얻기가 쉽지 않다는 것을 알 수 있다. 그래서 정·조(靜躁, 동·정)의 극치는 말하는 것이 쉽지 않은 것이다.

---

17 노자 제41장에 다음과 같이 전한다.

上士聞道 勤而行之 中士聞道 若存若亡 下士聞道 大笑之 不笑不足以爲道.

뛰어난 선비는 도를 들으면 힘써 이를 행하고, 중간 정도의 선비는 도를 들으면 마음에 있는 것 같기도 하고 없는 것 같기도 하고, 낮은 정도의 선비는 도를 들으면 크게 웃는다. 웃지 않는다면 도라고 할 것이 못된다. (전게서, p.165)

【논】

近而不可知者 其唯物性乎.

가까이 있으면서도 알지 못하는 것, 그것은 오직 물物의 성품뿐이다.

〔약주〕

此歎不唯信根之難 而眞常之法 其實難信難解也. 以其觸目皆眞 目對之而不覺 可不哀歟.

여기서는 다만 신근信根[18]이 어려운 것뿐만 아니라 진상의 법(眞常之法)이야말로 사실 믿기도 어렵고 이해하기도 어렵다는 것을 읊었다.

눈에 닿는 대로 모두 참된 것(觸目皆眞)인데 눈으로 마주대하면서도 깨닫지 못하니, 어찌 불쌍하지 않겠는가!

【논】

然不能自已 聊復寄心於動靜之際. 豈曰必然. 試論之曰.

---

18 오근(五根, 깨달음에 이르게 하는 다섯 가지 능력) 가운데 하나.
①신근信根: 부처의 가르침을 믿음.
②정진근精進根: 힘써 수행함.
③염근念根: 부처의 가르침을 명심하여 마음챙김.
④정근定根: 마음을 한곳에 모아 흐트러지지 않게 함.
⑤혜근慧根: 부처의 가르침을 꿰뚫어 봄.

※自已(자이): 자신의 감정을 억누르다. 스스로 억제하다.

그런데도 자신을 억제하지 못하고 잠시나마 그대로 마음을 동·정의 경계(動靜之際)**에 의탁해보지만,** (이것이) **어찌 필연**(必然, 반드시 그러하다)**이라고 말할 수 있겠는가!** (지금부터) **시험 삼아 논해본다.**

〔약주〕

此言作論之意. 爲愍迷者 悲興於懷 不能自已. 聊爾寄心於動靜之間 以明動靜不二之言 以曉迷者. 然非敢謂必然 但試論之耳.

여기서는 논을 지은 의도를 말하였다. 미혹한 사람을 불쌍히 여겼기 때문에 자비가 마음속에서 일어나서 자신을 억제할 수 없었다. (그리하여) 잠시 마음을 동·정의 사이에 의탁해서 동·정이 둘이 아니라는 말을 밝히고, 이로써 미혹한 사람을 깨닫게 한 것이다. 하지만 (이것을) 감히 필연(必然, 반드시 그러하다)이라고 말하지 못하고, 다만 시험 삼아 논해볼 뿐이다.(고 논주는 말하였다.)

【논】

道行云 "諸法本無所從來 去亦無所至" 中觀云 "觀方知彼去 去者不至方"

『도행반야경道行般若經**』**[19]**에 이르기를 "제법은 본래 온 바도 없고,**

또한 간 바도 없다"[20]고 하였다.

(또한) 『중관론中觀(論)』[21]에 이르기를 "(가는) 방향을 보고 그가 간다는 것을 알지만, 가는 자는 (그) 장소에 이르지 못한다"[22]고 하였다.

〔약주〕

此引經論以定不遷宗極也. 諸法當體寂滅 本自無生. 從緣而生 故無所從來 緣散而滅 故去亦無所至 如空中華 無起滅故. 中論但義引彼第二論 破去來品云 "去法 去者 去處 皆相因待 不得言定有定無. 是故決定知三法虛妄 空無所有 但有假名 如幻如化" 大方無隅 本無定向. 去者妄指 其實無方可至 如人往東 究竟不知以何爲東也.

여기서는 경·론을 인용해서 불천(不遷, 물불천론)의 종극(宗極, 궁극적인 요지)을 세웠다.

제법은 그 자체가 적멸寂滅해서 본래 스스로 생겨나는 것이 없다. 연緣을 따라 생겨나는 것이기 때문에 지금까지 와도 온 곳이 없고, 연緣을 따라 흩어지고 없어지기 때문에 가도 간 곳이 없는 것이니, 마치 허공 꽃에는 일어남과 멸함이 없는 것과 같은 까닭이다.

『중론中論』은 다만 제2론 「파거래품破去來品」[23]에서 뜻을 인용한

---

19 후한後漢의 지루가참支婁迦識이 번역. 『소품반야경小品般若經』의 다른 번역.

20 "本無所從來 去亦無所至"는 도행반야경 제9권, 「누교품累教品」과 제10권, 「담무갈보살품曇無竭菩薩品」에서 인용한 문구이다.

21 용수의 『중론송中論頌』에 대한 청목靑目의 소疏.

22 승조가 요약해서 인용한 것이다. 註24 참조.

것인데, "가는 법(去法)·가는 사람(去者)·가는 곳(去處) 모두가 서로 인(연)으로 상대하는 것이니, 결정적으로 있다거나 결정적으로 없다고 말하지 못하는 것이다. 이런 까닭에 세 법은 허망하고 공해서 있는 바가 없고, 단지 가명(假名, 빌린 이름, 거짓 이름)일 뿐이며, 환幻과 같고 화化와 같다는 것을 결정적으로 안다"[24]고 하였다.

---

23 「관거래품觀去來品」에 대한 청목靑目의 소疏를 말한다.

24 감산이 요약한 것이다.

「관거래품」의 제24, 25송頌

決定有去者　결정적으로 가는 자(去者)는
不能用三去　세 가지 가는 것(三去)을 능히 하지 않는다.
不決定去者　결정적이지 않은 가는 자도
亦不用三去　또한 세 가지 가는 것을 하지 않는다.

去法定不定　가는 법(去法)이 결정적이든 결정적이지 않든
去者不用三　가는 자(去者)는 세 가지를 하지 않는다.
是故去去者　이런 까닭에 가는 것(去)과 가는 자(去者)와
所去處皆無　가야 할 곳(所去處)이 모두 없다.

「파거래품」

(중략) 若決定無去法 去者何所用. 如是思惟觀察 去法去者所去處. 是法皆相因待 因去法有去者 因去者有去法 因是二法則有可去處. 不得言定有 不得言定無. 是故決定知 三法虛妄 空無所有 但有假名 如幻如化.

만약 결정적으로 가는 법이 없다면 가는 자가 무슨 쓸모가 있겠는가? 이와 같이 가는 법(去法)·가는 자(去者)·가는 곳(所去處)을 사유하고 관찰해야 한다. 이 법은 모두 서로 인(연)으로 상대하는 것이니, 가는 법으로 인해 가는 자가 있고, 가는 자로 인해 가는 법이 있는 것이며, 이 두 법(가는 법과 가는 자)으로 인하여 갈 수 있는 곳이 있게 되는 것이다. (그러므로) 결정적으로 있다고

대방(大方, 대도)은 구석(隅, 끝)도 없고[25] 본래 정해진 방향도 없다. 가는 사람(去者)은 (가는 방향을) 허망하게 가리키지만, 사실 그 방향에는 이를 수가 없으니 마치 사람이 동쪽으로 가지만 결국에는 어디를 동쪽이라고 하는지 모르는 것과 같은 것이다.

【논】

斯皆卽動而求靜 以知物不遷明矣.

이것은 모두 움직임에서 고요함을 찾은 것이고, 이로써 물物은 천류하지 않는다는 것을 안 것이 분명하다.

〔약주〕

此下論物不遷也. 經言 "法無來去" 則觸目眞常. 論云 "去不至方" 則去而不去. 斯皆卽動求靜之微意 證知物不遷 明矣.

해도 안 되고, 결정적으로 없다고 해도 안 된다. 이런 까닭에 결정적으로 세 가지 법이 허망하고, 공해서 있는 것이 없으며, 단지 가명假名일 뿐이며, 환幻과 같고 화化와 같다는 것을 결정적으로 안다.

25 노자 제41장에 다음과 같이 전한다.

(중략) 大方無隅 大器晩成 大音希聲 大象無形. 道隱無名 夫唯道 善貸且成.

큰 네모는 구석이 없고, 큰 그릇은 늦게 이루어지고, 큰 소리는 들리지 않고, 큰 형상은 형체가 없다. 도는 숨겨져서 이름 붙일 수가 없으니, 대저 도는 잘 빌려 주고 잠시 이루어지게 한다. (전게서 하, p.165)

여기서부터는 물物은 천류하지 않는다는 것을 논하였다.

경전에서 말한 "법은 오고 감이 없다"[26]는 것은 바로 눈에 닿는 대로 진상(眞常, 참되고 영원한 것)이라는 것이다.

(또한) 논에서 말한 "가도 (그) 방향에 이르지 않는다"[27]는 것은 곧 가도 가는 것이 아니라는 것이다.

이것은 모두 바로 움직임에서 고요함을 구한 은밀한 뜻(微意)이며, (논주가) 물物은 천류하지 않는다는 것을 증득해서 안 것임이 분명하다.

【논】

夫人之所謂動者 以昔物不至今 故曰 "動而非靜" 〔如朱顏在昔 今已老耄 以謂流光遷謝. 故曰 "動而非靜"〕 **我之所謂靜者 亦以昔物不至今 故曰 "靜而非動"** 〔以我而觀 朱顏自住在昔 未嘗遷至於今 故曰 "靜而非動"〕 **動而非靜 以其不來** 〔人之以爲遷流者 以少壯不來 故以爲動〕 **靜而非動 以其不去.** 〔我之所謂不遷者 以少壯在昔不來今 亦如老耄在今不至昔 故以爲靜〕 **然則 所造未嘗異 所見未嘗同.** 〔同以昔物不來 而見有動靜之不同〕 **逆之所謂塞 順之所謂通** 〔迷者以情逆理 故塞 悟者以理達事 故通〕 **苟得其道 復何滯哉.** 〔若悟眞常 有何相可滯哉〕 **傷夫. 人情之惑也久矣 目對眞而莫覺.**

---

26 앞에서 인용한 도행반야경의 말씀을 요약한 것이다.

27 앞에서 인용한 중관론의 말씀을 요약한 것이다.

※朱顔(주안)＝紅顔(홍안): 소년소녀.

※老耄(노모): 80세 이상의 노인. 노망하다. 망령들다.

무릇 사람들이 이른바 움직인다고 하는 것은 과거의 물物이 (움직여서) **현재에 이르지 않았기 때문에 "움직여서 고요하지 않다**(動而非靜)" **고 하는 것이다.** 〔소년(소녀)의 모습이 과거에 있었는데, 지금 벌써 80이 넘은 노인이 된 것처럼 세월을 따라 쇠퇴하였음을 말한다. 그런 까닭에 "움직여서 고요하지 않다"고 한 것이다.〕

(또한) **내가 이른바 고요하다고 하는 것 역시 과거의 물物이 현재에 이르지 않았기 때문에 "고요해서 움직이지 않는다**(靜而非動)"**고 하는 것이다.** 〔자기(我)를 기준으로 하여 살펴보면, (자신의) 소년의 모습은 처음부터 과거에 머물러 있는 것이지 현재로 천류해서 이른 적이 없다. 그런 까닭에 "고요해서 움직이지 않는다"고 한 것이다.〕

(사람들이) **"움직여서 고요하지 않다"고 하는 것은 그것**(物)**이** (현재로) **오지 않았기 때문이고,** 〔사람들이 천류한다고 여기는 것은 (과거의) 나이 젊고 혈기왕성함이 (현재로) 오지 않았기 때문에 움직이는 것으로 생각하는 것이다.〕 (내가) **"고요해서 움직이지 않는다"고 하는 것은 그것**(物)**이** (과거로) **가지 않았기 때문이다.** 〔내가 이른바 천류하지 않는다고 하는 것은 과거에 있던 나이 젊고 혈기왕성함이 현재로 오지 않은 것이고, 또한 지금 있는 80이 넘은 노인의 모습은 과거로 가지 않았기 때문에 고요한 것으로 생각하는 것이다.〕

그런즉, 이른 것(所造, 오지 않고 가지 않은 것)**은 일찍이 다른 적이 없지만, 본 것**(所見, 견해)**은 동일한 적이 없는 것이다.** 〔과거의 물物이

오지 않은 것은 동일한데, 움직임과 고요함에 대한 견해가 동일하지 않았다.〕

(그럼에도 사람들은) **거스르는 것을 막힌다고 하고 따르는 것을 통한다고 하는데,** 〔미혹한 사람은 정情으로 이치를 거스르기 때문에 막히고, 깨달은 사람은 이理로 사事를 통달하기 때문에 통한다.〕 **만약** (진실로) **도를 얻는다면 다시 무엇에 막히겠는가?** 〔만약 진상眞常을 깨달으면 어떤 상相에 막힐 수 있겠는가?〕

슬프도다. 인정人情의 미혹함이 오래되어 눈앞에 진리를 대하면서도 깨닫지 못하다니!

〔약주〕

上逆順二言 總申實相之境不異 因人迷悟之不同 故所見有乖. 此傷夫下 正出迷情. 以觸目皆眞 但人迷不覺 良可哀哉.

위에서 (말한) 거스름과 따름(逆順)의 두 말은 실상實相의 경계가 다른 것이 아닌데, 사람들의 어리석음과 깨달음이 동일하지 않기 때문에 견해(所見)에 어긋나는 것이 있다는 것을 총괄해서 말한 것이다.

여기서 "슬프도다. ~"라고 한 것은 (중생의) 미혹한 정(迷情, 어리석은 생각)을 정면으로 드러낸 것이다. 눈에 닿는 대로 모두 진실한 것인데(觸目皆眞), 다만 사람들이 어리석어 깨닫지 못해서 진실로 슬픈 것이다.

【논】

旣知往物而不來 而謂今物而可往. 往物旣不來 今物何所往.

(사람들은) **과거의 물物이** (현재로) **오지 않은 것은 알면서도 현재의 물物이** (과거로) **갈 수 있다고 한다.** (그렇다면) **과거의 물物이 아직** (현재로) **오지 않았는데 현재의 물物은** (대체) **어디로 간다는 것인가?**

〔약주〕

此總責迷倒也. 旣知往物不來 則知昔住在昔而不來今 則可例知今物亦不至昔矣. 此乃不遷之義也. 却謂今物可遷而往 豈不迷哉.

여기서는 미혹으로 전도된 것(迷倒)을 총괄해서 책망하였다.

과거의 물物이 (현재로) 오지 않은 것을 알았다면, 과거의 물物은 과거에 머물러 있지 현재로 오지 않았다는 것을 알고, 현재의 물物 또한 과거로 이르지 않는다는 것을 사례事例로 알 수 있다. 이것이 불천不遷의 뜻이다. (그런데) 도리어 현재의 물物이 천류해서 (과거로) 갈 수 있다고 말한다면, (이것이) 어찌 미혹한 것이 아니겠는가!

【논】

何則. 求向物於向 於向未嘗無 責向物於今 於今未嘗有. 於今未嘗有以明物不來 於向未嘗無 故知物不去. 覆而求今 今亦不往. 是謂昔物

自在昔 不從今以至昔 今物自在今 不從昔以至今.

※向(향할 향): 종전. 이전. 과거.
※여기서의 책責은 求와 같은 의미이다.

어째서 그런가? 과거의 물(向物)을 과거에서 찾으면 과거에 일찍이 없던 적이 없지만, 과거의 물物을 현재에서 찾으면 일찍이 현재에 있었던 적이 없기 때문이다.

(과거의 물物은) 현재에 일찍이 있은 적이 없기 때문에 (과거의) 물物이 (현재로) 오지 않은 것이 분명하고, 과거에 일찍이 없었던 적이 없기 때문에 (현재의) 물物이 (과거로) 가지 않았다는 것을 안다. (이를) 다시 현재에서 찾아봐도 현재 또한 (과거로) 가지 않았다.

이는 이를테면 과거의 물物은 처음부터 과거에 있는 것이지 현재로부터 과거로 이른 것이 아니며, (또한) 현재의 물物은 처음부터 현재에 있는 것이지 과거로부터 현재에 이른 것이 아니라는 것이다.

〔약주〕

此約今昔不相往來 正明不遷之義也. 以向物自住在向而不來 卽今求向而不可得. 返覆而觀 則知今自住今 而不至向. 則不遷之義明矣. 以其昔自住昔 今自住今 絶無往來之相. 以此觀之 不遷之旨 昭然可見. 論初引經論 以無去來立定宗體. 故返覆論之.

여기서는 현재와 과거가 서로 왕래하지 않는다는 것에 근거해서 천류하지 않는다(不遷)는 뜻을 정면으로 밝혔다.

과거의 물(向物)은 스스로(=처음부터) 과거에 있으면서 현재로 오지 않았기 때문에 바로 지금 과거를 구해도 얻을 수가 없다. (또한) 뒤집어 살펴보면, 현재는 스스로(=처음부터) 현재에 머무는 것이지 과거로 이르는 것이 아니라는 것을 알아 천류하지 않는다는 뜻이 분명하게 된다.

과거는 스스로 과거에 머물고 현재는 스스로 현재에 머물기 때문에 왕래하는 모습이 절대로 없다. 이렇게 관하면 불천不遷의 뜻은 분명하게 볼 수 있을 것이다.

논의 앞부분에서는 경론을 인용하고, 이로써 오고 감이 없는 것을 내세워 종체宗體를 정립하였다. 그런 까닭에 뒤집어서 논했던 것이다.

【논】

故仲尼曰 "回也見新 交臂非故" 如此 則物不相往來 明矣.

※交臂(교비): 팔과 팔이 닿다. 두 손을 뒷짐 지워 결박하다.

그런 까닭에 중니(仲尼, 공자)**가 말하기를 "안회야! 볼 때마다 새롭구나! 팔을** (한 번) **교차하는 것이 과거가 아니다"라고 하였다. 이와 같이 물**物**은** (과거와 현재를) **서로 왕래하지 않는다는 것이 분명하다.**

〔약주〕

此引孔子之言 以證不遷之義也. 義引莊子. 仲尼謂顏回曰 "吾與汝交一臂而失之 可不哀歟" 意謂交臂之頃 已新新非故. 蓋言迅速難留之如此也. 論主引意 要在迅速極處 乃見不遷之實. 楞伽云 "一切法不生 我說刹那義. 初生卽有滅 不爲愚者說" 賢首解云 "以刹那流轉 必無自性. 無自性故 卽是無生. 若非無生 則無流轉. 是故契無生者 方見刹那" 淨名云 "不生不滅 是無常義" 論主深悟實相 卽在生滅遷流法中 頓見不遷之實. 故所引乃遷流之文 以明不遷之旨. 非達無生意者 最難轉身吐氣也.

※意謂(의위): ~라고 생각하다(여기다).

여기서는 공자의 말을 인용해서 천류하지 않는다는 뜻을 증명하였다.

뜻은 『장자』에서 인용하였다. 중니(仲尼, 공자)가 안회顏回에게 이르기를 "나와 네가 팔을 한 번 교차해도 잃게 되는데, 어찌 슬프지 않겠는가!"[28]라고 한 것을 팔이 교차하는 잠깐 사이에 이미 새롭고 새로워져 옛것이 아닌 것으로 여긴 것이다. (이는) 신속해서 머물게 하는 것이 이와 같이 어렵다는 것을 말한 것이다. 논주가 인용한 뜻은 (그) 요지가 신속의 최고조(極處, 절정)에 있으며, 천류하지 않는다(不遷)는

---

28 외편, 전자방田子方에 다음과 같이 전한다.

吾終身與汝交一臂而失之 可不哀與.

내가 평생 동안 너와 팔을 잡고 살아간다고 해도 이를 붙잡아 둘 수가 없으며 언젠가는 서로 잃게 되게 마련이다. (그러니) 슬픈 일이 아니냐! (전게서, p.514)

것의 진실을 보게 하는 데 있는 것이다.

『능가경楞伽經』에 이르기를 "일체법은 생하지 않는다는 것을 나는 찰나의 뜻으로 말한다. 처음 생하면 멸하는 것이 있는데, 어리석은 이를 위해서는 설하지는 않는다"[29]고 하였다.

현수賢首[30]는 이 말을 풀어서 말하기를 "찰나에 유전(流轉, 윤회)하기 때문에 반드시 자성自性이 없다. 자성이 없기 때문에 무생無生이다. 만약 무생이 아니라면 유전은 없다. 이런 까닭에 무생에 계합해야 바야흐로 찰나를 볼 수 있다"[31]고 하였다.

『정명경』에 이르기를 "불생불멸이 무상無常의 뜻이다"[32]고 하였다.

---

29 참고로 능가경은 세 종류의 번역이 있다.
①4권 본(구나발타라 역, 『능가아발다라보경楞伽阿跋多羅寶經』),
②10권 본(보리유지 역, 『입능가경入楞伽經』),
③7권 본(실차난타 역, 『대승입능가경大乘入楞伽經』)
이 가운데 4권 본, 제4권 「일체불어심품一切佛語心品」에서는 "一切法不生 我說剎那義 物生則有滅 不爲愚者說"로 전한다. (게송의 일부분이다.) 한편, 10권 본, 제8권 「찰나품剎那品」에서는 "一切法不生 我說剎那義 物生卽有滅 不爲凡夫說"로 전한다.

30 현수법장(賢首法藏, 643~712): 당대의 승려. 화엄종의 제2조 지엄智儼의 제자.

31 『대승기신론의기大乘起信論義記』 제2권에 전한다.

32 유마경 「제자품弟子品」에 다음과 같이 전한다.
時維摩詰來謂我言 "唯 迦旃延 無以生滅心行 說實相法. 迦旃延 諸法畢竟不生不滅 是無常義 五受陰 洞達空無所起 是苦義 諸法究竟無所有 是空義 於我無我而不二 是無我義 法本不然 今則無滅 是寂滅義"

그때 유마힐이 제게 와서 다음과 같이 말했습니다.
"가전연迦旃延이여! 생멸심행(生滅心行, 생멸의 마음 작용)으로 실상법實相法을 말하지 마시오. 가전연이여! 제법은 필경 불생불멸不生不滅이니, 이것이 무상無

논주는 실상實相을 깊이 깨닫고, 곧장 생멸하고 천류遷流하는 법 속에서 단박에 천류하지 않는다는 진실을 보았다. 그런 까닭에 인용한 것은 천류의 문장이지만, 이로써 불천不遷의 뜻을 밝혔던 것이다.

무생無生의 뜻을 통달하지 못하면 전신토기轉身吐氣 하는 것이 가장 어렵다.

【논】

旣無往返之微眹 有何物而可動乎.

가고 돌아오는 (그 어떤) 조그마한 조짐도 없는데, 어떤 물(物, 것)이 있어 움직인다고 하겠는가?

〔약주〕

此結顯妙悟 不落常情也. 後結文云 "得意毫微 雖速而不轉" 言諸法湛然 無纖微眹兆來去之相 有何物而可動轉乎. 詳其論意 雖云今昔之物 本無去來 要見時無古今 平等一際. 若達古今一際 則物自無往來 所謂 處夢謂經年 覺乃須臾頃. 故時雖無量 攝在一刹那 所謂 "枕上片時春夢間 行盡江南數千里" 若以夢事而觀諸法 則時無古今 法無去來 昭然

常의 뜻이고, 5수음(五受陰, 5온)은 공空해서 일어나는 것이 없다는 것을 통달하는 것이 고苦의 뜻이며, 제법은 구경에 무소유無所有이니 이것이 공空의 뜻이고, 아我와 무아無我는 둘 아니니 이것이 무아의 뜻이며, 법은 본래 그러하지 않기에 지금 멸하는 것이 없으니 이것이 적멸寂滅의 뜻입니다."

心目. 纔入意地 便墮流轉 此非常情可到也.

※須臾(수유)=片時(편시)=片刻(편각): 잠시. 잠깐.

여기서는 오묘한 깨달음(妙悟)은 상정(常情, 범부의 허망한 마음)에 떨어지지 않는다는 것을 결론으로 드러냈다.

뒤에 (논주는) 결론 맺는 문장에서 말하기를 "털끝만큼이라도 얻었다고 한다면, (그것이) 비록 빠르다고 하더라도 (진실로) 구르는 것이 아니다"고 하였다. (이는) 제법은 잠연湛然해서 털끝만큼의 오고 가는 조짐의 모습이 없는데, 어떤 것이 있어 움직일 수 있겠냐는 것을 말한 것이다. 논論의 의미를 자세히 살펴보면, 비록 현재와 과거의 물物이 본래 오고 감이 없다는 것을 말했지만, 요지는 시간에는 고금古今이 없이 평등한 하나의 경계(平等一際)라는 것을 보게 하는 데 있는 것이다.

만약 과거와 현재가 하나의 경계라는 것을 통달하면 물物은 스스로 오고 감이 없게 되는데, (이는) 이른바 꿈에서는 일 년이 지났지만 깨고 나니 잠시 잠깐 사이라는 것이다. 그런 까닭에 시간은 비록 한량이 없지만 한 찰나에 거두게 되는 것이니, (이것이) 이른바 "베갯머리에서 잠시 꿈을 꾼 사이에 강남의 수천 리를 다 다녔다"[33]고 하는

33 당나라 때 잠삼(岑參, 715~770)의 「춘몽春夢」이라는 시의 일부분이다.

洞房昨夜春風起　어젯밤 화촉동방에 봄바람이 부니
遙憶美人湘江水　멀리 님 생각 상강湘江으로 가고,
枕上片時春夢中　베갯머리에서 잠시 봄꿈을 꾼 사이에

것이다.

만약 꿈속의 일을 가지고 제법을 관한다면, 시간에는 과거와 현재가 없고, 법에는 오고 감이 없다는 것이 마음속에 분명하게 될 것이다. (하지만) 조금이라도 의지(意地, 사량 분별의 영역)에 들어가면 바로 유전(流轉, 천류한다는 망정)에 떨어지게 되니, 이는 상정(常情, 범부의 허망한 마음)으로 이를 수 있는 것이 아니다.

【논】

然則 旋嵐偃嶽而常靜 江河兢注而不流 野馬飄鼓而不動 日月歷天而不周 復何怪哉.

※嵐(남기 람): 남기(嵐氣: 산속에 생기는 아지랑이 같은 기운). 산바람.
※밑줄 친 부분의 兢(떨릴 긍)은 '競(다툴 경)'의 誤字다.

그런즉, 선람(旋嵐, 괴겁에 부는 바람)이 (수미)산을 쓰러뜨릴지라도 항상 고요한 것이고, 강하江河가 다투어 흘러가도 흐르는 것이 아니며, 아지랑이(野馬)가 부풀어 올라 바람에 날려도 움직이는 것이 아니고, 해와 달이 하늘을 지나가도 도는 것이 아니다. (그런데) 또 뭐가 괴이하겠는가?

行盡江南數千里　강남 수천 리를 두루 돌아다녔네.

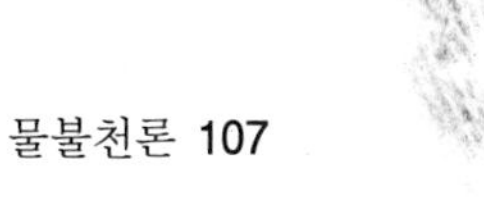

〔약주〕

此引迅速四事 以證卽物不遷 以成上無往返之微眹意也. 旋嵐 亦云毗嵐 乃壞劫之風. 須彌爲之摧 故云“偃嶽” 野馬 出莊子 乃澤中陽燄飄揚不停. 且此四事 常情見之 以爲遷流之極 若言不遷 則以爲怪. 以明眼觀之 本無遷流 復何怪哉. 如初引經云“法無去來 無動轉者” 正要卽動以見不遷 非指靜爲不遷也. 靜已不遷 又何論之有. 故論命題 乃以物物當體不遷 非言相遷而性不遷也. 此不遷之旨 正顯諸法實相 非妙悟之士 誠不易見. 上已備論不遷之旨. 下引教會通 以釋前“眞言滯於競辯 宗途屈於好異 靜躁之極未易言” 等文. 要人離言會意 不可執言失旨也.

※爲之(위지): (접속사) 그것 때문에. 그것으로 인해. 그것을 위해.
※밑줄 친 부분의 燄은 ‘炎(불꽃 염)’ 또는 ‘焰(불꽃 염)’ 자로 읽었다.
※飄揚＝飄颺(표양): 바람에 날림.
※正要(정요): 바로 ~하려고 하다. 마침 ~하려던 참이다.

여기서는 신속한 네 가지 일을 인용하고, 이로써 바로 물불천物不遷을 증명하고, 이로써 위에서 “가고 돌아오는 (그 어떤) 조그마한 조짐도 없다”고 한 뜻을 정리整理하였다.

선람旋嵐은 비람毗嵐이라고도 하는데, 이는 곧 괴겁壞劫에 부는 바람이다. 수미산이 그것 때문에 무너지기 때문에 “산을 쓰러뜨린다”고 한 것이다.

야마(野馬, 아지랑이)는 『장자』[34]에 나오는데, 연못의 아지랑이(陽

焰)가 바람에 날려 멈추지 않는 것이다.

무엇보다 이 네 가지 일은 상정常情으로 볼 때 천류遷流의 극치로 여기는 것인데, 만약 (이 네 가지 일을) 천류하지 않는다고 말한다면 (분명) 괴이하게 여길 것이다. (하지만) 밝은 눈(明眼)으로 관하면 본래 천류하는 것이 없거늘, 다시 무엇을 괴이하게 여기겠는가?

가령, 처음에 경전을 인용해서 "법에는 오고 감이 없고, 움직이는 것이 없다"고 한 것은 바로 움직임으로써 천류하지 않는다는 것을 보이려는 것이지, 고요함을 가리켜 천류하지 않는다고 하려는 것이 아니다.

고요해서 천류하지 않는데, 또 무엇을 논할 것이 있겠는가? 그런 까닭에 (물불천) 논論의 명제命題는 사물마다 그 자체가 천류하지 않는다는 것이지, 상(相, 형상)은 천류하지만 성(性, 성품)은 천류하지 않는다는 것을 말하는 것이 아니다. 이것이 천류하지 않는다는 뜻이고, 제법의 실상을 바르게 드러낸 것이니, (이는) 오묘하게 깨달은 사람이 아니라면 진실로 쉽게 볼 수 있는 것이 아니다. 이상으로 천류하지 않는다는 뜻을 모두 논하였다.

아래에서는 경(教)에서 인용한 것을 회통해서, 앞에서 "진실한 말씀(眞言)일지라도 논쟁에 막히고, 종도들(宗途)은 다른 것을 애호함에 굴복 당하는 것이다. (그런 까닭에) 고요하고 시끄러움(靜躁=動靜)의

---

34 「내편內篇」 소요유逍遙遊에 다음과 같이 전한다.

野馬也 塵埃也 生物之以息相吹也.

아지랑이와 먼지, 이는 (천지간의) 생물이 서로 입김으로 내뿜(어 생기는) 현상이다. (전게서, p.28)

극치는 말하는 것이 쉽지 않은 것이다"고 한 것 등의 문장을 설명하였다. (이는) 사람들이 말을 떠나 뜻을 알게 한 것이니, 말에 집착해서 뜻을 잃어서는 안 된다.

【논】

噫 聖人有言曰 "人命逝速 速於川流"〔此言人命無常 意在密顯眞常〕**是以聲聞悟非常以成道 緣覺覺緣離以卽眞.**〔二聖皆以聞無常而證果〕**苟萬動**〔法也〕**而非化**〔化言生死無常也〕**豈尋化以階道.**〔道涅槃果也 意謂若萬法不是無常 二乘聖人何以由聞無常而證聖果〕**覆尋聖言 微隱難測.**〔返覆推尋聖人之言 雖說無常 而意在密顯眞常所以隱微難測〕

※推尋(추심)=推究(추구): 추구하다. 연구하다. 규명하다.

아아(噫)**! 성인 말씀에 "사람 목숨 빨리 지나가는 것이 시냇물 흐르는 것보다 빠르구나!"[35]고 하였다.**〔여기서는 사람의 목숨이 무상하다는 것을 말했지만, 뜻은 진상眞常을 은밀히 드러내는 데에 있다.〕

---

35 『대반열반경』 제23권, 「광명변조고귀덕왕보살품光明遍照高貴德王菩薩品」 다음과 같이 전한다.

人命不停 過於山水 今日雖存 明亦難保.

사람 목숨 멈추지 않고 산수보다 빨리 흘러, 오늘은 비록 살아 있지만 내일은 또한 보장하기 어렵다.

그래서 성문은 비상(非常, 無常)**을 깨달아 이로써 도를 이루고, 연각은 연리**(緣離, 인연의 화합과 분리)**를 깨달아 이로써 진리에 나아갔던 것이다.** 〔(성문과 연각) 두 성인 모두 무상無常을 들음으로써 과위를 증득하였다.〕

(하지만 진실로) **만약 온갖 것이 움직이는데** 〔(제)법이〕 **변화하는 것이** 〔화化는 생사의 무상을 말한다.〕 **아니라면, 어찌 변화를 탐구해 도에 오를 수 있겠는가?** 〔도는 열반의 과이다. 뜻은 이를테면 만약 만법이 무상한 것이 아니라면 이승의 성인이 무엇 때문에 무상을 들음으로 말미암아 성인의 과위를 증득할 수 있었겠냐는 것이다.〕

다시 성인의 말씀을 탐구해 봐도 미묘하고 은밀해서 헤아리기 어렵다. 〔돌이켜서 다시 성인의 말씀을 규명해봤는데, 비록 무상을 설했지만 뜻은 진상을 은밀히 드러내는 데 있었다. 그래서 은밀하고 미묘해서 헤아리기 어려운 것이다.〕

❀

若動而靜 似去而留 〔聖人言雖動而意在顯靜. 言似去而意實常住. 所以靜躁之極未易言. 但可以神會 難以事相求之耳. 若不達聖人立言之旨 不能離言得意. 將謂實有生死去來之相 執言競辯 此則終不能悟不遷之妙. 直須離言得體 方能契會本眞耳〕 **可以神會 難以事求.** 〔謂滯相則迷眞 當契神於物表耳〕 **是以言去不必去 閑人之常想 稱住不必住 釋人之所謂往耳. 豈曰去而可遣 住而可留也.**

※閑(한가할 한): 막다. 방지하다.

움직이는 것 같지만 고요하고, 가는 것 같지만 머무니, 〔성인이 비록 움직임을 말했지만 뜻은 고요함을 드러내는 데 있다. 가는 것 같다고 말했지만 뜻은 진실로 상주常住하는 데 있다. 그래서 정·조(동·정)의 극치는 쉽게 말하지 못하는 것이다. (이는) 다만 마음(神)으로 알 수 있을 뿐, 사상事相으로 구하기 어렵다. 만약 성인이 말씀한 뜻을 통달하지 못하면 말을 떠나 뜻을 얻을 수 없다. 진실로 생사와 거래의 모습이 있다고 말하면서 말에 집착해 경쟁하듯 다툰다면 이는 곧 불천의 오묘함(不遷之妙)을 끝내 깨닫지 못하게 된다. 모름지기 말을 떠나 체를 얻어야 바야흐로 본래의 참됨(本眞)에 계합해 알 수 있게 된다.〕 (이는) **가히 마음(神)으로 알 수 있는 것이지 사事로 구하는 것은 어렵다.** 〔상에 막히면 참됨을 미혹하게 되니, 마땅히 물 밖(物表)에서 마음으로 계합해야 한다.〕

그래서 (흘러)**가지만 반드시** (흘러)**가는 것이 아니라고 말하는 것은 사람들의 항상하다**(常)**는 생각을 막은 것이고, 머물지만 반드시 머무는 것이 아니라고 칭한 것은 사람들이 이른바 간다**(往, 항상하지 않다)**는 생각을 버리게 한 것이다.**

(하지만 이것이) **어찌** (생사가) (흘러)**간다고 해서** (생사를) **버리는 것을 인정하고,** (열반에) **머문다고 해서** (열반에) **머무는 것을 인정하는 것이라고 말하겠는가?**

〔**약주**〕

此釋聖言難測 敎人離言體妙也. 言去言往 乃生死法也 住乃涅槃常住之果也. 凡聖人言生死遷流 不是實有可去之相. 但防閑凡夫執常之

想耳. 所稱涅槃常住 非是實有可住之相. 但破二乘厭患生死之情耳. 其實生死與涅槃 二俱不可得. 豈曰定有生死可遣 實有涅槃可留也. 下引證.

※防閑(방한): 방비하고 제한하다. 막고 금하다.

여기서는 성인의 말씀은 헤아리기 어렵다는 것을 설명하고, 사람들로 하여금 말을 떠나 오묘함을 체득하게(離言體妙) 하였다.

거去를 말하고 왕往을 말한 것은 생사법生死法이고, 주(住, 머묾)는 열반상주涅槃常住의 과果이다.

무릇 성인이 "생사는 천류한다"고 말한 것은 진실로 (흘러)갈 만한 상이 있는 것이 아니고, 다만 항상(常, 영원)하다고 집착하는 범부의 생각(想)을 막고 금하려는 것일 뿐이다.

(또한) 열반涅槃은 상주常住한다고 칭한 것은 진실로 머물 만한 상이 있는 것이 아니다. 다만 생사를 싫어하고 근심하는 이승의 정(情, 마음)을 타파한 것일 뿐이다.

사실 생사와 열반은 둘 다 얻을 수 없다. (그런데) 어찌 떨쳐 버릴 수 있는 생사가 결정코 있으며, 머물 수 있는 열반이 진실로 있다고 말씀했겠는가? 아래에서 (경전을) 인용하여 증명하였다.

【논】

故成具云 "菩薩處計常之中 而演非常之教" 摩訶衍論云 "諸法不動

無去來處" 斯皆導達群方 兩言一會. 豈曰文殊而乖其致哉.

그런 까닭에 『성구경成具經』[36]에 이르기를 "보살은 항상(常)을 헤아리는 데에 처해서 항상하지 않음(非常=無常)의 가르침을 연설한다"[37]고 하고, 『마하연론摩訶衍論』[38]에 이르기를 "제법은 움직이지 않으며, 오고 가는 곳이 없다"[39]고 하였다.

이것은 모두 여러 방법으로 인도해서 도달케 한 것이니 두 말은 하나로 회합된다. (그런데) 어찌 (표현한) 문장이 다르다고 해서 그 이치가 어긋난다고 말하겠는가?

---

36 원명은 『불설성구광명정의경佛說成具光明定意經』. 후한後漢시대에 지요支曜가 179년에 낙양洛陽에서 번역. 약칭으로 『성구광명경』이라고도 하며, 별칭으로 『성구광명삼매경』·『성구광삼매경』이라고도 함.

37 성구경에서는 다음과 같이 전한다.
"處計常之中 而知無常之諦"

항상을 헤아리는 데 처해서 무상의 진리를 안다.
한편, 아래 약주에서 감산이 전하는 성구경의 말씀은 경문 자체를 전한 것이 아니고, 의역한 것이다.

38 『대지도론大智度論』을 뜻하며, 『대론』, 『석론』으로도 불린다. 참고로 마명馬鳴이 지은 『대승기신론大乘起信論』의 주석서로 『석마하연론釋摩訶衍論』이 있는데, 혼돈해서는 안 된다.

39 대지도론 제51권, 「석승출품釋勝出品」에 다음과 같이 전한다.
"一切諸法不動相故 是法無來處 無去處 無住處"

일체제법은 움직이는 상이 없기 때문에 이 법은 오는 곳도 없고 가는 곳도 없으며 머무는 곳도 없다.
한편, 아래 약주에서 감산이 전하는 대론의 말씀 또한 註37과 동일한 경우이다.

〔약주〕

此明聖人言異而旨一 釋上生死涅槃二法皆空之義也. 成具言 "菩薩以處凡夫計常之中 故說無常以破其執 非是實有生死之相" 意在令人卽無常以悟眞常. 如大論云 "諸法湛然 常住不動 本無去來" 意欲令人卽羣動以悟不遷. 而常與無常之言 皆導達羣方 隨類應機之談 言異而旨一. 豈以殊文而乖其致哉. 執言競辯 豈非惑耶. 下釋兩言一會.

※意欲(의욕): (마음·기분에) ~하고 싶다. ~하고자 하다.

여기서는 성인의 말씀이 (여러 가지로) 다르지만 뜻은 하나임을 밝히고, 위에서 말한 생사와 열반의 두 법이 모두 공의 뜻임을 설명하였다.

『성구경』에서 말하기를 "보살은 범부가 항상(常, 영원)을 헤아리는 데 처해 있기 때문에 무상無常을 설해서 (범부의) 집착을 타파한 것이지, 생사의 모습이 진실로 있다는 것이 아니다"고 한 것은 (그) 뜻이 사람들로 하여금 무상無常으로 진상眞常을 깨닫게 하는 데 있는 것이다.

(또한) 『대론(大論, 대지도론)』에서 이르기를 "제법은 잠연하고, 항상 머물러 움직이지 않으며, 본래 가고 옴이 없다"고 한 것도 사람들로 하여금 바로 여러 움직임(羣動)으로써 천류하지 않는다는 것을 깨닫게 하고자 한 것이다.

그리고 상(常, 대론의 말씀)과 무상(無常, 성구경의 말씀)의 말은 모두 여러 방법으로 인도해서 도달케 한 것이고 부류에 따라 근기에 응한 말씀이니, 말은 다르지만 (그) 뜻은 하나이다. (그런데) 어찌 문장이 다르다고 해서 그 이치마저 어긋나겠는가? (또한) 말에 집착해 다투어 따지는 것이 어찌 미혹이 아니겠는가?

아래에서 두 말이 하나로 회합한다는 것을 설명하였다.

【논】

是以言常而不住 稱去而不遷. 〔證無爲而不捨萬行. 故常而不住. 處生死而不起涅槃 故去而不遷〕 **不遷 故雖往而常靜** 〔雖順萬化 而一道湛然〕 **不住 故雖靜而常往.** 〔不起滅定 而現諸威儀〕 **雖靜而常往 故往而弗遷** 〔以無心意而現行 故常往而弗遷〕 **雖往而常靜 故靜而弗留矣.** 〔不住無爲 不捨有爲 故靜而不留. 此釋兩言一會之義也〕 **然則莊生之所以藏山 仲尼之所以臨川 斯皆感往者之難留 豈曰排今而可往. 是以觀聖人心者 不同人之所見得也.**

그래서 (열반은) **항상하지만 머무는 것이 아니라고 말하고,** (생사는) (흘러)**가지만 천류하는 것이 아니라고 칭한 것이다.** 〔무위를 증득해도 만행萬行을 버리지 않는다. 그런 까닭에 (열반은) 항상하지만 (열반에) 머물지 않는 것이다. 생사에 처하면서도 열반에서 일어나지 않는다. 그런 까닭에 (생사가 흘러) 가지만 천류하지 않는 것이다.〕

천류하지 않기 때문에 (흘러)**가지만 항상 고요하고,** 〔비록 온갖 변화를 따르지만 한결같이 도는 잠연하다.〕 **머물지 않기 때문에 고요하지만 항상** (흘러)**간다.** 〔멸정(滅定, 멸진정)에서 일어나지 않고도 모든 위의威儀를 드러낸다.〕

고요하지만 항상 (흘러)**가기 때문에** (흘러)**가지만 천류하지 않고,**

〔심心·의意·식識이 없이 현행現行하기 때문에 항상 (흘러)가지만 천류하지 않는다.〕 (흘러)**가지만 항상 고요하기 때문에 고요하지만 머물지 않는다.** 〔무위에 머물지도 않고 유위를 버리지도 않기 때문에 고요하지만 머물지 않는다. 여기서는 두 말이 하나로 회합하는 뜻을 설명하였다.〕

그런즉, 장자가 산을 숨겼던 이유와 공자가 냇가에 임했던 까닭은 이들 모두 (흘러)**가는 것을 머물게 하기 어렵다는 것을 깨달았기**(感) **때문이지,** (이것이) **어찌 현재를 버리고** (과거로) **갈 수 있다고 말한 것이겠는가? 그래서 성인의 마음을 관한 이는** (일반) **사람들이 보고 얻은 것과 같지 않은 것이다.**

〔약주〕

此引二氏之言 證明兩言一會之義也. 莊子曰"藏舟於壑 藏山於澤 謂之固矣. 有力者負之而趨 昧者不覺. 藏天下於天下 則無所遯矣" 此言舟山藏於壑澤 將謂之固 然被有力者負之而趨 則不能留. 如今人熟睡舟中 順流而去 雖遷實不見其遷. 意謂人未忘形合道 縱隱遯山林 寄形天地 然形骸亦被造化密移. 而昧者不覺 以有所藏 則有所遯. 若形與道合 則無所藏 無藏則無遯 如藏天下於天下 則無所遯. 此莊子意也. 論語"子在川上曰 逝者如斯夫 不捨晝夜" 此歎道體無間 如川流之不息. 此孔子意也. 論主引文以證不遷. 意取昧者不覺 則雖遷而不遷 不捨晝夜 則雖往而不往. 故論釋之曰"斯二語者 但是感歎往者之難留 不是排今而可往" 斯則言雖似遷而意實不遷. 故誡之曰"觀聖人之心 不以常情執言害義 可謂之得矣" 論主引遷流之文 而釋以不遷之義

結以不是排今可往 則重在今物自在今 不從昔以至今一語. 爲不遷之準 要人目前當下直達不遷之旨 了無去來之相 求之言外 則妙旨昭然.

※遯(달아날 둔): 달아나다. 숨다. 피하다. 도망치다. 회피하다.

※熟睡(숙수): 곤하게 깊이 자는 잠.

※隱遯(은둔)=隱遁(은둔): 세상을 버리고 숨음.

여기서는 두 성인(장자와 공자)의 말씀을 인용해서 두 말이 하나로 회합한 뜻이라는 것을 증명하였다.

『장자』에 이르기를 "배를 골짜기에 숨기고, (그) 산을 연못에 숨기고서, 이를 견고하다고 한다. (하지만) 힘 센 사람이 배를 짊어지고 달아나도 어리석은 사람은 깨닫지 못한다. 천하를 천하에 숨기면 (훔쳐) 달아날 것이 없다"[40]고 하였다.

이것은 배와 산을 골짜기와 연못에 숨겨둔 것을 견고하다고 여기지만, 힘 센 사람이 메고 달아나면 붙잡아 둘 수 없다는 것을 말한다.

---

40 내편, 대종사大宗師에 다음과 같이 전한다.

夫藏舟於壑 藏山於澤 謂之固矣. 然而夜半有力者負之而走 昧者不知也. 藏大小有宜 猶有所遯 若夫藏天下於天下 而不得所遯. 是恆物之大情也.

배를 골짜기에 감추고 그물을 못에 숨겨 두고서 그것으로 든든하다고 한다(는 따위는 상식이다). 그렇지만 (그 상식을 깨뜨리고) 한밤중에 장사壯士가 그것을 메고 달아나버린다. 어리석은 자는 (그 도리를) 알지 못한다. 작은 것을 큰 것(속)에 감추었다 해도 역시 (다른 데로) 가지고 가버릴 데는 있다. 만약 온 세상을 그대로 온 세상(속)에 감춘다면 가져갈 데란 없게 된다. 이것이 바로 만물의 커다란 진리이다. (전게서, p.189)

(이는) 지금 어떤 사람이 배 안에서 곤하게 깊이 잠이 들어 배가 물결 따라 떠내려가면, 비록 천류하지만 실제로 천류하는 것을 보지 못하는 것과 같은 것이다.

뜻은 이를테면 사람이 형상을 잊고 도에 합하지 못하면, 설사 (세상을 버리고) 산림에 숨어 살면서 형상을 천지에 맡긴다고 한들 (그) 몸뚱이 또한 조화(造化, 대자연)에 은밀히 옮겨가게 된다(=암암리에 변하게 된다)는 것이다. 그런데도 어리석은 사람은 숨긴 곳이 있음으로써 (훔쳐서) 달아날 곳도 있다는 것을 모르고 있다.

만약 형체와 도가 (하나로) 합하면 숨길 곳이 없고, 숨길 곳이 없으면 도망칠 곳도 없으니, (이는) 마치 천하를 천하에 숨기면 달아날 것이 없는 것과 같은 것이다. 이것이 장자의 뜻이다.

(또한) 『논어論語』에 "공자가 냇가에서 말씀하시기를 '(흘러)가는 것이 이러하구나. 밤낮을 쉬지 않는구나!'"[41]라고 하였다. 이것은 도체道體가 끊어짐이 없는 것이 마치 냇물이 쉬지 않고 흐른 것과 같음을 찬탄한 것이다. 이것이 공자의 뜻이다.

논주는 (장자와 논어의 두) 문장을 인용해서 천류하지 않는다는 것을 증명하였다.

뜻은 어리석은 이가 (배를 짊어지고 달아나도) 깨닫지 못하면 천류해도 천류하지 않고, 밤낮을 쉬지 않지만 (깨닫지 못하면) (흘러)가도 (흘러)가지 않는다고 하는 것을 취한 것이다. 그런 까닭에 논[42]에서

---

41 「자한子罕」편에 전한다.

42 승조는 앞에서 "斯皆感往者之難留 豈曰排今而可往(이것은 모두 가는 것은 머물게 하기 어렵다는 것을 느낀 것이니, 어찌 현재를 버리고 과거로 갈 수 있다고 말할

설명하여 말하기를 "이 두 말씀은 다만 (흘러)가는 것을 머물게 하기 어렵다는 것을 감탄한 것일 뿐이지, 현재를 버리고 과거로 갈 수 있는 것이 아니다"고 한 것이다.

이것이 바로 비록 천류하는 것 같아도 뜻은 진실로 천류하지 않는다는 것을 말한 것이기 때문에 (위의 논에서) 훈계해서 말하기를 "성인의 마음을 관하려면 상정常情으로 말에 집착해서 뜻을 해치지 않아야 얻었다고 할 수 있는 것이다"[43]고 한 것이다.

논주가 천류한다는 문장을 인용해서 천류하지 않는다는 뜻을 설명하고, "현재를 버리고 과거로 갈 수 있는 것이 아니다"는 것으로 결론을 맺은 것은 (그) 중점이 현재의 물物은 스스로(=처음부터) 현재에 있으며, 과거로부터 현재에 이른 것이 아니라는 한마디 말에 있는 것이다.

천류하지 않는다는 것을 표준으로 삼은 것은 사람들로 하여금 눈앞의 바로 그 자리에서 천류하지 않는다는 뜻을 곧바로 통달해서 오고 감의 상이 전혀 없게 한 것이니, (이를) 언어 밖에서 구하면 (천류하지 않는다는) 오묘한 뜻이 환하게 분명해질 것이다.

【논】

何者. 人則謂少壯同體 百齡一質. 徒知年往 不覺形隨. 〔人雖同體一

수 있겠는가?)"이라고 말했다.

43 감산이 승조의 말에 이해를 돕기 위해 덧붙인 것이다. 정확하게는 "觀聖人心者不同人之所見得也(성인의 마음을 관한 이는 사람들이 보고 얻은 것과 같지 않다.)"라고 하였다.

質 而有老少之不同. 形容似有遷變 其實朱顏自隨住在昔少時而不來. 老耄自住在今而不去. 此不遷意也] 是以 梵志出家 白首而歸 隣人見之曰 "昔人尙存乎" 梵志曰 "吾猶昔人 非昔人也" 隣人皆愕然 非其言也. 所謂有力者負之而趨 昧者不覺 其斯之謂歟.

※愕然(악연): 몹시 놀라는 모양.

어째서 그런가? 사람들은 어릴 때(少)와 장성한 때(壯)가 같은 몸이므로 백세가 되어도 바탕(質, 본질)은 하나라고 말하지만, (이는) 부질없이 세월 가는 것만 알았지 몸도 (세월을) 따라 흘러간다는 것을 깨닫지 못했기 때문이다. 〔사람이 비록 동일한 몸에 하나의 바탕일지라도 늙음과 젊음이 동일하지 않다. 형상의 얼굴은 천류해서 변하는 것이 있는 것 같지만, 사실 소년(소녀)의 얼굴은 스스로(=처음부터) 과거의 젊었을 때를 따라 머무는 것이지, (현재로) 오는 것이 아니다. (또한) 80이 넘은 노인(의 형상)은 스스로(=처음부터) 현재에 머물러 있는 것이지, (과거로) 가는 것이 아니다. 이것이 천류하지 않는다는 뜻이다.〕

그래서 범지梵志가 (젊은 시절) 출가해서 백수白首가 되어 돌아왔을 때, 이웃 사람들이 그를 보고 말하기를 "옛 모습이 아직 남아 있구먼" 하자, 범지가 "내게 옛 모습이 있는 듯해도 (나는) 옛사람은 아니다" 고 하였고, (그러자) 이웃 사람들이 모두 몹시 놀라면서 그의 말을 나무랐던 것이다. 이른바 "힘 센 자가 짊어지고 달아나도 미혹한 사람은 깨닫지 못한다"고 한 것은 아마도 이것을 말한 것일 것이다.

〔약주〕

此引梵志之事 以釋雖遷而不遷 以明昧者不覺之義也. 且梵志自少出家 白首而歸 隣人見之謂 "昔人猶在" 是以昔之朱顔爲今之老耄. 梵志答曰 "吾似昔人 非昔人也" 意爲少壯自住在昔而不來 豈可以今之老耄排去而至昔耶. 此不遷之義明甚 但隣人不知 故愕然非其言. 是昧者不覺之意也.

여기서는 범지梵志의 일을 인용하고, 이로써 비록 천류하지만 천류하지 않는다는 것을 설명하고, 이로써 "어리석은 사람은 깨닫지 못한다(昧者不覺)"고 한 뜻을 밝혔다.

범지는 어려서 출가하여 머리가 희어서 고향으로 돌아왔는데, 이웃 사람이 그를 보고 말하기를 "옛 모습이 아직 남아 있구먼"이라고 하였다. 이는 과거의 소년(소녀)의 얼굴로써 현재의 80이 넘은 노인으로 여긴 것이다. (이에) 범지가 답하기를 "내게 옛 모습이 있는 듯해도 (나는) 옛사람이 아니다"고 하였다.

(이) 뜻은 어릴 때나 장성했을 때의 모습은 스스로(=처음부터) 과거에 머물러 있는 것이지 (현재로) 온 것이 아니거늘, 어찌 현재의 늙은 모습을 밀쳐내고 과거에 이를 수 있겠냐는 것이다. 여기에 불천不遷의 뜻이 매우 분명한데도, 단지 이웃 사람은 알지 못했기 때문에 몹시 놀라면서 그의 말을 나무랐던 것이다. 이것이 어리석은 사람은 깨닫지 못한다고 한 뜻이다.

❀

予少讀此論 竊以前四不遷義 懷疑有年. 因同妙師結冬蒲阪 重刻此論 校讀至此 恍然有悟 欣躍無極. 因起坐禮佛 則身無起倒. 揭簾出視 忽風吹庭樹 落葉飛空. 則見葉葉不動 信乎旋嵐偃嶽而常靜也. 及登廁去溺 則不見流相 歎曰 "誠哉 江河競注而不流也" 於是回觀昔日法華世間相常住之疑 泮然冰釋矣. 是知論旨幽微 非眞參實見 而欲以知見擬之 皆不免懷疑漠漠. 吾友嘗有駁之者 意當必有自信之日也.

※竊(훔칠 절): 남몰래. 살짝. 마음속으로. 슬그머니.
※恍然(황연): 언뜻. 문득. 갑자기. 불시에.
※泮(녹을 반): 물가. (얼음이) 녹다.
※意當은 宜當과 같은 뜻으로 번역하였다. 意와 宜는 발음이 yì로 같다.

나는 젊은 시절 이 물불천론을 읽고 마음속으로 앞의 네 가지 불천不遷의 뜻[44]에 여러 해 의문을 품고 있었다.

(한 번은) 동묘同妙 스님과 포판蒲阪[45]에서 동안거를 지냈는데(結冬, 三冬結制), (이때) 이 논論을 중각重刻하고 교정을 보면서 읽다가 여기에 이르러 문득 깨달음이 있어 끝없이 뛸 듯이 기뻤다. (그리하여) 자리에서 일어나 부처님께 절을 올렸는데 몸을 일으키고 구부리는 것을 알지 못했다(身無起倒).[46]

---

44 앞의 선람, 강하, 야마, 일월의 네 자연현상이 천류하지 않는다는 것을 말한다.
45 현, 산서성山西省에 위치한다.
46 '身無起倒'는 '불식기도不識起倒'의 뜻으로 이해하였다.

(또한) 발(簾)을 걷고 밖을 내다보는데 홀연히 바람이 뜰 앞의 나무에 불어 잎이 허공에 날렸다. (이때) 바로 잎들이 (스스로) 움직이지 않는 것을 보고, "선람이 수미산을 쓰러뜨려도 항상 고요하다"는 말을 믿게(=확신하게) 되었다.

그리고 뒷간에 가서 오줌을 누는데 (오줌이) 흐르는 모습이 보이지 않아, 찬탄하며 말하기를 "진실하구나, 강하江河가 다투어 흐르지만, 흐르지 않는구나!"라고 하였다. 이에 지난날 『법화경』의 "세간의 모습에 항상 머문다(世間相常住)'[47]고 한 것에 대한 의문을 돌이켜 보았는데 얼음 녹듯 풀렸다.

이로써 (물불천)논論의 뜻이 그윽하고 미묘해서 진실로 참구해서 보지(眞參實見) 않고 지견知見으로만 헤아리려 한다면 모두 마음속 의문이 막막해지는 것을 면치 못할 것이라는 것을 알게 되었다.

내 벗(=도반)이 일찍이 이를 논박한 적이 있었는데, 마땅히 반드시 스스로 믿게 되는(=확신하는) 날(自信之日)이 있을 것이다.

【논】

是以如來 因群情之所滯 則方言以辯惑 乘莫二之眞心 吐不一之殊教. 乖而不可異者 其唯聖言乎.

※乘(탈 승): 타다. 오르다. 헤아리다. 불법.

※乖(어그러질 괴): 여기서는 '다르다'의 뜻으로 이해하였다.

---

47 법화경 방편품의 게송 일부분.

그래서 여래께서는 군정(群情, 중생의 마음 또는 생각)이 막힌 것 때문에 바로 방편의 말씀(方言)으로 미혹을 변별하고, 둘이 아닌 진실한 마음(莫二之眞心)을 타고 하나가 아닌 다른 가르침(不一之殊敎)[48]을 토해 내셨던 것이다.

다르지만 다를 수 없는 것, 그것은 오직 성인의 말씀뿐이다.

〔약주〕

此總結聖人言異而心不異也. 諸佛出世 本來無法可說. 但因群生所執之情 故隨類設言以辯惑 破其執耳. 所乘乃不二之眞心 其言乃不一之殊教. 其說雖乖 而心實不可異者 其唯聖言乎. 隱微難測 正在於此.

여기서는 성인의 말씀은 달라도 마음은 다르지 않다는 것을 총괄해서 결론 맺었다.

제불께서 세상에 나오셨지만 본래 설할 만한 (그 어떤) 법도 없었다. 다만 중생의 집착하는 정情 때문에 (부득이) 부류에 따라 말씀을 베풀어 미혹을 가려내고 집착을 타파했을 뿐이다.

(여래께서) 타신 것은 둘이 아닌 진실의 마음이고, 그 말씀은 하나가 아닌 다른 가르침들이었다. (하지만) 그 말씀이 비록 달라도 마음은 실제로 다를 수가 없는 것, 그것은 오직 성인의 말씀뿐이다. 은밀하고 미묘해서 헤아리기 어려운 것이 바로 여기에 있다.

---

48 팔만사천 방편의 말씀을 뜻한다.

【논】

故談眞有不遷之稱 導俗有流動之說. 雖復千途異唱 會歸同致矣.

그런 까닭에 진실(眞)을 이야기함에 천류하지 않는 것을 일컫는 것도 있고 세속을 이끌면서 흐르며 움직인다고 하는 말씀도 있는 것이다. 비록 거듭해서 천 갈래 길로 다르게 (불법을) 제창했어도 모아보면 (모두) 동일한 이치로 돌아온다.

〔약주〕

此釋乖而不異之義也. 謂談眞有不遷之稱 而意在攝俗 導俗有流動之說 而意在返眞. 是以千途異唱 會歸同致. 此所以乖而不可異也.

여기서는 다르지만 다르지 않다(乖而不異)는 뜻을 설명하였다.

이를테면 진리를 이야기함에 천류하지 않는다고 일컫는 것이 있지만 (그) 뜻은 세속을 거두는 데 있고, 세속을 이끄는 데 흐르며 움직인다는 말씀이 있지만 (그) 뜻은 진리로 돌아오게 하는 데 있다는 것이다. 그래서 천 갈래 길로 다르게 (불법을) 제창했지만, 모아보면 (모두) 동일한 이치로 돌아오는 것이다. 이것이 다르지만, 다르지 않은 까닭이다.

【논】

而徵文者 聞不遷 則謂昔物不至今 聆流動者 而謂今物可至昔 旣曰

古今 而欲遷之者 何也.

그런데도 문언에만 집착해서 따지는 이들(徵文者)은 천류하지 않는다는 말을 들으면 바로 과거의 물物은 현재에 이르지 않았다고 말하고, 흐르고 움직인다는 말을 들으면 현재의 물物은 과거에 이를 수 있다고 하는데, 과거와 현재를 (이렇게) 말했는데도 천류하기를 바라는 것은 어째서인가?

〔약주〕

此出迷者執言失旨也. 徵文謂 但取信於文言者 隨語生解 聞不遷 則謂昔物不至今 似爲得旨 及聆流動 又謂今物可至昔. 旣曰古今 則古自住古 今自住今. 而欲遷今至古者何耶. 此責執言之失也. 以古不來則易見 言今不至昔最難明 論主直以現今當下不遷至昔 立定主意. 要人目前頓見不遷之實 了悟諸法實相 爲論之宗極.

여기서는 미혹한 사람이 말에 집착해서 종지를 잃어버린 것(執言失旨)을 드러냈다.

징문徵文은 이를테면 단지 문언(文言, 문장의 언구)만을 취해서 믿는 사람이 말을 따라 이해를 내는 것인데, (이런 사람이) 천류하지 않는다는 말을 들으면 바로 과거의 물物은 현재에 이르지 않았다고 하면서 마치 뜻을 얻은 것처럼 하고, (또한) 흐르며 움직인다는 말을 들으면 또 현재의 물物이 과거에 이를 수 있다고 한다는 것이다.

과거와 현재를 말했다면 과거는 스스로(=처음부터) 과거에 머물고 현재는 스스로(=처음부터) 현재에 있어야 한다. 그런데도 현재를 옮겨서 과거에 이르려고 하는 것은 무엇인가? 이는 언어에 집착하는 잘못을 책망한 것이다.

과거가 (현재로) 오지 않는 것은 쉽게 볼 수 있지만, 현재가 과거로 이르지 않는다는 말은 밝히기가 가장 어렵기 때문에 논주는 바로 현재가 바로 그 자리에서 과거로 옮겨가 이르지 않는다는 것을 드러내는 것으로 (논의) 주된 뜻을 굳건히 세웠다. (이는) 사람들로 하여금 눈앞에서 천류하지 않는다는 진실을 단박에 보고 제법의 실상을 분명하게 깨닫게 하는 것으로 종극(宗極, 궁극적인 요지)을 삼은 것이다.

【논】

是以 言往不必往 古今常存 以其不動. 稱去不必去 謂不從今至古 以其不來.

그래서 (돌아)가지만(往) 반드시 (돌아)가는 것이 아니라고 말한 것이니, 과거와 현재는 항상 존재해서 움직이는 것이 아니기 때문이다. (흘러)가지만(去) 반드시 (흘러)가는 것이 아니라고 칭한 것은 이를테면 현재로부터 과거에 이르는 것이 아니니, 오는 것이 아니기 때문이다.

〔약주〕

此下正破迷執也. 上論物不遷 此論時不遷. 凡言往不必作往解 古今常存者 以其不動也. 凡稱去不必作去解 謂不從今至古者 以古不來

今也.

여기서부터는 미혹과 집착을 정면으로 타파하였다.

위에서는 물불천物不遷을 논했고, 여기서는 시불천(時不遷, 시간이 천류하지 않음)을 논하였다.

무릇 (돌아)가지만(往) 반드시 (돌아)간다고 이해할 필요가 없다고 말을 했는데, (이는) 과거와 현재가 항상 존재한다는 것은 (과거와 현재가) 움직이는 것이 아니기 때문이다.

(또한) (흘러)가지만(去) 반드시 (흘러)간다고 이해할 필요가 없다고 칭한 것은 이를테면 현재로부터 과거에 이르는 것이 아니라는 것이니, 과거가 현재로 오는 것이 아니기 때문이다.

【논】

不來 故不馳騁於古今 不動 故各性住於一世.

※馳騁(치빙): 말을 타고 달리는 것. 이곳저곳 바삐 돌아다니는 것(한) / 활약하다. 섭렵하다.

오는 것이 아니기(不來) 때문에 과거와 현재를 말을 타고 달리듯 돌아다니는 것이 아니고, 움직이는 것이 아니기(不動) 때문에 각기 성품이 한 세대(과거와 현재)에 머무는 것이다.

〔약주〕

此結歸宗體也. 以其不來不去 了無三際之相. 故不馳騁於古今. 不動不靜 平等一如 故各性 住於一世.

여기서는 종체(宗體, 종지가 되는 명제)를 결론 맺었다.

오는 것도 아니고 가는 것도 아니기 때문에 삼제(과거·현재·미래)의 상이 전혀 없다. 그런 까닭에 과거와 현재를 말을 타고 달리듯 지나가는 것이 아니다. 움직이지도 않고 고요하지도 않으며 평등일여平等一如하기 때문에 각기 성품이 한 세대(과거는 과거에, 현재는 현재)에 머무는 것이다.

【논】

然則 群籍殊文 百家異說 苟得其會 豈殊文之能惑哉.

그런즉, 여러 서적의 문장이 다르고 백가百家의 말씀이 다르지만, 만약 (진실로) 회합해 안다면 어찌 문장의 다름에 미혹될 수 있겠는가?

〔약주〕

此顯忘言會旨也. 雖則千經萬論 殊文異說 苟得法界宗通 則會歸一眞之境. 豈被文言之所惑哉.

여기서는 말을 잊고 뜻을 아는 것(忘言會旨)을 드러냈다.

비록 일 천의 경전과 만 권의 논서가 글이 다르고 말씀이 다르지만, 만약 (진실로) 법계의 종지를 얻어 통하면 하나의 진실한 경계로 돌아오게 된다. (그런데) 어찌 언어문자에 미혹을 받겠는가!

【논】

是以 人之所謂住 我則言其去 人之所謂去 我則言其住. 然則 去住雖殊 其致一也. 故經云 "正言似反" 誰當信者. 斯言有由矣.

그래서 사람들이 이른바 머문다(住)고 하면 나는 바로 간다(去)고 말하고, 사람들이 이른바 간다고 하면 나는 바로 머문다고 말하는 것이다. 그런즉, 가고 머무는 것이 비록 다르지만 그 이치는 하나이다. 그런 까닭에 경전[49]에 이르기를 "올바른 말은 반대되는 것 같다"[50]고

---

49 여기서 말하는 경전은 노자 『도덕경』을 말한다.

50 노자 78장에서는 正言若反으로 전한다.

天下莫柔弱於水 而攻堅强者莫之能勝 其無以易之. 弱之勝强 柔之勝剛 天下莫不知 莫能行. 是以聖人云 受國之垢 是謂社稷主 受國不祥 是爲天下王. 正言若反.

천하에서 부드럽고 약하기로는 물보다 더한 것이 없으나, 굳고 강한 것을 공격하는 데는 이것을 이길 수 있는 것이 없으니, 물과 바꿀 것이 없기 때문이다. 약한 것이 강한 것을 이기고 부드러운 것이 굳센 것을 이긴다는 것을 천하에 모르는 사람이 없으면서도 실행할 수 있는 사람은 없다. 이런 까닭에 성인이 말하기를, 나라의 욕된 일을 떠맡는 이를 사직의 주인이라 하고, 나라의 상서롭지 못한 것을 떠맡는 이를 천하의 제왕이라 한다고 하였다. 올바른 말은 반대되는 것 같다. (전게서, p.587)

한 것이다. 누가 마땅히 믿을 수 있겠는가마는 이 말에는 (그럴 만한) 연유가 있다.

〔약주〕

此顯迷語一源也. 人之所謂住者 乃妄執爲常 且執常 則墮無常矣. 故我言去以破其執者 意在無住 非謂往也. 今之所謂去者 乃執生死無常也. 我則言其住以破其執 意在本無生死 非謂住而可留也. 是則去住二言 無非破執之談 以顯一眞常住 故言殊而致一. 正若老氏所云 "正言似反" "誰當信者 斯言有由矣" 此言迷悟不出一眞 是非本無二致. 正是現前 則不隨言取義也.

여기서는 (중생의) 미혹과 (성인의) 말씀이[51] 하나의(=동일한) 근원임을 드러냈다.

사람들이 이른바 머문다(住)고 하는 것은 허망한 집착으로 항상(常, 영원)하다고도 하고, 또한 항상에 집착하면 무상無常에 떨어지기도 한다는 것이다. 그런 까닭에 (사람들이 머문다고 하는 것에 대해) 나는 간다(去)고 말함으로써 저 집착을 타파한 것은 (그) 뜻이 머무는 것이 없다(無住)는 데 있지, 간다는 것을 말하는 데 있는 것이 아니다.

지금 이른바 간다고 하는 것은 (사람들이) 무상한 생사에 집착하기 때문이다. (또한 사람들이 간다고 하는 것에 대해) 나는 바로 머문다(住)고 말함으로써 집착을 타파한 것은 (그) 뜻이 본래 생사가 없다는

51 迷語를 迷悟로 읽어도 무방하다.

데 있는 것이지, 머물면서 머물 만하다고 말하는 것이 아니다.

이것은 바로 간다, 머문다 하는 두 말이 집착을 타파한 말이며, 이로써 일진상주一眞常住를 드러내지 않은 것이 없기 때문에 말은 달라도 이치는 하나인 것이다. (이것은) 노자(老氏)가 말한 "올바른 말은 반대되는 것 같다"고 한 것과 정확하게 같은 것이다.

"누가 바로 믿을 수 있겠는가마는 이 말에는 (그럴 만한) 이유가 있다"고 했는데, 이것은 미혹과 깨달음이 하나의 진실(一眞)에서 벗어나지 않으며, 옳고 그름이 본래 두 가지 이치(二致)가 없다는 것을 말한 것이다.

바로 눈앞에 드러나면 말을 따라서 뜻을 취하지 않게 된다.

【논】

何者.〔此徵顯古今不遷 要卽迷返悟也〕**人則求古於今 謂其不住**〔人於今中求古而不可得 則計以爲遷. 此迷也〕**吾則求今於古 知其不去.**〔我求今於古中而不可得 則知今不去. 此悟也〕**今若至古 古應有今 古若至今 今應有古.**〔若今古果有往來 則當互有其跡〕**今而無古 以知不來 古而無今 以知不去.**〔此正示不遷義也. 以今中無古 則知古不來 古中無今 則知今不去. 旣無來去 則前後際斷 又何遷之有〕**若古不至今 今亦不至古.**〔古今不相到〕**事各性住於一世 有何物而可去來.**〔若悟古今一際 則了法法眞常. 經云 "是法住法位 世間相常住" 此則事各性住於一世 有何物而可去來哉〕**然則四象風馳 璇璣電捲 得意毫微 雖速而不轉.**

※捲=卷(말 권): 말다. 말아 올리다. 말아서 둥글게 한 것.

어째서 그런가? 〔여기서는 과거와 현재가 천류하지 않는다는 것을 따져서 드러냈는데, 요지는 바로 미혹을 깨달음으로 돌이키는 것이다.〕

사람들은 과거를 현재에서 구하면서 (과거가 현재에) **머물지 않는다고 말하지만,** 〔사람들은 현재 안에서 과거를 구해서 얻을 수 없으면 천류한 것으로 헤아린다. 이것이 미혹이다.〕 **나는 바로 현재를 과거에서 구하지만** (현재는 과거로) **가지 않는다는 것을 알기 때문이다.** 〔나는 과거에서 현재를 구해서 얻을 수 없으면 현재가 (과거로) 가지 않았다는 것을 안다. 이것이 깨달음이다.〕

현재가 만약 과거에 이른다면 과거는 마땅히 현재에 있어야 하고, 과거가 만약 현재에 이른다면 현재는 마땅히 과거에 있어야 한다. 〔만약 현재와 과거가 정말로 오고 감이 있다면 마땅히 서로 그 자취가 있어야 한다.〕

(하지만) **현재에는 과거가 없기 때문에** (과거가 현재로) **오는 것이 아니라는 것을 알고, 과거에는 현재가 없기 때문에** (현재가 과거로) **가지 않는다는 것을 안다.** 〔여기서 천류하지 않는다는 뜻을 정면으로 보였다. 현재 안에 과거가 없으면 과거가 (현재로) 오지 않았다는 것을 알고, 과거 속에 현재가 없으면 현재가 (과거로) 가지 않았다는 것을 안다. 오고 감이 없으면 전후의 경계가 끊어지는데, 또 무슨 천류하는 것이 있겠는가?〕

만약 과거가 현재에 이르지 않으면 현재 또한 과거에 이르지 않는다. 〔과거와 현재는 서로 이르지 않는다.〕

사(事, 현상 또는 물物)**의 각기 성품은 한 세대**(과거는 과거에 현재는 현재)**에** (각기) **머무는데, 어떤 것이 있어** (과거와 현재를) **오고 갈 수 있겠는가?** 〔만약 과거와 현재가 (각기) 하나의 경계(際)라는 것을 깨달으면 법마다 진상眞常임을 깨닫게 된다. 경전(법화경, 방편품)에 이르기를 "이 법이 법위에 머물러 세간 상에 상주한다"고 하였다. 이것이 바로 사事의 각기 성품이 한 세대에 머무는 것인데, 어떤 물物이 있어 오고 갈 수 있겠는가?〕

그런즉, 일월성신(四象)**이 바람처럼 달리고 선기**璇璣[52]**를 번개처럼 감아 돌려서 털끝만큼이라도 뜻을 얻었다고 한다면,** (그것이) **비록 빠르다고 하더라도** (진실로) **구르는 것이 아니다.**[53]

〔약주〕

此結歸妙悟也. 四象乃日月星辰 新疏指四時. 璇璣舊爲北斗二星名 今意爲斗樞. 皆旋轉不停 如電捲無速也. 苟悟不遷之理於毫微 則雖速而不轉. 若法界圓明 則十方湛然寂滅矣. 前一往皆論迷見遷流故 故爲凡. 此下論悟則不遷 是爲聖.

---

52 선기璇璣: 천체를 관측하던 기계. 북두칠성의 제1성第一星에서 제4성까지를 가리키던 말.
북두칠성의 국자 머리 부분부터 시작해 첫 번째 별을 천추天樞, 두 번째를 천선天璇, 세 번째를 천기天機, 네 번째를 천권天權, 다섯 번째를 천형天衡, 여섯 번째를 개양開陽, 일곱 번째를 요광搖光이라 한다. 앞의 넷을 선기璿璣, 뒤의 셋을 옥형玉衡이라 통칭한다.

53 아무리 신속하게 움직이는 것처럼 보여도 실제로는 움직이지 않는다는 것이다.

여기서는 오묘한 깨달음(妙悟)을 결론 맺었다.

사상四象은 일월성신인데, 『신소新疏』에서는 사시(四時, 춘하추동)로 가리켰다.

선기琁璣는 옛날에는 북두칠성의 두 별의 이름이라고 했는데, 요즘 뜻으로는 두추斗樞라고 한다. 모두 돌면서 정지하지 않는 것이니, 마치 번개가 말아 올리는 것처럼 신속한 것은 없다.

만약 (진실로) 털끝만큼이라도 천류하지 않는다는 이치를 깨달으면 아무리 신속하다고 할지라도 구르는 것이 아니다. (또한) 만약 법계가 원만하고 밝으면 시방이 잠연하고 적멸하게 된다.

앞에서는 한결같이 모두 천류한다는 어리석은 견해를 논하였기 때문에, 그런 까닭에 범부라고 하였다.

다음부터는 깨달으면 천류하지 않는다는 것을 논하였기에 이를 성인이라고 하였다.

【논】

是以如來 功流萬世而常存 道通百劫而彌固.

그래서 여래의 공덕은 만 세에 흘러 항상 존재하며, (여래의) 도는 백 겁에 통하면서 더욱 견고한 것이다.

〔약주〕

此下言悟之爲聖. 故常住不朽 以明因果不遷也. 功流萬世 則利他之

行常存 道通百劫 自利之行益固. 雖萬世百劫 時似有遷 而二行不朽 不遷之實也.

여기서부터는 깨달으면 성인이라는 것을 말하였다. 그런 까닭에 항상 머물면서 썩지 않는 것이며, 이로써 인과因果가 천류하지 않는다는 것을 밝혔다.

공덕(功)이 만 세에 흐른다는 것은 곧 이타利他의 행이 항상 존재하는 것이고, 도가 백 겁에 통한다는 것은 자리自利의 행이 더욱 견고해지는 것이다. 아무리 만세백겁萬世百劫에 시간이 천류하는 것 같아 보여도 두 (자리와 이타의) 행은 썩지 않으니, (이것이) 천류하지 않는 실제(=진실)이다.

【논】

成山假就於始簣 修途託至於初步 果以功業不可朽故也.

※簣(삼태기 궤): 흙을 담는 삼태기.

산을 이루는 것은 첫 삼태기를 빌려 이루고, 길을 다져 만드는 것은 첫 걸음을 의지해 이르는 것이니, (이것이) 정말로 공업(功業, 공훈과 업적)이 썩지 않는 까닭이다.

〔약주〕

此引二氏之言 以證因果不遷之義也. 論語云 "譬如爲山 雖覆一簣 進吾進也" 老子云 "千里之行 始於足下" 二語皆譬資始成終之意. 爲山萬仞 假一簣以成功 山成而初簣不廢. 如行千里 始於發足一步 行至而初步不移. 故功成至聖 行滿不異於初心 所謂發心畢竟二無別 從因至果而行行不遷. 淨名云 "所作之業亦不忘" 不忘則不朽 善惡皆然. 此論聖功也.

여기서는 두 성인의 말씀을 인용해서 인과불천因果不遷의 뜻을 증명하였다.

『논어』에 이르기를 "비유하면 산을 쌓아올리는 것과 같으니, 비록 한 삼태기를 부었어도 나아간 것은 내가 나아간 것이다"[54]고 하였다.

(또한) 『노자』에 이르기를 "천 리를 가는 것은 (첫)발을 내리는 데서 시작한다"[55]고 하였다. (이) 두 말은 모두 시작을 바탕으로 끝을

---

54 「자한子罕」 편에 다음과 같이 전한다.

子曰 "譬如爲山 未成一簣 止吾止也 譬如平地 雖覆一簣 進吾往也"

공자께서 말씀하셨다.

"비유컨대 내가 산을 쌓아올리다가 흙이 꼭 한 삼태기 모자라는 데서 중지했다면, 그것은 내 자신이 중지한 것이다. 비유컨대 움푹한 땅을 메워 고르는 데 있어 내가 흙을 한 삼태기라도 부어 진전했다면, 그것은 내 자신이 진전한 것이다."

(남회근 저, 송찬문 역, 『논어강의 상』, p.640. 2012, 마하연)

55 노자 제64장에 다음과 같이 전한다.

(중략) 合抱之木 生於毫末 九層之臺 起於累土 千里之行 始於足下. 爲者敗之 執者失之. 是以聖人無爲 故無敗 無執 故無失.

이룬다(資始成終)는 뜻을 비유한 것이다.

만 길 높이(萬仞)의 산을 쌓는데 한 삼태기를 빌려 공을 이루니, 산을 다 쌓았어도 처음의 그 한 삼태기는 쓸모없는 것이 되지 않는다. (이는) 천 리를 가더라도 한 걸음 발에서부터 시작되지만, (천리 길을) 가서 이르더라도 처음의 그 한 걸음은 옮겨 가지 않는 것과 같은 것이다. 그런 까닭에 공(덕)을 성취해 성인을 이루어도 행의 원만함이 초심과 다르지 않은 것이니, 이른바 "발심發心과 필경(畢竟=성불) (이) 둘에 다른 것이 없다"[56]는 것이고, 인因으로부터 과果에 이르기까지 행하는 것마다 천류하지 않는 것이다.

『정명경』에 이르기를 "지은 업 또한 잊지 않는다"[57]고 하였다. 잊지 않는 것이 곧 썩지 않는 것이니, 선과 악(의 인과)이 모두 그러하다. 여기서는 성인의 공덕을 논하였다.

【논】

功業不可朽 故雖在昔而不化. 不化故不遷 不遷故 則湛然明矣. 故經

아름드리나무도 털 끝 같은 씨앗에서 생겨나고, 구층의 누각도 한 삼태기 흙을 쌓는 데서 시작되고, 천 리의 먼 길도 한 걸음으로부터 시작된다. 억지로 행하는 자는 실패하고 붙잡고 있는 자는 잃어버린다. 이런 까닭에 성인은 억지로 행함이 없기 때문에 실패하지 않고, 집착함이 없기 때문에 잃어버리지 않는다. (전게서, p.447)

56 初發心是便正覺을 뜻하며, 길장吉藏의 『중관론소中觀論疏』에 전한다.

57 불설유마힐경(지겸 역)과 유마힐소설경(구마라집 역) 모두 상기 감산이 제시한 경문과 일치하는 것이 없다.

云 "三災彌綸而行業湛然" 信其言也.

공업(功業, 공훈과 업적)은 썩을 수 없기 때문에 비록 과거에 있던 것이라도 변화하지 않는 것이다. 변화하지 않기 때문에 천류하지 않고, 천류하지 않기 때문에 분명 잠연하고 분명한 것이다. 그런 까닭에 경전에 이르기를 "삼재가 두루 가득해도 행업(行業, 수행의 선업)은 잠연하다"[58]고 하였으니, 이 말씀을 믿으라!

〔약주〕

此以不朽釋不遷意. 所言功業不朽者 以昔因不化 由不化 故不遷. 不遷 故知因果湛然 平等一際明矣 引經證成. 彌綸 充滿之義 言三災壞劫 乃遷之極也 而行業湛然 不動不壞 所謂 大火所燒時 我此土安隱. 則極遷極不遷 言可徵矣.

여기서는 썩지 않는다는 것으로 불천不遷의 뜻을 설명하였다.

"공업은 썩지 않는다"고 말한 것은 과거의 인(昔因)은 변화하지 않기 때문에 (과거의 인이) 변화하지 않음으로 말미암아 천류하지 않는다는 것이다. 천류하지 않기 때문에 인과가 잠연하고 평등한 하나의 경계(平等一際)임을 분명하게 아는 것이니, (이를) 경전을 인용해서 증명을 이루었다.

미륜彌綸은 충만하다는 뜻이고, 삼재의 괴겁은 천류(遷)의 극치이

58 경전의 출처를 정확히 알 수 없다. 다만 고려시대 보조지눌의 『정혜결사문定慧結社文』에서는 문수게文殊偈의 일부분이라고 전한다.

다. 그리고 행업行業은 잠연해서 움직이지도 않고 파괴되지도 않는다는 것은 이른바 "큰 불이 탈 때에도 나의 이 국토는 안온하다"[59]고 하는 것이다. 그러므로 천류함의 극치와 천류하지 않음의 극치는 말로 따질(=밝힐) 수 있는 것이다.

【논】

何者. 果不俱因 因因而果. 因因而果 因不昔滅 果不俱因 因不來今. 不滅不來 則不遷之致明矣. 復何惑於去留 踟躕於動靜之間哉.

※踟躕(지주): 주저하다. 머뭇거리다. 망설이다.

어째서 그런가? 과果는 인因과 함께하지 않지만, 인因으로 인한 과果이기 때문이다. 인으로 인한 과(因因而果)는 인이 과거에 멸하지 않았고, 과가 인과 함께하지 않는 것(果不俱因)은 인이 현재로 오지 않은 것이다. 멸하지도 않고 오지도 않았다면 바로 천류하지 않는다는 이치가 분명하다. (그런데) 다시 무슨 가고 머묾에 미혹되고, 동과 정 사이에서 머뭇거리겠는가?

---

59 법화경 「여래수량품如來壽量品」에 다음과 같이 게송으로 전한다.

衆生見劫盡　중생은 겁이 다할 때
大火所燒時　큰 불이 타오르는 것을 보지만,
我此土安隱　나의 이 국토는 안온하며
天人常充滿.　천신과 인간이 항상 충만하다.

〔약주〕

此總結歸因果不遷 以終一論之義也. 何者 徵明因果不遷之意. 果不俱因 言因果終始不同遷也. 因因而果 果成而因不滅 不遷也. 果不俱因 而昔因不來. 不來 則昔自住昔 雖遷而不遷也. 以不滅不來 則不遷之理明矣 又何惑於去留之相 踟躕於動靜之間哉. 踟躕 乃卻顧不進之意. 猶豫不決之謂也. 旣明不遷之理 又何惑於去來之時 懷疑於動靜之境哉. 一論大義 結歸於此.

※猶豫(유예): 주저하다. 망설이다. 머뭇거리다.

여기서는 인과因果가 천류하지 않는다는 것을 총괄해서 결론 맺음으로써 (물불천론) 한 논의 뜻을 마쳤다.

"어째서 그런가?"라고 한 것은 인과가 천류하지 않는다는 뜻을 따져서 밝힌 것이다.

"과가 인과 함께하지 않는다(果不俱因)"고 한 것은 인因과 과果는 처음부터 끝까지 함께 천류하지 않는다는 것을 말한 것이다.

"인으로 인한 과이다(因因而果)"고 한 것은 과果를 이루어도 인因이 멸하지 않으며, 천류하지 않는다는 것이다.

과果는 인因과 함께하지 않기에 과거의 인因은 (현재로) 오지 않은 것이다. 오지 않으면 과거는 스스로(=처음부터) 과거에 머무는 것이니, 비록 천류하지만 천류하지 않는 것이다.

멸하지도 않고 오지도 않음으로써 천류하지 않는다는 이치가 분명하게 되는데, 또 어째서 가고 머무는 상에 미혹되고, 동정 사이에서 주저하겠는가?

지주(踟躕, 머뭇거림)라는 것은 곧 돌아보면서 나아가지 못한다는 뜻이니, 주저하며 결단하지 못하는 것을 말한다.

이미 천류하지 않는다는 뜻을 밝혔는데, 또 어떻게 가고 옴의 시간에 미혹되고 움직임과 고요함의 경계에 의심을 품겠는가?

첫 번째 물불천론의 대의를 매듭지었다.

【논】

然則 乾坤倒覆 無謂不靜 洪流滔天 無謂其動. 苟能契神於卽物 斯不遠而可知矣.

그런즉, 천지가 거꾸로 뒤집어져도 고요하지 않다고 말할 수 없고, 큰 물결이 하늘까지 이를 정도로 흘러넘쳐도 그것이 움직인다고 말할 수 없는 것이다. 만약 (진실로) 마음(神)이 바로 물物에 계합할 수 있다면 이는 오래지 않아 알게 될 것이다.

〔약주〕

此結責勸修也. 謂旣明不遷之理 則旋乾倒嶽 勿謂不靜 洪流滔天 勿謂其動 此責也. 下勸修 若能契悟於卽物 見眞之境 則觸目無非實相常住 一切萬法無有一毫可動轉者. 斯則不必遠求而當下可知矣.

여기서는 책망을 결론 맺고, 수행할 것을 권하였다.

이를테면 천류하지 않는다는 이치를 밝혔으면 하늘이 돌고 산이 뒤집어져도 고요하지 않다고 말해서도 안 되고, 큰 물결이 하늘까지 이를 정도로 흘러넘쳐도 움직인다고 말해서도 안 된다는 것이니, 이것이 책망이다.

아래에서는 수행을 권했으니, 만약 능히 바로 물物에 계합하고 깨달아 진실의 경계를 보면 눈에 닿는 대로 실상實相이 상주하지 않는 것이 없고 일체만법은 털끝만큼도 움직일 만한 것이 없게 된다. 이것은 바로 멀리서 구할 필요도 없이 바로 그 자리에서 알 수 있는 것이다.

감산의 후서[60]

予少讀肇論. 於不遷之旨 茫無歸宿 每以旋嵐等 四句致疑. 及後有省處 則信知肇公深悟實相者. 及閱華嚴大疏 至問明品 "譬如河中水 湍流競奔逝" 淸凉大師引肇公不遷偈證之 蓋推其所見妙契佛義也. 予嘗與友人言之 其友殊不許可 反以肇公爲一見外道 廣引教義以駁之. 即法門老宿 如雲棲紫柏諸大老 皆力爭之 竟未迴其說.

나는 젊어서 『조론肇論』을 읽었다. 천류하지 않는다는 뜻에서 멍하니 돌아갈 바를 모르고 매번 선람旋嵐 등 네 구절에 의심을 두었었는데, 깨달은 바가 있고나서야 조공肇公이 (제법의) 실상實相을 깊이 깨달았다는 것을 확실히 알게 되었다.

그리고 『화엄대소華嚴大疏』[61]를 열람하다가 「문명품問明品」[62]에 "비

60 물불천론 말미에 첨부되어 있는 것으로 역자가 임의로 붙인 제목이다.

61 청량징관의 『대방광불화엄경소大方廣佛華嚴經疏』를 말한다. 60권으로 이루어졌으며, 화엄경을 십문十門으로 나누어 설명하였다. 화엄경소華嚴經疏, 신화엄경소新華嚴經疏, 청량소淸凉疏, 화엄대소華嚴大疏, 대소大疏 등으로 불린다.

62 「보살문명품菩薩問明品」에 다음과 같이 전한다.

譬如河中水 비유하면 강물이

유하면 강물이 급류가 되어 다투어 분주하게 흘러가면서~"라고 한 대목에 이르렀는데, (이는) 청량대사가 조공의 불천게不遷偈를 인용해 증명한 것으로[63] 그의 견해를 헤아려서 부처님의 뜻(佛義)에 오묘하게

湍流競奔逝　급류가 되어 다투어 분주하게 흘러가지만
各各不相知　각각 서로가 알지 못하는 것처럼
諸法亦如是　모든 법도 또한 이와 같습니다.

본 게송은 문수보살이 각수보살에게 "마음의 성품은 하나인데, 어떻게 갖가지 차별이 있음을 보는가(心性是一 云何見有種種差別)?"라고 물은 것에 대해, 각수보살이 게송으로 답을 한 일부분이다.

63 다음과 같이 전한다.

此流注有十義不相知 而成流注. 一前流不自流 由後流排故 流則前流無自性故不知後. 二後流雖排前而不到於前流 故亦不相知. 三後流不自流 由前流引故流則後流無自性 故不能知前. 四前流雖引後而不至後故亦不相知. 五能排與所引無二 故不相知. 六能引與所排 無二故不相知. 七能排與所排亦無二 故不相知. 八能引與所引 亦無二故不相知. 九能排與能引不得俱 故不相知. 十所排與所引亦不得俱 故不相知. 是則前後互不相至 名無自性 只由如此無知無性 方有流注則不流而流也. 肇公云 "江河競注而不流" 卽其義也.

이 흐르는 것에는 서로가 알지 못하는(不相知) 열 가지 뜻(十義)이 있어서 흐름을 이룬다.

첫 번째는 앞에 흐르는 것이 스스로 흐르는 것이 아니라 뒤에 흐르는 것이 밀어냄으로 인한 까닭으로 흐르는 것이니 곧 앞에 흐르는 것이 자성이 없기에 그런 까닭으로 뒤에 흐름을 알지 못하는 것이다.

두 번째는 뒤에 흐르는 것이 비록 앞에 흐르는 것을 밀어내지만 앞에 흐르는 것에 이르지는 못하기에 그런 까닭으로 또한 서로가 알지 못하는 것이다.

세 번째는 뒤에 흐르는 것이 스스로 흐르는 것이 아니라 앞에 흐르는 것이 끌어 흐르는 것이니, 곧 뒤에 흐르는 것이 자성이 없기에 그런 까닭으로 능히 앞에 흐르는 것을 알지 못하는 것이다.

계합한 것이었다.

나는 일찍이 도반과 이에 대해 이야기한 적이 있었는데, 그 도반은 전혀 인정하지 않고 반대로 조공을 외도의 한 견해라고 하면서 교의(教義, 경전의 뜻)를 널리 인용해 논박하였다. (또한 도반은) 불법 문중(法門)의 노숙(老宿, 노장), 예를 들면 운서雲棲[64]와 자백紫柏[65] 같은 대

네 번째는 앞에 흐르는 것이 비록 뒤에 흐르는 것을 끌지만 뒤에 이르지는 않기에 그런 까닭으로 또한 서로가 알지 못하는 것이다.

다섯 번째는 능히 밀어내는 것과 끄는 것이 둘이 없기에 그런 까닭으로 서로가 알지 못하는 것이다.

여섯 번째는 능히 끄는 것과 밀어내는 바가 둘이 없기에 그런 까닭으로 서로가 알지 못하는 것이다.

일곱 번째는 능히 밀어내는 것과 밀리는 것 또한 둘이 없기에 그런 까닭으로 서로가 알지 못하는 것이다.

여덟 번째는 능히 끄는 것과 끌리는 것 또한 둘이 없기에 서로가 알지 못하는 것이다.

아홉 번째는 능히 밀어내는 것과 능히 끄는 것이 함께 함을 얻을 수 없기에 그런 까닭으로 서로가 알지 못하는 것이다.

열 번째는 밀리는 것과 끌리는 것도 함께 함을 얻을 수 없기에 그런 까닭으로 서로가 알지 못하는 것이다.

이것은 곧 앞과 뒤가 서로 서로 이르지 못하여 각각 자성이 없는 것이니 다만 이와 같이 알 수도 없고 자성도 없음으로 인하여 바야흐로 흐름이 있는 것이니 곧 흐른 적이 없이 흐르는 것이다.

승조법사가 말하기를 강물이 다투어 흐르지만 흐른 적이 없다 하였으니, 바로 그 뜻이다.

64 운서주굉(雲棲袾宏, 1532~1612): 유생이었다가 30세에 출가, 행각을 하다 운서사 옛 터에 선실을 짓고 염불하며 계율을 실천. 32종의 저서가 있음. 자는 불혜佛慧이고 호는 연지蓮池. 중국 정토종 8대 조사.

노장들에게 다가가서 모두 극렬하게 논쟁하였지만 끝내 그의 주장을 되돌리지 못했다.

❀

予閱正法眼藏 佛鑑和尙示衆 擧僧問趙州 "如何是不遷義" 州以兩手作流水勢. 其僧有省. 又僧問法眼 "不取於相 如如不動 如何不取於相見於不動去" 法眼云 "日出東方夜落西" 其僧亦有省. 若也於此見得方知道旋嵐偃嶽 本來常靜 江河競注 元自不流. 其或未然 不免更爲饒舌. 天左旋 地右轉 古往今來經幾徧 金烏飛 玉兎走 纔方出海門 又落青山後 江河波渺渺 淮濟浪悠悠 直入滄溟晝夜流. 遂高聲云 "諸禪德還見如如不動麽"

나는 『정법안장正法眼藏』[66]을 열람했었는데, (그 가운데) 불감화상佛鑑和尙[67]이 시중示衆한 것이 (다음과 같이) 있었다.

어떤 스님이 조주趙州[68]에게 물었다.

---

65 자백진가(紫栢眞可, 1543~1603): 20세에 출가, 화엄종의 변융辯融에게 사사, 화엄을 중심으로 불교학에 통달.
참고로 운서주굉, 자백진가, 감산덕청, 우익지욱(藕益智旭, 1599~1655)을 명사철明四哲이라고 한다.

66 대혜종고大慧宗杲 지음. 661칙의 화두話頭에 짤막한 해설과 비평을 한 책이다.

67 불감佛鑑은 불감혜근(佛鑒慧懃, 1059~11170이며, 오조법연五祖法演의 제자이다.

68 조주종심(趙州從諗, 778~897): 당대 스님. 남전보원南泉普願에게 참학하여 법을 이음. 나이 80에 조주성 동쪽 관음원에 머물면서 40년 동안 선풍을 날림. 시호는 진제대사眞際大師.

"어떤 것이 천류하지 않는다는 뜻입니까?"

(그러자) 조주가 두 손으로 물 흐르는 자세를 취했다.

(이에) 그 스님이 깨달은 바가 있었다.

또, 어떤 스님이 법안法眼[69]에게 물었다.

"'상도 취하지 않고 여여해서 움직이지도 않는다'[70]고 하는데, 어떻게 해야 상도 취하지 않고 움직이지 않는 것을 볼 수 있습니까?"

법안이 말했다.

"해는 동쪽에서 솟았다가 저녁에 서쪽으로 진다."

그 스님 역시 깨달은 바가 있었다.

(이를 들어 불감佛鑑이 말했다.)

"만약 이것을 보면(=알면) '선람이 수미산을 쓰러뜨릴지라도 본래 항상 고요하고, 강하가 다투듯 흘러가지만 처음부터 흐르지 않는다'고 말한 것을 알게 될 것이다. (하지만) 만약 그렇지 못하다면 다시 쓸데없이 말을 자꾸 지껄이는 것(饒舌)을 면치 못할 것이다."

"하늘은 왼쪽으로 돌고 땅은 오른쪽으로 돌면서
예로부터 지금에 이르기까지 몇 번이나 거쳤던가?

---

69 법안문익(法眼文益, 885~958): 당말 5대 때의 스님. 7세에 출가, 장경혜릉에게 참학한 후 나한계침에게 수년을 참학하고 그의 법을 이어받음. 법안종의 개조. 시호는 대법안大法眼.

70 『금강경』 제32, 「응화비진분應化非眞分」에 전한다.

해(金烏)는 날고 달(玉兎)은 달리면서
막 바다(海門)에서 나오자마자
또 청산青山 뒤로 떨어진다.
강하江河의 물결은 그지없이 넓고 아득하고
회淮[71]와 제濟[72]의 물결 유유하여
곧바로 창해에 밤낮으로 (쉬지 않고) 흘러들어간다."

그리고는 마침내 큰소리로 말했다.
"여러 선덕들이여! 여여부동如如不動한 것을 봤는가?"[73]

❀

然趙州法眼 皆禪門老宿將 傳佛心印之大老. 佛鑑推之示衆 發揚不遷之旨 如白日麗天. 殊非守教義文字之師 可望崖者 是可以肇公爲外道見乎. 書此以示學者 則於物不遷義 當自信於言外矣.

※發揚(발양): 마음이나 재주, 기운, 기세 등을 떨쳐 일으킴. 인재를 뽑아서 키움.

그렇다, 조주趙州와 법안法眼 모두 선문의 노련한 장수(宿將)들로 부처님의 심인(佛心印)을 전했던 대 노장(大老)들이었다. (그래서) 불감은

---

71 회수淮水: 양자강의 지류.

72 제수濟水: 황하의 지류.

73 『선문염송집禪門拈頌集』 제12권(N.462)에서도 동일하게 전한다.

이를 끌어다가 대중들에게 보여서 불천不遷의 뜻을 떨쳐 일으켰던 것이니, (이는) 마치 (구름 한 점 없는) 맑은 하늘의 밝은 해와 같다. 다만 교의문자教義文字나 지키는 스님이 벼랑(崖, 깨달음)을 바라보는 것이 아니라면, 가히 조공肇公을 외도의 견해라고 할 수 있겠는가?

이것을 기록해서 학인들에게 보이니, 물物은 천류하지 않는다는 뜻에 나아가서 마땅히 언어 밖(言外)을 스스로 확신해야 할 것이다.

III.

부진공론

不眞空論

무릇 지극히 텅 비어 생함(=생멸)이 없는 것은 반야로 현묘하게 비춘 묘취(妙趣, 오묘한 뜻)이고, 만물의 종극(宗極, 궁극적인 요지)이다. 〔夫至虛無生者 蓋是般若玄鑑之妙趣 有物之宗極者也.〕

성명(聖明, 부처님의 지혜)의 뛰어남이 아니라면 어떻게 마음(神)이 유有와 무無 사이(=중도)에 계합할 수 있겠는가? 〔自非聖明特達 何能契神 於有無之間哉.〕

그래서 지인至人은 마음(神心)이 무궁(無窮, 끝이 없음)에 통해 무궁한 곳(窮所)에 막힐 수 없고, 눈과 귀는 보고 듣는 것에 지극해서 소리와 색이 제압할 수 있는 것이 아니다. 〔是以 至人通神心於無窮 窮所不能滯 極耳目於視聽 聲色所不能制者.〕

(이것이) 어찌 그것으로 만물의 스스로 텅 빔(自虛)에 나아간 것이 아니겠는가! 〔豈不以其卽萬物之自虛.〕

그런 까닭에 (만)물物은 저 신명자(神明者, 지인, 성인)에게 누를 끼칠 수 없는 것이다. 〔故物不能累其神明者也.〕

그래서 성인聖人이 진심眞心을 타고 이치(理)를 따르면 막혀서 통하지 않는 것이 없고, 일기一氣를 살펴 변화를 관하기 때문에 (변화를) 만나도 이를 거스르지 않고 따르는 것이다. 〔是以 聖人乘眞心而理順 則無滯而不通 審一氣以觀化 故所遇而順適.〕

막혀서 통하지 않는 것이 없기 때문에 뒤섞여 혼탁해도 맑을 수 있고 (변화를) 만나도 따르기 때문에 바로 (눈에) 닿는 물物마다 하나가 되는 것이다. 〔無滯而不通 故能混雜致淳 所遇而順適 故則觸物而一.〕

이와 같으면 만물은 비록 달라도 (만물) 스스로 다를 수 있는 것이 아니다. 〔如此 則萬象雖殊而不能自異.〕

스스로 다를 수 있는 것이 아니기 때문에 상(象, 형상)은 진실한 상(眞象)이 아니며, 상은 진실한 상이 아니기 때문에 비록 상이지만 상이 아니라는 것을 아는 것이다. 〔不能自異 故知象非眞象 象非眞象故 則雖象而非象.〕

그런즉, 물物과 아我는 근본이 같고 시(是, 긍정)와 비(非, 부정)는 일기一氣인 것이다. 〔然則 物我同根 是非一氣.〕

(이것은) 미묘함에 잠기고 그윽함에 감춰져서 거의 중생의 정(群情)으로는 다 알 수 있는 것이 아니다. 〔潛微幽隱 殆非群情之所盡.〕

그런 까닭에 최근의 담론談論이 허종(虛宗, 空宗, 佛敎)에 이르러서는 매번 동일하지 않은 것이 있었던 것이다. 〔故頃爾談論 至於虛宗 每有不同.〕

무릇 동일하지 않은 것으로 동일함에 이르려 한다면 어떤 것이 있어 동일하게 할 수 있겠는가? 〔夫以不同而適同 有何物而可同哉.〕

그런 까닭에 여러 논의들이 앞 다퉈 이뤄졌지만 (허虛=공空의) 성품(性)에 대한 논의에 있어서는 동일할 수가 없었던 것이다. 〔故衆論競作而性莫同焉.〕

어째서 그런가? 심무종(心無)은 만물에 무심하지만 만물은 일찍이 없는 것이 아니라고 하기 때문이다. 〔何則. 心無者 無心於萬物 萬物未嘗無.〕

이것은 마음의 고요함은 얻었어도 물의 텅 빔(物虛)은 잃은 것이다.

〔此得在於神靜 失在於物虛.〕

즉색종(卽色)은 색은 스스로 색이 아니라는 것을 밝혔기 때문에 비록 색이지만 색이 아니라고 한다.〔卽色者 明色不自色 故雖色而非色也.〕

무릇 색이라고 말하는 것은 다만 대하는 색이 곧 색일 뿐인데, 어찌 색을 색으로 이름 붙이고 난 뒤에 색이라 할 필요가 있겠는가?〔夫言色者 但當色卽色. 豈待色色而後爲色哉.〕

이것은 색은 스스로 색이 아니라는 것을 솔직히 말한 것일 뿐이지, 색은 (본래) 색이 아니라는 것을 깨닫지 못한 것이다.〔此直語色不自色 未領色之非色也.〕

본무종(本無)은 정(情, 생각)으로 무無를 숭상하고, 말만 하면 무無에 복종하는 것이 대부분이다.〔本無者 情尙於無 多觸言以賓無.〕

그런 까닭에 비유非有는 유有가 없고, 비무非無는 무無 또한 없는 것이라고 한다.〔故非有 有卽無 非無 無亦無.〕

무릇 글(=경전)에서 내세운 비유非有와 비무非無의 본래의 뜻을 찾아보면, 다만 비유非有는 진실로 있는 것(眞有=實有)이 아니고, 비무非無는 진실로 없는 것(眞無, 實無)이 아닐 뿐이다.〔尋夫立文之本旨者 直以非有非眞有 非無 非眞無耳.〕

(그런데) 구태여 비유非有는 차유(此有, 속제의 유)가 없고, 비무非無는 피무(彼無, 진제의 무)가 없는 것이라고 할 필요가 있겠는가?〔何必非有無此有 非無無彼無.〕

이는 다만 무無를 좋아하는 이야기일 뿐인데 어찌 사事를 따라 진실에 통한 것이고 물物에 나아간 정(情, 생각)이라고 말할 수

있겠는가! 〔此直好無之談 豈謂順通事實 卽物之情哉.〕

무릇 물物을 물物이라 이름 붙이면 이름 붙여진 물(所物)은 (이름 붙여진 대로) 물物이라고 할 수 있지만, 이름 붙여진 물物은 물物이 아니기 때문에 비록 물物이지만 물物이 아니다. 〔夫以物物於物 則所物而可物 以物物非物 故雖物而非物.〕

그래서 물物은 명칭으로 나아가서는 진실(實, 실체)을 이루지 못하고, 명칭은 물物에 나아가서는 진실(眞)을 경험하지 못하는 것이다. 〔是以 物不卽名而就實 名不卽物而履眞.〕

그런즉, 진제眞諦는 명교(名教, 명칭) 밖에서 홀로 고요한데 어찌 언어문자로 능히 가려낼 수 있다고 말하겠는가? 〔然則眞諦獨靜於名教之外. 豈曰文言之能辨哉.〕

그렇기는 하지만 (그냥) 입 다물고 침묵할 수만은 없어(杜默, 杜口緘默) 잠시 다시 말을 빌려 헤아려보겠다. 〔然不能杜默 聊復厝言以擬之.〕

시험 삼아 논하면 다음과 같다. 〔試論之曰.〕

『마하연론(摩訶衍論, 대지도론)』에 이르기를 "제법 또한 상이 있는 것도 아니고, 또한 상이 없는 것도 아니다"고 하였다. 〔摩訶衍論云 "諸法亦非有相 亦非無相"〕

(또) 『중론中論』에 이르기를 "제법은 있는 것도 아니고 없는 것도 아닌 것, (이것이) 제1진제이다"고 하였다. 〔中論云 "諸法不有不無者 第一眞諦也"〕

무릇 있는 것도 아니고 없는 것도 아닌 것(不有不無)을 찾아보자. 〔尋夫不有不無者.〕

(이것이) 어찌 만물을 씻은 듯이 제거하고 보고 듣는 것을 막아서 적요허활(寂寥虛豁, 고요하고 텅 비어 활짝 열림)한 뒤에 진제眞諦라고 한 것이겠는가? 〔豈謂滌除萬物 杜塞視聽 寂寥虛豁 然後爲眞諦者乎.〕

진실로 물物에 나아가 순조롭게 통하는 까닭에 물物을 거역하지 못하고, 거짓이 바로 진실인 까닭에 성품이 바뀌지 않는 것이다. 〔誠以卽物順通 故物莫之逆 卽僞卽眞 故性莫之易.〕

성품이 바뀌지 않기 때문에 비록 없지만 있고, 물物을 거역하지 못하기 때문에 비록 있지만 없는 것이다. 〔性莫之易 故雖無而有 物莫之逆 故雖有而無.〕

있지만 없는 것은 이른바 있는 것이 아니고(非有), 없지만 있는 것은 이른바 없는 것이 아니니(非無), 이와 같으면 물物이 없는 것은 아니지만 (그렇다고) (그) 물物이 진실한 물(眞物)도 아닌 것이다. 〔雖有而無 所謂非有 雖無而有 所謂非無 如此 則非無物也 物非眞物.〕

물物이 진실한 물(眞物)이 아니면 무엇 때문에 물物이라 할 수 있는 것인가? 〔物非眞物 故於何而可物.〕

그런 까닭에 경전에 이르기를 "색은 성품이 공한 것이지, 색을 부셔서 공한 것이 아니다"고 하였다. 〔故經云 "色之性空 非色敗空"〕

이로써 성인이 말하는 물物은 바로 만물이 스스로 텅 빈 것(自虛)이라는 것을 밝힌 것이거늘, 어찌 분할해서 통합을 구할 필요가 있겠는가? 〔以明夫聖人之於物也 卽萬物之自虛 豈待宰割以求通哉.〕

그래서 (유마경에) 병석에 누워 부진에 대해 이야기한 것과, 『초일경(超日)』에 텅 빔에 나아간 말씀이 있는 것이다. 〔是以寢疾有不眞之

談 超日有卽虛之稱.〕

그런즉, 삼장三藏의 문장이 다르더라도 통합하면 하나인 것이다. 〔然則 三藏殊文 統之者一也.〕

그런 까닭에 『방광반야경』에 이르기를 "제1진제는 이룰 것도 없고 얻을 것도 없지만 세속제世俗諦 때문에 이루는 것도 있고 얻는 것도 있다"고 하였다. 〔故放光云 "第一眞諦 無成無得 世俗諦故 便有成有得"〕

무릇 얻을 것이 있다(有得)는 것은 바로 얻을 것이 없다(無得)는 것의 거짓 호칭이고, 얻을 것이 없다는 것은 바로 얻을 것이 있다는 것의 진실한 명칭이다. 〔夫有得卽是無得之僞號 無得卽是有得之眞名.〕

진실한 명칭 때문에 비록 진실하지만 있는 것도 아니고, 거짓 호칭 때문에 비록 거짓이지만 없는 것도 아니다. 〔眞名故 雖眞而非有 僞號故 雖僞而非無.〕

그래서 진실(眞)을 말한다고 해서 일찍이 있던 것도 아니고, 거짓(僞)을 말한다고 해서 일찍이 없던 것도 아닌 것이다. 〔是以 言眞未嘗有 言僞未嘗無.〕

두 말이 처음부터 하나는 아니지만 두 이치가 처음부터 다른 것도 아니다. 〔二言未始一 二理未始殊.〕

그런 까닭에 경전에 이르기를 "'진제와 속제에 다름이 있습니까?'라고 하자, '다름이 없다'"고 하였다. 〔故經云 "眞諦俗諦謂有異耶 答曰 無異也"〕

이 경전에서는 직접적으로 분별해서 진제眞諦는 있는 것이 아님(非有)을 밝히고, 속제俗諦는 없는 것이 아님(非無)을 밝혔다. 〔此經直辯眞諦以明非有 俗諦以明非無.〕

(그런데 이것이) 어찌 제(諦, 진리)가 (진제와 속제) 둘이기 때문에 물物도 둘로 나눈 것이겠는가? 〔豈以諦二而二於物哉.〕

그런즉, 만물은 있는 것이 아닌(不有) 이유가 정말로 있고, 없는 것이 아닌(不無) 이유가 (정말로) 있는 것이다. 〔然則 萬物果有其所以不有 有其所以不無.〕

"있는 것이 아닌(不有) 이유가 있기 때문에
비록 있지만 있는 것도 아니고,
없는 것이 아닌(不無) 이유가 있기 때문에
비록 없지만 없는 것도 아니다."
〔有其所以不有 故雖有而非有 有其所以不無 故雖無而非無.〕

비록 없지만 없는 것이 아니니, 없다는 것은 모든 것을 끊어 없애서 텅 빈 것(絕虛)이 아니다. 〔雖無而非無 無者不絕虛.〕

(또한) 비록 있지만 있는 것이 아니니, 있는 것은 진실로 있는 것(眞有)이 아니다. 〔雖有而非有 有者非眞有.〕

만약 유有가 진실에 나아간 것이 아니라면 무無는 흔적마저 없는 것이 아니다. 〔若有不卽眞 無不夷跡.〕

그런즉, 유·무의 명칭은 다르지만 그 이치는 하나인 것이다. 〔然則

有無稱異 其致一也.〕

그런 까닭에 동자童子가 찬탄하여 말하기를 "(부처님께서) 말씀하시기를, '법은 있는 것도 아니고 없는 것도 아니며, 인연으로 인해 모든 법이 생겨나는 것이다'고 하셨습니다"라고 하였다. 〔故童子歎曰 "說法不有亦不無 以因緣故諸法生"〕

(또한) 『영락경瓔珞經』에 이르기를 "법륜을 굴리는 것은 (법륜을) 굴리는 것이 있는 것도 아니고, (법륜을) 굴리는 것이 없는 것도 아니다"고 하였다. 〔瓔珞經云 "轉法輪者 亦非有轉 亦非無轉"〕

이는 (법륜을) 굴려도 굴리는 것이 없다는 것을 말한 것이니, 이것이 곧 여러 경전들의 미언(微言, 미묘한 말씀)인 것이다. 〔是謂轉無所轉 此乃衆經之微言也.〕

어째서 그런가? 물物은 없는 것이라고 말하면 사견(邪見, 斷見)은 미혹이 아니고, 물物은 있는 것이라고 말하면 상견常見은 맞는 것이 되기 때문이다. 〔何者. 謂物無耶 則邪見非惑 謂物有耶 則常見爲得.〕

(하지만) 물物은 없는 것이 아니기 때문에 사견(邪見, 斷見)은 미혹이 되고, 물物은 있는 것이 아니기 때문에 상견常見은 맞지 않는 것이다. 〔以物非無 故邪見爲惑 以物非有 故常見不得.〕

그런즉, 있는 것도 아니고 없는 것도 아니니, (이) 진제眞諦의 말씀을 믿으라! 〔然則 非有非無者 信眞諦之談也.〕

그런 까닭에 『도행반야경』에 이르기를 "마음 또한 있는 것도 아니고 없는 것도 아니다"고 하였다. 〔故道行云 "心亦不有亦不無"〕

(또한) 『중관』에 이르기를 "물物은 인연因緣을 따르기 때문에

있는 것도 아니고, 연기緣起하는 까닭에 없는 것도 아니다"고 하였다. 〔中觀云 "物從因緣故不有 緣起故不無"〕

이치를 찾아보니, (과연) 바로 그러하다. 〔尋理卽其然矣.〕

그러한 까닭은 유有가 만약 진실로 있는 것(眞有, 實有)이라면 유有는 스스로(=처음부터) 항상 있는 것(常有)이어야 하기 때문이다. 〔所以然者 夫有若眞有 有自常有.〕

(그런데) 어찌 연緣한 뒤에 있는 것이라고 할 필요가 있겠는가? 〔豈待緣而後有哉.〕

(이는) 비유하면 진실로 없는 것(眞無)이라면 무無는 스스로 항상 없는 것(常無)이어야 하는데 어찌 연緣한 뒤에 없는 것이라고 할 필요가 있겠냐는 것과 같은 것이다. 〔譬彼眞無 無自常無 豈待緣而後無也.〕

만약 유有가 스스로 있는 것이 아니라면 (이는) 연緣한 뒤에 있는 것이기 때문에 유有는 진실로 있는 것(眞有)이 아니라는 것을 알 수 있다. 〔若有不自有 待緣而後有者. 故知有非眞有.〕

유有는 진실로 있는 것이 아니니, 비록 있지만 있다고 말해서는 안 된다. 〔有非眞有 雖有不可謂之有矣.〕

없는 것이 아니다(不無)는 것은 무릇 없는 것(無)은 잠연하고 움직이지 않아야 가히 없는 것(無)이라고 말할 수 있는 것이다. 〔不無者 夫無則湛然不動 可謂之無.〕

만물이 만약 없는 것(無)이라면 마땅히 일어나지 않아야 한다. 〔萬物若無 則不應起.〕

일어나는 것은 없는 것이 아니니, 이로써 연기緣起를 밝혔기 때문에 없는 것이 아니다. 〔起則非無 以明緣起 故不無也.〕

그런 까닭에 『마하연론』에 이르기를 "일체제법은 일체인연 때문에 마땅히 있는 것이어야 하고, 일체제법은 일체인연 때문에 마땅히 있는 것이 아니어야 한다. 일체무법은 일체인연 때문에 마땅히 있는 것이어야 하고, 일체유법은 일체인연 때문에 마땅히 있는 것이 아니어야 한다"고 하였다. 〔故摩訶衍論云 "一切諸法 一切因緣故應有 一切諸法 一切因緣故不應有. 一切無法 一切因緣故應有 一切有法 一切因緣故不應有"〕

(하지만) 여기서의 유·무의 말을 찾아보면 (이것이) 어찌 다만 반론反論을 펼친 것뿐이겠는가? 〔尋此有無之言 豈直反論而已哉.〕

만약 마땅히 있어야 한다면 있는 것을 없다고 말해서도 안 되고, 만약 마땅히 없어야 한다면 없는 것을 있다고 말해서도 안 된다. 〔若應有 卽是有 不應言無 若應無 卽是無 不應言有.〕

유有를 말한 것은 가유假有로써 무無가 아님을 밝히고, 무無 자를 빌려 유有가 아니라는 것을 변별한 것이다. 〔言有 是爲假有 以明非無 借無 以辨非有.〕

이것은 사(事, 현상)는 하나인데 명칭이 둘인 것이다. 〔此事一稱二.〕

(그래서) 저 문장에 흡사 동일하지 않은 것이 있는 것 같지만, 만약 (진실로) 동일한 것을 깨달으면 다름이 없지만 동일하지 않은 것이다. 〔其文有似不同 苟領其所同 則無異而不同.〕

그런즉, 만법은 정말로 있는 것이 아닌 이유가 있기 때문에 있는 것(有)을 얻을 수 없고, 없는 것이 아닌 이유가 있기 때문에 없는 것(無)을 얻을 수 없는 것이다. 〔然則 萬法 果有其所以不有 不可得而有 有其所以不無 不可得而無.〕

어째서 그런가? 있는 것(有)이라고 말하려고 해도 있는 것은 진실로 생한 것이 아니고, 없는 것(無)이라고 말하려고 해도 사상事象이 드러났기 때문이다. 〔何則. 欲言其有 有非眞生 欲言其無 事象旣形.〕

상형(象形=형상)은 없는 것이 아니지만, 진실한 것(眞)도 아니고 진실로 있는 것(實有)도 아니다. 〔象形 不卽無 非眞 非實有.〕

그런즉, 부진공의 뜻이 여기에 드러났다. 〔然則 不眞空義 顯於茲矣.〕

그런 까닭에 『방광반야경』에 이르기를 "제법은 거짓 이름으로 진실하지 못하다"고 하였다. 〔故放光云 "諸法假號不眞"〕

(이는) 비유하면 환화인幻化人은 환화인이 없는 것은 아니지만 환화인은 비진인非眞人인 것과 같은 것이다. 〔譬如幻化人 非無幻化人 幻化人非眞人也.〕

무릇 명칭에서 물物을 구하지만 물物에는 명칭에 일치하는 실체(實)가 없고, 물物에서 명칭을 구하지만 명칭에는 물物을 얻을 공능(功)이 없다. 〔夫以名求物 物無當名之實 以物求名 名無得物之功.〕

물物에는 명칭에 일치하는 실체가 없어 물物이 아니고, 명칭(名)에는 물物을 얻는 공능이 없어 명칭이 아니다. 〔物無當名之實 非物也 名無得物之功 非名也.〕

그래서 명칭은 실체와 일치하지 않고, 실체는 명칭과 일치하지 않는 것이다. 〔是以名不當實 實不當名.〕

명칭과 실체에 일치하는 것이 없다면 만물은 어디에 있는 것인가? 〔名實無當 萬物安在.〕

그런 까닭에 『중관』(=중론)에 "물物에는 이것과 저것이 없다"고 하였다. 〔故中觀云 "物無彼此"〕

그런데 사람들은 이것을 이것이라 하고 저것을 저것이라 하며, 상대방 또한 이것을 저것이라 하고 저것을 이것이라 한다. 〔而人以此爲此 以彼爲彼 彼亦以此爲彼 以彼爲此.〕

이것과 저것은 하나의 명칭으로 단정할 수 없는데 미혹한 사람이 (이것과 저것을) 반드시 있는 것으로 여겨 마음속에 품는다. 〔此彼莫定乎一名 而惑者懷必然之志.〕

그런즉, 이것과 저것은 처음부터 있는 것이 아니지만 미혹한 사람에게는 처음부터 없는 것도 아닌 것이다. 〔然則 彼此初非有 惑者初非無.〕

이것과 저것이 있는 것이 아니라는 것을 깨달았다면 어떤 것이 있어 있다(有)고 할 수 있겠는가? 〔旣悟彼此之非有 有何物而可有哉.〕

그런 까닭에 만물은 진실한 것이 아니며 거짓으로 칭한 지가 오래되었다는 것을 알 수 있는 것이다. 〔故知萬物非眞 假號久矣.〕

그래서 『성구경』에 '억지로 명칭을 붙였다'는 글이 있는 것이고, 원림(園林, 장주莊周)은 지마의 비유에 의탁하였던 것이다. 〔是以成具 立強名之文 園林託指馬之況.〕

이와 같다면 심오하고 원대한 말이 어디엔들 존재하지 않겠는가! 〔如此 則深遠之言 於何而不在.〕

그래서 성인이 온갖 변화를 타면서도 변화하지 않고 (중생의) 온갖 미혹을 겪으면서도 항상 통하는 것은 저 만물이 스스로 텅 빔에 나아갔기 때문이지, 텅 빔을 빌려서 물物을 텅 비운 것이 아니다. 〔是以聖人乘千化而不變 履萬惑而常通者 以其卽萬物之自虛 不假虛而虛物也.〕

그런 까닭에 경전에 이르기를 "대단히 기이하십니다, 세존이시여! 진제眞際를 움직이지 않고 제법으로 입처立處를 삼으시는군요"라고 하였다. 〔故經云 "甚奇 世尊 不動眞際 爲諸法立處"〕

(이것이 바로) 진실을 떠나지 않고 선 곳이니, 선 곳이 바로 진실한 것이다(立處卽眞). 〔非離眞而立處 立處卽眞也.〕

그런즉, 〔然則〕

"도는 멀리 있는 것인가?
(눈에) 닿는 것이 (모두) 진실하다.
성인은 멀리 있는 것인가?
체득하면 바로 신령하다(=성인이다)."
〔道遠乎哉 觸事而眞. 聖遠乎哉 體之卽神.〕

〔약주〕[1]

此論眞空不空 以爲所觀眞諦之境也. 不眞有二義. 一有爲之法 緣生

1 부진공론에 대한 개괄적인 설명이다.

故假. 假而不實 其體本空. 此俗諦不眞故空 名不眞空. 眞性緣起 成一切法 體非斷滅 不是實實的空 名不眞空. 有是假有爲妙有 空非斷空爲妙空. 此則非有非空爲中道第一義諦. 以妙空破心無論本無論二宗 以妙有破卽色遊玄論一宗 卽命題一語 曲盡眞諦之妙 妙契中道之旨. 非玄鑑幽靈 何以至此.

※實實(실실): 실로. 정말.

여기서는 진공은 공이 아님(眞空不空)을 논하고, 이로써 진제眞諦를 관하는 경계로 삼았다.

부진不眞에는 두 가지 뜻이 있다.

첫째, 유위법은 인연으로 생하는 것이기 때문에 가(假, 가유假有, 거짓)이다. 가유假有이면서 실체(實, 진실)가 아니니, 그 체는 본래 공한 것이다. 이 속제俗諦는 진실하지 않기 때문에 공한 것이고, (그래서) 부진공不眞空이라고 하는 것이다.

(둘째) 진실한 성품(眞性, 眞如性)의 연기(緣起, 因緣生起)로 일체법을 이룬 것은 (그) 체가 단멸斷滅하는 것이 아니고, 정말로 공이 아니기 때문에 부진공不眞空이라고 하는 것이다.

유有는 가유假有이기 때문에 묘유妙有이고, 공空은 단공斷空이 아니기 때문에 묘공妙空이다. 이것이 바로 비유(非有, 있되 있는 것이 아니고)·비공(非空=非無 없되 없는 것이 아닌 것)을 중도제일의제中道第一義諦라고 한 것이다.

묘공妙空으로 심무론心無論과 본무론本無論의 두 종파를 타파하고,

묘유妙有로 즉색유현론卽色遊玄論의 한 종파를 타파한 것이 바로 (부진공이라는 이) 한마디 명제이니, (이는) 간곡하게 진제의 묘(眞諦之妙)를 다한 것이고 중도의 뜻(中道之旨)에 오묘하게 계합한 것이다. (이것이) 그윽하고 신령스러운 것(幽靈, 중도)을 현묘하게 비춘 것이 아니라면 어떻게 여기에 이르겠는가?

【논】

夫至虛無生者〔指中道第一義諦. 非思量分別境界〕**蓋是般若玄鑑之妙趣 有物之宗極者也.**〔般若實智照理 故曰"玄鑑" 中道爲實智所歸 故曰"妙趣" 此則空而不空. 有物以中道爲宗極 故有而不有 非空非有 妙盡中道. 此標宗立體 下依宗辨相〕**自非聖明特達 何能契神 於有無之間哉.**〔上言所觀之境 此言能觀之人. 中道妙理 唯聖乃證. 故曰"自非聖明有獨達之智 何能契悟於二而不二之間哉"〕**是以至人通神心於無窮 窮所不能滯 極耳目於視聽 聲色所不能制者 豈不以其卽萬物之自虛. 故物不能累其神明者也.**

※特達(특달): 특별히 재주가 뛰어남. / 매우 걸출하다. 특히 뛰어나다.

무릇 지극히 텅 비어 생함(=생멸)이 없는 것은〔중도제일의제를 가리킨다. (이는) 사량으로 분별하는 경계가 아니다.〕**반야로 현묘하게 비춘 묘취**(妙趣, 오묘한 뜻)**이고, 만물의 종극**(宗極, 궁극적인 요지)**이다.**〔반야의 진실지혜로 이치를 비추기 때문에 '현감(玄鑑, 현묘하게 비춘다)'

이라고 말했다. 중도는 진실지혜로 돌아간 것이기 때문에 '묘취妙趣'라고 말했다. 이것이 바로 공이면서 공이 아닌 것이다. 만물(有物)은 중도를 종극宗極으로 삼기 때문에 있으면서 있는 것이 아니고(有而不有), 공도 아니고 유도 아닌(非空非有) 묘진중도妙盡中道인 것이다. 여기서는 종지(宗)를 나타내 체體를 세웠고, 아래에서는 종지를 의지해 상相을 변별하였다.〕

성명(聖明, 부처님의 지혜)**의 뛰어남이 아니라면 어떻게 마음**(神)**이 유有와 무無 사이**(중도)**에 계합할 수 있겠는가?** 〔위에서는 관하는 경계(객관)를 말했고, 여기서는 관하는 사람(주관)을 말했다. 중도의 오묘한 이치는 오직 성인만이 증득할 수 있다. 그런 까닭에 말하기를 "만약 성명聖明의 홀로 통달한 지혜가 있는 것이 아니라면 어떻게 둘이면서 둘이 아닌(二而不二) 중간(間, 중도)에 계합해 깨달을 수 있겠는가?"라고 한 것이다.〕

그래서 지인至人[2]은 마음(神心)**이 무궁**(無窮, 끝이 없음)**에 통해 무궁한 한 곳**(窮所)**에 막힐 수 없고, 눈과 귀는 보고 듣는 것에 지극해서 소리와 색이 제압할 수 있는 것이 아니다.** (이것이) **어찌 그것으로 만물이 스스로 텅 빔**(自虛)**에 나아간 것이 아니겠는가! 그런 까닭에** (만)**물物은 저 신명자神明者[3]에게 누를 끼칠 수 없는 것이다.**

〔약주〕

此釋上不滯二邊之所以也. 神心 謂實智內照卽玄鑑. 無窮 謂中道卽

---

2 노장학老莊學에서 도덕이 극치에 이른 사람, 덕이 높은 사람, 진인眞人을 뜻한다.

3 성인, 지인을 뜻한다.

妙趣. 窮不能滯 謂不墮斷空. 此釋上半句謂不滯空 下釋次半句不滯有. 極耳下 謂權智外應 耳目聲色乃有物. 極謂宗極 由權智外應 而不動本際 故處有而不爲所制. 聖能如此者 豈不以卽萬物之自虛. 故物不眞累其神明哉. 由萬物自體本虛 故卽有以觀空 故物物皆眞. 與智冥一 故不能累其神明也.

여기서는 위에서 (유·무) 양변에 막히지 않는다(不滯二邊)고 한 이유를 설명하였다.

신심神心은 진실지혜(實智)로 안을 비추는 것이 곧 현감(玄鑑, 현묘하게 비추는 것)임을 말하고, 무궁無窮은 중도가 곧 묘취妙趣임을 말하며, 궁불능체窮不能滯[4]는 단공斷空에 떨어지지 않음을 말한다.

여기서는 위의 반 구절, 불체공(不滯空, 공에 막히지 않음)을 설명했고, 아래에서는 다음의 반 구절, 불체유(不滯有, 유에 막히지 않음)를 설명하였다.

극이(極耳, "눈과 귀는 보고 듣는 것에 지극해서~") 이하는 이를테면 방편지혜(權智)로 외부에 응하는 것이고, 귀와 눈·소리와 색은 유물(有物, 만물, 대상)이라는 것이다. 극極은 이를테면 종극(宗極, 궁극적인 요지)이라는 것인데, 방편지혜로 말미암아 외부에 응하지만 본제(本際, 근본)는 움직이지 않기 때문에 유有에 처해 있으면서도 제압되는 것이 아니라는 것이다. 성인이 이와 같이 할 수 있는 것이 어찌 바로 만물이 스스로 텅 빔(虛)에 나아간 것이 아니겠는가? 그런 까닭에

4 조론 원문은 窮所不能滯이다.

물物은 신명神明에 진실로 누가 되지 않는 것이다.

만물萬物 자체가 본래 텅 빔(本虛)으로 말미암는 것이기 때문에 유에 나아가 공을 관하는 것이고(卽有以觀空), 그런 까닭에 물마다 모두 참된 것이다(物物皆眞). (또한) 지혜와 그윽하게 하나가 되기 때문에 신명神明에 누累가 될 수 없는 것이다.

【논】

是以 聖人乘眞心而理順 則無滯而不通〔此承上不滯二邊以明妙契中道之所以也. 理 調也. 聖人乘一眞之心 而調順萬物 則物物皆眞 無一法可當情. 故無滯不通〕**審一氣以觀化 故所遇而順適.**〔審 猶處也. 一氣猶一眞. 化 謂萬法. 以審處一眞之心 以觀萬法 則法法皆眞 萬物皆己故所遇順適〕**無滯而不通 故能混雜致淳**〔混 謂混融 雜 謂異類 淳[5]謂一眞. 由法法皆眞 故衆生如也 衆生本如 故能混融異類 則終日度生不見生之可度 平等寂滅 故一一淳[6]眞〕**所遇而順適 故則觸物而一.**〔以所遇皆眞 故觸事而眞. 故物物歸一〕

※調順(조순): 순조롭다. 고르다.

※審處(심처): 심판하여 처리하다. 심사 처리하다.

※順適(순적): 태연(자약)하다. 침착하다. 순조롭다. 잘 되어 가다. 따르다.

---

5 전산 본에서는 淳(순박할 순) 자를 湻으로 표기하고 있다.

6 註5와 동일하다.

그래서 성인이 진심眞心**을 타고 이**(理, 이치)**를 따르면 막혀서 통하지 않는 것이 없고,** 〔여기서는 위의 불체이변不滯二邊을 계승하고, 이로써 중도에 오묘하게 계합하는 까닭을 밝혔다. 이(理, 이치)는 조(調, 조화)라는 뜻이다. 성인은 하나의 진실한 마음(一眞之心)을 타고 만물을 순조롭게 따르면 사물마다 모두 진실해서 어떤 법도 정情에 해당할 것이 없다. 그런 까닭에 막혀서 통하지 않는 것이 없다.〕 **일기一氣[7]를 살펴 변화를 관하기 때문에** (변화를) **만나도 이를 거스르지 않고 따르는 것이다.** 〔심審은 심처審處와 같고,[8] 일기一氣는 일진一眞과 같다. 화化는 만법을 말한다. 하나의 진실한 마음을 살피고 만법을 관하기 때문에 바로 법마다 모두 진실하게 되고, 만물이 모두 그러하기 때문에

---

7 장자, 외편, 지북유知北游에 다음과 같이 전한다.

生也死之徒 死也生之始 孰知其紀. 人之生 氣之聚也 聚則爲生 散則爲死 若死生爲徒 吾又何患. 故萬物一也. 是其所美者爲神奇 其所惡者爲臭腐. 臭腐復化爲神奇 神奇復化爲臭腐 故曰 "通天下一氣耳" 聖人故貴一.

삶이란 (반드시) 죽음을 뒤따르게 하며 죽음은 삶의 시작이 되오. (이렇게 삶과 죽음은 끝없이 되풀이되므로) 누가 그것을 관장하는지를 어찌 알겠소? 사람이 사는 것은 기氣가 모이기 때문이며, 기가 모이면 삶이 되고 기가 흩어지면 죽음이 되오. 이처럼 죽음과 삶은 뒤좇(아 붙어 다니)는 것이니 내가 또 어찌 괴로워하겠소. 그러므로 만물은 하나(이며 아무 차별도 없는 거)요. (그런데) 사람들은 사물에 미추美醜의 차별을 두어 아름다우면 신기하다 하고 추악하면 썩어 냄새가 난다고 하오. (실은) 썩은 냄새가 나는 것이 다시 변화해서 신기하게 되고 신기한 것이 다시 변화하여 썩어 냄새가 나게 되는 법이오. 때문에 "천하는 하나의 기氣로 통한다고 하오" 성인은 그래서 (그런 무차별의 경지에 있으며) 유일 절대의 도를 귀하게 여긴다오. (전게서, p.535)

8 원문의 "審 猶處也"는 "審 猶審處也"로 이해하고, 번역하였다.

만나면 따르는 것이다.〕

막혀서 통하지 않는 것이 없기 때문에 뒤섞여 혼탁해도 맑을 수 있고 〔혼混은 혼융混融을 말하고, 잡雜은 이류異類를 말하며, 순淳은 일진一眞을 말한다. 법마다 모두 진실함으로 말미암아 중생이 여여하고, 중생이 본래 여여하기 때문에 이류와 혼융할 수 있으며, 종일 중생을 제도해도 제도할 중생이 보이지 않고 평등하고 적멸하기 때문에 하나하나가 순일하고 진실한 것이다.〕 (변화를) **만나도 따르기 때문에 바로** (눈에) **닿는 물物마다 하나가 되는 것이다.** 〔만나는 것이 모두 진실하기 때문에 (눈에) 닿는 물物마다 진실하다. 그런 까닭에 물물(物物, 만물)이 하나로 돌아간다.〕

❀

如此 則萬象雖殊而不能自異. 〔此結顯一源. 良由心境一如 故萬法皆如. 故不能自異〕 **不能自異 故知象非眞象 象非眞象故 則雖象而非象.** 〔由心境不異 則萬法皆空. 故象非眞象. 諸相寂滅 則無法當情. 故雖象而非象矣〕 **然則 物我同根** 〔物 謂境 我 謂心 同根 謂心境一如. 釋上觀智俱泯 心境兩忘〕 **是非一氣.** 〔是 謂眞諦 非謂俗諦 一氣 謂眞俗不二 妙契中道〕 **潛微幽隱** 〔如此境智俱忘 眞俗絶待 長爲深潛微密幽隱之境界 唯聖能證能知〕 **殆** 〔殊也〕 **非群情之所盡.** 〔如上所云 殊非淺智劣解者所能盡也〕 **故頃爾談論 至於虛宗 每有不同. 夫以不同而適同 有何物而可同哉. 故衆論競作而性莫同焉.**

※頃爾(경이): 요사이. 최근.

이와 같으면 만물은 비록 달라도 (만물) **스스로 다를 수 있는 것이 아니다.** 〔여기서는 결론적으로 하나의 근원을 드러냈다. 진실로 마음과 경계가 일여함(心境一如)으로 말미암아 만법이 모두 여여한 것이다(萬法皆如). 그런 까닭에 스스로 다를 수가 없다.〕

스스로 다를 수 있는 것이 아니기 때문에 상(象, 형상)**은 진실한 상**(眞象)**이 아니며, 상象은 진실한 상이 아니기 때문에 비록 상이지만 상이 아니라는 것을 아는 것이다.** 〔마음과 경계가 다르지 않음으로 말미암아 만법이 모두 공하다. 그런 까닭에 상(象, 형상)은 진실한 상(眞象)이 아니다. 모든 상(諸相)이 적멸하면 어떤 법도 정情에 해당할 것이 없다. 그런 까닭에 비록 상이지만 상이 아니다.〕

그런즉, 물物과 아我는 근본이 같고 〔물物은 경계(境)를 말하고, 아我는 마음(心)을 말하며, 근본이 같다(同根)는 것은 마음과 경계가 일여하다(心境一如)는 것을 말한다. 위에서 "관觀과 지智가 모두 다하고 마음과 경계를 둘 다 잊었다(觀智俱泯 心境兩忘)"고 한 것을 설명하였다.〕 **시**(是, 긍정)**와 비**(非, 부정)**는 일기一氣인 것이다.** 〔시是는 진제眞諦를 말하고, 비非는 속제俗諦를 말하며, 일기一氣는 진과 속이 둘이 아닌 중도에 오묘하게 계합한 것을 말한다.〕

(이것은) **미묘함에 잠기고 그윽함에 감춰져서** 〔이와 같이 경계와 지혜를 모두 잊고 진과 속은 상대가 끊어져서 오래도록 미묘하고 은밀하며 그윽하게 감춰진 경계에 깊이 가라앉아 있기 때문에 오직 성인만이 증득할 수 있고 알 수 있는 것이다.〕 **거의**〔=수(殊, 특히)〕 **중생의 정**(群情)**으로는 다 알 수 있는 것이 아니다.** 〔위에서 말한 것처럼 절대로 천박한 지혜와 열악한 앎으로는 다할 수 있는 것이 아니다.〕

그런 까닭에 최근의 담론談論이 허종(虛宗, 空宗, 佛敎)에 이르러서는 매번 동일하지 않은 것이 있었던 것이다.[9]

무릇 동일하지 않은 것으로 동일함에 이르려 한다면 어떤 것이 있어 동일하게 할 수 있겠는가? 그런 까닭에 여러 논의들이 앞 다퉈 이뤄졌지만 (허虛=공空의) 성품(性)에 대한 논의에 있어서는 동일할 수가 없었던 것이다.

〔약주〕

此下敘異見皆在所破 以申作論之懷也. 虛宗 卽下所引三宗 各立異見 故每有不同. 大凡立論蓋爲顯理 今以不同之見 以適大同之理 有何法而可同哉. 由各騁己見 競論虛宗 所見不一. 故論旨不同 要歸至理 則畢竟難同 故得不已 造此論以破之.

※騁(달릴 빙): (말을) 달리다. 펴다. 제멋대로 하다.

여기서부터는 다른 견해들(異見)에는 모두 타파해야 할 것이 있다는 것을 서술하고, 이로써 논論을 쓰게 된 생각을 말했다.

허종(虛宗, 空宗)은 바로 아래에서 인용한 세 종파가 각기 다른 견해를 세웠기 때문에 "매번 동일하지 않은 것이 있었다"고 한 것이다.

무릇 논의를 내세우는 것은 이(理, 이치)를 드러내기 위한 것인데, 지금 동일하지 않은 견해로 대동의 이치(大同之理)에 이르려고 하는

9 진과 속이 둘이 아닌 중도(=공)에 관한 여러 이론들이 서로 견해가 다를 뿐만 아니라 잘못되었다는 뜻이다.

까닭에 "어떤 법이 있어 동일할 수가 있겠는가?"라고 한 것이다.

각기 자기의 견해를 제멋대로 함으로 말미암아 허종虛宗을 경쟁하듯 따져서 견해(所見)가 일치하지 않는 것이다. 그런 까닭에 논지論旨가 동일하지 않은 것이고, 지극한 이치(至理)로 돌아가려 해도 결국에는 동일하기 어렵기 때문에 마지못해 이 논論을 지어 타파한 것이다.

【논】

何則.〔徵起衆論〕**心無者**〔先敘破晉道恒心無宗〕**無心於萬物 萬物未嘗無**.〔此敘異計也 言心無者 謂但無心趣附於萬物 未達物虛故萬物未嘗無〕**此得在於神靜 失在於物虛**.

※趣附(추부): 남을 붙좇아서 따르고 달라붙음. / 권세에 빌붙다. 아부하다.

어째서 그런가?〔여러 논의들을 따지기 시작하였다.〕

심무종(心無)은〔먼저 진晉나라 도항道恒[10]의 심무종心無宗을 서술해서 타파하였다.〕**만물에 무심하지만 만물은 일찍이 없는 것이 아니라고 하기 때문이다**.〔여기서는 다르게 계교하는 것(異計)을 서술하였다. 심무종에서 말한 것은 이를테면 다만 마음에 만물을 따르고 달라붙는 것이 없을 뿐이지, 아직 물의 텅 빔(物虛)에는 이르지 못했기 때문에 만물은 일찍이 없었던 적이 없었다고 하는 것이다.〕

---

10 도항(道恒, 346~417): 구마라집의 제자. 문하에 들어가 번역 사업에 참여. 관심공무觀心空無의 심무의心無義를 주장, 축법태竺法汰와 혜원慧遠 등의 배척을 받음.

이것은 마음의 고요함(神靜)은 얻었어도 물의 텅 빔(物虛)은 잃은 것이다.

〔약주〕

此出得失也. 以心不附物 則不被外境搖動 故得在於神靜. 以不了萬物 故失在於物虛. 以心空境有 非中道也.

여기서는 (심무종의 논의를) 득得과 실失로 드러냈다.

마음은 물(物, 대상, 경계)을 따르지 않음으로써 바깥 경계에 흔들림을 받지 않기 때문에 마음의 고요함(神靜)을 얻었다. (하지만) 만물을 깨닫지 못했기 때문에 만물의 텅 빔(物虛)을 잃은 것이다. (이것은) 마음은 공하지만 경계가 있는 것(心空境有)이기 때문에 중도中道가 아니다.

【논】

卽色者 〔次破晉道林造卽色遊玄論 爲卽色宗〕 **明色不自色 故雖色而非色也.** 〔此敘計也. 謂靑黃等色 不自爲色 但因人名之爲色. 心若不計 則雖色而非色矣〕 **夫言色者 但當色卽色. 豈待色色而後爲色哉. 此直語色不自色 未領色之非色也.**

※豈待(기대): 어찌 ~을 기다리겠는가? ~할 필요가 어찌 있겠는가?

즉색종(卽色)은 〔다음은 진나라 도림道林[11]의 『즉색유현론卽色遊玄論』을 타파한 것으로 이를 즉색종이라고 한다.〕 **색은 스스로 색이 아니라는 것을 밝혔기 때문에 비록 색이지만 색이 아니라고 한다.** 〔여기서는 헤아리는 것(計, 분별)을 서술하였다. 이를테면 청·황 등의 색은 스스로 색이라 하지 않는데, 다만 사람들이 이름을 지음으로 인해 색이라고 하는 것일 뿐이라는 것이다. 마음으로 만약 헤아리지 않는다면 비록 색이지만 색이 아니다.〕

무릇 색이라고 말하는 것은 다만 대하는 색이 곧 색일 뿐인데, 어찌 색을 색으로 이름 붙이고 난 뒤에 색이라고 할 필요가 있겠는가? 이것은 색은 스스로 색이 아니라는 것을 솔직히 말한 것일 뿐이지, 색은 (본래) 색이 아니라는 것을 깨닫지 못한 것이다.

〔약주〕

此敍破也. 夫凡言色者 但當在色本就是色 豈待人名彼靑黃 然後爲色哉. 此直下 言得失. 此但言色不自色而已 未了色體本空也. 以唯知依他起名假 不知圓成體眞 故非正論.

※本就(본취): 본래. 원래. 본디.

여기서는 (즉색종의 견해를) 서술해서 타파하였다. 무릇 색色이라고 말하는 것은 단지 (지금 눈앞에) 대하고 있는 색이 본래 색일 뿐인데,

---

11 도림(道林, 314~366): 동진東晉 때의 승려. 지도림支道林·지도인支道人·지둔支遁 등으로 불림.

어찌 사람들이 그것을 청·황으로 이름을 붙이고, 그런 다음에 색이라고 할 필요가 있겠는가? (라는 것이다.)

"이것은 (색은 스스로 색이 아니라는 것을) 솔직하게~" 이하는 득得과 실失을 말한 것이다. 이것은 다만 색은 스스로 색이 아니라는 것을 말한 것일 뿐이지, 색 자체가 본래 공한 것(色體本空)을 깨닫지 못한 것이다. 오직 의타기依他起로 이름을 빌린 것만 알았을 뿐, 원성체의 진실(圓成體眞)을 알지 못했기 때문에 정론(正論, 올바르고 합당한 주장)이 아니다.

【논】

本無者〔此破晉竺法汰本無宗〕**情尙於無 多觸言以賓無. 故非有 有卽無 非無 無亦無.**〔此敘計也. 此以情好尙於無 故觸事發言 皆賓伏於無. 故言非有 則計有亦無也 及言非無 則計無亦無也. 有無俱無將謂虛玄 不知墮於斷見 未明正理 故非正論〕**尋夫立文之本旨者 直以非有非眞有 非無 非眞無耳.**〔此出正理也. 詳夫聖人立言之本意但以非有者 顯物非實有 言非無者 顯無非絶無也〕**何必非有無此有非無無彼無. 此直好無之談 豈謂順通事實 卽物之情哉.**

※賓(손 빈): 복종하다. 따르다. 인도하다. 따르게 하다. 굴복시키다.

본무종(本無)**은**〔이것은 진晉나라의 축법태竺法汰[12]의 본무종本無宗을

12 축법태(竺法汰, 320~387): 진晉나라 때의 승려. 도안道安 등과 함께 공부함. 이후

타파한 것이다.〕 정(情, 생각)으로 무無를 숭상하고, 말만 하면 무無에 복종하는 것이 대부분이다. 그런 까닭에 비유非有는 유有가 없고, 비무非無는 무無 또한 없는 것이라고 한다. 〔여기서는 헤아리는 것(計, 분별)을 서술하였다. 여기서는 정情으로 무無를 애호하고 숭상했기 때문에 부딪치는 일마다 꺼내는 말이 모두 무無에 복종하고 엎드린 것이다. 그런 까닭에 비유非有를 말하면 유有도 무無라고 헤아리고, 비무非無를 말하면 무無 또한 무無라고 헤아리는 것이다. 유와 무 모두 없어 텅 비어 현묘하다(虛玄)고 여기는데, (이는) 단견斷見에 떨어진 것을 모르는 것이고, 바른 이치(正理)를 밝히지 못했기 때문에 정론正論이 아니다.〕

무릇 글(=경전)에서 내세운 비유非有와 비무非無의 본래의 뜻을 찾아보면, 다만 비유非有는 진실로 있는 것(眞有=實有)이 아니고, 비무非無는 진실로 없는 것(眞無=實無)이 아닐 뿐이다. 〔여기서는 바른 이치를 드러냈다. 무릇 성인이 남긴 말의 본래 뜻을 자세히 살펴보면, 다만 비유非有는 사물이 진실로 있지 않다는 것을 드러낸 것이고, 비무非無라고 말한 것은 무無가 절대 무(絶無)가 아니라는 것을 드러낸 것일 뿐이다.〕

(그런데) 구태여 비유非有는 차유(此有, 속제의 유)가 없고, 비무非無는 피무(彼無, 진제의 무)가 없는 것이라고 할 필요가 있겠는가? 이는 다만 무無를 좋아하는 이야기(好無之談)일 뿐인데 어찌 사事를 따라 진실에 통한 것이고 물物에 나아간 정(情, 생각)이라고 말할 수 있겠는가!

마음이 없다고 하는(=심무종) 도항道恒의 그릇된 주장을 반박함.

〔약주〕

何必下 斥異見也. 然非有非無 但是有非實有 無非實無. 又何必執計非有爲絶無此有 非無謂絶無彼無哉. 然雖有無俱無 似爲玄妙 此直好無之談 未達正理. 豈是順通事物之實性 以達卽物明眞之旨哉. 上敘破計 下敘立論正義.

'구태여 비유非有는~' 이하는 다른 견해(異見)를 배척한 것이다.

비유비무非有非無는 다만 유有는 실유實有가 아니고 무無는 실무實無가 아닐 뿐이다. (그런데) 또 구태여 비유非有를 차유(此有, 속제의 유)가 절대로 없는 것이라고 하고, 비무非無를 피무(彼無, 진제의 무)가 절대 없는 것이라고 말하면서 집착하고 헤아릴 필요가 있겠는가? 비록 유와 무가 함께 없어 흡사 현묘玄妙한 것 같아도 이것은 그저 무無를 좋아하는 이야기(好無之談)일 뿐, 바른 이치(正理)를 통달하지 못한 것이다. (그런데 이것이) 어찌 사물事物의 진실한 성품을 따르고 통한 것이며, 물物에 나아가 진실을 밝힌 뜻에 이른 것이겠는가?

위에서는 (다르게) 헤아리는 것들을 서술해서 타파했고, 아래에서는 논에서 내세운 바른 뜻(正義)을 서술하였다.

【논】

夫以物物〔二物字 謂以名名物〕**於物**〔此物字 所名之物〕**則所物**〔此物字謂所名〕**而可物**〔此物字 乃所名之物〕**以物物**〔二物字 亦是以名名物〕**非物**〔此物字亦指所名之物. 言非物 如龜毛兎角等〕**故雖**

物而非物. 〔言雖有其名 無實物可得〕 **是以物不卽名而就實 名不卽物而履眞.**

무릇 물物을 〔여기서의 물物 자는 이름 붙여진 것을 말한다.〕 **물物이라 이름 붙이면** 〔두 물物 자는 명명한 물物이다.〕 **이름 붙여진 물(所物)은** 〔여기서의 물物 자는 이름 붙여진 것을 말한다.〕 (이름 붙여진 대로) **물物이라고 할 수 있지만,** 〔여기서의 물物 자는 이름 붙여진 물이다.〕 **이름 붙여진 물物은** 〔두 물 자 또한 명칭으로 이름 한 물을 말한다.〕 **물物이 아니기 때문에** 〔여기서의 물物 자 또한 명칭으로 이름 한 물을 가리킨다. 비물非物이라고 말하는 것은 거북의 털과 토끼의 뿔 등과 같은 것이다.〕 **비록 물物이지만 물物이 아니다.** 〔비록 그 이름은 있지만 얻을 수 있는 진실한 물物이 없다는 것을 말한다.〕

그래서 물物은 명칭(名)으로 나아가서는 진실(實, 실체)을 이루지 못하고, 명칭은 물物에 나아가서는 진실(眞)을 경험하지 못하는 것이다.

〔약주〕

將以名言論眞諦 惟眞諦非名言可及. 故發論之初 先以名物以啓端 謂以名名於有相之物 則有物可指. 若以名名於非物 然非物乃無相之物 如呼龜毛兎角等. 此則但有虛名 其實無物以當其名. 故曰 "雖物而非物" 由是觀之 如說火談冰 豈有寒熱於齒頰. 此物不卽名以就實也 如呼龜毛兎角. 豈有毛角以應求. 此名不卽物而履眞 謂不就所呼而得實物也. 是知名不就實 則有相之物皆假名 物不履眞 則無狀之體但虛

稱. 密嚴云"世間衆色法 但相無有餘 唯依相立名 是名無實事" 物尙如此 況眞諦無相 豈名言之可及乎. 故下云.

※齒頰(치협): 입. / 頰(뺨 협).

※履(밟을 리): 행하다. 지위에 오르다. 자리에 나아가다.

장차 명칭과 언어로써 진제眞諦를 논하겠지만, 다만 진제는 명칭과 언어로 이를 수 있는 것이 아니다. 그런 까닭에 논論을 시작하는 처음에 먼저 이름 붙여진 물(名物)로 실마리를 연 것이니, 이를테면 형상이 있는 물(有相之物)에 이름을 붙임으로써 가리킬 수 있는 어떤 물이 있게(有物可指) 된다는 것이다.

만약 물이 아닌 것(非物)에 이름을 붙인다면, 그렇게 하더라도 물이 아닌 것(非物)은 형상이 없는 물(無相之物)이니 마치 거북 털·토끼 뿔 등을 부르는 것과 같다. 이는 곧 단지 허망한 이름(虛名)만 있을 뿐이지, 사실 그 이름에 해당하는 물物은 없다. 그런 까닭에 말하기를 "비록 물物이지만, 물物이 아니다"고 한 것이다.

이런 이유로 (어떤 물物을) 관해서 불이라 말하고 얼음이라 말한다고 해서 어찌 추위와 더위가 입(齒頰)에 있겠는가? 이것이 물物은 명칭으로 나아가서 진실(實, 실체)에 이르지 못한 것이니 마치 거북 털·토끼 뿔과 같은 것이다.

어찌 (거북) 털과 (토끼) 뿔이 있어 마땅히 찾을 수 있는 것이겠는가? 이것은 명칭으로 물物에 나아가도 진실(眞)의 자리에 나아가지 못하는 것이니, 이를테면 이름 불리는 것(所呼)을 따라서는 실물實物을 얻지 못한다는 것이다.

이로써 명칭으로 진실(實)에 이르지 못하면 형상이 있는 물物은 모두 가명(假名, 거짓 이름, 빌린 이름)이고, 물物이 진실(眞)에 나아가지 못하면 형상이 없는 체體는 단지 허칭(虛稱, 헛된 명칭)일 뿐이라는 것을 알 수 있다.

『밀엄경密嚴經』[13]에 이르기를 "세간의 온갖 색법은 단지 상일 뿐 다른 것이 없다. 오직 상을 의지해 이름을 세운 것일 뿐 이 이름에는 진실한 사실(實事)이 없다"[14]고 하였다. (만)물物도 오히려 이와 같은데, 더욱이 상이 없는 진제(眞諦無相)를 어떻게 명칭과 언어로 이를 수 있겠는가? 그런 까닭에 아래에서 말했다.

【논】

然則 眞諦獨靜於名教之外 豈曰文言之能辨哉. 然不能杜默 聊復厝言以擬之. 試論之曰.

그런즉, 진제眞諦는 명교(名教, 명칭) 밖에서 홀로 고요한데 어찌 언어 문자로 능히 가려낼 수 있다고 말하겠는가? 그렇기는 하지지만, (그냥) 입을 다물고만 있을 수가 없어(杜默＝杜口緘默) **잠시 다시 말을 빌려**

---

13 『대승밀엄경大乘密嚴經』, 지바하라地婆訶羅 역. 총 3권 8품으로 구성. 여래장과 여러 가지 마음작용의 근원과 근본 의식이 되는 아리야식과 밀엄정토에 관한 내용으로 이루어짐.

14 제3권, 「아뢰야미밀품阿賴耶微密品」의 금강장보살마하살의 게송의 일부분이다.

헤아려 보겠다. 시험 삼아 논하면 다음과 같다.

〔약주〕

眞諦寂寥空廓 思議之所不及 離相離名 象數所不能詮. 逈出常情 故曰"獨靜於名教之外" 如此豈語言文字所能辯哉. 今爲破迷執以顯正理 故不能杜口緘默 聊復厝置其言以擬議之 略試論之耳. 上敘意 下正論.

※緘默(함묵): 침묵을 지키다. 입을 다물다.
※厝置=措置(조치): 처리하다. 조치를 취하다. 안치하다.

진제眞諦는 적요공확(寂寥空廓, 고요하고 고요하며 허공처럼 넓음)하여 생각으로 헤아려서 미칠 수 있는 것이 아니며, 형상을 떠나고 명칭을 떠났기 때문에 상수象數[15]로 설명할 수 있는 것이 아니다. 상정(常情, 일상적인 범부의 허망한 마음, 또는 생각)을 멀리 벗어났기 때문에 "명교(名教, 명칭) 밖에서 홀로 고요하다"고 한 것이다.

(진제가) 이와 같은데 어찌 언어문자로 변별할 수 있겠는가?

지금 미혹과 집착을 타파해서 바른 이치(正理)를 드러내려 하는 까닭에 (그냥) 입 다물고 침묵하고 있을 수만은 없어 잠시 다시 말로써 조치를 취하고 헤아려서 간략하게나마 시험 삼아 논하려 할 따름이라는 것이다.

이상은 (논을 쓴) 의도를 서술한 것이고, 아래에서는 바로 논하였다.

---

15 주역에서 말하는 상象과 수數로 이해하였다.

【논】

摩訶衍論云 "諸法亦非有相 亦非無相" 中論云 "諸法不有不無者 第一眞諦也"

『마하연론(摩訶衍論, 대지도론)』에 이르기를 "제법 또한 상이 있는 것도 아니고, 또한 상이 없는 것도 아니다"[16]고 하였다.

(또한) 『중론中論』에 이르기를 "제법은 있는 것도 아니고 없는 것도 아닌 것, (이것이) 제1진제이다"[17]고 하였다.

〔약주〕

此引教定宗也. 言諸法非有非無者 先立中道諦體也. 言不有者 卽俗諦不有也 不無者 眞諦不無也. 以俗諦假有不眞故空 眞諦緣生故 不是實實斷空. 故題稱不眞空 含有二義. 此遮二邊以顯中也. 故立論之初 引此二論以定綱宗 發明中道第一義諦 不屬有無二邊也. 下依宗斥邪.

여기서는 교(教, 논서)를 인용해서 종지(宗)를 정립하였다.

---

16 대지도론에 다음과 같이 전한다. (번역 생략)
제6권, "觀一切法非空非不空 非有相非無相 非有作非無作~ (중략)"
제54권, "諸法非常相 非無常相 非有相 非無相~ (중략)"

17 용수의 중론송이나 청목의 중관론소에 정확하게 일치하는 문장이 없다. 승조가 인용, 요약한 것이다.

(『마하연론』에서) "제법 또한 상이 있는 것도 아니고, 또한 상이 없는 것도 아니다"고 말한 것은 먼저 중도제中道諦의 체體를 세운 것이다.

(『중론』에서) 불유不有는 곧 속제俗諦는 (진실로) 있는 것이 아니고, 불무不無는 진제眞諦가 (진실로) 없는 것이 아니라는 것을 말한 것이다.

속제는 가유假有로써 진실한 것이 아니기(不眞) 때문에 공空이며, 진제는 (없지만) 연緣으로 생기기 때문에 정말로 단공(斷空, 단멸공)이 아니다. 그런 까닭에 (논의) 제목을 부진공不眞空이라고 칭한 것이니 (여기에는) 두 가지 뜻이 포함되어 있다.[18]

여기서는 양변을 부정하고, 이로써 중(中, 중도)을 드러냈다. 그런 까닭에 논論을 내세운 처음에 두 논(論, 『마하연론』과 『중론』)을 인용해서 강종綱宗을 정립하고, 중도 제1의제中道第一義諦는 유·무 양변에 속하지 않는다는 것을 밝힌 것이다.

아래에서는 종지에 의거해서 삿됨(邪, 삿된 견해)을 배척하였다.

【논】

尋夫不有不無者. 豈謂滌除萬物 杜塞視聽 寂寥虛豁 然後爲眞諦者乎.

18 앞의 감산의 개괄적인 약주에 두 가지 뜻을 말하였으니 참조하기 바란다.

※杜塞(두색): 막다.

무릇 있는 것도 아니고 없는 것도 아닌 것(不有不無)**을 찾아보자. **(이것이) **어찌 만물을 씻은 듯이 제거하고**(滌除萬物) **보고 듣는 것을 막아서**(杜塞視聽) **적요허활**(寂寥虛豁, 고요하고 텅 빔)**한 뒤에 진제**眞諦**라고 한 것이겠는가?**

〔**약주**〕

此斥邪謬 先破本無一宗也. 以本無宗義 謂非有 有亦無 非無 無亦無 有無俱絶. 不達緣生千化之有 故墮斷空. 以此斷空絶無一法 故云"滌除萬物" 聞見俱泯 故云"杜塞視聽" 古人呼此爲豁達空. 故云"寂寥虛豁" 意謂不有不無者 蓋是雙非二邊 以顯中道第一義諦 豈以豁達斷空爲眞諦乎. 古德云"寧起有見如須彌山 不起無見如芥子許" 永嘉云"豁達空 撥因果 莽莽蕩蕩招殃禍" 以此一宗爲害甚巨 衆聖所呵 正在所破 故論開端卽痛斥之 急欲令人發起大乘正信也. 下顯正義.

※開端(개단): 발단하다. 시작하다.

여기서는 오류(邪謬)를 책망했는데, 먼저 본무本無(를 주장하는) 일종(一宗, 하나의 종파)을 타파했다.

본무종의 뜻은 이를테면 비유非有는 유有 또한 없고, 비무非無는 무無 또한 없으며, 유·무가 함께 끊어졌다는 것이다. (이는) 연緣으로 생하는 온갖 변화의 유有를 통달하지 못한 것이기 때문에 단공斷空에 떨어진 것이다.

여기서의 단공斷空은 어떤 법도 절대로 없는 것이기 때문에 "만물을 씻은 듯이 없앤다"고 하고, 보고 듣는 것이 모두 없어졌기 때문에 "보고 듣는 것을 막았다"고 한 것이다. 고인[19]은 이를 일러 '활달공豁達空'이라고 하였고, 그런 까닭에 '적요허활(寂寥虛豁, 고요하고 텅 빔)이라'고 한 것이다.[20]

(승조가 말한) 뜻은 이를테면 불유불무不有不無는 양변을 함께 부정하고, 이로써 중도제1의제中道第一義諦를 드러낸 것인데, 어찌 활달단공豁達斷空으로 진제眞諦를 삼을 수 있겠냐는 것이다.

고덕古德[21]이 이르기를 "차라리 수미산 같은 유견有見을 일으킬지언정 겨자씨만큼의 무견無見도 일으키지 말라"고 하였다. (또한) 영가永嘉는 이르기를 "활달공으로 인과를 없다고 하면 아득하고 끝없는 재앙

---

19 영가현각(永嘉玄覺, 665~713): 육조혜능과 상견 문답하여 인가를 받고, 일숙一宿한 인연으로 일숙각一宿覺이라 함. 진각眞覺 대사라고도 함. 시호는 무상無相대사.

20 고인이 활달공이라고 했기 때문에 승조가 텅 비어 고요하다고 한 것으로 이해해서는 안 된다. 활달공은 감산이 승조의 말을 강조하기 위해 영가의 말을 중간에 넣은 것일 뿐이다.

21 『입능가경入楞伽經』 제5권, 「불심품佛心品」에 "寧起我見如須彌山而起憍慢 不言諸法是空無也"로 전하며, 또한 『대보적경大寶積經』에 제112권에 "寧起我見 積若須彌 非以空見 起增上慢"으로 전한다.

한편, 원효의 『보살계본지범요기菩薩戒本持犯要記』 게송에 다음과 같이 전한다.

寧起我見　차라리 아견을
如須彌山　수미산처럼 일으킬지언정
不起空見　공견을
如毫釐許　털끝만큼도 일으키지 말라.

을 초래하게 된다"[22]고 하였다.

이 (본무종) 한 종파로 해가 되는 것이 너무 크기 때문에 여러 성인들이 꾸짖었던 것이다. (또한) 바로 타파해야 할 대상이었기 때문에 논을 시작하면서 바로 통렬하게 책망하였던 것이고, 서둘러서 사람들로 하여금 대승의 바른 믿음(大乘正信)을 일으키도록 하였던 것이다. 아래에서 정의正義를 드러냈다.

【논】

誠以卽物順通 故物莫之逆〔此顯正義. 言非有者 在卽物以順通其理. 故物物順理而不逆 是爲非有〕**卽僞卽眞 故性莫之易**.〔言諸法緣生虛假 故卽假卽眞 不必改易然後爲眞 若改易求眞 是爲析色非眞空也 故爲非無〕**性莫之易 故雖無而有**〔不是實無〕**物莫之逆 故雖有而無**.〔不是實有〕**雖有而無 所謂非有**〔結以不眞故空〕**雖無而有 所謂非無**〔結不是實空〕**如此 則非無物也**〔言非是絶無 正破所執〕**物非眞物**.〔但物非眞物耳 正出論義〕**物非眞物**〔非眞. 卽題稱不眞〕**故於何而可物**.〔不可物. 卽題稱空義〕

---

22 『증도가證道歌』에 다음과 같이 전한다.

豁達空撥因果	활달공으로 인과를 없다고 하면
漭漭蕩蕩招殃禍	아득하고 끝없는 재앙을 초래하게 된다.
棄有著空病亦然	유를 버리고 공을 집착하는 병 또한 그러하니
還如避溺而投火	물에 빠지는 것을 피하려다 불속으로 뛰어드는 것과 같다.

진실로 물物에 나아가서 순조롭게 잘 통하는 까닭에 물物을 거역하지 못하고, 〔여기서는 바른 뜻을 드러냈다. 비유非有라고 말한 것은 물物에 나아감으로써 이치에 순조롭게 통하는 데 있다. 그런 까닭에 물物마다 이치를 따르고 거역하지 않는 것이니, 이를 일러 비유非有라고 하였다.〕 **거짓이 바로 진실인 까닭에 성품이 바뀌지 않는 것이다.** 〔연緣으로 생겨난 제법諸法은 공허하고 거짓(虛假)임을 말한다. 그런 까닭에 거짓이 바로 진실인 것이니, 고쳐서 바꾼 뒤에 진실하다고 할 필요가 없다. 만약 고치고 바꿔서 진실을 구한다면 이는 색을 분석하는 것(析色)[23]으로 진공眞空이 아니다. 그런 까닭에 비무非無라고 하였다.〕

성품이 바뀌지 않기 때문에 비록 없지만 있고, 〔진실로 없는 것(實無)이 아니다.〕 **물物을 거역하지 못하기 때문에 비록 있지만 없는 것이다.** 〔진실로 있는 것(實有)이 아니다.〕

있지만 없는 것은 이른바 있는 것이 아니고(非有), 〔결론적으로 진실하지 않기 때문에 공이다.〕 **없지만 있는 것은 이른바 없는 것이 아니니(非無),** 〔결론적으로 진실한 공(實空)이 아니다.〕 **이와 같으면 물物이 없는 것은 아니지만** 〔절대로 없는 것(絶無)이 아니라는 것을 말한다. 집착하는 것을 바로 타파하였다.〕 (그렇다고) (그) **물物이 진실한 물(眞物)도 아닌 것이다.** 〔다만 물物은 진실한 물(眞物)이 아닐 뿐이다. 논의를 바로 드러냈다.〕

물物이 진실한 물(眞物)이 아니면 〔진실한 것이 아니다. (그래서) 바로 제목으로 부진不眞이라고 칭한 것이다.〕 **무엇 때문에 물物이라**

---

23 석색입공析色入空: 색을 분석해서 공에 들어가는 것으로 천태학에서는 석공관析空觀이라고 한다. 이는 한마디로 소승의 교리라 할 수 있다.

할 수 있는 것인가? 〔물物이라고 해서는 안 된다. (이것이) 바로 제목에서 칭한 공의 뜻이다.〕

〔약주〕

反覆論議非有非無 以釋成不眞空義 以破本無之妄計也. 蓋卽有以明空 是謂妙空 卽空以明有 是謂妙有. 不眞一語 盡大乘空義 眞諦之理妙極於斯.

반복해서 비유비무非有非無를 논의하고, 이로써 부진공不眞空의 뜻을 해석하고, 이로써 본무종의 허망한 헤아림을 타파하였다.

유有에 나아가 공을 밝히는 것을 묘공妙空이라 하고, 공空에 나아가 유를 밝히는 것을 묘유妙有라고 한다.

부진不眞이라는 한마디 말이 대승의 공空의 뜻을 다한 것이며, 진제眞諦의 이치가 여기서 오묘하게 이르렀다.

【논】

故經云 "色之性空 非色敗空" 以明夫聖人之於物也 卽萬物之自虛 豈待宰割以求通哉.

※宰割(재할): 침략하고 압박하고 착취하다. 유린하다. 분할하다. 잘라내다.

그런 까닭에 경전에 이르기를 "색은 성품이 공한 것이지, 색을 부셔서 공한 것이 아니다"[24]고 하였다. 이로써 성인이 말하는 물物은 바로 만물이 스스로 텅 빈 것(自虛)이라는 것을 밝힌 것이거늘, 어찌 분할해서 통합을 구할 필요가 있겠는가?

〔약주〕

此下依宗廣辨 以明二諦無雙 以顯中道第一義諦也. 文有三段 初色空不二 次眞俗不二 三有無不二. 今初 色性自空 在色卽是空 非色敗爲空. 此正顯色空不二也. 是故聖人卽萬法以見性空. 以萬法本性自空 故不待宰割分析然後爲空也. 彼計本無者 豈不淪於斷滅耶.

※不待(부대): ~(할) 필요가 없다. ~하고 싶지 않다.

여기서부터는 종지(宗)에 의거해서 자세하게 변별하고, 이로써 (진·속) 이제에 둘이 없음을 밝히고, 이로써 중도제일의제中道第一義諦를 드러냈다.

(논의) 문장에는 세 단락이 있는데, 처음은 색공불이色空不二, 다음은 진속불이眞俗不二, 셋째는 유무불이有無不二이다.

이제 (그) 처음으로 색의 성품이 스스로 공하다(色性自空)는 것은 색이 곧 공이라는(色卽是空) 데 있는 것이지, 색을 부셔서 공이 된다는 것이 아니다. 이것이 색과 공이 둘이 아니다(色空不二)는 것을 바로 드러낸 것이다.

---

24 『불설유마힐경(佛說維摩詰經, 지겸 역)』 제2권, 「불이입품不二入品」에서는 "世間空耳 作之爲二 色空不色敗空 色之性空"으로 전한다.

이런 까닭에 성인은 바로 만법으로 성품이 공함을 보고, 이로써 만법의 본래 성품이 스스로 공한 것이기 때문에 분할하고 분석한(宰割分析) 다음에 공이라고 할 필요가 없는 것이다. (그런데도) 본무本無를 헤아린다면 (이것이) 어찌 단멸斷滅에 빠진 것이 아니겠는가!

【논】

是以寢疾有不眞之談 超日有卽虛之稱 然則三藏殊文 統之者一也.

※寢疾(침질): 병으로 드러눕다. 병석에 눕다.

그래서 (유마경의) 병석에 누워 부진에 대해 이야기한 것(不眞之談)과 『초일경(超日)』[25]에 텅 빔에 나아간 말씀(卽虛之稱)이 있는 것이다. 그런즉, 삼장三藏의 문장이 다르더라도 통합하면 하나인 것이다.

〔약주〕

此引二經以證色空不二之義也. 淨名云 "菩薩病者 非眞非有" 超日明三昧經云 "不有受 不保命 四大虛也" 非但二經明色性空義 卽三藏殊文 皆顯色空不二之旨 故日 "統之者一也"

---

25 초일超日은 『불설초일명삼매경佛說超日明三昧經』을 뜻한다. 『초일명경初日明經』이라고도 함. 초기 대승 경전들의 성립과 시대를 같이하는 이 경전은 서진西晋 시대(290~306) 때 섭승원聶承遠이 한역함.

여기서는 두 경전을 인용해서 색과 공이 둘이 아닌(色空不二) 뜻을 증명하였다.

『정명경』에 이르기를 "보살이 병이 든 것은 진실도 아니고 있는 것도 아니다"[26]고 하였다.

(또한) 『초일명삼매경超日明三昧經』에 이르기를 "수受는 있는 것이 아니고 목숨은 보존되는 것이 아니다. 사대는 텅 비었다"[27]고 하였다.

두 경전에서만 색의 성품이 공하다는 뜻을 밝힌 것이 아니라 삼장三藏의 (모든) 문장이 다르기는 해도 모두 색과 공이 둘이 아니라는 뜻을 드러냈다. 그런 까닭에 말하기를 "통합하면 하나인 것이다"라고 한 것이다.

【논】

故放光云 "第一眞諦 無成無得 世俗諦故 便有成有得"

그런 까닭에 『방광반야경』에 이르기를 "제1진제는 이룰 것도 없고 얻을 것도 없지만 세속제世俗諦 때문에 이루는 것도 있고 얻는 것도

---

26 불설유마힐경(지겸 역) 제1권, 「제법언품諸法言品」과 유마힐소설경(구마라집 역) 제2권, 「문수수리문질품文殊師利問疾品」의 내용을 정리 요약한 것이다.

27 상기 경전에서 다음과 같이 전한다.

(중략) 不有壽 不保命 四大空 五陰無根 六衰無原 七識無主.

수명(壽)은 있는 것이 아니고 목숨은 보존되는 것이 아니다. 4대는 공하고, 5음은 실체가 없으며, 6쇠(衰, 육진, 육적)는 근원이 없고, 7식識은 주인이 없다.

있다"[28]고 하였다.

〔약주〕

次明眞俗不二也. 先引經約成得以定二諦. 以眞諦離緣 故無成得 俗諦緣生 故有成得.

다음으로 진과 속이 둘이 아님(眞俗不二)을 밝혔다.

먼저 경전을 인용, 이룸(成)과 얻음(得)에 근거해서 (진·속) 이제二諦를 정립하였다. 진제眞諦는 인연을 떠났기 때문에 이룰 것과 얻을 것이 없지만, 속제俗諦는 인연으로 생하는 것이기 때문에 이룰 것과 얻을 것이 있는 것이다.

【논】

夫有得卽是無得之僞號 無得卽是有得之眞名.

무릇 얻을 것이 있다(有得)는 것은 바로 얻을 것이 없다(無得)는 것의 거짓 호칭이고, 얻을 것이 없다는 것은 바로 얻을 것이 있다는 것의 진실한 명칭이다.

---

28 방광반야경에 원문과 일치하는 경문이 없다. 승조가 경전을 요약해서 말한 것으로 이해하였다.

〔약주〕

此約眞僞以分眞俗. 以眞俗諦緣生故假 故曰 "僞號" 從無住本立一切法 故無得是有得眞名.

여기서는 진실(眞)과 거짓(僞)에 근거해서 진眞·속俗을 구분하였다. 진제와 속제는 연緣으로 생겨난 것이기 때문에 가(假, 거짓)이고, 그런 까닭에 말하기를 거짓 호칭(僞號)이라고 한 것이다.

머묾이 없는 것(無住)을 근본으로 하여 일체법이 건립되기 때문에 얻을 것이 없는 것(無得)이 얻을 것이 있음(有得)의 진실한 명칭이다.

【논】

眞名故 雖眞而非有 僞號故 雖僞而非無.

진실한 명칭 때문에 비록 진실하지만 있는 것도 아니고, 거짓 호칭 때문에 비록 거짓이지만 없는 것도 아니다.

〔약주〕

此下約雙非以明不二 先出所以. 良由有依眞立 故有而非有 眞自隨緣故無而不無.

여기서부터는 (유·무) 둘 다 아님(雙非, 쌍으로 부정하는 것)을 근거로 (진眞·속俗이) 둘이 아님을 밝혔는데, 먼저 (그) 이유를 드러냈다.

진실로 유有는 진(眞, 진실)을 의지해서 성립되는 것이기 때문에 있지만 있는 것이 아니고(有而非有), 진眞은 스스로 연緣을 따르기 때문에 없지만 없는 것이 아니다(無而不無).

【논】

是以 言眞未嘗有 〔以物卽眞 故未嘗有〕 **言僞未嘗無.** 〔隨緣建立故不無〕 **二言未始一 二理未始殊.** 〔言異而旨一〕 **故經云 "眞諦俗諦謂有異耶 答曰無異也"** 〔正顯不二〕 **此經直辯眞諦以明非有 俗諦以明非無. 豈以諦二而二於物哉.**

그래서 진실(眞)을 말한다고 해서 일찍이 있던 것도 아니고, 〔물物이 곧 진실(眞)이기 때문에 일찍이 있었던 적이 없다.〕 **거짓(僞)을 말한다고 해서 일찍이 없던 것도 아닌 것이다.** 〔연緣을 따라 건립되는 것이기 때문에 없는 것이 아니다.〕

두 말이 처음부터 하나는 아니지만, 두 이치가 처음부터 다른 것도 아니다. 〔말은 달라도 뜻은 하나이다.〕

그런 까닭에 경전에 이르기를 "'진제와 속제에 다름이 있습니까?' 라고 하자, '다름이 없다'"[29] 고 하였다. 〔둘이 아님을 바르게 드러냈다.〕

---

29 나집 역, 마하반야바라밀경 제22권, 「도수품道樹品에 다음과 같이 전한다.
"世尊 世諦 第一義諦有異耶" "須菩提 世諦 第一義諦無異也"
수보리가 물었다. "세존이시여! 세제와 제1의제는 다른 것이 있습니까?"
부처님께서 말씀하셨다. "수보리여! 세제와 제1의제는 다른 것이 없다."

이 경전에서는 직접적으로 분별해서 진제眞諦는 있는 것이 아님(非有)을 밝히고, 속제俗諦는 없는 것이 아님(非無)을 밝혔다.

(그런데 이것이) 어찌 제(諦, 진리)가 (진제와 속제) 둘이기 때문에 물物도 둘로 나눈 것이겠는가?

〔약주〕

放光已下 通明眞俗不二之旨也. 物 指中道理. 古德云 "二諦並非雙言單未曾各" 宗門謂 "一雙孤鴈 搏地高飛 一對鴛鴦 池邊獨立" 曹洞賓主五位 正偏兼帶 照用同時. 雖發明向上 實顯理事混融 眞俗不二之旨. 苟悟卽眞 自然得大機用矣.

"방광반야~" 이하부터는 진과 속이 둘이 아니다(眞俗不二)는 뜻을 통틀어 밝혔다.

(바로 앞의 논, 맨 마지막) 물物 자는 중도中道의 이치를 가리킨다.

고덕古德이 이르기를 "(진·속) 이제는 모두 둘이 아니니 한 쪽만을 말해도 각각인 적이 없다"[30]고 하였다.

---

30 청량징관의 『대방광불화엄경수소연의초』 제9권에서는 "昔人云 二諦並非雙恒乖未曾各"으로 전한다.

부대사傅大士의 『선혜대사록善慧大士錄』 제3권에 게송으로 다음과 같이 전한다.

脫中如不如　해탈 속에서는 여여하면서 여여하지 않고

縛中穆如相　속박 속에서는 고요하기가 삼십이상과 같다.

乃會三菩提　삼보리를 만나면

如如等無上　여여함은 위없는 것과 같다.

法相竝非雙　법과 상은 결코 둘이 아니니

(또한) 종문宗門에서 말하기를 "한 쌍의 외로운 기러기는 대지를 박차고 높이 날고, 한 쌍의 원앙은 연못가에 홀로 섰다"[31]고 하였다. (이는) 조동종曹洞賓의 빈주오위賓主五位에서 정편겸대正偏兼帶이고,[32] 조용동시照用同時이다. (이것은) 비록 향상向上을 밝힌 것이지만, 실제로는 이理와 사事를 혼융해서 진속불이眞俗不二의 뜻을 드러낸 것이니 (속이) 진실로 진에 나아간 것임을 깨달으면 자연 대기대용大機大用을 얻게 될 것이다.

【논】

然則 萬物果有其所以不有 有其所以不無.

恒乖未曾各　항상 어긋나지만 각각인 적이 없다.

沈浮隨不隨　부침을 따르면서 따르지 않고

搖漾泊無泊　흔들림에 머물면서 머묾이 없다.

31 『종용록從容錄』 제17칙, 법안호리法眼毫釐에 대한 만송행수萬松行秀의 시중示衆이다.

示衆云 "一雙孤雁搏地高飛 一對鴛鴦池邊獨立. 箭鋒相拄則且致 鋸解秤錘時如何."

"한 쌍의 외로운 기러기는 대지를 박차고 높이 날고, 한 쌍의 원앙은 연못가에 홀로 섰다. 화살 끝이 서로 맞닿은 경지는 놔두고, 톱으로 저울추를 끊을 때는 어떠한가?"

32 正은 체體·공空·이理이다. 편偏은 용用·색色·사事이다. 정중편正中偏은 배리취사背理就事·종체기용從體起用이고, 편중정偏中正是은 사사입리捨事入理·섭용귀체攝用歸體이다. 겸兼은 정편겸대是正偏兼帶이고, 이사혼융理事混融·내외화합內外和合·비염비정非染非淨·비정비편非正非偏이다.

그런즉, 만물은 있는 것이 아닌(不有) 이유가 정말로 있고, 없는 것이 아닌(不無) 이유가 (정말로) 있는 것이다.

〔약주〕

此下三辨有無不二也. 此以二語徵起. 果 實也. 謂萬物果有其不有果有其不無耶. 且徵定 下四句釋也.

여기서부터는 세 번째로 유·무가 둘이 아님(有無不二)을 변별하였다.

여기서는 두 말(二語)로 따지기 시작하였다.

과果는 실(實, 정말, 진실)이다. 이를테면 만물은 있는 것이 아닌 것(不有)이 정말로 있고, 없는 것이 아닌 것(不無)이 정말로 있냐는 것이다. 먼저 따질(=밝힐) 것을 정하고, 아래에서 사구四句로 설명하였다.

【논】

有其所以不有 故雖有而非有 有其所以不無 故雖無而非無.

"있는 것이 아닌(不有) 이유가 있기 때문에
비록 있지만 있는 것도 아니고,
없는 것이 아닌(不無) 이유가 있기 때문에
비록 없지만 없는 것도 아니다."

〔약주〕

釋不有不無義也. 謂果有眞空 則幻有是假 故雖有而不有. 果有妙有 則無非斷滅 故雖無不無. 故下成正義.

있는 것도 아니고(不有) 없는 것도 아닌(不無) 뜻을 설명하였다.

이를테면 정말로 진공眞空이 있는 것이라면 환으로 있는 것(幻有)은 거짓(假, 假有)이기 때문에 비록 있지만 있는 것이 아니다. (또한) 정말로 묘유妙有가 있는 것이라면 없는 것(無)은 단멸斷滅이 아니기 때문에 비록 없지만 없는 것이 아니라는 것이다. 그런 까닭에 아래에서 바른 뜻(正義)을 성립하였다.

【논】

雖無而非無 無者不絕虛. 〔非豁達斷空〕 **雖有而非有 有者非眞有.** 〔謂是緣生假有 故非實有〕 **若有不卽眞** 〔謂不實有〕 **無不夷跡. 然則有無稱異 其致一也.**

※夷(오랑캐 이): 오랑캐. 상하다. 멸하다. 죽이다. 평탄하다. 깎다.

비록 없지만 없는 것이 아니니, 없다는 것은 모든 것을 끊어 없애서 텅 빈 것(絕虛)**이 아니다.** 〔활달단공(豁達斷空=활달공)이 아니다.〕

(또한) **비록 있지만 있는 것이 아니니, 있는 것은 진실로 있는 것**(眞有)**이 아니다.** 〔이를테면, 인연으로 생하는 가유假有이기 때문에

실유實有가 아니라는 것이다.〕

만약 유有가 진실에 나아간 것이 아니라면 〔(있는 것은) 실유가 아님을 말한다.〕 **무無는 흔적마저 없는 것이 아니다. 그런즉, 유·무의 명칭은 다르지만 그 이치는 하나인 것이다.**

〔약주〕

此結成有無 總顯不二之義也. 謂若有不是實有 當卽有以觀無 則無非實無 不必芟夷其跡 然後爲無也. 若芟夷其跡 則爲析色 若絶無 則墮斷滅. 以眞諦之理 本非有無 故稱異而致一也. 上顯眞俗不二 下引經斥迷 以攝歸眞.

※芟夷(삼이): (풀을) 베다. 없애다. 제거하거나 소멸시키다. (芟: 벨 삼)

여기서는 유有와 무無를 결합해서 불이不二의 뜻을 총괄해서 드러냈다.

이를테면 만약 유有가 진실로 있는 것(實有)이 아니라면 마땅히 유有에 나아가 무無를 관해야 하고, 무無가 진실로 없는 것(實無)이 아니라면 그 흔적을 없애고 난 뒤에 무無라고 할 필요가 없다는 것이다. 만약 흔적을 없앤다면 (이는) 색을 쪼개서 분석하는 것(析色)이고, 만약 절대로 없다고 한다면 단멸斷滅에 떨어지게 된다. 이로써 진제의 이치는 본래 유·무가 아니기 때문에 칭하는 것은 달라도 뜻은 하나인 것이다.

이상은 진과 속이 둘이 아님(眞俗不二)을 드러냈고, 아래에서는 경전을 인용하여 (범부의) 미혹함을 책망하고 진실(眞, 진제)로 포섭하여 귀결하였다.

【논】

故童子歎曰 "說法不有亦不無 以因緣故諸法生"

그런 까닭에 동자童子가 찬탄하여 말하기를 "(부처님께서) 말씀하시기를, '법은 있는 것도 아니고 없는 것도 아니며, 인연으로 인해 모든 법이 생겨나는 것이다'고 하셨습니다"[33]라고 하였다.

〔약주〕

引經證成 攝歸眞諦非有非無也. 楞嚴云 "眞性有爲空 緣生故如幻 無爲無起滅 不實如空華" 以從因緣 故非有無.

경전을 인용하여 증명을 이루고, 비유비무非有非無인 진제眞諦로 포섭하여 귀결하였다.

『능엄경』에 이르기를 "참된 성품에서는 유위는 공하니 연緣으로 생하는 까닭에 환幻과 같고, 무위는 일어나고 멸함이 없으니 진실하지

---

33 나집 역, 유마경 제1권, 「불국품佛國品」에서 장자長者의 아들 보적寶積이 부처님 앞에서 게송으로 말한 것이다.

說法不有亦不無　말씀하시기를, "법은 있는 것도 아니고 없는 것도 아니며
以因緣故諸法生　인연으로 모든 법이 생겨나는 것이다.
無我無造無受者　나도 없고 짓는 자도 없고 받는 자도 없지만,
善惡之業亦不亡　선악의 업 또한 없어지지 않는다"고 하셨습니다.

않은 것이 허공 꽃과 같다"[34]고 하였다. (이는) 인연因緣으로 생하는 것이기 때문에 있는 것도 없는 것도 아닌 것이다.

【논】

瓔珞經云 "轉法輪者 亦非有轉 亦非無轉" 是謂轉無所轉 此乃衆經之微言也.

(또한) 『영락경瓔珞經』[35]에 이르기를 "법륜을 굴리는 것은 (법륜을) 굴리는 것이 있는 것도 아니고, (법륜을) 굴리는 것이 없는 것도 아니다"[36]고 하였다.

이는 (법륜을) 굴려도 굴리는 것이 없다는 것을 말한 것이니, 이것이 곧 여러 경전들의 미언(微言, 미묘한 말씀)인 것이다.

〔약주〕

良以說法非有非無 故法輪轉無所轉. 諸大乘經唯明此理 而人不達 妄執定有定無. 故下斥破.

진실로 법을 설하는 것은 있는 것도 아니고 없는 것도 아니기 때문에

---

34 능엄경 제5권에 전하는 게송의 일부분이다.

35 보살영락경菩薩瓔珞經을 말한다. 전진前秦시대에 축불념竺佛念이 376년에 장안長安에서 번역. 별칭으로 『현재보경現在報經』이라고도 한다.

36 제13권, 「정거천품淨居天品」에서 인용, 요약한 것이다.

법륜을 굴려도 굴린 바가 없다. 모든 대승경전은 오직 이 이치를 밝혔을 뿐인데 사람들이 통달하지 못하고 허망하게 집착해서 유有를 단정하고 무無를 단정하는 것이다. 그런 까닭에 아래에서 (허망하게 집착하는 것을) 배척하고 타파하였다.

【논】

何者. 謂物無耶 則邪見非惑 謂物有耶 則常見爲得.

어째서 그런가? 물物은 없는 것이라고 말하면 사견(邪見, 斷見)은 미혹이 아니고, 물物은 있는 것이라고 말하면 상견常見은 맞는 것이 되기 때문이다.

〔약주〕

將斥迷謬 先縱顯俱非也. 謂法果實無 則執斷之邪見非惑矣 若法果實有 則執常者爲得矣.

미혹의 오류를 배척하려고, 먼저 둘 다 잘못임(俱非)을 풀어서 드러냈다. 이를테면 법이 정말로 진실로 없는 것(實無)이라고 한다면 단견斷見에 집착하는 삿된 견해는 미혹이 아닌 것이 되고, 만약 법이 정말로 진실로 있는 것(實有)이라고 한다면 상견常見에 집착하는 이들이 옳게 된다는 것이다.

【논】

以物非無 故邪見爲惑〔此正破本無心無二宗〕**以物非有 故常見不得.**〔此破卽色一宗〕**然則 非有非無者 信眞諦之談也.**

(하지만) **물物은 없는 것이 아니기 때문에 사견**(邪見, 斷見)**은 미혹이 되고,**〔여기서는 본무종과 심무종, 두 종파를 정면으로 타파하였다.〕 **물物은 있는 것이 아니기 때문에 상견常見은 맞지 않는 것이다.**〔여기서는 즉색종 한 종파를 타파하였다.〕

그런즉, 있는 것도 아니고 없는 것도 아니니, (이) **진제眞諦의 말씀을 믿으라!**

〔약주〕

斥破迷謬 以攝歸眞諦也. 上約三種不二 反覆覈論非有非無 以祛迷執. 苟契雙非 不墮二邊 則眞諦自顯矣.

※覈(핵실할 핵): 핵실하다. 엄하다(매우 철저하고 바르다).

미혹의 오류를 물리치고, 이로써 진제眞諦로 포섭하여 귀결하였다.

이제까지 세 가지 불이不二에 근거해서 있는 것도 아니고 없는 것도 아니다(非有非無)는 것을 반복해서 철저하고 바르게 논하고, 이로써 미혹과 집착을 없앴다. 만약 (진실로) 쌍비(雙非, 있는 것도 아니고 없는 것도 아님)에 계합해서 양변에 떨어지지 않으면 진제眞諦는 저절로 드러나게 될 것이다.

【논】

故道行云 "心亦不有亦不無" 中觀云 "物從因緣故不有 緣起故不無" 尋理卽其然矣.

그런 까닭에 『도행반야경』에 이르기를 "마음 또한 있는 것도 아니고 없는 것도 아니다"[37]고 하였다.

(또한) 『중관』에 이르기를 "물物은 인연을 따르기 때문에 있는 것도 아니고, 연기하는 까닭에 없는 것도 아니다"[38]고 하였던 것이다. 이치를 찾아보니, (과연) 바로 그러하다.

〔약주〕

此下至顯於茲矣一段 正顯不眞空義. 初引道行立義 次引中觀 約緣生

---

37 도행반야경 제1권, 「마하반야바라밀도행품摩訶般若波羅蜜道行品」에 전한다. 舍利弗謂須菩提 "云何有心無心" 須菩提言 "心亦不有 亦不無 亦不能得 亦不能知處"

사리불이 수보리에게 말했다.
"어떤 것이 마음이 있는 것(有心)이고, 마음이 없는 것(無心)입니까?"
수보리가 말했다.
"마음은 있는 것도 아니고 없는 것도 아닙니다. 또한 얻을 수 있는 것도 아니고 알 수 있는 것도 아닙니다."

38 승조가 중론 「관인연품」과 중관론소의 「인연품」을 요약, 정리한 것이다.

無性以明不眞. 論云 "因緣所生法 我說卽是空 亦名爲假名 亦名中道義" 以從緣生是假 故不有. 旣從緣起 則本不有而今有之 故云不無. 由假故不眞 爲空 以緣起故不實無. 故不是眞空.

여기서부터 "(부진공론의 뜻이) 여기에 드러났다(顯於茲矣)"[39]고 한 데까지의 한 문단은 부진공不眞空의 뜻을 정면으로 드러냈다.

처음에는 『도행반야경』을 인용해서 (부진공의) 뜻을 세웠고, 다음에는 중관中觀을 인용해서 연緣으로 생하는 것은 성품이 없다는 것을 근거로 부진공不眞空을 증명하였다.

『중관론소』에 이르기를 "인연因緣으로 생겨나는 법을 나는 공이라고 말한다. 또한 이름을 가명이라 하고, 또한 중도의 뜻이라고도 이름한다"[40]고 하였다.

연緣으로 생하는 것은 가(假, 거짓)이기 때문에 있는 것이 아니다. 연緣으로 일어난 것은 본래 있는 것이 아니지만 지금 있기 때문에 없는 것이 아니다(不無)고 말한 것이다.

가假로 말미암아 진실하지 않기 때문에 공이라 하고, 연기緣起이기 때문에 실제로 없는 것(實無)이 아니다. 그런 까닭에 진공眞空이 아니다.

---

39 아래 이어지는 다섯 번째 논의 마지막까지를 이르는 것이다.

40 길장吉藏의 중관론소中觀論疏 제1권, 인연품因緣品의 게송이다.

【논】

所以然者〔此下辨非有無〕夫有若眞〔實也〕[41] 有 有自〔一向〕常有. 豈待緣〔會聚〕而後有哉. 譬彼眞無 無自常無 豈待緣而後無也. 若有不自有 待緣而後有者 故知有非眞〔實也〕[42] 有. 有非眞〔實也〕[43] 有 雖有不可謂之有矣.〔上釋非有〕不無者 夫無則湛〔凝也〕然不動〔變也〕可〔許也〕謂之無. 萬物若無 則不應起. 起則非無 以明緣起 故不無也.

그러한 까닭은〔여기서부터는 유·무가 아님을 변별하였다.〕유有가 만약 진실로 있는 것(眞有, 實有)이라면 유有는 스스로 (처음부터)〔한결같이〕항상 있는 것(常有)이어야 하기 때문이다. (그런데) 어찌 연緣한〔(연緣이) 모인〕뒤에 있는 것이라고 할 필요가 있겠는가?

(이는) 비유하면 진실로 없는 것(眞無)이면 무無는 스스로 항상 없는 것(常無)이어야 하는데 어찌 연한緣 뒤에 없는 것이라고 할 필요가 있겠냐는 것과 같다.

만약 유有가 스스로 있는 것이 아니라면 (이는) 연緣한 뒤에 있는 것이기 때문에 유有는 진실로 있는 것(眞有)이 아니라는 것을 알 수 있다.

유有는 진실로 있는 것이 아니니, 비록 있지만 있다고 말해서는

---

41 (實也)는 따로 번역하지 않았다. 감산의 지나친 배려이다.

42 註41과 동일하다.

43 註41과 동일하다.

안 된다. 〔이제까지 있는 것이 아님(非有)을 설명하였다.〕

없는 것이 아니다(不無)**는 것은 무릇 없는 것**(無)**은 잠연하고** 〔응연해서〕 **움직이지**〔=변화하지〕 **않아야 가히** 〔인정하는 것이다〕 **없는 것**(無)**이라고 말할 수 있는 것이다.**

만물이 만약 없는 것(無)**이라면 마땅히 일어나지 않아야 한다. 일어나는 것은 없는 것이 아니니, 이로써 연기**緣起**를 밝혔기 때문에 없는 것이 아니다.**

〔**약주**〕

此約因緣以明非有非無也. 謂若有是實有 則一向自有 不待緣會而後有矣. 譬彼眞無亦不待緣. 今旣待緣生 則非實有矣. 若無則湛然不動可謂之無. 湛然者 以始教相宗 不許眞如隨緣 謂凝然不變. 故論主出此文以破執無之見. 意謂眞如旣已隨緣成一切法 則非凝然不變矣. 以眞如有不變隨緣 隨緣不變二義. 下引論證成.

여기서는 인연因緣에 근거해서 있는 것도 아니고 없는 것도 아니다(非有非無)는 것을 밝혔다.

이를테면 만약 유有가 실제로 있는 것(實有)이면 한결같이 스스로(=처음부터) 있어야지 연회(緣會, 因緣會合)하고 나서 있는 것일 필요가 없다는 것이다. (이는) 비유하면 진실로 없는 것(眞無) 또한 연緣할 필요가 없는 것과 같은 것이다. 지금 연緣을 의지해서 생겨난 것은 실제로 있는 것(實有)이 아니다.

만약 없는 것(無)이라면 잠연부동湛然不動해야 없는 것(無)이라고 말할 수 있다. 잠연湛然은 (대승)시교始教[44]인 상종相宗[45]에 따르면 진여眞如는 연緣을 따르는 것을 인정하지 않는데, (이는) 이를테면 엉겨서 변하지 않는다(凝然不變)는 것이다. 그런 까닭에 논주論主는 (대승경전 등에서) 이 문장을 끄집어내서 무無에 집착하는 견해를 타파한 것이다.

(논주가 말한) 뜻은 이를테면 진여가 연緣을 따라 일체법을 이룬 것이라면 응연불변凝然不變하는 것이 아니라는 것이다. (왜냐하면) 진여는 변하지 않으면서 연을 따르는 것(不變隨緣)과 연을 따르면서 변하지 않는(隨緣不變) 두 가지 뜻이 있기 때문이다.

아래에서는 (마하연)논을 인용하여 증명을 이루었다.

【논】

故摩訶衍論云 "一切諸法 一切因緣故應有 一切諸法 一切因緣故不應有. 一切無法 一切因緣故應有 一切有法 一切因緣故不應有"〔下斥異見〕尋此有無之言 豈直反論而已哉.

그런 까닭에 『마하연론(摩訶衍論, 대지도론)』에 이르기를 "일체제법은

---

44 석가의 일대교설을 당나라의 법장法藏이 다섯 가지로 나눈 것. 소승교(小乘教, 阿含經)·대승시교(大乘始教, 解深密經)·종교(終教, 楞伽經·勝鬘經)·돈교(頓教, 維摩經)·원교(圓教, 華嚴經)의 5교를 말한다.

45 현상의 변화·차별·대립 등에 대해 설한 가르침·학파·종파를 뜻하는데, 법상종法相宗이 그 대표적인 예이다.

일체인연 때문에 마땅히 있는 것이어야 하고, 일체제법은 일체인연 때문에 마땅히 있는 것이 아니어야 한다. 일체무법은 일체인연 때문에 마땅히 있는 것이어야 하고, 일체유법은 일체인연 때문에 마땅히 있는 것이 아니어야 한다"[46]고 하였다. 〔아래에서는 다른 견해를 배척하였다.〕

(하지만) 여기서의 유·무의 말을 찾아보면 (이것이) 어찌 다만 반론反論을 펼친 것뿐이겠는가?

〔**약주**〕

此引大論 重釋因緣義也. 謂諸法旣屬因緣 則本非有無. 是知無屬因緣 則非斷無 有屬因緣 則非實有. 尋思此言 豈但相反之論而已哉. 其意特顯諸法非有非無義也. 良以佛說因緣二字 破盡外道斷常之疑 故論宗此以斥異見.

여기서는 『대론大論(마하연론=대지도론)』을 인용해서 인연因緣의 뜻을 거듭 설명하였다.

이를테면 제법이 인연에 속한 것이라면 본래 유·무가 아니라는 것이다. 이로써 알 수 있는 것은 무無가 인연에 속하는 것이면 단멸의 무(斷無)가 아니고, 유有가 인연에 속하는 것이면 실유實有가 아니라는 것이다.

이 말을 깊이 생각해보면 어찌 단지 상반된 논의만 한 것일 뿐이겠는

---

46 일치하는 문장은 없다. 승조가 인용, 요약하고 정리한 것이다.

가? 그 뜻은 비유비무非有非無인 제법의 뜻을 특별하게 드러낸 것이다.

진실로 부처님께서 설하신 인연因緣이라는 두 글자로 외도外道의 단斷과 상常에 대한 의심을 모두 타파해서 없앴기 때문에 (부진공론의) 종지를 이것으로 논해서 이견異見을 배척한 것이다.

【논】

若應有 卽是有 不應言無 若應無 卽是無 不應言有.

만약 마땅히 있어야 한다면 있는 것을 없다고 말해서도 안 되고, 만약 마땅히 없어야 한다면 없는 것을 있다고 말해서도 안 된다.

〔약주〕

此言申相反意. 謂法應是實有 則不當言無 若應是實無 則不當言有. 今言非有非無者 正以假而非眞 故言非有非無耳. 下釋異同.

여기서는 거듭해서 (유·무의) 상반된 뜻을 말했다.

이를테면 법이 마땅히 실제로 있는 것(實有)이라면 없다고 말하는 것은 옳지 않고, 만약 마땅히 실제로 없는 것(實無)이라면 있다고 말하는 것은 옳지 않다는 것이다.

지금 있는 것도 아니고 없는 것도 아니다(非有非無)고 말한 것은 바로 가假로써 진眞이 아니기 때문에 있는 것도 아니고 없는 것도 아니라고 말한 것일 뿐이다.

아래에서는 (유·무의) 같고 다름을 설명하였다.

【논】

言有 是爲假有 以明非無 借無 以辨非有 此事一稱二. 其文有似不同 苟領其所同 則無異而不同.

유有를 말한 것은 가유假有로써 무無가 아님을 밝히고, 무無 자를 빌려 유有가 아니라는 것을 변별한 것이다. 이것은 사(事, 현상)는 하나인데 명칭이 둘인 것이다. (그래서) 저 문장에 흡사 동일하지 않은 것이 있는 것 같지만, 만약 동일한 것을 깨달으면 다름이 없지만 동일하지 않은 것이다.

〔약주〕

此釋異同以明不二也. 今言有無者 但是假借有無 以明非無非有耳 非實有有無作實法也. 其實一體 但稱說似有不同. 苟能領會一眞之理 則萬法唯眞 無異而不同也. 下顯不眞空義.

※稱說(칭설): (말을 할 때 사물의 이름을) 일컫다(부르다).

여기서는 (유·무의) 같음(同)과 다름(異)을 설명하고, 이로써 불이不二를 밝혔다.

지금 유·무를 말한 것은 다만 유·무를 빌려 무無도 아니고 유有도 아니라는 것을 밝혔을 뿐이지, 진실로 유·무가 있어서 실법實法을 이룬 것이 아니다. 사실 (유·무는) 일체一體인데 다만 일컫는 것이 흡사 동일하지 않은 것이 있는 것 같은 것이다. (하지만) 만약 (진실로) 하나의 진실한 이치를 깨달을 수만 있다면 만법은 오직 진실할 뿐이어서(萬法唯眞) 다름이 없지만 동일하지 않은 것이다(無異而不同).

아래에서는 부진공不眞空의 뜻을 드러냈다.

【논】

然則 萬法 果有其所以不有 不可得而有 有其所以不無 不可得而無.

그런즉, 만법은 정말로 있는 것이 아닌 이유가 있기 때문에 있는 것(有)을 얻을 수 없고, 없는 것이 아닌 이유가 있기 때문에 없는 것(無)을 얻을 수 없는 것이다.

〔약주〕

此辨雙非以顯不眞空義也. 謂萬法實不有 豈可强執爲有耶 諸法果不無 豈可强執爲無耶. 故不可定執爲有爲無也.

여기서는 (유·무를) 쌍비雙非[47]로 변별하고, 이로써 부진공不眞空의

47 쌍비雙非: 사구로 분별할 때 제4구는 제1구(있는 것)도 아니고 제2구(없는 것) 또한 아니라는 것을 말하며, 쌍망雙亡이라고도 한다(四句分別之時 謂第四句第一亦非第二亦非也 又曰雙亡, 불학대사전).

뜻을 드러냈다.

이를테면 만법은 진실로 있는 것이 아닌데 어찌 가히 억지로 집착해서 있다(有)고 할 수 있으며, 제법은 정말로 없는 것이 아닌데 어찌 억지로 집착해서 없다(無)고 할 수 있겠냐는 것이다. 그런 까닭에 유有라고 하고 무無라고 하면서 단정하고 집착해서는 안 되는 것이다.

【논】

何則. 〔徵釋雙非〕 欲言其有 有非眞 〔實也〕[48] 生 欲言其無 事象旣形. 象形 不卽無 非眞 非實有. 然則不眞空義 顯於玆矣.

어째서 그런가? 〔쌍비雙非로 따져서 설명하였다.〕

있는 것(有)이라고 말하려 해도 있는 것은 진실로 생한 것이 아니고, 없는 것(無)이라고 말하려 해도 사상事象이 드러났기 때문이다.

상형(象形=형상)은 없는 것이 아니지만, 진실한 것(眞)도 아니고 진실로 있는 것(實有)도 아니다. 그런즉, 부진공不眞空의 뜻이 여기에 드러났다.

〔약주〕

此顯雙非 結歸不眞空義 以呈觀體也. 若言實有 則緣會而生 本自無生 故非眞實生也. 若言實無 則緣起卽形 隨緣成事 則非實無也. 二者皆非眞實 故題稱曰不眞空. 義顯於玆 良以不眞故空 故非實有絕無也.

---

48 實也는 따로 번역하지 않았다. 감산의 지나친 배려이다.

前約緣性無生以明不眞竟 下約名實無當以明不眞.

여기서는 쌍비雙非로 드러내서 결론적으로 부진공不眞空의 뜻을 귀납하고, 이로써 체體를 관하는 것을 드러냈다.

만약 진실로 있는 것(實有)이라고 말한다면 연이 모여(緣會, 因緣會合) 생겨난 것은 본래 스스로(=처음부터) 생겨난 것이 없기 때문에 진실로 생겨난 것이 아니다. (또한) 만약 진실로 없는 것(實無)이라고 말한다면 연기緣起로 형상을 이룬 것은 연緣을 따라 일이 이루어진 것(隨緣成事)이기 때문에 진실로 없는 것(實無)이 아니다. (이) 둘은 모두 진실한 것이 아니기 때문에 제목을 부진공不眞空이라고 칭한 것이다.

"(그런즉, 부진공의) 뜻이 여기에 드러났다"고 했는데, (이는) 진실로 진실하지 않기 때문에 공空한 것이고, 그런 까닭에 진실로 있는 것(實有)도 절대로 없는 것(絶無)도 아닌 것이다.

앞에서는 (인)연의 성품(緣性)은 생겨남이 없다는 것에 근거해서 부진(不眞, 진실하지 않음)을 밝혔고, 아래에서는 명칭(名)과 실체(實)는 서로 일치하는 것이 없다는 것에 근거해서 부진不眞을 밝혔다.

【논】

故放光云 "諸法假號不眞 譬如幻化人 非無幻化人 幻化人非眞人也"

그런 까닭에 『방광반야경』에 이르기를 "제법은 거짓 이름으로 진실하

지 못하다"고 하였다. (이는) 비유하면 환화인幻化人은 환화인이 없는 것은 아니지만 환화인은 비진인非眞人인 것과 같은 것이다.

〔약주〕

此引經證成不眞義也. 彼經二十七云 "須菩提 名字者不眞 假號爲名 以假故不眞" 謂但非實有 非絶無也. 故如幻化人 非無幻化人 但非眞人耳.

여기서는 경전을 인용해서 부진不眞의 뜻을 증명하였다.

『방광반야경』 27권[49]에 이르기를 "수보리여, 명자名字는 진실하지 않다. 거짓 이름으로 명칭을 삼은 것이고, 거짓이기 때문에 진실하지 않은 것이다"[50]고 하였다.

---

49 방광반야경 제27권이 아니라 제18권이다. 상기 논과 감산의 약주 모두 경전을 인용 요약한 것이다.

50 제18권, 「초월법상품超越法相品」에 다음과 같이 전한다.
須菩提白佛言 "何等爲名字相" 佛告須菩提 "名字者不眞 假號爲名 假號爲五陰 假名爲人 爲男 爲女 假名爲五趣及有爲 無爲法 假名爲須陀洹 斯陀含 阿那含 阿羅漢 辟支佛 三耶三佛"

수보리가 부처님께서 말씀드렸다.
"어떤 것들을 명자상名字相이라고 합니까?"
부처님께서 수보리에게 말씀하셨다.
"명자名字는 진실한 것이 아니다. 거짓 이름으로 명칭이라 하고, 거짓 이름으로 오음이라 하고, 거짓 이름으로 사람, 남자, 여자라고 하며, 거짓 이름으로 오취와 유위와 무위법이라 하며, 거짓 이름으로 수다원, 사다함, 아나함, 아라한, 벽지불, 삼먁삼불이라고 하는 것이다."

(이는) 다만 진실로 있는 것도 아니고 절대로 없는 것도 아니다. 그런 까닭에 마치 환화인幻化人처럼 환화인幻化人이 없는 것은 아니지만, 단지 진인眞人이 아닐 뿐인 것이다.

【논】

夫以名求物 物無當名之實 以物求名 名無得物之功.

무릇 명칭에서 물物을 구하지만 물物에는 명칭에 일치하는 실체(實)가 없고, 물物에서 명칭을 구하지만 명칭에는 물物을 얻을 공능(功)이 없다.

〔약주〕

此以假名釋非有非無也. 以名求物 如呼木賊地龍等物 豈有眞賊眞龍以當其名耶. 以物求名 如召火呼冰 豈實有寒熱以及齒頰耶. 足知名實無當.

여기서는 가명假名으로써 비유비무非有非無를 설명하였다.

명칭으로 물物을 구하는 것은 마치 목적木賊·지룡地龍 등의 물物을 부르는 것과 같은데, 어찌 진짜 도적과 진짜 용이 있어서 그 이름에 일치하겠는가? (또한) 물物에서 명칭을 구하는 것은 마치 불을 부르고 얼음을 부르는 것과 같은데, 어찌 실제로 추위와 더위가 입에 이를 수 있겠는가? 명칭과 실체는 일치하는 것이 없다는 것을 충분히 알 수 있을 것이다.

【논】

物無當名之實 非物也 名無得物之功 非名也. 是以名不當實 實不當名. 名實無當. 萬物安在.

물物에는 명칭에 일치하는 실체가 없어 물物이 아니고, 명칭(名)에는 물物을 얻는 공능이 없어 명칭이 아니다. 그래서 명칭은 실체와 일치하지 않고, 실체는 명칭과 일치하지 않는 것이다. 명칭과 실체에 일치하는 것이 없다면 만물은 어디에 있는 것인가?

〔약주〕

實無當 則名相元虛 求物而不可得 則妄想不有. 此心境兩空 眞俗不立 中道之旨 於是乎顯矣. 下斥迷返悟.

실제로 일치하는 것이 없으면 명칭(名)과 상相은 원래 텅 빈 것이고, 물物을 구해도 얻을 수가 없으면 허망한 생각(妄想)은 있는 것이 아니다. 이것은 마음과 경계 둘 다 공해서(心境兩空) 진과 속이 성립하지 않는 것이니(眞俗不立) 중도中道의 뜻이 여기서 드러났다.

아래에서는 미혹을 배척하고 깨달음을 돌이켰다.

【논】

故中觀云 "物無彼此" 而人以此爲此 以彼爲彼 彼亦以此爲彼 以彼爲此.

그런 까닭에 『중관』에 "물物에는 이것과 저것이 없다"[51]고 하였다. 그런데 사람들은 이것을 이것이라 하고 저것을 저것이라 하며, 상대방 또한 이것을 저것이라 하고 저것을 이것이라 한다.

〔약주〕

中論第四云 "諸法實相 無有彼此" 意顯法本一眞 元無彼此 由人妄執 故起是非. 三祖云 "良由取捨 所以不如"

『중론』 제4[52]에 이르기를 "제법의 실상에는 이것과 저것이 없다"[53]고

---

51 감산이 중론의 내용을 요약, 정리한 것이다.

52 중론 제4는 「관오음품觀五陰品」을 말하는데, 감산이 제시한 문장과 일치하는 것이 없다. 첫 두 게송은 다음과 같다.

若離於色因　만약 색인色因을 떠나면
色則不可得　색은 얻을 수 없고,
若當離於色　만약 색을 떠나더라도
色因不可得　색인은 얻을 수 없다.
離色因有色　색인을 떠나서 색이 있다면
是色則無因　이 색은 인이 없는 것이고,
無因而有法　인이 없는데 법이 있다면
是事則不然　이 일은 옳지 못하다.

한 뜻은 법은 본래 하나의 진실이어서(法本一眞) 원래 이것과 저것이 없는데 사람들의 허망한 집착으로 말미암아 옳고 그름이 일어난다는 것을 드러낸 것이다. 삼조三祖[54]가 말했다.

"진실로 취하고 버림으로 말미암아 그래서 같지 않은 것이다."

【논】

此彼莫定乎一名 而惑者懷必然之志 然則彼此初非有 惑者初非無.

---

53 참고로 제16, 「관박해품觀搏解品」에 다음과 같이 전한다.

不離於生死　생사를 떠나서
而別有涅槃　따로 열반이 있는 것이 아니다.
實相義如是　실상의 뜻이 이와 같거늘
云何有分別　어떻게 분별하겠는가.

諸法實相第一義中 不說離生死別有涅槃 如經說 涅槃卽生死 生死卽涅槃 如是諸法實相中 云何言是生死是涅槃.

제법의 실상인 제1의제第一義에서는 생사를 떠나 따로 열반이 있다고 말하지 않는다. 경전에서 설하는 것과 같이, 열반이 곧 생사이고, 생사가 곧 열반이다. 이와 같은 제법의 실상에서 어떻게 "이것이 생사이고, 이것이 열반이다"라고 말하겠는가?

승조와 감산 모두 생사를 이것, 열반을 저것으로 표현한 것 같다.

54 삼조승찬의 『신신명信心銘』에 전한다.

圓同太虛　원만함이 허공과 같아서
無欠無餘　모자람도 없고 남음이 없다.
良由取捨　진실로 취하고 버림으로 말미암아
所以不如　그래서 같지 않은 것이다.

이것과 저것은 하나의 명칭으로 단정할 수 없는데 미혹한 사람이 (이것과 저것을) 반드시 있는 것으로 여겨 마음속에 품는다. 그런즉, 이것과 저것은 처음부터 있는 것이 아니지만 미혹한 사람에게는 처음부터 없는 것도 아닌 것이다.

〔약주〕

此出迷者雙執也. 如兩人東西對立 同觀一標 東者謂在西 而西者謂在東. 然標實無東西 迷人妄執爲必然 此惑之甚也. 故彼此未始有 惑者未始無. 由是觀之 諸法本無 而迷者妄執爲定有定無 正此意也.

여기서는 어리석은 사람이 쌍으로 집착하는 것(雙執, 피차彼此=양변兩邊에 대한 집착)을 드러냈다. 마치 두 사람이 동쪽과 서쪽에서 마주 대하고 서서 하나의 표적(標)을 동시에 보는데, 동쪽에 서 있는 사람은 서쪽에 있다고 하고, 서쪽에 서 있는 사람은 동쪽에 있다고 하는 것과 같다.

표적에는 진실로 동서가 없는데 어리석은 사람이 허망하게 집착해서 필연(必然, 반드시 그러하다)이라고 하는 것이니, 이 미혹이야말로 대단한 것이다. 그런 까닭에 이것과 저것은 애초에 있는 것이 아니지만 어리석은 사람에게는 (이것과 저것이) 애초에 없는 것이 아니다.

이렇게 살펴봄으로 말미암아 제법은 본래 없는 것인데도 어리석은 사람이 허망하게 집착해서 단정적으로 있다고 하거나 단정적으로 없다고 한다는 것이, 바로 여기서의 뜻이다.

【논】

旣悟彼此之非有 有何物〔彼此〕而可有〔執也〕哉. 故知萬物非眞假號久矣.

이것과 저것이 있는 것이 아니라는 것을 깨달았다면 어떤 것〔=이것과 저것〕이 있어 있다(有)고 할 수 〔집착하는 것이다.〕 있겠는가?

그런 까닭에 만물은 진실한 것이 아니며 거짓으로 칭한 지가 오래되었다는 것을 알 수 있는 것이다.

〔약주〕

此言悟則是非兩忘 自離有無之執也. 旣悟物無彼此 則知法非有無 但有假名 元無實義.

여기서는 깨달으면 옳고 그름 둘 다를 잊고(是非兩忘) 저절로 유·무의 집착에서 벗어나게 된다는 것을 말했다.

물物에 이것과 저것이 없다는 것을 깨달았다면 법은 유·무가 아니고 단지 가명假名이 있을 뿐, 원래 실다운 뜻(實義)이 없다는 것을 알게 된다.

【논】

是以 成具 立強名之文 園林託指馬之況. 如此 則深遠之言 於何而

不在.

그래서 『성구경』에 "억지로 명칭을 붙였다"는 글이 있는 것이고, 원림(園林, 장주莊周)은 지마의 비유(指馬之況)에 의탁하였던 것이다.

이와 같다면 심오하고 원대한 말이 어디엔들 존재하지 않겠는가!

〔약주〕

此引內外微言 以結屬忘言之妙也. 成具云 "諸法無所有 强爲其名" 園林 卽漆園 莊周嘗爲此吏 故以地指人也.

여기서는 내전內典과 외전外典의 미언(微言, 뜻깊은 말)을 인용하고, 이로써 말을 잊는 오묘함(忘言之妙)에 귀속하는 것으로 결론을 맺었다.

『성구경』에 "제법은 있는 것이 없는데, 억지로 명칭을 붙였다"[55]고 하였다.

원림園林은 곧 칠원漆園인데, 장주(莊周, 장자)가 일찍이 이곳의 관리가 되었기 때문에 지역 이름으로 사람을 가리키게 된 것이다.

❀

指馬之喩 齊物論云 "以指喩指之非指 不若以非指喩指之非指. 以馬喩馬之非馬 不若以非馬喩馬之非馬. 天地一指也 萬物一馬也" 意謂

55 성구경에 다음과 같이 전한다.

是法無所有法故 强爲其名"

이 법은 있는(=존재하는) 법이 없기 때문에 억지로 명칭을 붙였다.

物論之不齊者 蓋由人之各執是非之見也. 以指喩指等者 謂人以己之初指 喩彼之次指 爲非同己之指以爲必然. 若易而觀之 則彼之執次指者 又以己之初指爲非矣.

지마의 비유(指馬之喩)는 제물론齊物論에 "손가락으로 손가락이 손가락이 아님을 비유하는 것은 손가락이 아닌 것으로 손가락이 손가락이 아님을 비유하는 것만 못하다. 말(馬, 나뭇가지)로써 말이 말이 아님을 비유하는 것은 말 아닌 것으로 말이 말이 아님을 비유하는 것만 못하다. 천지는 하나의 손가락이고, 만물은 하나의 말이다"고 하였다.

(논주가 이 말을 인용한) 뜻은 이를테면 물物을 논하는 것이 동일하지 않은 것은 사람들이 각기 옳고 그름에 집착하는 견해로 말미암기 때문이라는 것이다.

"손가락으로 손가락을 비유하는~" 등은 이를테면 사람들이 자기의 첫 번째 손가락을 상대의 두 번째 손가락과 비유해서 자기의 손가락과 같지 않다고 하고, 이것을 필연(必然, 반드시 그러함)이라고 한다는 것이다. 만약 (이를) 바꿔서 관하면, 상대방이 집착하는 두 번째 손가락은 또 자기의 첫 번째 손가락을 부정하는 것이 된다.

❀

馬卽雙陸之馬 戱籌也 意亦如指. 意謂指馬本無是非 而人妄執彼此爲必然 豈非惑耶. 以譬諸法實相 豈有自他. 而人迷執爲有無 亦猶是也. 苟能忘言契理 則彼此情忘 是非齊泯 有何法可當情乎 成具則妄想元空 園林則是非無主 故曰"深遠之言" 於何而不在

말은 곧 쌍륙말(雙陸之馬)[56]이고, 산가지(籌)를 가지고 노는 것이다. 뜻 또한 손가락과 같다.

(논주가 이 말을 인용한) 뜻은 이를테면 손가락과 (쌍륙)말에는 본래 옳고 그름이 없는데, 사람들이 허망하게 이것과 저것에 집착해서 필연이라고 하는 것이니, 어찌 미혹하지 않겠냐는 것이다.

이로써 제법의 실상에 비유하면, 어찌 자타(自他, 나와 남, 이것과 저것)가 있겠는가? 그런데도 사람들의 미혹으로 유와 무를 집착하기 때문에 또한 이와 같은 것이다. (그러므로) 만약 (진실로) 말을 잊고 이치에 계합할(忘言契理) 수 있다면 피차彼此에 대한 정情을 잊고 시비是非가 똑같이 없어져 어떤 법도 정情에 해당할 것이 없다.

『성구경』에서는 바로 "허망한 생각은 원래 공하다"[57]고 했고, 『원림』에서는 "옳고 그름에는 주인이 없다"[58]고 하였다. 그런 까닭에 말하기를

---

56 쌍륙마雙陸馬는 길게 깎아 다듬은 나무(말)를 뜻한다.

57 註55의 내용을 감산이 요약한 것으로 이해하였다.

58 내편, 제물론에 다음과 같이 전한다.

勞神明爲一而不知其同也 謂之朝三. 何謂朝三. 狙公賦芧 曰 "朝三而暮四" 衆狙皆怒 曰 "然則朝四而暮三" 衆狙皆悅. 名實未虧而喜怒爲用 亦因是也. 是以聖人和之以是非而休乎天鈞. 是之謂兩行.

헛되이 애를 써서 한쪽에 치우친 편견을 내세우면서 실은 모두가 하나임을 알지 못한다. 그것을 조삼朝三이라 한다. 원숭이 부리는 사람이 원숭이에게 상수리를 나누어 주면서 "아침에 네 개, 저녁에 세 개다" 했더니 원숭이들이 모두 화를 냈다. 그래서 "그럼 아침에 네 개, 저녁에 세 개다" 하니까 원숭이들이 모두 좋아하였다. 명칭도 내용도 변함이 없는데 기쁨과 노여움이 일게 되었다. (그것은 시비에 구애되어 있기 때문이다.) 역시 자연 그대로의 커다란 긍정肯定에 몸을 맡기고 있어야 한다. 그러므로 성인은 시비를 조화시키고, 자연의

"심오하고 원대한 말이 어디엔들 있지 않겠는가!"라고 하였다.

【논】

是以 聖人乘千化而不變 履萬惑而常通者 以其卽萬物之自虛 不假虛而虛物也. 故經云 "甚奇 世尊 不動眞際 爲諸法立處" 非離眞而立處 立處卽眞也.

그래서 성인이 온갖 변화를 타면서도 변화하지 않고 (중생의) 온갖 미혹을 겪으면서도 항상 통하는 것은 저 만물이 스스로 텅 빔(萬物之自虛)에 나아갔기 때문이지, 텅 빔을 빌려서 물物을 텅 비운 것이 아니다. 그런 까닭에 경전에 "대단히 기이하십니다, 세존이시여! 진제眞際를 움직이지 않고 제법으로 입처立處를 삼으시는군요"[59]고 하였다.

(이것이 바로) 진실을 떠나지 않고 선 곳이니, 선 곳이 바로 진실한 것이다(立處卽眞).[60]

〔약주〕

此結歸中道第一義諦也. 以聖人證窮眞諦 故異類分身而不動眞際.

균형(즉 만물제동萬物齊同의 도리)에서 쉰다. 이러한 것을 양행(兩行, 대립된 두 쪽이 다 순조롭게 뻗어 나가는 입장)이라고 한다. (전게서, p.64)

59 방광반야경 제20권, 「제법등품諸法等品」에 "不動於等覺法 爲諸法立處"라는 표현이 있고, 이는 부처님이 수보리에게 한 말로 전한다.

60 隨處作主 入處皆眞이라는 임제의 명언이 여기서 비롯되었다.

故千化不變. 入衆生界而不被煩惱所礙 故萬惑常通. 以其萬法卽眞故不假分析而後爲虛也. 故引經證成. 由不動眞際而建立諸法 故立處卽眞.

여기서는 결론으로 중도제일의제中道第一義諦를 따랐다.

성인은 진제眞諦를 증득해서 극에 달했기 때문에 이류異類로 몸을 바꿔 드러내도 진제眞諦에서 움직이지 않는다. 그런 까닭에 "온갖 변화를 하면서도 변화하지 않는다"고 한 것이다. (또한) 중생계에 들어가도 번뇌의 장애를 받지 않기 때문에 온갖 미혹에도 항상 통하는 것이다.

만법이 곧 진실하기 때문에 분석을 하고 나서 텅 빔(虛)을 빌리는 것이 아니다. 그런 까닭에 (논주가) 경전을 인용하여 증명을 이룬 것이다. 움직이지 않는 진실한 경계에서 제법을 건립함으로 말미암아 선 곳이 바로 진실한 것이다(立處卽眞).

【논】

然則 道遠乎哉 觸事而眞. 聖遠乎哉 體之卽神.

그런즉,

"도는 멀리 있는 것인가?
(눈에) 닿는 것이 (모두) 진실하다.

성인은 멀리 있는 것인가?

체득하면 바로 신령하다(=성인이다)."[61]

〔약주〕

此結歸一心 以明聖人之實證也. 初云"目對眞而不覺" 以道在目前 故不遠. 以不覺 則迷之爲凡 悟則爲聖 是知了悟實相常住 則頓超生死永證無爲. 故曰"體之卽神" 不假外也.

여기서는 결론으로 일심一心으로 돌아가서 성인이 진실로 증득한 것을 밝혔다.

처음에 말하기를 "눈으로 진실을 대하면서도 깨닫지 못한다"[62]고 하였으니, 도는 눈앞에 있는 것인 까닭에 멀리 있는 것이 아니다. (또한) 깨닫지 못하면 미혹해서 범부가 되지만 깨달으면 성인이 되는 것이니, 이것이 실상은 상주한다는 것(實相常住)을 분명히 깨달으면 단박에 생사를 뛰어넘어 영원히 무위無爲를 증득한다(頓超生死 永證無爲)는 것을 아는 것이다.[63] 그런 까닭에 말하기를 "체득하면 바로 신령하

61 부진공론의 최종 결론을 승조가 게송으로 읊은 것으로 이해하였다.
맹자, 「진심盡心」 편에 다음과 같이 전한다.
充實之謂美 充實而有光輝之謂大 大而化之之謂聖 聖而不可知之謂之神.
속이 꽉 찬 것을 미美라고 하고, 속이 꽉 차고 빛나면 대大라 하며, 크면서 교화하는 것을 성聖이라고 하고, 성스러워 알 수 없는 것을 신神이라 한다.

62 물불천론에 '目對眞而莫覺'으로 전한 것을 감산이 인용한 것이다.

63 참고로 是知라는 표현은 논어, 「위정爲政」 편에 다음과 같이 전한다.
知之爲知之 不知爲不知 是知也.

다(=성인이다)"고 하였던 것이다. (깨달음이란) 밖에서 빌리는 것이 아니다.

아는 것을 안다고 하고 모르는 것을 모른다고 하는 것, 이것이 아는 것이다.

Ⅳ.
반야무지론
般若無知論

무릇 텅 비고 그윽한 반야는 삼승의 종극(宗極, 궁극적인 요지)이고, 참으로 차별 없는 진실한 하나이다.〔夫般若虛玄者 蓋是三乘之宗極也 誠眞一之無差.〕

하지만 이단異端의 논의들이 뒤섞여 어지러워진 지 오래다.〔然異端之論 紛然久矣.〕

천축天竺 사문沙門 구마라집(鳩摩羅什, 이하 나집)은 어려서부터 대방(大方, 반야)을 실천하고 기(機, 마음)로 이(=반야) 뜻을 연구하여 홀로 언어와 형상 밖으로 뽑아내고 희이의 경계(希夷之境)에 오묘하게 계합하였다.〔有天竺沙門鳩摩羅什者 少踐大方 研機斯趣 獨拔於言象之表 妙契於希夷之境.〕

이학(異學, 이단의 논의들)을 가이(迦夷, 카필라)에서 가지런히 하고, 동쪽에서 맑은 바람(淳風, 반야지혜)을 부채질로 드날리며 장차 다른 지역을 비추려고 광채를 양토(涼土, 양주, 감숙성)에 숨겼던 것은 (그) 까닭이 도는 헛되이 응하지 않으며, 응하면 반드시 이유가 있어야 하기 때문이다.〔齊異學於迦夷 揚淳風於東扇 將爰燭殊方 而匿耀涼土者 所以 道不虛應. 應必有由矣.〕

홍시弘始 3년(401) 세차성기(歲次星紀, 12월)에 진秦에서 (대사를) 입국시키려는 계책을 꾀하고 군사를 일으켜 모셔올 생각이었다.〔弘始三年 歲次星紀 秦乘入國之謀 擧師以來之意也.〕

북천北天의 운수(運數, 운명)가 그러하였다.〔北天之運數其然也.〕

대진천왕(大秦天王, 요흥)은 (그) 도가 (선대) 모든 왕들의 마음(端=四端, 인의예지仁義禮智)에 계합하고, (그) 덕은 천 년이 넘도록 적셔

주었다. 〔大秦天王者 道契百王之端 德洽千載之下.〕

천하의 정무(萬機)를 유인(游刃, 능숙하게 처리함)하면서도 종일토록 도를 널리 펼쳤으니 진실로 말세 백성들의 아버지요, 불법의 지팡이였다. 〔游刃萬機 弘道終日 信季俗蒼生之所天 釋迦遺法之所仗也.〕

그때 의학사문義學沙門 500여 명을 소요관逍遙觀에 모아놓고 몸소 진문(秦文, 중국어 문장)으로 나집 공(什公)과 함께 『방등경』을 참정(參定, 비교해서 바로잡음)하였으니, 그가 개척한 것이 어찌 당시의 이익일 뿐이라고 하겠는가? 〔時乃集義學沙門五百餘人於逍遙觀 躬執秦文 與什公參定方等 其所開拓者 豈謂當時之益.〕

(이는) 누겁(累劫, 오랜 세월)의 나루터와 다리(津梁)이다. 〔乃累劫之津梁矣.〕

나는 재주가 짧고 덕이 부족한데도 일찍이 가회(嘉會, 성대한 연회=역경 모임)에 참여하였는데, 임금으로부터 (이제까지와는) 다른 기이한 요지(異要)를 듣게 된 것은 (바로) 그때가 처음이었다. 〔余以短乏 曾廁嘉會 以爲上聞異要 始於時也.〕

그런즉, 성지(聖智, 반야지혜)는 그윽하고 미묘하며 깊고 은밀해서 헤아리기 어렵고, 형상도 없고 명칭도 없어 말과 형상으로 얻을 수 있는 것이 아니다. 〔然則 聖智幽微 深隱難測 無相無名 乃非言象之所得.〕

(그럼에도 불구하고) 시험 삼아 마음속에 품었던 상을 없애고(罔象) 광언狂言에 의지하려 할 따름이다. 〔爲試罔象其懷 寄之狂言耳.〕

(하지만 이것으로) 어찌 성심(聖心, 반야)을 변별할 수 있다고 말하겠는가! (지금부터) 시험 삼아 논해 보겠다. 〔豈曰聖心而可辨哉.

試論之曰.〕

『방광반야경』에 이르기를 "반야는 존재하는 상도 없고 생멸하는 상도 없다"고 하였다. 〔放光云 "般若無所有相 無生滅相"〕

(또한) 『도행반야경』에 이르기를 "반야는 아는 것도 없고 보이는 것도 없다"고 하였다. 〔道行云 "般若無所知 無所見"〕

이것은 (반야)지혜로 비추는 작용을 변별한 것인데, 무상無相과 무지無知를 말한 것은 무엇인가? 〔此辨智照之用 而曰無相無知者 何耶.〕

정말로 무상지지(無相之知, 차별의 형상이 없는 앎)와 부지지조(不知之照, 사량분별로 아는 것이 아닌 비춤)가 있다는 것이 분명하다. 〔果有無相之知 不知之照 明矣.〕

어째서 그런가? 무릇 (범부는) 아는 것이 있으면 알지 못하는 것도 있지만 성심(聖心, 반야)은 무지無知이기 때문에 알지 못하는 것이 없다. 〔何者. 夫有所知 則有所不知 以聖心無知 故無所不知.〕

부지지지(不知之知, 사량분별로 아는 것이 아닌 앎)를 일체지一切知라고 한다. 〔不知之知 乃曰 "一切知"〕

그런 까닭에 경전에 이르기를 "성심(聖心, 반야)은 아는 것도 없고 알지 못하는 것도 없다"고 하였다. (이 말씀을) 믿으라! 〔故經云 "聖心無所知 無所不知" 信矣.〕

그래서 성인은 마음을 텅 비우고 진실을 비춰서 온종일 알면서도 일찍이 안 적이 없는 것이다. 〔是以聖人 虛其心而實其照 終日知而未嘗知也.〕

그런 까닭에 묵묵히 비추면서 빛을 감추고 마음을 텅 비우고 그윽하게 살필 수 있으며, 지혜를 닫고 총명을 막아도 홀로 깨달아 명명(冥冥, 그윽하고 그윽함)한 것이다. 〔故能默耀韜光 虛心玄鑒 閉智塞聰 而獨覺冥冥者矣.〕

그런즉, 지혜(智)는 궁극의 그윽함을 살피는 것(鑒)은 있어도 아는 것이 없고, 마음(神)은 응하고 회합하는 작용은 있어도 사려(慮, 思慮)가 없는 것이다. 〔然則 智有窮幽之鑒而無知焉 神有應會之用 而無慮焉.〕

(또한) 마음(神)은 사려가 없기 때문에 세상 밖(世表)에서 홀로 왕이 되고, 지혜(智)는 아는 것이 없기 때문에 사(事, 현상) 밖에서 현묘하게 비출 수 있는 것이다. 〔神無慮 故能獨王於世表 智無知 故能玄照於事外.〕

지혜(智)는 비록 사(事, 현상) 밖에 있지만 처음부터 사事가 없는 것이 아니고, 마음(神)은 비록 세상 밖에 있지만 온종일 세상 안에 있다. 〔智雖事外 未始無事 神雖世表 終日域中.〕

그런 까닭에 아래를 굽어보고 위를 쳐다보며 변화를 따르면서 중생을 제접함에 다함이 없고 그윽함(幽)을 살피지 않는 것이 없지만, 비춤의 공(功, 애씀, 수고로움)이 없는 것이다. 〔所以俯仰順化 應接無窮 無幽不察 而無照功.〕

이것이 바로 무지無知로 아는 것이요, 성신聖神으로 회합하는 것이다. 〔斯則無知之所知 聖神之所會也.〕

하지만 그것을 물物이라고 해도 실제로 있지만 있는 것이 아니며, 텅 비었지만 없는 것이 아니다. 〔然其爲物也 實而不有 虛而不無.〕

존재하지만 논할 수 없는 것, 그것은 오직 성인의 지혜(聖智, 반야) 뿐이다(=성인의 지혜로만 알 수 있다). 〔存而不可論者 其唯聖智乎.〕

어째서 그런가? (성인의 지혜=반야를) 있는 것이라고 말하고자 하면 형상도 없고 이름도 없으며, 없는 것이라고 말하고자 하면 성인의 지혜가 신령스럽게 있기 때문이다. 〔何者. 欲言其有 無狀無名 欲言其無 聖以之靈.〕

성인의 지혜가 신령스럽게 있기 때문에 텅 비어 있으면서도 비춤을 잃지 않고, 형상도 없고 명칭도 없기 때문에 비추면서 텅 빔(虛)을 잃지 않는 것이다. 〔聖以之靈 故虛不失照 無狀無名 故照不失虛.〕

(또한) 비추면서 텅 빔을 잃지 않기 때문에 섞여도 변하지 않고, 텅 비어 있으면서도 비춤을 잃지 않기 때문에 움직임으로 거칠고 조잡한 것(麤)을 받아들이는 것이다. 〔照不失虛 故混而不渝 虛不失照 故動以接麤.〕

그래서 성지(聖智, 반야)의 작용은 처음부터 잠시도 멈춘 적이 없지만 형상으로 찾으면 잠시도 얻지 못하는 것이다. 〔是以 聖智之用 未始暫廢 求之形相 未暫可得.〕

그런 까닭에 보적寶積은 말하기를 "마음이나 생각 없이 현행한다"고 하고, 『방광반야경』에 이르기를 "등(정)각에서 움직이지 않고 제법을 건립한다"고 하였다. 〔故寶積曰 "以無心意而現行" 放光云 "不動等覺而建立諸法"〕

그런 까닭에 성인의 자취는 만 가지이지만, 그 이치는 하나에 이를 뿐이다. 〔所以聖迹萬端 其致一而已矣.〕

그래서 반야는 텅 비었지만 비출 수 있고, 진제는 (그 모양이) 없어도 알 수 있으며, 온갖 움직임에 나아가면서도 고요할 수 있고 성인의 응함은 (하는 것이) 없으면서도 할 수 있는 것이다. 〔是以 般若可虛而照 眞諦可亡而知 萬動可卽而靜 聖應可無而爲.〕

이것이 바로 아는 것이 아니지만 스스로 아는 것이고(不知而自知) 하는 것이 아니지만 스스로 하는 것이니(不爲而自爲), 다시 무엇을 알고 다시 무엇을 하겠는가! 〔斯則不知而自知 不爲而自爲矣 復何知哉 復何爲哉.〕

【문답 1】

묻는다. 〔難曰.〕

"무릇 성인의 진심(眞心, 반야)은 홀로 밝아 만물(物物)을 비추고, (만물을) 대함에 일정한 장소와 방향이 없이 움직이면서 사(事, 현상)와 회합한다. 〔"夫聖人眞心獨朗 物物斯照 應接無方 動與事會.〕

만물을 비추기 때문에 아는 것이 빠짐이 없고, 움직이면서 사(事, 현상)와 회합하기 때문에 회합하면서도 기(機, 기회)를 놓치지 않는다. 〔物物斯照 故知無所遺 動與事會 故會不失機.〕

회합하면서도 기(機, 기회)를 놓치지 않기 때문에 반드시 회합할 수 있는 것을 회합하고, 아는 것이 빠짐이 없기 때문에 반드시 알 수 있는 것을 안다. 〔會不失機 故必有會於可會 知無所遺 故必有知於可知.〕

반드시 알 수 있는 것을 알기 때문에 성인은 헛되이 아는 것이 아니며, 반드시 회합할 수 있는 것을 회합하기 때문에 성인은 헛되이 회합하는 것이 아니다. 〔必有知於可知 故聖不虛知 必有會於可會 故聖不虛會.〕

(성인은) 이미 알고 이미 회합하였는데, '아는 것도 없고 회합하는 것도 없다'고 말하는 것은 무엇 때문인가? 〔旣知旣會 而曰 '無知無會者' 何耶.〕

만약 아는 것도 잊고 회합하는 것도 버렸다면, (이것은) 바로 성인은 아는 것과 회합하는 것에 사사로움이 없는 것이니 (성인은) 이로써 그 사사로움을 이룰 뿐이다. 〔若夫忘知遺會者 則是聖人無私於知會 以成其私耳.〕

이는 스스로는 아는 것이 있는 것이 아니라고 말할 수는 있어도 어찌 아는 것이 없는 것이라고 할 수 있는 것이겠는가?" 〔斯可謂不自有其知 安得無知哉"〕

답한다. 〔答曰.〕

"무릇 성인의 공(功, 업적)은 하늘과 땅(二儀)보다 높지만 어질지 않고, 밝음은 해와 달을 뛰어넘지만 더욱 어둡거늘, 어찌 목석이 그 마음(懷)을 살피지 못하는 것처럼 아는 것이 없을 뿐(無知)이라고 말하겠는가? 〔"夫聖人功高二儀而不仁 明逾日月而彌昏 豈曰木石瞽其懷 其於無知而已哉.〕

참으로 사람들과 다른 것은 신명神明 때문에 (그) 사상事相을 구할 수 없을 뿐이다. 〔誠以異於人者神明 故不可以事相求之耳.〕

그대의 의도는 성인으로 하여금 스스로 아는 것이 있는 것이 아니라고 하고 싶겠지만 성인은 일찍이 아는 것이 있지 않은 적이 없다. 〔子意欲令聖人不自有其知 而聖人未嘗不有知.〕

(하지만 여기에) 성심(聖心, 반야)에 어긋나고 경전의 뜻(文旨)을 잃어버린 것이 없는가? 〔無乃乖於聖心 失於文旨者乎.〕

어째서 그런가? 경전에 이르기를 '진반야眞般若는 청정한 것이 마치 허공과 같아서 아는 것(知)도 없고 보는 것(見)도 없으며, 짓는 것(作)도 없고 연緣하는 것도 없다'고 하였기 때문이다. 〔何者. 經云 '眞般若者 淸淨如虛空 無知無見 無作無緣'〕

이것은 곧 스스로 아는 것이 없다(無知)는 것을 아는 것이거늘, 어찌 반조返照하고 난 뒤에 아는 것이 없다(無知)고 할 필요가 있겠는가! 〔斯則知自無知矣 豈待返照 然後無知哉.〕

만약 아는 것(知)이 있지만 (지知의) 성품이 공해서 청정하다고 칭한 것이라면 (이는) 바로 미혹과 지혜를 변별하지 못한 것이다. 〔若有知性空而稱淨者 則不辨於惑智.〕

(그렇다면) 삼독三毒과 사전도(四倒) 또한 모두 청정한데 반야에 무슨 홀로 존귀함이 있겠는가? 〔三毒四倒亦皆淸淨 有何獨尊於般若.〕

(또한) 만약 아는 대상(所知)으로써 반야를 미화한다면 아는 대상은 반야가 아니다. 〔若以所知美般若 所知非般若.〕

아는 대상(所知)은 스스로 항상 청정하기 때문에 반야는 일찍이 청정한 적이 없고, 또한 청정에 이르러 반야를 찬탄할 연緣(=이유)도 없는 것이다. 〔所知自常淨 故般若未嘗淨 亦無緣致淨歎於般若.〕

그렇기는 하지만, 경전에서 말한 반야의 청정이 어찌 반야의 체성體性이 진실로 청정하기 때문이 아니겠는가? 〔然經云 般若淸淨者 將無以般若體性眞淨.〕

(그래서) 본래 미혹으로 취해서 아는 것이 없는 것이다. 〔本無惑取之知.〕

(하지만 그렇다고 해서) 본래 미혹으로 취해서 아는 것이 없는 것을 지知로 이름해서도 안 되거늘, 어찌 단지 (아무것도) 아는 것이 없는 것을 무지無知라고 이름 하였겠는가? 〔本無惑取之知 不可以知名哉. 豈唯無知名無知.〕

스스로 아는 것이 없다는 것을 아는 것이다. 〔知自無知矣.〕

그래서 성인은 무지無知의 반야로 저 무상無相의 진제眞諦를 비추는 것이다. 〔是以 聖人以無知之般若 照彼無相之眞諦.〕

진제眞諦는 토마(兎馬, 삼승이 미혹을 끊는 수행의 깊고 낮음)에 잘못(遺, 遺失)이 없고, 반야는 끝까지 살피지 않는 것이 없다. 〔眞諦無兎馬之遺 般若無不窮之鑒.〕

그런 까닭에 회합해도 차별하는 것이 없고 일치해도 옳은 것이 없으며, 고요하고 담담해서 아는 것이 없지만 알지 못하는 것도 없는 것이다." 〔所以會而不差 當而無是 寂怕無知 而無不知者矣"〕

【문답 2】

묻는다. 〔難曰.〕

"무릇 물物은 스스로 통하는 것이 없기 때문에 명칭을 세워 사물과

통한다. 〔"夫物無以自通 故立名以通物.〕

물物이 명칭은 아니지만 정말로 이름 붙일 수 있는 물物이 정말로 있어야 이 명칭에 일치할 수 있는 것이다. 〔物雖非名 果有可名之物當於此名矣.〕

그래서 명칭으로 나아가서 물物을 구하면 물物은 숨을 수 있는 것(隱, 밝힐 수 없는 것)이 아니다. 〔是以 卽名求物 物不能隱.〕

논에서 말하기를 '성인의 마음에는 아는 것이 없다'고 하고, 또 '알지 못하는 것이 없다'고도 하였다. 〔而論云 '聖心無知' 又云 '無所不知'〕

(이) 뜻은 이를테면 아는 것이 없다(無知)는 것은 일찍이 아는 것이 없는 것이고, 안다(知)는 것은 일찍이 아는 것이 없었던 적이 없다는 것이다. 〔意謂無知未嘗知 知未嘗無知.〕

이것이 바로 명교(名敎, 경전)에 통한 것이고, 입언(立言, 논에서 주장)한 본래의 뜻이다. 〔斯則名敎之所通 立言之本意也.〕

논자는 성심聖心을 하나라고 하고자 하지만, 문구에서의 뜻은 다른 것 같다. 〔然論者欲一於聖心 異於文旨.〕

문구를 연구해 진실을 찾아봤지만 그 당위를 발견하지 못하겠다. 〔尋文求實 未見其當.〕

어째서 그런가? 만약 아는 것(知)이 성심聖心을 얻는 것이라면 아는 것이 없는 것(無知)은 분별할 것이 없고, 만약 아는 것이 없는 것(無知)이 성심聖心을 얻는 것이라면 아는 것 또한 분별할 것이 없기 때문이다. 〔何者. 若知得於聖心 無知無所辨 若無知得於聖心 知亦無所辨.〕

만약 이 둘로도 도무지 얻지 못한다면 재차 논할 것이 없다."〔若二都無得 無所復論哉"〕

답한다.〔答曰.〕

"경전에 이르기를 '반야의 뜻은 이름할 것도 없고 설할 것도 없다. 있는 것도 아니고 없는 것도 아니며, 진실도 아니고 거짓도 아니다. 텅 비었지만 비춤을 잃지 않고, 비추면서도 텅 빔을 잃지 않는다'고 하였다.〔"經云 '般若義者 無名無說 非有非無 非實非虛 虛不失照 照不失虛'〕

이것이 바로 무명의 법(無名之法, 명칭 없는 법)이다.〔斯則無名之法.〕

그런 까닭에 언어로 말할 수 있는 것이 아니다.〔故非言所能言也.〕

언어로는 비록 말할 수 있는 것이 아니지만 언어가 아니면 전할 수가 없다.〔言雖不能言 然非言無以傳.〕

그래서 성인은 종일토록 말을 하면서도 일찍이 말한 적이 없는 것이다.〔是以 聖人終日言 而未嘗言也.〕

(이에 대해) 지금 시험 삼아 그대를 위해 광언狂言으로 변별해 보겠다.〔今試爲子狂言辨之.〕

무릇 성심(聖心, 반야)은 미묘해서 상相이 없으니 유有라고 해서도 안 되고, 작용할수록 더욱 은근(勤)하니 무無라고 해서도 안 된다.〔夫聖心者 微妙無相 不可爲有 用之彌勤 不可爲無.〕

무無라고 해서는 안 되기 때문에 성인의 지혜(聖智, 반야)는 존재하는 것이고, 유有라고 해서는 안 되기 때문에 명교(名敎, 명칭)가

끊어진 것이다. 〔不可爲無 故聖智存焉 不可爲有 故名教絕焉.〕

그래서 지知라고 말하는 것은 알기 때문이 아니라 비춤(鑒)에 통하려는 것이고, 부지不知라고 말하는 것은 모르기 때문이 아니라 그 상相을 변별하려는 것이다. 〔是以 言知不爲知 欲以通其鑒 不知非不知 欲以辨其相.〕

상相을 변별하면 무無라고 하지 못하고, 비춤(鑒)에 통하면 유有라고 하지 못한다. 〔辨相不爲無 通鑒不爲有.〕

유有가 아니기 때문에 알아도 아는 것이 없고, 무無가 아니기 때문에 아는 것이 없이 아는 것이다. 〔非有 故知而無知 非無 故無知而知.〕

그래서 아는 것이 곧 아는 것이 없는 것이고, 아는 것이 없는 것이 곧 아는 것이다. 〔是以 知卽無知 無知卽知.〕

말은 다르지만 성심(聖心, 반야)에는 다른 것이 없다." 〔無以言異而異於聖心也."〕

【문답 3】

묻는다. 〔難曰.〕

"무릇 진제眞諦는 깊고 그윽해서 지혜가 아니면 헤아리지 못한다. 성지(聖智, 반야)의 능력이 여기에서 드러나기 때문에 경전에 이르기를 '반야를 얻지 못하면 진제를 보지 못한다'고 하였다. 〔"夫眞諦深玄 非智不測. 聖智之能 在玆而顯 故經云 '不得般若 不見眞諦'〕

진제는 바로 반야의 연(緣, 반야의 대상)이다. (그러므로) 연緣하는 것으로써 지혜를 구하면 지혜는 곧 아는 것이다." 〔眞諦則般若之緣

也. 以緣求智 智則知矣”〕

답한다. 〔答曰.〕

“(그대는) 연緣하는 것으로써 지혜(=반야)를 구했지만 지혜는 아는 것(知)이 아니다. 〔以緣求智 智非知也.〕

어째서 그런가? 『방광반야경』에 이르기를 ‘색을 연緣하지 않고 생한 식識, 이것을 이름 하여 색을 보지 않는다고 한다’고 하였고, 또 이르기를 ‘오음五陰이 청정하기 때문에 반야가 청정하다’고 하였기 때문이다. 〔“何者. 放光云 ‘不緣色生識 是名不見色’ 又云 ‘五陰清淨故般若清淨’〕

반야는 능지(能知, 주관, 마음)이고, 오음은 소지(所知, 객관, 경계)이며, 소지는 곧 연緣이다. 〔般若卽能知也 五陰卽所知也 所知卽緣也.〕

무릇 지(知, 아는 것)와 소지(所知, 아는 대상)는 서로 함께 있기도 하고 서로 함께 없기도 한다. 〔夫知與所知 相與而有 相與而無.〕

서로 함께 없기 때문에 물物은 있는 것이 아니고, 서로 함께 있기 때문에 물物은 없는 것이 아니다. 〔相與而無 故物莫之有 相與而有 故物莫之無.〕

“물物은 없는 것이 아니기 때문에 연緣해서 일어나고, 물物은 있는 것이 아니기 때문에 연緣해서 생겨날 수 있는 것이 아니다. 〔物莫之無故 爲緣之所起 物莫之有故 則緣所不能生.〕

연緣해서 생겨날 수 있는 것이 아니기 때문에 연緣하는 것을 비추지만 아는 것이 아니며, 연緣해서 일어나는 것이기 때문에 아는

것과 연緣하는 것이 서로 인이 되어 생겨나는 것이다.〔緣所不能生 故照緣而非知 爲緣之所起 故知緣相因而生.〕

그래서 지知와 무지無知는 소지(所知, 경계)와의 관계에서 생겨나는 것이다.〔是以知與無知 生於所知矣.〕

어째서 그런가? 무릇 지혜(智)는 지知와 소지所知를 상相으로 취하기 때문에 지(知, 아는 것)라고 이름하는 것이다.〔何者. 夫智以知所知取相故名知.〕

진제眞諦는 스스로 상相이 없는데, 진지眞智가 어째서 지知를 말미암겠는가?〔眞諦自無相 眞智何由知.〕

그렇게 된 까닭은 무릇 소지所知는 소지所知가 아니니, 소지所知는 지知에서 생겨나는 것이기 때문이다.〔所以然者 夫所知非所知 所知生於知.〕

소지所知가 지知에서 생겨났다면 지知 또한 소지所知에서 생겨난 것이고, 소(所, 所知)와 지知가 상생相生하였다면 상생한 것은 곧 연법緣法이다.〔所知旣生知 知亦生所知 所知旣相生 相生卽緣法.〕

연법緣法이기 때문에 진실한 것이 아니며, 진실한 것이 아니기 때문에 진제眞諦가 아니다.〔緣法故非眞 非眞 故非眞諦也.〕

그런 까닭에 『중관中觀』에 이르기를 '물物은 인연을 따라 있는 것이기 때문에 진실하지 않고, 인연을 따라 있는 것이 아니기 때문에 진실하다'고 하였다.〔故中觀云 '物從因緣有 故不眞 不從因緣有故卽眞'〕

(그런데도) 지금 진제眞諦를 진실하다고 말한다면 진실한 것은

곧 (인)연緣하는 것이 아니고, 진실한 것은 (인)연緣하는 것이 아니기 때문에 (어떤 것도) (인)연緣으로 생하는 물物이 없어야 할 것이다. 〔今眞諦曰眞 眞則非緣 眞非緣 故無物從緣而生也.〕

그런 까닭에 경전에 이르기를 '어떤 법도 (인)연緣 없이 생겨나는 것은 보지 못했다'고 하였다. 〔故經云 '不見有法 無緣而生'〕

그래서 진실지혜(眞智)로 진제를 관하면서 일찍이 소지(所知, 경계)로 취한 적이 없는 것이다. 〔是以 眞智觀眞諦 未嘗取所知.〕

지혜가 소지所知를 취하지 않는데 이 지혜가 어째서 지知를 말미암겠는가? 〔智不取所知 此智何由知.〕

그렇지만 지혜는 무지無知가 아니다. 〔然智非無知〕

다만 진제는 소지(所知, 아는 경계)가 아니기 때문에 진지眞智 또한 지知가 아닌 것이다. 〔但眞諦非所知 故眞智亦非知.〕

그런데도 그대는 (인)연緣하는 것으로써 지혜를 구하려는 까닭에 지혜를 지知로 삼았던 것이다. 〔而子欲以緣求智 故以智爲知.〕

(인)연緣하는 것은 본래 스스로 (인)연緣하는 것이 아니거늘, 무엇으로 지知를 구하겠는가?" 〔緣自非緣 於何而求知"〕

【문답 4】

묻는다. 〔難曰.〕

"논에서 '취하지 않는다(不取)'고 한 것은 무지(無知, 아는 것이 없는 것)이기 때문에 취하지 않는 것인가, 알고 난 뒤에 취하지 않는 것인가? 〔"論云不取者 爲無知故不取 爲知然後不取耶.〕

만약 무지無知이기 때문에 취하지 않는 것이라면 성인은 어둡기가 마치 몽유하는 것처럼 검은 것과 흰 것의 차이도 변별하지 못하는 것이고, 만약 알고 난 뒤에 취하지 않는 것이라면 아는 것(知)은 취하지 않는 것과는 다른 것이다." 〔若無知故不取 聖人則冥若夜游不辨緇素之異耶. 若知然後不取 知則異於不取矣"〕

답한다. 〔答曰.〕
"무지無知이기 때문에 취하지 않는 것도 아니고, 또한 알고 난 뒤에 취하지 않는 것도 아니다. 〔"非無知故不取 又非知然後不取.〕
아는 것은 곧 취하는 것이 아니기 때문에 능히 취하지 않고도 아는 것이다." 〔知卽不取 故能不取而知"〕

【문답 5】
묻는다. 〔難曰.〕
"논에서 '취하는 것이 아니다(不取)'고 한 것은 진실로 성심(聖心, 반야)은 물物을 물物이라 하지 않기 때문에 미혹으로 취하는 것이 없다는 것이다. 〔"論云不取者 誠以聖心不物 於物 故無惑取也.〕
취하는 것이 없으면 옳은 것(是)이 없고, 옳은 것이 없으면 일치하는 것(當)도 없다. 〔無取則無是 無是則無當.〕
(그렇다면) 무엇이(=누가) 성인의 마음에 일치하겠는가? 〔誰當聖心.〕
그런데도 '성인의 마음은 알지 못하는 것이 없다'고 하겠는가?" 〔而云 '聖心無所不知耶'"〕

답한다. 〔答曰.〕

"그렇다. 옳은 것도 없고 일치하는 것도 없다. 〔然. 無是無當者.〕 무릇 일치하는 것이 없으면 물物은 일치하지 않는 것이 없고, 옳은 것이 없으면 물物은 옳지 않은 것이 없다. 〔夫無當則物無不當 無是則物無不是.〕

물物은 옳지 않은 것이 없기 때문에 옳으면서 옳은 것이 없고, 물物은 일치하지 않는 것이 없기 때문에 일치하면서 일치하는 것이 없다. 〔物無不是 故是而無是 物無不當 故當而無當.〕

그런 까닭에 경전에 이르기를 "제법을 다함없이 봐도 본 것이 없다'고 하였다." 〔故經云 '盡見諸法 而無所見'"〕

【문답 6】

묻는다. 〔難曰.〕

"성심(聖心, 반야)은 옳다(是)고 할 수 없는 것은 아니지만 진실로 옳다고 할 만한 옳은 것이 없다. 〔"聖心非不能是 誠以無是可是.〕 비록 옳다고 할 만한 옳은 것이 없지만, 그런 까닭에 옳은 것을 옳은 것이 없는 것에 일치시키는 것이다. 〔雖無是可是 故當是於無是矣.〕

그래서 경전에 이르기를 '진제는 상相이 없기 때문에 반야는 아는 것이 없다'고 한 것은 참으로 반야는 어떤 유상의 앎(有相之知)도 없다는 것이다. 〔是以 經云 "眞諦無相 故般若無知"者 誠以般若無有有相之知.〕

(그런데) 만약 무상無相으로 무상을 삼는다면 진제眞諦에 무슨 누累가 되는 것이 있겠는가?" 〔若以無相爲無相 有何累於眞諦耶"〕

답한다. 〔答曰.〕
"성인에게는 무상無相도 없다. 〔"聖人無無相也.〕
어째서 그런가? 만약 무상無相으로 무상을 삼으면 무상은 곧 (유)상이 되기 때문이다. 〔何者. 若以無相爲無相 無相卽爲相.〕
유有를 버리고 무無에 이르는 것은 비유하면 봉우리를 피해 골짜기로 가는 것과 같아서 모두 우환을 면치 못한다. 〔捨有而之無 譬猶逃峰而赴壑 俱不免於患矣.〕
그래서 지인至人은 유有에 처處하면서도 유에 머물지 않고, 무無에 거居하면서도 무에 머물지 않는다. 〔是以 至人處有而不有 居無而不無.〕
(또한) 유·무를 취하지 않지만 분명 유·무를 버리지도 않는다. 〔雖不取於有無 然亦不捨於有無.〕
그런 까닭에 화광진로(和光塵勞, 빛에 화합하고 티끌에 동참)하면서 오취五趣를 두루 도는 까닭에 적연이왕寂然而往하고(=고요하지만 가고) 백이이래怕爾而來하며(=고요하지만 오며), 편안하고 담담해서 함도 없고 하지 않음도 없는 것이다." 〔所以 和光塵勞 周旋五趣 寂然而往 怕爾而來 恬淡無爲 而無不爲"〕

【문답 7】
묻는다. 〔難曰.〕

"성심(聖心, 반야)은 무지無知이지만 응하고 회합하는 도는 어긋나지 않는다. [“聖心雖無知 然其應會之道不差.]
그래서 응할 수 있는 것은 응하고, 응할 수 없는 것은 그대로 두는 것이다. [是以 可應者應之 不可應者存之.]
그런즉, 성심聖心은 어떤 때는 생하기도 하고 어떤 때는 멸하기도 하는 것인데, (과연) 그럴 수 있는 것인가?" [然則 聖心有時而生 有時而滅 可得然乎”]

답한다. [答曰.]
"생멸은 생멸심生滅心이다. [“生滅者 生滅心也.]
성인은 무심無心하거늘, 생멸이 어찌 일어나겠는가? [聖人無心 生滅焉起.]
마음이 없는 것(無心)은 아니지만, 다만 마음 없는 마음일 뿐이다. [然非無心 但是無心心耳.]
또한 응하지 않는 것은 아니지만, 다만 응하지 않는 응함일 뿐이다. [又非不應 但是不應應耳.]
그래서 성인이 응하고 회합하는 도는 사계절의 진실처럼 확실한 것이다. [是以 聖人應會之道 則信若四時之質.]
(또한) 곧바로 허무虛無로 체를 삼기 때문에 이는 생하는 것으로도 얻을 수 없고 멸하는 것으로도 얻을 수 없는 것이다." [直以虛無爲體 斯不可得而生 不可得而滅也”]

【문답 8】

묻는다. 〔難曰.〕

"성지聖智의 무無와 혹지惑智의 무無가 모두 생멸이 없으면 무엇으로 다르다고 하겠는가?" 〔"聖智之無 惑智之無 俱無生滅 何以異之"〕

답한다. 〔答曰.〕

"성지聖智의 무無는 무지(無知, 아는 것이 없는 것=모든 허망이 없는 것)이고, 혹지惑智의 무無는 지무(知無, 없다는 것을 아는 것=망지가 없는 것)이다. 〔"聖智之無者 無知 惑智之無者 知無.〕

저 무無는 말이 비록 동일하지만, 무無인 이유는 다르다. 〔其無雖同 所以無者異也.〕

어째서 그런가? 무릇 성심(聖心, 반야)은 텅 비고 고요해서 없앨 수 있는 지知가 없기 때문에 무지無知라고 말할 수 있는 것이지, 지무知無를 말하는 것이 아니기 때문이다. 〔何者. 夫聖心虛靜 無知可無 可曰無知 非謂知無.〕

(또한) 혹지惑智는 지知가 있기 때문에 없앨 수 있는 지知가 있어 지무知無라고 말할 수 있는 것이지, 무지無知를 말하는 것이 아니기 때문이다. 〔惑智有知 故有知可無 可謂知無 非曰無知也.〕

무지無知는 바로 반야般若의 무이고, 지무知無는 바로 진제眞諦의 무이다. 〔無知 卽般若之無也 知無 卽眞諦之無也.〕

그래서 반야와 진제는 작용(用)을 말하면 동일하지만 다르고, 고요함(寂)을 말하면 다르지만 동일한 것이다. 〔是以 般若之與眞諦

言用卽同而異 言寂卽異而同.〕

동일하기 때문에 피차에 무심無心하고, 다르기 때문에 비춤의 공능(照功)을 잃지 않는다.〔同故無心於彼此 異故不失於照功.〕

그래서 동일함을 변별하는 것은 다름에 대한 동일함이고, 다름을 변별하는 것은 동일함에 대한 다름인 것이니, 이것이 바로 불가득不可得이면서 다르고 불가득이면서 동일한 것이다.〔是以 辨同者同於異 辨異者異於同 斯則不可得而異 不可得而同也.〕

어째서 그런가? 안으로는 홀로 비추는 밝음이 있고 밖으로는 만법이 진실하기 때문이다.〔何者. 內有獨鑒之明 外有萬法之實.〕

만법이 비록 진실하지만 비추지 않으면 안 된다.〔萬法雖實 然非照不得.〕

안과 밖이 서로 그 비춤의 공능을 이루니, 이것이 바로 성聖이 동일할 수 없는, 작용이다.〔內外相與以成其照功 此則聖所不能同 用也.〕

안으로는 비록 비추지만 아는 것이 없고, 밖으로는 비록 실제로 있지만 상이 없다.〔內雖照而無知 外雖實而無相.〕

안과 밖이 고요해서 서로 모두 없으니, 이것이 바로 성聖이 다를 수 없는, 고요함이다.〔內外寂然 相與俱無 此則聖所不能異 寂也.〕

그래서 경전에 이르기를 '제법이 다르지 않다'고 한 것이 어찌 학의 다리를 잘라 오리 다리에 붙이고, 산을 깎아 골짜기를 메우고 난 뒤에 다름이 없다고 하는 것과 같겠는가?〔是以 經云 '諸法不異'者 豈曰續鳧截鶴 夷嶽盈壑 然後無異哉.〕

참으로 다른 것에서 다르지 않기 때문에 비록 다르지만 다르지

않은 것이다. 〔誠以不異於異 故雖異而不異也.〕

그런 까닭에 경전에 이르기를 '대단히 기이하십니다, 세존이시여! 다름이 없는 법 가운데서 제법의 다름을 말씀하시는군요'라고 하였다. 〔故經云 '甚奇世尊 於無異法中而說諸法異'〕

또한 이르기를 '반야와 제법 또한 동일한 모습도 아니고 다른 모습도 아니다'고 하였다. (이 말씀을) 믿으라!" 〔又云 '般若與諸法 亦不一相 亦不異相' 信矣"〕

【문답 9】

묻는다. 〔難曰.〕

"논에서 말하기를 '작용을 말하면 다르고, 고요함을 말하면 같다'고 했는데, 자세하게 알지 못한다. 〔"論云 '言用則異 言寂則同' 未詳.〕

반야의 안에는 작용과 고요함에 다름이 있다는 것인가?" 〔般若之內 則有用寂之異乎"〕

답한다. 〔答曰.〕

"작용이 곧 고요함이고, 고요함이 곧 작용이다. 〔"用卽寂 寂卽用.〕

작용과 고요함의 체는 하나이다. 〔用寂體一.〕

함께 나왔지만 명칭이 다를 뿐, 결코 작용 없는 고요함에 작용을 주관하는 것은 없다. 〔同出而異名. 更無無用之寂 而主於用也.〕

그래서 지혜가 어두울수록 비춤은 더욱 밝아지고, 신(神, 마음)이 고요할수록 응함은 더욱 움직이는 것이다. 〔是以 智彌昧 照逾明

神彌靜 應逾動.〕

(그런데) 어찌 밝음과 어둠, 움직임과 고요함이 다르다고 말하겠는가? 〔豈曰明昧動靜之異哉.〕

그런 까닭에 『성구경』에 이르기를 '하지 않으면서 함을 만난다'고 하였고, 보적寶積이 말하기를 '마음도 없고 분별도 없지만 깨달아 알지 않음이 없다'고 하였다. 〔故成具云 '不爲而過爲' 寶積曰 '無心無識無不覺知'〕

이는 마음을 다하고(窮神) 지혜를 다해(盡智) 형상 밖의 이야기를 다한 것이니, 곧바로 문장을 밝히면 성인의 마음을 알 수 있을 것이다." 〔斯則窮神盡智 極象外之談也 卽之明文 聖心可知矣"〕

〔**약주**〕[1]

般若者 此云智慧 乃諸佛妙契法身之實智也. 經云 "諸佛智慧 甚深無量" 卽此名爲根本智. 法界幽玄 非此莫鑒 故稱本智. 然三乘同乘此智爲因 但心有大小不同. 故唯佛爲極.

반야般若는 지혜智慧라고 하는데, 이는 제불諸佛이 (진여眞如) 법신法身에 오묘하게 계합한 진실지혜(實智)이다.

경전에 이르기를 "제불의 지혜는 매우 깊어서 헤아릴 수가 없다"[2]고

1 반야무지론의 개괄적인 설명이다.

2 법화경 제2, 「방편품」에 다음과 같이 전한다.

했는데, 바로 이것을 일러 근본지根本智[3]라고 한다.

법계法界는 유현(幽玄, 현묘玄妙)해서 이것이 아니면 볼 수가 없기 때문에 본지(本智, 근본지)라고 한다.

삼승이 이 (근본)지를 함께 타고 인因으로 삼았지만,[4] 다만 마음에 크고 작음이 있어 동일하지 않을 뿐이다. 그런 까닭에 오직 부처님만이 (진실반야에) 지극한 것이다.

❀

以前不遷不眞二論 以顯眞俗不二之眞諦 爲所觀之境 今此般若爲能觀之智. 謂以無知之般若 照不二之中道 以此爲因 將證不生不滅之涅槃爲果. 故次來也. 然般若唯一 其用有三. 一實相般若 以般若乃諸法之實相故. 二觀照般若 卽中道妙心之實智 照中道之妙理 理智冥一平等如一. 故理事雙彰 權實並顯. 是爲因心果德 故名二智. 三文字般

爾時 世尊從三昧安詳而起 告舍利弗 "諸佛智慧 甚深無量 其智慧門 難解難入. 一切聲聞 辟支佛所不能知 所以者何. (중략)"

그때 세존께서 삼매에서 침착하게 일어나셔서 사리불에게 말씀하셨다. "제불의 지혜는 매우 깊어서 헤아릴 수 없어 알기도 어렵고 들어가기도 어렵다. 일체성문과 벽지불이 알 수 있는 것이 아니다. 어째서 그러한가? (중략)"

3 근본지에 대한 사전적 정의는 다음과 같다.
무분별지無分別智라고도 함. 모든 분별이 끊어진 지혜. 분별하지 않는 깨달음의 지혜. 번뇌와 망상을 일으키지 않는 지혜. 모든 분별이 끊어져 집착하지 않는 지혜. 주관과 객관의 대립을 떠나, 있는 그대로 직관하는 지혜. 판단이나 추리에 의하지 않고 대상을 있는 그대로 파악하는 지혜. (전게서)

4 수행의 인지因地로 삼았다는 뜻이다.

若 以諸佛言教 乃般若所流. 故一一文字能顯總持 要卽文字以明般若. 此般若義也.

앞의 물불천론과 부진공론 두 논論에서는 진속불이眞俗不二의 진제眞諦를 드러내는 것으로써 관하는 경계(所觀之境)로 삼았는데, 지금 여기서는 반야를 관하는 지혜(能觀之智)로 삼았다. (이는) 이를테면 무지無知의 반야로 불이不二의 중도中道를 비추고, 이를 인因으로 해서 장차 불생불멸不生不滅의 열반涅槃을 증득하는 과果로 삼으려는 것이다. 그런 까닭에 (물불천론·부진공론) 다음에 (반야무지론의) 순서가 온 것이다.

반야는 오직 하나일 뿐이지만, 그 작용에는 셋이 있다.

첫째는 실상반야實相般若이니, 반야는 제법의 실상이기 때문이다. 둘째는 관조반야觀照般若이니, 바로 중도묘심中道妙心의 실지(實智, 진실지혜)로 중도의 오묘한 이치를 비춰 이치와 지혜가 일치하고(理智冥一) 평등여일(平等如一, 한결같이 평등)한 것이다. 그런 까닭에 이理와 사事가 쌍으로 드러나고 방편(權)과 진실(實)이 함께 드러나는 것이다. 이것은 마음을 인으로 하고 덕을 과로 삼는 것(因心果德)이기 때문에 이지二智[5]라고 한다.

---

5 여리지如理智와 여량지如量智를 뜻한다.

여리지如理智는 불보살의 진제의 이치에 대한 실지와 같다. 근본지, 무분별지, 정체지, 진지, 실지라고도 한다(如理智 如佛菩薩眞諦之理之實智也 或名根本智 無分別智 正體智 眞智 實智).

여량지如量智는 불보살의 속제의 현상에 대한 지혜이다. 후득지, 유분별지, 속지, 편지라고도 한다(如量智 如佛菩薩俗諦之事量之智也 或名後得智 有分別智 俗智 徧智).

셋째는 문자반야文字般若로써 제불께서 말씀하신 가르침은 반야에서 흘러나오는 것이다. 그런 까닭에 하나하나의 문자가 능히 총지總持[6]를 드러내는 것이니, 요지는 바로 문자로써 반야를 밝혔다는 것이다.

(이상) 이것이 반야의 뜻이다.

❀

無知者有二義. 一離妄 謂本無惑取之知. 二顯眞 有三義. 一本覺離念靈知獨照 知卽無知. 二始覺無知 謂窮幽亡鑒 撫會無慮 故無對待之知. 三文字性空 非知不知. 然雖三義 蓋以眞諦無相 亡知絶鑒 照體獨立 正無知義也.

무지無知에는 두 가지의 뜻이 있다.

첫째는 허망을 떠난 것(離妄)이니, 이를테면 본래 미혹으로 취하는 앎(惑取之知)이 없다는 것이다.

둘째는 진실을 드러낸 것(顯眞)이니, (여기에는) 세 가지 뜻이 있다.

첫째, 본각本覺[7]은 생각(念)을 떠나 신령스런 앎으로 홀로 비추니,

(불학대사전)

6 다라니(陀羅尼): 산스크리트어 dhāraṇī의 음사. 총지總持·능지能持라고 번역.
①가르침을 마음에 간직하여 잊지 않는 능력·지혜.
②부처나 보살 등의 서원誓願이나 덕德, 또는 가르침이나 지혜를 나타내는 신비로운 주문으로, 범어를 번역하지 않고 음사하여 읽음. 이 주문에는 불가사의한 힘이 있어서 이것을 외우면 한량없는 가르침을 들어도 잊지 아니하고 모든 장애를 벗어나는 공덕을 얻는다고 함. 보통 비교적 긴 주문을 다라니, 짧은 주문을 진언眞言이라 하지만 엄밀하게 구별하지는 않음. (전게서)

아는 것이 곧 아는 것이 없는 것이다(知卽無知).

둘째, 시각始覺은 아는 것이 없는 것이니(無知), 이를테면 그윽함을 궁구해서 비추는 것도 없고 어루만지고 회합하는 것(撫會, 應會)에 근심이 없기 때문에 상대적인 앎(對待之知)이 없는 것이다.

셋째, 문자의 성품은 공해서 아는 것(知)도 아는 것이 아닌 것(不知)도 아니라는 것이다.

비록 세 가지의 뜻이 있지만, 진제眞諦는 상이 없기 때문에 아는 것도 없고 보는(=살피는) 것도 끊어져서 비춤 자체가 홀로 선 것(照體獨立)이 바로 무지無知의 뜻이다.

❀

什師初譯大品 論主宗之以造此論 以呈什師. 師曰 "吾解不謝子 文當

---

7 본각本覺의 뜻이란 시각始覺의 뜻에 대하여 말한 것이니, 시각이란 바로 본각과 같기 때문이며, 시각의 뜻은 본각에 의하기 때문에 불각不覺이 있으며 불각에 의하므로 시각이 있다고 말하는 것이다. 시각이란 심체가 무명의 연緣을 따라 움직여 망념不覺을 일으키지만, 본각의 훈습의 힘에 의하여 차츰 각의 작용이 있으며 구경究竟에 이르러 다시 본각과 같아지는 것이니, 이를 시각이라 한다. 시각과 본각은 상의상대相依相對하면서 서로를 성립시킨다. 이미 서로 의존하는 관계라면 둘 다 자성自性이 없는 것이고, 그렇다면 각이 (실체로서) 존재하지 않는다는 것이다. 그러나 서로 의존해서 성립함이 없지는 않기 때문에 각覺이 없는 것은 아니다. 따라서 각覺이라고는 하지만 자성으로서의 각을 말하는 것은 아니다. 불각에는 두 가지가 있으니 근본불각根本不覺과 지말불각枝末不覺이다. 전자는 알라야식 내의 근본무명을 불각이라 이름하는 것이며, 후자는 무명에서 일어난 일체의 염법染法을 모두 불각이라 하는 것이다. (서정형, 『마명, 대승기신론 해제』, 2005, 서울대학교 철학사상연구소)

相揖耳" 後傳至匡山劉遺民 以呈遠公 公歎曰 "未曾有也" 當時見者靡不服膺.

나집 대사가 처음으로 『대품大品(대품반야경)』을 번역했는데,[8] 논주(論主, 승조)가 이를 근본으로 해서 이 논(論, 반야무지론)을 지어 대사에게 드렸다.

(이에) 대사가 말했다.

"나의 견해는 그대에게 사양하지 못하지만, 문장에는 마땅히 읍을 해야(=예禮를 올려야)겠구먼!"

그 뒤에 (이 논은) 광산匡山[9]의 유유민劉遺民[10]에게 전해졌고, 이로 인해 (유유민이 이를) 원공(遠公, 혜원)[11]에게 바쳤다. (이에) 원공이 찬탄하여 말하기를 "일찍이 (이런 글은) 있었던 적이 없었다"고 하였다. (또한) 당시에 이것을 본 사람들은 늘 마음속에 간직하지(服膺) 않은 이가 없었다.

---

8 404년에 번역한 것으로 전한다. 대품은 앞서 286년에 축법호에 의해 광찬반야바라밀경(10권)으로, 291년에 무라차에 의해 방광반야바라밀경(20권)으로 번역됨.

9 혜원이 있던 여산廬山을 뜻한다.
여산廬山: 강서성江西省 구강시九江市 남쪽에 위치한 명산. 광산匡山·광려匡廬라고도 불림.

10 유유민劉遺民: 여산에서 혜원과 백련결사白蓮結社를 한 인물로 자세한 내용은 알 수 없다.

11 혜원(慧遠, 334~416): 동진 때의 승려. 중국 정토교의 선조라고 하며, 여산의 혜원으로 불림.

【논】

夫般若虛玄者 蓋是三乘之宗極也 誠眞一之無差.

무릇 텅 비고 그윽한 반야는 삼승의 종극(宗極, 궁극적인 요지)**이고, 참으로 차별 없는 진실한 하나이다.**

〔약주〕

此標宗極也. 虛玄 正顯無知. 以幽靈絶待 故謂之虛 亡知絶照 故謂之玄. 三乘同稟此智 但以取不取 知無知之差 所謂心有大小耳. 其實所宗 以此爲極 所謂不二眞心. 故曰 "眞一無差".

여기서는 종극(宗極, 궁극적인 요지)을 나타냈다.

허현虛玄은 무지(無知, 반야)를 정면으로 드러낸 것이다.

유령(幽靈, 그윽하고 신령스러움=반야)은 상대가 끊어졌기 때문에 허虛라고 하며, 아는 것도 없고 비추는 것도 끊어졌기 때문에 현玄이라고 한다.

삼승三乘은 이 지혜를 동일하게 부여받았는데, 다만 취하고 취하지 않음에 따라 아는 것(知)과 아는 것이 없는 것(無知)의 차이가 있을 뿐이니, 이른바 "마음에 크고 작음이 있을 뿐"[12]이라는 것이다.

진실로 숭상(宗)한 것(=반야), 이것을 극(極, 극치)으로 삼은 것이니, 이른바 둘이 아닌 진실한 마음(不二眞心)이라는 것이다. 그런 까닭에

---

12 종본의에서 승조가 "三乘觀法無異 但心有大小爲差耳"라고 하였다.

말하기를 "차별 없는 진실한 하나"라고 한 것이다.

【논】

然異端之論 紛然久矣.

※紛然(분연): 뒤섞여서 어지러움.

하지만 이단異端의 논의들이 뒤섞여 어지러워진 지 오래다.

〔약주〕

造論之本意也. 語曰 "予豈好辯哉 不得已也" 故造論之意 本爲摧伏邪見. 以正智未明 不得不爲之論耳.

※摧伏(최복): 제압하다. 굴복시키다.

논論을 지은 근본 의도이다.

『맹자孟子』에 말하기를 "내가 어찌 따지는 것을 좋아하겠는가? 부득이해서 그런 것일 뿐이다"[13]고 하였다.

---

13 통상 어왈語曰하면 『논어』를 인용하였다는 뜻인데, 여기서는 맹자가 맞기에 번역에서 바로 잡았다. 「등문공滕文公」 하편에 다음과 같이 전한다.
公都子曰" 外人皆稱夫子好辯 敢問何也" 孟子曰 "予豈好辯哉 予不得已也 天下之生久矣 一治一亂"

그런 까닭에 논論을 지은 뜻은 본래 삿된 견해를 굴복시키기 위한 것이다. 바른 지혜(正智)를 밝히지 못했기 때문에 부득불 논을 짓게 되었을 뿐이다.

【논】

有天竺沙門鳩摩羅什者 少踐大方 研機斯趣 獨拔於言象之表 妙契於希夷之境.

천축天竺 사문沙門 구마라집鳩摩羅什은 어려서부터 대방(大方, 반야)[14]을 실천하고 기(機, 마음)로 이(=반야) 뜻을 연구하여 홀로 언어와 형상 밖으로 뽑아내고 희이의 경계(希夷之境)에 오묘하게 계합하였다.

〔약주〕

此出師承有本也. 梵語鳩摩羅什 此云童壽 以童年而有耆德 故有此名. 師本龜茲國王之甥 以其父鳩摩羅炎 本天竺人. 今從本稱. 天竺

(맹자의 제자) 공도자公都子가 말했다.
"다른 사람들이 모두 선생님은 논쟁하기를 좋아한다고 합니다. 감히 여쭙겠습니다. 어째서 그러신 것입니까?"
맹자가 말했다.
"내 어찌 논쟁하는 것을 좋아하겠는가? 부득이해서 그런 것일 뿐이다. 천하에 사람이 살아온 지가 오래되었는데 한 번 다스려지면 한 번 어지러워지는 것이다."

14 대방大方은 대승으로 이해해도 무방하다. (이어지는 아래 약주 참조.)

亦云身毒 亦名印土. 有五 乃婆羅門所居 佛出其中. 大方指般若. 什師學本生知. 年方二十 卽爲國王講般若經論 故云"少踐大方" 妙悟玄猷 故曰"研機斯趣" 以般若離言 故拔言象之表. 離相離名 非見聞所及 故曰"妙契希夷之境" 希夷二字 出老子 言妙悟超卓. 今翻譯大品 論主親承稟受 妙契玄旨 故造斯論.

※耆德(기덕): 나이 많고 덕이 높은 사람.
※甥(생질 생): 생질(자매의 아들). 사위(딸의 남편을 이르는 말). 외손자.

여기서는 (논주가) 스승으로부터 이어받은 근본이 있음(師承有本)을 드러냈다.

범어인 구마라집鳩摩羅什은 동수童壽라고 하는데, 어린 나이에도 덕이 높았기 때문에 이런 이름이 있게 된 것이다. 대사는 본래 구자국龜茲國[15] 왕의 조카(甥)로서 그의 부친 구마라염鳩摩羅炎은 본래 천축天竺 사람이다. 지금은 (그) 본本을 따라 호칭한 것이다.

천축은 또한 신독身毒이라고도 하고 인토印土라고도 한다. 인도 땅에는 다섯 나라가 있는데 (구자국은) 바로 바라문이 사는 곳으로 부처님께서도 그곳에서 태어나셨다.

대방大方은 반야般若를 가리킨다.

나집 대사는 날 때부터 (반야의 이치를) 알았다.[16] 나이 스물에

---

15 고대의 쿠치(Kuči, 구자국龜玆國, 굴지국屈支國)으로 아리아 인종에 속하는 민족 국가. 현, 신강 위구르 자치구 고차庫車현에 위치.

16 生而知之는 논어, 술이述而 편에 나온다.

바로 국왕을 위해 반야의 경론들을 강의했기 때문에 "어려서부터 대방(大方, 반야)을 실천하였다"고 한 것이다. (또한) 현묘한 도리(玄猷)를 오묘하게 깨달았기 때문에 "기(機, 마음)로 이(=반야) 뜻을 연구하였다" 고 한 것이다.

반야는 언어를 떠난 것이기 때문에 "언어와 형상 밖으로 뽑아냈다"고 한 것이다. (또한) 형상을 떠나고 명칭을 떠난 것(離相離名)은 보고 듣는 것으로 이르는 것이 아니기 때문에 "희이한 경계에 오묘하게 계합하였다"고 한 것이다.

희이希夷 두 글자는 『노자老子』[17]에 나오는데 오묘한 깨달음으로 뛰어넘어 우뚝 선 것(妙悟超卓)을 말한다.

지금 『대품반야경』을 번역하면서 논주가 몸소 (나집의 가르침을) 이어 받아 현묘한 뜻(玄旨)에 오묘하게 계합했기 때문에 이 논論을 지은 것이다.

子曰 "我非生而知之者 好古敏以求之者也."

공자가 말했다.

"나는 나면서부터 안 것이 아니라 옛것을 좋아해서 부지런히 찾은 것이다."

17 노자 제14장에 다음과 같이 전한다.

視之不見名曰夷. 聽之不聞名曰希.

그것을 보려 해도 보이지 않는지라 이름하여 이夷라 한다. 그것을 들으려 해도 들리지 않는지라 이름하여 희希라 한다. (전게서 상, p.295)

【논】

齊異學於迦夷

이학(異學, 이단의 논의들)을 가이(迦夷, 카필라)에서 가지런히 하고,

〔약주〕

齊 集也 猶齊物之齊. 迦夷 亦名迦維 乃佛生之國. 佛滅度後 異學紛然. 什師名播五天 彼多宗仰. 故云 "集也"

※集(모을 집): 모으다. 모이다. 편안히 하다. 이르다. 가지런히 하다. 이루다.
※宗仰(종앙): 숭상하여 우러러 봄. 우러러 존경함. 경모하다.

제齊는 집(集, 가지런히 하다)이라는 뜻인데, (『장자』에서 말하는) 제물齊物[18]의 제齊와 같다.

가이迦夷는 또 가유迦維라고도 하는데 이는 부처님께서 태어나신 나라이다.

부처님께서 멸도하신 뒤에 이학(異學, 이단의 논의들)이 뒤섞여 어지러웠다. (그때) 나집 대사의 명성이 다섯 천축(五天)에 널리 퍼져 우러러 존경하는 이들이 많았다. 그런 까닭에 '집集'[19]이라고 하였다.

---

18 모든 사물의 참과 거짓, 옳고 그름을 상대적인 것으로 보고 그런 것들에 관한 논의를 다스려 절대적이고 근원적인 하나의 경지로 돌아가게 하는 장자의 사상이 담겨 있다.

【논】

揚淳風於東扇 將爰燭殊方 而匿耀涼土者 所以 道不虛應 應必有由矣.

※밑줄 친 부분의 '糴(쌀 살 적)'은 '耀(빛날 요)'의 誤字로 이해하였다. 바로 아래 약주를 참조하였다.

동쪽에서 맑은 바람(淳風, 반야지혜)을 부채질로 드날리며 장차 다른 지역을 비추려고 광채를 양토(涼土, 양주, 감숙성)에 숨겼던 것은 (그) 까닭이 도는 헛되이 응하지 않으며, 응하면 반드시 이유가 있어야 하기 때문이다.

〔약주〕

此敍什師入中國之由也. 此時道安法師 名震當代 秦主符堅 以師尊之稱爲聖人. 安曰 "貧道非聖 聞龜茲國有羅什者 眞聖人也" 堅聞之 欣慕不已. 乃遣大將軍呂光 率鐵甲兵十萬伐龜茲 以迎師. 光將兵至國 圍其都城 王致辭曰 "下國與大秦遼遠 俗不相及 何以見伐" 光曰 "大秦天王 所以命師伐王之國者 非爲土地之利也. 因聞王國有聖人鳩摩什 將迎歸供奉耳 非別有所圖也" 王曰 "什乃予國之寶也 安肯棄之 餘則唯命是聽" 遂堅壁. 光圍久之 王城益急 什請曰 "豈以貧道一人之故 而擧國受困 非利也 願請以行" 王不聽 什曰 "會當歸耳" 王無已 遂遣師同光

19 제齊로 표기하는 것이 맞지만 集에도 같은 뜻이 있다.

行. 是謂揚淳風於東扇也. 光至涼 聞姚萇弑堅自立 國號後秦. 光亦據涼自王 國號西涼. 時什師未及入秦 遂居於涼 光無良 多困辱師. 無以自見. 故曰 "將爰燭殊方" 而未顯 留滯於涼 故曰 "匿耀涼土" 以既來而致困 其道不行 故曰 "道不虛應 應必有由矣"

※欣慕(흔모)=欽慕(흠모): 기쁜 마음으로 사모함.

※無已(무이): 다함이 없다. 끝이 없다. 부득이 하다.

여기서는 나집羅什 대사가 중국에 들어오게 된 연유를 서술하였다.

이때 도안道安[20] 법사法師의 명성이 당대에 떨쳐졌는데 진왕秦主 부견苻堅[21]이 (도안) 법사를 존경하며 성인聖人이라 칭하였다.

도안이 말했다.

"빈도(貧道, 저)는 성인이 아닙니다. 듣자하니, 구자국에 나집이라는 스님이 있는데 (그가) 진짜 성인입니다."

부견이 듣고 흠모하는 마음을 (계속해서) 그치지 않았다.

이에 대장군 여광呂光[22]을 파견해서 철갑병 10만 명을 거느리고

---

20 도안(道安, 314~385): 진대晋代의 승려. 12세에 출가. 불도징佛圖澄에게 사사받은 다음, 각처에서 반야를 강의하여 명성을 얻음. 처음으로 경전을 서분序分, 정종正宗, 유통流通의 삼분三分으로 나누는 전통을 세움.

21 부견(苻堅, 338~385): 중국 5호 16국의 전진前秦 3대 왕. 대진천왕大秦天王이라 칭하고, 전진의 최성기를 이룸.

22 여광(呂光, 338~399): 16국의 하나인 후량(後涼, 386~403)을 세운 건립자. 시호는 의무황제懿武皇帝. 전진前秦의 부견苻堅 밑에서 서역 원정을 하고, 돌아오는 길에 비수淝水 싸움에서 전진이 대패했다는 소식을 듣고 그대로 고장姑臧을

구자국을 정벌해서 대사를 영접하게 하였다.

여광이 병사들을 거느리고 구자국에 이르러 도성을 포위하자, 국왕이 말(致辭=致詞, 상소)을 하였다.

"우리나라(下國)는 대진大秦과는 거리도 멀고 풍속도 서로 상대방에게 (영향을) 끼치지 않거늘, 어째서 정벌을 하려는 것이오?"

여광이 말했다.

"대진천왕大秦天王께서 군대에 명하여 왕의 나라를 정벌하라고 한 까닭은 토지의 이익 때문이 아니오. 듣자하니, 왕의 나라에 성인聖人이신 나집羅什 대사께서 계시다고 하던데 모시고 돌아가서 공양하고 받들려 하는 것일 뿐, 달리 도모하는 것이 있는 게 아니오."

국왕이 말했다.

"나집은 우리나라의 보배인데 어찌 그를 버릴 수 있겠습니까? (그밖에) 다른 것이라면 명을 따르겠습니다."

그리고는 마침내 성벽을 견고히 하였다.

여광이 오랫동안 성벽을 포위를 하자, 왕의 성은 더욱 다급해졌다.

(그러자) 나집이 (왕에게) 청해서 말했다.

"어찌하여 빈도 한 사람 때문에 온 나라가 곤욕을 받아야 합니까? (이는) 이로운 것이 아닙니다. 바라옵건대 떠나게 해 주십시오."

왕이 청을 들어주지 않자, 나집이 말했다.

"때가 되어 돌아가는 것일 뿐입니다(會當歸耳)."

왕이 부득이 스님을 보내 여광과 함께 가게 하였다.

점령하고 양주涼州를 점거함. 태초太初 원년(386) 양주목涼州牧 주천공酒泉公이라 칭함.

이를 일러, "동쪽에서 맑은 바람을 부채질하며 드날린다"고 한 것이다.

여광이 량(涼, 涼州, 현 감숙성)에 이르자, 요장姚萇[23]이 부견을 시해하고 스스로 나라를 세우고 국호를 후진後秦으로 하였다는 소식을 들었다. (그러자) 여광 또한 량涼을 근거로 스스로 왕이 되어 국호를 서량西涼이라고 하였다.

그때 나집 대사가 진秦나라에 미처 들어가지 못하고 량涼에 머물게 되었는데, 여광이 어질지 못해서 자주 대사에게 곤욕을 치르게 해서 스스로 (자신의 뜻을) 드러낼 수가 없었다. 그런 까닭에 "장차 다른 지역을 비추려고"라고 한 것이다. (또한) 드러내지 못하고 양토涼土에 머물러 있었기 때문에 "광채를 양토에 숨겼다"고 한 것이다.

(양토에) 와서 곤욕을 치르며 그 도를 행하지 못했기 때문에 "도는 헛되이 응하지 않으며, 응하면 반드시 이유가 있어야 하기 때문이다"고 한 것이다.

【논】

弘始三年 歲次星紀 秦乘入國之謀 擧師以來之意也. 北天之運數其然也.

23 요장(姚萇, 330~394): 후진後秦의 건립자. 부견苻堅 밑에 있다가 강족을 이끌고 독립해 만년진왕萬年秦王이라 불림. 부견이 죽자, 장안을 점령하고 칭제稱帝함. 연호는 건초建初, 국호는 대진(大秦, 後秦).

홍시弘始[24] 3년(401) 세차성기(歲次星紀, 12월)[25]에 진秦에서 (대사를) 입국시키려는 계책을 꾀하고 군사를 일으켜 모셔올 생각이었다. 북천北天의 운수(運數[26], 운명)가 그러하였다.

〔약주〕

此敘什師得時行道之由也. 姚萇弑堅 在位八年 而什師亦被困於凉. 偶堅領鬼兵入宮 刺萇中陰 出血石餘而崩. 子興嗣立 降帝號而稱天王 意蓋宗尊周制也. 改元弘始 丑月爲星紀 以月紀年也. 什師在凉十一年矣. 時因殿庭生連理樹 逍遙園葱變成芷 咸謂智人入國之瑞. 知師在凉 秦主乃遣姚碩德伐凉 光已薨 其子呂隆嗣立 兵至大敗之. 隆卽降 遂表奉師至. 秦主深禮重焉. 故曰秦乘入國之謀 擧師以來之 大品云 "般若於佛滅後 先至南方 次至西方 次至北方 大盛於震旦" 震旦在天竺東北 故曰 "北天之運數其然也" 謂法運時數 當其然耳.

※弑(윗사람을 죽일 시): 윗사람을 죽이다. 죽이다.
※葱(파 총): 파(백합과의 여러해살이풀, 채소). 부들.
※芷(어수리 지): 어수리. 구릿대. 백지(白芷: 구릿대의 뿌리). 지초芝草.

여기서는 나집 대사가 때를 얻어 도를 행하게 된 연유를 서술하였다.

---

24 홍시弘始는 후진, 문환제의 두 번째 연호로 399년부터 416년까지 사용되었다.

25 성기星紀는 축차丑次로 음력 12월을 뜻한다.

26 운수運數는 본래 천운(天運, 하늘이 정한 운수)과 그 기수(氣數, 길흉화복의 운수)를 뜻한다.

요장姚萇이 부견符堅을 시해하고 재위한 지 8년이 되었고, 나집 대사 또한 량(凉=서량西凉)에서 곤욕을 치르고 있었다.

(그때) 마침 (죽은) 부견이 귀신 병사들(鬼兵)을 데리고 궁으로 들어와 요장의 음부를 찔렀는데 피를 한 섬이나 흘리고 죽었다.[27]

(요장의) 아들 요흥姚興[28]이 왕위를 이었는데, 이후 황제(帝)라는 칭호를 낮춰 천왕天王이라고 칭하였다. (이) 의미는 아마도 주周나라의 제도를 존중하고 중히 여겼기 때문이었을 것이다.

원년을 홍시弘始로 고치고 축월(丑月, 음력 12월)을 성기星紀로 하고, 이로써 월月을 연대에 기록하였다.

나집 대사는 량凉에 11년 동안 있었다. 그때 궁전 뜰에 연리수連理樹가 나고 소요원逍遙園에서는 파(葱)가 지(芷, 구릿대)로 변했는데, (이를 가지고) 모두들 지혜로운 사람이 나라에 들어올 조짐이라고 말했다.

나집 대사가 량凉에 있다는 것을 알고, 진의 임금(요흥)이 요석덕姚碩德을 보내 량凉을 정벌토록 하였다. (그때) 여광은 이미 죽고 그의 아들 여륭呂隆[29]이 왕위를 잇고 있었는데, 병력이 도착해 크게 패하였다.

여륭이 바로 항복을 하고, 마침내 표문을 올리고 대사를 지극히 모셨다. 진의 임금이 깊이 예로써 존중하였다. 그런 까닭에 "진은 (대사를) 입국시키려는 계책을 꾀하고 군대를 일으켜 모셔올 생각이었

---

27 꿈이 현실이 되었다는 것이다.

28 요흥(姚興, 366~416): 자는 자략子略, 이름은 흥興. 시호는 문환황제文桓皇帝이고, 묘호는 고조高祖. 중국 5호16국시대 후진後秦의 제1대 왕 요장姚萇의 맏아들.

29 여륭(呂隆, ?~416): 16국 시대 후량後涼의 국군國君. 여광呂光의 종자從子.

다"고 한 것이다.

『대품반야경』에 이르기를 "반야는 불멸佛滅 후 먼저 남방에 이르고, 다음에 서방에 이르며, 그 다음에 북방에 이르러 진단(震旦, 중국)에서 크게 성할 것이다"[30]고 하였다.

진단震旦은 천축 동북쪽에 있기 때문에 "북천의 운수가 그러하였다"고 한 것이다. (이는) 이를테면 (정)법이 행해지는 때의 운수가 그러함을 맞이하게 되었다는 것이다.

【논】

大秦天王者 道契百王之端 德洽千載之下. 游刃萬機 弘道終日 信季俗蒼生之所天 釋迦遺法之所仗也.

※季俗(계속): 말세.

※遺法(유법): 석가가 남긴 교법. 불법.

대진천왕(大秦天王, 요흥)은 그 도가 (선대) 모든 왕들의 마음(端)[31]에 계합하고 그 덕은 천 년이 넘도록 적셔 주었다. 천하의 정무(萬機)를 유인(游刃, 능숙하게 처리함)하면서도 종일토록 도를 널리 펼쳤으니 진실로 말세 백성들의 아버지요, 불법의 지팡이였다.

---

30 일치하는 문장이 없다. 번역 이후 경전을 유포하면서 누군가의 서문을 감산이 인용, 요약한 것으로 추측된다.

31 四端, 인의예지仁義禮智의 네 가지 마음을 뜻한다.

〔약주〕

此敍明時什師行道之會也. 天王乃興自稱 故時並尊之. 百王 指堯舜以下. 端 謂百王首 以無爲爲治也. 洽 霑潤也 意稱弘法之德 流潤千載之下也. 游刃 語出莊子 庖丁解牛 游刃其間 恢恢乎有餘地. 此稱秦主才智有餘 雖萬機叢錯 迎刃而解 恢有餘地. 故不妨弘道終日也. 謂此聖主 信爲末法蒼生之所天. 蒼生 猶言赤子. 天 稱父母爲天 謂養育羣生如一子也. 佛臨滅時 將佛法付囑國王大臣. 非仗大力外護 法難久住 故爲遺法之所仗也. 上敍弘法之主 下敍弘法之事.

※霑潤(점윤)=浸潤(침윤)=浸濕(침습): 적시다. 스며들다.
※恢恢(회회): 넓고 큰 모양. 여유가 있는 모양. (恢, 넓을 회)
※叢(모일 총): 번잡하다. 번거롭다.

여기서는 나집羅什 대사가 도를 펼친 때를 서술해서 밝혔다.

천왕天王은 요흥이 스스로 칭한 것이기 때문에 당시의 모두가 존경하였다.

백왕百王은 요순堯舜 이래 (선대의) 왕들을 가리킨다.

단端은 이를테면 여러 왕들 가운데 으뜸이라는 것인데, 무위無爲로 다스린 것이다.[32]

흡洽은 적셔 준다는 것인데 뜻은 홍법弘法의 덕德이 천 년 이상을 흐르며 윤택하게 하는 것을 일컫는다.

유인游刃은 『장자莊子』에 나오는 말인데, 포정(庖丁, 백정)이 소를

32 감산의 지나친 해석이다. 역자는 인의예지로 해석하였음을 다시 밝혀둔다.

해체하면서 칼을 놀리는 그 순간에도 여유가 있어 남음이 있다는 것이다.[33]

이것은 진왕秦王의 재능과 지혜가 여유가 있어 비록 천하의 정치가 번잡하게 섞여 있어도 막힘없이 쉽게 일을 풀(迎刃而解)[34] 정도로 여유가 있어 남음이 있다는 것을 말한다. 그런 까닭에 종일토록 도를 넓히는 데 방해될 것이 없었던 것이다. 이를테면 이러한 성스러운 임금(聖主)은 진실로 말법 중생들의 아버지가 된다는 것이다.

창생蒼生은 갓난 아이(赤子)와 같은 말이다. 천天은 부모를 하늘이라고 칭하는데, 이를테면 중생(羣生)을 양육하는 것을 자식처럼 한다는 것이다.

부처님께서 입멸하려 하실 때 불법을 국왕과 대신에게 부촉하려고 하였다. (왜냐하면) 큰 세력이나 외호에 기대지 않으면 법이 오래

---

33 유인游刃이라는 단어 자체가 장자에 나오는 것은 아니다.

내편, 양생주養生主에 다음과 같이 전한다.

庖丁爲文惠君解牛. 手之所觸 肩之所倚 足之所履 膝之所踦 砉然嚮然 奏刀騞然 莫不中音. 合於桑林之舞 乃中經首之會. 文惠君曰: "譆, 善哉! 技蓋至此乎"

포정庖丁이 문혜군文惠君을 위해 소를 잡은(가른) 일이 있다. 손을 대고, 어깨를 기울이고, 발을 짓누르고, 무릎을 구부리는 동작에 따라 (소의 뼈와 살이 갈라지면서) 서걱서걱, 빠극빠극 소리를 내고, 칼이 움직이는 대로 싹둑싹둑 울렸다. 그 소리는 모두 음률에 맞고 (은殷나라 탕왕湯王 때의 명곡인) 상림桑林의 무악舞樂에도 조화되며, 또 (요堯 임금 때의 명곡인) 경수經首의 음절에도 맞았다. 문혜군은 (그것을 보고 아주 감탄하며) "아, 훌륭하구나, 기술도 어찌하면 이런 경지에까지 이를 수가 있느냐?"라고 말했다. (전게서, pp.92~93)

34 迎刃而解=迎刃縷解(영인루해)=迎刃自解(영인자해): 칼날에 맞아 실올처럼 잘게 해체된다는 뜻으로, 하는 일이 막힘없이 순조롭게 잘 되어 감을 이르는 말.

머물기 어렵기 때문이다. 그런 까닭에 불법이 기대는 바(=지팡이)가 되는 것이다(고 한 것이다).

이상은 홍법弘法의 임금(主)을 서술했고, 아래에서는 홍법의 일을 서술하였다.

【논】

時乃集義學沙門五百餘人於逍遙觀 躬執秦文 與什公參定方等 其所開拓者 豈謂當時之益 乃累劫之津梁矣.

그때 의학사문義學沙門[35] 500**여 명을 소요관**逍遙觀**에 모아놓고 몸소 진문**(秦文, 중국어 문장)**으로 나집 공**(什公)**과 함께 『방등경』**[36]**을 참정**參定[37]**하였으니, 그가 개척한 것이 어찌 당시의 이익일 뿐이라고 하겠는가?** (이는) **누겁**(累劫, 오랜 세월)**의 나루터와 다리**(津梁)**이다.**

〔약주〕

此敍秦主弘法之事也. 逍遙觀 乃秦主游宴之所 什師至國 遂延於此中以譯諸經. 後因秦主賜什宮人 乃別搆草堂以居之 卽今之草堂寺. 什師宣梵 秦主親執文對譯 方等諸經 乃所譯也. 開拓 如開疆拓土. 以佛法初開荒邈 不唯以益當時 實爲累劫之津梁也.

---

35 전문적으로 불법의 교리를 연구하는 승려를 뜻한다.

36 여기서의 방등경은 대승경전으로 이해하는 것이 더 좋다.

37 참정參定은 비교해서 (그간의 잘못된 해석들을) 바로 잡았다는 뜻이다.

※搆(얽을 구): 얽다. (집을) 짓다. 이루어지다.
※開疆拓土(개강탁토)=拓土開疆: 강토를 개척하여 넓힘.

여기서는 진왕(秦主, 요흥)이 홍법弘法한 일을 서술하였다.

소요관逍遙觀은 진왕이 노닐면서 연회를 베풀던 곳이다. 나집羅什 대사가 (진)나라에 오자, 마침내 이곳으로 불러들여 여러 경전들을 번역하게 하였다.

뒤에 진왕이 나집 대사에게 궁인宮人을 하사한 것으로 인해 따로 초당草堂을 짓고 살았는데 (바로) 지금의 초당사草堂寺이다.

나집 대사가 범어로 (경전을) 말하면 진왕이 직접 문장을 대조하면서 번역을 했는데 방등方等의 여러 경전들이 (그가) 번역한 것이다.

개척開拓은 강토를 넓혀 개척하는 것과 같다. 불법을 황막한 곳에서 처음으로 개척했기 때문에 오직 당시의 이익뿐만 아니라 진실로 누겁의 나루터와 다리가 되는 것이다.

【논】

余以短乏 曾廁嘉會 以爲上聞異要 始於時也.

※廁(뒷간 측): 뒷간. 돼지우리. 섞다. 섞이다. 기울이다.
※上聞(상문): 임금으로부터 들음.

나는 재주가 짧고 덕이 부족한데도 일찍이 가회(嘉會, 역경 모임)에 참여하였는데, 임금으로부터 (이제까지와는) 다른 요지(異要)를 듣게 된 것은 (바로) 그때가 처음이었다.

〔약주〕

此論主自敍聞法之時也. 短乏謙辭 謂才短德乏. 濫厠嘉會 上聞船若玄旨 異常心要 始於此時也. 上敍來義 下顯正宗.

※濫(넘칠 람): 넘치다. 범람하다. 지나치다. 과하다.

※밑줄 친 부분의 船若는 般若의 誤字다.

여기서는 논주論主가 몸소 법을 듣게 된 때를 서술하였다.

단핍短乏은 겸양의 말(謙辭)인데 재주가 짧고 덕이 부족한 것을 말한다. 과분하게도 가회嘉會에 참여해서 임금으로부터 반야의 현묘한 뜻과 평소와는 다른 심요(心要, 마음의 요체)를 듣게 된 것이 이때부터 시작되었다.

이상은 반야무지론을 짓게 된 이유(來義)를 서술했고, 아래에서는 정종(正宗, 본론)을 드러냈다.

【논】

然則 聖智幽微 深隱難測 無相無名 乃非言象之所得. 爲試罔象其懷寄之狂言耳. 豈曰聖心而可辨哉. 試論之曰.

※罔(그물 망, 없을 망): 그물. 없다. 속이다.

그런즉, 성지(聖智, 반야지혜)**는 그윽하고 미묘하며 깊고 은밀해서 헤아리기 어렵고, 형상도 없고 명칭도 없어 말과 형상으로 얻을 수 있는 것이 아니다.** (그럼에도 불구하고) **시험 삼아 마음속에 품었던 상을 없애기**(罔象)[38]**위해 광언**狂言[39]**에 의지하려 할 따름이다.** (하지만 이것으로) **어찌 성인의 마음**(聖心, 반야)**을 변별할 수 있다고 말하겠는가!** (지금부터) **시험 삼아 논해 보겠다.**

〔**약주**〕

正宗之初 據理出意. 將欲制論 先示般若玄旨 非言論可及也. 經云 "諸佛智慧 甚深無量 其智慧門 難解難入 一切聲聞辟支佛所不能知 不退菩薩亦不能測" 故曰 "聖智幽微 深隱難測" 般若之體 離相離名 豈言象之所得哉. 今欲論之 試罔象其懷 寄之狂言耳. 罔象語出莊子. 黃帝遺其玄殊 使智索之而不得. 使罔象索而得之. 謂虛無其懷 乃可與智相應也. 狂言亦出莊子. 謂大而無當之言 蓋謙辭也. 意謂試以狂言擬之 非敢謂聖心可辨也.

정종(正宗, 본론)의 시작으로[40] 이치에 근거해서 뜻을 드러냈다.

장차 논論을 짓기 위해 먼저 반야의 현묘한 뜻은 말로 따져서 미칠

38 아래 약주와 註42 참조.

39 아래 약주와 註43 참조.

40 반야무지론의 정종분(본론)에 해당된다는 뜻이다.

수 있는 것이 아니라는 것을 제시하였다. 경전에 이르기를 "제불의 지혜는 아주 대단히 헤아릴 수 없으니 저 지혜의 문은 이해하는 것도 어렵고 들어가는 것도 어렵다. (또한) 일체의 성문과 벽지불이 능히 알 수 있는 것이 아니고, 불퇴전보살(不退菩薩) 또한 헤아릴 수 없는 것이다"[41]고 하였다. 그런 까닭에 말하기를 "성지(聖智, 반야지혜)는 그윽하고 미묘하며 깊고 은밀해서 헤아리기 어렵다"고 한 것이다.

반야般若의 체體는 형상을 떠나고 명칭을 떠난 것인데, 어찌 언어와 형상으로 얻을 수 있다고 말하겠는가? (하지만) 지금 그것을 논하려고 "시험 삼아 마음속에 품었던 상을 없애고 광언狂言에 의지할 뿐이다"고 한 것이다.

망상罔象은 『장자』에 나오는 말이다.[42] 황제黃帝가 (적수赤水 북쪽에서 노닐다가) 현주玄珠를 잃어버려 지智에게 찾게 했는데 찾지 못했다. (그리하여) 망상罔象에게 찾게 하였더니 찾았다. (이는) 이를테면

---

41 법화경 제1권, 방편품의 말씀이다. 다만 끝의 "불퇴전보살 또한 헤아리기 어렵다"는 말은 없다. 앞의 註2를 참조하기 바란다.

42 외편, 달생達生에 다음과 같이 전한다.

桓公曰: "然則有鬼乎" 曰 "有. 沈有履 竈有髻 戶內之煩壤 雷霆處之 東北方之下者 倍阿鮭蠪躍之 西北方之下者 則泆陽處之 水有罔象 丘有峷 山有夔 野有彷徨 澤有委蛇"

환공이 물었다. "그러면 귀신이란 게 있긴 있는가요?" (황자고오가) "진흙 물에는 리履라는 귀신이, 부뚜막에는 결髻이라는 귀신이 있고, 집안의 쓰레기통에는 뇌정雷霆이라는 귀신이 있습니다. (집의) 동쪽 구석에는 배아왜룡倍阿鮭蠪이라는 귀신이 날뛰고, 서북쪽 구석에는 일양泆陽이라는 귀신이 삽니다. 물에는 망상罔象, 언덕에는 신峷, 산에는 기夔, 들에는 방황彷徨, 늪에는 위사委蛇라는 귀신이 있습니다." (전게서, pp.474~475)

자기 마음에 품은 것을 텅 비워 (아무것도) 없어야 지혜와 상응할 수 있다는 것이다.

광언狂言 또한 『장자』[43]에 나온다. 이를테면 크기만 하고 적당하지 않은(大而無當, 속빈 강정의)[44] 말이라는 것인데 (여기서는) 겸양의 말이다. (논주가 말한) 뜻은 이를테면 시험 삼아 광언으로 헤아려 보겠다는 것이지, 감히 성인의 마음을 따져볼 수 있다고 말한 것은 아니라는 것이다.

---

43 내편, 지북유知北遊에 다음과 같이 전한다.

(중략) 弇堈吊聞之 曰 "夫體道者 天下之君子所系焉. 今於道 秋豪之端萬分未得處一焉 而猶知藏其狂言而死 又況夫體道者乎. 視之無形 聽之無聲 於人之論者 謂之冥冥 所以論道而非道也."

엄강조弇堈吊가 이 이야기를 듣고 말했다. "대저 도를 터득한 자란 천하의 군주가 귀의하는 바가 되게 마련이다. (그런데) 지금 (신농은 지)도에 대해 털끝의 만분의 일만큼도 모르면서 (노용이) 지언(至言=狂言)을 가슴속에 품은 채 죽었다는 사실을 알고 있다. 하물며 저 (지)도를 터득한 자야 어떻겠는가! (즉 도가 말로 표현되지 않는다는 사실을 충분히 알고 있는 것이다.) 도는 그 모습을 볼 수 없고 그 소리를 들을 수 없다. 사람들은 (도를) 논하기를 어둡고 깊다고 하지만 (도란 말을 초월한 것인 만큼) 도를 (말로) 논하는 방편은 되어도 이미 참된 도는 아닌 것이다." (전게서, p.550)

44 내편 소요유에 다음과 같이 전한다.

肩吾問於連叔曰 "吾聞言於接輿 大而無當 往而不返. 吾驚怖其言猶河漢而無極也 大有逕庭 不近人情焉.

견오肩吾가 연숙連叔에게 물었다. "나는 접여接輿에게서 이야기를 들었네만 글쎄 그게 너무 터무니가 없고 앞으로 나아갈 줄만 알았지 돌아올 줄을 모르더군. 나는 그 이야기가 은하수처럼 한없이 계속되는 것 같아 그만 오싹해졌네. 너무도 차이가 있어 상식에 어긋나네." (전게서, p.37)

【논】

放光云 "般若無所有相 無生滅相" 道行云 "般若無所知 無所見"

『방광반야경』에 이르기를 "반야는 존재하는 상도 없고 생멸하는 상도 없다"[45]고 하였다.

(또한) 『도행반야경』에 이르기를 "반야는 아는 것도 없고 보이는 것도 없다"[46]고 하였다.

〔약주〕

此引二經以定宗也. 放光 卽大品也 兩譯文異. 二十卷云 "般若無所有相" 第十五云 "般若波羅蜜 不生不滅相" 道行第一云 "般若當從何說 菩薩都不可得見 亦不可知" 此約義引也. 以般若體絶諸相 故云 "無所有相" 寂滅湛然 故云 "無生滅相" 眞知獨照 故無所知 絶諸對待 故無所見. 般若如此 豈名言之可到哉. 下依宗辨用.

여기서는 두 경전을 인용해서 (본 논의) 종(宗, 종지)을 정립하였다.

방광放光은 바로 『대품大品(대품반야경)』인데 두 개의 번역[47]이 문장

---

45 정확하게 일치하는 경문은 없다. 아래 註46 참조.

46 정확하게 일치하는 경문은 없다. 아래 註48 참조.
참고로 방광반야경 제11권, 「문상품問相品」에서는 다음과 같이 전한다.
須菩提白佛言 "世尊 諸法無所知 無所見 無所出生 云何般若波羅蜜是佛之母 云何生如來 云何爲世間之大明導" (번역 생략)

47 무라차 역, 방광반야경과 구마라집 역, 마하반야바라밀경을 뜻한다.

이 (서로) 다르다.

제20권에 “반야는 존재하는 상이 없다”고 하였고, 제15권에 “반야바라밀은 불생불멸의 상이다”고 하였다.[48] (또한) 『도행반야경』[49] 제1권에 “(수보리는) 반야는 어디서부터 말해야 하는 것입니까? 보살이 도무지 볼 수도 없고, 또한 알 수도 없습니다”[50]고 하였다. 이것은 (두 경전의 내용을) 뜻에 근거해서 (논주가 요약해서) 인용한 것이다.

반야의 체는 모든 상이 끊어졌기 때문에 “존재하는 상이 없다”고 하고, 고요하고 잠연하기 때문에 “생멸하는 상이 없다”고 하였다. (또한) 참된 앎으로 홀로 비추기 때문에 “아는 것이 없다”고 하고, 모든 상대(對待)가 끊어졌기 때문에 “보이는 것이 없다”고 하였다. 반야가 이와 같은데, 어찌 명칭과 언어로 도달할 수 있겠는가?

아래에서 종(宗, 종지)을 의지해 (반야의) 작용(用)을 변별하였다.

---

48 감산이 제시한 제20권과 제15권에 일치하는 문장은 없다.
무소유상無所有相을 중심으로 찾아보면,
방광반야경 제17권에서는 “菩薩行般若波羅蜜 以無所有相 是爲具足般若波羅蜜”으로,
마하반야바라밀경 제18권에서는 “如虛空相 是般若波羅蜜相 須菩提 般若波羅蜜無所有相”으로 전한다.
또한 무생멸상無生滅相을 중심으로 찾아보면,
방광반야경 제11권에서는 “深般若波羅蜜者 空則是相 無相 無願相 無行之相 無生滅相 無著無斷相 無所有之空相 無所依相 虛空之相”으로 전한다.

49 후한의 지루가참이 번역한 『소품반야경』의 다른 번역.

50 다음과 같이 전한다.
須菩提言 “(중략) 何所是菩薩般若波羅蜜. 當何從說. 菩薩都不可得見 亦不可知處 當從何所說般若波羅蜜” (내용 동일, 번역 생략)

【논】

此辨智照之用 而曰無相無知者 何耶. 果有無相之知 不知之照 明矣.

이것은 (반야)지혜로 비추는 작용을 변별한 것인데, 무상無相과 무지無知를 말한 것은 무엇인가?[51]

정말로 무상지지(無相之知, 차별의 형상이 없이 앎)**와 부지지조**(不知之照, 사량분별로 아는 것이 아닌 비춤)**가 있다는 것이 분명하다.**

〔약주〕

此徵顯般若實相之體 以爲發論之端也. 此者指上引二經. 乃辨智照之用 旣有智有用 則應有相有知可也. 而云"無相無知者" 何耶. 由是觀之 實有離相之知 亡知之照 明矣. 但非心識思量可及也.

여기서는 실상반야實相般若의 체를 따져서 드러내고, 이로써 논을 펴는 실마리로 삼았다.

(논에서 말한) 이것(此)은 위에서 인용한 두 경전을 가리킨다.

지혜로 비추는 작용을 변별해서 지혜도 있고 작용도 있는 것이라면 마땅히 상도 있고 아는 것도 있어야 옳을 것이다. 그런데 "상도 없고 아는 것도 없다"고 한 것은 무엇인가? 이로 말미암아 관하면 진실로 상을 떠난 앎(離相之知)과 아는 것 없이 비추는 것(亡知之照)이 있다는

---

51 두 경전의 내용을 하나로 묶어서 논주 자신이 의문을 제시하고 스스로 답을 한 것이다.

것이 분명할 것이다. 다만 마음(心識)으로 사량해서 미칠 수 있는 것이 아닐 뿐이다.

【논】

何者.〔微顯上義〕夫有所知 則有所不知〔此凡情也〕以聖心無知 故無所不知. 不知之知 乃曰 "一切知" 故經云 "聖心無所知 無所不知" 信矣.

어째서 그런가?〔위의 뜻을 따져서 드러냈다.〕

무릇 (범부는) 아는 것이 있으면 알지 못하는 것도 있지만〔이것이 범정(凡情, 범부의 마음)이다.〕성심(聖心, 반야)은 무지無知이기 때문에 알지 못하는 것이 없다.

부지지지(不知之知, 사량분별로 아는 것이 아닌 앎)를 일체지一切知라고 한다. 그런 까닭에 경전에 이르기를 "성심(聖心, 반야)은 아는 것도 없고 알지 못하는 것도 없다"[52]고 하였다. (이 말씀을) 믿으라!

〔약주〕

此徵明無知之義也. 約理而推 夫有所知之境 則滯於一緣 則有不知之地. 此心境未泯 對待未忘 乃凡情也. 擬之聖心則不然. 以聖心虛靈絶待 境智雙忘 能所俱絶. 是爲無知. 以無知之知 光明徧照 故無所不知

---

52 경전의 정확한 출처를 알 수 없다. 다만 아래 註50에 근거하면 승조가 『사익경思益梵經』을 인용, 요약한 것이다.

以不知之知 故曰一切知. 故思益經云 "聖心無所知 無所不知" 信矣. 由無所知 故無所不知耳 豈有心之知而可及哉.

여기서는 무지無知의 뜻을 따져서 밝혔다.

이理에 근거해서 추론해 보면, 무릇 아는 경계가 있으면 하나의 연緣에 막히게 되고 (그래서) 알지 못하는 것(不知之地)이 있게 된다. 이것은 마음과 경계가 없어지지 않아서 상대(對待)를 잊지 못한 것이니, 이것이 범정(凡情, 범부의 마음)이다. (하지만) 성인의 마음(聖心, 반야)을 헤아려 보면 그렇지 않다.

성인의 마음은 허령절대(虛靈絶待, 텅 비고 신령해서 상대가 끊어짐)해서 경계와 지혜를 모두 잊고 능(能, 주관)과 소(所, 객관)가 모두 끊어졌기 때문이다. 이것을 '무지(無知, 아는 것이 없다)'라고 하는 것이다.

아는 것이 없는 앎(無知之知)의 광명이 두루 비추기 때문에 알지 못하는 것이 없는 것이고, 아는 것이 아닌 앎 때문에 '일체지一切知'라고 한 것이다. 그런 까닭에 『사익경思益經』[53]에 이르기를 "성인의 마음은 아는 것도 없고 알지 못하는 것도 없다"[54]고 한 것을 인용하고, "(이 말씀을) 믿으라!"라고 한 것이다.

---

53 본 이름은 『사익범천소문경思益梵天所問經』이다. 4권. 구마라집 역. 평등과 불이不二에 입각하여 사성제, 보살의 발심과 정진, 여러 천天의 호법護法 등에 대해 설한 경전이다. (시공 불교사전)

54 감산은 이 경문의 출처를 사익경이라고 하는데, 일치하는 경문은 없다. 다만, 사익경 제1권에 "以無所得故得 以無所知故知(얻은 것이 없기 때문에 얻고, 아는 것이 없기 때문에 안다)"로 전한다.

아는 것이 없음(無所知)으로 말미암아 알지 못하는 것이 없는 것(無所不知)일 뿐인데, (이를) 어찌 마음으로 알아서 이를 수 있겠는가?

【논】

是以 聖人 虛其心而實其照 終日知而未嘗知也. 故能默耀韜光 虛心玄鑒 閉智塞聰 而獨覺冥冥者矣.

※韜(감출 도): 감추다. 느슨하다. 바르다.

그래서 성인은 마음을 텅 비우고 진실을 비춰서 온종일 알면서도 일찍이 안 적이 없는 것이다. 그런 까닭에 묵묵히 비추면서 빛을 감추고 마음을 텅 비우고 그윽하게 살필 수 있으며, 지혜를 닫고 총명을 막아도 홀로 깨달아 명명(冥冥, 그윽하고 그윽함)한 것[55]이다.

〔약주〕

此釋聖心無知之所以也. 以聖人惑無不盡 故虛其心 眞無不窮 故實其照. 此實智內證也. 由內證之實 故權智外應 則終日知而未嘗有其知也. 由其體用雙彰 權實並運 故能默耀韜光 不用其知 虛心玄鑒 故無幽不燭. 所以外應羣動 則忘知泯照. 閉智塞聰 不有其知 而內與理冥 眞知獨照 故曰 "獨覺冥冥" 此所謂無知無所不知也.

---

55 명명冥冥에 관해서는 註43, 광언狂言과 관련한 내용 참조.

여기서는 성인의 마음(聖心, 반야)이 무지無知인 이유를 설명하였다.

성인은 미혹(惑, 번뇌)[56]을 다하지 않은 것이 없기 때문에 마음을 텅 비운 것이고, 진실을 궁구하지 않은 것이 없기 때문에 비춤이 진실한 것이다. 이것이 진실지혜(實智)를 안으로 증득한 것이다. 안으로 증득한 진실로 말미암아 방편지혜(權智)가 밖으로 응하면 온종일 알아도 일찍이 안 적이 없는 것이다.

(반야의) 체와 용이 함께 드러남으로(體用雙彰) 말미암아 방편과 진실을 함께 운용하기 때문에 묵묵히 비추면서 빛을 감출 수 있고, 아는 것을 쓰지 않음으로 말미암아 마음을 텅 비우고 그윽하게 살피기 때문에 밝히지 못하는 그윽함이 없는 것이다. 그래서 밖으로 중생(羣)을 따라 움직이면 아는 것도 잊고 비춤도 잃는 것이다.

지혜를 가리고 총명을 막아 아는 것이 없지만, 안으로는 이치와 더불어 그윽하여 진실한 앎으로 홀로 비추기 때문에 "홀로 깨달아 그윽하고 그윽하다"고 한 것이다. 이것이 이른바 "아는 것도 없고 알지 못하는 것도 없다"고 하는 것이다.

【논】

然則 智有窮幽之鑒而無知焉〔實智內證〕神有應會之用 而無慮焉.〔權智外應〕神無慮 故能獨王於世表 智無知 故能玄照於事外.

그런즉, 지혜(智)는 궁극의 그윽함을 살피는 것(鑒)은 있어도 아는

56 견혹見惑과 사혹思惑을 말한다.

것이 없고, 〔진실지혜(實智)를 안으로 증득한 것이다.〕 **마음(神)은 응하고 회합하는 작용은 있어도 사려(慮, 思慮)가 없는 것이다.** 〔방편지혜(權智)로 밖으로 응하는 것이다.〕

(또한) **마음(神)은 사려가 없기 때문에 세상 밖(世表)에서 홀로 왕이 되고, 지혜(智)는 아는 것이 없기 때문에 사(事, 현상) 밖에서 현묘하게 비출 수 있는 것이다.**

〔약주〕

此分別觀照以顯權實二智也. 實智照理 故有窮幽之鑒 照體獨立 心境兩忘 故無知焉. 神 權智也. 俯順羣機 故有應會之用 無思而應 故無慮焉. 無思而應 則物不能累 故獨王於世表. 智無知 則境與心會 觸事而眞 故能照於事外. 是以不住無爲 不捨有爲 權實雙彰 齊觀並照. 此聖人之心也.

※俯順(부순): (옛날 수뇌자나 웃어른들이) 아랫사람들의 사정에 순응하다.

여기서는 관조觀照를 분별해서 권과 실 두 지혜(權實二智, 방편지혜와 진실지혜)를 드러냈다.

진실지혜(實智)로 이치를 비추기 때문에 궁유(窮幽, 궁극의 그윽함)를 살피는 것이 있고, 비춤의 체(照體)는 홀로 서서 마음과 경계를 둘 다 잊었기 때문에 아는 것이 없는 것이다(無知).

신(神, 마음)은 권지(權智, 방편지혜)이다. 중생들의 근기(羣機, 또는 상황)에 따라 순응하는 까닭에 때에 응하고 회합하는 작용이 있지만,

사려(思) 없이 응하기 때문에 근심(慮)이 없는 것이다.

사려 없이 응하면 물物은 누를 끼칠 수 없기 때문에 세상 밖에서 홀로 왕이 되고, 지혜에 아는 것이 없으면 경계와 마음이 만나도 (마음에) 닿는 일마다 참되기(觸事而眞) 때문에 사(事, 일, 현상) 밖에서 능히 비출 수 있는 것이다. 그래서 무위無爲에도 머물지 않고 유위도 버리지 않는 것이며, 방편과 진실을 쌍으로 드러내고 동일하게 보면서 모두 비추는 것이다. 이것이 성인의 마음(=반야)이다.

【논】

智雖事外 未始無事 神雖世表 終日域中. 所以俯仰順化 應接無窮 無幽不察 而無照功. 斯則無知之所知 聖神之所會也.

※域中(역중): 구역 또는 지역 안. 나라 안.

지혜(智)는 비록 사(事, 현상) 밖에 있지만 처음부터 사事가 없는 것이 아니고, 마음(神)은 비록 세상 밖에 있지만 온종일 세상 안에 있다. 그런 까닭에 아래를 굽어보고 위를 쳐다보며 변화를 따르면서 중생을 제접함에 다함이 없고 그윽함(幽)을 살피지 않는 것이 없지만, 비춤의 공(功, 애씀 수고로움)이 없는 것이다. 이것이 무지無知로 아는 것이요, 성신聖神으로 회합하는 것이다.

〔약주〕

此釋成二智並運之所以也. 以觸事而眞 故智雖事外 而未始無事 以神雖世表 不捨度生 故終日域中. 由夫二智齊觀 所以聖人俯仰順化. 故權智應接無窮而不累. 實智無幽不察而無照功. 此其所以爲聖智無知之所知. 乃聖智神心之所冥會也. 以此而觀聖心 則般若之旨昭然矣.

여기서는 (진실과 방편) 두 지혜를 이루어 함께 운용하는 까닭을 설명하였다.

닿는 일마다 참되기(觸事而眞) 때문에 지혜(智)가 비록 사(事, 현상) 밖에 있지만 애초에 사事가 없는 것이 아니고, 마음(神)이 비록 세상 밖(世表)에 있지만 중생을 제도하는 것을 버리지 않기 때문에 종일토록 세상 안에 있는 것이다.

무릇 (권·실의) 두 지혜로 동일하게 관함으로 말미암는 것이기에 그래서 성인은 아래를 굽어보고 위를 쳐다보며 변화를 따르는 것이다. 그런 까닭에 방편지혜(權智)로 응하고 제접함에 다함이 없으면서도 누가 되지 않는 것이다. (또한) 진실지혜(實智)로 그윽한 곳을 살피지 못하는 것이 없으면서도 비추는 공(功, 애씀, 수고로움)이 없는 것이다. 이것이 성인의 지혜는 아는 것이 없는 것을 아는 것으로 삼는 이유이고, (이것이 바로) 성지聖智와 신심神心이 그윽하게 회합하는 것이다. 이로써 성인의 마음을 관하면 반야의 뜻이 분명해질 것이다.

【논】

然其爲物〔體也〕也 實而不有 虛而不無. 存而不可論者 其唯聖智乎.

하지만 그것을 물物〔=체〕이라고 해도[57] 실제로 있지만 있는 것이 아니며, 텅 비었지만 없는 것이 아니다. 존재하지만 논할 수 없는 것, 그것은 오직 성인의 지혜(聖智, 반야)뿐이다(=성인의 지혜로만 알 수 있다).

〔약주〕

此申明般若體絶有無也. 般若本有眞實之體 但無相而不可見. 故云 "實而不有" 虛靈湛寂而照用常然 故云 "虛而不無" "存而不可論者" 義引莊子 六合之外 聖人存而不論. 以明般若非常情知見之境. 故但當存之而不可論 以非言可及也.

여기서는 반야의 체體는 유·무가 끊어졌음을 거듭 밝혔다.

반야는 본래 진실한 체體가 있지만 다만 상相이 없어 볼 수가 없다.

---

57 『중용中庸』 제26장에 다음과 같이 전한다.

天地之道 可一言而盡也 其爲物不貳 則其生物不測. 天地之道 博也 厚也 高也 明也 悠也 久也.

천지의 도는 한마디 말로 다할 수 있지만, 그것을 물이라 함에 둘(나누어짐)이 없으면 생겨난 물은 헤아릴 수 없다. 천지의 도는 넓고 두터우며 높고 밝고 멀고 영구하다.

그런 까닭에 "진실하지만 있는 것이 아니다"고 한 것이다. (또한) 허령잠적(虛靈湛寂, 텅 비고 신령스러우며 맑고 고요함)하면서 비춤의 작용(照用)은 항상 그러하기 때문에 "텅 비었지만 없는 것이 아니다"고 한 것이다.

"존재하지만 논할 수 없는 것"이라고 한 것은 『장자莊子』의 "육합(六合, 천지와 사방)의 밖은 성인이 그대로 둔 채, 따지지 않는다"고 한 것에서 인용하였다.[58]

이로써 반야는 상정常情으로 알거나 볼 수 있는 경계가 아니라는 것을 밝혔다. 그런 까닭에 다만 마땅히 존재하지만 따질 수 없고, 이로써 말로 미칠 수가 없는 것이다.

【논】

何者.〔微也〕欲言其有 無狀無名 欲言其無 聖以之靈.

---

58 내편, 제물론齊物論에 다음과 같이 전한다.

夫道未始有封 言未始有常. 爲是而有畛也. 請言其畛 有左有右 有倫有義 有分有辯 有競有爭 此之謂八德. 六合之外 聖人存而不論 六合之內 聖人論而不議.

도道란 본래 한계가 없고 말(言)이란 애초 일정한 의미 내용이 없다. 그렇기 때문에 (도를 말로 표현하려 하면) 구별이 생기게 된다. 그 구별에 대해 말해 보자. 사물에는 좌와 우가 잇고, 말에는 대강과 상세가 있으며, 생각에는 분석과 유별이 있고, 다툼에는 앞다툼과 맞다툼이 있다. 이것을 여덟 가지 덕(즉 도에서 떠나 얻어진 것)이라 한다. (그래서) 이 우주의 밖에 대해 성인은 그 존재를 부인하지는 않지만 대강을 말하지도 않는다. 또 우주 안에 대해 성인은 대강을 말할 뿐, 상세한 점을 들추지 않는다. (전게서, p.72)

어째서 그런가? 〔따졌다=밝혔다.〕

(성인의 지혜=반야를) 있는 것이라고 말하고자 하면 형상도 없고 이름도 없으며, 없는 것이라고 말하고자 하면 성인의 지혜가 신령스럽게 있기 때문이다.

〔약주〕

此明般若不屬有無也. 欲言是有 則無相狀 而不可以名貌. 欲言其無 而聖人玄鑒萬機 應用不缺. 故不可以有無名也.

여기서는 반야가 유·무에 속하지 않는다는 것을 밝혔다.

(반야는) 있는 것(有)이라고 말하고자 해도 나타낼 형상이 없어 명칭으로 모사할 수가 없다. (또한) 없는 것(無)이라고 말하고자 해도 성인은 온갖 것(萬機, 중생 또는 상황)을 그윽하게 살펴서 응하고 작용함에 결함이 없다. 그런 까닭에 유·무로 이름 붙이지 못하는 것이다.

【논】

聖以之靈 故虛不失照 無狀無名 故照不失虛.

성인의 지혜가 신령스럽게 있기 때문에 텅 비어 있으면서도 비춤을 잃지 않고, 형상도 없고 명칭도 없기 때문에 비추면서도 텅 빔(虛)을 잃지 않는 것이다.

〔약주〕

此下明般若寂照一源 體用雙彰 權實並顯也. 虛不失照 則寂而常照. 故體不離用. 照不失虛 則照而常寂. 用不離體.

여기서부터는 반야는 고요함(寂)과 비춤(照)이 하나의 근원이고, 체體와 용用이 함께 드러나며, 방편과 진실이 함께 드러나는 것임을 밝혔다.

텅 비어 있으면서도 비춤을 잃지 않으면 고요하면서도 항상 비추기 때문에 체體가 용用을 떠나지 않는다. (또한) 비추면서도 텅 빔을 잃지 않으면 비추면서도 항상 고요하기 때문에 용用은 체體를 떠나지 않는다.

【논】

照不失虛 故混而不渝 虛不失照 故動以接麤.

※渝(변할 투/유): 변하다. 바뀌다.
※麤(거칠 추): 거칠다. 굵다. 섞이다. 추하다. 대강. 대략. 粗의 이체자.

(또한) 비추면서도 텅 빔을 잃지 않기 때문에 섞여도 변하지 않고, 텅 비어 있으면서도 비춤을 잃지 않기 때문에 움직임으로써 거칠고 조잡한 것(麤)을 받아들이는 것이다.

〔약주〕

此正明權實並著也. 由照不失虛 故權智外應 混融萬物 而其體湛然而不變. 渝 變也. 由虛不失照 故實智內證 而不捨度生. 麤謂現身三界隨類而應. 是以照彌深 用彌廣.

여기서는 권실(權實, 방편과 진실)이 함께 드러남을 정면으로 밝혔다.

비추면서도 텅 빔을 잃지 않기 때문에 방편지혜(權智)는 밖으로 응하면서 만물과 섞이지만 그 체는 잠연해서 변하지 않는 것이다.

(위에서 논주가 말한) 투渝는 변화(變)를 말한다.

텅 비어 있으면서도 비춤을 잃지 않기 때문에 진실지혜(實智)를 안으로 증득하지만 중생을 제도하는 것을 버리지 않는 것이다.

추麤는 이를테면 몸을 삼계에 드러내서 부류에 따라 응하는 것이다. 그래서 비춤이 점점 깊어질수록 용은 점점 광대해지는 것이다.

【논】

是以聖智之用 未始暫廢 求之形相 未暫可得.

※廢(폐할 폐): 폐하다. 못 쓰게 되다. 버리다. 그치다. 멈추다. 떨어지다.

그래서 성지(聖智, 반야)의 작용은 처음부터 잠시도 멈춘 적이 없지만 형상으로 찾으면 잠시도 얻지 못하는 것이다.

〔약주〕

此結成寂照同時之義也. 由其權實不二 故聖人彌綸萬有 潛歷四生 未曾一念捨衆生界. 其實求其智用之跡而不可得.

여기서는 고요함(寂)과 비춤(照)이 동시의 뜻임을 결론으로 이루었다.

방편과 진실이 둘이 아니기 때문에 성인은 만유萬有를 두루 포괄하며, 사생(四生, 태·란·습·화)에 잠기고 거치면서도 일찍이 한 생각도 중생계를 버린 적이 없다는 것이다. (하지만) 진실로 지혜의 작용은 자취를 구해도 구할 수가 없다.

【논】

故寶積曰 "以無心意而現行" 放光云 "不動等覺而建立諸法" 所以聖迹萬端 其致一而已矣.

그런 까닭에 보적寶積[59]은 말하기를 "마음이나 생각 없이 현행한다"고 하고, 『방광반야경』에 이르기를 "등(정)각에서 움직이지 않고 제법을 건립한다"[60]고 하였다. 그런 까닭에 성인의 자취는 만 가지이지만,

---

59 지겸支謙 역, 『불설유마힐경佛說維摩詰經』 상권, 「불국품佛國品」에 전하는 게송의 일부분이며, 지겸의 번역에서는 보적을 보사寶事라고 한다.

始在佛樹力降魔	부처님께서 보리수에서 불력으로 마구니를 항복시키고
得甘露滅覺道成	감로의 멸각의 도를 이루셨네.
以無心意而現行	마음이나 생각 없이 현행하니
一切異學伏其名	일체의 이학들이 그 이름에 항복하네. (중략)

그 이치는 하나에 이를 뿐이다.

〔약주〕

此引二經結成寂照一源之義也. 若聖人有心作爲 則有形相而可得 由無心意而現行 故現身如水月 說法如谷響 雖可見可聞 其實求之而不可得. 由不動等覺而建立諸法 故不離當處而法界彌綸. 所以聖迹萬端 皆法身彌布. 故云 "其致一而已矣"

여기서는 두 경전을 인용해서 고요함(寂)과 비춤(照)이 하나의 근원을 이루는 뜻을 결론 맺었다.

만약 성인이 (어떤) 마음으로 작위作爲하는 것이 있으면 형상으로 얻을 것이 있겠지만, 마음이나 생각 없이 현행現行[61]하기 때문에 몸을

60 정확히 일치하는 경문이 없다. 등각等覺이라는 말은 화엄경에서 세운 수행의 단계로 승조가 인용한 등각은 정등각正等覺 또는 등정각(等正覺, amyak-saṃbodhi, samyak-saṃbuddha)으로 이해하는 것이 맞다. 방광반야경 제20권, 「제법등품諸法等品」에 다음과 같이 전하니 참조하기 바란다.

須菩提言 "世尊 如世尊於等覺不動耶. 凡夫聲聞辟支佛於等正覺亦復不動 佛法凡夫法 聲聞辟支佛法 及如來法 爲一法耶. (중략)"

수보리가 말했다. "세존이시여! 세존께서는 등(정)각에서 움직이지 않으십니까? 범부와 성문, 벽지불은 등정각에서 또한 움직이지 않습니까? 불법·범부법·성문 벽지불법과 여래법은 동일한 법입니까?" (중략)

佛言 "亦不離無爲而得有爲法 亦不離有爲法而得無爲法"

부처님께서 말씀하셨다. "또한 무위를 떠나지 않고 유위법을 얻고, 유위법을 떠나지 않고 무위법을 얻는다." (중략)

61 현행現行: ①인연의 화합으로 나타남. 구체적으로 활동함. ②아뢰야식阿賴耶識

드러내는 것이 마치 물속의 달과 같고, 법을 설하는 것이 계곡의 메아리와 같아서 비록 볼 수 있고 들을 수는 있어도 진실로 구해도 얻을 수가 없는 것이다.

등(정)각等覺에서 움직이지 않고 제법을 건립함으로 말미암는 까닭에 바로 그 자리를 떠나지 않고 법계法界를 두루 포괄하는 것이다. 그래서 성인의 자취와 온갖 단서는 모두 법신法身이 두루 펼쳐져 있는 것이다. 그런 까닭에 말하기를 "그 이치는 하나일 뿐이다"고 한 것이다.

【논】

是以 般若可虛而照 眞諦可亡而知 萬動可卽而靜 聖應可無而爲. 斯則不知而自知 不爲而自爲矣 復何知哉 復何爲哉.

그래서 반야는 텅 비었지만 비출 수 있고, 진제는 (그 모양이) 없지만 알 수 있으며, 온갖 움직임에 나아가면서도 고요할 수 있고, 성인의 응함은 (하는 것이) 없으면서도 할 수 있는 것이다.

이것이 바로 아는 것이 아니지만 스스로 아는 것이고(不知而自知) 하는 것이 아니지만 스스로 하는 것이니(不爲而自爲), 다시 무엇을 알고, 다시 무엇을 하겠는가!

에 저장되어 있는 종자種子가 변화하고 성숙하여 일어나는 인식 작용. ③감각이나 지각의 대상으로 존재함.

〔약주〕

此總結般若寂照不二 存泯互融也. 由上論聖心如此體用雙彰 故般若體雖至虛 可以卽虛而照. 亡 絶也. 眞諦之境雖絶相 可以卽絶相而知. 萬動雖紛 可以卽動而靜. 聖應雖無爲 可以卽無爲而爲. 如此 則聖智不知而自知 不爲而自爲矣. 由其存泯互融 故體用不二也. 上顯雙存下顯雙泯 "復何知哉 復何爲哉" 其實無知無爲也. 上本論竟. 下問答決疑 有十八段.

여기서는 반야는 고요함(寂)과 비춤(照)이 둘이 아니고, 유(存)·무(泯)가 서로 융합한 것임을 총괄해서 결론 맺었다.

위에서 논한 성심(聖心, 반야)은 이와 같이 체와 용이 쌍으로 드러나기 때문에 반야의 체는 지극히 텅 비었지만 텅 빔에서 나아감으로써 비출 수 있는 것이다.

망亡은 끊어짐(絶, 단절)을 말한다. 진제眞諦의 경계는 비록 상이 끊어졌지만 끊어진 상(絶相)에서 나아감으로써 알 수 있는 것이다. (또한) 온갖 것이 움직여서 어지럽지만 움직임에서 나아감으로써 고요할 수 있는 것이다.

성인이 응하는 것은 무위無爲이지만 무위에서 나아감으로써 할 수 있는 것이다. 이와 같다면 성인의 지혜(聖智, 반야)는 아는 것이 아니지만 스스로 아는 것이고(不知而自知) 하는 것이 아니지만 스스로 하는 것이다(不爲而自爲). (성인의 지혜는) 유(存)·무(泯)가 서로 융합하기 때문에 체와 용이 둘이 아니다.

이상은 쌍으로 있는 것(雙存)을 드러낸 것이고, 아래에서는 쌍으로 없는 것(雙泯)을 드러내면서 "다시 무엇을 알고, 다시 무엇을 하겠는가!"라고 한 것인데, 진실로 아는 것도 없고 하는 것도 없는 것이다(無知無爲).

이상으로 본론을 마친다. 아래에서는 문답으로 의문을 해결했는데 18단락(아홉 개의 문답)이 있다.

【문답 1】

難曰.〔一有知不矜難. 由前云"智有窮幽之鑒而無知焉 神有應會之用而無慮焉" 故躡此二句以興難. 意謂旣有知有會 豈可言無知無會也. 但聖人有知而不矜耳〕**"夫聖人眞心獨朗 物物斯照 應接無方 動與事會. 物物斯照 故知無所遺**〔萬境齊觀〕**動與事會 故會不失機.**〔有感卽赴. 上領旨也 下敘計〕**會不失機 故必有會於可會**〔謂必定有機可會〕**知無所遺 故必有知於可知.**〔謂必有能知之心 知於可知之境〕**必有知於可知 故聖不虛知 必有會於可會 故聖不虛會.**〔謂旣有知有會 必有可知可會之境. 此則知不虛知 會非虛會矣. 下正難〕**旣知旣會 而曰'無知無會者' 何耶.**〔此正申難也. 旣有知有會 而曰無者豈不謬耶 下敘救〕**若夫忘知遺會者 則是聖人無私於知會 以成其私耳.**〔此敘救也. 謂若以忘知遺會爲救者 則是聖人雖有知會 而不自矜恃爲己能 返以成其知會之名耳. 無私成私 語出老子. '後其身而身先 外其身而身存 不自貴愛其身而身返存' 謂聖人但以不矜其知會爲己私. 故人以知會歸之 其實非無知會也〕**斯可謂不自有其知 安得無知哉"**〔此轉破也. 謂如所救云"聖人不矜恃知會爲己長 斯可謂不自有

其知 豈得謂無知哉" ○下約知無知相答〕

묻는다. 〔첫째로 (성인은) 아는 것이 있다는 것을 뽐내지 않는다는 것으로 따졌다. 앞에서 "지혜(智)는 궁극의 그윽함을 살피는 것은 있어도 아는 것이 없고, 마음(神)은 응하고 회합하는 작용은 있어도 사려(慮)가 없다"고 말한 것으로 말미암아 이 두 구를 따라 물었다. (이 물음의) 뜻은 이를테면 아는 것이 있고 회합하는 것이 있는데, 어찌 아는 것이 없고 회합하는 것이 없다고 하느냐는 것이다. 다만 성인은 아는 것이 있지만 뽐내지 않을 뿐이라는 것이다.〕

"무릇 성인의 진심(眞心, 반야)**은 홀로 밝아 만물**(物物)**을 비추고,** (만물을)[62] **대함에 일정한 방향과 장소가 없이 움직이면서 사**(事, 현상)**와 회합한다. 만물을 비추기 때문에 아는 것이 빠짐이 없고,** 〔온갖 경계를 동일하게 관한다.〕 **움직이면서 사**(事, 현상)**와 회합하기 때문에 회합하면서도 기**(機, 기회)**를 놓치지 않는다.** 〔감응하면 바로 다다른다. 위에서는 (논주의) 뜻을 받들고, 아래부터는 (묻는 이가) 헤아린 것(計)을 서술한 것이다.〕

회합하면서도 기(機, 기회)**를 놓치지 않기 때문에 반드시 회합할 수 있는 것을 회합하고,** 〔이를테면 반드시 회합할 수 있는 기(機, 기회, 시절인연)가 결정코 있다는 것이다.〕 **아는 것이 빠짐이 없기 때문에 반드시 알 수 있는 것을 안다.** 〔이를테면 아는 마음과 알 수 있는 경계를 아는 것이 반드시 있다는 것이다.〕

---

62 여기서의 물物은 중생, 경계, 사물(만물), 현상 모두 해당한다.

반드시 알 수 있는 것을 알기 때문에 성인은 헛되이 아는 것이 아니며, 반드시 회합할 수 있는 것을 회합하기 때문에 성인은 헛되이 회합하는 것이 아니다. 〔이를테면 이미 안 것이 있고 회합한 것이 있다면 반드시 알 수 있고 회합할 수 있는 경계가 있는 것이니, 이것은 곧 아는 것이 헛되이 아는 것이 아니고 회합하는 것이 헛되이 회합하는 것이 아니라는 것이다. 아래에서는 정면으로 따졌다.〕

(성인은) **이미 알고 이미 회합하였는데, '아는 것도 없고 회합하는 것도 없다'고 말하는 것은 무엇 때문인가?** 〔여기서는 정면으로 거듭해서 따졌다. 아는 것도 있고 회합하는 것도 있는데 (아는 것도 회합하는 것도) 없다고 말한다면, (이것이) 어찌 오류가 아니겠는가? 아래에서는 (오류라고 생각하는 것을) 고쳐서 서술하였다.〕

만약 아는 것도 잊고 회합하는 것도 버렸다면, (이것은) **바로 성인은 아는 것과 회합하는 것에 사사로움이 없는 것이니,** (성인은) **이로써 그 사사로움을 이룰 뿐이다.** 〔여기서는 (논주의 말에 오류라고 생각하는 것을) 고쳐서 서술하였다. 이를테면 만약 아는 것도 잊고 회합하는 것도 버린다고 한 것(오류)을 고치면, 바로 성인이 비록 알고 깨달은 것이 있지만 스스로를 뽐내거나 자랑하는 것을 자신의 능력으로 삼지 않고, 반대로 이로써 아는 것과 회합하는 것의 명성을 이룰 따름이라는 것이다. 무사성사(無私成私, 사사로움 없이 사사로움을 이룬다)라는 말은 『노자老子』에 나온다. "자기 자신을 뒤로 하지만 앞에 나서게 되고, 자기 자신을 버려두지만 살아남는다. 스스로 몸을 귀하게 아끼지 않지만, 몸은 도리어 존재한다"[63]고 하였다. (이는) 이를테면 성인은 다만 알고 회합하는 것을 자기의 사사로움으로 뽐내지 않는 까닭에 사람들이 아는 것과 회합하는 것을 성인에게 돌리는 것이지 진실로 (성인에게) 아는 것과 회합하는 것이 없다는 것이 아니라는 것이다.〕

이는 스스로는 아는 것이 있는 것이 아니라고 말할 수는 있어도, 어찌 아는 것이 없는 것이라고 할 수 있는 것이겠는가?" 〔여기서는 (논리를) 돌려서 타파하였다. 이를테면 (오류라고 생각하는 것을) 고쳐서 말하면 "성인은 알고 깨달은 것을 자기의 장점으로 여기면서 것을 뽐내거나 자랑하지 않는다. 이것은 스스로에게는 아는 것이 있는 것이 아닐지언정, 어찌 아는 것이 없다고 말하는 것이겠는가?"라고 한 것과 같다는 것이다. 아래에서는 아는 것과 아는 것이 없다는 상에 근거해서 답을 하였다.〕

❀

答曰. 〔約眞諦可亡而知以答. 先立理〕 **"夫聖人功高二儀** 〔仁也〕 **而不仁** 〔大仁不仁〕 **明逾日月而彌昏** 〔功高 謂權智應物 明逾等 謂實智證眞. 無爲而應 故不仁 不慮而知 故彌昏〕 **豈曰木石瞽其懷 其於無知而已哉.** 〔此揀異無情也. 若謂無知 不同於木石〕 **誠以異於人者神明**

---

63 노자 제7장에 전한다(상기 뒷부분은 감산이 각색脚色한 것으로 해석하였다).
天長地久 天地所以能長且久者 以其不自生 故能長生 是以聖人 後其身而身先 外其身而身存 非以其無私邪 故能成其私.

하늘은 영원하고 땅도 영원하니, 하늘과 땅이 영원할 수 있는 까닭은 스스로를 살려고 하지 않기 때문이다. 그러므로 영원히 살 수 있다. 이런 까닭에 성인은 자기 자신을 뒤로 하지만 앞에 나서게 되고, 자기 자신을 버려두지만 살아남는다. 그 사사로움이 없어서가 아니겠는가? 그러므로 그 사사로움을 이룰 수 있는 것이다. (전게서 상, p.215)

故不可以事相求之耳.〔此揀異有情也. 若謂有知 不同凡夫〕子意欲令聖人不自〔矜恃〕有其知 而聖人未嘗不有知.〔此牒審難意 若以此爲得者〕無乃乖於聖心 失於文旨者乎.〔總責不但不知聖心 抑且失於文旨〕何者.〔徵釋通難〕經云 '眞般若者 淸淨如虛空 無知無見無作無緣' 斯則知自無知矣 豈待返照〔絶無〕然後無知哉.〔此引經證成般若. 但無惑取之知 非絶無眞知也. 義引大品等文. 言眞般若者意在離妄 以體絶纖塵 故淸淨如空 以無惑取 故無知無見 以非有爲故無作無緣. 以此而觀 則般若眞知獨照 知自無知耳 豈待泯絶靈明然後爲無知哉〕若有知性空而稱淨者〔此牒轉救也 謂若以般若實實有知 但以性空而稱淨者〕則不辨於惑智.〔此返責也 謂若以般若性空爲淨者 則不辨於惑智 以煩惱亦性空 豈稱般若哉〕三毒四倒亦皆淸淨 有何獨尊於般若.〔若謂般若以性空爲淸淨者 則三毒四倒亦皆性空 如此則眞妄不分 有何獨尊於般若哉〕若以所知〔眞諦〕美般若〔此敘轉救也 謂若以所知之眞諦淸淨 以此美般若爲淸淨者〕所知〔眞諦〕非般若.〔眞諦爲所觀之境 般若爲能觀之心 心境不一 故非般若〕所知自常淨 故般若未嘗淨〔謂若以眞諦淸淨美般若者 然在眞諦體固常淨 今爲所觀 則對待未忘 是般若未嘗淨 則是眞諦返累於般若〕亦無緣〔因也〕致淨歎於般若〔若眞諦有累於般若 則亦無因以淨致歎於般若. 下正釋〕然經云 般若淸淨者 將無〔豈非〕以般若體性眞淨. 本無惑取之知 本無惑取之知 不可以知名哉.〔此正釋經義也 經云般若淸淨者 豈非以般若性淨 本無惑取之知 旣無惑取之知 是不可以眞知名哉 但無妄知 非無眞知也 如此〕豈唯無知名無知. 知自無知矣.〔何獨以絶然無知爲無知 良以眞知自無妄知耳〕是以聖人以

無知之般若 照彼無相之眞諦. 眞諦無兎馬之遺 般若無不窮之鑒. 所以會而不差 當而無是 寂怕無知 而無不知者矣"

※瞽(소경 고): 시력을 잃다. (마음이) 어둡다. 어리석다. 남의 기색氣色을 잘 살피지 못하다.

※抑且(억차): 하물며. 게다가. 더구나.(=況且)

답한다. 〔진제眞諦는 (형상이) 없지만 알 수 있다는 것에 근거해서 답을 하였다. 먼저 이치를 정립하였다.〕

"무릇 성인의 공功은 하늘과 땅(二儀)보다 높지만 〔어질지만〕 **어질지 않고,**[64] 〔대단히 어진 것은 어질지 않다(大仁不仁).〕 **밝음은 해와 달을 뛰어넘지만 더욱 어둡거늘,** 〔공(功, 업적)이 높다는 것은 이를테면 방편지혜로 물物에 응하는 것이고, 밝음이 해와 달을 뛰어넘는다는 것은 진실지혜로 진제(眞)를 증득한다는 것이다. 무위無爲로 응하기 때문에 어질지 않은 것(不仁)이고, 이리저리 헤아리지 않고 알기 때문에 더욱 어두운 것(彌昏)이다.〕 **어찌 목석이 그 마음(懷)을 살피지 못하는 것처럼 아는 것이 없을(無知) 뿐이라고 말하겠는가?** 〔여기서는 (성인의 무지無知는) 무정無情과 다름을 가린 것이니, 만약 아는 것이 없다고 해도 목석과는 동일하지 않은 것이다.〕

---

64 노자 제5장에 다음과 같이 전한다.

天地不仁 以萬物爲芻狗 聖人不仁 以百姓爲芻狗.

하늘과 땅은 인하지 못하여 만물을 짚으로 만든 개처럼 여기고, 성인은 인하지 못하여 백성을 짚으로 만든 개처럼 여긴다. (전게서 상, p.189)

참으로 사람들과 다른 것은 신명神明[65] **때문에 그 사상事相을 구할 수 없을 뿐이다.** 〔여기서는 유정有情과 다름을 가린 것이니, 만약 아는 것이 있다고 해서 범부와 동일하지 않은 것이다.〕

그대의 의도는 성인으로 하여금 스스로 〔뽐내고 자랑하며〕 **아는 것이 있는 것이 아니라고 하고 싶겠지만 성인은 일찍이 아는 것이 있지 않은 적이 없다.** 〔여기서는 힐난한 뜻을 이첩해서 살폈다.〕

〔만약 이것으로 얻은 것이라고 한다면[66]〕 (하지만 여기에) **성인의 마음**(聖心, 반야)**에 어긋나고 경전의 뜻**(文旨)**을 잃어버린 것이 없는가?** 〔단지 성인의 마음을 몰랐을 뿐만 아니라, 경전의 뜻도 잃어버렸음을 총괄해서 책망하였다.〕

어째서 그런가? 〔물은 것을 통틀어 따져가며 설명하였다.〕

경전에 이르기를 '진반야眞般若는 청정한 것이 마치 허공과 같아서 아는 것(知)**도 없고 보는 것**(見)**도 없으며, 짓는 것**(作)**도 없고 연緣하는 것도 없다'**[67]**고 하였기 때문이다.**

이것은 곧 스스로 아는 것이 없다(無知)**는 것을 아는 것이거늘, 어찌 반조返照하고** 〔절대 없음(絶無)〕 **난 뒤에 아는 것이 없다**(無知)**고 할 필요가 있겠는가?** 〔여기서는 경전을 인용해서 반야를 증명하였다. 다만 미혹으로 취하는 앎이 없을 뿐이지 진실로 아는 것이 절대로

---

65 신명神明: 법에 사유분별이 없는 것을 신神이라 하고, 능히 비춰 보는 것을 명明이라고 한다. (無法思惟分別者 稱爲神 能照見者稱爲明, 『불광대사전佛光大辭典』)

66 감산이 앞뒤의 문장을 연결해주는 것으로 이해, 앞뒤를 둘로 구별하였다.

67 상기 문장 자체를 전하는 경전은 없다. 방광반야경과 성구경 등에서 그 의미를 인용하였다. 감산 또한 대품반야경 등에서 인용한 것이라 밝히고 있다.

없는 것이 아니다. 뜻은 『대품반야경』 등에서 문장을 인용하였다. 진반야眞般若라고 말한 것은 뜻이 허망을 떠났다는 데 있다. 체는 자디잔 티끌마저도 끊어졌기 때문에 청정한 것이 허공과 같고, 미혹으로 취하는 것이 없기 때문에 앎도 없고 견해도 없으며, 함이 있는 것(有爲)이 아니기 때문에 지음(作)도 없고 연緣도 없다. 이렇게 관하면 반야진지般若眞知로 홀로 비춰서 알아도 스스로 아는 것이 없을(無知) 뿐이다. (그런데) 어찌 신령한 밝음(靈明)이 없어지고 난 뒤에야 아는 것이 없다(無知)고 할 필요가 있겠는가?〕

만약 아는 것(知)이 있지만 (지知의) 성품이 공해서 청정하다고 칭한 것이라면 〔여기서는 이첩해서 (오류를) 고쳤다. 이를테면 만약 반야가 정말로 아는 것이 있는 것이라면 (이는) 단지 성품이 공하기 때문에 청정이라고 칭한 것일 뿐이라는 것이다.〕 (이는) **바로 미혹과 지혜를 변별하지 못한 것이다.** 〔여기서는 돌려서 책망하였다. 이를테면 만약 반야의 성품이 공한 것을 청정이라고 한다면 미혹과 지혜를 변별하지 못한 것이라는 것이다. 번뇌 또한 성품이 공한데 어찌 반야를 (성품이 공한 것으로) 칭하겠는가?〕

(그렇다면) **삼독**(三毒, 탐·진·치)**과 사전도**(四倒)[68] **또한 모두 청정한데 반야에 무슨 홀로 존귀함이 있겠는가?** 〔만약 반야는 성품이

68 사전도(四倒): 범부가 일으키는 네 가지 잘못된 견해.

①상전도常顚倒: 변해 가는 모든 현상을 변하지 않는다고 사유하는 견해.

②낙전도樂顚倒: 괴로움을 즐거움이라고 사유하는 견해.

③아전도我顚倒: 변하지 않는 실체가 없는 현상을 실체가 있다고 사유하는 견해.

④정전도淨顚倒: 더러움을 청정하다고 사유하는 견해. (시공 불교사전)

공하기 때문에 청정하다고 말한다면 삼독과 사전도 또한 모두 성품이 공하다. 이와 같으면 진실과 거짓(眞妄)도 구분하지 못하는데 반야에 무슨 홀로 존귀함이 있겠는가?〕

(또한) **만약 아는 대상**(所知)**으로써**〔=진제眞諦로써〕 **반야를 미화한다면** 〔여기서는 오류를 바꿔서 서술하였다. 이를테면 만약 아는 대상으로써 진제가 청정하고, 이것으로 반야를 미화해서 청정한 것이라고 한다면 이라는 것이다.〕 **아는 대상은**〔=진제眞諦는〕 **반야가 아니다**. 〔진제는 관하는 경계가 되고 반야는 관하는 마음이 되면 마음과 경계는 하나가 아니기 때문에 반야가 아니다.〕

아는 대상(所知)**은 스스로 항상 청정하기 때문에 반야는 일찍이 청정한 적이 없고**, 〔이를테면 만약 진제가 청정하기 때문에 반야를 미화한 것이면 틀림없이 진제의 체는 원래 항상하고 청정함(常淨)에 있어야 하는데, 지금 (진제가) 관하는 대상이라면 상대를 잊지 못했다는 것이다. 이는 반야는 일찍이 청정한 적이 없었던 것이므로 진제가 도리어 반야에 누를 끼치게 된다.〕 **또한 청정에 이르러 반야를 찬탄할 연**〔緣=이유〕**도 없는 것이다**. 〔만약 진제가 반야에 누가 되는 것이 있으면 또한 청정에 이르러 반야를 찬탄할 원인도 없게 된다. 아래에서 정면으로 설명하였다.〕

그렇기는 하지만, 경전에서 말한 반야의 청정이 어찌 반야의 체성體性이 진실로 청정하기 때문이 아니겠는가? 〔將無=豈非, 어찌 아니겠는가라는 뜻이다.〕[69]

---

69 번역 상, 뒤로 옮겨 번역하였다. 將無는 豈非의 뜻인데, 승조 이후 잘 쓰지 않은 단어이기에 감산이 보충한 것으로 이해하였다.

(그래서) **본래 미혹으로 취해서 아는 것이 없는 것이다.** (하지만 그렇다고 해서) **본래 미혹으로 취해서 아는 것이 없는 것을 지知로 이름해서도 안 되거늘,** 〔여기서는 경전의 뜻을 바르게 설명하였다. 경전에서 말한 반야청정이 어찌 반야의 성품이 청정하기 때문에 본래 미혹으로 취하는 앎이 없는 것이 아니겠는가? (하지만) 미혹으로 취하는 앎이 없는 것을 진실로 아는 것(眞知)으로 이름해서는 안 된다. 다만 허망하게 아는 것이 없을 뿐이지 진실로 아는 것(眞知)이 없는 것이 이와 같은 것이다.〕 **어찌 단지** (아무것도) **아는 것이 없는 것을 무지無知라고 이름하였겠는가? 스스로 아는 것이 없다는 것을 아는 것이다.** 〔어째서 단지 절연무지(絶然無知, 전혀 아는 것이 없는 것)를 무지라고 하였겠는가? 참으로 (반야)진지眞知는 본래 허망하게 아는 것이 없을 뿐이다.〕

그래서 성인은 무지의 반야(無知之般若)**로 저 무상의 진제**(無相之眞諦)**를 비추는 것이다.**

진제眞諦는 토마(兎馬, 삼승이 미혹을 끊는 수행의 깊고 낮음)**에 잘못이 없고, 반야는 끝까지 살피지 않는 것이 없다. 그런 까닭에 회합해도 차별하는 것이 없고 일치해도 옳은 것이 없으며, 고요하고 담담해서 아는 것이 없지만**(無知) **알지 못하는 것도 없는 것이다**(無不知者)."

〔약주〕

此結答問意也. 謂能觀之智無知 所觀之理無相. 以無知之智 照無相之理 故心境如如 一道齊平. 所以理絶三乘之跡. 兎馬 三乘淺深之喩也 而般若照徹無餘 故無不窮之鑒. 如此所以 權智應會羣機而不差

觸事當理而無是. 實智則寂然不動 怕然無爲 故無知而無不知矣. 聖智如此 豈以不矜其知爲無知 又豈絶然無知爲無知哉.

※齊平(제평): 가지런하고. 평평함. 균등함.

여기서는 질문한 뜻에 결론으로 답을 하였다. 이를테면 관하는 지혜(能觀之智, 반야)는 아는 것이 없고(無知), 관하는 이치(所觀之理, 진제)는 상이 없다(無相)는 것이다. 무지의 지혜(無知之智)로 무상의 이치(無相之理)를 비추기 때문에 마음과 경계가 여여하고, 한결같이 고르고 평등한 것이다. 그래서 이치는 삼승의 자취가 끊어진 것이다.

토끼와 말(兎馬)은 삼승의 깊고 얕음의 비유인데, 반야는 철저하게 남김없이 비추기 때문에 끝까지 살피지 않는 것이 없다. 이와 같은 까닭에 방편지혜(權智)로 군기(羣機, 온갖 중생, 다양한 상황)에 응하고 회합하지만 차별하지 않고, 닿는 일마다 이치와 일치하지만(觸事當理) 옳은 것도 없는 것이다.

진실지혜(實智)는 바로 적연부동(寂然不動, 고요하여 움직이지 않음)하고 백연무위(怕然無爲, 담담하고 함이 없음)하기 때문에 아는 것도 없고 알지 못하는 것도 없다.

성인의 지혜가 이와 같거늘 어찌 아는 것을 뽐내지 않는 것(不矜其知)으로써 아는 것이 없는 것이라고 할 것이며, 또한 어찌 전혀 아는 것이 없는 것(絶然無知)으로써 아는 것이 없는 것이라고 하겠는가?

【문답 2】

難曰.〔此二名互違難. 問家約俗諦以名求實 以難名實相違. 下約二名順成以答〕**"夫物無以自通 故立名以通物**.〔物本非名 因名以達物〕**物雖非名 果有可名之物當於此名矣**.〔名不虛召. 必有物以當之. 如呼甲乙 則有人以應之〕**是以卽名求物 物不能隱**.〔此立理也. 以俗諦有名必有物 設難般若 旣有其實. 而今云無知者 是空有其名 而無實也. 次申難〕**而論云'聖心無知' 又云'無所不知'**〔此出互違〕**意謂無知未嘗知 知未嘗無知. 斯則名敎之所通 立言之本意也**.〔難者意若言無知 則未嘗有知 若言有知 則未嘗無知 此是名敎立言之旨也〕**然論者欲一於聖心 異於文旨. 尋文求實 未見其當**.〔此正相違也. 若聖心是一 則不應名異〕**何者. 若知得於聖心 無知無所辨 若無知得於聖心 知亦無所辨. 若二都無得 無所復論哉**.〔此徵難聖心定應居一也. 謂知契於聖心 則不必言無 若無知契於聖心 則不必言有. 若有無俱不契 則無復置論矣. 今言知而無知 二語相違 豈正論哉〕

※置論(치론): 이러니저러니 논란을 벌임.

묻는다.〔여기서는 두 명칭이 서로 위배되는 것인지를 의심해서 물었다. 묻는 이는 속제에 근거해서 명칭으로 실상을 구하고, 이로써 명칭과 실상이 어긋난다는 것인지를 의심해서 물었다. 아래에서는 두 명칭이 순조롭게 이루어지는 것에 근거해서 답을 하였다.〕

"무릇 물物은 스스로 통하는 것이 없기 때문에 명칭을 세워 사물과

통한다. 〔물物은 본래 명칭이 없지만, 명칭으로 인해 물物에 이른다.〕

물物이 명칭이 아니지만 정말로 이름 붙일 수 있는 물物이 있어야 이 명칭에 일치할 수 있는 것이다. 〔명칭은 헛되이 불러서는 안 된다. 반드시 어떤 물物이 있어야 일치하는 것이다. 가령 갑·을을 부르면 (갑·을이라는) 어떤 사람이 있고, 이로써 응하는 것과 같다.〕

그래서 명칭으로 나아가서 물物을 구하면 물物은 숨을 수 있는 것(隱, 밝힐 수 없는 것)[70]**이 아니다**. 〔여기서는 (힐난한 이의) 논리를 정립하였다. 속제俗諦에서는 명칭이 있으면 반드시 물物이 있어야 하기 때문에 만약 (이러한 논리로) 반야를 힐난한다면 이미 반야는 실제로 있는 것이 된다. 그런데도 지금 아는 것이 없다고 말한 것은 그 이름이 부질없이 있는 것(空有)이지 실질은 없는 것(無實)이다. 다음에서 거듭 힐난하였다.〕

논에서 말하기를 '성인의 마음에는 아는 것이 없다'고 하고, 또 '알지 못하는 것이 없다'고도 하였다. 〔여기서는 (아는 것과 아는 것이 없는 것이) 서로 어긋남을 드러냈다.〕

(이) **뜻은 이를테면 아는 것이 없다**(無知)**는 것은 일찍이 아는 것이 없는 것이고, 안다**(知)**는 것은 일찍이 아는 것이 없었던 적이 없다는 것이다. 이것이 바로 명교**(名教, 경전)[71]**에 통한 것이고, 입언**(立言, 논에서 주장)**한**[72] **한 본래의 뜻이다**. 〔힐난한 이의 의도는 만약

---

70 은隱에는 비밀스런, 은밀한, 밝힐 수 없는 등의 뜻이 있다.

71 사전적인 뜻은 명분과 교화인데, 여기서는 경전으로 이해하였다. 한편, 논에서 명교라는 말이 자주 사용되는데, 상황에 따라 명칭 또는 경전으로 번역하였음을 밝혀둔다.

아는 것이 없다고 말하면 일찍이 아는 것이 있었던 적이 없는 것이고, 만약 아는 것이 있다고 말하면 일찍이 아는 것이 없는 것이 아니니, 이것이 명교(경전)와 입언(논에서 주장하는)의 뜻이라는 것이다.〕

논자는 성심聖心을 하나라고 하고자 하지만, 문구에서의 뜻은 다른 것 같다. 문구를 연구해 진실을 찾아봤지만 그 당위를 발견하지 못하겠다. 〔여기서는 정면으로 서로 어긋났다. 만약 성인의 마음이 하나라면 마땅히 명칭이 달라서는 안 된다는 것이다.〕

어째서 그런가? 만약 아는 것(知)이 성심聖心을 얻는 것이라면 아는 것이 없는 것(無知)은 분별할 것이 없고, 만약 아는 것이 없는 것(無知)이 성심聖心을 얻는 것이라면 아는 것 또한 분별할 것이 없기 때문이다. 만약 이 둘로도 도무지 얻지 못한다면 재차 논할 것이 없다." 〔여기서는 성인의 마음은 결정코 하나에 거처해야 한다는 것을 따져 물었다. 이를테면 아는 것(知)이 성인의 마음에 계합하는 것이라고 한다면 무無는 말할 필요가 없고, 만약 아는 것이 없는 것(無知)이 성인의 마음에 계합하는 것이라고 한다면 유有는 말할 필요가 없다. 만약 유와 무로 모두 계합하지 못하면 다시 이러니저러니 논란을 벌릴 것이 없다. 지금 아는 것(知)과 아는 것이 없는 것(無知)을 말하는 것은 두 말이 서로 어긋나는데 어찌 올바르게 논할 수 있겠냐는 것이다.〕

❀

答曰. 〔二名順成答. 約眞諦無相 故知不可以名求 以破〕 "經云 '般若

---

72 후세에 모범이 될 만한 훌륭한 말을 한다는 뜻으로 인생의 세 가지 큰 일로 입덕立德, 입공立功, 입언立言이 있다.

義者 無名無說 非有非無 非實非虛 虛不失照 照不失虛' 斯則無名之法 故非言所能言也.〔此引經立理以遮難也. 然難者以名求實 故責有無互違 .今引經義 謂般若無名 故不可以實求 無說 故不可以言得. 以有無虛實一切皆非. 但以體虛而不失照用 雖照應萬有而不離眞際. 此無名之法 固不可以言傳也〕言雖不能言 然非言無以傳. 是以聖人終日言而未嘗言也. 今試爲子狂言辨之.〔道本無言 非言不顯. 聖人處絶言之道 故終日言而未嘗言. 今試狂言以辨之 蓋言其無言也〕夫聖心者〔下正答. 初顯聖心有無雙絶以遣名〕微妙無相 不可爲有〔聖心實智離相 不比俗諦 可以名求〕用之彌勤 不可爲無.〔權智應用 會不失宜. 不比外道斷滅〕不可爲無 故聖智存焉〔靈知獨照〕不可爲有 故名教絶焉.〔但以虛而照物. 雖大用昭昭 而言詮不及. 名言路絶〕是以言知不爲知 欲以通其鑒〔以虛而照. 所以言知不是眞箇有知. 但假知字以通曉其鑒照之用耳〕不知非不知 欲以辨其相.〔言不知不是絶然無知. 但以無字以辨無惑取之知相耳〕 辨相不爲無〔但無妄知之相 不是絶無眞知〕通鑒不爲有.〔但以虛而照物. 故非有知之可取〕非有 故知而無知〔以眞照體虛 故雖知而無知〕非無 故無知而知.〔言非無者 以無妄知 故眞知彌照〕是以知卽無知 無知卽知. 無以言異而異於聖心也"〔良以聖心 眞窮惑盡 眞知獨照 不墮有無 豈可以遮遣之寄言 而異於聖心哉〕

※通曉(통효): 환하게 깨달아서 앎. / 잘 알다. 통달하다. 완벽하게 이해하다.
※寄言(기언): 말을 전하다. 전갈하다.

답한다. 〔두 명칭이 순조롭게 이루어지는 것으로 답하였다. 상이 없는 진제를 근거로 했기 때문에 아는 것(知)은 명칭으로 구해서는 안 된다. 이로써 타파하였다.〕

"경전에 이르기를 '반야의 뜻은 이름할 것도 없고 설할 것도 없다. 있는 것도 아니고 없는 것도 아니며, 진실도 아니고 거짓도 아니다. 텅 비었지만 비춤을 잃지 않고, 비추면서도 텅 빔을 잃지 않는다'[73]고 하였다. 이것이 바로 무명의 법(無名之法, 명칭 없는 법)**이다. 그런 까닭에 언어로 말할 수 있는 것이 아니다.** 〔여기서는 경전을 인용하여 논리를 세우고, 이로써 물은 것을 부정하였다. 하지만 물은 이는 명칭으로 진실을 구했기 때문에 유와 무가 서로 어긋남을 책망하였다. 지금 경전의 뜻을 인용한 것은, 이를테면 반야는 (본래) 명칭이 없기 때문에 실체를 구할 수 없고, 설할 수가 없기 때문에 말로써 얻을 수가 없다는 것이다. (반야는) 유와 무, 허와 실 일체가 모두 아니기 때문이다. 다만 체가 텅 비었지만 비춤의 작용을 잃지 않기 때문에 비춤이 만유萬有에 응하지만 진제眞際를 떠나지 않는 것이다. 이것이 명칭 없는 법(無名之法)이니, 분명 말로써 전할 수 없는 것이다.〕

언어로는 비록 말할 수 있는 것이 아니지만 언어가 아니면 전할 수가 없다. 그래서 성인은 종일토록 말을 하면서도 일찍이 말한 적이 없는 것이다.

(이에 대해) **지금 시험 삼아 그대를 위해 광언**狂言**으로 변별해 보겠다.** 〔도는 본래 말이 없지만 말이 아니면 드러내지 못한다(道本無言

73 경전의 정확한 출처를 알 수 없다.

非言不顯). 성인은 말이 끊어진 도(絶言之道)에 머물기 때문에 종일토록 말을 하면서도 말한 적이 없다. 지금 시험 삼아 광언狂言으로 헤아리겠다는 것은 (도에 대해) 말은 해도 (도는) 말이 없는 것이다.〕

무릇 성심(聖心, 반야)**은** 〔아래에서 정면으로 답을 하였다. 처음에는 유·무를 쌍으로 끊어 버린 성인의 마음을 드러내고, 이로써 명칭을 떨쳐버렸다(=부정하였다).〕 **미묘해서 상相이 없으니 유有라고 해서도 안 되고,** 〔성인의 마음인 진실지혜(實智)는 상을 떠났기 때문에 속제와 비교해서 명칭으로 구할 수 있는 것이 아니다.〕 **작용할수록 더욱 은근**(勤)**하니 무無라고 해서도 안 된다.** 〔방편지혜(權智)로 응하고 작용해서 회합하면 마땅함을 잃지 않는다. 외도의 단멸斷滅과 비교해서는 안 된다.〕

무無라고 해서는 안 되기 때문에 성인의 지혜(聖智, 반야)**는 존재하는 것이고,** 〔신령스런 앎(靈知, =空寂靈知)으로 홀로 비춘다.〕 **유有라고 해서는 안 되기 때문에 명교**(名教, 명칭)**가 끊어진 것이다.** 〔다만 텅 빔으로 물物을 비출 뿐이다. 대용大用이 환하고 뚜렷하지만 말로 설명해서 미칠 수 있는 것이 아니다. 명칭과 언어의 길이 끊어졌다.〕

그래서 지知라고 말하는 것은 알기 때문이 아니라 비춤(鑒)**에 통하려는 것이고,** 〔텅 빔(虛=空)으로 비춘다. 그런 까닭에 아는 것이다(知)고 말하는 것은 진짜로 아는 것이 있는 것이 아니다. 다만 아는 것(知)이라는 글자를 빌려 그 살피고 비추는 작용을 환하게 깨달아 알(通曉) 뿐이다.〕 **부지不知라고 말하는 것은 모르기 때문이 아니라 그 상相을 변별하려는 것이다.** 〔부지不知라고 말한 것은 절대로 아는 것이 없다는 것이 아니다. 다만 무無 자로써 미혹으로 취해서 아는 상이 없다는

것을 변별했을 뿐이다.〕

상相을 변별하면 무無라고 하지 못하고, 〔다만 허망하게 아는 상이 없을 뿐이지 진실로 아는 것(眞知)이 절대로 없는 것이 아니다.〕 **비춤(鑒)에 통하면 유有라고 하지 못한다.** 〔다만 텅 빔으로 사물을 비출 뿐이다. 그런 까닭에 취할 수 있는 아는 것이 있는 것이 아니다.〕

유有가 아니기 때문에 알아도 아는 것이 없고, 〔진실로 비추면 체는 텅 비었기 때문에 알아도 아는 것이 없다.〕 **무無가 아니기 때문에 아는 것이 없이 아는 것이다.** 〔없는 것이 아니라고 말하는 것은 허망하게 아는 것이 없기 때문에 진지眞知로 두루 비추는 것이다.〕

그래서 아는 것이 곧 아는 것이 없는 것이고, 아는 것이 없는 것이 곧 아는 것이다.

말은 다르지만 성인의 마음(聖心, 반야)에는 다른 것은 없다." 〔실로 성심(聖心, 반야)은 진실을 궁구해 미혹이 없고 진지眞知로 홀로 비춰서 유·무(양변)에 떨어지지 않거늘, 어찌 부정하고 떨쳐 버리려고 말을 전한 것 때문에 성인의 마음이 달라질 수 있겠는가?〕

【문답 3】

難曰. 〔以緣會求知難. 謂眞諦爲所緣之境 旣有所緣 定有能緣之智 非無知也〕 **"夫眞諦深玄 非智不測. 聖智之能 在玆而顯** 〔言非智不能照眞諦〕 **故經云 '不得般若 不見眞諦' 眞諦則般若之緣也.** 〔境知歷然〕 **以緣求智 智則知矣"** 〔謂眞諦爲所緣之境 般若乃能緣之智 以緣求智 智卽知矣 豈無知哉 此以心境對待立難〕

묻는다. 〔연회(緣會, 因緣會合)로 아는 것을 구하는 것을 가지고 물었다. 이를테면 진제眞諦는 반연하는 경계인데, 이미 반연하는 것이 있으면 반연하는 지혜가 결정코 있는 것이지 아는 것이 없는 것이 아니라는 것이다.〕

"무릇 진제眞諦는 깊고 그윽해서 지혜가 아니면 헤아리지 못한다. 성지(聖智, 반야)**의 능력이 여기에서 드러나기 때문에** 〔지혜가 아니면 진제를 비출 수 없다는 것을 말한다.〕 **경전에 이르기를 '반야를 얻지 못하면 진제를 보지 못한다'[74]고 하였다. 진제는 바로 반야의 연**(緣, 반야의 대상)**이다**. 〔경계와 아는 것이 분명하다.〕

(그러므로) **연緣하는 것으로써 지혜를 구하면 지혜는 곧 아는 것이다."** 〔진제는 소연의 경계가 되고, 반야는 능연의 지혜가 됨을 말한다. 반연하는 것으로써 지혜를 구하면 지혜는 곧 아는 것인데 어찌 아는 것이 없겠는가? 여기서는 마음과 경계가 상대하는 것으로 힐난(=물음)을 정립하였다.〕

❀

答曰. 〔此以非緣無知答. 意謂眞諦離緣 故智亦非知〕 **"以緣求智 智非知也**. 〔此牒難斥非也 謂若就緣以求智 然眞諦離緣 故智亦非知〕 **何者**. 〔徵釋〕 **放光云 '不緣色生識 是名不見色'** 〔文云 "不以五陰因緣起識者 是名不見五陰" 謂不因五陰起分別者 以離身心 故不見身心相. 此則離緣之知 不可以緣求也〕 **又云 '五陰清淨故 般若清淨'** 〔清淨者

---

74 경전의 정확한 출처를 알 수 없다. 방광반야경을 인용, 승조가 함축한 것으로 보인다.

空之異稱. 以五陰本空 故般若亦空. 空則離緣 非有知也〕**般若卽能知也 五陰卽所知也 所知卽緣也.**〔此楷定知緣 以明離緣無知也. 謂若以緣求知 今般若乃能緣之知 五陰乃所緣之境. 今云五陰本空 則非所緣也. 所緣旣空 則能緣亦空 以空則非有所知. 由照見皆空 故知卽無知 但不從緣耳〕**夫知**〔能知之心〕**與所知**〔所知之境〕**相與**〔待也〕**而有 相與而無. 相與而無 故物**〔物字通該心境〕**莫之有**〔心境皆眞故不有〕**相與而有 故物莫之無.**〔心境角立 故對待不無〕**物莫之無故 爲緣之所起**〔心境未忘 則妄緣斯起〕**物莫之有故 則緣所不能生**〔心境兩忘 則照體獨立 不因境有 不借緣生〕**緣所不能生 故照緣而非知**〔以離緣之智 照寂滅之境 故非有所知〕**爲緣之所起 故知緣相因而生.**〔以對緣所起之妄心 故心境未忘 知緣相因待而生 此妄而非眞下雙結釋成〕**是以知**〔妄知〕**與無知**〔眞知〕**生**〔因也〕**於所知**〔境通眞妄〕**矣.**〔釋上心境相待而有 故妄心取相故有知 以眞知離緣故無知 此所以知與無知 皆因心境 但有取不取耳〕**何者.**〔通徵眞妄〕**夫智**〔眞智〕**以**〔因也〕**知所知**〔之境〕**取相故名知.**〔以有對待 故名妄知〕**眞諦自**〔本來〕**無相**〔無相可取〕**眞智何由知.**〔以眞諦離相 故眞智無知 以無緣故無知也. ○次眞妄各辨 初辨妄〕**所以然者**〔釋眞妄各有所以〕**夫所知**〔之妄境〕**非所知**〔以妄境本空 故本非所知〕**所知**〔之妄境〕**生**〔因也〕**於知.**〔能知之妄心〕**所知**〔妄境〕**旣生知**〔妄心〕**知**〔妄心〕**亦生所知**〔妄境〕**所**〔妄境〕**知**〔妄心〕**旣相生**〔妄心妄境相因而生〕**相生卽緣法.**〔心境相待 因緣而生 故對待未忘 是爲緣法〕**緣法故非眞**〔緣生之法假而非眞〕**非眞 故非眞諦也.**〔難家以眞諦爲所緣之境 今答以緣生乃妄法 非眞諦也 何爲所緣〕**故中觀云**〔通證眞

妄〕 **'物從因緣有 故不眞**〔此證緣乃妄法〕 **不從因緣有 故卽眞'**〔此證離緣乃眞 ○下顯眞〕 **今眞諦曰眞 眞則非緣**〔眞則不借緣生〕 **眞非緣**〔眞諦旣非緣〕 **故無物從緣而生也.**〔前難家以緣眞諦 故以般若爲有知 今論主答以眞諦離緣 離緣之眞諦 豈能生般若之知哉. 從緣 應云從非緣 謂無有一法從非緣而生者 意責難者不達眞諦離緣而妄擬也〕 **故經云 '不見有法無**〔非也〕 **緣而生'**〔證成上義 非緣不能生物 則眞諦離緣 必不生知矣〕 **是以眞智觀眞諦 未嘗取所知.**〔謂眞智照眞諦 未嘗取爲所知之境〕 **智不取所知 此智何由知.**〔謂眞智旣不取所知之境 則此智何由而知哉〕 **然智非無知.**〔此遮過也. 謂眞智但不取所知之境耳 非是絶無知體也 良以獨照爲知 非有待也〕 **但眞諦非所知**〔但眞諦無相 非所知之境耳〕 **故眞智亦非知.**〔由眞諦非所知 故眞智亦非知 此二句結盡般若無知之妙. ○下返責〕 **而子欲以緣求智 故以智爲知.**〔然智無分別 知有分別 以知爲智 則眞妄不分 何以興難〕 **緣自非緣 於何而求知"**〔由難意以緣求知 今答以眞諦離緣 然緣本非緣 向何而求知哉 此則境智雙忘 能所齊泯 般若玄旨 妙極於斯〕

답한다.〔여기서는 연緣하는 것이 아닌 것으로써 무지無知로 답을 하였다. 뜻은 이를테면 진제는 연緣하는 것을 떠났기 때문에 지혜(智) 또한 지知가 아니라는 것이다.〕

"(그대는) **연緣하는 것으로써 지혜**(=반야)**를 구했지만 지혜는 아는 것**(知)**이 아니다.**〔여기서는 (앞에서) 물은 것을 이첩해서 잘못을 배척하였다. 이를테면 연緣하는 것을 취해서 지혜를 구하는 것 같지만, 진제는 연緣하는 것을 떠났기 때문에 지혜 또한 지知가 아니라는

것이다.〕

어째서 그런가? 〔따져가며 설명하였다.〕

『방광반야경』에 이르기를 '색을 연緣하지 않고 생한 식識, 이것을 이름하여 색을 보지 않는다고 한다(不緣色生識 是名不見色)'[75]**고 하였고,** 〔경전에 이르기를 "오음의 연緣으로 식을 일으키지 않는 것, 이것을 오음을 보지 않는다고 이름한다(不以五陰因緣起識者 是名不見五陰)"[76]고 하였다. (이는) 이를테면 오음으로 인해 분별을 일으키지 않는 것은 몸과 마음을 떠났기 때문에 몸과 마음의 상을 보지 않는다는 것이다. 이것이 바로 연緣을 떠난 앎은 연緣으로 구해서는 안 되는 것이다.〕 **또 이르기를 '오음五陰이 청정하기 때문에 반야가 청정하다'**[77]**고 하였기 때문이다.** 〔청정은 공의 다른 명칭이다. 오음은 본래 공하기 때문에 반야 또한 공하다. 공은 연緣하는 것을 떠났으므로 지(知, 아는 것)가 있는 것이 아니다.〕

---

75 이 경문은 나집 역, 마하반야바라밀경 제14권에 전한다. 승조가 경명을 혼용하였거나, 아래 註76을 요약한 것이다.

須菩提言 "世尊 云何不見色故 般若波羅蜜示世間相. 不見受想行識乃至一切種智故 示世間相"佛告須菩提 "若不緣色生識 是名不見色相故示 不緣受想行識生識 乃至不緣一切種智生識 是名不見一切種智相故示. 如是 須菩提 是深般若波羅蜜能生諸佛 能示世間相" (번역 생략)

76 방광반야경(무라차 역) 제11권에 전한다.

須菩提問佛言 "世尊 云何不見五陰爲世間導" "須菩提 不以五陰因緣起識者 是爲不見五陰. 不以薩云若起想者 是爲不見薩云若. 以是故 般若波羅蜜諸如來母爲世間導" (번역 생략)

상기 註75의 밑줄 친 부분과 함께 살펴보기 바란다.

77 방광반야경에 제9권에 "以五陰淸淨故 般若波羅蜜淸淨"으로 전한다.

반야는 능지(能知, 주관)**이고, 오음은 소지**(所知, 객관)**이며, 소지는 곧 연**緣**이다.** 〔여기서는 지知와 연緣을 바로잡고, 이로써 (반야는) 연緣을 떠나서 아는 것이 없다(離緣無知)는 것을 밝혔다. 이를테면 만약 연緣하는 것으로써 지知를 구한다면 지금 반야는 능연의 아는 것(能緣之知, 주관)이고, 오음은 소연의 경계(所緣之境, 객관)이다. (그런데) 지금 말한 "오음은 본래 공하다"는 것은 소연(所緣, 객관)이 아니다. 소연이 공하면 능연(能緣, 주관) 또한 공하고, 이로써 공은 곧 소지(所知, 경계)가 있는 것이 아니다. 비춰 봄으로 말미암아 모두 공하기(照見皆空) 때문에 지知는 곧 무지無知이며, 다만 연緣하는 것을 따르지 않을 뿐이라는 것이다.〕

무릇 지知〔=능지지심(能知之心, 능히 아는 마음, 주관)〕**와 소지**所知〔=소지지경(所知之境, 아는 경계, 객관)〕**는 서로 함께** 〔상대해서=의지해서〕 **있기도 하고 서로 함께 없기도 한다.**

서로 함께 없기 때문에 물物**은** 〔물物 자는 마음과 경계를 통틀어 포함한다.〕 **있는 것이 아니고,** 〔마음과 경계가 모두 진실하기 때문에 있는 것이 아니다.〕 **서로 함께 있기 때문에 물**物**은 없는 것이 아니다.** 〔마음과 경계가 각을 세웠기 때문에 상대가 없는 것이 아니다.〕

물物**은 없는 것이 아니기 때문에 연**緣**해서 일어나고,** 〔마음과 경계를 잊지 못하면 허망한 인연이 일어난다.〕 **물**物**은 있는 것이 아니기 때문에 연**緣**해서 생겨날 수 있는 것이 아니다.** 〔마음과 경계를 둘 다 잊으면 비춤 자체가 홀로 서서 경계를 인해서 있지도 않고, 연緣하는 것을 빌려 생겨나지도 않는다.〕

연緣**해서 생겨날 수 있는 것이 아니기 때문에 연**緣**하는 것을 비추지**

만 아는 것이 아니며, 〔연緣하는 것을 떠난 지혜(離緣之智)로 적멸의 경계를 비추기 때문에 소지(所知, 아는 경계)가 있는 것이 아니다.〕 **연緣해서 일어나는 것이기 때문에 아는 것과 연緣하는 것이 서로 인이 되어 생겨난다.** 〔연緣하는 것을 상대해서 일어나는 허망한 마음 때문에 마음과 경계를 잊지 못하고 지知와 연緣이 서로 인이 되어 상대하면서 나오는 것이다. 이는 허망한 것이지 진실한 것이 아니다. 아래에서 쌍으로 묶어서 설명을 이루었다.〕

그래서 지知〔=妄知〕**와 무지無知**〔=眞知〕**는 소지**(所知, 경계)**와의 관계에서** 〔경계는 진眞과 망妄에 통한다.〕 **생겨나는**〔=인因하는〕 **것이다.** 〔설명하자면, 마음과 경계가 상대해서 있기 때문에 허망한 마음으로 상을 취하는 것이며, 그렇기 때문에 지知가 있다. (하지만) 진실지혜(眞知)는 연緣을 떠났기 때문에 무지無知이다. 이것은 지知와 무지無知가 모두 마음과 경계로 인한 이유이니, 다만 취함과 취하지 않음이 있을 뿐이라는 것이다.〕

어째서 그런가? 〔진실과 허망을 통틀어 따졌다.〕

무릇 지혜〔=진실지혜〕**는 지知와 소지所知**〔의 경계〕**를**〔=인해서〕 **상相으로 취하기 때문에 지**(知, 아는 것)**라고 이름하는 것이다.** 〔상대가 있기 때문에 망지妄知라고 이름한다.〕

진제眞諦는 스스로 〔본래〕 **상相이 없는데,** 〔취할 상이 없다.〕 **진지眞智가 어째서 지知를 말미암겠는가?** 〔진제는 상을 떠났기 때문에 진지는 무지無知이고, 반연하는 것이 없기 때문에 무지無知이다. 다음은 진眞과 망妄을 각기 변별했는데, 처음에는 망妄을 변별하였다.〕

그렇게 된 까닭은 〔진과 망이 각각 있는 까닭을 설명하였다.〕 **무릇**

소지所知〔의 허망한 경계〕**는 소지所知가 아니니**, 〔허망한 경계는 본래 공하기 때문에 본래 소지所知가 아니다.〕 **소지所知**〔의 허망한 경계〕**는 지知**〔=아는 허망한 마음〕**에서 생겨나는 것이기**〔=인하기〕 **때문이다.**

소지所知〔=허망한 경계〕**가 지知**〔=허망한 마음〕**에서 생겨났다면 지知**〔=허망한 마음〕 **또한 소지所知**〔=허망한 경계〕**에서 생겨난 것이고, 소所**[78]〔=허망한 경계〕**와 지知**〔=허망한 마음〕**가 상생相生하였다면** 〔허망한 마음과 허망한 경계가 서로 인이 되어 생겨난다.〕 **상생한 것은 곧 연법緣法이다.** 〔마음과 경계가 상대해서 연緣으로 생하는 것이기 때문에 상대를 잊지 못한다. 이를 연법緣法이라고 한다.〕

연법緣法이기 때문에 진실한 것이 아니며, 〔연緣으로 생한 법은 거짓이고 진실이 아니다.〕 **진실한 것이 아니기 때문에 진제眞諦가 아니다.** 〔힐난한 이는 진제를 소연경계所緣之境로 삼았지만, 지금 반연으로 생한 것은 곧 허망한 법이기 때문에 진제가 아니라고 답을 하였다. (그런데) 무엇을 소연所緣이라 하겠는가?〕

그런 까닭에 『중관中觀』에 이르기를 〔진과 망을 통틀어 증명하였다.〕 **'물物은 인연을 따라 있는 것이기 때문에 진실하지 않고**, 〔여기서는 연緣하는 것이 허망한 법임을 증명하였다.〕 **인연을 따라 있는 것이 아니기 때문에 진실하다'**[79]**고 하였다.** 〔여기서는 연緣을 떠난 것이

---

78 소지所知를 뜻한다.

79 관사제품에 다음과 같이 전한다.

衆因緣生法　여러 인연으로 생한 법을
我說卽是無　나는 무無라고 말하며
亦爲是假名　또한 가명이라고도 하고

진실한 것임을 증명하였다. 다음에는 진제를 드러냈다.〕

(그런데도) **지금 진제眞諦를 진실하다고 말한다면, 진실한 것은 곧** (인)**연緣하는 것이 아니고,** 〔진실한 것은 연緣으로 생하는 것을 빌리지 않는다.〕 **진실한 것은** (인)**연緣하는 것이 아니기 때문에** 〔진제는 이미 연緣이 아니다.〕 (어떤 것도) (인)**연緣으로 생하는 물物이 없어야 할 것이다.** 〔앞에서 힐난한 이는 연緣하는 것으로 진제를 삼았기 때문에 반야는 지知가 있는 것으로 여겼다. (하지만) 지금 논주는 진제는 연緣을 떠났기 때문에 연緣을 떠난 진제가 어찌 반야의 앎(般若之知)을 낼 수 있겠냐고 답을 하였다. 종연從緣은 마땅히 종비연從非緣이라고 해야 하는데, 이를테면 어떤 법도 연緣하는 것이 아닌 것을 따라 생하는 것은 없다는 것이다. 생각건대, (이는) 힐난한 자가 연緣하는 것을 떠난 진제를 통달하지 못하고 허망하게 헤아린 것을 책망한 것이다.〕

그런 까닭에 경전에 이르기를 '어떤 법도 (인)**연緣 없이** 〔인연이 아닌 것에서〕 **생겨나는 것은 보지 못했다'**[80]**고 하였다.** 〔위의 뜻을 증명하였다. 연緣하는 것이 아니면 물物이 생겨날 수 없으므로 연緣을 떠난 진제는 반드시 지知를 내지 않아야 한다.〕

亦是中道義　또한 중도의라고도 한다.
未曾有一法　일찍이 어떤 법도
不從因緣生　인연으로 인하지 않는 것은 없다.
是故一切法　이런 까닭에 일체법은
無不是空者　공이 아닌 것이 없다.

80 마하반야바라밀경의 내용을 인용, 요약한 것으로 이해하였다.

그래서 진실지혜(眞智)**로 진제를 관하면서 일찍이 소지**(所知, 경계)**로 취한 적이 없는 것이다.** 〔이를테면, 진지는 진제를 비추지만 취해서 소지所知의 경계로 삼은 적이 없다는 것이다.〕

지혜가 소지所知를 취하지 않는데 이 지혜가 어째서 지知를 말미암겠는가? 〔이를테면 진지眞智가 소지의 경계(所知之境)를 취하지 않았다면 이 지혜는 무엇을 말미암아 알겠냐는 것이다.〕

그렇지만 지혜는 무지無知가 아니다. 〔여기서는 허물을 부정하였다. 이를테면 진지眞智는 다만 소지의 경계(所知之境)를 취하지 않을 뿐이지 지知의 체體가 절대로 없다는 것이 아니다. 실로 홀로 비춤으로써 아는 것이지 상대가 있는 것이 아니라는 것이다.〕

다만 진제는 소지(所知, 아는 경계)**가 아니기 때문에** 〔다만 진제는 상이 없을 뿐 소지의 경계(所知之境)가 아니다.〕 **진지眞智 또한 지**(知, 아는 것)**가 아닌 것이다.** 〔진제眞諦는 소지所知가 아님으로 말미암아 진지眞智 또한 지知가 아니다. 이 두 구절로 반야무지의 묘妙를 전부 결론지었다. 아래에서는 반복해서 책망하였다.〕

그런데도 그대는 (인)**연緣하는 것으로써 지혜를 구하려는 까닭에 지혜를 지知로 삼았던 것이다.** 〔지혜(智)는 분별이 없고 지知는 분별이 있지만, 지知로 지혜를 삼으면 진과 망을 구분하지 못하게 된다. (그런데) 어째서 물음을 일으키는 것인가?〕

(인)**연緣하는 것은 스스로** (인)**연緣하는 것이 아니거늘, 무엇으로 지知를 구하겠는가?"** 〔물은 의도가 연緣하는 것으로 아는 것을 구한 것이었기 때문에 지금 연緣을 떠난 진제로 답을 하였다. 연緣하는 것은 스스로 연緣하는 것이 아닌데 어디서 지知를 구하겠는가? 이것은

곧 경계와 지혜를 함께 잊어 능과 소가 함께 없어진 것이다. 반야의 현지는 여기에서 오묘함을 다했다.〕

【문답 4】

難曰. 〔前云 不取之知. 今以有知無知不取皆非. 二義雙關難〕 **"論云不取者** 〔牒論申難〕 **爲無知故不取 爲知然後不取耶.** 〔立定下難〕 **若無知故不取 聖人則冥若夜游 不辨緇素之異耶.** 〔此則瞢然無知〕 **若知然後不取 知則異於不取矣"** 〔謂若有知 則有所取之物 此則旣已有知 難言不取矣. ○上以心境兩異難 下以心境冥一答〕

※雙關(쌍관): 대가 되는 귀로 한 편 또는 한 단의 골자를 삼음.
※夜游(야유): 밤에 거닐다(놀러 다니다). 몽유하다. 자면서 돌아다니다.

묻는다. 〔앞에서 취하지 않는 앎(不取之知)을 말했다. 지금은 유지有知와 무지無知를 취하지 않고 모두 그릇된 것으로 삼았다. (유지有知와 무지無知) 두 뜻을 골자로 삼아 물었다.〕

"논에서 '취하지 않는다(不取)'고 한 것은 〔논을 이첩해서 거듭 물었다.〕 **무지(無知, 아는 것이 없는 것)이기 때문에 취하지 않는 것인가, 알고 난 뒤에 취하지 않는 것인가?** 〔입장을 정하고, 아래에서 힐난하였다.〕

만약 무지無知이기 때문에 취하지 않는 것이라면 성인은 어둡기가 마치 몽유하는 것처럼 검은 것과 흰 것의 차이도 변별하지 못하는

것이고, 〔이것은 몽연무지瞢然無知(=무지몽매無知蒙昧)한 것이다.〕 **만약 알고 난 뒤에 취하지 않는 것이라면 아는 것은 취하지 않는 것과 다른 것이다.**" 〔이를테면 만약 아는 것이 있다(有知)면 취할 물物이 있는 것인데, 여기서는 이미 아는 것이 있기 때문에 취하지 않는다고 말하는 것이 어렵다는 것이다. 위에서는 마음과 경계가 둘이 다르다는 것을 가지고 힐난했고, 아래에서는 마음과 경계가 하나로 그윽하다(心境冥一)고 답을 하였다.〕

❀

答曰. 〔有無雙非不取以答〕 "**非無知故不取 又非知然後不取.** 〔有無皆非不取〕 **知卽不取 故能不取而知**" 〔此明兩是. 謂由知處當下不取故能不取而知〕

답한다. 〔유·무를 쌍으로 부정하고 취하지 않는 것으로써 답을 하였다.〕

"**무지無知이기 때문에 취하지 않는 것도 아니고, 또한 알고 난 뒤에 취하지 않는 것도 아니다.** 〔유·무 모두 부정하고 취하지 않았다.〕

아는 것은 곧 취하는 것이 아니기 때문에 능히 취하지 않고도 아는 것이다." 〔여기서는 둘 다 긍정하는 것으로 밝혔다. 이를테면 아는 곳(知處)을 바로 그 자리에서 취하지 않음으로 말미암아 취하지 않고도 알 수 있다는 것이다.〕

【문답 5】

難曰.〔因聞上心境皆非. 故約不取心境俱成斷滅以難〕**“論云不取者誠以聖心不物**〔不取著也〕**於物 故無惑取也**.〔上立理 下申難〕**無取則無是**〔是者印可於物不繆之稱. 能知之心也〕**無是則無當**.〔當者應物不謬 主質不差. 言所知之境也〕**誰當聖心**.〔謂無境可知 誰當聖心. 無境可當 豈非斷滅〕**而云‘聖心無所不知耶’”**〔謂無境可當聖心則絶然無所知矣. 而云無所不知 豈不謬耶〕

묻는다.〔위에서 마음과 경계가 모두 부정하는 것(心境皆非)을 들었다. 그런 까닭에 마음과 경계를 취하지 않으면 모두 단멸斷滅을 이루게 된다는 것에 근거해서 물었다.〕

“논에서 ‘취하는 것이 아니다(不取)**’고 한 것은 진실로 성심**(聖心, 반야)**은 물物을 물物이라 하지 않기**〔=취해서 집착하지 않기〕**때문에 미혹으로 취하는 것이 없다는 것이다**.〔이상은 (힐난하는 이의) 이론을 세웠고, 아래에서는 거듭해서 힐난하였다.〕

취하는 것이 없으면 옳은 것(是)**이 없고**,〔시是는 물物이 어긋나지 않음을 인가하는 것을 일컫는다. 능히 아는 마음(能知之心, 인식주관)이다.〕**옳은 것이 없으면 일치하는 것**(當)**도 없다**.〔당當은 물物에 응함에 어긋나지 않고, 주와 빈이 다르지 않은 것이다. 아는 경계(所知之境, 인식객관)를 말한다.〕

(그렇다면) **무엇이**(=누가) **성인의 마음에 일치하겠는가?**〔이를테면 알 수 있는 경계가 없는데 무엇이 성인의 마음과 일치할 것이며,

일치하는 경계가 없으면 (이것이) 어찌 단멸이 아니겠냐는 것이다.〕

그런데도 '성인의 마음은 알지 못하는 것(所不知)**이 없다'고 하겠는가?"** 〔이를테면 성인의 마음에 일치하는 경계가 없으면 소지(所知, 아는 것)가 절대로 없는 것이다. 그런데도 알지 못하는 것이 없다고 말한다면, 어찌 오류가 아니겠냐는 것이다.〕

❀

答曰. 〔以是當混成答〕 **"然** 〔縱可之辭〕 **無是無當者.** 〔牒難意〕 **夫無當則物無不當** 〔言當者 當心之境也. 若一境當心 則滯而不通 若無當心 則境寂心空. 眞心任徧知 故無物不當〕 **無是則物無不是.** 〔謂無能取之心 則心空境寂 法法皆眞 故物無不是〕 **物無不是 故是而無是** 〔了境唯心 則心境兩忘 是非齊泯. 故是亦無是〕 **物無不當 故當而無當.** 〔以唯心之境 則更無心外境. 能與心爲緣 故雖照境 而萬法皆空. 故當而無當〕 **故經云 '盡見諸法 而無所見'"** 〔以萬法唯心 則無一法可當情者. 故盡見諸法而無所見〕

답한다. 〔시(是, 옳음)와 당(當, 일치)을 섞어서 답을 하였다.〕

"그렇다,〔=그럴 수도 있다는 하다는 말〕 **옳은 것도 없고 일치하는 것도 없다.** 〔힐난한 뜻을 이첩하였다.〕

무릇 일치하는 것이 없으면 물物은 일치하지 않는 것이 없고, 〔당當은 마음에 일치하는 경계를 말한다. 만약 하나의 경계가 (어떤) 마음에 일치하면 (다른 경계들은) 막혀서 통하지 않겠지만, 만약 (그 어떤 것도) 마음과 일치하는 것이 없으면 경계는 고요하고 마음은 공하다.

진심眞心은 두루 아는 것을 받아들이는 것이기 때문에 일치하지 않는 물物이 없다.〕 **옳은 것이 없으면 물物은 옳지 않은 것이 없다.** 〔이를테면 능히 취하는 마음이 없으면 마음이 공하고 경계가 고요하며, 법마다 모두 진실하기 때문에 물物은 옳지 않은 것이 없다는 것이다.〕

물物은 옳지 않은 것이 없기 때문에 옳으면서 옳은 것이 없고, 〔경계는 오직 마음뿐임을 깨달으면 마음과 경계 둘 다를 잊고 옳고 그름이 동일하게 없어진다. 그런 까닭에 옳으면서 또한 옳은 것이 없는 것이다.〕 **물物은 일치하지 않는 것이 없기 때문에 일치하면서 일치하는 것이 없다.** 〔오직 마음의 경계일 뿐이면 결코 마음 밖에 경계는 없다. 능히 마음과 반연하기 때문에 비록 경계를 비추지만 만법이 모두 공하다. 그런 까닭에 일치하면서 또한 일치하는 것이 없는 것이다.〕

그런 까닭에 경전에 이르기를 "제법을 다함없이 봐도 본 것이 없다'고 하였다."[81] 〔만법은 오직 마음일 뿐이기(萬法唯心) 때문에 어떤 법도 정情에 해당할 것이 없다. 그런 까닭에 제법을 모두 본다고 해도 보이는 것(所見)이 없는 것이다.〕

---

81 방광반야경 제17권, 「무유상품無有相品」에 다음과 같이 전한다.

雖行般若波羅蜜 亦不見般若波羅蜜. 於不見中盡見諸法皆來入般若波羅蜜 亦不見諸法. 何以故 諸法及般若波羅蜜 一無有二 亦非二事.

비록 반야바라밀을 행하지만 역시 반야바라밀은 보지 못한다. 보지 못하는 가운데 모든 법을 다 보고 모두 와서 반야바라밀에 들어간다 해도 또한 모든 법을 보지 못한다. 왜냐하면 모든 법과 반야바라밀은 하나이고 둘이 아니며, 또한 두 가지 일이 아니기 때문이다.

【문답 6】

難曰. 〔聞心境俱泯 遂疑捨有入無 故以立難〕 **"聖心非不能是 誠以無是可是.** 〔敘聖心捨有以領旨也〕 **雖無是可是** 〔縱成〕 **故當是於無是矣.** 〔以爲入無〕 **是以經云 "眞諦無相 故般若無知"者** 〔引證無知 此述領意〕 **誠以般若無有有相之知.** 〔此釋經正義 下以謬解申難〕 **若以無相爲無相 有何累於眞諦耶.** 〔意謂若以有相累於般若 今若以無相爲無相 又何累於般若耶. 此不達般若眞知獨照 故以絶無爲般若〕

묻는다. 〔마음과 경계가 모두 없어졌다는 말을 듣고, 마침내 유를 버리고 무에 들어간 것인가를 의심했기 때문에 물음을 일으켰다.〕

"성심(聖心, 반야)**은 옳다**(是)**고 할 수 없는 것은 아니지만 진실로 옳다고 할 만한 옳은 것이 없다.** 〔성심은 유有를 버린 것으로 뜻을 받아들여 서술하였다.〕

비록 옳다고 할 만한 옳은 것이 없지만,〔=설사 (옳은 것을) 성취한다고 하더라도〕 **그런 까닭에 옳은 것을 옳은 것이 없는 것에 일치시키는 것이다.** 〔무無에 들어간 것으로 여겼다.〕

그래서 경전에 이르기를 '진제는 상相이 없기 때문에 반야는 아는 것이 없다'[82]**고 한 것은** 〔무지無知를 인용하여 증명하고, 여기서는 (그) 뜻을 받아들여 서술하였다.〕 **참으로 반야는 어떤 유상의 앎**(有相之知)**도 없다는 것이다.** 〔여기서는 경전의 바른 뜻을 설명했지만,

82 경문 자체가 일치하는 것은 없다. 승조가 인용, 요약한 것이다.

아래에서는 잘못 이해한 것을 가지고 거듭해서 물었다.〕

(그런데) **만약 무상無相으로 무상을 삼는다면 진제眞諦에 무슨 누累가 되는 것이 있겠는가?"**〔뜻은 이를테면 만약 유상有相으로 반야에 누를 끼쳤다면, 지금 만약 무상無相으로 무상을 삼으면 또 반야에 무슨 누가 되겠냐는 것이다. 이것은 (물은 이가) 반야진지般若眞知가 홀로 비춘다는 것을 통달하지 못했기 때문에 절대 없는 것(絶無)으로써 반야를 삼은 것이다.〕

❀

答曰.〔難以捨有入無 答以兼亡無相〕**"聖人無無相也.**〔難家認取無相 答以無相亦無 總答問意也〕**何者.**〔徵釋無相亦非〕**若以無相爲無相**〔若認著於無相 則心有所住 聖心則不然〕**無相卽爲相.**〔若取著無相 則無相亦成相 永嘉云"棄有著空病亦然"〕**捨有而之無 譬猶逃峰而赴壑 俱不免於患矣.**〔猶如避溺而投火. 此外道斷滅也. 聖心豈然哉. 下申聖心無住〕**是以 至人處有而不有 居無而不無.**〔雖涉有無而不住有無. 所謂二邊不住〕**雖不取於有無 然亦不捨於有無.**〔有無不住 中道亦不安〕**所以和光塵勞**〔老子曰"和其光 同其塵"〕**周旋五趣**〔此能有爲〕**寂然而往**〔不動本際 應現一切〕**怕爾而來**〔萬化不遷 冥心絶域〕**恬淡無爲 而無不爲.**〔聖人以無住爲心 豈可以有無而擬之哉〕

답한다.〔유有를 버리고 무無에 들어감을 가지고 힐난했는데, 무상無相마저 아울러 잊는 것으로 답을 하였다.〕

"성인에게는 무상無相도 없다. 〔힐난한 이가 무상無相을 인정했기 때문에 무상 또한 없는 것으로 답을 해서 질문한 의도에 총괄해서 답을 하였다.〕

어째서 그런가? 〔무상無相 또한 아님을 따져가며 설명하였다.〕

만약 무상無相으로 무상을 삼으면 〔만약 무상을 인정하면 마음은 머무는 바가 있게 되는데, 성심은 그렇지가 않다.〕 **무상은 곧 (유)상이 되기 때문이다.** 〔만약 무상을 취하면 무상 역시 상이 된다. 영가永嘉가 이르기를 "유를 버리고 공에 집착하는 병 또한 그러하다"고 하였다.〕[83]

유有를 버리고 무無에 이르는 것은 비유하면 봉우리를 피해 골짜기로 가는 것과 같아서 모두 우환을 면치 못한다. 〔비유하면 물에 빠지는 것을 피하려고 불 속으로 들어가는 것과 같다. 이것은 외도의 단멸견(斷滅)이다. 성인의 마음이 어찌 그렇겠는가? 아래에서는 성심은 머무는 것(住)이 없음을 서술하였다.〕

그래서 지인至人은 유有에 처處하면서도 유에 머물지 않고, 무無에 거居하면서도 무에 머물지 않는다. 〔유·무와 관계하지만, 유·무에 머물지 않으니, 이른바 양변에 머물지 않는다는 것이다.〕

(또한) **유·무를 취하지 않지만 분명 유·무를 버리지도 않는다.** 〔유·무에 머물지 않고, 중도中道에도 또한 안주하지 않는다.〕

그런 까닭에 화광진로和光塵勞[84]하면서 〔노자老子가 말하기를 "그

---

83 「증도가」에 전한다.

棄有著空病亦然　유를 버리고 공을 집착하는 병, 또한 그러하니

還如避溺而投火　물에 빠지는 것을 피하려다 불에 뛰어 들어가는 것과 같다.

84 화광진로和光塵勞=화광동진和光同塵: 화광和光은 빛을 늦추는 일이고, 동진同塵

빛에 화합하고 그 티끌에 동참한다"[85]고 하였다.〕 **오취五趣[86]를 두루 도는 까닭에** 〔여기서는 능히 함이 있다.〕 **적연이왕**(寂然而往, 고요하지만 가고)**하고** 〔본제(本際, 본래의 경계)를 움직이지 않고 일체(세계)에 응해서 드러낸다.〕 **백이이래**(怕爾而來, 담담하지만 오며)**하며**, 〔온갖 변화에도 천류하지 않고 마음이 그윽해서 경계를 짓는 것이 끊어졌다.〕 **편안하고 담담해서 함도 없고**(無爲) **하지 않음도 없는 것이다**(無不爲)."
〔성인은 무주無住로 마음을 삼는데 어찌 유·무로 헤아릴 수 있겠는가.〕

【문답 7】

難曰. 〔難以權智生滅. 以不達動靜一如 故立此難〕 **"聖心雖無知 然其**

은 속세의 티끌에 같이 한다는 뜻으로, 자기의 지혜(智慧·知慧)를 자랑함 없이 오히려 그 지혜(智慧·知慧)를 부드럽게 하여 속세의 티끌에 동화同化하는 것을 말한다.

85 제56장에 다음과 같이 전한다.

知者不言 言者不知. 塞其兌 閉其門 挫其銳 解其紛 和其光 同其塵 是謂玄同. 故不可得而親 不可得而疎 不可得而利 不可得而害 不可得而貴 不可得而賤 故爲天下貴.

아는 사람은 말하지 아니하고, 말하는 사람은 알지 못한다. 그 구멍을 막고, 그 문을 닫고, 그 날카로움을 꺾고, 그 어지러움을 풀고, 그 빛에 화합하고 그 티끌에 동참하니, 이것을 일러 근본과 합치됨이라 한다. 그러므로 친근하게 굴지도 못하고 소원하게 굴지도 못하며, 이롭게 하지도 못하고 해롭게 하지도 못하며, 귀하게 여기지도 못하고 천하게 여기지도 못하니, 그러므로 천하에서 가장 귀한 존재가 되는 것이다. (전게서 하, p.327)

86 육도 가운데 (아)수라를 빼고 말하는 경우이다.

應會之道不差. 〔此領旨也〕 **是以可應者應之 不可應者存之.** 〔此疑聖心有揀擇可否. 故以爲有生有滅〕 **然則聖心有時而生 有時而滅 可得然乎"** 〔不了生本無生 故立此難〕

묻는다. 〔방편지혜(權智)의 생멸을 가지고 물었다. 동정일여動靜一如를 통달하지 못했기 때문에 이러한 물음을 일으켰다.〕

"성심(聖心, 반야)**은 무지無知이지만 응하고 회합하는 도는 어긋나지 않는다.** 〔여기서는 (논의) 뜻을 받아들였다.〕

그래서 응할 수 있는 것은 응하고, 응할 수 없는 것은 그대로 두는 것이다. 〔여기서는 성심에 가부를 간택하는 것이 있을 것이라고 의심을 하였다. 그런 까닭에 생도 있고 멸도 있는 것으로 여겼다.〕

그런즉, 성심聖心은 어떤 때는 생하기도 하고 어떤 때는 멸하기도 하는 것인데, (과연) 그럴 수 있는 것인가?" 〔생은 본래 생이 없다(生本無生)는 것을 알지 못했기 때문에 이런 힐난을 내세운 것이다.〕

❀

答曰. 〔答以聖心本無生滅〕 **"生滅者 生滅心也.** 〔此凡夫心也. 聖豈然哉〕 **聖人無心 生滅焉起.** 〔眞顯無生〕 **然非無心** 〔不同木石無情〕 **但是無心心耳.** 〔但無生滅之心爲心耳〕 **又非不應** 〔不同孤吊〕 **但是不應應耳.** 〔但是隨感而應 本無將迎之心也〕 **是以聖人應會之道 則信若四時之質.** 〔質 實也. 由聖人之心 無緣應物 感而遂通 如谷響水月. 故信如四時之實 應不失時〕 **直以虛無** 〔寂滅〕 **爲體 斯不可得而生 不可得而滅也"** 〔以寂滅眞知隨緣應現. 故本無生滅〕

답한다. 〔성심聖心은 본래 생멸이 없음으로 답하였다.〕

"생멸은 생멸심生滅心이다. 〔이것은 범부의 마음이다. 성인이 어찌 그러하겠는가?〕

성인은 무심無心하거늘, 생멸이 어찌 일어나겠는가? 〔진실로 무생無生을 드러냈다.〕

마음이 없는 것(無心)은 아니지만, 〔목석의 무정無情과 같지 않다.〕 **다만 마음 없는 마음일 뿐이다.** 〔다만 생멸이 없는 마음으로 마음을 삼을 뿐이다.〕

또한 응하지 않는 것은 아니지만, 〔홀로 조문하는 것과 같지 않다.〕 **다만 응하지 않는 응함일 뿐이다.** 〔다만 감응을 따르는 것일 뿐, 본래 보내고 맞이하는 마음이 없다.〕

그래서 성인이 응하고 회합하는 도는 사계절의 진실처럼 확실한 것이다. 〔질質은 실實이다. 성인의 마음으로 말미암아 연(緣, 조건)없이 물物에 응하고 감응하면 마침내 통하니, 마치 골짜기의 메아리와 같고 물속의 달과 같다. 그런 까닭에 사계절의 진실처럼 확실해서 응함에 때를 잃지 않는다.〕

(또한) **곧바로 허무虛無**〔=적멸寂滅〕**로 체를 삼기 때문에 이는 생하는 것으로도 얻을 수 없고 멸하는 것으로도 얻을 수 없는 것이다."** 〔적멸한 진지(寂滅眞知)로 인연 따라 응하고 드러나는 것(隨緣應現)이다. 그런 까닭에 본래 생멸이 없다.〕

【문답 8】

難曰.〔聞無生滅 不達惑智俱空 故以申難〕"**聖智之無 惑智之無**〔前云聖智無惑取之知 故疑惑智之無〕**俱無生滅 何以異之**"〔謂根本實智 靈鑒獨照 本自無知. 故云聖智之無. 後得權智 照破無明 妄惑本空 故無惑取之知. 二者皆無 不識無義何辨 故此興難〕

묻는다.〔생멸이 없다는 말을 들었지만 미혹과 지혜가 함께 공하다는 것을 통달하지 못했기 때문에 이로써 거듭 물었다.〕

"**성지聖智의 무無와 혹지惑智의 무無가**〔앞에서 "성인의 지혜는 미혹으로 취하는 앎이 없다"고 했기 때문에 (그렇다면) 혹지(惑智, 미혹으로 취하는 앎)도 없는 것인가 하고 의심하였다.〕 **모두 생멸이 없으면 무엇으로 다르다고 하겠는가?**"〔이를테면 근본실지(根本實智 = 진실지혜)는 신령하게 살피고 홀로 비춰서 본래 스스로 아는 것이 없다. 그런 까닭에 "성지는 없다(聖智之無)"고 하였다. 후득권지(後得權智 = 방편지혜)는 무명을 비춰 허망한 미혹이 본래 공하기 때문에 미혹으로 취해서 아는 것이 없다. 근본실지와 후득권지가 모두 없으면 무無의 뜻을 어떻게 변별해야 할지를 모르겠다는 것이다. 그런 까닭에 이렇게 물음을 일으켰다.〕

❀

答曰.〔先智惑雙辨 示空義之淺深〕"**聖智之無者 無知**〔眞知獨照 心境兩忘 故云無知〕**惑智之無者 知無**.〔權智照破惑取之妄知本無

故曰知無〕**其無雖同 所以無者異也.**〔聖知天然無知 不假功勳 惑智因修而得. 故無意雖同 所以則異〕**何者.**〔徵釋不同〕**夫聖心虛靜無知可無. 可曰無知 非謂知無.**〔聖人眞心獨朗 寂然不動. 絶無妄法故無知可無. 但可曰無知 不可言知無〕**惑智有知 故有知可無 可謂知無 非曰無知也.**〔後得照惑 了妄本空. 但可言知妄元無 不可言無知〕**無知 卽般若之無也**〔般若本絶諸妄 故不可說知無〕**知無 卽眞諦之無也.**〔知無者 謂知眞諦無妄知也〕**是以般若之與眞諦**〔此下心境合明. 會寂用之同異 先同異雙明〕**言用卽同而異**〔卽寂而照〕**言寂卽異而同.**〔卽照而寂〕**同故無心於彼此**〔心境也. 同則心境雙泯〕**異故不失於照功.**〔境智歷然〕**是以 辨同者同於異**〔同其所不同〕**辨異者異於同**〔異其所不異. 此則心境俱存照用同時〕**斯則不可得而異 不可得而同也.**〔以俱非雙泯 故不可以同異定名〕**何者.**〔微辨寂用〕**內有獨鑒之明**〔照體獨立 寂也〕**外有萬法之實.**〔萬法皆眞 用也〕**萬法雖實 然非照不得.**〔萬法雖眞 非智照不得其實〕**內**〔心也〕**外**〔境也〕**相與以成其照功**〔智得境而照用全彰 境得智而眞常獨露 故云內外相與以成其功〕**此則聖所不能同 用也.**〔非境無以顯智. 故不能同〕**內雖照而無知**〔非有對待之知〕**外雖實而無相.**〔諸法實相不可以相求. 故云無相〕**內外寂然**〔內智無知 外境無相. 心境雙泯 故曰寂然〕**相與俱無**〔由心空故境寂 以境寂故心空. 故心境相與一道齊平〕**此則聖所不能異 寂也.**〔寂則心境雙亡. 故不能異〕**是以經云 '諸法不異'者 豈曰續鳧截鶴 夷嶽盈壑 然後無異哉.**〔引證本來不異也. 大品云 "諸法無相 非一相 非異相" 豈曰下 引釋不異 莊子曰 "鳧脛雖短續之則憂 鶴脛雖長 斷之則悲" 謂天生長短 不必裁齊. 嶽高壑下 本來

自定 不必夷嶽之高 以塡壑之下. 意引諸法當體眞常 本無差別 所謂是法住法位 世間相常住 不待造作. 然後齊平 謂若以不二之智 照一眞之境 故法法眞常 本來不異. 斯則自然不異 非安排而後不異也〕 **誠以不異於異 故雖異而不異也.** 〔不以境異而異其心 故境隨心一. 卽異而同 故云 "雖異而不異"〕 **故經云 '甚奇世尊 於無異法中而說諸法異'** 〔謂依一眞法界 演說無量差別法門. 故云 "無異法而說異法"〕 **又云 '般若與諸法 亦不一相 亦不異相' 信矣"** 〔引證不一不異 大品云 "世尊 云何於無異法中而說諸法異" 又云 "諸法無相 非一相 非異相" 是知諸法一異 乃外道邪見 以般若而觀 則非一非異 實相般若 理極於斯〕

답한다. 〔먼저 지혜와 미혹을 함께 변별해서 공의 뜻에 깊고 낮음이 있음을 보였다.〕

"**성지**聖智**의 무**無**는 무지**(無知, 아는 것이 없는 것=모든 허망이 없는 것)**이고,** 〔진실지혜(眞知)로 홀로 비춰서 마음과 경계를 둘 다 잊었기 때문에 '무지無知'라고 한 것이다.〕 **혹지**惑智**의 무**無**는 지무**(知無, 없다는 것을 아는 것=망지가 없는 것)**이다.** 〔방편지혜(權智)는 미혹으로 취하는 허망한 앎이 본래 없다는 것을 비추기 때문에 '知無'라고 한 것이다.〕

저 무無**는 말이 비록 동일하지만 무**無**인 이유는 다르다.** 〔성지聖知는 천연天然한 무지無知여서 공훈을 빌리지 않지만, 혹지惑智는 수행으로 인해 얻는다. 그런 까닭에 무無 자의 의미(意)가 동일하지만 이유가 다른 것이다.〕

어째서 그런가? 〔동일하지 않음을 따져서 설명하였다.〕

무릇 성심(聖心, 반야)**은 텅 비고 고요해서 없앨 수 있는 지知가 없기 때문에 무지無知라고 말할 수 있는 것이지, 지무知無를 말하는 것이 아니기 때문이다.** 〔성인의 진실한 마음은 홀로 밝고 고요해서 움직이지 않는다. 허망한 법이 절대로 없기 때문에 없앨 수 있는 지知가 없다. 다만 무지無知라고 말할 수는 있어도 지무知無라고 말해서는 안 된다.〕

(또한) **혹지惑智는 지知가 있기 때문에 없앨 수 있는 지知가 있어 지무知無라고 말할 수 있는 것이지, 무지無知를 말하는 것이 아니기 때문이다.** 〔뒤에 얻은 것(=후득지後得智[87])으로 미혹을 비춰 허망이 본래 공함을 깨닫는다. 다만 허망이 원래 없다는 것을 안다고 말할 수는 있지만 무지無知라고 말해서는 안 된다.〕

무지無知는 바로 반야의 무(般若之無)**이고,** 〔반야는 본래 모든 허망이 끊어졌기 때문에 지무知無라고 말해서는 안 된다.〕 **지무知無는 바로 진제의 무**(眞諦之無)**이다.** 〔지무知無라는 것은 이를테면 진제는 허망하게 아는 것(妄知)이 없다는 것이다.〕

그래서 반야와 진제는 〔여기서부터는 마음과 경계를 합해서 밝혔다. 고요함과 작용의 동일함과 다름을 회합했는데, 먼저 동일함과 다름을 쌍으로 밝혔다.〕 **작용**(用)**을 말하면 동일하지만 다르고,** 〔고요함에 나아가서 비춘다.〕 **고요함**(寂)**을 말하면 다르지만 동일한 것이다.**

87 근본지根本智에 이른 후에 얻는 지혜. 모든 분별이 끊어진 경지에 이른 후에 다시 차별 현상을 있는 그대로 확연히 아는 지혜. 모든 번뇌와 망상이 끊어진 깨달음에 이른 후에 다시 온갖 차별을 명명백백하게 아는 지혜.

〔비춤에 나아가서 고요하다.〕

동일하기 때문에 피차에 무심無心하고, 〔(피차는) 마음과 경계다. 동일하면 마음과 경계가 쌍으로 없다.〕 **다르기 때문에 비춤의 공능(照功)을 잃지 않는다.** 〔경계와 지혜가 분명하다.〕

그래서 동일함을 변별하는 것은 다름에 대한 동일함이고, 〔동일하지 않은 것이 동일한 것이다.〕 **다름을 변별하는 것은 동일함에 대한 다름인 것이니,** 〔다르지 않은 것이 다른 것이다. 이것이 바로 마음과 경계가 함께 있고, 비춤과 작용이 동시인 것이다.〕 **이것이 바로 불가득不可得이면서 다르고 불가득이면서 동일한 것이다.** 〔함께 부정하고 쌍으로 없앴기 때문에 동일함과 다름으로 명칭을 정할 수 없다.〕

어째서 그런가? 〔고요함과 작용을 자세하고 꼼꼼하게 변별하였다.〕

안으로는 홀로 비추는 밝음이 있고 〔비춤의 체가 홀로 선 것이 고요함이다.〕 **밖으로는 만법이 진실하기 때문이다.** 〔만법이 모두 진실한 것이 작용이다.〕

만법이 비록 진실하지만 비추지 않으면 안 된다. 〔만법은 진실하지만 지혜로 비추지 않으면 그 진실을 얻지 못한다.〕

안〔=마음〕**과 밖**〔=경계〕**이 서로 그 비춤의 공능을 이루니,** 〔지혜는 경계를 얻어서 비춤과 작용이 전부 드러나고, 경계는 지혜를 얻어서 참됨과 항상(眞常)이 홀로 드러난다. 그런 까닭에 이르기를 '안과 밖이 서로 그 비춤의 공능을 이룬다'고 한 것이다.〕 **이것이 바로 성聖이 동일할 수 없는, 작용이다.** 〔경계가 아니면 지혜를 드러낼 수 없다. 그런 까닭에 동일할 수 없다.〕

안으로는 비록 비추지만 아는 것이 없고, 〔상대해서 아는 것(對待之

知)이 있는 것이 아니다.〕 **밖으로는 비록 실제로는 있지만 상이 없다.** 〔제법의 실상은 상으로 구할 수가 없다. 그런 까닭에 '무상無相'이라고 한 것이다.〕

안과 밖이 고요해서 〔안으로는 지혜는 아는 것이 없고, 밖으로는 경계는 상이 없다. 마음과 경계가 쌍으로 없어졌기 때문에 '고요하다(寂然)'고 한 것이다.〕 **서로 모두 없으니,** 〔마음이 공하기 때문에 경계가 고요하고, 경계가 고요하기 때문에 마음이 공하다. 그런 까닭에 마음과 경계가 서로 하나의 도로 똑같이 평등한 것이다(一道齊平).〕 **이것이 바로 성聖이 다를 수 없는, 고요함이다.** 〔고요하면 마음과 경계가 함께 없다. 그런 까닭에 다를 수 없다.〕

그래서 경전에서 이르기를 '제법이 다르지 않다'고 한 것이 어찌 학의 다리를 잘라 오리 다리에 붙이고(續鳧截鶴), 산을 깎아 골짜기를 메우고(夷嶽盈壑) 난 뒤에 다름이 없다고 하는 것과 같겠는가? 〔본래 다른 것이 아니다(本來不異)는 것을 인용하여 증명하였다. 『대품반야경』에 이르기를 '제법은 상이 없고, 하나의 모습도 아니고 다른 상도 아니다'[88]고 하였다. '어찌 ~라고 말하겠는가!' 이하는 다른 것이 아니라는 것을 인용한 것인데, 장자莊子가 말하기를 '오리 다리가 비록 짧지만 붙여주면 근심을 하고, 학의 다리가 비록 길지만 자르면 슬퍼한다'[89]고 하였다. 이를테면 타고나기를 길기도 하고 짧기도 한 것이니 재단해서

---

88 마하반야바라밀경 제22권, 「변학품遍學品」에 다음과 같이 전한다.
佛告須菩提 "如是如是 諸法無相 非一相 非異相 若修無相 是修般若波羅蜜" (내용 동일, 번역 생략)

89 외편 변무騈拇에 전한다.

가지런하게 할 필요가 없고, 산이 높고 골짜기가 낮은 것은 본래 자연으로 정해진 것이니 산의 꼭대기를 깎아 골짜기 밑을 메울 필요가 없다는 것이다. 인용한 의도는 제법의 본체(當體)는 진실하고 항상해서(眞常) 본래 차별이 없으며, 이른바 '이 법은 법위에 머물고, 세간의 모습에 항상 머문다(是法住法位 世間相常住)'[90]는 것이니 조작이 필요가 없다는 것이다. (또한) 그런 다음 가지런하게 평등하다는 것은, 이를테면 둘이 아닌 지혜(不二之智)로 하나의 진실 경계를 비추는 것과 같기 때문에 법마다 진실하고 항상해서 본래 다른 것이 아니라는 것이다. 이는 곧 자연히 (본래) 다르지 않은 것이지, 안배하고 난 뒤에 다르지 않은 것이 아니다.〕

참으로 다른 것에서 다르지 않기 때문에 비록 다르지만 다르지 않은 것이다. 〔경계가 다르다고 해서 그 마음도 다른 것이 아니다. 그런 까닭에 경계는 마음을 따라 하나이다. 다음에 나아가서 동일하기 때문에 "다르지만 다르지 않은 것이다"고 한 것이다.〕

그런 까닭에 경전에 이르기를 '대단히 기이하십니다, 세존이시여! 다름이 없는 법 가운데서 제법의 다름을 말씀하시는군요'라고 하였다. 〔이를테면, 일진법계一眞法界에 의지해서 헤아릴 수 없이 많은 차별법문差別法門을 연설한다는 것이다. 그런 까닭에 이르기를 '다름이 없는 법으로 다른 법을 설한다'고 한 것이다.〕

또한 이르기를 '반야와 제법 또한 동일한 모습도 아니고 다른 모습도 아니다'고 하였다. (이 말씀을) **믿으라!**" 〔하나도 아니고 다르지도

---

90 법화경 제1권, 방편품에 전한다.

않음(不一不異)을 인용해서 증명하였다. 『대품반야경』에 이르기를 '세존이시여! 어째서 다름이 없는 법에서 제법의 다름을 연설하시는 것입니까?'[91]라고 하였다. 또 이르기를 '제법은 상이 없어 하나의(=동일한) 모습도 아니고 다른 모습도 아니다'[92]고 하였다. 이것으로 제법은 하나이면서(=동일하면서) 다르다는 것은 곧 외도의 삿된 견해임을 알 수 있다. 반야로 관하면 하나도 아니고(=같지도 않고) 다르지도 않다. 실상반야實相般若의 이치가 여기서 다했다.〕

【문답 9】

難曰. 〔因聞寂用 遂疑有二 故此立難〕 **"論云 '言用則異 言寂則同' 未詳. 般若之內 則有用寂之異乎"** 〔不達動靜一源 故疑寂用兩殊〕

묻는다. 〔고요함(寂)과 작용(用)을 들음으로 인해 마침내 두 가지(고요함과 작용)가 있는 것인지 의심했기 때문에 여기서 물음을 일으켰다.〕

"논에서 말하기를 '작용을 말하면 다르고, 고요함을 말하면 같다'고 했는데, 자세하게 알지 못한다. 반야의 안에는 작용과 고요함에 다름이 있다는 것인가?" 〔동動과 정靜이 하나의 근원임을 통달하지 못했기

91 제23권, 「육유품六喩品」에 전한다.
須菩提白佛言 "(중략) 云何無異法中而分別說異相 (중략)" (번역 생략)

92 제22권, 「변학품遍學品」에 전한다.
佛告須菩提 "如是如是. 諸法無相 非一相 非異相 若修無相 是修般若波羅蜜" (번역 생략)

때문에 고요함과 작용 (이) 둘은 다르다고 의심하였다.〕

❀

答曰.〔答以寂用一致〕**用卽寂 寂卽用. 用寂體一 同出而異名**.〔同出異名 語出老子. 彼意有無同出一玄. 此言寂用本乎一心. 但約動靜言之耳〕**更無無用之寂 而主於用也**.〔言寂體必有照用 如明鏡之光 未有光明之鏡而無照者〕**是以 智彌昧 照逾明**〔此言實智照理 泯絶所知 故彌昧 眞明逾發 故照逾明. 此言 卽寂之用也〕**神彌靜 應逾動**〔由實智彌寂 故權用無方. 此言用不離體 故云 "應逾動"〕**豈曰明昧動靜之異哉**.〔總結寂用不二〕**故成具云 "不爲而過爲"**〔此證權智卽實之權〕**寶積曰 "無心無識 無不覺知"**〔此證離妄之智 顯卽寂之用〕**斯則窮神**〔權智應物〕**盡智**〔實智照理〕**極象外之談也**.〔釋引二經雙明寂用乃極象外之談〕**卽之明文 聖心可知矣"**〔以此而觀 羣疑冰釋矣〕

답한다.〔고요함과 작용이 일치하는 것으로 답하였다.〕

"작용이 곧 고요함이고, 고요함이 곧 작용이다. 작용과 고요함의 체는 하나이다. 함께 나왔지만 명칭이 다를 뿐,〔동출이명同出異名[93]이

---

93 제1장에 다음과 같이 전한다.

道可道 非常道. 名可名 非常名. 無名天地之始; 有名萬物之母. 故常無欲 以觀其妙 常有欲 以觀其徼. 此兩者同出而異名 同謂之玄. 玄之又玄 衆妙之門.

도는 말할 수 있으면 변함없는 절대적인 도가 아니다. 이름은 부를 수 있으면 변함없는 절대적인 이름이 아니다. 무는 하늘과 땅의 시작을 일컫는다. 유는 만물의 어머니를 일컫는다. 그러므로 항상 없음은 그 오묘함을 보고자 함이다.

라는 말은 『노자老子』에 나온다. 뜻은 유·무가 하나의 현묘함(一玄)에서 함께 나왔다는 것이다. 여기서는 고요함과 작용이 본래 하나의 마음이라는 것을 말한다. 다만 동動과 정静에 근거에서 말했을 뿐이다.〕 **결코 작용 없는 고요함에 작용을 주관하는 것은 없다.** 〔고요함의 체에는 반드시 비춤과 작용이 있는데 마치 밝은 거울의 광명과 같아서 밝은 거울에 비추는 것이 없는 것이 아니라는 것을 말한다.〕

그래서 지혜가 어두울수록 비춤은 더욱 밝아지고, 〔여기서는 진실지혜(實智)로 이치를 비춰 소지(所知, 경계)가 끊어져 없어졌기 때문에 더욱 어두운 것이고, 참된 밝음(眞明)이 더욱 발현되기 때문에 비춤이 더욱 밝아진다는 것을 말한 것이다. 이 말은 곧 고요함의 작용이다.〕 **신**(神, 마음)**이 고요할수록 응함은 더욱 움직이는 것이다.** 〔진실지혜가 더욱 고요해짐으로 말미암아 방편작용(權用)은 일정한 방법(또는 방향)이 없다. 이 말은 작용이 체를 떠나지 않는다는 것이기 때문에 '응하면 더욱 움직이게 된다'고 한 것이다.〕

(그런데) **어찌 밝음과 어둠, 움직임과 고요함이 다르다고 말하겠는가?** 〔고요함과 작용이 둘이 아님을 총괄해서 결론 맺었다.〕

그런 까닭에 『성구경』에 이르기를 '하지 않으면서 함을 만난다'[94]고

항상 있음은 그 끝을 보고자 함이다. 이 둘은 같은 곳에서 나왔으나 이름이 다르니 모두 현하다. 이른다. 오묘하고 또 오묘하니 만물의 오묘함의 문이로다. (전게서, p.67)

94 성구경에서는 "不爲而遇爲"로 전한다(선명善明의 게송 일부분이다.)

不語自然使　말하지 않아도 자연히 부리고
不敎令自行　가르치지 않아도 저절로 행하게 하네.
不爲而遇爲　하지 않으면서 함을 만나니

하였고, 〔여기서는 방편지혜는 진실에 나아간 방편임을 입증하였다.〕 **보적寶積이 말하기를 '마음도 없고 분별도 없지만 깨달아 알지 않음이 없다'[95]고 하였다.** 〔여기서는 허망을 떠난 지혜를 입증해서 고요함에 나아간 용을 드러냈다.〕

이는 마음을 다하고(窮神) 〔방편지혜로 물物에 응한 것이다.〕 **지혜를 다해**(盡智) 〔진실지혜로 이치(理)를 비춘 것이다.〕 **형상 밖의 이야기를 다한 것이니,** 〔두 경전을 인용하여 고요함과 작용을 함께 밝혀서 형상 밖의 이야기를 다하였다.〕 **곧바로 문장을 밝히면 성심**(聖心, 반야)**을 알 수 있을 것이다."** 〔이로써 관하면 모든 의심이 얼음 녹듯 풀어지게 된다.〕

是德以何將　이 덕을 무엇으로 행하리오.

95 지겸 역과 나집 역의 유마경 어디서도 일치하는 것이 없다. 또한 (대)보적경을 가리키는 것도 아니다. 왜냐하면 이 경전은 706년에서 713년 사이에 보리유지菩提流支에 의해서 번역된 후대의 경전이기 때문이다.

반야무지론의 부록

1. 유유민이 편지로 물은 것을 부록으로 붙인다 (劉遺民書問附)

유민遺民이 합장하옵고, 〔遺民和南〕

근자에 (스님께서) 훌륭하시다는 것(=명성)을 듣고 멀리서나마 우두커니 서서 (뵙고 싶은) 마음을 품게 되었습니다. 〔頃餐徽聞有懷遙佇.〕

세밑 혹독한 추위에 몸은 어떠신지요? 〔歲未寒嚴 體中如何.〕

소식 전할 길이 꽉 막혀 (그리운 마음만) 점점 더 가슴에 쌓여갑니다. 〔音寄壅隔 增用抱蘊.〕

제자는 초야에서 병이 들어 늘 시름시름 앓고 있을 뿐입니다. 〔弟子沈痾草澤 常有弊瘵耳.〕

(그러던 중에) 혜명 도인이 북쪽으로 (공부하러) 간다고 하기에 (이제야) 가까스로 정(情, 사정事情, 소식)을 전하게 되었습니다. 〔因慧明道人北遊 裁通其情.〕

옛사람들(古人)은 몸이 멀리 있다고 해서 서로 담담해지지 않고

깨달음을 섭렵하면 바로 친하게 지냈습니다. 〔古人不以形疏致淡悟涉則親.〕

그래서 비록 강산이 아득히 멀어 금년에 찾아뵙지는 못했지만 (스님의) 풍미(風味, 도풍과 법미)를 바라고 생각함에 이르러서는 마음으로나마 (스님의) 상적(象迹, 형상과 자취)을 비춰봅니다. 〔是以 雖復江山悠邈 不面當年 至於企懷風味 鏡心象迹.〕

우두커니 서서 부지런히 심복心服하는 마음은 실로 깊어가고 멀리 이유 없이 노을만 쳐다보며 오래도록 탄식할 따름입니다. 〔佇悅之勤 良以深矣 緬然無因 瞻霞永歎.〕

언제나 사랑하고 존경하는 마음 잊지 않겠지만 오고 가는 사람들 편(行李)에 자주 소식(問) 듣기를 바랍니다. 〔順時愛敬 冀因行李 數有承問.〕

(또한) 그곳에 계신 (모든) 대중의 평안과 외국 법사(=나집)의 안녕(安寧, 休納)을 엎드려 바라옵니다. 〔伏願彼大衆康和 外國法師休納.〕

상인(上人, 스님)께서는 깨달음이 발현된 그릇(=법기法器)으로써 (이전보다 더) 깊은 상대(나집 대사)를 만나셨습니다. 〔上人以悟發之器而遘茲淵對.〕

생각해보면, (나집 대사를 만나) 참구하여 깨달은 공功이 족히 과반 이상이라 사료思料됩니다. 〔想開究之功 足以盡過半之思.〕

그런 까닭에 매번 멀리 떨어져 있는 것(乖闊, 乖違闊遠)을 생각할 때마다 분하면서도 부끄러운 마음이 어찌나 깊은지요! 〔故以每惟乖

闊 憤愧何深.〕

이곳의 산승들은 청정함이 항상한데도 도계道戒에 더욱 힘쓰며 선은(禪隱, 정定)의 여가에도 오직 연구와 강의에만 전념할 따름입니다. 〔此山僧清常 道戒彌勵 禪隱之餘則惟研惟講.〕

(또한 이곳의 산승들은) 순순(恂恂, 공손)하고 목목(穆穆, 화목)하니, 그런 까닭에 가히 즐거울 따름입니다. 〔恂恂穆穆 故可樂矣.〕

제자는 일찍부터 품었던 뜻을 따라 이곳에서 뛰어난 법도(上軌, 불법)를 보게 되어 감사한 마음 정성스럽게 담아 해와 달에 지극히 새기고 있습니다. 〔弟子旣以遂宿心 而覩茲上軌 感寄之誠 日月銘至.〕

혜원 법사께서는 근자에도 늘 (몸소) 실천하시는 것이 적절하시고 사업(思業, 참선과 일체의 수행)에 조예가 뛰어난데도 밤낮으로 끊임없이 노력하고 계십니다. 〔遠法師頃恒履宜 思業精詣 乾乾宵夕.〕

스스로 도의 작용이 (마음) 깊은 곳에서 흐르면서 이치를 신묘하게 제어할 수 있는 사람이 아니라면 누가 이순(耳順, 나이 60)이 넘은 나이에도 맑은 기운으로 이처럼 부지런할 수가 있겠습니까! 〔自非道用潛流 理爲神御 孰以過順之年 湛氣若茲之勤.〕

그런 까닭에 의지하고 위로받음이 깊을 뿐만 아니라 우러르며 감사함은 더욱 비할 데가 없습니다. 〔所以憑慰旣深 仰謝逾絕.〕

지난 해 하안거 말에서야 비로소 도생 스님을 만나 『(반야)무지론無知論』을 보게 되었습니다. 〔去年夏末 始見生上人示無知論.〕

재지才智와 운치韻致가 맑고 빼어나 뜻(旨, 논) 속에 진실이 잠겨 있고 경문(聖文)을 헤아려 섭렵함에 깊고 그윽함(婉)이 있어 귀결

하는 바가 있었습니다. 〔才運清俊 旨中沈允 推涉聖文 婉而有歸.〕

(그리하여) 은근히 뜻(味)을 헤치다 보니 손을 놓을 수가 없었습니다. 〔披味殷勤 不能釋手.〕

(이는) 솔직히 마음을 방등方等의 연못에 씻고 마음을 깨달아 어둠이 끊어진 점포(絕冥之肆)라 할 것입니다. 〔直可謂浴心方等之淵 而悟懷絕冥之肆者矣.〕

만약 이를 변별해서 마침내 통하게 되면 반야의 온갖 흐름은 거의 말하지 않아도 알 것이니, 가히 기쁘지 않겠습니까! 가히 (정말로) 기쁘지 않겠습니까! 〔若令此辨遂通 則般若衆流 殆不言而會 可不欣乎 可不欣乎.〕

무릇 이치가 깊고 그윽한 사람은 그 말이 매우 험난하고, 홀로 노래하는 사람은 이에 응하는 사람이 드문 법입니다. 〔夫理微者辭險 唱獨者應希.〕

진실로 언어와 형상의 겉을 끊어 버린 사람이 아니라면 장차 (언어와) 형상만을 간직한 채 이치에는 어긋나게 될 것입니다. 〔苟非絕言象之表者 將以存象而致乖乎.〕

(저의) 생각을 말씀드리면, "연緣으로 지혜를 구한다(以緣求智)"고 답하신 장(章, 세 번째 문답)은 은근하게 궁구를 다하고 지극히 정교한 것이어서 (더 이상의) 이의를 제기할(間然) 바가 없습니다. 〔意謂 答以緣求智之章 婉轉窮盡 極爲精巧 無所間然矣.〕

다만 (저같이) 어두운 사람은 단박에 깨닫기 어려워 여전히 한두 가지 의문이 남습니다. 〔但暗者 難以頓曉 猶有餘疑一兩.〕

(그리하여) 지금 문득 별도로 글을 쓰오니, (부디) 조용할 때 다시 대략이나마 설명해 주시기 바랍니다.〔今輒題之如別 想從容之暇 復能麤爲釋之.〕

논서論序에 말씀하시기를 "반야의 체는 있는 것도 아니고 없는 것도 아니다. 텅 비었지만 비춤을 잃지 않고, 비추면서도 텅 빔을 잃지 않는다. 그런 까닭에 (경전에) '등(정)각에서 움직이지 않고 제법을 건립한다'고 한 것이다"라고 하셨습니다.〔論序云 "般若之體非有非無. 虛不失照 照不失虛. 故曰 '不動等覺而建立諸法'"〕

(그리고) 다음 장章에서 말씀하시기를 "(성인이) 사람들과 다른 것은 신명神明이니, 그런 까닭에 사상事相으로 구하지 못한다는 것일 뿐이다"고 하셨습니다.〔下章云 "異乎人者神明 故不可以事相求之耳"〕

(그리고) 또 말씀하시기를 "작용이 곧 고요함이고 고요함이 곧 작용이니, 마음은 더욱 고요해지고 응할수록 움직인다"고도 하셨습니다.〔又云 "用卽寂 寂卽用 神彌靜 應逾動"〕

무릇 성심(聖心, 반야)은 그윽하고 고요하며 이치는 지극해서 무無와 동일합니다.〔夫聖心冥寂 理極同無.〕

(또한 이러한 성심은) 빠르지 않으면서 빠르고 더디지 않으면서 더딥니다.〔不疾而疾 不徐而徐.〕

그래서 아는 것(知)은 고요함(寂)을 무너뜨리지 않고 고요한 것은 아는 것을 무너뜨리지 않는 것이니, (이는) 처음부터 고요한 것이

아닌 것도 아니고 처음부터 아는 것이 아닌 것도 아닙니다. 〔是以知不廢寂 寂不廢知 未始不寂 未始不知.〕

그런 까닭에 물物을 운행하여 공훈을 이루고 세상을 교화하는 도가 비록 유명有名 속에 있지만 멀리(=심오하게) 무명無名과 동일한 것입니다. 〔故其運物成功 化世之道 雖處有名之中 而遠與無名同.〕

(하지만) 이러한 이치의 현묘함은 분명코 언제나 어두운 사람들을 헛갈리게 하는 바가 됩니다. 〔斯理之玄 固常所彌昧者矣.〕

다만 지금 담자(談者, 저)는 고매한 논(高論)의 뜻에 의심 가는 바가 있어 성심聖心은 다르다는 것을 찾고자 합니다. 〔但今談者所疑於高論之旨 欲求聖心之異.〕

(성심이 동일하다는 것은) 신령함을 다하고 수(數, 분별지分別智)를 다해서(窮靈極數) 오묘함이 명부(冥符, 무분별지無分別智)에 다다랐다는 것을 말하는 것입니까, (아니면) 마음의 체는 본래 그러해서 신령하고 담담하게 홀로 감응하는 것입니까? 〔爲謂窮靈極數 妙盡冥符耶 爲將心體自然 靈怕獨感耶.〕

만약 신령함을 다하고 수(數, 분별지)를 다해서(窮靈極數) 오묘함이 명부(冥符, 무분별지)에 다다랐다면 고요함(寂)과 비춤(照)의 두 명칭은 원래 정定과 혜慧의 체體일 뿐일 것입니다. 〔若窮靈極數 妙盡冥符 則寂照之名 故是定慧之體耳.〕

(또한) 만약 마음의 체는 본래 그러해서 신령하고 담담하게 홀로 감응하는 것이라면 바로 온갖 수(數, 분별지)로 응하는 것은 분명코 거의 쉬게 될 것입니다. 〔若心體自然 靈怕獨感 則羣數之應 固以幾乎息矣.〕

무릇 심수(心數, 心所, 마음작용)가 현묘한데 "홀로 운행하며 비춘다"고 하고, 마음(神)은 변화 밖(表)에서 순일한데 "혜명慧明은 홀로 존재한다" 하셨으니, (이는) 마땅히 깊이 증득한 것이 있으실 것입니다. 〔夫心數旣玄 而孤運其照 神淳化表 而慧明獨存 當有深證.〕 가히 시험 삼아 변별해 주십시오. 〔可試爲辨之.〕

의자(疑者, 저)는 어루만지고 회합하면서 기(機, 상황)에 따라 변화를 보는 앎은 있는 것이 아니라고 말해서는 안 된다고 생각합니다. 〔疑者當以撫會應機覩變之知 不可謂之不有矣.〕

그런데 논지論旨에서 말씀하시기를 "본래 미혹으로 취해 아는 것이 없다"고 하시면서 취하지 않는 이치(不取之理)의 이유는 설명하지 않으셨습니다. 〔而論旨云 "本無惑取之知" 而未釋所以不取之理.〕

(이는) 이를테면 마땅히 먼저 성심聖心으로 (감)응하고 회합하는 도의 이유를 정립해야 한다는 것인데, 오직 무상無相만을 비추는 것이 맞습니까, 그 변화를 모두 보는 것이 맞습니까? 〔謂宜先定聖心所以應會之道 爲當唯照無相耶 爲當咸覩其變耶.〕

만약 변화를 본다면 무상無相과는 다를 것이고, 만약 오직 무상無相만을 비출 뿐이면 회합하고 어루만질 만한 것이 없을 것입니다. 〔若覩其變 則異乎無相 若唯照無相 則無會可撫.〕

회합하고 어루만질 만한 것이 없는데 어루만지고 회합하는 공功이 있다는 뜻은 깨닫지 못하겠습니다. 바라건대, 거듭 가르쳐 주십시오. 〔旣無會可撫 而有撫會之功 意有未悟. 幸復誨之.〕

논에서 말씀하시기를 "일치하는 것이 없으면 물物은 일치하지 않는 것이 없고, 옳은 것이 없으면 물物은 옳지 않은 것이 없다. 물物은 옳지 않은 것이 없기 때문에 옳으면서 옳은 것이 없고, 물物은 일치하지 않는 것이 없기 때문에 일치하면서 일치하는 것이 없다"고 하셨습니다. 〔論云 "無當 則物無不當 無是 則物無不是. 物無不是 故是而無是 物無不當 故當而無當"〕

무릇 일치하는 것이 없으면서 물物은 일치하지 않는 것이 없는 것이 바로 지극히 일치하는 까닭이고, 옳은 것이 없으면서 물物이 옳은 것이 아닌 것이 없는 것이 진실로 옳은 까닭입니다. 〔夫無當而物無不當 乃所以爲至當 無是而物無不是 乃所以爲眞是.〕

(그런데) 어찌 진실로 옳으면서 옳지 않은 것이 있으며, 지극히 일치하면서 일치하지 않은 것이 있겠습니까? 〔豈有眞是而非是 至當而非當.〕

그런데도 말씀하시기를 "일치하면서 일치함이 없고 옳으면서 옳음이 없다"고 하시는 것입니까? 〔而云當而無當 是而無是耶.〕

만약 지극히 일치하는 것은 일상의 일치하는 것이 아니고, 진실로 옳은 것은 일상의 옳은 것이 아니라면 이는 깨달음과 미혹의 말이 본래 다르다는 것일 것입니다. 〔若謂至當非常當 眞是非常是 此蓋悟惑之言本異耳.〕

(이것이) 분명 논지에 밝히지 않은 이유입니다. 〔固論旨所以不明也.〕

바라옵건대, 다시 거듭 깨우쳐서 미혹을 떨쳐 버리게 해 주십시오. 〔願復重喩以祛其惑矣.〕

(조공의) 논論이 도착한 날, 바로 혜원 법사와 함께 상세히 살펴보았는데 법사님 또한 잘 알고 만족해하셨습니다. 〔論至日 卽與遠法師詳省之 法師亦好相領得意.〕
다만 (주장하는) 입장을 드러냄에 각기 근본이 있어 어쩌면 당연히 이치가 모두 동일할 필요는 없는 것 같기도 합니다. 〔但標位似各有本或當不必理盡同矣.〕
근자에 아울러 여러 생각 있는 이들에게 나눠줬었는데 그 핵심을 찌른 사람들이 여럿 있었습니다. 〔頃兼以班諸有懷 屢有擊其節者.〕
하지만 안타깝게도 이 사람들과 때를 함께할 수 없었습니다. 〔而恨不得與斯人同時也.〕

【서】

遺民和南

유민遺民이 합장하옵고,

〔약주〕

按新疏 公名程之 字仲思. 別號遺民 謂遺逸之民. 彭城人 漢楚元王之裔. 外善百家 內研佛理. 嘗爲柴桑令 値桓玄僭逆初萌 乃歎曰 “晉室無盤石之固 蒼生有纍卵之危” 因與儒者次宗宗炳周續之等 皆當代名流事遠公於廬山. 稱十八賢 精結蓮社 辟命弗顧. 太尉劉裕 見其野志沖

邈 乃以高尙相禮. 時生法師入關 就學於什師 與論主莫逆. 生公南返 乃以前論出示廬山社衆. 遺民覽之歎服 因呈遠公 公歎曰 "未曾有也" 雖遺民致問 亦遠之深意也.

※裔(후손 예): 후손. 후예.
※僭(주제넘을 참): 주제넘다. 본분을 뛰어넘다(넘어서는 짓을 하다).
※纍卵(누란): 위험천만하다.
※邈(멀 막)은 貌(모양 모) 자와 혼용된다.

『신소新疏』[96]를 살펴보니, 공公의 이름은 정지程之이고, 자字는 중사仲思이다. 별호(別號, 아호)는 유민遺民인데, 유일지민遺逸之民[97]을 말한다. 팽성彭城 사람으로 한漢나라 초원왕楚元王[98]의 후손(裔)이다.

겉으로는 백가百家를 좋아하면서 안으로는 불교의 이치(佛理)를 연구하였다.

일찍이 시상柴桑[99]의 현령(令, 縣令)이 되었는데, 마침 환현桓玄[100]이 본분에서 벗어나는 역모가 처음으로 싹트기 시작하자, 이내 탄식하며 말했다.

"진晉의 황실은 반석의 견고함이 없고 억조창생(億兆蒼生, 헤아릴 수 없이 많은 백성들)은 누란의 위험에 처하였다."

96 『조론신소肇論新疏』를 말한다.
97 유능하지만, 등용되지 않아 세상에 드러나지 않은 사람을 뜻한다.
98 초원왕(楚元王, ?~B.C.179): 한고조 유방의 배다른 동생.
99 현 강서성 구강시九江市 구강현九江縣을 말한다.
100 환현(桓玄, 369~404): 환초桓楚의 초대 왕.

이로 이해 유생(儒者)인 차종次宗·종병宗炳·주속지周續之 등 당대의 유명 인사들과 함께 여산廬山에서 혜원 스님(遠公)을 섬겼다. (이들은) 18현十八賢이라 불렸는데, 백련사에서 결사를 맺고 정진하면서(精結蓮社) 나라의 부름에 돌아보지도 않았다(辟命[101]弗顧). 태위太尉 유유劉裕[102]가 그의 수수한 뜻(野志)과 담백한 모습(沖邈)을 보고 높이 숭상하면서 서로 예로써 대하였다.

그때 도생 법사(生法師)[103]가 관(關, 關中)에 들어와서 나집 대사에게 배웠는데, 논주(승조)와는 허물없이 아주 친밀하였다. (그러던 중에) 도생이 남쪽으로 돌아가 앞의 논문(반야무지론)을 여산의 결사 대중에게 꺼내 보였는데, 유민이 보고 탄복하였다. (그리고는) 논문을 혜원 스님(遠公)에게 드리자, 혜원이 찬탄하며 말했다.

"일찍이 있었던 것이 아니다(未曾有也)."

(이 편지는) 비록 유민이 물은 것이지만 혜원의 깊은 뜻이기도 하다.

---

101 벽명辟命: 벽제辟除의 명령. 한대漢代에는 인재를 선발할 때 징벽제도徵辟制度를 실시하였다. 황제가 조서를 내려 부르거나 대신이 추천한 후에 지명하여 부르는 것을 징徵이라 한다. 벽辟은 공경公卿 혹은 주군州郡의 장관이 어떤 사람을 징집하여 자신의 속관으로 삼는 것을 뜻한다.

102 유유(劉裕, 363~422): 송宋나라 무제武帝의 본래 이름. 초원왕의 후예.

103 도생(道生, ?~434): 동진 때의 승려. 구마라집 문하의 사철 중 한 사람. 선불수보설善不受報說 등을 주창하여 다른 학승들의 배척을 받았으나 후에 『열반경涅槃經』(40권 본, 담무참 역)이 번역되면서 그의 학설이 인정받게 됨.

【서】

頃餐〔味也〕徽〔美也〕聞〔去聲名也〕有懷遙佇.〔企望也〕歲未寒嚴體中如何. 音寄壅隔 增用抱蘊. 弟子沈痾草澤〔山野也〕常有弊瘵耳. 因慧明道人北遊 裁〔纔也〕通其情.

※企望(기망): 바라다. 기대하다. 희망하다.

※밑줄 친 부분의 '歲未'는 '歲末(세밑)'의 誤字다.

※痾(숙병 아): 숙병. 병이 더해지는 모양.

※瘵(앓을 채): 앓다. 피로해지다. 지치다. 병.

※裁(마를 재): 겨우. 간신히. 가까스로.

근자에 훌륭하시다는 것〔찬餐은 맛(味)이고, 휘徽는 훌륭함(美)이다.〕[104](명성)을 듣고〔명성(聲名)이 빠졌다.〕멀리서나마 우두커니 서서 (뵙고 싶은) 마음을 품게 되었습니다.〔(만나 뵙기를) 희망하는 것이다.〕

세밑 혹독한 추위에 몸은 어떠신지요? 소식 전할 길이 꽉 막혀 (그리운 마음만) 점점 더 가슴에 쌓여갑니다.

제자는 초야〔=시골〕에서 병이 들어 늘 시름시름 앓고 있을 뿐입니다. (그러던 중에) 혜명 도인이 북쪽으로 (공부하러) 간다고 하기에 (이제야) 가까스로〔=겨우〕정(情, 사정事情, 소식)을 전하게 되었습니다.

---

104 번역 상, 두 단어에 대한 촌평을 하나로 묶었다.

〔약주〕

將致問深旨 先敍寒溫仰慕之懷也. 謂頃聞美名 如飢渴之得飮食. 故曰餐. 有願見之 懷而不得 但有遙想企佇. 時當歲末 不審道體如何以乏便鴻 故音寄壅隔 不通 日增積蘊之思. 顧以病臥草澤 不能遠訪情向未達. 近因慧明北遊 纔得一通其情. 此敍未見懷想之心如此.

※寒溫(한온): 문안 인사. 일기의 춥고 더움을 말하여 서로 인사함을 가리킴.

※鴻(기러기 홍): 서신.

※積蘊(적온): 온축하다. (학문·기예 등을) 축적하여 겉으로 드러내지 않다.

장차 (반야무지론에 담긴) 심오한 뜻을 물으려고, 먼저 문안 인사와 앙모하는 마음을 서술하였다.

이를테면 근자에 (스님의) 명성(美名)을 들은 것이 마치 배고프고 목마르던 이가 먹고 마실 것을 얻은 것과 같았다는 것이다. 그런 까닭에 '찬餐'이라고 하였다.

만나 뵙기를 원했지만 생각대로 되지 못해서 다만 멀리서나마 생각으로 우두커니 서서 (만나 뵙기를) 바랄 뿐이었다. (그런데) 그때 마침 세밑을 맞아 도체(道體, 몸)가 어떤지 자세히 알지 못하고 서신(鴻)을 전할 형편마저 부족했기 때문에 "소식 전할 길이 꽉 막혔다"고 한 것이고, (소식을) 알리지 못해 나날이 그리움(思)만 쌓여갔던 것이다. 돌이켜보면 병으로 초야에 드러누웠기 때문에 멀리 찾아뵐 수 없었던 것이니, 정(情, 마음)은 향했어도 (몸은) 이르지 못한 것이다.

최근에서야 혜명이 북쪽으로 (공부하러) 가는 것으로 인해 겨우

정(情, 마음)을 알릴 (기회를) 한 번 얻게 된 것이다.

여기서는 (직접) 뵙지 못하고 그리워하는 마음(懷想)을 이와 같이 서술하였다.

【서】

古人不以形疏致〔思也〕淡 悟涉則親. 是以雖復江山悠邈 不面當年 至於企懷風味 鏡心象迹. 佇悅之勤 良以深矣. 緬然無因 瞻霞永歎. 順時愛敬 冀因行李 數有承問.

※悠邈(유막)=悠遠(유원): 유원하다. 매우 오래다. 거리가 멀다.
※緬(멀 면, 가는 실 면): 멀다 아득하다. 생각하다. 가는 실.
※悅(기쁠 열): 기쁘다. 심복하다(心服: 마음속으로 기뻐하며 성심을 다하여 순종하다). 사랑하다.

옛사람들(古人)은 몸이 멀리 있다고 해서 〔생각함이〕 서로 담담해지지 않고 깨달음을 섭렵하면 바로 친하게 지냈습니다. 그래서 비록 강산이 아득히 멀어 금년에 찾아뵙지는 못했지만 (스님의) 풍미(風味, 도풍과 법미)를 바라고 생각함에 이르러서는 마음으로나마 (스님의) 상적(象迹, 형상과 자취)을 비춰봅니다.

우두커니 서서 부지런히 심복心服하는 마음은 실로 깊어가고 멀리 이유 없이 노을만 쳐다보며 오래도록 탄식할 따름입니다. 언제나 사랑하고 존경하는 마음 잊지 않겠지만[105] 오고 가는 사람들 편(行李)에 자주 소식 듣기를 바랍니다.

〔약주〕

此敘慨慕之情也. 古人不以形迹疏遠 而遂淡其致思 苟心相契悟 雖遠亦親. 是以山川雖邈遠 昔年未面 至若企仰懷慕道風法味 心鏡照其像迹 不越方寸. 故佇望之勤 日益深矣 此想慕之切也. 私心緬然不忘 但無因一見 瞻望秦嶺之煙霞 益增長歎. 隨時愛敬之心不忘 冀望乘往來行李之便 願數有音問.

※企仰(기앙)=발돋움해서 앙망함. 앙모함.
※懷慕(회모): 마음속 깊이 사모함.
※音問(음문): 소식. 편지.

여기서는 사모(慨慕, 우러러 받듦)의 정情을 서술하였다.

고인古人은 소재(形迹)가 소원疏遠한 것으로써 깊이 생각하는 것(致思)이 담담해지는 것이라 여기지 않고, 진실로 마음이 깨달음에 계합하면 비록 멀리 있어도 친하게 지냈다.

그래서 산천이 비록 멀고 아득해서 지난날 얼굴을 마주 대하지는 못했어도 도풍道風과 법미法味를 우러르고 사모함에 이르러서는 마음 거울로 그 자취를 비추면서 마음을 벗어나지 않았던 것이다.

그런 까닭에 우두커니 서서 바라보는 부지런함만이 날이 갈수록 깊어져 갔으니, 이것이 생각으로 사모하는 간절함이다.

개인적인 마음은 (아무리) 멀리 있어도 잊지 못하지만 (그간에) 다만 한 번도 만나 본 적이 없었기 때문에 진령秦嶺[106] 쪽에 핀 안개와

105 감산의 약주를 따라 번역하였다.

노을을 멀리 바라보며 장탄식長歎息만 더욱 늘어날 뿐이었다.

(그래서) 언제나 사랑하고 공경하는 마음을 잊지 않겠지만 오고 가는 이들의 짐(行李) 속에 자주 소식이 있기를 바란 것이다.

【서】

伏願彼大衆康和 外國法師休納.

(또한) **그곳에 계신** (모든) **대중의 평안과 외국 법사**(=나집)**의 안녕**(安寧, 休納)**을 엎드려 바라옵니다.**

〔약주〕

此祝願也 外國法師常時休納福慶也. 以論主在譯場 故問及大衆 致訊本師也.

※問及(문급): 묻다. 캐묻다. 질문하다.

※福慶(복경): 행운과 경사.

여기서는 외국 법사의 평소 안녕, 그리고 행운과 경사를 축원했다. (또한) 논주가 역경譯經 도량에 있었기 때문에 대중의 안부를 묻고 본사(本師, 나집)의 안부를 물었다.

---

106 섬서성의 남부에 있는 산. 종남산終南山의 뒤쪽이며, 진령 산맥의 중심부를 이루고 있음.

【서】

上人以悟發之器而遘茲淵對. 想開究之功 足以盡過半之思. 故以每惟乖闊 憤愧何深.

※憤愧(분괴): 분해하며 부끄러워함.

상인(上人, 스님)**께서는 깨달음이 발현된 그릇**(=법기法器)**으로써** (이전보다 더) **깊은 상대**(=나집 대사)**를 만나셨습니다. 생각해보면,** (나집 대사를 만나) **참구하여 깨달은 공功이 족히 과반 이상이라 사료思料됩니다. 그런 까닭에 매번 멀리 떨어져 있는 것**(乖闊, 乖違闊遠)**을 생각할 때마다 분하면서도 부끄러운 마음이 어찌나 깊은지요!**

〔약주〕

此歎論主遭逢之幸 顧自愧也. 悟發之器 謂論主先遇梵師持禪波羅蜜經梵本至秦 論主從梵師得受禪訣 有所開悟. 故稱悟發之器. 淵對 指什師淵妙之思. 論主旣已自悟 又遇此良師 想於般若開究之功 以盡過半之思 謂全了悟也. 故劉公慕此 不能參預法會 以自乖違闊遠 憤愧何深耳.

※乖違(괴위): 이반하다. 배반하다. 서로 등지어 떨어지다.
※闊遠(활원): 아득히 멀다.

여기서는 논주가 (나집 대사를) 만난 행운을 찬탄하면서 (유민이) 자신을 돌아보고 부끄러워했다.

깨달음이 발현된 그릇(悟發之器, 법기)은 이를테면 논주(論主, 승조)가 (나집 대사를 만나기 전에) 먼저 『선바라밀경禪波羅蜜經』 범본을 가지고 진秦나라에 온 범사(梵師, 인도의 스님)를 만났었는데, (그때) 논주가 인도 스님을 따라 선의 비결(禪訣)을 배워서 깨달음이 열린 바가 있었다는 것이다. 그런 까닭에 깨달음이 발현된 그릇이라고 칭한 것이다.

연대淵對는 깊고 오묘한 생각을 지닌 나집 대사를 가리킨다.

논주는 이미 스스로 깨달았는데 (여기에) 또 이런 훌륭한 (나집) 대사(良師)를 만났으니, (논주가) 반야를 참구하고 깨달은 공功을 생각해보면 (그 공功이) 과반 이상이며, (이는) 이를테면 (논주가) 완전히 깨달았다는 것이다. 그런 까닭에 유공劉公이 이를 사모하였던 것이고, 법회에 참여하지 못하고 아득히 멀리 (거리를 두고) 떨어져 있었기 때문에 "분하면서도 부끄러운 마음이 어찌나 깊은지요!"라고 한 것이다.

【서】

此山僧清常 道戒彌勵 禪隱之餘則惟研惟講. 恂恂〔敬貌〕穆穆〔和也〕故可樂矣. 弟子旣以遂宿心 而覩茲上軌 感寄之誠 日月銘至. 〔瑤本作志〕

※恂恂(순순): 성실한 모양. 공송한 모양. 두려워하는 모양. (恂: 정성 순)
※穆穆(목목): 심원하다. 신중하고 공경스럽다. 아름답다. (穆: 화목할 목)
※宿心(숙심): 일찍부터 품은 뜻. / 평소부터 가지고 있던 본심.

이곳의 산승들은 청정함이 항상한데도 도계道戒에 더욱 힘쓰며, 선은(禪隱, 정定)**의 여가에도 오직 연구와 강의에만 전념할 따름입니다.**[107] (또한 이곳의 산승들은 서로) **순순**恂恂〔=공손〕**하고 목목**穆穆〔=화목〕**하니, 그런 까닭에 가히 즐거울 따름입니다.**

제자는 일찍부터 품었던 뜻을 따라 이곳에서 뛰어난 법도(上軌, 불법)**를 보게 되어 감사하는 마음 정성스럽게 담아 해와 달에 지극히 새기고 있습니다.** 〔요본瑤本[108]에서는 지至를 지(志, 뜻, 의지)라고 한다.〕

〔약주〕

此劉公自述慶幸法侶嘉會之辭也. 言道戒 戒也 禪隱 定也 硏講 慧也. 此三學精嚴 六和修敬 自遂生平而覩玆嘉範. 感託之誠 指日月以銘心志.

※慶幸(경행): 축하할 만하다. 경사스럽다. 다행이다. 기쁘다.
※精嚴(정엄): 적절하고 엄격하다.

여기서는 유공劉公이 스스로 법려(法侶, 승려들)의 가회嘉會(에 참여하게

107 온종일 계·정·혜 삼학에 전념한다는 뜻이다.

108 당나라 때 광요(光瑤, 717~808)의 『조론주기肇論註記』(3권)를 말한다.

된 것, 백련결사의 일원이 된 것)를 기뻐하는 말을 서술하였다.

도계道戒는 계戒, 선은禪隱은 정定, 연강硏講은 혜慧를 말한다.

여기서 삼학三學을 적절하고 엄격하게 하고 육화六和[109]를 닦고 공경하는 것으로 스스로를 평생 이루면서 이곳에서 아름다운 법(嘉範)을 본 것이다.

감사한 마음을 정성스럽게 담아 해와 달을 가리키면서 마음에 품은 뜻(心志)을 새긴 것이다.

【서】

遠法師頃恒履宜 思業〔禪思道業〕精詣〔到也〕乾乾宵夕. 自非道用潛流 理爲神御 孰以過順之年 湛氣若茲之勤. 所以 憑〔托身〕慰〔慰心〕旣深 仰謝逾絕.

※乾乾(건건): 자강불식自强不息하는 모양. 끊임없이 노력하는 모양.
※潛流(잠류): 마음 깊은 곳에 숨어 있는 감정.
※神御(신어): 임금의 어진御眞.

혜원 법사께서는 근자에도 늘 (몸소) 실천하시는 것이 적절하시고, 사업(思業, 참선과 일체의 수행) 〔선사禪思[110]와 도업道業[111]〕에 **조예가**

109 신구동주身口同住·구화무쟁口和無諍·의화동열意和同悅·계화동수戒和同修·견화동해見和同解·이화동균利和同均을 뜻한다.

110 선사禪思: samādhi, dhyāna의 구역. 마음을 한곳에 집중하여 산란하지 않음.

뛰어난데도 〔도달하였다.〕 밤낮으로 끊임없이 노력하고 계십니다.

스스로 도의 작용이 (마음) 깊은 곳에서 흐르면서 이치를 신묘하게 제어할 수 있는 사람이 아니라면 누가 이순(耳順, 나이 60)이 넘은 나이에도 맑은 기운으로 이처럼 부지런할 수가 있겠습니까!

그런 까닭에 의지하고 〔몸을 의탁한 것이다.〕 위로받음이 〔마음을 위로받는 것이다.〕 깊을 뿐만 아니라 우러르며 감사함은 더욱 비할 데가 없습니다.

〔약주〕

此讚述遠公之高 且述依托之志也. 履宜 謂行履如宜. 禪思道業 精嚴深到 而又乾乾不息 晝夜不懈. 如此操行 若非道用潛流於心地 至理神御於日用 誰能以過耳順之年 澄湛之氣若此之精勤. 有師如此 故身有所托 而心有所慰. 以畢所願 故仰道謝世 日遠逾絶 此又劉公之所大慶幸也.

여기서는 혜원 공의 고매함을 찬탄해서 서술했고, 또한 (혜원 스님에게 자신을) 의탁한 뜻을 서술하였다.

리의履宜는 이를테면 행리여의(行履如宜, 일상의 모든 행위가 여여하고 마땅함)라는 것이다. (혜원 공은) 선사禪思와 도업道業이 적적하고 엄격하여 깊은 경지에 이르렀는데도 또한 끊임없이 쉬지 않고 밤이

마음을 가라앉히고 고요히 생각함.

도업道業: 불도를 닦는 것.

111 선사와 도업은 참선과 (일체의) 수행을 뜻한다.

다하도록 게을리 하지 않았다. 이와 같은 품행(操行)이 만약 도의 작용(道用)이 마음에서 깊이 흐르고 지극한 이치(至理)가 일상생활에 어진(神御)으로 삼은 것이 아니라면, 누가 능히 이순耳順이 넘은 나이에 맑고 맑은 기운을 이처럼 쉬지 않고 부지런히 힘쓸 수 있겠는가? (혜원) 스님에게 이와 같은 것이 있었기 때문에 몸을 의탁하고 마음으로 위로 받는 바가 있었던 것이다. (또한) 이로써 바라던 바가 이루어졌기 때문에 도를 우러르고 세상에 감사함[112]은 날이 멀어질수록 더욱 비할 데가 없으니(=날이 갈수록 점점 더 절절해지니), 이 또한 유공에게는 대단히 경사스럽고 다행한 일인 것이다.

【서】

去年夏末 始見生上人示無知論. 才運〔此疑作韻〕清俊 旨中沈〔深淵〕允〔恰當〕推涉聖文 婉而有歸. 披味殷勤 不能釋手. 直可謂浴心方等之淵 而悟懷絕冥之肆者矣. 若令此辨遂通 則般若衆流 殆不言而會 可不欣乎 可不欣乎.

※婉(순할 완): 은근하다(깊고 그윽하다). 곡진하다(매우 정성스럽다).

지난 해 하안거 말에서야 비로소 도생 스님을 만나 『(반야)무지론無知

112 통상 사세謝世는 죽음(세상을 하직함)을 뜻하지만 여기서는 문맥 상 세상에 감사함으로 번역하였다. 속세에서 물러나 도를 우러름이 더욱더 절절해졌다는 뜻으로 이해했다.

論』을 보게 되었습니다. 재지才智와 운치韻致는 〔여기서는 (운運이) 운韻으로 짐작된다.〕 맑고 빼어났으며, 뜻(旨, 논) 속에는 〔깊은 못(深淵)[113]과 같은〕 진실〔(允)은 當과 같음〕이 잠겨 있고, 경문(聖文)을 헤아리고 섭렵함에 깊고 그윽함이 있어 귀결하는 바가 있었습니다. (그리하여) 은근히 뜻(味)을 헤치다 보니 손을 놓을 수가 없었습니다. (이는) 솔직히 마음을 방등方等의 연못에 씻고 마음을 깨달아 어둠이 끊어진 점포(絶冥之肆)라 할 것입니다.

만약 이를 변별해서 마침내 통하게 되면 반야의 온갖 흐름은 거의 말하지 않아도 알 것이니, 가히 기쁘지 않겠습니까! 가히 (정말로) 기쁘지 않겠습니까!

〔약주〕

此敘得論之由也. 謂從生公得無知論 其才清儁 其理深沈允當. 推釋經文 辭婉而旨有歸趣. 披閱玩味 殷勤再至 不能釋手 般若玄宗 如衆流歸海 如人浴海 已沾百川之水 浴心般若 已得萬法之宗. 般若非見聞之境 故稱絶冥之肆. 若使此論一通 則般若引衆流 將不言而會矣. 再言可不欣乎 慶躍之至也.

※儁(준걸 준): 준걸하다. 뛰어나다. 수려하다. 아름답다. (俊과 同字)

※允當(윤당): 진실로 맞음. 이치에 적합함. 공평적당公平適當.

※玩味(완미): 잘 씹어서 맛봄. 잘 생각하여 맛봄.

※沾(더할 첨, 젖을 점): 더하다. 적시다.

---

113 깊은 못(深淵)은 뛰어넘을 수 없음을 비유한 것이다.

※衆流(중류): 지류를 통합한 본류.

여기서는 논論을 얻게 된 연유를 서술하였다.

이를테면 도생 스님으로부터 얻은 (반야)무지론은 재지(才, 才智)가 맑고 빼어났으며, 이치(理)는 윤당(允當, 公平適當, 진실)에 깊이 잠겨 있었다는 것이다. (또한) 경문을 깊이 파고들어 곱씹어 따져보니 말씀(辭)은 깊고 그윽하였으며 뜻(旨, 논)에는 귀결하는 취지가 있었다는 것이다. (그리하여) 책을 펼쳐 읽으면서 맛을 보니 은근히 (마음이) 거듭 이르게 되어 손을 놓을 수가 없었던 것이다.

반야의 현묘한 종지는 마치 온갖 강물이 바다로 돌아가는 것과 같고 바다에서 몸을 씻은 것과 같은데, 이미 백천의 물에 (몸을) 적시고 마음을 반야로 목욕해서 만법의 종지를 얻었다.

반야는 보고 듣는 경계가 아니기 때문에 '어둠이 끊어진 점포(絶冥之肆)'라고 칭한 것이다. (그러므로) 만약 이 논을 한 번 통하면 바로 반야로 온갖 흐름들을 끌어들이게 될 것이니, (이는) 장차 말하지 않아도 알 것이다. (또한) 재차 "가히 기쁘지 않겠습니까!" 하고 말한 것은 뛸 듯이 기쁨에 이른 것이다.

【서】

夫理微者辭險〔由般若理微 故設論辭險〕**唱獨者應希**.〔如陽春雪曲和者應稀〕**苟非絕言象之表者**〔者 指其人也. 若非心超象外之人 定不能領會〕**將以存象而致乖乎**.〔謂未能忘言得旨之人 必執言以乖

其理〕

무릇 이치가 깊고 그윽한 사람은 그 말이 매우 험난하고, 〔반야의 이치는 미묘하기 때문에 논지를 세워 말하는 것이 험난하다.〕[114] **홀로 노래하는 사람은 이에 응하는 사람이 드문 법입니다.** 〔마치 양춘설곡陽春雪曲[115]처럼 화답하는 사람이 응하기가 드물다.〕

진실로 언어와 형상의 길을 끊어 버린 사람이 아니라면 〔자者는 그 사람을 가리킨다. 만약 마음이 형상 밖을 뛰어넘은 사람이 아니라면 결정코 깨달아 알 수가 없다.〕 **장차** (언어와) **형상만을 간직한 채 이치에는 어긋나게 될 것입니다.** 〔이를테면 말을 잊고 뜻을 얻지 못한(忘言得旨) 사람은 반드시 말에 집착해서 그 이치에 어긋나게 된다는 것이다.〕

❀

意謂 答以緣求智之章 婉轉窮盡 極爲精巧 無所間然矣. 〔此許前論與理渾然 無有間隙矣〕 **但暗者** 〔昧於理者〕 **難以頓曉 猶有餘疑一兩.** 〔一二〕[116] **今輒題之如別** 〔初別列問意 今合歸篇中〕 **想從容** 〔無事〕 **之暇** 〔閒暇之時〕 **復能麤爲釋之.** 〔上敘起疑之由 下正敘疑文〕

---

114 험난하다(險)는 것은 헤아리기 어렵다는 뜻이다.

115 양춘백설陽春白雪을 뜻한다. 초楚나라의 고상한 악곡 이름으로, 고상한 노래는 가락을 맞추어 같이 부르는 사람이 적다는 것이다.

116 일양一兩=일이一二: 한두 가지. (번역에서는 뺐다.)

※婉轉(완전): 순탄하고 원활하여 구차하지 않다. / (말의 표현이) 완곡하다. 은근하다.

※間然(간연): 이의를 제기함.

※從容(종용): 조용하다. 침착하다. 여유가 있다. 넉넉하다.

(저의) **생각을 말씀드리면 "인연으로 지혜를 구한다**(以緣求智)"**고 답하신 장章**[117]**은 은근하게 궁구를 다하고 지극히 정교한 것이어서** (더 이상의) **이의를 제기할**(間然) **바가 없습니다**. 〔여기서는 앞의 논문이 이치와 조금도 차별이 없이 한 덩어리가 되어(渾然, 혼연일체) 간극(間隙, 흠잡을 틈)이 없다는 것을 인정하였다.〕

다만 (저같이) **어두운 사람**〔=이치에 우매한 사람〕**은 단박에 깨닫기 어렵기 때문에 여전히 한두 가지 의문이 남습니다**.

(그리하여) **지금 문득 별도로 글을 쓰오니**, 〔처음에는 별도로 질문한 뜻을 나열했었는데, 지금은 책에 합쳤다.〕 (부디) **조용할** 〔일없이〕[118] **때**〔=한가한 때〕 **다시 대략이나마 설명해 주시기 바랍니다**. 〔이상은 의문이 일어난 연유를 서술했고, 다음부터는 (유유민이) 의심쩍어하는 구절을 바로 서술하였다.〕

❀

論序云 "般若之體 非有非無. 〔眞俗雙泯〕 **虛不失照 照不失虛.** 〔寂照同時〕 **故曰 '不動等覺而建立諸法'" 下章云 "異乎人者神明 故不可以**

---

117 반야무지론의 세 번째 문답에서 말한 것을 뜻한다.

118 여기서의 무사無事는 아무 일도 없는 태평함을 뜻한다.

事相求之耳"〔上總敘實智之文〕又云"用卽寂 寂卽用 神彌靜 應逾動"〔此敘權智之文 下就敘論意 先權實雙標〕

논서論序에 말씀하시기를 "반야의 체는 있는 것도 아니고 없는 것도 아니다.〔진과 속이 쌍으로 없어졌다.〕텅 비었지만 비춤을 잃지 않고, 비추면서도 텅 빔을 잃지 않는다.〔고요함과 비춤이 동시이다(寂照同時).〕그런 까닭에 (경전에) '등(정)각에서 움직이지 않고 제법을 건립한다'고 한 것이다"[119]라고 하셨습니다.

(그리고) 다음 장章에서 말씀하시기를 "(성인이) 사람들과 다른 것은 신명神明이니, 그런 까닭에 사상事相으로 구하지 못한다는 것일 뿐이다"[120]고 하셨습니다.〔이상은 진실지혜(實智)의 문장을 총괄해서 서술하였다.〕

(그리고) 또 말씀하시기를 "작용이 곧 고요함이고 고요함이 곧 작용이니, 마음은 더욱 고요해지고 응할수록 움직인다"[121]고도 하셨습니다.〔여기서는 방편지혜(權智)의 문장을 서술하였다. 아래에서는 논의 의도를 서술했는데, 먼저 방편과 진실을 쌍으로 나타냈다.〕

❀

夫聖心冥寂 理極同無.〔此敘實智意〕不疾而疾 不徐而徐.〔此敘權智意〕是以〔下釋成權實一致〕知不廢寂〔權卽實〕寂不廢知〔實卽

119 반야무지론〔문답 1〕직전의 내용을 요약한 것이다. 반야무지론 註60 참조.

120〔문답 1〕에서 답한 내용을 요약한 것이다.

121 앞의〔문답 9〕에서 답한 내용을 요약한 것이다.

權〕**未始不寂 未始不知**.〔權實雙彰 二智並運〕**故其運物成功 化世之道 雖處有名之中 而遠**〔亦作宛〕**與無名同**.〔謂由寂照同時 故權智應機化世 而遠與實智理冥. 是以二智無殊. 上敘申論意微妙 下敘迷昧者不了玄旨〕**斯理之玄 固常所彌**〔新疏作迷〕**昧者矣**.〔上敘論文立意權實不異 下出疑設難二智體殊〕

무릇 성심(聖心, 반야)**은 그윽하고 고요하며 이치는 지극해서 무無와 동일합니다**.〔여기서는 진실지혜의 뜻을 서술하였다.〕

(또한 이러한 성심은) **빠르지 않으면서 빠르고, 더디지 않으면서 더딥니다**.〔여기서는 방편지혜의 뜻을 서술하였다.〕

그래서〔아래에서는 방편과 진실이 일치를 이룸을 설명하였다.〕**아는 것**(知)**은 고요함**(寂)**을 무너뜨리지 않고**〔=방편이 곧 진실이고〕**고요한 것은 아는 것을 무너뜨리지 않는 것이니**,〔=진실이 곧 방편이니〕(이는) **처음부터 고요한 것이 아닌 것도 아니고 처음부터 아는 것이 아닌 것도 아닙니다**.〔방편과 진실을 쌍으로 드러내고 두 지혜를 함께 운행하는 것이다.〕

그런 까닭에 물物을 운행하여 공훈을 이루고 세상을 교화하는 도가 비록 유명有名 속에 있지만 멀리(=심오하게)〔또한 완연히(宛)라고도 한다.〕**무명無名과 동일한 것입니다**.〔이를테면 고요함과 비춤이 동시임으로(寂照同時) 말미암아 방편지혜權智로 기(機, 상황 또는 중생)에 응해 세상을 교화하면도 심오하게 진실지혜와 이치가 그윽하다. 그러므로 두 지혜(二智, 방편지혜와 진실지혜)는 다름이 없다는 것이다. 이상은 거듭해서 논문의 뜻이 미묘하다는 것을 서술했고, 아래에서는 어리

석은 사람이 현묘한 뜻(玄旨)을 깨닫지 못한다는 것을 서술하였다.〕

(하지만) **이러한 이치의 현묘함은 분명코 언제나 우매한 사람들을 헛갈리게 하는** 〔신소新疏에서는 彌를 미迷라고 하였다.〕[122] **바가 됩니다.** 〔이상은 논문에서 방편과 진실이 다르지 않다(權實不異)는 뜻을 세운 것을 서술했고, 아래에서는 의문을 내서 두 지혜의 체가 다르다는 것을 힐난하였다.〕

❀

但今談者 所疑於高論之旨 欲求聖心之異. 〔以論說聖心冥一 故今疑者 按權實二智以求聖心之異. 故下正難二智體殊〕**爲謂窮靈** 〔瑤本作慮〕**極數 妙盡冥符耶** 〔此正難意. 云所言二智不異者 爲是般若證窮眞諦之虛 斷盡俗諦有爲之數 妙盡冥符合而爲一耶. 此難實智冥眞絶俗也〕**爲將心體自然 靈怕獨感耶.** 〔難意謂般若之用 不在窮虛極數 當體虛怕 無相獨存耶. 此難疑無權智也. ○上申疑立難 下出過〕

다만 지금 담자(談者, 저)**는 고매한 논**(高論)**의 뜻에 의심 가는 바가 있어 성심**聖心**은 다르다는 것을 찾고자 합니다.** 〔논에서 말하기를 "성인의 마음은 그윽해서 하나이다(聖心冥一)"고 했기 때문에 지금 의심하는 것은 방편과 진실의 두 지혜를 살피고, 이로써 성인의 마음이 다르다는 것을 찾는 것이다. 그런 까닭에 아래에서 두 지혜의 체가

---

122 신소新疏에서는 "斯理之玄固(實)常所迷昧者矣"라고 전한다. 역자 또한 신소를 따라 번역하였다.

다르다고 정면으로 힐난하였다.〕

(성심이 동일하다는 것은) **신령함을** 〔요본瑤本에서는 '허(虛, 텅빔)'라고 한다.〕 **다하고 수**(數, 분별지分別智)**를 다해서**(窮靈極數)[123] **오묘함이 명부**(冥符, 무분별지無分別智)**에 다다랐다는 것을 말하는 것입니까,** 〔여기서는 정면으로 뜻을 따졌다. "두 지혜가 다르지 않다"고 말한 것은 반야가 진제의 허(眞諦之虛)를 끝까지 밝혀서 증득하고 속제의 유위지수(有爲之數)를 모두 끊어 버려서 오묘함을 다하고 그윽하게 부합해서 하나가 된 것인지를 말한 것이다. 여기서는 진실지혜는 진眞에 그윽해서 속俗을 끊어 버린 것인지를 힐난하였다.〕 (아니면) **마음의 체가 본래 그러해서 신령하고 담담하게 홀로 감응하는 것입니까?** 〔물은 뜻은 이를테면 반야의 작용은 궁허극수窮虛極數에 있지 않고, 바로 체 자체(當體)가 텅 비고 담담해서 형상 없이 홀로 존재하는 것이냐는 것이다. 여기서는 방편지혜가 없다는 것을 의심해서 물었다. 이상은 의심을 펴서 물음을 일으킨 것이고, 아래에서는 그 허물을 드러냈다.〕

❀

若窮靈 〔作虛〕 **極數 妙盡冥符** 〔謂心境旣合爲一 則不應存寂照二名〕 **則寂照之名 故是定慧之體耳.** 〔然寂照二名 體用不一. 則所成之定慧旣二 則寂照亦二 用旣二則體亦二 安可言心境冥一也. 此則二名不應一體也〕 **若心體自然 靈怕獨感** 〔是所謂神彌靜 乃返一絶跡 有體

---

123 궁령극수窮靈極數라는 말은 뒤에서 계속해서 나온다. (참고로 감산은 요본을 따라 이를 계속해서 궁허극수窮虛極數로 표현한다.)

無用 如何又有權智耶〕 **則羣數之應 固以幾乎息矣.** 〔若有體無用 則權智已絶 又何言應逾動耶. ○上雙難權實 下潛難無知〕

만약 신령함을 〔허虛라고도 한다.〕 **다하고 수**(數, 분별지)**를 다해서 오묘함이 명부**(冥符, 무분별지)**에 다다랐다면** 〔이를테면 마음과 경계가 합해서 하나가 되었다면 고요함과 비춤의 두 명칭이 있어서는 안 된다는 것이다.〕 **고요함**(寂)**과 비춤**(照)**의 두 명칭은 원래 정定과 혜慧의 체體일 뿐일 것입니다.** 〔그렇다면, 고요함과 비춤은 두 명칭이고 체와 용이 하나가 아니다. 그러므로 정과 혜로 이룬 것이 둘이면 고요함과 비춤 또한 둘이고, 용이 둘이면 체 또한 둘인데, 어떻게 마음과 경계가 그윽해서 하나라고 말할 수 있겠는가? 이는 곧 두 가지 명칭이니, 하나의 체라고 해서는 안 된다는 것이다.〕

(또한) **만약 마음의 체는 본래 그러해서 신령하고 담담하게 홀로 감응하는 것이라면** 〔이는 이른바 마음이 더욱 고요하다는 것이니, 하나로 되돌려서 자취를 끊어 버리면 체는 있고 용은 없게 되는데 어떻게 방편지혜가 있겠냐는 것이다.〕 **바로 온갖 수**(數, 분별지)**로 응하는 것은 분명코 거의 쉬게 될 것입니다.** 〔만약 체는 있는데 용이 없다면 방편지혜는 끊어진 것이다. (그런데) 또 어째서 응할수록 움직인다고 말할 수 있겠냐는 것이다. 이상에서는 방편과 진실을 쌍으로 힐난했고, 아래에서는 무지無知를 살며시 힐난하였다.〕

❀

夫心數旣玄 〔則寂然無知矣〕 **而** 〔又云〕 **孤運其照** 〔然照則知矣 何言

無知〕**神淳化表 而慧明獨存**〔言神旣淳恬於萬物之表. 此則絶於應而慧明獨存 則不合有應. 有應則二知矣 旣有二知 則一知照眞 一知明俗 何謂無知〕**當有深證. 可試爲辨之.**〔辨上權實不二 眞智無知下難不取. 意謂實智可不取 權智則非不取也〕**疑者當以撫會應機覩變之知 不可謂之不有矣.**〔謂權智應機 必定有知〕

무릇 심수(心數, 心所, 마음작용)[124]**가 현묘한데**〔그러면 고요해서 아는 것이 없게 된다.〕〔또 말하기를〕**"홀로 운행하며 비춘다"고 하고,**〔분명 비추는 것은 아는 것이 있게 되는데, 어째서 무지無知라고 말한 것이냐는 것이다.〕**마음**(神)**은 변화 밖**(表)**에서 순일한데 "혜명慧明은 홀로 존재한다"**[125] **하셨으니,**〔마음이 만물 밖에서 이미 깨끗하고 편안함을 말하였다. 이것은 바로 응하는 것이 끊어졌는데도 혜명이 홀로 존재하는 것이니, 그러므로 응하는 것이 있는 것과는 맞지 않다는 것이다. 응하는 것이 있으면 두 개의 아는 것이 있게 되고, 두 개의 아는 것이 있으면 하나의 앎은 진을 비추고 하나의 앎은 속을 밝히게 되는데, 어째서 무지라고 할 수 있겠냐는 것이다.〕(이는) **마땅히 깊이 증득한 것이 있으실 것입니다. 가히 시험 삼아 변별해 주십시오.**〔이상은 방편과 진실이 둘이 아니며, 진실지혜는 아는 것이 없다는 것을 헤아려 달라는 것이고, 아래에서는 취하지 않는다(不取)는 것을

---

124 심수心數: 신역으로 심소心所라고 하고, 구역으로 심수라고 한다. 심법心法인데 그 법의 수가 많기 때문에 심수라고 한다(新曰心所 舊曰心數 是爲心法 其法數多故曰心數, 정복보, 불학대사전).

125 이상의 두 말은 유공이 반야무지론의 말을 요약한 것이다.

힐난하였다. (이) 뜻은 이를테면 진실지혜는 가히 취할 수 있는 것이 아니지만, 방편지혜는 취하지 못하는 것이 아니라는 것이다.〕

의자(疑者, 저)는 어루만지고 회합하면서 기(機, 상황)에 따라 변화를 보는 앎은 있는 것이라고 말해서는 안 된다고 생각합니다.〔방편지혜는 기(機, 상황 또는 중생)에 응하므로 반드시 아는 것이 있다는 것을 말한 것이다.〕

❀

而論旨云 "本無惑取之知"〔本論謂權智無惑取之知〕**而未釋**〔解也〕**所以不取之理.**〔意謂權智應機必有知 有知必有取 而言不取 故未解也. 下兼難心異〕**謂宜先定聖心所以應會之道.**〔謂以二語楷定聖心卽下云〕**爲當唯照無相耶**〔由上立難權智有取. 故今輩就權智以難聖心有二. 爲是權智觀物唯了物體惟空本無相耶. 此審定無相〕**爲當咸覩其變耶.**〔爲是權智應物覩其萬化皆有相耶. 此審定有相. ○下難〕**若覩其變 則異乎無相**〔謂若唯覩其萬變有相可撫則異乎無相〕**若唯照無相 則無會可撫.**〔謂若唯照性空 則萬境斯寂 故無會可撫〕**旣無會可撫 而有撫會之功 意有未悟. 幸復誨之.**〔言旣無會可撫則機緣已絶 可言不取. 而又言有撫會之功 有撫 則何言不取耶. 意謂聖心若一 定應得一失一 若二諦俱得則權實兩殊. 故此難之. 下難是當 先擧疑文〕

그런데 논지論旨에서 말씀하시기를 "본래 미혹으로 취해 아는 것이 없다"[126]고 하시면서〔본론에서 "방편지혜는 미혹으로 취해서 아는 것이 없다"고 하였다.〕 **취하지 않는 이치**(不取之理)**의 이유는 설명하지** 〔=풀이하지〕 **않으셨습니다**. 〔뜻을 말하면, 방편지혜로 기機에 응하면 반드시 아는 것이 있어야 하고, 아는 것이 있으면 반드시 취하는 것이 있어야 한다. (그런데) 취하지 않는다고 말했기 때문에 이해하지 못하겠다는 것이다. 아래에서는 마음의 다름(心異)을 겸해서 힐난하였다.〕

(이는) **이를테면 마땅히 성심**聖心**으로** (감)**응하고 회합하는 도의 이유를 먼저 정립해야 한다는 것인데**, 〔이를테면 두 말로 성인의 마음을 바로잡아야 하기 때문이라는 것이다. 바로 아래에서 말했다.〕 **오직 무상**無相**만을 비추는 것이 맞습니까**, 〔위에서 방편지혜에는 취하는 것이 있다고 물은 것을 말미암았다. 그런 까닭에 지금 순서에 따라 방편지혜를 취해서 성인의 마음에 둘이 있는 것인지를 (따져) 물었다. 이것은 방편지혜로 물物을 관해서 오직 물의 체가 공할 뿐, 본래 상이 없다는 것을 안 것이냐는 것이다. 여기서는 무상無相을 살펴서 (물음을) 정하였다.〕 **그 변화를 모두 보는 것이 맞습니까**? 〔방편지혜로 물物에 응해서 모든 변화에는 모두 상이 있다는 것을 봐야 하는 것인가? 여기서는 유상有相을 살펴서 (물음을) 정하였다. 아래에서는 (따져) 물었다.〕

만약 변화를 본다면 무상無相**과는 다를 것이고**, 〔만약 오직 그 만 가지 변화를 보고 어루만질 수 있는 상이 있으면 무상과는 다르다는 것을 말하는 것이다.〕 **만약 오직 무상만을 비출 뿐이면 회합하고 어루만질 만한 것이 없을 것입니다**. 〔이를테면 만약 오직 성공性空만을

126 〔문답 1〕의 답 편을 참조하기 바란다.

비춘다면 온갖 경계는 고요하기 때문에 회합해서 어루만질 만한 것이 없다는 것이다.〕

회합하고 어루만질 만한 것이 없는데 어루만지고 회합하는 공功이 있다는 뜻은 깨닫지 못하겠습니다. 바라건대, 거듭 가르쳐 주십시오. 〔회합해서 어루만질 만한 것이 없는 것은 바로 기연機緣이 끊어졌기 때문에 취하지 않는다고 말할 수 있다. 그런데도 또 어루만지고 만나는 공훈이 있다고 하였으니, 어루만질 것이 있는데 어째서 취하지 않는다고 말하는 것이냐는 것이다. 뜻은 이를테면 성심이 만약 하나라면 결정코 하나를 얻으면 하나를 잃어야 하고, 만약 이제二諦를 모두 얻는다면 방편과 진실이 둘이 다르다는 것이다. 그런 까닭에 여기서 힐난을 한 것이다. 아래에서는 시是와 당當을 힐난했는데, 먼저 의심나는 문장을 거론하였다.〕

❀

論云“無當 則物無不當 無是 則物無不是. 物無不是 故是而無是 物無不當 故當而無當”〔上引論文 下就許是當〕**夫無當而物無不當 乃所以爲至當 無是而物無不是 乃所以爲眞是.**〔上就許是當 下難相違〕**豈有眞是而非是 至當而非當. 而云當而無當 是而無是耶.**〔上難相違 下敍救轉非〕**若謂至當非常**〔泛常〕**當 眞是非常**〔泛常〕**是 此蓋悟惑之言本異耳.**〔至當眞是 乃悟者所見 常當常是 乃惑者所執. 故言不同 而義未決〕**固論旨所以不明也. 願復重喩以祛其惑矣.**〔請決所疑. 下難以結意〕

※泛常(범상): 흔하다. 보통이다. 평범하다.

논에서 말씀하시기를 "일치하는 것이 없으면 물物은 일치하지 않는 것이 없고, 옳은 것이 없으면 물物은 옳지 않은 것이 없다. 물物은 옳지 않은 것이 없기 때문에 옳으면서 옳은 것이 없고, 물物은 일치하지 않는 것이 없기 때문에 일치하면서 일치하는 것이 없다"[127]고 하셨습니다. 〔이상은 논의 문장을 인용했고, 아래에서는 시是와 당當을 인정하였다.〕

무릇 일치하는 것이 없으면서 물物이 일치하지 않는 것이 없는 것이 바로 지극히 일치하는 까닭이고, 옳은 것이 없으면서 물物이 옳은 것이 아닌 것이 없는 것이 진실로 옳은 까닭입니다. 〔이상은 옳은 것과 일치하는 것을 따르고 인정했으며, 아래에서는 서로 위배됨을 힐난하였다.〕

(그런데) 어찌 진실로 옳으면서 옳지 않은 것이 있으며, 지극히 일치하면서 일치하지 않은 것이 있겠습니까? 그런데도 말씀하시기를 "일치하면서 일치함이 없고 옳으면서 옳음이 없다"고 하시는 것입니까? 〔이상은 서로 위배됨을 힐난한 것이고, 잘못된 것을 고쳐서 서술하였다.〕

만약 지극히 일치하는 것은 일상의〔=보통의〕 일치하는 것이 아니고, 진실로 옳은 것은 일상의〔=보통의〕 옳은 것이 아니라면 이는 깨달음과 미혹의 말이 본래 다르다는 것일 것입니다. 〔지극히 일치하는 것과 진실로 옳은 것은 곧 깨달은 사람이 본 것이고, 일상의 일치하는

127 〔문답 5〕의 답 편을 참조하기 바란다.

것과 일상의 옳은 것은 미혹한 사람이 집착하는 것이다. 그런 까닭에 동일하지 않고 뜻이 결정되지 않았다고 말한 것이다.〕

(이것이) **분명 논지에 밝히지 않은 이유입니다. 바라옵건대, 다시 거듭 깨우쳐서 미혹을 떨쳐 버리게 해 주십시오.** 〔의심한 바를 결단해 주기를 청하였다. 아래에서는 힐난하는 것으로 의도를 결론 맺었다.〕

❀

論至日 卽與遠法師詳省之 法師亦好相領得意. 〔言遠公亦相得意許可〕 **但標位似各有本** 〔遠宗法性 什宗實相 故各有本〕 **或當不必理盡同矣.** 〔此一語 足見遠民見理未眞〕 **頃兼以班諸有懷** 〔謂以論班示同志〕 **屢有擊其節者.** 〔謂賞音識趣者〕 **而恨不得與斯人同時也.** 〔凡見斯論者 無不願見 而不可得也〕

(조공의) **논論이 도착한 날, 바로 혜원 법사와 함께 상세히 살펴보았는데 법사님 또한 잘 알고 만족해하셨습니다.** 〔혜원 법사 또한 서로 만족해하며 허가(=인정)했음을 말한다.〕

다만 (주장하는) **입장을 드러냄에 각기 근본이 있어** 〔혜원은 법성法性을 으뜸으로 하고(=숭상하고), 나집은 실상實相을 으뜸으로 하였기 때문에 각기 근본이 있었던 것이다.〕 **어쩌면 당연히 이치가 모두 동일할 필요는 없는 것 같기도 합니다.** 〔이 한마디 말로 혜원과 유민이 이치를 보는 것이 아직 진실하지 못하다는 것을 충분이 볼 수 있다.〕

근자에 아울러 여러 생각 있는 이들에게 나눠줬었는데 〔이를테면 논을 나눠 동지同志들에게 보였다는 것이다.〕 **그 핵심을 찌른 사람들이**

여럿 있었습니다. 〔이를테면, 음音을 감상하고 취지를 안 사람이라는 것이다.〕

하지만 안타깝게도 이 사람들과 때를 함께할 수 없었습니다. 〔무릇 이 논을 본 사람은 만나보기를 원하지 않는 이가 없었지만 만날 수가 없었다.〕

2. 유유민의 편지에 대한 답(答劉遺民書)

〔편지가 두 폭이 있는데, 앞의 것은 짧은 편지이고, 뒤에 것은 긴 편지이다.〕[128]

【답서】

1.

지난날 뵙지 못하고 우두커니 생각에 잠겨 애만 태우고 있었는데 (마침) 혜명 도인이 지난해 12월에 와서 소疏와 편지(問)를 받게 되었습니다.〔不面在昔 佇想用勞 慧明道人至 得去年十二月疏幷問.〕

(수차례) 반복해서 펼쳐가며 살펴보니 잠시나마 (얼굴을 마주) 대한 듯해서 기뻤습니다.〔披尋返覆 欣若暫對.〕

서늘한 바람이 불어오는 계절, 요즘 일상은 어떠하신지요?〔涼風居節 頃常如何.〕

빈도貧道는 병에 시달리며 좋지 못한 일들만 많을 뿐입니다.〔貧道

---

128 약주 원문은 "書有二幅 前短札 後長幅"이다.
역자는 짧은 것은 〔답서 1〕로, 긴 것은 〔답서 2〕로 제목하였다.

勞疾多不佳耳.〕

소식을 전한 사람(信)이 남쪽으로 돌아간다고 하는 바람에 (할 말은 많은데) 다 쓰지 못하였습니다.〔信南返不悉.〕

8월 15일

석승조가 소疏에 답을 합니다.

〔八月十五日 釋僧肇疏答〕

2.

옷 입은 모습은 비록 달라도 오묘함(妙, 깨달음)을 바라는 마음은 둘이 아니니, 강산이 아무리 아득해도 (서로의 마음이) 이치에 계합하면 이웃입니다.〔服像雖殊 妙期不二 江山雖緬 理契則鄰.〕

그런 까닭에 (먼) 길을 바라보며 보고픈 심정에 텅 빈 마음(襟)을 부쳐봅니다.〔所以 望途致想 虛襟有寄.〕

그대는 이미 가둔(嘉遯, 고상하고 은밀함)의 뜻을 이루고 세속을 뛰어넘는 아름다움을 드러내어 홀로 사(事, 현상) 밖에서 편안하시니 기쁨이 마음에 가득할 것입니다.〔君旣遂嘉遯之志 標越俗之美 獨恬事外 歡足方寸.〕

매번 (남쪽에서 온 사람들의) 말을 하나로 모아보면, 언제 임하林下의 고아한 시가들(詠)을 심오하게 깨닫지 못한 적이 있으셨겠습니까!〔每一言集 何嘗不遠喩林下之雅詠.〕

뛰어난 정취情趣야말로 (대단히) 유연(悠然, 유연자적悠然自適)하십니다.〔高致悠然.〕

맑고 한가함은 기약하지 못하지만 두터이 스스로를 보호하고 아끼십시오. 〔淸散未期 厚自保愛.〕

오고 가는 사람들의 짐(行李)마다 자주 소식을 듣게 해 주십시오. 〔每因行李 數有承問.〕

(또한) 그곳 산승들이 무탈하고, 도속들 모두 편안하기를 바랍니다. 〔願彼山僧無恙 道俗通佳.〕

혜원 법사께서 편안하시다는 말씀(勝常)을 들으니 (한편으로) 기쁘면서 위안이 됩니다. 〔承遠法師之勝常 以爲欣慰.〕

비록 (혜원 법사의) 청정함을 (직접 뵙고) 이어받지는 못했지만 고상하신 규범(高軌)을 가슴에 새겨 잊지 않으면서 부지런히 바라고 기다린 지 오래되었습니다. 〔雖未淸承 然服膺高軌 企佇之勤 爲日久矣.〕

(혜원) 공께서는 이순耳順이 넘은 연세에도 맑은 기운을 더욱 가다듬고 깊은 바위에서 제자들을 양성하며 (대중을) 하나로 끌어안아 골짜기처럼 텅 비우시니, 원근에서 (혜원 공을) 우러러 노래하는데 그 어떤 아름다움이 그와 같겠습니까! 〔公以過順之年 湛氣彌厲 養徒幽巖 抱一沖谷 遐邇仰詠 何美如之.〕

매번 머리를 들어 하늘 끝에 걸려 있는 한 모퉁이를 생각할 때마다 공경함을 묘사할 길 없어 개탄스런 마음 실로 깊어 갈 따름입니다. 〔每亦翹想一隅 懸庇霄岸 無由寫敬 致慨良深.〕

그대는 종일 (혜원 공의) 청정함을 마주 대하니 머지않아 깨달음의 기쁨이 (반드시) 있을 것입니다. 〔君淸對終日 快有悟心之歡也.〕

이곳 대중들도 언제나 잘 지내며 나집 법사께서도 또한 여의如宜하

십니다. 〔卽此大衆尋常 什法師如宜.〕

진왕(秦王, 요흥)은 도의 성품이 꾸밈이 없고 천기(天機, 천부적인 기지機智)는 세속을 뛰어넘었으며, 삼보를 성과 해자처럼 (외호)하면서 도를 널리 폄에 힘을 쓰십니다. 〔秦王道性自然 天機邁俗 城塹三寶 弘道是務.〕

사신들이 가지고 온 진귀한 책들(異典, 경전)과 뛰어난 승려들이 멀리서 찾아옴으로 말미암아 영취산의 가풍(靈鷲之風)이 이 땅에 이르게 되었습니다. 〔由使異典 勝僧方遠而至 靈鷲之風 萃於玆土.〕

영공領公이 멀리까지 갔었던 것은 천 년의 나루터와 다리가 될 것입니다. 〔領公遠擧 乃千載之津梁也.〕

(그가) 서역에서 돌아와 방등方等의 새로운 경전 200여 부를 얻게 되었는데 (진왕이) 대승大乘의 선사禪師 한 사람과 삼장법사三藏法師 한 사람과 비파사(毗婆沙, 율전) 법사 두 사람을 청하여 나집 법사께서 대석사大石寺에서 새로이 가져온 여러 경전들을 번역하였습니다. 〔於西域還 得方等新經二百餘部 請大乘禪師一人 三藏法師一人 毗婆沙法師二人 什法師於大石寺出新至諸經.〕

법장(法藏, 경전)은 매우 심오하고 광대해서 날마다 기이한 이야기들을 들을 수 있었습니다. 〔法藏淵曠 日有異聞.〕

(대승의) 선사는 와관사瓦官寺에서 선도禪道를 교습했는데 수백 명의 제자들이 밤낮으로 피곤해하지 않고 (서로) 옹옹(邕邕, 화평)하고 숙숙(肅肅, 공경)하여 가히 기쁘고 즐거울 수 있었습니다. 〔禪師於瓦官寺教習禪道 門徒數百 夙夜匪懈 邕邕肅肅 致可欣樂.〕

삼장법사는 중사中寺에서 율장律藏의 본本과 말末을 정밀하게 모두 번역해냈는데 마치 처음 제정할 때를 보는 듯했습니다.〔三藏法師於中寺出律藏 本末精悉 若觀初制.〕
비파사 법사들은 석양사石羊寺에서 『사리불아비담론(舍利弗阿毗曇)』을 번역하였습니다. 호본(胡本, 범본)을 비록 번역을 다 마치지는 못했지만 때에 따라 그 가운데 일을 물으면 내놓는 말들마다 새롭고 기이하였습니다.〔毗婆沙法師於石羊寺出舍利弗阿毗曇. 胡本雖未及譯 時問中事 發言新奇.〕
빈도는 일생에 외람되게도 가운(嘉運, 역경 모임)에 참여하여 지금 이렇게 성대한 교화를 만나게 되었습니다.〔貧道一生 猥參嘉運 遇茲盛化.〕
(그런 까닭에 다만) 제 자신 석가의 기환의 집회(祇桓之集, 석가와 기원정사에서 함께함)를 보지 못한 것이 한스러울 뿐, 그 나머지야 무슨 한스러울 것이 있겠습니까!〔自恨不覩釋迦祇桓之集 餘復何恨.〕
그럼에도 개탄스러운 것이 있다면 청승군자(淸勝君子, 유유민)와 이 법집法集을 함께하지 못했다는 것뿐입니다.〔而慨不得與淸勝君子同斯法集耳.〕
생 상인(生上人, 도생 법사)은 얼마 전까지 이곳에서 함께 여러 해를 머물렀습니다.〔生上人頃在此 同止數年.〕
대화 말미에 이르면 늘 서로를 칭찬하곤 했는데 중도에 남쪽으로 돌아갔습니다.〔至於言話之際 常相稱詠 中途還南.〕
그대는 만나봤겠지만 (이후로 저는) 다시 소식을 가까이하지 못하

고 있으니 망막하고 답답함을 어찌 말로 다하겠습니까! 〔君得與相見 未更近問 惘悒何言.〕

위도인威道人이 와서 그대의 『염불삼매영念佛三昧詠』과 아울러 혜원 법사의 『삼매영三昧詠』과 (그) 서序를 얻게 되었습니다. 〔威道人至 得君念佛三昧詠 并得遠法師三昧詠及序.〕

이 작품들은 흥기(興寄, 서정성)가 높을 뿐만 아니라 글의 운치 또한 맑고 은근해서 글 짓는 솜씨가 능한 선비들이 앞장서서 그 아름다움을 칭찬하니, (이는) 성문(聖門, 공문孔門)을 섭렵하고 현관(玄關, 현묘한 관문, 선문禪門)을 두드린 노래라 할 것입니다. 〔此作興寄旣高 辭致淸婉 能文之士 率稱其美 可謂游涉聖門 扣玄關之唱也.〕

그대와 혜원 법사께서는 상당수의 문집文集이 있다고 하던데 보내온 것은 어째서 적은지요? 〔君與法師當數有文集 因來何少.〕

나집 법사께서는 오년(午年, 407년)에 『유마경維摩經』을 번역하셨습니다. 〔什法師以午年 出維摩經.〕

빈도는 그때 참여해서 들을 수 있었는데, 참여해서 받들던 틈에 (나집 법사께서) 하신 말씀들을 바로 다시 조목조목 기록을 해서 주해注解로 삼았습니다. 〔貧道時預聽次 參承之暇 輒復條記成言 以爲注解.〕

문장이 비록 고상하지는 않지만 뜻을 받듦에는 근본이 있습니다. 〔辭雖不文 然義承有本.〕

지금 서신을 전한 이가 한 본을 가지고 남쪽으로 갔습니다. 〔今因信持一本往南.〕

그대는 (문장에) 익숙하고 상세하시니 시험 삼아 (한번) 살펴보시기 바랍니다. 〔君閑詳 試可取看.〕

질문하신 것이 완곡하고 간절해서 (저 자신) 영인郢人이 되기는 어렵겠습니다. 〔來問婉切 難爲郢人.〕
빈도의 생각은 미(微, 미묘함)에 관계하지 못할 뿐만 아니라 아울러 붓으로 말하는 것 역시 졸렬하기만 합니다. 〔貧道思不關微 兼拙於筆語.〕
무엇보다 지극한 이치(至趣)는 말할 수 없으니, 말을 하면 반드시 이치에 어긋나게 됩니다. 〔且至趣無言 言必乖趣.〕
(그런데도) 운운云云 하면서 계속해서 그치지 않는다면 끝내 어떻게 변별하겠습니까? (그럼에도) 부족하나마 광언狂言으로 보내신 뜻에 답을 보일 따름입니다. 〔云云不已 竟何所辨. 聊以狂言 示詶來旨耳.〕
소(疏, 편지)에 말씀하시기를 "성심(聖心, 반야)은 그윽하고 고요하며, 이치는 지극해서 무無와 동일하다"고 하시고, (이어서) "비록 유명有名 속에 있지만 멀리(=심오하게) 무명無名과 동일하다. 이러한 이치의 현묘함은 분명코 언제나 어두운 사람들을 헛갈리게 하는 바가 된다"고 하셨는데, 이것을 가슴에 간직하면 저절로 말을 잊고 안으로 (성인의 마음을) 얻을 수 있을 것입니다. 〔疏云 "稱聖心冥寂 理極同無 理極同無. 雖處有名之中 而遠與無名同 斯理之玄 固常彌昧者" 以此爲懷 自可忘言內得.〕
(성인의) 마음을 얻었는데 또 무슨 사람들의 정(情, 마음)이 다르다

는 것 때문에 성인의 마음이 다르다는 것을 구할 것까지야 있겠습니까! 〔取定方寸 復何足以人情之所異 而求聖心之異乎.〕

소疏에 말씀하시기를 "담자談者는 '신령함을 다하고 수(數, 분별지)를 다해서 오묘함이 명부(冥符, 무분별지)에 다다랐다면 바로 고요함(寂)과 비춤(照)의 두 명칭은 원래 정定과 혜慧의 체體일 뿐이다. (또한) 만약 마음의 체는 본래 그러하고 신령하고 담담해서 홀로 감응하는 것이라면 바로 온갖 수數로 응하는 것은 분명코 거의 쉬게 될 것이다'"고 하셨습니다. 〔疏曰 "談者謂 '窮靈極數 妙盡冥符 則寂照之名 故是定慧之體耳. 若心體自然 靈怕獨感 則羣數之應 固以幾乎息矣'"〕

(말씀하신) 뜻에 대해 답해 본다면, 오묘함이 명부(冥符, 무분별지)에 이른 것이라면 정과 혜로 이름해서는 안 되고, 신령하고 담담해서 홀로 감응하는 것이라면 온갖 수數를 쉰다(息)고 칭해서는 안 됩니다. 〔意謂 妙盡冥符 不可以定慧爲名 靈怕獨感 不可稱羣數以息.〕

두 말씀이 비록 다르지만 오묘한 작용은 항상 하나이며, 나(我)에게서 (그) 자취를 찾으면 어긋나지만 성인에게 있어서는 다른 것이 아닙니다. 〔兩言雖殊 妙用常一 迹我而乖 在聖不殊也.〕

어째서 그럴까요? 무릇 성인의 현묘한 마음은 말없이 비추며, 이치는 지극해서 무無와 동일하기 때문입니다. 〔何者. 夫聖人玄心默照 理極同無.〕

동일하기 때문이라고 말을 했다면 동일한 것은 지극하지 않은 것이 없다는 것인데, 어떻게 무無와 동일한 극치에 정定과 혜慧의

이름이 (따로) 있을 수 있겠습니까? 〔旣曰爲同 同無不極 何有同無之極而有定慧之名.〕

정과 혜의 명칭은 동일함을 벗어난 명칭이 아닙니다. 〔定慧之名非同外之稱也.〕

만약 (정과 혜의) 명칭이 동일한 것 안에서 나왔다면 명칭은 동일하지 않은 것이 있겠지만, 만약 (정과 혜의) 명칭이 동일한 것 밖에서 나왔다면 명칭은 아我가 아닙니다. 〔若稱生同內 有稱非同 若稱生同外稱非我也.〕

또한 성심聖心은 텅 비고 미묘해서 일상의 경계가 오묘하게 끊어졌지만 느끼면 응하지 않는 것이 없고 회합하면 통하지 않는 것이 없습니다. 〔又聖心虛微 妙絕常境 感無不應 會無不通.〕

명기冥機는 드러나지 않게 운행하면서도 그 작용이 수고롭지 않으니 온갖 수數로 응하는 것 또한 무엇 때문에 쉬겠습니까! 〔冥機潛運其用不勤 羣數之應 亦何爲而息耶.〕

무엇보다 마음이 있다는 것은 유有 때문에 있는 것입니다. 〔且夫心之有也 以其有有.〕

유有는 스스로 있는 것(自有)이 아니기 때문에 성심(聖心, 반야)에는 유有가 있지 않고, 유有가 있지 않기 때문에 있으면서 있는 것이 없습니다. 〔有不自有 故聖心不有有 不有有 故有無有.〕

있으면서 있는 것이 없기 때문에 무無가 없고, 무無가 없기 때문에 성인은 있는 것도 아니고 없는 것도 아닙니다. 〔有無有故 則無無無無故 聖人不有不無.〕

있는 것도 아니고 없는 것도 아닌 것, 그 신(神, 마음)은 텅 비었습니다. 〔不有不無 其神乃虛.〕

어째서 그럴까요? 무릇 유有니 무無니 하는 것은 마음의 그림자요 메아리이고, 말이니 형상이니 하는 것은 (마음의) 그림자와 메아리를 반연하는 것이기 때문입니다. 〔何者. 夫有也 無也 心之影響也 言也象也 影響之所攀緣也.〕

유·무를 버리면 마음은 그림자와 메아리가 없고, 그림자와 메아리가 몰락하면 말과 형상으로 헤아릴 수 없으며, 말과 형상으로 헤아릴 수 없으면 도를 알 수 있는 여러 방편들이 끊어지게 됩니다. 〔有無旣廢 則心無影響 影響旣淪 則言象莫測 言象莫測 則道絕羣方.〕

도를 알 수 있는 여러 방편들이 끊어졌기 때문에 능히 신령을 다하고 수(數, 분별지)를 다한 것이며, 신령을 다하고 수數를 다한 것을 '묘진(妙盡, 오묘함이 다함)'이라고 합니다. 〔道絕羣方 故能窮靈極數 窮靈極數 乃曰妙盡.〕

오묘함이 다한 도는 의탁함이 없는 것을 근본으로 합니다. 〔妙盡之道 本乎無寄.〕

무릇 의탁함이 없는 것은 명적(冥寂, 그윽하게 고요함, 무분별지)에 있고, 명적冥寂마저 끊어졌기 때문에 텅 빔에 통하는 것입니다. 〔夫無寄在乎冥寂 冥絕故虛以通之.〕

오묘함이 다한 것은 수(數, 분별지)를 다한 것이고, 수數를 다했기 때문에 수數로 응하는 것입니다. 〔妙盡存乎極數 極數故數以應之.〕

수數로 응하기 때문에 움직임은 사(事, 현상)와 회합하고, 텅 빔(虛)

으로 통하기 때문에 도는 명칭을 뛰어넘은 것입니다. 〔數以應之故動與事會 虛以通之 故道超名外.〕

도는 명칭을 뛰어넘었기 때문에 무無라고 하고 움직이면 사(事, 현상)와 회합하기 때문에 유有라고 하는 것입니다. 〔道超名外 因謂之無 動與事會 因謂之有.〕

이로 인해 유有라고 하는 것은 마땅히 진실로 있는 것이 아닙니다. 〔因謂之有者 應夫眞有.〕

(다만) 억지로 그렇게 말한 것일 뿐이지 저것이 어찌 그러하겠습니까? 〔强謂之然耳 彼何然哉.〕

그런 까닭에 경전에 이르기를 "성인의 지혜에는 아는 것이 없지만 알지 못하는 것도 없고, 하는 것이 없지만 하지 않는 것도 없다"고 한 것이니, 이것이 무언무상無言無相의 적멸의 도(寂滅之道)입니다. 〔故經云 "聖智無知而無所不知 無爲而無所不爲" 此無言無相寂滅之道.〕

(그런데) 어찌 있다고 해서 있다고 하고 없다고 해서 없다고 하며, 움직이면 고요함을 어기고 고요하면 작용을 폐한다고 말하겠습니까? 〔豈曰有而爲有 無而爲無 動而乖靜 靜而廢用耶.〕

그런데도 지금 담자談者께서는 곧장 말로써 뜻을 단정하고 대방(大方, 반야)을 찾으면서 (한쪽) 모서리를 캐는 것처럼 이전의 알고 있던 것(前識)을 마음에 품고서 현묘함(玄)을 드러내며 존재하는 것은 반드시 당연한 것으로 여기는 것이 많은 것 같습니다. 〔而今談者 多卽言以定旨 尋大方而徵隅 懷前識以標玄 存所存之必當.〕

그래서 성인에게 아는 것이 있다고 하는 말을 들으면 마음이 있다(有心)고 하고, 성인에게 아는 것이 없다고 하는 말을 들으면 허공과 같다고 하는 것입니다. 〔是以 聞聖有知 謂之有心 聞聖無知謂等大虛.〕

(이는) 유·무의 경계로 변견邊見을 지키는 것이니, 어찌 둘이 아닌 도에 처한 것이라고 할 수 있겠습니까! 〔有無之境 邊見所存 豈是處中莫二之道乎.〕

어째서 그럴까요? 만물이 비록 다르지만 성품은 본래 항상한 하나이기 때문입니다. 〔何者. 萬物雖殊 然性本常一.〕

(그러므로 만물을) 물物이라고 해서도 안 되지만, (또한 그렇다고 만물이) 물物이 아닌 것도 아닙니다. 〔不可而物 然非不物.〕

물物을 물物이라고 하면 명名과 상相이 다르게 나열되지만, 물物을 물物이라고 하지 않으면 물物은 바로 진실한 것입니다. 〔可物於物 則名相異陳 不物於物 則物而卽眞.〕

그래서 성인은 물物을 물物이라고도 하지 않고, 물物을 물物이 아니라고도 하지 않는 것입니다. 〔是以 聖人不物於物 不非物於物.〕

물物을 물物이라고 하지 않기에 물物은 유有가 아니고, 물物을 물物이 아니라고 하지 않기에 물物은 무無가 아닙니다. 〔不物於物 物非有也 不非物於物 物非無也.〕

유有가 아닌 까닭에 취하지 않는 것이고, 무無가 아닌 까닭에 버리지 않는 것입니다. 〔非有所以不取 非無所以不捨.〕

버리지 않기 때문에 오묘하게 존재하는 것이 바로 진실한 것이고, 취하지 않기 때문에 명과 상은 원인이 없는 것입니다. 〔不捨故妙存卽

眞 不取故名相靡因.〕

명과 상은 원인이 없기에 아는 것이 있는 것(有知)이 아니고, 오묘하게 존재하는 것이 바로 진실하기에 아는 것이 없는 것(無知)이 아닙니다. 〔名相靡因 非有知也 妙存卽眞 非無知也.〕

그런 까닭에 경전에 이르기를 "반야는 제법에 대해 취하는 것도 없고 버리는 것도 없으며, 아는 것도 없고 알지 못하는 것도 없다"고 하였습니다. 〔故經云 "般若於諸法 無取無捨 無知無不知"〕

이는 반연 밖에서 마음의 영역이 끊어진 것인데 (이를) 유·무로 따지려 한다면 또한 멀어지지 않겠습니까! 〔此攀緣之外 絕心之域 而欲以有無詰者 不亦遠乎.〕

무릇 말씀하신 유·무를 (한번) 따져 볼까요. 〔請詰 夫陳有無者.〕

범부의 지혜로 생겨나는 것은 상相 안에서 극치를 이루지만 법은 본래 상이 없는데 성인의 지혜를 무엇으로 알겠습니까? 〔夫智之生也 極於相內 法本無相 聖智何知.〕

세간에서 칭하는 무지無知는 목석이나 허공과 같은 무정無情의 부류를 말합니다. 〔世稱無知者 謂等木石太虛無情之流.〕

(하지만 성인의 지혜는) 신령하게 비추고 그윽하게 밝혀서 조짐 이전에 모습을 드러내니 도는 기機를 숨길 수가 없습니다. 〔靈鑒幽燭 形於未兆 道無隱機.〕

(그런데) 어찌 무지無知라고 말하겠습니까! 〔寧曰無知.〕

무엇보다 (세간에서 칭하는) 무지無知는 유지(有知, 아는 것이 있는 것, 아래 무無는 유有의 誤字)에서 생겨나는 것이지만 (성인의 지혜에

는) 무지無知도 없고 유지有知도 없습니다. 〔且無知生於無知 無無知也 無有知也.〕

유지(有知, 아는 것이 있는 것)가 없는 것을 비유(非有, 있는 것이 아니다)라고 하고, 무지(無知, 아는 것이 없는 것)가 없는 것을 비무非無라고 합니다. 〔無有知也 謂之非有 無無知也 謂之非無.〕

그런 까닭에 텅 비어 있으면서도 비춤을 잃지 않고 비추면서도 텅 빔을 잃지 않으며, 담담하고 영원히 고요해서 집착도 없고 구속도 없는 것입니다. 〔所以 虛不失照 照不失虛 怕然永寂 靡執靡拘.〕

(그런데) 누가 그것을 움직여서 있게 하고 고요하게 해서 없게 할 수 있겠습니까? 〔孰能動之令有 靜之使無耶.〕

그런 까닭에 경전에 이르기를 "진반야眞般若는 있는 것도 아니고 없는 것도 아니며, 일어나는 것도 없고 멸하는 것도 없다. (그러므로) 사람들에게 설하거나 보일 수 없다"고 하였습니다. 〔故經云 "眞般若者 非有非無 無起無滅 不可說示於人"〕

어째서 그럴까요? 비유非有라고 말한 것은 유有가 아니라는 것을 말한 것이지 비유非有를 말한 것이 아니며, 비무非無라고 말한 것은 무無가 아니라는 것을 말한 것이지 비무非無를 말한 것이 아니기 때문입니다. 〔何則. 言其非有者 言其非是有 非謂是非有 言其非無者 言其非是無 非謂是非無.〕

유有도 아니고 비유非有도 아니며, 무無도 아니고 비무非無도 아닙니다. 〔非有非非有 非無非非無.〕

그래서 수보리는 종일토록 반야를 설했으면서도 설한 바가 없다고

한 것입니다. 〔是以 須菩提終日說般若 而云無所說.〕

이렇게 말이 끊어진 도를 어떻게 전해야 알 수 있겠습니까? 〔此絕言之道 知何以傳.〕

바라건대, 현묘함을 참구하신 군자께서는 깨칠 수 있을 것입니다. 〔庶參玄君子 有以會之耳.〕

또 말씀하시기를 "마땅히 먼저 성심聖心으로 (감)응하고 회합하는 도의 이유를 정립해야 한다. (그렇다면) 오직 무상無相만을 비춰야 하는 것이 맞는가, 그 변화를 모두 보아야 하는 것이 맞는가?"라고 하셨습니다. 〔又云 "宜先定聖心所以應會之道. 爲當唯照無相耶 爲當咸覩其變耶"〕

(이는) 담자談者께서 흡사 무상無相과 변화(變)는 그 뜻이 하나가 아니어서 변화를 관하면 무상과 다르고, 무상을 비추면 어루만지고 회합하는 것을 잃게 된다고 말씀하시는 것 같습니다. 〔談者似謂無相與變 其旨不一 覩變則異乎無相 照無相則失於撫會.〕

그런즉, 바로 진실(眞)의 뜻에 혹 막힘이 있는 듯한 것입니다. 〔然則卽眞之義 或有滯也.〕

경전에 이르기를 "색은 공과 다르지 않고 공은 색과 다르지 않다. 색이 곧 공이고 공이 곧 색이다"고 하였습니다. 〔經云 "色不異空 空不異色 色卽是空 空卽是色"〕

만약 질문하신 뜻과 같으려면, 색과 공을 관할 때 마땅히 한(쪽) 마음으로는 색을 보고 한(쪽) 마음으로는 공을 보아야 할 것입니다. 〔若如來旨 觀色空時 應一心見色 一心見空.〕

가령 한(쪽) 마음으로 색을 보면 오직 색일 뿐 공은 아니며, (또) 한(쪽) 마음으로 공을 보면 오직 공일 뿐 색은 아닐 것입니다. 〔若一心見色 則唯色非空 若一心見空 則唯空非色.〕

그런즉, 공과 색 둘을 나열해서 근본을 세울 수 없는 것입니다. 〔然則空色兩陳 莫定其本也.〕

그래서 경전에서 이른 '비색(非色, 색이 아닌 것)'은 색色을 색이 아니라고 한 것이지, 비색非色을 색이 아니라고 한 것이 아닙니다. 〔是以經云非色者 誠以非 色於色 不非色於非色.〕

만약 비색非色을 색이 아니라고 하면 허공은 곧 색이 아닌데 비색非色을 무엇 때문에 밝혔겠습니까? 〔若非色於非色 太虛則非色 非色何所明.〕

만약 색을 비색非色이라고 한다면 비색非色은 색과 다르지 않고, 비색非色이 색과 다르지 않다면 색은 곧 비색非色이 됩니다. 〔若以非色於色 卽非色不異色 非色不異色 色卽爲非色.〕

그런 까닭에 변화는 곧 상相이 없는 것이고(無相), 상相이 없는 것이 곧 변화라는 것을 아는 것입니다. 〔故知變卽無相 無相卽變.〕

(다만) 중생의 정(羣情, 생각)이 동일하지 않기 때문에 가르침의 자취에 다름(=차별)이 있을 뿐입니다. 〔羣情不同 故敎迹有異耳.〕

현묘한 전적(경전)들을 살펴보면, 성스러운 뜻을 근본으로 한 것이 어찌 또 진眞과 위僞에 마음이 다르고 공空과 유有를 다르게 비춘 것이겠습니까? 〔考之玄籍 本之聖意 豈復眞僞殊心 空有異照耶.〕

그래서 무상無相을 비춰도 어루만지고 회합하는 공功을 잃지 않고,

변동變動을 관해도 무상無相의 뜻에 어긋나지 않는 것입니다. 〔是以照無相 不失撫會之功 覩變動 不乖無相之旨.〕

유有에 나아가도 무無를 달리하지 않고 무無에 나아가도 유有를 달리하지 않으며, 일찍이 있었던 적도 없고 일찍이 없었던 적도 없습니다. 〔造有不異無 造無不異有 未嘗不有 未嘗不無.〕

그런 까닭에 말하기를 "등(정)각에서 움직이지 않고 제법을 건립한다"고 하였습니다. 〔故曰 "不動等覺而建立諸法"〕

이로써 미루어 볼 때 고요함과 작용이 무슨 방해가 되겠습니까? 이와 같은데 어째서 변화를 보는 앎(覩變之知)이 무상을 비추는 것(無相之照)과 다르다고 말하겠습니까! 〔以此而推 寂用何妨. 如之何謂覩變之知 異無相之照乎.〕

아마도 담자談者께서는 그럴 리야 없겠습니다만, 공空과 유有에 대한 두 마음을 일컬으면서 정靜과 조(躁=동動)가 작용이 다르다고 하시는 것 같습니다. 〔恐談者脫 謂空有兩心 靜躁殊用.〕

그런 까닭에 변화를 보는 앎이 있는 것이 아니라고 말해서는 안 된다고 말씀하신 듯합니다. 〔故言覩變之知 不可謂之不有耳.〕

(하지만) 만약 능히 안에 봉한 자기의 마음을 버리고 사(事, 현상) 밖에서 현기玄機를 찾는다면 만유萬有가 하나의 허공과 가지런하게 될 것입니다. 〔若能捨己心於封內 尋玄機於事外 齊萬有於一虛.〕

(그리하여) 지극히 텅 빈 것이 없는 것이 아니라는 것을 깨달으면 마땅히 지인至人은 종일 (감)응하고 회합하면서 만물과 더불어 변화하고 운수를 타고 변화를 어루만져도 유有라고 한 적이 없다고

말할 것입니다. 〔曉至虛之非無者 當言至人終日應會 與物推移 乘運撫化 未始爲有也.〕

성심聖心이 이와 같은데 무슨 취할 것이 있겠습니까? 〔聖心若此 何有可取.〕

그런데도 취하지 않는 이치(不取之理)를 설명하지 않았다고 말씀하시겠습니까! 〔而曰未釋不取之理.〕

또 말씀하시기를 "옳은 것(是)이 없는 것이 진실로 옳은 것이라 여기는 이유이고, 일치하는 것(當)이 없는 것이 곧 지극히 일치하는 것이라 여기는 이유이다"고 하신 것 또한 가히 말씀하신 그대로일 뿐입니다. 〔又云 "無是乃所以爲眞是 無當乃所以爲至當" 亦可如來言耳.〕

만약 능히 옳다고 하는 것에 대해 무심無心해서 옳은 것이 없는 것(無是)이 옳은 것이라고 하고 일치한다고 하는 것에 대해 무심無心해서 일치하는 것이 없는 것(無當)에 일치할 수 있는 사람이라면 종일토록 옳으면서도 옳은 것이 없는 것에 어긋나지 않고 종일토록 일치하면서도 일치하는 것이 없는 것에 어긋나지 않게 될 것입니다. 〔若能無心於爲是 而是於無是 無心於爲當 而當於無當者 則終日是 不乖於無是 終日當 不乖於無當.〕

다만 염려스러운 것은 옳은 것이 없는 것에 대해 옳은 것이 있고, 일치하는 것이 없는 것에 대해 일치하는 것이 있다 할까 하는 것입니다. 〔但恐有是於無是 有當於無當.〕

그래서 걱정스러울 따름입니다. 〔所以爲患耳.〕

어째서 그럴까요? 만약 진실로 옳은 것을 옳은 것이라고 인정하고 지극히 일치하는 것을 일치하는 것이라고 인정하면 명名과 상相으로 형상화를 하고 아름다움과 추함이 일어나 생생하게 치달리듯 경쟁하게 되는데, 누가 그것을 멈춰 주겠습니까? 〔何者. 若眞是可是 至當可當 則名相以形 美惡是生 生生奔競 孰與止之.〕

그래서 성인은 마음에 품었던 것을 텅 비워 식識도 없고 지知도 없는 것입니다. 〔是以 聖人空洞其懷 無識無知.〕

하지만 움직이고 작용하는 영역에 거居하면서도 무위의 경계에 머물고, 유명有名의 안에 처處해 있으면서도 언어가 끊어진 고향(絕言之鄕)에 자리를 잡습니다. 〔然居動用之域 而止無爲之境 處有名之內 而宅絕言之鄕.〕

적요허광(寂寥虛曠, 고요하고 텅 빔)하여 형상과 명칭으로 얻을 수 없는 것이 이와 같을 뿐입니다. 〔寂寥虛曠 莫可以形名得 若斯而已矣.〕

(그런데도) 말씀하시기를 "진실로 옳은 것은 옳은 것이라고 인정하고 지극히 일치하는 것은 일치하는 것이라고 인정한다"고 하시니, 아직 바른 뜻(雅旨)을 깨치지 못한 것 같습니다. 〔乃曰 "眞是可是 至當可當" 未喩雅旨也.〕

아마도 옳은 것(是)과 일치하는 것(當)이 생겨나는 것은 물(物, 중생)이 그렇다고 말하는 것이지, 저것(=성심聖心)은 원래 그러한 것은 아닙니다. 〔恐是當之生 物謂之然 彼自不然.〕

(그런데) 어찌 그러할 수 있겠습니까? 〔何足以然耳.〕

무릇 말의 자취가 일어나는 것은 다른 길이 생겨나는 이유입니다. 〔夫言迹之興 異途之所由生也.〕

하지만 말에는 말로 하지 못하는 것(不言)이 있고 자취에는 자취가 아닌 것이 있습니다. 〔而言有所不言 迹有所不迹.〕
그래서 훌륭한 말을 하는 사람은 (그) 말을 구하고자 해도 구할 수 없고, 훌륭한 자취를 남기는 사람은 (그) 자취를 찾아도 찾을 수가 없는 것입니다. 〔是以 善言言者 求言所不能言 善迹迹者 尋迹所不能迹.〕
지극한 이치는 허현(虛玄, 텅 비고 현묘)해서 마음으로 헤아리면 이미 어긋나게 되는데 하물며 어떤 말이 있겠습니까? 〔至理虛玄 擬心已差 況乃有言.〕
보이신 것에 점점 멀어질까 염려스럽습니다. 〔恐所示轉遠.〕
마음을 통한 군자께서는 문자 밖에서 서로를 기약함이 있으시기를 바랍니다. 〔庶通心君子 有以相期於文外耳.〕

【서1】

不面在昔 佇想用勞 〔言與遺民自昔未面 故但勞佇想耳〕 慧明道人至得去年十二月疏幷問. 〔劉公前書托慧明寄至〕 披尋返覆 〔詳省來問〕 欣若暫對. 涼風居節 頃常如何. 〔此敘寒溫〕 貧道勞疾多不佳耳. 信〔信乃使者〕 南返不悉. 〔此敘意 下正答〕 八月十五日 釋僧肇疏答.

※佇想(저상): 머물러 서서 생각에 잠김.
※屆(이를 계): 이르다. 경계하다. 지극하다.

※不悉(부실)=不宣(불선): 아직 쓸 말은 많으나 다 쓰지 못하다. (편지 끝에 쓰는 말)

지난날 뵙지 못하고 우두커니 생각에 잠겨 애만 태우고 있었는데 〔유민과 자신이 지난날 만나지 못했기 때문에 다만 수고롭게 우두커니 서서 생각에 잠긴 것을 말한다.〕 (마침) **혜명 도인이 지난해** 12**월에 와서 소疏와 편지**(問)**를 받게 되었습니다**. 〔유공劉公이 앞의 편지를 혜명에게 부탁했는데 보낸 것이 도착하였다.〕

(수차례) **반복해서 펼쳐가며 살펴보니** 〔편지를 상세하게 살폈다.〕 **잠시나마** (얼굴을 마주) **대한 듯해서 기뻤습니다**.

서늘한 바람이 불어오는 계절, 요즘 일상은 어떠하신지요? 〔여기서는 안부(寒溫)를 서술하였다.〕

빈도貧道는 병에 시달리며 좋지 못한 일들만 많을 뿐입니다.

소식을 전한 사람(信)**이** 〔신信은 편지 심부름하는 사람이다.〕 **남쪽으로 돌아간다고 하는 바람에** (할 말은 많은데) **다 쓰지 못하였습니다**. 〔여기서는 뜻을 서술하고, 아래에서는 바로 답을 하였다.〕

8월 15일
석승조가 소疏에 답을 합니다.

【서2】

服像雖殊 妙期不二 〔服像 言儒釋雖不同 若妙悟心期 則本來不二〕

江山雖緬〔遠也〕**理契則鄰**.〔江山雖遠 若忘形契理 則萬里非遙〕**所以 望途致想 虛襟有寄**.〔言與劉公心神契會 所以屬望長途 虛懷有託〕

※屬望(촉망): 희망을 걸다. 마음을 두다. 바라다. 기대하다. 주시하다.
※旣遂(기수): 이미 일을 끝내다. 이미 실행되다. 이미 완성되다.

옷 입은 모습은 비록 달라도 오묘함(妙, 깨달음)**을 바라는 마음은 둘이 아니니**,〔옷 입은 모습은 유생(儒)과 불자(釋)가 비록 같지 않지만 오묘한 깨달음을 바라는 마음은 본래 둘이 아니라는 것을 말했다.〕**강산이 아무리 아득해도**〔=멀어도〕(서로의 마음이) **이치에 계합하면 이웃입니다**.〔강산이 아무리 멀어도 형상을 잊고 이치에 계합하면 만 리里는 먼 것도 아니다.〕

그런 까닭에 (먼) **길을 바라보며 보고픈 심정에 텅 빈 마음**(襟)**을 부쳐봅니다**.〔유공과 마음(心神)이 계합했고, 그래서 먼 길을 바라보며 텅 빈 마음을 부친다고 말한 것이다.〕

❀

君旣遂嘉遯之志〔嘉遯周易遯卦爻辭 又云肥遯 言高尙隱逸也〕**標越俗之美 獨恬事外 歡足方寸**.〔此歎劉公匡山蓮社 已遂隱逸之志 標越塵俗之美名 獨享世外之樂 其歡足內心〕**每一言集**〔每與南來之人一言集會之間〕**何嘗不遠喩林下之雅詠**.〔來人一言話間 未嘗不遠領林下之雅詠 謂時領社中名公著作也〕**高致悠然**.〔此讚所聞諸作.

則知高尙之思 悠然可想〕

※悠然(유연)=悠然自適(유연자적): 속세에 속박됨이 없이 자기가 하고 싶은 대로 마음 편히 지냄을 이르는 말.

그대는 이미 가둔嘉遯의 뜻을 이루고 〔가둔嘉遯은 『주역周易』 둔괘遯卦의 효사爻辭이다. 비둔肥遯이라고도 하고, 고상하고 은일한 것을 말한다.〕[129] **세속을 뛰어넘는 아름다움을 드러내어 홀로 사**(事, 현상) **밖에서 편안하시니 기쁨이 마음에 가득할 것입니다.** 〔여기서는 유공이 광산匡山의 백련결사(蓮社)에서 이미 은일隱逸의 뜻을 이뤄 티끌 같은 속세의 명성에서 벗어남을 드러냈고, 홀로 세상 밖의 즐거움을 누리기에 그 기쁨이 마음속에 가득한 것을 기뻐하였다.〕

매번 (남쪽에서 온 사람들의) **말을 하나로 모아보면,** 〔=매번 남쪽에서 온 사람들과 한마디 말로 모아 간략하게 하면〕 **언제 임하林下의 고아한 시가들**(詠)**을 심오하게 깨닫지 못한 적이 있으셨겠습니까!** 〔(남쪽에서 찾아)온 사람들의 이야기를 한마디로 줄여보면 (유공은) 임하의 고아한 시가를 심오하게 깨닫지 못한 적이 없었다. (이는) 이를테면 당시 결사에 참여하였던 이름 난 이들의 저작을 깨쳤다는 것이다.〕

뛰어난 정취情趣야말로 (대단히) **유연**(悠然, 유연자적悠然自適)**하십니다.** 〔여기서는 전해들은 여러 저작들을 칭찬하였다. 그러므로 고상한 생각을 알게 되고 유연하다는 생각을 가히 짐작할 수 있었던 것이다.〕

---

129 ䷠ 둔괘는 64효 가운데 33번째 효다.

❀

清散未期〔言慕社中 淸勝君子 蕭散之懷 未期佳會〕**厚自保愛**.〔此囑劉公加餐之意〕**每因行李 數有承問**.〔因往來人 數得劉公音問〕**願彼山僧無恙 道俗通佳**.〔酬前大衆康和 但社有宰官居士 故倂問道俗〕

※蕭散(소산): 한산하다. 쓸쓸하고 적적하다. 흩어져 있다. 드문드문하다.
※加餐(가찬): 식사를 잘하다. (식사를 잘하여) 조섭하다(보중保重하다).

맑고 한가함은 기약하지 못하지만,〔결사結社 가운데 청승군자淸勝君子의 소산蕭散한 마음은 흠모하지만, 가회佳會에 참여하는 것은 기약하지 못한다는 것을 말한다.〕**두터이 스스로를 보호하고 아끼십시오**.〔여기서는 유공에게 몸을 소중히 할 것을 당부하였다.〕

오고 가는 사람들의 짐(行李)**마다 자주 소식**(問)**을 듣게 해 주십시오**.〔왕래하는 사람들로 인해 자주 유공의 소식을 얻는 것이다.〕

(또한) **그곳 산승들이 무탈하고, 도속들 모두 편안하기를 바랍니다**.〔앞의 편지에서 대중의 건강과 화목에 대해 답을 한 것이다. 다만 결사에 관리 출신의 거사들이 있었기 때문에 함께 도속道俗의 안부를 물은 것이다.〕

❀

承遠法師之勝常〔此酬前外國法師當休納〕**以爲欣慰**.〔喜法師勝常足以慰心〕**雖未淸承 然服膺高軌 企佇之勤 爲日久矣**.〔敍仰慕遠公之情. 雖然未承淸範 而服膺懷德 仰其高躅 瞻慕之心 非一日矣〕**公**

以過順之年 湛氣彌厲 〔下酬敘遠公近履佳況 前云遠公湛氣若玆之勤 故因歎云 過順之年 澄湛之氣彌厲. 益嚴勁倍常 所謂老當益壯〕 **養徒** 〔作養徒衆〕 **幽巖 抱一** 〔凝神〕 **沖** 〔空虛〕 **谷 遐邇仰詠** 〔遠近仰高誦德〕 **何美如之.** 〔歎遠公美德 無以過之〕 **每亦翹想一隅 懸庇霄岸** 〔言翹想遠公天各一方. 霄岸猶言天際. 言懸遠托庇蔭於天際〕 **無由寫敬** 〔懷慕之心 布敬無因〕 **致慨良深.** 〔言懸想而不及見 慷慨之念實深〕

※勝常(승상): (기분 상태가) 평소보다 매우 좋다. (안부를 전하는 말)
※服膺(복응): 마음에 새겨 잊지 않음.
※躅(배회할 촉, 자취 탁): 배회하다. 자취.
※凝神(응신): 정신을 집중하다. 깊이 생각하다.
※佳況(가황): 좋은 상황(형편).
※遐邇(하이): 원근.
※托庇(탁비): 신세를 지다. 덕을 입다. 도움을 받다. 비호를 받다.

혜원 법사께서 편안하시다는 말씀을 들으니 〔여기서는 앞의 외국 법사(나집 대사)의 안녕(休納)에 답례하였다.〕 (한편으로) **기쁘면서 위안이 됩니다.** 〔혜원 법사의 편안함을 기뻐하고, 이로써 충분히 마음에 위로가 되었다.〕

비록 (혜원 법사의) **청정함을** (직접 뵙고) **이어받지는 못했지만 고상하신 규범**(高軌)**을 가슴에 새겨 잊지 않으면서 부지런히 바라고 기다린 지 오래되었습니다.** 〔혜원 법사를 우러러 사모한 정을 서술하였다. 비록 청정한 규범(淸範)을 이어받지는 못했지만 (법사의) 덕을

품어 가슴에 새겨 잊지 않고 고매한 행적을 우러르며 사모하는 마음이 하루 이틀이 아니라는 것이다.〕

(혜원) **공께서는 이순耳順이 넘은 연세에도 맑은 기운을 더욱 가다듬고** 〔혜원 법사가 근자에 좋은 상황에서 실천하고 있다는 것에 대한 답을 서술하였다. 앞에서 말하기를 "혜원 법사께서 맑은 기운으로 이처럼 부지런할 수 있겠습니까!"[130]라고 했기 때문에 (이에) 찬탄하여 말하기를 "육순이 지난 나이임에도 맑고 맑은 기운을 더욱 가다듬는다"고 하였다. (이는) 더욱 엄격하고 강건함이 평소보다 더한 것이니, 이른바 노익장을 말한 것이다.〕 **깊은 바위에서 제자들을 양성하며**[131] 〔제자 대중을 기르는 것이다.〕 (대중을) **하나로 끌어안아**〔=마음을 집중하고〕 **골짜기처럼 텅 비우시니,** 〔충沖은 텅 비운 것이다.〕 **원근에서** (혜원 공을) **우러러 노래하는데** 〔원근에서 높이 우러르고 덕을 노래하는 것이다.〕 **그 어떤 아름다움이 그와 같겠습니까!** 〔혜원 법사의 미덕을 뛰어넘을 수 없음을 찬탄한 것이다.〕

매번 머리를 들어 하늘 끝에 걸려 있는 한 모퉁이를 생각할 때마다 〔원공을 머리를 들어 그리워해도 하늘은 각기 한 쪽에 있음을 말한다. 소안霄岸은 하늘의 끝과 같다. 멀고멀어 하늘가 그늘에 신세를 진다는 말이다.〕 **공경함을 묘사할 길 없어** 〔마음속 깊이 사모하는 마음이다. 공경을 드러낼 방도가 없다.〕 **개탄스런 마음 실로 깊어 갈 따름입니다.** 〔멀리 생각만 하고 다가가 만나지 못하니, 개탄스런 생각만 실로 깊어 감을 말했다.〕

---

130 앞의 원공의 편지 내용이다.

131 번역 상, 앞뒤를 바꿨다.

❀

君清對終日 快有悟心之歡也. 〔酬前憑慰旣深. 謂慕遠公之高 恨不及見 君幸終日淸對 且喜有悟心之快〕 **卽此大衆尋常** 〔如常〕 **什法師如宜.** 〔正答休納〕

그대는 종일 (혜원 공의) **청정함을 마주 대하니 머지않아 깨달음의 기쁨이** (반드시) **있을 것입니다.** 〔앞에서 의지하고 위로받음이 매우 깊다는 것에 답하였다. 이를테면 (자신은) 원공의 고매함을 사모하면서도 찾아뵙지 못하는 것이 한탄스럽지만, 군자(君, 청승군자)는 다행히도 종일토록 (원공의) 청정함을 마주 대하니 무엇보다 기쁜 것은 마음을 깨닫는 즐거움이 반드시 있을 것이라는 것이다.〕

이곳 대중들도 늘 〔평소처럼〕 **잘 지내며 나집 법사께서도 또한 여의如宜하십니다.** 〔안녕(休納)에 바로 답을 하였다.〕

❀

秦王道性自然 〔此下敍國王外護 三寶正隆〕 **天機邁俗** 〔言秦王向道之性 不勉而能 天機超俗 不以有國爲榮〕 **城塹** 〔外護〕 **三寶 弘道是務.** 〔言不以國事爲累 但終日弘道〕 **由使異典** 〔法寶. 卽下敍新經〕 **勝僧** 〔僧寶. 卽下敍諸師〕 **方遠而至** 〔自西竺遠來〕 **靈鷲之風 萃於玆土.** 〔佛居靈鷲之風. 什師入關 三寶聚於此土〕

※邁(멀리 갈 매): 멀리가다. 지나다. 힘쓰다. 초월하다. 능가하다.

※塹(구덩이 참): 구덩이. 해자(성 밖을 둘러싼 못).

※萃(모을 췌): 모으다. 모이다. 이르다. 도달하다.

진왕(秦王, 요흥)**은 도의 성품이 꾸밈이 없고** 〔여기서부터는 국왕이 외호하여 삼보가 올바르게 융성했음을 서술하였다.〕 **천기**(天機, 천부적인 기지機智)**는 세속을 뛰어넘었으며,** 〔진왕의 도를 향한 성품은 힘쓰지 않고도 능했으며, 천기는 세속을 뛰어넘어 나라를 소유하는 것으로 영화를 삼지 않았음을 말한다.〕 **삼보를 성과 해자처럼** 〔외호〕 **하면서 도를 널리 폄에 힘을 쓰십니다.** 〔나랏일에 누를 끼치지 않으면서도 종일 도를 널리 편 것을 말한다.〕

사신들이 가지고 온 진귀한 책들(異典, 경전)**과** 〔법보法寶다. 바로 아래에서 새로운 경전을 서술하였다.〕 **뛰어난 승려들이** 〔승보僧寶다. 바로 아래에서 여러 스님들을 서술하였다.〕 **멀리서 찾아옴으로 말미암아** 〔서 천축으로부터 멀리서 왔다.〕 **영취산의 가풍**(靈鷲之風)**이 이 땅에 이르게 되었습니다.** 〔부처님께서 계신 영취산의 가풍이다. 나집대사가 관(關, 관중, 장안)에 들어와 삼보가 이 국토에 갖춰졌다.〕

❀

領公 〔支法領也 遠公弟子〕 **遠擧 乃千載之津梁也.** 〔頌公往西域取經故云 "遠擧"〕 **於西域還 得方等新經二百餘部** 〔遠公使領公往西域取經 所取方等諸經. 按新疏云 華嚴梵本 亦領公尋至 恨無正傳〕 **請大乘禪師一人** 〔禪師名佛陀婆陀羅 此云覺賢. 賢學禪業於罽賓佛大仙 弘始中入秦 於瓦官寺教習禪道 江南慧嚴慧觀 關中玄高等 皆從師受業論主亦在其中 故劉公稱云悟發之器〕 **三藏法師一人** 〔名弗若多羅.

姚興待以上賓之禮 令譯十誦 未竟而終〕**毗婆沙法師二人**〔一名曇摩耶舍 一名曇摩掘多 以善通此論 故以爲名〕**什法師於大石寺出新至諸經.**〔諸經 或諸師齎來 或領公所取 皆一時至 故云"新至"〕**法藏淵曠**〔淵深廣大〕**日有異聞.**〔時聽誦譯〕

※밑줄 친 부분의 '頌公'은 領公의 誤字다.

※齎(가져올 제): 가져오다. 가지다. 지니다.

영공領公이〔지법령支法領,[132] 혜원 법사의 제자이다.〕**멀리까지 갔었던 것은 천 년의 나루터와 다리가 될 것입니다.**〔지법령이 서역에 가서 경전을 가져 왔기 때문에 '원거遠擧'라고 하였다.〕

(그가) **서역에서 돌아와 방등方等[133]의 새로운 경전** 200**여 부를 얻게 되었는데**〔혜원 법사가 지법령에게 서역에 가서 경전을 가져오게 했는데, 가지고 온 것은 방등方等의 여러 경전들이었다. 신소新疏를 살펴보니 "화엄경 범본도 지법령이 찾아왔는데 정전正傳이 없는 것이 한탄스럽다"고 하였다.〕(진왕이) **대승大乘의 선사禪師 한 사람과**〔선사의 이름은 불타파타라(佛陀婆陀羅=불타발타라佛駄跋陀羅)이고, 여기서는 각현覺賢이라고 한다. 각현은 계빈국(罽賓)[134] 불대선佛大仙에게

---

132 지법령(支法領, 생몰연대 미상): 동진東晉 때의 승려. 『사분율四分律』 범본梵本과 『화엄경』 전분前分의 범본을 발견하여 의희義熙 4년(408) 장안長安으로 가지고 돌아왔다. 60권 본 화엄경은 불타발다라佛駄跋陀羅가 이 범본을 원본으로 하여 번역한 것이다.

133 여기서는 대승경전의 총칭이다.

134 북인도, 펀잡(Punjab) 지역의 고대 국가.

선업禪業을 배웠고, 홍시弘始 연간에 진秦에 들어와 와관사瓦官寺에서 선도禪道를 교습하였다. 강남의 혜엄慧嚴과 혜관慧觀 그리고 관중關中의 현고玄高 등이 모두 스님을 따라 수업受業하였다. 논주 또한 여기에 있었기 때문에 유공劉公이 오발지기(悟發之器, 깨달음을 발현한 그릇)라고 하였던 것이다.〕 **삼장법사三藏法師 한 사람과** 〔불야다라弗若多羅[135]라 이름한다. 요흥姚興이 귀빈의 예로 모시고 십송율(十誦)을 번역케 했는데 다 마치지 못하고 죽었다.〕 **비파사**(毗婆沙, 율전, 또는 논전) **법사 두 사람을 청하여** 〔한 사람은 이름이 담마야사曇摩耶舍[136]이고, 또 다른 한 사람은 담마굴다曇摩掘多[137]이다. 이 논에 아주 정통했기 때문에 이름한 것이다.〕 **나집 법사께서 대석사大石寺에서 새로이 가져온 여러 경전들을 번역하였습니다.** 〔여러 경전들은 여러 스님들이 가져오거나 지법령이 가져온 것으로써 모두 한꺼번에 도착했기 때문에 '신지(新至, 새로 도착함)'라고 한 것이다.〕

법장(法藏, 경전)**은 매우 심오하고 광대해서** 〔淵曠＝淵深廣大〕 **날마다 기이한 이야기들을 들을 수 있었습니다.** 〔당시에는 듣고 외워서 번역하였다.〕

❀

禪師於瓦官寺教習禪道 門徒數百 夙夜匪懈〔日夜參求〕 邕邕〔和也〕

135 계빈국 출신의 승려. 공덕화功德華라고도 불림.

136 계빈국 출신의 승려. 법명法明 또는 법칭法稱으로 불림.

137 인도의 승려. 담마야사와 함께 중국으로 와서 「사리불아비담론舍利弗阿毘曇論」을 번역함.

肅肅〔敬也〕**致可欣樂.**〔由是而知達磨未來已前 禪道已行 學者不少. 論主蚤以從修禪業 有所悟入. 觀論旨幽玄 非悟何以至此〕**三藏法師於中寺出律藏 本**〔謂四重等〕**末**〔謂餘篇〕**精**〔精詳〕**悉**〔盡悉〕**若覩初制.**〔若覩如來初制之日〕**毗婆沙法師於石羊寺出舍利弗阿毗曇.**〔小乘論名〕**胡本**〔梵本〕**雖未及譯 時問中事 發言新奇.**〔此上敘譯場近來諸經 及西來諸師. 足見一時法運之盛 故特以相聞〕

※邕(막힐 옹): 막히다. 막다. 화락하다(화평하게 즐기다).

※肅肅(숙숙): 엄숙하고 고요함. / 공경하는 모양.

※蚤(벼룩 조): 벼룩. 손톱. 일찍.

(대승의) **선사는 와관사**瓦官寺**에서 선도**禪道**를 교습했는데 수백 명의 제자들이 밤낮으로 피곤해하지 않고**〔밤낮으로 참선하며 (도)를 구하였다.〕 (서로) **옹옹**邕邕〔=화평〕**하고 숙숙**肅肅〔=공경〕**하여 가히 기쁘고 즐거울 수 있었습니다.**〔이로 말미암아 달마가 오기 이전에 선도禪道가 시행되었고 배우는 이들이 적지 않았다는 것을 알 수 있다. 논주는 일찍이 선업禪業을 닦음으로써 깨달아 들어간 바(悟入)가 있었다. 논문의 그윽한 뜻을 살펴보건대 깨닫지 않고서야 어떻게 여기에 이르렀겠는가!〕

삼장법사는 중사中寺**에서 율장**律藏**의 본**本〔=사중(四重, 四重禁)〕**과 말**末〔=나머지 편들〕**을 정밀하게**〔=정밀하고 상세하게〕 **모두**〔=전부 모두〕 **번역해냈는데 마치 처음 제정할 때를 보는 듯했습니다.**〔마치 여래께서 처음 제정하신 날을 보는 것과 같다는 것이다.〕

비파사 법사들은 석양사石羊寺에서 『사리불아비담론(舍利弗阿毗曇)』〔소승 논서의 명名이다.〕을 번역하였습니다. 호본胡本〔=범본梵本〕을 비록 번역을 다 마치지는 못했지만 때에 따라 그 가운데 일을 물으면 내놓는 말들마다 새롭고 기이하였습니다. 〔이상은 역경 도량에서 최근에 번역한 여러 경전과 서역에서 온 여러 스님들에 관해 서술하였다. 한 시대의 법운法運이 성행함을 충분히 볼 수 있기 때문에 특별히 들려준 것이다.〕

❀

貧道一生 猥參嘉運 遇玆盛化. 自恨不覩釋迦祇桓之集 餘復何恨. 〔論主自慶時淸道泰. 明主弘法 眞師主盟 聖典遠臻 勝友雲集 可謂一時之盛. 何幸參預嘉運 過玆盛化. 所恨不覩祇園親承佛會 餘復何憾〕 而慨不得與淸勝君子同斯法集耳. 〔此以不得劉公同此法集 良以爲慨耳〕

빈도는 일생에 외람되게도 가운(嘉運, 역경 모임)에 참여하여 지금 이렇게 성대한 교화를 만났습니다.

(그런 까닭에 다만) 제 자신 석가의 기환의 집회(祇桓之集, 석가와 기원정사에서 함께함)를 보지 못한 것이 한스러울 뿐 그 나머지야 무슨 한스러울 것이 있겠습니까! 〔논주 스스로 시절이 맑고 도가 통함(時淸道泰)을 기뻐하였다. 총명한 임금은 법을 널리 하고 참된 스님을 중심으로 (대중이) 모이며 성전(聖典, 불경)은 멀리서부터 이르고 뛰어난 벗(勝友, 선우)이 구름처럼 모여드니 한 시대의 융성이라고 할 만하

다. 가운嘉運에 참여하여 이러한 성대한 교화를 거치는 것이 얼마나 다행인가! 한스러운 것은 기원정사에서 몸소 부처님 법회를 받들지 못한 것일 뿐 그 나머지야 또 무슨 개탄스러운 것이 있겠는가!〕

그럼에도 개탄스러운 것이 있다면 청승군자(淸勝君子, 유유민)**와 이 법집**法集**을 함께하지 못했다는 것뿐입니다.** 〔여기서는 유공과 이 법집法集을 함께하지 못한 것을 실로 개탄스러운 것으로 여겼다.〕

❀

生上人頃在此 同止數年. 〔什公門下弟子 有生 肇 融 叡 稱爲四哲. 時美其盛 謂通情則生融上首 精難則叡肇第一 或云觀公〕 **至於言話之際 常相稱詠** 〔詠 誦也 謂常稱誦匡山之盛〕 **中途還南.** 〔因譯涅槃經至闡提無佛性義 生公曰 蠢動含靈皆有佛性 闡提雖不信 有時善根發現 何以言無佛性 想經來未盡耳 衆皆不然 生公遂去譯場 故云中途南還〕 **君得與相見** 〔來書云始見生上人示無知論 故云相見〕 **未更近問 惘悒何言.** 〔言生公去後 更無近問 中心惘悒. 言思慕不忘也〕

※惘(멍할 망): 멍하다. 심심하다. 황급하다. 멍한 모양.
※悒(근심할 읍): 근심하다. 답답하다. 마음이 무거운 모양.

생 상인(生上人, 도생 법사)**은 얼마 전까지 이곳에서 함께 여러 해를 머물렀습니다.** 〔나집 공 문하의 제자로 도생(生)·승조(肇)·도융(融)·승예(叡)가 있는데 사철四哲이라고 부른다. 그때 그들의 성대함을 기려 말하기를 "통정(通情, 사리를 분간함)에는 도생과 도융이 상수이고, 정난

(精難, 정밀하게 따짐)에는 승예와 승조가 제일이다"고 하였다. 혹은 관공觀公이라고도 하였다.〕

대화 말미에 이르면 늘 서로를 칭찬하곤 했는데 〔영詠은 송誦이다. 이를테면 항상 광산匡山의 성대함을 칭송했다는 것이다.〕 **중도에 남쪽으로 돌아갔습니다**. 〔『열반경涅槃經』을 번역하다가 천제闡提는 불성이 없다는 뜻에 이르렀다. (그러자) 도생이 "준동함령이 모두 불성이 있으니, 천제가 비록 (불법을) 믿지는 않았어도 선근이 발현될 때가 있을 것이다. (그런데) 무엇 때문에 불성이 없다고 말한 것인가? 생각해 보건대, 경전이 아직 다 도착하지 않은 것 같다"고 했다. (하지만) 대중들 모두 그렇지 않다고 하자, 도생이 마침내 역경 도량에서 떠나 버렸다. 그런 까닭에 "중도에 남쪽으로 돌아갔다"고 한 것이다.〕

그대는 만나봤겠지만 〔편지에 이르기를 (유공이) "생 상인이 보여준 (반야)무지론無知論을 처음 봤다"고 했기 때문에 '만났다'고 한 것이다.〕 (이후로 저는) **다시 소식을 가까이하지 못하고 있으니 망막하고 답답함을 어찌 말로 다하겠습니까!** 〔도생이 떠난 뒤 다시는 소식을 가까이할 수가 없어 마음 한가운데가 막막하고 답답했다는 것을 말한다. (이는) 사모하여 잊지 못함을 말한 것이다.〕

❀

威道人至 〔自蓮社來〕 **得君念佛三昧詠 幷得遠法師三昧詠及序**. 〔言劉公作念佛三昧詩 遠公亦作 且更有序. 威道人持來 故得一見〕 **此作興寄旣高 辭致淸婉** 〔此美念佛三昧之作. 托興寄心已高 而文辭淸爽致思微婉〕 **能文之士 率稱其美** 〔言關中能文之士 相率皆稱其美〕 **可**

謂游涉聖門 扣玄關之唱也. 〔稱其能以文辭發揮佛理. 故云"游涉孔聖之門 而扣法界玄關之唱" 非空談也〕 **君與法師當數有文集 因來何少.** 〔因見念佛詠序 則知公與遠公文集當多. 而見寄何少耶〕

※微婉(미완): 부드럽고 완곡하다.

※能文(능문): 글 짓는 솜씨가 능함.

※相率(상솔): 잇따르다. 연잇다.

위도인威道人이 와서 〔백련사白蓮社에서 왔다.〕 **그대의 『염불삼매영念佛三昧詠』과 아울러 혜원 법사의 『삼매영三昧詠』과 (그) 서序를 얻게 되었습니다.** 〔유유민이 염불삼매念佛三昧를 시로 짓고 혜원 법사 또한 염불삼매를 시로 지어서 다시 또 (거기에) 서문을 지은 것을 말한다. 위도인이 가지고 왔기 때문에 한 번 볼 수 있었던 것이다.〕

이 작품들은 흥기(興寄, 서정성)[138]**가 높을 뿐만 아니라 글의 운치 또한 맑고 은근해서** 〔여기서는 『염불삼매영』을 찬미하였다. 흥에 의탁해 마음을 전하는 것이 대단할 뿐만 아니라 문장에 나타난 말들이 맑고 깔끔하고 깊은 생각이 부드러우면서 완곡하였다.〕 **글 짓는 솜씨가 능한 선비들이 앞장서서 그 아름다움을 칭찬하니,** 〔관중(關中, 장안)의 글 짓는 솜씨가 능한 선비들이 잇따라 모두 그 아름다움을 칭찬하는 것을 말한다.〕 (이는) **성문**(聖門, 공문孔文)**을 섭렵하고 현관**(玄關, 현묘한 관문, 선문禪門)**을 두드린 노래라고 할 것입니다.** 〔문장으로

---

138 시詩에 육의六義가 있는데, 풍風·부賦·비比·흥興·아雅·송頌이 있다. 이 가운데 흥興은 서정성을 뜻한다.

불교의 이치를 발취하는 능력을 칭찬하였다. 그런 까닭에 "공성(孔聖, 공자)의 문을 섭렵하고 법계의 현관(法界玄關)을 두드리는 노래를 하였다"고 한 것은 쓸데없이 이야기한 것이 아니다.〕

그대와 혜원 법사께서는 상당 수의 문집文集이 있다고 하던데 보내온 것은 어째서 적은지요? 〔『염불(삼매)영』의 서문을 보았기 때문에 유공과 혜원 법사의 문집이 상당히 많다는 것을 알았다. 그런데 보낸 것은 어째서 적은 것이냐는 것이다.〕

❀

什法師以午年 〔弘始八年 歲次丙午〕 **出維摩經. 貧道時預聽次** 〔什師譯維摩 且譯且講 故云"時預聽次"〕 **參承之暇 輙復條記成言** 〔謂參承講說之暇 復條記什師現成之言〕 **以爲注解.** 〔此言註雖出肇手 而義則本乎什師〕 **辭雖不文 然義承有本.** 〔論主自謙. 維摩注解 辭雖不文 而義則承本什師〕 **今因信** 〔使者〕 **持一本往南. 君閑詳** 〔言劉公閑於文字 詳於義理〕 **試可取看.** 〔已上敘彼此一往之事 以通其情 此下方敘來問發起〕

※不文(불문): 고상하지 않다. 천하다.

나집 법사께서는 오년午年〔=홍시弘始[139] 8년(407년) 병오丙午년〕**에 『유마경維摩經』[140]을 번역하셨습니다.**

---

139 요흥이 399~416년까지 사용하던 연호.

140 유마힐소설경維摩詰所說經을 뜻한다.

빈도는 그때 참여해서 들을 수 있었는데, 〔나집 법사가 『유마경』을 번역하면서 번역과 함께 강의도 했었다. 그런 까닭에 "그때 참여해서 들을 수 있었다"고 한 것이다.〕 **참여해서 받들던 틈에** (나집 법사께서) **하신 말씀들을 바로 다시 조목조목 기록을 해서** 〔이를테면 강설에 참여해서 받드는 틈에 거듭 나집 법사가 한 말씀들을 있는 그대로 조목조목 기록했다는 것이다.〕 **주해**注解[141] **로 삼았습니다.** 〔여기서는 주해(註)가 비록 조 법사의 솜씨로 나왔지만 뜻은 나집 법사를 근본으로 하고 있다는 것을 말한다.〕

문장이 비록 고상하지는 않지만 뜻을 받듦에는 근본이 있습니다. 〔논주 스스로 자신을 낮췄다. 『유마경』을 주해注解한 문장이 비록 고상하지는 않지만, 뜻은 나집의 근본을 이었다는 것이다.〕

지금 서신을 전한 이가 〔信=使者〕 **한 본을 가지고 남쪽으로 갔습니다.**

그대는 (문장에) **익숙하고 상세하시니** 〔유공이 문자에 바르고, 뜻과 이치에 자세하다는 것을 말한다.〕 **시험 삼아 살펴보시기 바랍니다.** 〔이상은 서로 (서신으로) 한 번 왕래한 일을 서술하고, 이로써 정을 통하였다. 이하는 질문한 것을 바야흐로 서술하였다.〕

❀

來問婉切 〔謂劉公五難 辭婉而義切〕 **難爲郢人.** 〔論主自謙 謂難與劉公敵手. 郢人事出莊子. 謂郢人堊漫其鼻端若蠅翼 使匠石斲之. 匠石

---

141 주유마힐경注維摩詰經 10권을 뜻한다.

運斤成風 盡堊而鼻不傷. 郢人立不失容. 此匠石揮斤之妙 固難其人 而郢人立不失容 更自難得. 言承當之難也〕 **貧道思不關微** 〔言入理〕 **兼拙於筆語.** 〔謂不但思不入理 兼且拙於文字〕 **且至趣無言 言必乖趣.** 〔至理無言. 言生理喪〕 **云云** 〔猶嘵嘵〕 **不己 竟何所辨.** 〔言不及理 辨之何益〕 **聊以狂** 〔妄言〕 **言 示詶來旨耳.** 〔莊子云 吾與汝妄言之 汝亦妄聽之〕

※婉切(완절) : =위안첩절委婉貼切(완곡하고 적절하다).

※堊(흰 흙 악) : 흰 흙. 백토. 고운 빛의 흙.

※斲(깎을 착) : 깎다. 쪼개다. 베다.

※嘵嘵(효효) : 말이 많은 모양. 재잘재잘하는 모양.

질문하신 것이 완곡하고[142] **간절해서** 〔유공의 다섯 가지 힐난(五難)은 문장은 은근하면서 뜻이 적절한 것을 말한다.〕 (저 자신) **영인郢人이 되기는 어렵겠습니다.** 〔논주가 자신을 겸손히 하였다. 이를테면 유공과 맞수가 되기 어렵다는 것이다. 영인郢人과 관련한 일은 장자莊子에 나온다. 이를테면 "영인이 그의 코끝에 파리 날개만큼의 흙을 바르고 장석匠石에게 그것을 깎아내라고 하였다. (그러자) 장석이 도끼를 휘둘러 바람을 일으켜서 흙을 없앴는데 코가 상하지 않았다. (또한) 영인은 서 있으면서도 자세가 흐트러지지 않았다. 이것은 장석의 도끼를 휘두르는 묘함으로 진실로 그런 사람도 (만나기) 어렵지만 영인이 선 채로 자세가 흐트러지지 않는 것도 결코 얻기가 어렵다는 것이다."

---

142 완곡하다는 은근하다(깊고 그윽하다)는 뜻으로 이해하였다.

(이는) 알아차리기(承當) 어려움을 말한다.〕[143]

빈도의 생각은 미(微, 미묘함)**에 관계하지** 〔이치에 들어감(入理)을 말한다.〕 **못할 뿐만 아니라 아울러 붓으로 말하는 것 역시 졸렬하기만 합니다.** 〔이를테면 생각이 이치에 들어가지 못할 뿐만 아니라, 아울러 문자에도 졸렬하다는 것이다.〕

무엇보다 지극한 이치(至趣)**는 말할 수 없으니, 말을 하면 반드시 이치에 어긋나게 됩니다.** 〔(원래) 지극한 이치는 말이 없다. 말을 하면 이치를 잃는다.〕

(그런데도) **운운**云云 **하면서** 〔여전히 재잘재잘 하면서〕 **계속해서 그치지 않는다면 끝내 어떻게 변별하겠습니까?** 〔말로는 이치에 미치지

---

143 「잡편雜篇」, 서무귀徐無鬼에 다음과 같이 전한다.

莊子送葬 過惠子之墓 顧謂從者曰 "郢人堊慢其鼻端若蠅翼 使匠人斲之. 匠石運斤成風 聽而斲之 盡堊而鼻不傷 郢人立不失容. 宋元君聞之 召匠石曰 '嘗試爲寡人爲之' 匠石曰 '臣則嘗能斲之. 雖然 臣之質死久矣 自夫子之死也' 吾無以爲質矣 吾無與言之矣"

장자가 장례식에 가다가 혜자惠子의 묘 앞을 지나게 되자 종자從者를 돌아보고 말했다. "영郢 사람이 자기 코끝에 백토白土를 파리의 날개만큼 얇게 바르고 장석匠石에게 이것을 깎아 내게 하였다. 장석은 도끼를 바람소리가 나게 휘둘렀으나 (영 사람은) 그저 듣기만 하고 그대로 있었다. 백토는 죄다 깎여 떨어졌지만 코는 조금도 다치지 않고 영 사람도 선 채로 모습을 바꾸지 않았다. 송宋의 원군元君이 이 이야기를 듣고 장석을 불러들여 '어디 시험 삼아 내게도 해 보여 주게' 하니까 장석은 대답하기를 '저는 이전에는 그렇게 할 수 있었지만 지금은 그 기술의 근원이 되는 영 사람이 죽었습니다'고 하였다. 나도 (혜자가 죽은 뒤로 장석처럼 대상이 없어져서) 더불어 이야기할 사람이 없어졌구나!" (전게서, p.603)

못하는데 변별한다고 무슨 이익이 있겠는가.〕

(그럼에도) **부족하나마 광언**狂言〔=허망한 말〕**으로 보내신 뜻**(旨, 편지)**에 답을 보일 따름입니다**. 〔장자莊子[144]에 이르기를 "나는 네게 허망하게 말할 터이니 너 또한 허망하게 들어라"라고 하였다.〕

❀

疏云 "稱聖心冥寂 理極同無. 雖處有名之中 而遠與無名同 斯理之玄固常彌昧者" 〔上牒來疏所引論辭〕 **以此爲懷 自可忘言內得 取定方寸**. 〔此許其所得. 自可忘言內證 取定一心〕 **復何足以人情之所異而求聖心之異乎**. 〔此責其不能忘言 復以常人之情 而求聖心之異〕

※何足(하족): ~에 족한가. 무슨 ~할 가치가 있는가. 전혀 ~하지 않다.

소(疏, 편지)**에 말씀하시기를 "성심**(聖心, 반야)**은 그윽하고 고요하며,**

---

144 내편, 제물론에 다음과 같이 전한다.

予嘗爲女妄言之 女以妄聽之. 奚旁日月 挾宇宙 爲其脗合 置其滑涽 以隸相尊. 衆人役役 聖人愚鈍 參萬歲而一成純 萬物盡然, 而以是相蘊.

어디 내가 당신을 위해 허튼 소리를 해볼까요. 그렇게 허튼 소리로 들으시오. 해나 달과 어깨를 나란히 하고 우주를 겨드랑이에 낀 채, 만물과 꼭 붙어 하나가 되어 모든 것을 혼돈混沌 그대로에 놓아두고 귀천의 구별을 두지 않소. 세상 사람들은 힘들여 수고하지만 성인은 우둔하여 멍청하며, 오랜 세월 속에서 갖가지 것과 뒤섞이면서도 완전한 순수함을 한결같이 지닌다오. 만물은 모두 있는 그대로 있게 되고, (성인은) 그러한 만물 속에서 서로 감싸고 있소. (전게서, p.79)

지극한 이치는 무無와 동일하다"고 하시고, (이어서) **"비록 유명有名 속에 있지만 멀리 무명無名과 동일하다. 이러한 이치의 현묘함은 분명코 언제나 어리석은 사람들을 헛갈리게 하는 바가 된다"[145]고 하셨는데,** 〔이상은 (유공의) 편지를 이첩해서 논의 말씀으로 인용하였다.〕 **이것을 가슴에 간직하면 스스로 말을 잊고 안으로** (성인의 마음을) **얻을 수 있을 것입니다.** 〔여기서는 얻을 것이 있음을 인정하였다. 스스로 말을 잊고 안으로 증득하면 일심을 얻게 된다.〕

(성인의) **마음을 얻었는데 또 무슨 사람들의 정**(情, 마음)**이 다르다는 것 때문에 성인의 마음이 다르다는 것을 구할 것까지야 있겠습니까!** 〔여기서는 그가 말을 잊지 못하고 다시 보통사람의 생각으로 성인의 마음이 다름을 구하려는 것을 책망하였다.〕

❀

疏曰 〔下擧難出意〕 **"談者謂 '窮靈極數 妙盡冥符 則寂照之名 故是定慧之體耳.** 〔寂照下出難〕 **若心體自然 靈怕獨感** 〔下出難〕 **則羣數之應 固以幾乎息矣'** 〔上牒難下出意〕 **意謂** 〔通下句〕 **妙盡冥符** 〔心境合一 則寂照雙絶〕 **不可以定慧** 〔二法〕 **爲名** 〔意謂〕 **靈怕獨感** 〔則靈絶待〕 **不可稱羣數以息.** 〔却不知〕 **兩言雖殊 妙用常一. 迹我而乖 在聖不殊也.** 〔上以正意責迷〕

소疏에서 말씀하시기를 〔아래에서 힐난한 것을 거론하여 뜻을 드러냈

145 유유민의 편지를 승조가 요약하였다. (중간 부분의 내용을 생략한 것이다.)

다.〕 "담자談者는 '신령함을 다하고 수(數, 분별지)를 다해서 오묘함이 명부(冥符, 무분별지)에 다다랐다면 바로 고요함(寂)과 비춤(照)의 두 명칭은 원래 정定과 혜慧의 체體일 뿐이다. 〔적조寂照 이하부터 힐난을 드러냈다.〕

(또한) 만약 마음의 체는 본래 그러하고 신령하고 담담해서 홀로 감응하는 것이라면 〔아래에서부터 힐난을 드러냈다.〕 바로 온갖 수數로 응하는 것은 분명코 거의 쉬게 될 것이다'"고 하셨습니다. 〔이상은 (유공이) 힐난한 것을 이첩했고, 아래에서 뜻을 드러냈다.〕

(말씀하신) 뜻에 대해서 답해 본다면, 〔아래 구句를 통틀었다.〕 오묘함이 명부(冥符, 무분별지)에 이른 것이라면 〔마음과 경계가 하나로 합하면 고요함과 비춤이 쌍으로 끊어진다.〕 정과 혜〔=두 법〕로 이름해서는〔=뜻을 말해서도〕 안 되고, 신령하고 담담해서 홀로 (감)응하는 것이라면 〔신령하면 상대가 끊어진다.〕 온갖 수數를 쉰다(息)고 칭해서는 안 됩니다. 〔도리어 아는 것이 아니다.〕

두 말씀이 비록 다르지만 오묘한 작용은 항상 하나이며, 나(我)에게서 (그) 자취를 찾으면 어긋나지만 성인에게 있어서는 다른 것이 아닙니다. 〔이상은 바른 뜻으로 미혹함을 책망하였다.〕

❀

何者. 〔徵釋無異 先示定慧同源〕 夫聖人玄心 〔寂體〕 默照 〔照用〕 理極同無. 〔照極則兩忘 同一眞源〕 旣曰爲同 同無不極 〔旣同一源則無有不極. ○下責迷〕 何有同無之極 而有定慧之名. 〔此出正義. 下釋伏疑云 定慧旣一 何故前云寂卽用用卽寂〕 定慧之名 非同外之

稱也. 〔謂寂照旣同一源 則知定慧本同一體. 豈同外別稱定慧之名耶〕 **若稱生同內 有稱非同** 〔謂若定慧之名 生於同內 則凡涉名言 則非眞體〕 **若稱生同外 稱非我也.** 〔謂於同外强稱定慧之名 則是迷者妄執在我. 般若體中本無定慧二名. ○上答定慧不二 下答權應不息〕

어째서 그럴까요? 〔다른 것이 없음을 자세히 설명한다. 먼저 (아래에서) 정과 혜가 동일한 근원임을 보였다.〕

무릇 성인의 현묘한 마음은 〔고요함의 체이다.〕 **말없이 비추며,** 〔비춤으로 작용하는 것이다.〕 **이치는 지극해서 무無와 동일하기 때문입니다.** 〔비춤이 지극하면 둘 다 잊어서 진실의 근원이 동일하다.〕

동일하기 때문이라고 말을 했다면 동일한 것은 지극하지 않은 것이 없다는 것인데, 〔(진실의) 근원이 동일하면 지극하지 않은 것이 없다. 아래에서는 미혹함을 책망하였다.〕 **어떻게 무無와 동일한 극치에 정과 혜의 이름이** (따로) **있을 수 있겠습니까?** 〔여기서는 바른 뜻을 드러냈다. 아래에서는 숨겨 왔던 의심인 "정定과 혜慧가 하나인데, 무슨 까닭으로 앞에서 이르기를 '고요함이 곧 작용이고 작용이 곧 고요함이다'고 하였는지를 설명하였다.〕

정定과 혜慧의 명칭은 동일함을 벗어난 명칭이 아닙니다. 〔이를테면 고요함과 비춤이 동일한 근원이라면 정과 혜가 본래 동일한 체임을 알 것인데, 어찌 동일함을 벗어나서 정과 혜의 명칭을 따로 칭하겠냐는 것이다.〕

만약 (정과 혜의) **명칭이 동일한 것 안에서 나왔다면 명칭은 동일하지 않은 것이 있겠지만** 〔이를테면, 만약 정과 혜의 명칭이 동일함

속에서 나온 것이라면 무릇 명언(名言, 명칭과 말)에 관계하는 것이지 진실한 체(眞體)가 아니라는 것이다.〕 **만약** (정과 혜의) **명칭이 동일한 것 밖에서 나왔다면 명칭은 아我가 아닙니다.** 〔이를테면 동일함에서 벗어나서 억지로 정과 혜의 명칭을 칭하게 되면 미혹한 사람이 허망에 집착해 '아我'가 있게 된다는 것이다. 반야의 체에는 본래 정과 혜의 두 이름이 없다. 이상은 정과 혜가 둘이 아님(定慧不二)을 답했고, 아래에서는 방편으로 응하는 것이 쉬지 않음을 답하였다.〕

❀

又聖心虛微 妙絶常境 〔妙盡冥符. 此言實智無爲. 次言權應不息〕 **感無不應 會無不通. 冥機** 〔妙智〕 **潛運 其用不勤** 〔權智妙應 而無不爲如此〕 **羣數之應 亦何爲而息耶.** 〔上明實智無爲 權應不息. 下答二智體殊. 正答心異 兼通有知 先標妄〕

또한 성심聖心은 텅 비고 미묘해서 일상의 경계가 오묘하게 끊어졌지만 〔오묘함이 다하고 그윽함에 부합하는 것이다. 여기서는 실지무위(實智無爲, 함이 없는 진실지혜)를 말하고, 다음은 권응불식(權應不息, 방편으로 응함에 쉬지 않는 것)을 말했다.〕 **느끼면 응하지 않는 것이 없고 회합하면 통하지 않는 것이 없습니다.**

명기冥機〔=오묘한 지혜〕**는 드러나지 않게 운행하면서도 그 작용이 수고롭지 않으니** 〔방편지혜로 오묘하게 응하면서도 이와 같이 하지 않는 것이 없다.〕 **온갖 수數로 응하는 것 또한 무엇 때문에 쉬겠습니까!** 〔이상은 진실지혜는 함이 없고 방편지혜로 응하는 것에는 쉼이 없음을 밝혔다. 아래에서는 두 지혜의 체가 다르다는 것에 답을 하면서 마음이 다르다는 것을 정면으로 답하고 아울러서 아는 것이 있음을 통틀었다. 먼저 허망함을 나타냈다.[146]〕

❀

且夫心之有也〔凡夫妄心之有〕**以**〔因也〕**其有有.**〔有待緣而後有〕**有不自有**〔以待緣而有. 故不能自有〕**故聖心不有有**〔此顯眞也. 以聖心離緣 故不有有〕**不有有 故有無有.**〔以不借緣生 故雖有而非有〕**有無有故**〔牒上〕**則無無**〔旣已非有 則亦非無〕**無無故**〔牒上〕**聖人不有不無.**〔雙絶有無 冥心一際〕**不有不無 其神乃虛.**〔以有無雙絶 則虛靈獨照. 妙契中道〕

무엇보다 마음이 있다고 하는 것은〔=범부의 허망한 마음으로 있는 것〕**유有 때문에**〔원인이다.〕**있는 것입니다.**〔상대하는 인연이 있은 뒤에 있는 것이다.〕

유有는 스스로 있는 것(自有)**이 아니기 때문에**〔상대하는 인연으로 있는 것이다. 그런 까닭에 스스로 있는 것이라고 할 수 없다.〕**성심聖心에는 유有가 있지 않고,**〔여기서는 진실을 드러냈다. 성인의 마음은 인연을 떠났기 때문에 있는 것이 있지 않은 것이다.〕**유有가 있지 않기 때문에 있으면서 있는 것이 없습니다.**〔인연으로 생하는 것(緣生)을 빌리지 않기 때문에 비록 있다고 해도 있는 것이 아니다.〕

---

146 허망함을 나타냈다는 뜻은 바로 아래의 문장 "마음이 있다고 하는 것은 유有 때문에 있는 것입니다"를 뜻한다.

있으면서 있는 것이 없기 때문에 〔이첩해서 올렸다.〕 **무無가 없고,** 〔이미 있는 것이 아니므로 또한 없는 것도 아니다.〕 **무無가 없기 때문에** 〔이첩해서 올렸다.〕 **성인은 있는 것도 아니고 없는 것도 아닙니다.** 〔유·무가 쌍으로 끊어졌지만 그윽한 마음은 하나의 경계이다.〕

있는 것도 아니고 없는 것도 아닌 것, 그 신(神, 마음)**은 텅 비었습니다.** 〔유·무가 쌍으로 끊어졌으므로 텅 비고 신령스러우며 홀로 비춘다. 오묘하게 중도에 계합하였다.〕

❀

何者. 〔徵起. 下卽難就通 正答心異以明雙非. 夫有下至廢用耶 通爲一唱 二百零一字〕 **夫有也 無也 心之影響也** 〔影譬象 響譬言〕 **言也象也 影響之所攀緣也.** 〔分別影響 本無實法. 下正示雙非〕 **有無旣廢** 〔絶也〕 **則心無影響 影響旣淪** 〔喪也〕 **則言象莫測** 〔心絶緣影 則言象不及〕 **言象莫測 則道絶羣方.** 〔則心體離量〕 **道絶羣方 故能窮靈極數.** 〔窮慮則理極 極數則妄盡〕 **窮靈極數 乃曰妙盡.** 〔眞妄雙亡 是非齊泯〕

어째서 그럴까요? 〔따지기 시작하였다. 아래에서는 바로 물음을 통틀어 취해서 마음이 다르다는 것에 정면으로 답을 하고, 이로써 쌍으로 부정함을 밝혔다. (아래 문장) '부유夫有'에서 '폐용야廢用耶'까지 통틀어서 201자字로 한 번에 노래하였다.〕[147]

---

147 아래 세 단(夫有也~, 夫無寄在~, 因謂之有者~動而乖靜 靜而廢用耶)의 문장을 뜻한다.

무릇 유有니 무無니 하는 것은 마음의 그림자요 메아리이고, 〔영影은 형상을 비유하고, 향響은 말을 비유한 것이다.〕 **말이니 형상이니 하는 것은** (마음의) **그림자와 메아리를 반연하는 것이기 때문입니다.** 〔영향을 분별하는 것은 본래 실법實法이 없다. 아래에서는 쌍으로 부정함을 바로 보였다.〕

유·무를 버리면〔=끊어지면〕 **마음은 그림자와 메아리가 없고, 그림자와 메아리가 몰락하면**〔=상실되면〕 **말과 형상으로 헤아릴 수 없으며,** 〔마음에 반연하는 그림자가 끊어지면 말과 형상으로는 미치지 못한다.〕 **말과 형상으로 헤아릴 수 없으면 도를 알 수 있는 여러 방편들이 끊어지게 됩니다.** 〔(그렇게 되면) 바로 마음의 체는 한량을 떠난다.〕

도를 알 수 있는 여러 방편들이 끊어졌기 때문에 능히 신령을 다하고 수(數, 분별지)**를 다한 것이며,** 〔텅 빔을 다하면 이치가 지극하게 되고 수數를 다하면 허망이 다하게 된다.〕 **신령을 다하고 수數를 다한 것을 '묘진**(妙盡, 오묘함이 다함)**'이라고 합니다.** 〔진과 망을 쌍으로 잊고 옳고 그름이 일제히 없어졌다.〕

❀

妙盡之道 本乎無寄. 〔靈靈絶待 故曰 "無寄"〕 **夫無寄在** 〔因也〕 **乎冥寂** 〔權實一心 寂照一體〕 **冥絶故虛以通之.** 〔通者道達之意. 謂冥寂之體 至絶離相 若不假一虛字通之 則人何以了悟〕 **妙盡存** 〔亦因也〕 **乎極數** 〔眞不窮則妄不盡 妄不盡則眞不極〕 **極數故數以應之.** 〔會萬物而爲己. 故曰 "極數" 分身萬象 法身普應 故數以應之〕 **數以應之**

故動與事會〔權智應物. 感而遂通 故云"動與事會"〕**虛以通之 故道超名外.**〔實智證理. 離名絶相 故云"道超名外" 下兼通有知〕**道超名外 因謂之無**〔但離名相 不是斷滅〕**動與事會 因謂之有.**〔感應在機隨緣而現 故有非實有〕

오묘함이 다한 도(妙盡之道)**는 의탁함이 없는 것을 근본으로 합니다.**〔신령하고 신령해서 상대를 끊어 버렸다. 그런 까닭에 "의탁함이 없다"고 하였다.〕

무릇 의탁함이 없는 것은〔원인이〕**명적**(冥寂, 그윽하게 고요함, 무분별지)**에 있고,**〔방편과 진실이 하나의 마음이고 고요함과 비춤이 하나의 체이다.〕**명적冥寂마저 끊어졌기 때문에 텅 빔에 통하는 것입니다.**〔통通은 도달의 뜻이다. 이를테면 명적冥寂의 체體는 지극히 끊어져서 상을 떠났는데 만약 허虛 자 하나를 빌려서 통하지 않으면 사람들은 무엇으로 분명하게 깨달을 수 있겠냐는 것이다.〕

오묘함이 다한 것은〔또한 원인이〕**수**(數, 분별지)**를 다한 것이고,**〔참됨을 다하지 못하면 허망을 없애지 못하고 허망을 없애지 못하면 참됨을 다하지 못한다.〕**수數를 다했기 때문에 수數로 응하는 것입니다.**〔만물을 아는 것으로 자기를 삼는다. 그런 까닭에 "수를 다했다"고 하였다. 몸을 온갖 형상으로 나누어 법신으로 두루 응하는 까닭에 수數로 응하는 것이다.〕

수數로 응하기 때문에 움직임은 사(事, 현상)**와 회합하고,**〔방편지혜로 물物에 응한다. 감응해서 마침내 통했기 때문에 "움직이면 사事와 회합한다"고 한 것이다.〕**텅 빔**(虛)**으로 통하기 때문에 도는 명칭을**

뛰어넘은 것입니다. 〔진실지혜로 이치를 증득한다. 명칭을 떠났고 상을 끊었기 때문에 "도는 명칭을 뛰어넘었다"고 한 것이다. 아래에서는 아는 것이 있다(有知)는 것을 아울러 통하였다.〕

도는 명칭을 뛰어넘었기에 이로 인해 무無라고 하고 〔다만 명상名相을 떠났을 뿐이지 단멸斷滅은 아니다.〕 **움직이면 사(事, 현상)와 회합하기에 이로 인해 '유有'라고 하는 것입니다.** 〔감응은 기機에 있다. 연緣따라 드러나는 것이기 때문에 있지만 진실로 있는 것이 아니다.〕

❀

因謂之有者 應夫〔作非字〕**眞**〔實也〕**有. 強謂之然耳 彼**〔指中道一心〕**何然哉.**〔待機緣而有者 應非實有. 但强謂之耳 彼寂滅一心 何嘗動而爲有哉〕**故經云**〔引證無知〕**"聖智無知而無所不知 無爲而無所不爲"**〔此義引般若諸文 以證聖心權實不異 有知無知本一致也〕**此無言無相寂滅之道. 豈曰有而爲有 無而爲無 動而乖靜 靜而廢用耶.**〔此據理責迷 以結上義也〕

이로 인해 유有라고 하는 것은 마땅히 〔부夫는 비非 자이다.〕 **진실로** 〔실제로〕 **있는 것이 아닙니다.** (다만) **억지로 그렇게 말한 것일 뿐이지 저것이** 〔중도일심中道一心을 가리킨다.〕 **어찌 그러하겠습니까?** 〔기연機緣에 상대해서 있는 것은 마땅히 진실로 있는 것(實有)이 아니다. 다만 억지로 말한 것일 뿐이지 저 적멸일심寂滅一心을 어떻게 움직여서 있는 것이라고 한 적이 있었겠는가?〕

그런 까닭에 경전에 이르기를 〔무지無知를 인용하여 증명하였다.〕

"성인의 지혜에는 아는 것이 없지만 알지 못하는 것도 없고, 하는 것이 없지만 하지 않는 것도 없다"고 한 것이니, 〔여기서는 『반야경』의 여러 문장에서 뜻을 인용해서 성인의 마음은 방편과 진실이 다르지 않고 유지有知와 무지 無知가 본래 일치한다는 것을 증명하였다.〕 **이것이 무언무상無言無相의 적멸의 도**(寂滅之道)**입니다. (그런데) 어찌 있다고 해서 있다고 하고 없다고 해서 없다고 하며, 움직이면 고요함을 어기고 고요하면 작용을 폐한다고 말하겠습니까?** 〔여기서는 이치에 근거해서 미혹함을 책망하고, 이로써 위의 뜻을 결론 맺었다.〕

❀

而今談者 〔此下正答有知 潛答心異〕 **多卽言以定旨** 〔責迷不能忘言會理〕 **尋大方而徵** 〔求也〕 **隅** 〔老子云 "大方無隅" 謂寂漠沖虛之般若. 而以有知無知求之 正猶尋大方而求隅也〕 **懷前識以標玄** 〔前識者 老子云 "前識者 道之華而愚之始也" 謂分別惑取之知〕 **存** 〔執也〕 **所存之必當.** 〔以妄執爲必當〕 **是以聞聖有知 謂之有心 聞聖無知謂等** 〔同也〕 **大虛.** 〔卽謂冥然無知〕 **有無之境 邊見** 〔有無斷常二邊〕 **所存 豈是處中莫二之道乎.** 〔上責偏見以明不異. 下示中道〕

그런데도 지금 담자談者께서는 〔여기서부터는 아는 것이 있다(有知)는 것에 정면으로 답을 하고, 마음이 다르다는 것(心異)에 대해 잠정적으로 답을 하였다.〕 **곧장 말로써 뜻을 단정하고** 〔능히 말을 잊고 이치를 알지 못하는 미혹을 책망하였다.〕 **대방**(大方, 반야)**을 찾으면서** (한쪽) **모서리를 캐는**〔=구하는〕 **것처럼** 〔『노자』에 이르기를 "대방은 모서리가 없다"[148]고 하였다. (이는) 이를테면 적막충허(寂漠沖虛, 고요하고 텅 빈)한 반야인데 아는 것이 있는 것(有知)으로 아는 것이 없는 것(無知)을 구하는 것은 바로 대방을 찾으면서 모서리를 구하는 것과 같다는 것이다.〕 **이전의 알고 있던 것**(前識)**을 마음에 품고서 현묘함**(玄)**을 드러내며** 〔전식前識은 『노자老子』에 이르기를 "전식(前識, 남보다 먼저 깨닫는 것)은 도의 화려함이면서 어리석음의 시작이다"[149]고 하였다. 이를테면 이는 분별 미혹으로 취하는 앎을 말한다.〕 **존재하는 것은 반드시 당연한 것으로 여기는 것**〔=집착하는 것〕**이 많은 것 같습니다.** 〔허망하게 집착해서 반드시 당연하다고 한다.〕

그래서 성인에게 아는 것이 있다고 하는 말을 들으면 마음이 있다(有心)**고 하고, 성인에게 아는 것이 없다고 하는 말을 들으면 허공과 같다**〔等=同〕**고 하는 것입니다.** 〔바로 그윽해서 아는 것이 없다는

---

148 노자 제41장에 다음과 같이 전한다.

大方無隅 大器晩成 大音希聲 大象無形 道隱無名. 夫唯道 善貸且成.

큰 네모는 구석이 없고, 큰 그릇은 늦게 이루어지고, 큰 소리는 들리지 않고, 큰 형상은 형체가 없다. 도는 숨겨져서 이름 붙일 수가 없으니, 대저 도는 잘 빌려 주고 잠시 이루어지게 한다. (전게서 하, p.165)

149 노자 제38장에 다음과 같이 전한다.

前識者 道之華而愚之始. 是以大丈夫處其厚 不居其薄 處其實 不居其華 故去彼取此.

남보다 먼저 깨닫는 것은 도의 꽃다움이지만 어리석음의 시초이다. 이런 까닭에 대장부는 그 두터움에 처하고 그 엷음에 처하지 아니하고, 그 열매에 처하고 그 꽃에 처하지 않으므로 저것을 버리고 이것을 취한다. (전게서 하, p.135)

것을 말한다.〕

(이는) **유·무의 경계로 변견**邊見〔=유·무, 단·상의 양변〕**을 지키는 것이니, 어찌 둘이 아닌 도**(莫二之道)**에 처한 것이라고 하겠습니까!** 〔이상은 편견偏見을 책망하고, 이로써 다르지 않음(不異)을 밝혔다. 아래에서는 중도中道를 보였다.〕

❀

何者. 〔徵明空假以顯中道. 先空 次假〕 **萬物雖殊 然性本常一.** 〔以性空故常一〕 **不可而物** 〔以緣生無性 不可名物. 此示空義〕 **然非不物.** 〔以無性緣生 此示假義〕 **可物於物** 〔上物能取之心 下物所取之境〕 **則名相異陳** 〔迷則能所未忘〕 **不物於物** 〔能所兩忘〕 **則物而卽眞.** 〔不取無非幻 故卽物卽眞. ○下正示中道〕 **是以聖人不物於物** 〔不取〕 **不非物於物.** 〔不捨〕

※'物'이 동사인 경우, '보다. 살피다, 변별하다. 헤아리다, 견주다'의 뜻이다.

어째서 그럴까요? 〔공空과 가假를 따져서 밝히고, 이로써 중도를 드러냈다. 공空이 먼저고, 다음이 가假이다.〕

만물이 비록 다르지만, 성품은 본래 항상한 하나이기 때문입니다. 〔성품이 공하기 때문에 영원한 하나이다.〕

(그러므로 만물을) **물**物**이라고 해서도 안 되지만,** 〔연緣으로 생하여 성품이 없으므로 물物이라 이름할 수 없다. 여기서는 공空의 뜻을 제시하였다.〕 (또한 그렇다고 만물이) **물**物**이 아닌 것도 아닙니다.**

〔성품 없이 연緣으로 생한다. 여기서는 가假의 뜻을 제시하였다.〕

물物을 물物이라고 하면 〔위의 물物은 능취지심(能取之心, 주관, 마음)이고, 아래 물物은 소취지경(所取之境, 객관, 경계)이다.〕 **명名과 상相이 다르게 나열되지만,** 〔미혹하면 주관과 객관을 잊지 못한다.〕 **물物을 물物이라고 하지 않으면** 〔능(能, 주관)과 소(所, 객관)을 둘 다 잊었다.〕 **물物은 바로 진실합니다.** 〔취하지 않으면 환幻이 아닌 것이 없기 때문에 만물이 바로 참되다. 이하는 중도를 바로 제시하였다.〕

그래서 성인은 물物을 물物이라고도 하지 않고, 〔취하지 않는다.〕 **물物을 물物이 아니라고도 하지 않는 것입니다.** 〔버리지 않는다.〕

❀

不物於物 物非有也 〔一心不生 萬法自寂〕 **不非物於物 物非無也.** 〔森羅頓現 萬境全彰. 以空有兩忘 二邊自泯. 此約一心以顯中道 下約境以顯中道〕 **非有所以不取** 〔以萬法本空 無可取者〕 **非無所以不捨.** 〔以法法卽眞 故不捨一法〕 **不捨故妙存卽眞** 〔由不捨一法 故法法卽眞〕 **不取故名相靡因.** 〔心不附物. 則名相自空〕 **名相靡因 非有知也** 〔無境可知〕 **妙存卽眞 非無知也.** 〔萬法唯心. 眞照獨立 故非無知〕 **故經云** 〔引證〕 **"般若於諸法 無取無捨 無知無不知"** 〔證明般若能所兩忘 以顯中道〕 **此攀緣之外** 〔超妄想境〕 **絕心之域** 〔離心意識〕 **而欲以有無詰者 不亦遠乎.** 〔總責執迷〕

물物을 물物이라고 하지 않기에 물物은 유有가 아니고, 〔한 마음도 일어나지 않으면 만법은 스스로 고요하다.〕 **물物을 물物이 아니라고**

하지 않기에 물物은 무無가 아닙니다. 〔삼라만상이 단박에 드러나고 온갖 경계가 모두 드러난다. 공과 유 둘 다 잊었기 때문에 양변이 저절로 없어진다. 여기서는 일심을 근거로 해서 중도를 드러냈고, 아래에서는 경계를 근거로 중도를 드러냈다.〕

유有가 아닌 까닭에 취하지 않는 것이고, 〔만법은 본래 공하기 때문에 취할 것이 없다.〕 **무無가 아닌 까닭에 버리지 않는 것입니다.** 〔법마다 진실하기 때문에 한 법(=어떤 법, 경계)도 버리지 않는다.〕

버리지 않기 때문에 오묘하게 존재하는 것이 바로 진실한 것이고, 〔한 법도 버리지 않음으로 말미암아 법마다 진실하다.〕 **취하지 않기 때문에 명과 상은 원인이 없는 것입니다.** 〔마음은 만물을 따르지 않는다. 그러므로 명과 상은 스스로 공하다.〕

명과 상은 원인이 없기에 아는 것이 있는 것(有知)이 아니고, 〔경계 없이 알 수 있다.〕 **오묘하게 존재는 것이 바로 진실하기에 아는 것이 없는 것(無知)이 아닙니다.** 〔만법은 오직 마음일 뿐이다. 진실로 비추며 홀로 서 있기 때문에 아는 것이 없는 것이 아니다.〕

그런 까닭에 경전에 이르기를 〔인용해서 증명하였다.〕 **"반야는 제법에 대해 취하는 것도 없고 버리는 것도 없으며, 아는 것도 없고 알지 못하는 것도 없다"[150]고 하였습니다.** 〔반야는 주관과 객관 둘 다를 잊었다는 것을 증명하고, 이로써 중도를 드러냈다.〕

이는 반연 밖에서 〔허망한 생각의 경계를 뛰어넘었다.〕 **마음의 영역이 끊어진 것인데** 〔심·의·식을 떠났다.〕 **유·무로 따지려고 한다**

---

150 방광반야경 제9권, 「마하반야바라밀조명품摩訶般若波羅蜜照明品」을 요약, 인용한 것이다.

면 또한 멀어지지 않겠습니까! 〔집착과 미혹을 총괄해서 책망하였다.〕

❀

請詰 夫〔雙結有無〕**陳有無者. 夫智之生也 極於相內**〔智乃六麤智相之智 謂分別見也. 言分別知見 因名相起〕**法本無相 聖智何知.**〔以萬法性空無相 聖人無境當心. 又何所知〕**世稱無知者 謂等木石太虛無情之流.**〔世人謂無知將同無情〕**靈鑒幽燭 形於未兆 道無隱機.**〔般若眞智 靈明鑒照 無幽不燭. 一念未生已前 十方三世圓明了了. 徹見萬法 故道無隱機〕**寧曰 "無知"**〔如此靈明爲正徧知 豈曰 "無知" 下爲解偏滯〕**且無知生**〔起也〕**於無知**〔下無字誤. 應云無知生於有知. 謂無知之見起於有知 二者相待 其實有無俱無〕**無無知也 無有知也.**〔雙拂二見 有無不立. 下顯雙非〕

※밑줄 친 부분의 無知는 有知의 誤字다. 번역에서 바로잡았다.

무릇 〔유·무를 쌍으로 결론 맺는다.〕 **말씀하신 유·무를 따져 볼까요.**

범부의 지혜로 생겨나는 것은 상相 안에서 극치를 이루지만 〔지혜는 육추지상六麤智相[151]의 지혜이며 분별 견해를 말한다. 분별지견分別知見

151 기신론에서 설하는, 무명으로 일어난 인식 주관이 대상에 대해 일으키는 여섯 가지 거친 작용.

①지상智相: 대상에 대해 차별을 일으키는 지혜의 작용.

②상속상相續相: 대상을 차별함으로써 괴로움이나 즐거움이 끊이지 않는 상태.

③집취상執取相: 괴로움이나 즐거움이 주관의 작용임을 알지 못하고 실재하는 대상으로 잘못 생각하여 집착함.

은 명상名相으로 일어나는 것을 말한다.] **법은 본래 상이 없는데 성인의 지혜를 무엇으로 알겠습니까?** [만법은 성품이 공하고 상이 없기 때문에 성인은 마음에 해당하는 경계가 없다. (그런데) 또 무엇을 알겠는가?]

세간에서 칭하는 무지無知는 목석이나 허공과 같은 무정無情의 부류를 말합니다. [세상 사람들은 무지無知를 무정無情과 같은 것으로 말한다.]

(하지만 성인의 지혜는) **신령하게 비추고 그윽하게 밝혀서 조짐 이전에 모습을 드러내니 도는 기機를 숨길 수가 없습니다.** [반야진지般若眞智는 신령하고 밝게 살피고 비춰서 그윽하게 밝히지 못하는 것이 없다. (또한) 한 생각이 일어나기 이전에 시방삼세를 원만하게 밝히고 분명하게 안다. (또한) 만법을 꿰뚫어 보기 때문에 도는 기機를 숨기는 것이 없다.]

(그런데) **어찌 무지無知라고 말하겠습니까!** [이와 같이 신령하고 밝은 것을 정변지正偏知라고 하는데 어찌 무지라고 말하는 것인가? 아래에서는 편체(偏滯, 치우쳐서 막힌 것)를 풀었다.]

무엇보다 (세간에서 칭하는) **무지無知는 유지**(有知, 아는 것이 있는 것)[152]**에서 생겨나는**[=생기하는] **것이지만** [아래 무無 자는 오자誤字이다. 마땅히 "무지는 유지에서 생한다"고 해야 한다. 이를테면 무지의

---

④ 계명자상計名字相: 실재하는 것으로 잘못 생각하여 집착하는 그 대상에 이름을 부여하고, 그 이름에 집착하여 여러 가지 번뇌를 일으킴.

⑤ 기업상起業相: 이름에 집착하여 여러 가지 그릇된 행위를 일으킴.

⑥ 업계고상業繫苦相: 그릇된 행위에 얽매여 괴로움의 과보를 받음.

152 바로 아래 감산의 주해를 따라 바꿔서 번역하였다.

견해는 유지有知에서 일어난다는 것이다. 둘은 상대적인 것으로 사실은 유·무 모두 없다.〕(성인의 지혜에는) **무지無知도 없고 유지有知도 없습니다.** 〔두 견해를 모두 없애고 유·무를 세우지 않았다. 아래에서는 쌍으로 그릇됨을 드러냈다.〕

❀

無有知也 謂之非有 〔是爲寂體〕 **無無知也 謂之非無.** 〔是爲照用〕 **所以虛不失照** 〔寂而常照〕 **照不失虛.** 〔照而常寂〕 **怕然永寂** 〔湛然常住〕 **靡執靡拘.** 〔不墮有無. 如此中道 妙絶常情〕 **孰能動之令有 靜之使無耶.** 〔動不著有 靜不著無〕 **故經云 "眞般若者 非有非無 無起無滅 不可說示於人"** 〔一切皆非 故不可說示〕

유지(有知, 아는 것이 있는 것)**가 없는 것을 비유**(非有, 있는 것이 아니다)**라고 하고,** 〔이것이 고요함의 체(寂體)이다.〕 **무지**(無知, 아는 것이 없는 것)**가 없는 것을 비무**(非無, 없는 것이 아니다)**라고 합니다.** 〔이것이 비춤의 작용(照用)이다.〕

그런 까닭에 텅 비어 있으면서도 비춤을 잃지 않고 〔고요하면서 항상 비춘다.〕 **비추면서도 텅 빔을 잃지 않으며,** 〔비추면서 항상 고요하다.〕 **담담하고 영원히 고요해서**〔=잠연상주(湛然常住, 맑게 항상 머묾)〕 **집착도 없고 구속도 없는 것입니다.** 〔유·무에 떨어지지 않는다. 이와 같은 중도는 상정(常情, 일반의 생각=범부의 정)을 오묘하게 끊어 버렸다.〕

(그런데) **누가 그것을 움직여서 있게 하고 고요하게 해서 없게**

할 수 있겠습니까? 〔움직이지만 유에 집착하지 않고 고요하지만 무에 집착하지 않는다.〕

그런 까닭에 경전에 이르기를 "진반야眞般若는 있는 것도 아니고 없는 것도 아니며, 일어나는 것도 없고 멸하는 것도 없다. (그러므로) **사람들에게 설하거나 보일 수 없다"고 하였습니다.** 〔일체 모두를 부정했기 때문에 설해서 보일 수가 없는 것이다.〕

❀

何則. 〔徵釋經義〕 **言其非有者 言其非是有** 〔凡佛言非者 乃遮遣破執之辭 非實法也. 且言非有者 乃是遮執有者. 遮其不是實有耳〕 **非謂是非有** 〔不是說絶無也〕 **言其非無者 言其非是無** 〔言其不是絶無〕 **非謂是非無.** 〔不是說實有也〕 **非有** 〔說非有〕 **非非有** 〔也不是非有〕 **非無** 〔說非無〕 **非非無.** 〔也不是絶無 四句旣離 百非自遣〕 **是以須菩提終日說般若 而云無所說. 此絶言之道 知何以傳.** 〔絶言之道 非知見之境. 又何以傳〕 **庶參玄君子 有以會之耳.** 〔惟忘言者可以心會耳. 上雙通權實竟. 寂照有無二疑皆通. 下別答不取 先廣答心異〕

어째서 그럴까요? 〔(아래에서) 경전의 뜻을 따져 가며 설명하였다.〕

비유非有라고 말한 것은 유有가 아니라는 것을 말한 것이지 〔무릇 부처님께서 말씀하신 '비(非, 아니다)'라는 것은 집착을 부정하고 타파한 말씀이지 실법實法이 아니다. 무엇보다 비유非有라고 말한 것은 유有에 집착하는 것을 부정하는 것이다. 부정은 그것이 실유가 아닐 뿐이다.〕 **비유非有를 말한 것이 아니며,** 〔절대로 없는 것(絶無)을 말한 것이 아니다.〕 **비무非無라고 말한 것은 무無가 아니라는 것을 말한 것이지** 〔절대로 없는 것(絶無)이 아님을 말한 것이다.〕 **비무非無를 말한 것이 아니기 때문입니다.** 〔진실로 있는 것을 말한 것은 아니다.〕

유有도 아니고 〔있는 것이 아님을 설하고〕 **비유非有도 아니며,** 〔역시 있는 것이 아닌 것도 아니다.〕 **무無도 아니고** 〔없는 것이 아님을 설하지만〕 **비무非無도 아닙니다.** 〔역시 절대로 없는 것도 아니다. 사구四句를 떠났고 백비百非를 스스로 버렸다.〕

그래서 수보리는 종일토록 반야를 설했으면서도 설한 바가 없다고 한 것입니다. 이렇게 말이 끊어진 도(絶言之道)를 어떻게 전해야 알 수 있겠습니까? 〔말이 끊어진 도는 지견知見의 경계가 아니다. (그런데) 또 어떻게 전할 수 있겠는가?〕

바라건대, 현묘함을 참구하신 군자께서는 깨칠 수 있을 것입니다. 〔오직 말을 잊은 사람만이 마음으로 깨달을 수 있다. 이상은 방편과 진실에 쌍으로 통한 것을 마쳤다. 고요함과 비춤, 유와 무의 두 가지 의심을 모두 통하였다. 아래에서는 불취不取에 대해 별도로 답을 했는데, 먼저 마음이 다르다(心異)는 것을 자세하게 답하였다.〕

❀

又云 "宜先定聖心所以應會之道. 爲當唯照無相耶 爲當咸覩其變耶" 〔此叙來難. 前難意云 權智有取 爲是唯照萬法性空無相耶 爲是權智應物覩其萬化皆有相耶. 來難二意 一難有取 二難心異 今先答心異後答不取. ○下出難意〕 **談者似謂無相與變 其旨不一 覩變則異乎無相 照無相則失於撫會.** 〔下責滯〕 **然則卽眞之義 或有滯也.** 〔出其難

意. 謂二智不一 然觀變則是有相 異於無相矣 照無相則不能應機 異於有相矣. 是則空有不能雙照 故責以不能卽眞 故云滯也〕

또 말씀하시기를 "마땅히 먼저 성심聖心으로 (감)응하고 회합하는 도의 이유를 정립해야 한다. (그렇다면) **오직 무상無相만을 비춰야 하는 것이 맞는가, 그 변화를 모두 보아야 하는 것이 맞는가?"라고 하셨습니다.** 〔여기서는 힐난의 유래를 서술하였다. 앞에서 (유공이) 힐난한 뜻을 말하면 "권지(權智, 방편지혜)에는 취함이 있는데, (이것은) 오직 만법의 성품이 공해서 상이 없다는 것을 비추기 때문인가, (아니면) 방편지혜는 물物에 응하여 그 변화를 보고 상이 있는 것이기 때문인가?"라는 것이다. 힐난한 두 뜻은 첫 번째 힐난에는 취함이 있고, 두 번째 힐난에는 마음이 다르다는 것이다. 지금 먼저 마음이 다르다는 것에 답을 하고 뒤에 취하지 않음에 답하였다. 아래에서는 힐난한 뜻을 드러냈다.〕

(이는) **담자談者께서 흡사 무상無相과 변화(變)는 그 뜻이 하나가 아니어서 변화를 관하면 무상과 다르고, 무상을 비추면 어루만지고 회합하는 것을 잃게 된다고 말씀하시는 것 같습니다.** 〔아래에서는 막힌 것을 책망하였다.〕

그런즉, 바로 진실(眞)의 뜻에 혹 막힘이 있는 듯한 것입니다. 〔힐난한 의도는 이를테면 이지(二智, 방편지혜와 진실지혜)는 하나가 아니며, 분명 변화를 관하는 것은 (어떤) 상이 있는 것이어서 무상無相과는 다르며, 무상을 비추면 기機에 응하지 못해 유상有相과 다르다는 것이다. 이는 곧 공과 유를 쌍으로 비추지 못한 것이기 때문에 진실할

수 없다고 책망한 것이고, 그런 까닭에 '막혔다(滯)'고 한 것이다.〕

❀

經云 "色不異空 空不異色 色卽是空 空卽是色" 〔此下正答. 先引經定理 以色空相卽立意 下反質之〕 **若如** 〔似也〕 **來旨 觀色空時 應一心見色 一心見空.** 〔此出迷滯 下出違〕 **若一心見色 則唯色非空 若一心見空 則唯空非色. 然則空色兩陳 莫定其本** 〔莫定經中立言本意〕 **也.** 〔下釋經意〕 **是以經云 非色者 誠以非** 〔此非 乃破斥之義〕 **色於色** 〔謂凡夫執色是實有 故以非破斥其執〕 **不非色於非色.** 〔上非色謂破斥. 下非色謂虛空 言但破其色執. 不非破虛空〕

경전(반야심경)**에 이르기를 "색은 공과 다르지 않고 공은 색과 다르지 않다. 색이 곧 공이고 공이 곧 색이다"고 하였습니다.** 〔여기서부터는 정면으로 답을 하였다. 먼저 경전을 인용하여 이치를 정립하고, 이로써 먼저 색공상즉色空相卽으로 뜻을 정립하였다. 아래에서는 반대로 (유공에게) 질문을 하였다.〕

만약 질문하신 뜻과 같으려면〔如=似〕, **색과 공을 관할 때 마땅히 한**(쪽) **마음으로는 색을 보고** (또) **한**(쪽) **마음으로는 공을 보아야 할 것입니다.** 〔여기서는 미혹으로 막힌 것을 드러냈고, 아래에서는 (경문과) 어긋남을 드러냈다.〕

가령 한(쪽) **마음으로 색을 보면 오직 색일 뿐 공은 아니며, 한**(쪽) **마음으로 공을 보면 오직 공일 뿐 색은 아닐 것입니다. 그런즉, 공과 색 둘을 나열해서 근본을 세울 수** 〔경전에서 말씀하신 근본 뜻을 정립할

수가 없다.〕 **없는 것입니다.** 〔아래에서 경전의 뜻을 설명하였다.〕

그래서 경전에서 이른 '비색(非色, 색이 아닌 것)**'은 색**色**을 색이 아니라고** 〔여기서의 비非는 파척(破斥, 타파하고 배척한다)의 뜻이다.〕 **한 것이지,** 〔이를테면 범부는 색을 진실로 있는 것이라고 집착한다는 것이다. 그런 까닭에 비非로 그 집착을 타파하고 배척한 것이다.〕 **비색**非色**을 색이 아니라고 한 것이 아닙니다.** 〔이상, 색이 아니라는 것은 타파하고 배척한 것을 말한다. 아래에서의 비색은 허공을 말하는데 다만 색에 집착하는 것을 타파한 것일 뿐 허공을 부정하고 타파한 것이 아님을 말한다.〕

❀

若非色於非色 〔返釋. 謂若非破虛空〕 **太虛則非色** 〔虛空非色相〕 **非色何所明.** 〔虛空旣非色 縱破何所發明乎. 下順釋〕 **若以非色於色** 〔上非色空也. 謂以空破於色相〕 **卽非色** 〔空也〕 **不異色** 〔此空不異色〕 **非色不異色** 〔牒上空不異色〕 **色卽爲非色.** 〔卽了空不異色 則色卽是空矣. 下依經會理〕 **故知變卽無相** 〔正覩變時 卽達無相〕 **無相卽變.** 〔正無相時 不妨覩變〕 **羣情不同** 〔以機不一〕 **故敎迹有異耳.** 〔執無相者 故說覩變 執覩變者 故說無相〕

만약 비색非色**을 색이 아니라고 하면** 〔반대로 설명하였다. 이를테면 "만약 허공을 부정하고 타파한 것이라면"이라는 것이다.〕 **허공**(太虛)**은 곧 색이 아닌데** 〔허공은 색상色相이 아니다.〕 **비색**非色**을 무엇 때문에 밝혔겠습니까?** 〔허공은 색이 아닌데 설령 타파했을지라도 무엇을 밝혔

겠는가? 아래에서는 순서대로 설명하였다.〕

만약 색을 비색非色이라고 한다면 〔이상은 비색은 공이다. 이를테면 공으로 색상을 타파한다는 것이다.〕 **비색非色**〔=공〕**은 색과 다르지 않고,** 〔공불이색空不異色이다.〕 **비색非色이 색과 다르지 않다면** 〔이첩한 공불이색空不異色이다.〕 **색은 곧 비색非色이 됩니다.** 〔바로 공불이색을 알았다면 곧 색즉시공色卽是空이 된다. 아래에서는 경전을 의지해 이치를 회합하였다.〕

그런 까닭에 변화는 곧 상相이 없는 것이고, 〔변화를 바로 볼 때 무상을 통달하게 된다.〕 **상相이 없는 것이 곧 변화라는 것을 아는 것입니다.** 〔바로 무상일 때 변화를 보는 것이 방해되지 않는다(무방하다).〕

(다만) **중생의 정**(羣情, 생각)**이 동일하지 않기 때문에** 〔근기가 하나가 아니기 때문이다.〕 **가르침의 지취에 다름**(=차별)**이 있을 뿐입니다.** 〔무상無相에 집착하는 이들 때문에 변화를 본다고 말하고, 변화를 보는 것에 집착하는 이들 때문에 무상을 말한 것이다.〕

❀

考之玄籍 〔謂聖經〕 **本之聖意** 〔本其聖人說法之意〕 **豈復眞** 〔實智〕 **僞** 〔權智〕 **殊心 空有** 〔二境〕 **異照耶.** 〔謂豈一心照無 一心照有耶〕 **是以** 〔下依心照境 以顯不異〕 **照無相** 〔實智〕 **不失撫會** 〔權智〕 **之功** 〔卽實之權〕 **覩變動** 〔權智〕 **不乖無相** 〔實智〕 **之旨.** 〔卽權之實〕

현묘한 전적〔=경전(聖經)〕**들을 살펴보면, 성스러운 뜻**〔=본래 성인이 설법한 뜻]을 **근본으로 한 것이 어찌 또 진**眞〔=진실지혜〕**과 위**僞〔=방편지혜〕에 **마음이 다르고 공**空**과 유**有〔=두 가지 경계〕를 **다르게 비춘 것이겠습니까?** 〔이를테면 어찌 한(쪽) 마음으로는 무를 비추고 (또) 한(쪽) 마음으로는 유를 비추는 것이겠느냐는 것이다.〕

그래서 〔아래에서는 마음을 의지해 경계를 비추고, 이로써 다르지 않음을 드러냈다.〕 **무상**無相**을 비춰도** 〔진실지혜(實智)는〕 **어루만지고 회합하는** 〔방편지혜의〕 **공**功**을 잃지 않고,** 〔진실에서 방편에 나아간 것이다.〕 **변동**變動**을 관해도** 〔방편지혜(權智)는〕 **무상**無相**의** 〔진실지혜의〕 **뜻에 어긋나지 않는 것입니다.** 〔방편에서 진실로 나아간 것이다.〕

❀

造有不異無 〔雖適生死 而不動本際〕 **造無不異有** 〔雖證涅槃 而不捨度生〕 **未嘗不有 未嘗不無.** 〔有無雙照 二諦恒存〕 **故曰 "不動等覺而建立諸法" 以此而推 寂用何妨.** 〔寂用二法 有何相妨〕 **如之 何謂覩變之知 異無相之照乎.** 〔據理責迷. 上廣答心異竟 下略答不取〕

유有**에 나아가도 무**無**를 달리하지 않고** 〔비록 생사와 맞닥뜨려도 본제(本際, 본래의 경계)에서 움직이지 않는다.〕 **무**無**에 나아가도 유**有**를 달리하지 않으며,** 〔비록 열반을 증득할지라도 중생 제도(捨度)를 버리지 않는다.〕 **일찍이 있었던 적도 없고 일찍이 없었던 적도 없습니다.** 〔유와 무를 쌍으로 비췄다. (유·무) 이제二諦는 항상 존재한다.〕

그런 까닭에 말하기를 "등(정)각에서 움직이지 않고 제법을 건립한다"[153]**고 하였습니다.**

이로써 미루어 볼 때 고요함과 작용이 무슨 방해가 되겠습니까? 〔고요함과 비춤 두 법에 무슨 서로 방해되는 것이 있겠는가.〕

이와 같은데 어째서 변화를 보는 앎(觀變之知)**이 무상을 비추는 것**(無相之照)**과 다르다고 말하겠습니까!** 〔이치에 의거해 미혹함을 책망하였다. 이상은 마음의 다름(心異)에 대해 자세히 답하는 것을 마쳤고, 아래에서는 간략하게 취하지 않음(不取)에 대해 답을 하였다.〕

❀

恐談者脫 〔或也〕 **謂空有兩心 靜躁殊用. 故言觀變之知 不可謂之不有耳.** 〔上出迷執 下正通前疑〕 **若能捨己心** 〔謂己見〕 **於封** 〔執取也〕 **內 尋玄機** 〔至理〕 **於事外** 〔名相之外〕 **齊萬有於一虛.** 〔等觀萬法一味純眞〕 **曉至虛** 〔法身無相〕 **之非無** 〔徧一切處〕 **者 當言至人終日應會 與物推移** 〔謂隨順周旋也〕 **乘運** 〔時也〕 **撫化 未始爲有也.** 〔終日度生 不見生之可度 此正有無齊觀 權實並運. ○下結答返責〕 **聖心若此 何有可取. 而曰未釋不取之理.** 〔前別答不取竟 下決釋是當〕

※恐(두려울 공): 두렵다. 염려스럽다. 아마도.

※未始(미시)=未會(미회): 일찍이 ~한 적이 없다. ~이라고 말할 수 없다.

아마도 담자談者께서는 그럴 리 없겠습니다만 〔혹或〕 **공空과 유有에 대한 두 마음을 일컬으면서 정靜과 조**(躁=동動)**가 작용이 다르다고 하시는 것 같습니다. 그런 까닭에 변화를 보는 앎이 있는 것이 아니라고**

153 앞의 註60 참조.

말해서는 안 된다고 말씀하신 듯합니다. 〔이상은 미혹으로 집착한 것을 드러냈다. 아래에서는 앞의 의심을 바로 꿰뚫었다.〕

(하지만) **만약 능히 안에 봉한** 〔=집착해서 취한〕 **자기의 마음**〔=자기 견해〕**을 버리고 사**(事, 현상) **밖**〔=명과 상의 밖〕**에서 현기**玄機〔=지극한 이치〕**를 찾는다면 만유**萬有**가 하나의 허공과 가지런하게 될 것입니다.** 〔만법을 동등하게 관해서 일미로 순수하고 진실하게 된다.〕

(그리하여) **지극히 텅 빈 것**〔=상이 없는 법신이〕**이 없는 것이 아니라는 것**〔=일체처에 두루하다는 것〕**을 깨달으면 마땅히 지인**至人**은 종일** (감)**응하고 회합하면서 만물과 더불어 변화하고** 〔이를테면 순리대로 두루 돈다는 것이다.〕 **운수를 타고**〔=알맞은 때를 타고=시의적절하게〕 **변화를 어루만져도 유**有**라고 한 적이 없다고 말할 것입니다.** 〔종일 중생을 제도해도 제도할 만한 중생이 보이지 않는다. 이것이 바로 유·무를 가지런하게 보고 방편과 진실을 함께 운행하는 것이다. 이하는 책망을 돌이켜서 결론으로 답을 하였다.〕

성심聖心**이 이와 같은데 무슨 취할 것이 있겠습니까? 그런데도 취하지 않는 이치**(不取之理)**가 설명되지 않는다고 말씀하시겠습니까!** 〔앞에의 취하지 않는다(不取)는 것에 대해 별도로 답하는 것을 마쳤다. 아래에서는 옳음과 일치함에 대해 결론으로 설명하였다.〕

❀

又云 "無是乃所以爲眞是 無當乃所以爲至當" 亦可如來言耳. 〔上印許來意 下示以忘情〕 **若能無心於爲是 而是於無是** 〔是者印物之心. 是於無是 則照而常寂〕 **無心於爲當 而當於無當者** 〔當者當心之境.

當於無當 則寂而常照〕 **則終日是 不乖於無是**〔不乖於是 則心空〕 **終日當 不乖於無當.**〔不乖於當則境寂〕 **但恐有是於無是**〔執心未忘〕 **有當於無當.**〔執境未化〕 **所以爲患耳.**〔但恐執著之情未忘 所以爲患耳〕

또 말씀하시기를 "옳은 것(是)이 없는 것이 진실로 옳은 것이라 여기는 이유이고, 일치하는 것(當)이 없는 것이 곧 지극히 일치하는 것이라 여기는 이유이다"고 하신 것 또한 가히 말씀하신 그대로일 뿐입니다.〔이상은 보내온 뜻을 인허한 것이고, 아래에서는 망정忘情을 제시하였다.〕

만약 능히 옳다고 하는 것에 대해 무심無心해서 옳은 것이 없는 것(無是)이 옳은 것이라고 하고〔시(是, 옳다)는 물物을 인가하는 마음이다. 옳은 것이 없는 것(無是)을 옳다고 하면 비추면서도 항상 고요하다(照而常寂).〕 **일치한다고 하는 것에 대해 무심無心해서 일치하는 것이 없는 것(無當)에 일치할 수 있는 사람이라면**〔당(當, 일치)은 마음에 일치하는 경계이다. 일치하는 것이 없는 것(無當)에 일치하면 고요하면서 항상 비춘다(寂而常照).〕 **종일토록 옳으면서도 옳은 것이 없는 것(無是)에 어긋나지 않고**〔옳은 것에 어긋나지 않으면 마음이 공하다.〕 **종일토록 일치하면서도 일치하는 것이 없는 것(無當)에 어긋나지 않게 될 것입니다.**〔일치하는 것에 어긋나지 않으면 경계가 고요하다.〕

다만 염려스러운 것은 옳은 것이 없는 것에 대해 옳은 것이 있고〔마음을 집착해서 잊지 못하는 것이다.〕 **일치하는 것이 없는 것에**

대해 일치하는 것이 있다 할까 하는 것입니다. 〔경계를 집착해서 변화하지 못하는 것이다.〕

그래서 걱정스러울 따름입니다. 〔다만 집착의 정을 잊지 못하는 것을 염려할 뿐이다. 그래서 걱정스러울 뿐이다.〕

❀

何者. 〔徵明執著〕 **若眞是可是 至當可當** 〔此則心境未忘〕 **則名相以形** 〔生心取著 故名相斯起〕 **美惡是生** 〔取捨情生 則愛憎橫發〕 **生生奔競** 〔攀緣取境 逐逐不休〕 **孰與止之.** 〔自心妄動 誰與止之. 此執著之患也〕 **是以聖人空洞其懷 無識無知.** 〔聖人心包太虛 萬境斯寂〕 **然居動用之域 而止無爲之境 處有名之內 而宅絕言之鄉.** 〔雖爲而不爲〕 **寂寥虛曠 莫可以形名得** 〔超情離見 非思量可知〕 **若斯而已矣.** 〔聖心如此〕

※奔競(분경): 지지 않으려고 몹시 다투는 일. / 출세를 위해 뛰어다니다. 암약하다. 다투어 이록利祿을 구하다.

어째서 그럴까요? 〔집착하는 것을 따져서 밝혔다.〕

만약 진실로 옳은 것을 옳은 것이라고 인정하고 지극히 일치하는 것을 일치하는 것이라고 인정하면 〔이것은 곧 마음과 경계를 아직 잊지 못한 것이다.〕 **명名과 상相으로 형상화를 하고** 〔마음에 취하고 집착하는 것이 생겨나는 까닭에 명과 상이 여기서 일어난다.〕 **아름다움과 추함이 일어나** 〔취하고 버리는 정情이 생하면 사랑과 증오가 제멋대로 일어난다.〕 **생생하게 치달리듯 경쟁하게 되는데,** 〔반연으로 경계를 취해서 쫓고 쫓느라 쉬지 못한다.〕 **누가 그것을 멈춰 주겠습니까?** 〔자기의 마음이 허망하게 움직이는데 누가 그것을 멈춰 주겠는가? 이것이 집착의 우환이다.〕

그래서 성인은 마음에 품었던 것을 텅 비워 식識도 없고 지知도 없는 것입니다. 〔성인의 마음으로 허공을 감싸니 온갖 경계가 고요하다.〕

하지만 움직이고 작용하는 영역에 거居하면서도 무위의 경계에 머물고, 유명有名의 안에 처處해 있으면서도 언어가 끊어진 고향(絶言之鄕)**에 자리를 잡습니다.** 〔하지만 하는 것이 아니다.〕

적요허광(寂寥虛曠, 고요하고 텅 빔)**하여 형상과 명칭으로 얻을 수 없는 것이** 〔정견情見을 뛰어넘어 사량思量으로 알 수 있는 것이 아니다.〕 **이와 같을 뿐입니다.** 〔성심聖心은 이와 같다.〕

❀

乃曰 "眞是可是 至當可當" 未喩雅旨也. 〔聖人心境兩忘. 而以是當求之. 所以未喩來旨也〕 **恐是當之生 物謂之然** 〔乃凡夫取著之妄見〕 **彼自不然.** 〔彼聖心非常情可測〕 **何足以然耳.** 〔以凡情而謂聖心之必然 何足以知之 上通答隱顯五難竟 ○下結示離言〕

(그런데도) **말씀하시기를 "진실로 옳은 것은 옳은 것이라고 인정하고 지극히 일치하는 것은 일치하는 것이라고 인정한다"고 하시니, 아직 바른 뜻**(雅旨)**을 깨치지 못한 것 같습니다.** 〔성인은 마음과 경계를 둘 다 잊었다. 그런데도 (유공은) 옳은 것과 일치하는 것으로 (성인의

마음을) 구하려 한다. 그래서 아직 편지에서 한 뜻을 이해 못하겠다는 것이다.〕

아마도 옳은 것(是)**과 일치하는 것**(當)**이 생겨나는 것은 물**(物, 중생)**이 그렇다고 말하는 것이지,** 〔범부가 집착하는 허망한 견해이다.〕 **저것**(=성심)**은 원래 그러한 것은 아닙니다.** 〔저 성심은 상정常情으로 헤아릴 수 있는 것이 아니다.〕

(그런데) **어찌 그러할 할 수 있겠습니까?** 〔범부의 마음으로 성인의 마음은 반드시 그러하다(必然)라고 말한 것이니 어찌 알았다고 할 수 있겠는가? 이상, 숨겨 있기도 하고 드러나 있기도 한 (유공의) 다섯 가지 힐난에 대한 총체적인 답을 마쳤다. 아래에서는 말을 떠난 것(離言)을 결론으로 보였다.〕

❀

夫言迹之興 異途之所由生也. 〔尋名執相者 依言取義 分別情生 正智昧矣〕 **而言有所不言** 〔以言而顯絶言之道〕 **迹有所不迹.** 〔兎不在蹄 魚本非筌〕 **是以善言言者 求言所不能言 善迹迹者 尋迹所不能迹.** 〔得義忘言 得魚捨筌〕 **至理虛玄 擬心已差** 〔擬心卽錯 動念卽乖〕 **況乃有言. 恐所示轉遠.** 〔名相不忘 於理轉遠〕 **庶通心君子 有以相期於文外耳.** 〔唯忘言者可以意得 息慮者可以心通. 若執言競辨 嘵嘵何益哉〕

무릇 말의 자취가 일어나는 것은 다른 길이 생겨나는 이유입니다. 〔이름을 찾고 상을 집착하는 것은 말에 의지해서 뜻을 얻는 것이다.

분별하는 정이 생기면 올바른 지혜가 어두워진다.〕

하지만 말에는 말로 하지 못하는 것(不言)**이 있고** 〔말로써 말이 끊어진 도를 드러낸다.〕 **자취에는 자취가 아닌 것이 있습니다.** 〔토끼는 올무에 있지 않고 물고기는 본래 통발이 아니다.〕

그래서 훌륭한 말을 하는 사람은 (그) 말을 구하고자 해도 구할 수 없고, 훌륭한 자취를 남기는 사람은 (그) 자취를 찾아도 찾을 수가 없는 것입니다. 〔뜻을 얻으면 말을 잊고 고기를 얻으면 통발을 버린다.〕

지극한 이치는 허현(虛玄, 텅 비고 현묘)**해서 마음으로 헤아리면 이미 어긋나게 되는데** 〔마음으로 헤아리면 틀리게 되고 생각을 움직이면 어긋나게 된다.〕 **하물며 어떤 말이 있겠습니까? 보이신 것에 점점 멀어질까 염려스럽습니다.** 〔명과 상을 잊지 못하면 이치에서 점점 멀어진다.〕

마음을 통한 군자께서는 문자 밖에서 서로를 기약함이 있으시기를 바랍니다. 〔오직 말을 잊은 사람만이 뜻을 얻을 수 있고, 생각을 쉬는 자가 마음을 통할 수 있다. 만약 말에 집착해 시끄럽게 다투듯 따진다면 무슨 이익이 있겠는가!〕

V. 열반무명론* 涅槃無名論

*본 논은 표문表文과 구절십연九折十演 두 편으로 이루어졌는데 먼저 감산의 약주부터 소개한다.

〔약주〕[1]

涅槃無名論者 以所論者涅槃 故以爲題. 言涅槃者 梵語也. 此云圓寂 謂五住究盡爲圓 二死永亡爲寂. 乃寂滅一心之異稱 淸淨法身之眞體 非死之謂也.

『열반무명론涅槃無名論』은 논한 것이 열반涅槃이기 때문에 (이것으로) 제목으로 삼은 것이다.

열반이라는 말은 범어이다. 여기서는 '원적圓寂'이라고 하는데, 오주五住[2](번뇌)가 다한 것을 '원圓'이라 하고, 이사二死[3]가 영원히 없어진 것을 '적寂'이라고 한다. 이는 곧 적멸일심寂滅一心의 다른 명칭이고 청정법신의 진실한 (그) 자체인 것이지, 죽음을 말하는 것이 아니다.

❀

以三世諸佛曠劫修因 證此一心之體 名爲法身 以酬廣大之因 名爲報身 隨機益物 名爲化身. 一切諸佛 皆具三身 法身爲體 化身爲用. 有感卽現 無感卽隱. 隱而不現 圓歸一心 攝用歸體 名爲入滅. 是稱涅槃 非生死之謂也. 以此一心 五住煩惱不能覆 故曰"圓" 二種生死不能羈

---

1 열반무명론 전체에 대한 감산의 개괄적인 설명이다.

2 「종본의」 편의 註16 참조.

3 분단생사分段生死와 변역생사變易生死를 뜻한다.
분단생사分段生死: 범부의 생사. 각자 과거에 지은 행위에 따라 신체의 크고 작음과 목숨의 길고 짧음이 구별된다고 하여 분단分段이라 함.
변역생사變易生死: 성자가 성불할 때까지 받는 생사. 신체와 수명을 자유자재로 변화시킨다고 하여 변역이라 함.

故云 "寂"

※羈(굴레 기): 굴레. 구금하다. 얽매이다. 구속받다. 나그네.

삼세제불이 광겁(曠劫, 헤아릴 수 없는 오랜 세월)에 수행한 인연으로 이 일심一心의 (진실한) 체를 증득한 것을 법신法身이라 하고, 광대한 (오랜 세월 수행) 인연의 보답을 보신報身이라 하며, 기(機, 근기 또는 상황)에 따라 중생들을 이익 되게 하는 것을 화신化身이라고 한다.

일체제불은 모두 삼신三身을 갖췄으며, 법신을 체體로 삼고 화신으로 용用을 삼는다. (그리하여) 감응하면 드러내고 감응하지 않으면 은거한다(=모습을 드러내지 않는다).

은거하여 드러내지 않고 일심으로 원만하게 돌아가서 용을 거두고 체로 돌아가는 것(攝用歸體)을 '입멸入滅'이라고 한다. 이것을 열반이라 칭하는 것이지, (육신의) 생사를 일컫는 것이 아니다.

이 일심一心은 오주번뇌五住煩惱가 덮을 수가 없기 때문에 '원圓'이라고 하며, 이종생사二種生死로 구속할 수 없기 때문에 '적寂'이라고 한다.

❀

故敎約出處 說有四種. 一自性涅槃 謂卽此一心 名爲法身. 偏一切處爲諸法體 名爲自性本來寂滅 所謂有佛無佛性相常住 一切衆生本來滅度 不復更滅. 故云 "自性涅槃" 二有餘涅槃 謂三乘所證 無明未盡變易未亡 證理未圓. 三皆有餘 故亦稱涅槃. 三無餘涅槃 卽修成之佛妄盡眞窮 體用不二. 亦名所證無上大涅槃果 故名 "無餘" 四無住涅槃

謂一切聖人 不處有爲 不住無爲. 二邊不住 中道不安 動靜爲二 總名涅槃 故云 "無住"

그런 까닭에 경(敎, 또는 교리)에 따르면, (열반의) 출처가 네 가지가 있다고 말한다.

첫째는 자성열반自性涅槃이니, 말하자면 이 일심一心을 법신法身이라고 한다. 일체처에 두루하여 제법의 체가 되는 것을 '자성이 본래적멸하다(自性本來寂滅)'고 하는데, (이는) 이른바 부처님이 계시든 부처님이 계시지 않든 성性과 상相이 항상 머물고, 일체중생은 본래 멸도해서(一切衆生本來滅度) 더는 또 멸하지 않는다는 것이다. 그런 까닭에 '자성열반自性涅槃'이라고 한다.

둘째는 유여열반有餘涅槃이니, 이를테면 (이는) 삼승이 깨달은 것으로 무명을 아직 다하지 못하였고(無明未盡),[4] 변역이 아직 없어지지 않았으며(變易未亡),[5] 이치를 증득함이 아직 원만하지 못하다(證理未圓)[6]는 것이다. (이들) 셋은 모두 (아직) 남음(餘)이 있기 때문에 (유여)열반이라고 칭한다.

셋째는 무여열반無餘涅槃이니, 수행으로 이룬 부처님은 허망을 다하고 참됨을 궁구해서 체와 용이 둘이 아니다. 또한 '무상의 대열반을 증득한 과(所證無上大涅槃果)'라고도 한다. 그런 까닭에 '무여無餘'라고 한다.

---

4 성문과 연각의 깨달음을 말한다.

5 아라한의 깨달음을 말한다.

6 보살의 깨달음을 말한다.

넷째는 무주열반無住涅槃이니, 이를테면 일체성인은 유위有爲에도 있지 않고 무위無爲에도 머물지 않는다는 것이다. 양변에도 머물지 않고 중도中道에도 안주하지 않으면서 동動과 정靜 둘을 행하는 것을 총괄해서 열반이라 한다. 그런 까닭에 '무주無住'라고 한다.

❀

此四種名 但約體用之稱 其實一心名相俱寂. 故云"無名" 所謂生死及涅槃 二俱不可得 故云"無名" 是爲不生不滅常住一心之都稱耳. 前不遷不眞爲所觀之境 般若爲能觀之智. 三皆是因 以此涅槃乃所證之果. 故以爲論.

이 네 가지 (열반의) 명칭은 다만 체體와 용用에 근거해서 칭한 것일 뿐 사실 일심一心의 명名과 상相은 모두 고요하다. 그런 까닭에 '무명無名'이라고 하는 것이다. (이는) 이른바 생사와 열반은 둘 다 모두 얻을 수 없는 것이기 때문에 '무명'이라고 한다는 것이다. 이는 불생불멸하고 상주(불변)하는 일심을 모두 칭한 것일 뿐이다.

앞에서 물불천론과 부진공론을 관하는 경계(所觀之境)로 삼았고, 반야무지론을 관하는 지혜(能觀之智)로 삼았다. (이들) 셋은 모두 (증득의) 원인이고, 이 열반무명론은 증득한 결과이다. 그런 까닭에 이로써 논을 삼은 것이다.

1. 표문表文[7,8]

승조가 말씀드립니다.

(승)조가 듣기로 "하늘은 하나를 얻어 맑고, 땅은 하나를 얻어 안녕하며, 군왕은 하나를 얻어 천하를 다스린다" 하였습니다. 〔僧肇言. 肇聞 "天得一以淸 地得一以寧 君王得一以治天下"〕

삼가 생각하건대 폐하께서는 예叡·철哲·흠欽·명明하여 도는 신(神, 마음)과 회합하고, 환중(環中, 공空)에 오묘하게 계합하여 이(理, 이치)로 통합하지 않는 것이 없으십니다. 〔伏惟陛下 叡哲欽明 道與神會 妙契環中 理無不統.〕

만기(萬機, 온갖 정무)를 유인(游刃, 능숙하게 처리)하면서도 종일토록 도를 널리 펴고 위엄으로 온 백성을 덮으면서 글을 내려 법칙을 만드시니, 그런 까닭에 "나라 안(域中)에 4대四大가 있는데 왕이 (그 가운데) 하나에 거처한다"고 하였습니다. 〔游刃萬機 弘道終日

---

7 제목 원문은 '주진왕표奏秦王表'이다. 진왕秦王은 요홍을 가리킨다.

8 요흥(姚興, 366~416): 성은 요姚, 자는 자략子略, 이름은 흥興. 시호는 문환황제文桓皇帝이고, 묘호는 고조高祖. 중국 5호16국시대 후진後秦의 제1대 왕 요장姚萇의 맏아들.

威被蒼生 垂文作則 所以 域中有四大 而王居一焉.〕

열반의 도는 삼승이 귀의한 바이며 방등의 깊은 곳간(淵府)입니다. 〔涅槃之道 蓋是三乘之所歸 方等之淵府.〕

(이는) 아득히 넓고 희이希夷하여 보고 듣는 영역을 넘어선 것입니다. 〔渺漭希夷 絕視聽之域.〕

(또한) 그윽한 이치는 허현(虛玄, 텅 비고 오묘)하여 거의 군정(群情, 중생의 마음)으로 헤아릴 수 있는 바가 아닙니다. 〔幽致虛玄 殆非群情之所測.〕

(저) 승조는 매우 미천한 사람인데도 외람되게 나라의 은혜를 입어 강원(學肆)에 한가로이 거처하면서 10여 년을 나집 공의 문하에 있었습니다. 〔肇以人微 猥蒙國恩 得閑居學肆 在什公門下十有餘載.〕

비록 여러 경전들이 풍치風致가 다르고 빼어난 뜻은 하나가 아니지만 열반의 뜻 하나만은 항상 듣고 익히는 것을 우선으로 삼았습니다. 〔雖衆經殊致 勝趣非一 然涅槃一義 常以聽習爲先.〕

다만 (저) 승조는 재주와 식견이 어둡고 짧아서 비록 여러 차례 가르침을 받았지만 여전히 마음속에 품은 의심은 막막하기만 하고 어리석음을 없애려 해도 다하지 못할 따름입니다. 〔但肇才識闇短 雖屢蒙誨喩 猶懷疑漠漠 爲竭愚不已.〕

또한 비슷하게나마 아는 것이 있는 듯해도 아직 높고 뛰어난 선사先師의 가르침(唱)을 거치지 못해 감히 스스로 결단할 수가 없습니다. 〔亦如似有解 然未經高勝先唱 不敢自決.〕

(더욱이) 불행하게도 나집 공(什公)이 세상을 떠나 (더는) 묻고

참구할 곳이 없으니 영원히 개탄스러울 따름입니다. 〔不幸什公去世 諮參無所 以爲永慨.〕

그러나 폐하께서는 덕(聖德)이 있어 외롭지 않아 홀로 나집 공과 함께 마음을 계합하셨습니다. 〔而陛下聖德不孤 獨與什公神契.〕

(또한) 눈에 닿는 대로 도가 있어 그 안에서 마음을 시원하게 다하셨습니다. 〔目擊道存 快盡其中方寸.〕

그런 까닭에 능히 저 현풍玄風을 떨치며, 이로써 말세의 세속을 일깨우셨습니다. 〔故能振彼玄風 以啓末俗.〕

하루는 안성安城의 제후 요숭姚嵩이 편지로 물은 '무위종극無爲宗極'에 대한 (폐하의) 답을 받아보게 되었습니다. 〔一日遇蒙 答安城候姚嵩書 問無爲宗極.〕

(그 답은 다름 아닌) "어째서 그런가? 무릇 중생이 오래도록 생사를 윤회하는 까닭은 모두 집착과 욕심으로 말미암기 때문이다. 만약 욕심내는 마음을 멈추면 생사를 되풀이하지 않는다. 나고 죽음이 없으면 마음(神)은 그윽하고 고요함(玄默)에 잠겨 허공과 함께 그 덕(德, 작용)을 합하게 되니, 이를 일러 '열반'이라고 한다. (그런데) 이미 열반을 말하였거늘 어찌 다시 그 사이에 유명有名을 용납하겠는가?" (하는 것이었습니다.) 〔"何者. 夫衆生所以久流轉生死者 皆由著欲故也. 若欲止於心 卽無復於生死. 旣無生死 潛神玄默 與虛空合其德. 是名涅槃矣. 旣曰涅槃 復何容有名於其間哉"〕

이는 미언微言을 궁구한 찬미讚美이고 형상 밖에 이른 말씀입니다.

〔斯乃窮微言之美 極象外之談者也.〕

자연히 도道는 문수文殊와 나란히 하고 덕德이 자씨(慈氏, 미륵)와 가지런한 것이 아니라면 누가 현도玄道를 선양하며 법을 성과 해자로 삼을 수 있었겠습니까! 〔自非道參文殊 德慈侔氏 孰能宣揚玄道 爲法城塹.〕

무릇 감겼던 대교大敎를 다시 펴고 몰락했던 그윽한 뜻(幽旨)을 다시 드러나게 하셨습니다. 〔使夫大敎卷而復舒 幽旨淪而更顯.〕

(저는 폐하의 글을) 은근히 탐구하고 감상하면서 잠시도 (눈을) 뗄 수가 없었습니다. 〔尋玩殷勤 不能暫捨.〕

(그러다가 어느 순간) 기쁨과 깨달음이 마음속에 교차하여 너무 좋아 어쩔 줄 모르고 날뛰면서 (잠시도) 차분할 수가 없었습니다. 〔欣悟交懷 手舞弗暇.〕

(이것이) 어찌 당시의 빼어난 법도(勝軌)만을 똑바르게 한 것이겠습니까! 〔豈直當時之勝軌.〕

바야흐로 누겁의 진량(津梁, 나루터와 다리)이 될 것입니다. 〔方乃累劫之津梁矣.〕

성인의 뜻(聖旨)은 깊고 그윽하며 이치는 미묘하고 말씀은 간략하지만, 궁극의 이치(匠)로 선진先進을 덮어주고 고사高士를 건져서 발탁할 수 있어야 하거늘 말이나 하고 글이나 쓰는 부류들이 혹여 폐하의 뜻을 다하지 못할까 염려스럽습니다. 〔然聖旨淵玄理微言約 可以匠彼先進 拯拔高士 懼言題之流 或未盡上意.〕

요사이 공자께서 『주역』에 『십익十翼』을 지은 것을 헤아려 보았는

데 (이것이) 어찌 풍성한 문장을 탐낸 것이겠습니까! 〔庶擬孔易十翼之作 豈貪豐文.〕

그윽한 뜻(幽旨)을 널리 드러내려고 문득 『열반무명론涅槃無名論』을 짓게 되었습니다. 〔圖以弘顯幽旨 輒作涅槃無名論.〕

논論에는 구절십연九折十演이 있는데 널리 여러 경전에서 골라 증명을 의탁하고 비유를 이루어 폐하의 무명無名의 이치를 우러러 서술했습니다. 〔論有九折十演 博采衆經 託證成喩 以仰述陛下無名之致.〕

(하지만 이것이) 어찌 신심(神心, 신령스런 마음)을 관통하여 이른 것이며, 멀리 밑바닥까지 궁구한 것이라 말할 수 있겠습니까! 〔豈曰 "關詣神心 窮究遠當"〕

(다만) 부족하나마 현문玄門을 헤아려서 학도들에게 나눠 주고 깨우치려 할 따름입니다. 〔聊以擬議玄門 班喩學徒耳.〕

(폐하께서는) 논論의 맨 마지막 장章에 말씀하시기를 "제1의제第一義諦에 정통한 여러 대가들이 모두들 '확연공적廓然空寂해서 어떤 성인도 없다'고 하는데, 나는 평소 (이것은) 몹시 내 생각과 차이가 나서(徑庭) 인정(人情, 세상 사람들의 심정)에 다가가지 못한 것으로 생각한다. 만약 성인이 없다면, (저들이 말하는 것처럼) 없다는 것을 아는 이는 (과연) 누구인가?"라고 하셨습니다. 〔論末章云 "諸家通第一義諦 皆云 '廓然空寂 無有聖人' 吾常以爲太甚徑庭 不近人情. 若無聖人 知無者誰"〕

(이는) 실로 명철한 조서(明詔)이고, 실로 명철한 조서입니다. 〔實如明詔 實如明詔.〕

무릇 도는 황홀恍惚하고 요명窈冥하지만 그 안에 정精이 있습니다.〔夫道 恍惚窈冥 其中有精.〕

(그런데) 만약 성인이 없다면 누가 도와 더불어 노닐 수 있겠습니까!〔若無聖人 誰與道遊.〕

요사이 여러 학도들이 모두 도문道門에서 주저하면서 이 뜻을 흔쾌히 납득하는 이가 없고, 종일토록 마음속으로 의심만 하고 있어 바로잡을 수가 없었습니다.〔頃諸學徒 莫不躊躇道門 怏怏此旨 懷疑終日 莫之能正.〕

(하지만) 다행이도 (폐하의 이치에 대한) 뛰어난 판단을 만나 종도들이 획연하게 되고, 문을 두드리는 무리들이 무성하게 현실玄室에 오르게 되었습니다.〔幸遭高判 宗徒懽然 扣關之儔 蔚登玄室.〕

(그러므로 이는) 진실로 법륜法輪을 염부(閻浮, 인간세상)에 재차 굴려 도광道光이 천 년을 거듭 비춘 것이라 말할 수 있는 것입니다.〔眞可謂法輪再轉於閻浮 道光重映於千載者矣.〕

지금 (폐하의) 논을 부연해서 지은 뜻은 열반무명涅槃無名의 체體가 고요하다는 것을 자세하게 변별해서 저 확연(廓然, 廓然無聖)에 대한 방외方外의 이야기들을 배척하려는 것입니다.〔今演論之作旨 曲辨涅槃無名之體寂 彼廓然排方外之談.〕

이첩한 (논의) 조목條目은 왼쪽에 적힌 내용과 같습니다.〔條牒如左.〕

삼가 우러러 바치오니, 만약 조금이나마 (폐하의) 뜻(聖旨)을 헤아렸다면 칙령으로 기록하여 보존하여 주시기를 바라오며, 만약 어긋남이 있다면 엎드려 가르침을 받겠습니다.〔謹以仰呈 若少參聖

旨 願勑存記 如其有差 伏承指授.〕

승조가 말씀드립니다.

"니왈泥曰·니원泥洹·열반涅槃 이 세 이름은 전후에 달리 나와 초하(楚夏, 표준말과 사투리)가 같지 않을 따름입니다. 열반이라는 말이 바른 것입니다."〔僧肇言. "泥曰泥洹涅槃 此三名前後異出 蓋是楚夏不同耳. 云涅槃音正也"〕

〔**약주**〕[9]

什師入滅 論主追慕無已. 因作涅槃無名論 以稱述所證之德 不異於佛以讚揚之. 言雖以前般若乃能證之智爲因 涅槃爲所證之果 其意實爲什師而發. 論成 表獻秦主 故首列其表文.

나집羅什 대사가 입멸하자, 논주는 (그를) 추모함에 다함이 없었다. 그로 인해 『열반무명론』을 지어서 (그가) 증득한 덕德이 부처님과 다르지 않음을 칭찬하고 서술함으로써 그를 찬양하였다.

비록 앞에서 반야로 증득하는 지혜를 인因으로 삼고 열반을 증득한 과果로 삼는다고 말했지만, 그 뜻은 진실로 나집 대사를 위해 일으킨 것이다.

논論을 완성하고 진주(秦主, 진왕 요흥)에게 표문을 올렸다. 그런

9 표문에 대한 개괄적인 설명이다.

까닭에 맨 앞에 표문表文을 배열한 것이다.

【표문】

僧肇言.〔對人主而不稱臣者. 以方外自處也. 所謂不事王候 高尙其事 天子雖尊 不以臣禮待之也〕**肇聞 "天得一以淸 地得一以寧 君王得一 以治天下"**〔天得一等語 用老子. 一謂大道之元也. 老宗自然 名爲大道 論宗一心. 同文義異〕**伏惟陛下 叡**〔聖也〕**哲**〔智也〕**欽**〔敬也〕**明**〔謂明德〕**道與神會**〔道謂涅槃大道. 秦王妙契 故曰神會〕**妙契環中**〔莊子樞得其環中 以應無窮 謂秦王妙悟中道故〕**理無不統**.〔以悟一心 則理無不攝〕**游刃**〔語出莊子 庖丁解牛 迎刃而解 以喩妙智應物 則事無不理〕**萬機**〔人君日有萬機〕**弘道終日**〔謂不以萬機以妨弘道〕**威被蒼生 垂文作則**〔法也〕**所以 域中有四大 而王居一焉**.

※밑줄 친 부분의 王候는 王侯의 誤字이다.

승조가 말씀드립니다.〔왕을 상대하면서 신하라고 칭하지 않았다. 이로써 방외(方外, 세속 밖의 사람)를 자처하였다. (이는) 이른바 왕후를 섬기지 않고 그 일을 높이 숭상한 것으로[10] 천자가 비록 존귀하지만

10 ䷑ 고괘蠱卦. 문언전文言傳에 다음과 같이 전한다.

九 不事王侯 高尙其事 象曰 "不事王侯 志可則也"

상구上九는 왕후를 섬기기 않고 그 일을 높이 숭하는 것이다.

상象에 말하기를 "왕후의 일을 섬기지 않으면 뜻을 본받을 수 있다."

신하의 예로 대하지 않았다는 것이다.〕

(승)**조가 듣기로 "하늘은 하나를 얻어 맑고, 땅은 하나를 얻어 안녕하며, 군왕은 하나를 얻어 천하를 다스린다" 하였습니다.** 〔하늘은 하나를 얻는다는 등의 말은 『노자』에서 인용하였다.[11] 하나(一)는 대도大道의 근원을 말한다. 노자는 자연을 숭상해서 대도大道라고 이름했고, 논에서는 일심一心을 숭상하였다. 문장은 같지만 뜻은 다르다.〕

삼가 생각하건대 폐하께서는 예叡〔사리에 밝음〕·**철**哲〔지혜로움〕·**흠**欽〔존경스러움〕·**명**明**하여** 〔공명정대한 덕행을 말한다.〕 **도는 신**(神, 마음)**과 회합하고,** 〔도는 열반의 대도를 말한다. 진왕(秦王, 요흥)이 (도에) 오묘하게 계합하였기 때문에 신회神會라고 말한 것이다.〕 **환중**(環中, 공空)**에 오묘하게 계합하여** 〔『장자』에 "지도리(樞)는 환중(環, 둥근 고리의 중심)을 얻어야 응함에 다함이 없다"[12]고 했는데, (이는)

---

11 노자 제39장에 다음과 같이 전한다.

昔之得一者 天得一以淸 地得一以寧 神得一以靈 谷得一以盈 萬物得一以生 侯王得一以爲天下貞 其致之.

옛날부터 하나를 얻은 것들로, 하늘은 하나를 얻어서 맑고, 땅은 하나를 얻어서 안정되고, 신은 하나를 얻어서 신령하고, 골짜기는 하나를 얻어서 가득차고, 만물은 하나를 얻어서 생겨나고, 군주는 하나를 얻어서 천하의 법도가 되니. 그것이 이에 이르게 한다. (전게서 하, p.147)

12 내편 제물론에 다음과 같이 전한다.

果且有彼是乎哉. 果且無彼是乎哉. 彼是莫得其偶 謂之道樞. 樞始得其環中 以應無窮. 是亦一無窮 非亦一無窮也 故曰 莫若以明.

과연 저것과 이것이 있다는 말인가. 과연 저것과 이것이 없다는 말인가. (물론 저것과 이것의 대립은 없는 셈이다.) (이렇듯) 저것과 이것이 그 대립을 없애 버린(대립을 초월한 절대적인) 경지, 이를 도추(道樞, 도의 지도리)라고 한다. 지도 이를테면 진왕이 중도를 오묘하게 깨달았다는 것이다.〕 **이**(理, 이치)**로 통합하지 않는 것이 없으십니다.** 〔일심을 깨달았기 때문에 이치로 거둬들이지 않는 것이 없다.〕

만기(萬機, 온갖 정무)**를** 〔임금에게는 날마다 만기가 있다.〕 **유인**(游刃, 능숙하게 처리)**하면서도** 〔유인游刃은 『장자』에 나온다. 포정이 소를 잡으면서 칼이 가는 대로 쉽게 해체했는데, 오묘한 지혜로 중생에 응하면 일이 다스려지지 않는 것이 없음을 비유한 것이다.〕[13] **종일토록 도를 널리 펴고** 〔만기(=온갖 정무)가 도를 펼침에 방해 되지 않는다는 것이다.〕 **위엄으로 온 백성을 덮으면서 글을 내려 법칙**〔=법〕**을 만드시니, 그런 까닭에 "나라 안**(域中)**에 4대**四大**가 있는데 왕이** (그 가운데) **하나에 거처한다"**[14]**고 하였습니다.**

리에기 때문에 원의 중심에 있으면서 무한한 변전變轉에 대처할 수 있다. 옳다도 하나의 무한한 변전이며, 옳지 않다도 하나의 무한한 변전이다. 그러므로 (시비를 내세우는 짓은) "명지明智의 처지에 서느니만 못하다"고 한다. (전게서, p.59)

13 반야무지론의 註33 참조.

14 노자 제25장에 다음과 같이 전한다.

有物混成 先天地生. 寂兮寥兮. 獨立不改 周行而不殆 可以爲天地母. 吾不知其名 字之曰道 强爲之名曰大. 大曰逝 逝曰遠 遠曰反. 故道大 天大 地大 王亦大. 域中有四大 而王居其一焉. 人法地 地法天 天法道 道法自然.

혼돈으로 이루어진 사물이 있으니 하늘과 땅보다 먼저 생겨났다. 고요하구나! 쓸쓸하구나! 홀로 우뚝 서서 변함이 없고, 두루 행하여 게으르지 않으니 천하의 어머니라 할 만하다. 내 그 이름을 알지 못하여 글자를 붙여 도라 부르고, 굳이 그것에 이름을 짓는다면 크다라고 부를 수 있다. 크다는 간다라고 말할 수 있고, 간다는 멀다라고 말할 수 있고, 멀다는 돌아온다고 말할 수 있다. 그러므로 도는 크고 하늘도 크고 땅도 크고 왕 역시 크다. 이 세상에 사대가

〔약주〕

此美秦王能妙悟一心 而具堯舜之德也. 尙書 "叡哲舜德 欽明堯德" 謂秦王不唯具堯舜之德 且能契涅槃中道妙理 統會一心. 故雖日應萬機不妨弘道終日. 用武興文 爲世明主. 所以域中四大 而王居一焉. 語出老子 "天大地大王亦大" 此歎德也.

여기서는 진왕秦王이 능히 일심을 오묘하게 깨닫고 요순堯舜의 덕을 갖춘 것을 찬미하였다.

『상서尙書』[15]에 "예철순덕 흠명순효(叡哲舜德 欽明堯德, 예철하신 순임금의 덕이요, 흠명하신 요임금의 덕이다)"라고 하였다. (이는) 이를테면 진왕이 요순의 덕을 갖추었을 뿐만 아니라 열반과 중도의 오묘한 이치에 계합해서 일심으로 통합해 모을 수 있었다는 것이다. 그런 까닭에 비록 날마다 만기(萬機, 온갖 정무)에 응하면서도 종일토록 불도를 널리 펴는 데(弘道) 방해받지 않은 것이다.

(또한) 무력을 쓰면서도 문예를 부흥하여 세상의 총명한 임금이 되었다. 그래서 "나라 안(域中)에 4대四大가 있는데 왕이 (그 가운데) 하나에 거처한다"고 한 것이다. 이는 『노자』에 나오는 말로 "하늘도 크고 땅도 크고 왕 역시 크다"라고 하였다. 이는 덕德을 찬탄한 것이다.

있으니 왕이 그 하나를 차지한다. 사람은 땅을 본받고 땅은 하늘을 본받고 하늘은 도를 본받고 도는 자연을 본받는다. (전게서, p.477)

15 『서경書經』을 달리 부르는 이름.

【표문】

涅槃之道 蓋是三乘之所歸〔三乘同證 故曰 "所歸"〕**方等之淵府.**〔方等深經之究竟理趣 故曰 "淵府"〕**渺漭**〔汪洋無涯〕**希夷**〔離聲離色故〕**絕視聽之域.**〔迴超見聞〕**幽致虛玄**〔幽妙之理致 虛靈絕待〕**殆**〔甚也 殊也〕**非群情**〔淺識〕**之所測.**

※渺漭(묘망): 渺(아득할 묘), 漭(넓을 망).

※淺識(천식): 얕은 지식. 좁은 소견.

열반의 도는 삼승이 귀의하는 바이며〔삼승이 동일하게 증득했기 때문에 '귀의하는 바(所歸)'라고 하였다.〕**방등方等[16]의 깊은 곳간**(淵府) **입니다.**〔방등의 심오한 경전은 궁극의 이취理趣이기 때문에 '깊은 곳간(淵府)'이라고 하였다.〕

(이는) **아득히 넓고**〔=바다처럼 넓고 커서 끝이 없으며〕**희이希夷[17] 하여**〔소리를 떠나고 색을 떠났기 때문에〕**보고 듣는 영역을 넘어선 것입니다.**〔보고 듣는 것을 멀리 뛰어넘었다.〕

(또한) **그윽한 이치는 허현**(虛玄, 텅 비고 오묘)**하여**〔그윽하고 오묘한 이치는 텅 비고 신령스러워 상대가 끊어졌다.〕**거의**〔=매우, =특히〕**군정**(群情, 중생의 마음)〔의 좁은 식견〕**으로 헤아릴 수 있는 바가 아닙니다.**

---

16 대승경전의 총칭이다.

17 반야무지론의 註17 참조.

〔약주〕

此歎涅槃之道 爲衆聖歸趣. 體絶名相 非見聞可及. 絶待幽玄 故非淺識之可測也.

※歸趣(귀취): 귀착되는 취지. / 취지趣旨. 종지宗旨.

여기서는 열반의 도가 뭇 성인들의 종지宗旨가 됨을 찬탄하였다.
체體는 명名과 상相이 끊어져서 보고 듣는 것으로 미칠 수 있는 것이 아니다. (또한) 상대가 끊어져 그윽하고 현묘하기 때문에 좁은 식견으로 헤아릴 수 있는 것이 아니다.

【표문】

肇以人微 猥蒙國恩 得閑居學肆〔幸列譯場〕在什公門下十有餘載.〔公十九見什 三十二歲而亡〕雖衆經殊致 勝趣非一 然涅槃一義 常以聽習爲先. 但肇才識闇短 雖屢蒙誨喩 猶懷疑漠漠〔無知貌〕爲竭愚不已. 亦如似有解〔未爲必得其趣〕然未經高勝先唱 不敢自決.

※未爲(미위): 아직 ~이지는 않다. ~라고 할 수 없다.

(저) 승조는 매우 미천한 사람인데도 외람되게 나라의 은혜를 입어 강원(學肆)에 한가로이 거처하면서〔운 좋게 역경 도량에 참가하였다.〕 10여 년을 나집 공의 문하에 있었습니다.〔승조는 19세에 나집을

만났고, 32세에 죽었다.〕

비록 여러 경전들이 풍치風致가 다르고 빼어난 뜻은 하나가 아니지만 열반의 뜻 하나만은 항상 듣고 익히는 것을 우선으로 삼았습니다. 다만 (저) 승조는 재주와 식견이 어둡고 짧아서 비록 여러 차례 가르침을 받았지만 여전히 마음속에 품은 의심은 막막하기만 하고 〔아는 것이 없는 모양새다.〕 어리석음을 없애려 해도 다하지 못할 따름입니다.

또한 비슷하게나마 아는 것이 있는 듯해도 〔반드시 그 뜻을 얻었다고 할 수 없다.〕 아직 높고 뛰어난 선사先師의[18] 가르침(唱)을 거치지 못해 감히 스스로 결단할 수가 없습니다.

〔약주〕

此論主自敘得法之由也. 謂雖刻意涅槃一義 似有所悟 然未經高明勝智之人印證 故不敢自決.

※刻意(각의): 애를 씀. / 진력하다. 고심하다.

여기서는 논주가 스스로 법을 얻게 된 연유를 서술하였다.

이를테면 비록 열반이라는 하나의 뜻에 진력을 다해 깨달은 바가 있는 것도 같지만, 아직 고명하고 지혜가 뛰어난 사람의 인증印證을 거치지 못했기 때문에 감히 스스로 결단할 수 없다는 것이다.

---

18 구마라집의 죽음으로 인해 그의 인가를 받지 못한 것으로 이해하였다.

【표문】

不幸什公去世 諮參無所 以爲永慨.

(더욱이) 불행하게도 나집 공(什公)이 세상을 떠나 (더는) 묻고 참구할 곳이 없으니 영원히 개탄스러울 따름입니다.

〔약주〕

此言什公業已入滅 咨決無由. 再不復見斯人 故爲永慨. 此所以有感故作此論.

※業已(업이): 이미.

여기서는 나집 대사(什公)가 이미 입멸해서 묻고 (참구한 것을) 해결할 연유가 없게 되었음을 말했다.

다시는 더 이상 이 사람을 볼 수 없기 때문에 오래도록 슬퍼한 것이다. 이러한 이유로 느낀 것이 있었기 때문에 이 논論을 지은 것이다.

【표문】

而陛下聖德不孤 獨與什公神契. 目擊道存 快盡其中方寸. 故能振彼玄風 以啓末俗.

그러나 폐하께서는 덕(聖德)이 있어 외롭지 않아[19] 홀로 나집 공과 함께 마음을 계합하셨습니다. (또한) 눈에 닿는 대로 도가 있어(目擊道存)[20] 그 안에서 마음을 시원하게 다하셨습니다. 그런 까닭에 능히 저 현풍(玄風, 불법)을 떨치며, 이로써 말세의 세속을 일깨우셨습니다.

〔약주〕

此言秦主天挺聖智 獨與什公心相印契 妙悟不言之表 能力振什風 以開導末俗. 意謂什公雖亡 幸有秦王可以印心也.

여기서는 진왕(秦主, 요흥)이 천부적으로 뛰어난 성지(聖智, 지혜)로 홀로 나집 대사(什公)와 함께 마음이 서로 도장을 찍듯 계합하고 말로 드러내지 않은 것(不言之表)을 오묘하게 깨달아서 나집의 가풍(什風)을 힘껏 떨치고, 이로써 말세의 속인들을 개도開導할 수 있었다는 것을 말했다.

---

19 『논어論語』 「이인里仁」 편에 다음과 같이 전한다.

德不孤必有隣

덕이 있으면 따르는 사람이 있으므로 외롭지 않다.

20 장자, 외편 「전자방」에 다음과 같이 전한다.

子路曰: "吾子欲見溫伯雪子久矣 見之而不言 何耶?" 仲尼曰: "若夫人者 目擊而道存矣 亦不可以容聲矣!"

자로子路가 물었다. "선생님께서 오랫동안 온백설자를 만나고 싶어 하셨는데, 정작 만나서는 한마디도 하지 않았으니 어째섭니까?" 공자는 대답하였다. "그와 같은 분은 얼핏 보기만 하고도 도를 갖추고 있음을 알 수 있으니까 더 무슨 말을 할 필요가 없는 것이다." (전게서, p.511)

뜻을 말하자면 나집 대사는 비록 죽었지만 다행히도 진왕秦王이 있어 마음에 도장 찍을 수 있었다는 것이다.

【표문】

一日遇蒙 答安城候姚嵩書 問無爲宗極.

하루는 안성安城의 제후 요숭姚嵩[21]이 편지로 물은 '무위종극無爲宗極'에 대한 (폐하의) 답을 받아보게 되었습니다.

〔약주〕

姚嵩 亦秦之宗屬. 以秦王先有詔云 "夫道以無爲宗" 姚嵩難云 "不審明道之無爲 爲當以何爲體 蓋以涅槃乃無爲之道" 秦主答有多說 以論所引正言涅槃 故下引其答義 以發論端.

요숭姚嵩 또한 진秦의 종친권속宗親眷屬이다.

진왕秦王이 먼저 조서(詔)로 말하기를 "무릇 도道라는 것은 무위無爲로써 종지를 삼는다"고 했기 때문에 (이에) 요숭이 따져 묻기를 "분명하게 알지 못하겠습니다. 도가 무위라면 마땅히 무엇으로 체를 삼아야 하는 것입니까? 어찌하여 열반이 무위의 도입니까?"라고 한 것이다.

(이에 대한) 진왕秦王의 답에 많은 말들이 있지만, 논에서 인용한 것은 열반을 사실대로 바르게 말했기 때문에 아래에서 그가 답한

21 진왕 요흥의 동생.

뜻을 인용하고, 이로써 논의 실마리로 꺼낸 것이다.

【표문】

"何者. 夫衆生所以久流轉生死者 皆由著欲故也. 若欲止於心 卽無復於生死. 旣無生死 潛神玄默〔亦作漠〕與虛空合其德 是名涅槃矣. 旣曰涅槃 復何容有名於其間哉"

※漠(넓을 막): 넓다. 그윽하다. 조용하다. 고요하다. 맑다. / 玄默(현묵): 죽은 듯이 침묵함. / 玄漠(현막): (평안하고) 고요하다.

(그 답은 다름 아닌) "어째서 그런가? 무릇 중생이 오래도록 생사를 윤회하는 까닭은 모두 집착執著과 욕심欲心으로 말미암기 때문이다. 만약 욕심내는 마음을 멈추면 생사를 되풀이하지 않는다. 나고 죽음이 없으면 마음(神)은 그윽하고 고요함(玄默)에 〔묵默은 또 막漠이라고도 한다.〕 잠겨 허공과 함께 그 덕(德, 작용)을 합하게 되니, 이를 일러 '열반'이라고 한다. (그런데) 이미 열반을 말하였거늘 어찌 다시 그 사이에 유명有名을 용납하겠는가?" (하는 것이었습니다.)

〔약주〕

此引秦王答姚嵩問無爲宗極之辭. 而指涅槃乃無爲宗極 而結以無名歸之. 此論主所以爲玆論之發啓也. 意謂生死乃有爲之法 而以著欲爲因 故感三界之苦果. 若欲止於心 卽生死永斷 旣無生死 則勞慮永

息. 潛神寂漠之鄕 絶然無爲 與虛空合其德 是名涅槃. 然涅槃之道如此而已. 豈容有名於其間哉. 故以無名稱之.

※絶然(절연): 절대로. 전혀.

여기서는 요숭姚嵩이 무위종극無爲宗極을 물은 것에 진왕秦王이 답한 말씀을 인용하였다. 그리고는 열반이 곧 무위종극임을 가리켜 보이고, 무명으로 돌아가는 것으로써 결론 맺었다. 이것이 논주가 이 논論을 일으켜 일깨우려 한 이유이다.

뜻을 말하자면 생사는 유위의 법으로 집착하고 욕심내는 것이 원인이 되기 때문에 삼계의 고과苦果를 느끼는 것이지만, 만약 욕심이 마음에서 그쳐지면 바로 생사가 영원히 끊어지고, 생사가 없으면 근심걱정이 영원히 쉬게 된다는 것이다.

마음(神)이 적막한 고향(寂漠之鄕)에 잠겨 전혀 하는 것이 없으면(絶然無爲) 허공과 함께 그 덕德을 합하게 되니, 이를 '열반'이라고 한다. 열반의 도가 이와 같은데 어찌 그 사이에 유명有名을 용납하겠는가? 그런 까닭에 무명無名으로 열반을 칭한 것이다.

【표문】

斯乃窮微言〔指聖經〕**之美 極象外之談者也.**〔此讚秦王無名之說 妙契佛心〕**自非道參文殊**〔謂契文殊之智〕**德慈侔氏**[22]〔同慈氏之悲〕

22 조론에서는 德慈侔氏라고 하고, 약주에는 德侔慈氏라고 기술하고 있다.

孰能宣揚玄道 爲法城塹. 〔言若非契二聖之智悲 何以弘揚妙道 外護三寶〕 **使夫大教卷而復舒 幽旨淪而更顯.** 〔意謂涅槃大教 得什公闡明 今什公已亡 則妙旨已淪. 今幸有秦王發明. 故曰 "卷而復舒 淪而更顯"〕

※微言(미언): 뜻이 깊은 말. 넌지시 하는 말. 은밀히 하는 말. 비밀의 말.
※侔(가지런할 모): 가지런하다. 힘쓰다. 취하다. 따르다. 같다.

이는 미언微言〔경전(聖經)을 가리킨다.〕**을 궁구한 찬미讚美이고 형상 밖에 이른 말씀입니다.** 〔여기서는 진왕秦王의 무명無名에 대한 말이 불심佛心에 오묘하게 계합하였음을 칭찬하였다.〕

자연히 도道는 문수文殊와 나란히 하고, 〔이를테면 문수의 지혜에 계합하였다는 것이다.〕 **덕德이 자씨**(慈氏, 미륵)**와 가지런한 것이 아니라면,** 〔미륵의 자비와 같은 것이다.〕 **누가 현도玄道를 드러내어 널리 떨치면서 법을 성과 해자로 삼을 수 있었겠습니까!** 〔만약 두 성인의 지혜와 자비에 계합한 것이 아니었다면 어떻게 묘도(妙道=玄道)를 널리 떨치며 삼보三寶를 외호할 수 있었겠냐는 것을 말하는 것이다.〕

무릇 감겼던 대교大教를 다시 펴고 몰락했던 그윽한 뜻(幽旨)**을 다시 드러나게 하셨습니다.** 〔뜻을 말하자면 열반의 큰 가르침은 나집 대사를 얻어 천명하였던 것인데, 지금 나집 대사가 죽어 오묘한 종지가 몰락하게 되었다. (하지만) 다행이도 진왕秦王의 발명發明이 있었다는 것이다. 그런 까닭에 "단절되었던 것을 다시 펴고 몰락했던 것을 다시 드러낼 수 있게 되었다"고 한 것이다.〕[23]

❀

尋玩殷勤 不能暫捨. 欣悟交懷 手舞弗暇. 豈直當時之勝軌. 方乃累劫之津梁矣. 〔論主述其慶法之歡. 謂其言不但爲一時雅範 且爲長劫津梁〕

※殷勤(은근)=慇懃(은근): 은근하다. 정성스럽다. 따스하고 빈틈없다.
※手舞(수무)=手舞足蹈(수무족도): 너무 좋아 어쩔 줄 모르고 날뜀.
※暇(틈 가): 틈. 겨를. 한가하다. 차분하다. 조용하다. 기리다. 찬미하다.

(저는 폐하의 글을) **은근히 탐구하고 감상하면서 잠시도** (눈을) **뗄 수가 없었습니다.** (그러다가 어느 순간) **기쁨과 깨달음이 마음속에 교차하여 너무 좋아 어쩔 줄 모르고 날뛰면서** (잠시도) **차분할 수가 없었습니다.**

(이것이) **어찌 당시의 빼어난 법도**(勝軌)**만을 똑바르게 한 것이겠습니까! 바야흐로 누겁의 진량**(津梁, 나루터와 다리)**이 될 것입니다.** 〔논주는 (진왕이 열반의) 법을 (얻은 것을) 경축하고 기뻐하는 마음을 서술하였다. 이를테면 저 (진왕의) 말씀이 다만 한때의 고아한 규범일 뿐만 아니라 영원한 나루터와 다리가 될 것이라는 것이다.〕

❀

然聖旨淵 〔深也〕 **玄** 〔妙也〕 **理微** 〔幽微〕 **言約.** 〔簡也〕 **可以匠** 〔法也〕 **彼先進** 〔宿學之人〕 **拯** 〔援引也〕 **拔** 〔提也〕 **高士** 〔高尙之士〕 **懼言題**

23 권서卷舒와 윤현淪顯은 모두 본래 눈에 비치는 달의 형상과 관련이 있다.

之流 〔執言語名字之流〕 **或未盡上** 〔尊人主爲上〕 **意. 庶** 〔近也〕 **擬** 〔擬議〕 **孔易十翼之作** 〔伏羲畫卦 文王爻辭 周公繫辭 孔子作十翼以贊之 卽上彖下彖等〕 **豈貪豐文.** 〔非貪豐富其文 以誇其美〕 **圖以弘顯幽旨** 〔圖以弘揚顯發涅槃之幽旨〕 **輒作涅槃無名論.**

※匠(장인 장): 장인. 기술자. 고안. 궁리窮理. 우두머리. 가르침.
※宿學(숙학): 늙고 덕이 있는 선비. 학식이 많은 선비.
※援引(원인): 끌어당김.
※庶(여러 서): 거의. 대체로. 어떻게든. 가깝다.

성인의 뜻(聖旨)**은 깊고**〔淵=深〕 **그윽하며**〔=현묘하며〕 **이치는 미묘하고**〔=심오(幽微)하고〕 **말씀은 간략**〔=간단〕**하지만, 궁극의 이치**(匠)〔=법〕**로 선진**先進〔=학식 많은 사람〕**을 덮어주고 고사**高士〔뜻이 크고 세속에 물들지 아니한 사람〕**를 건져서**〔=끌어당겨서〕 **발탁**〔=등용〕[24]**할 수 있어야 하거늘 말이나 하고 글이나 쓰는 부류들**〔=언어 문자에 집착하는 부류들〕**이 혹여 폐하의** 〔임금을 존경해 상上이라고 한다.〕 **뜻을 다하지 못할까 염려스럽습니다.**

요사이〔=근래에〕 **공자께서 『주역**周易**』에 『십익**十翼**』을 지은 것** 〔복희가 그린 괘卦와 문왕의 효사爻辭 주공의 계사繫辭에 공자가 10익十翼을 지어 밝힌 것으로 상단上彖·하단下彖 등이 있다.〕**을 헤아려 보았는데** 〔의의(擬議, 견줌, 비교)〕 (이것이) **어찌 풍성한 문장을 탐낸 것이겠습니까!** 〔풍부한 문장을 탐낸 것이 아니라 문장의 아름다움을 과시했다

24 제발(提拔, 등용하다)로 해석하였다.

는 것이다.〕

그윽한 뜻(幽旨)**을 널리 드러내려고** 〔열반의 그윽한 뜻을 드러내서 널리 떨치려 도모하였다.〕 **문득 『열반무명론涅槃無名論』을 짓게 되었습니다.**

❀

論有九折十演 〔以法十翼〕 **博** 〔廣也〕 **采** 〔取也〕 **衆經 託** 〔取託〕 **證** 〔印證〕 **成喩 以仰述陛下無名之致 豈曰關詣神心** 〔非散關涉聖神之心〕 **窮究遠當.** 〔亦不敢言窮究高遠必當之理〕 **聊以擬** 〔倣効也〕 **議** 〔軌則〕 **玄門** 〔涅槃玄門〕 **班喩學徒耳.** 〔布曉後學耳〕

※關涉(관섭): 관계하다. 관련되다.
※倣効(방효): 흉내내다. 모방하다. 본받다.

논論에는 구절십연九折十演이 있는데 〔십익十翼을 본받았기 때문이다.〕 **널리**〔=광廣〕 **여러 경전에서 골라**〔=취取〕 **증명**〔=인증〕**을 의탁하고 비유를 이루어 폐하의 무명無名의 이치를 우러러 서술하였습니다.** (하지만 이것이) **어찌 신심**(神心, 신령스런 마음)**을 관통하여 이른 것이며,** 〔(그렇다고) 산만하게 성인의 신령스러운 마음과 관계한 것은 아니다.〕 **멀리 밑바닥까지 궁구한 것이라 말하겠습니까!** 〔(그렇다고) 또한 고원필당(高遠必當, 심오하고 합당함)의 이치를 궁구했다고 감히 말할 수는 없다.〕

(다만) 부족하나마 〔궤칙(軌則, 규범)인〕 **현문玄門**〔=열반의 현문〕

을 헤아려서〔=비슷하게나마 나타내서〕 학도들에게 나눠주고 깨우치려 할 따름입니다.〔=후학들에게 베풀어 깨닫게 할 뿐이다.〕

❀

論末章云〔秦王答姚嵩書末章〕"諸家通第一義諦 皆云'廓然空寂 無有聖人'〔比時諸家 計勝義空寂 不容有聖〕吾常以爲太甚徑庭〔莊子語 意謂太甚邈遠〕不近人情. 若無聖人 知無者誰"〔吾常下 秦王答姚嵩之辭. 謂無聖之說 與理乖差 其言邈遠 不近人情. "若無聖人 知無者誰" 意必有聖爲證理之人〕實如明詔 實如明詔.〔此論主印可秦王有理之談當理 故再稱之〕夫道 恍惚窈冥 其中有精.〔二語用老子"恍兮忽 其中有物 窈兮冥 其中有精" 意指精者卽爲聖人 似未穩當〕若無聖人 誰與道遊.〔意謂能證聖諦第一義 是爲聖人 非聖義諦中有聖人也. 下云出處異號 故云"與道遊"〕

(폐하께서는) 논論의 맨 마지막 장章〔진왕이 요숭의 편지에 답을 한 마지막 장〕에 말씀하시기를 "제1의제第一義諦에 정통한 여러 대가들이 모두들 '확연공적廓然空寂해서 어떤 성인도 없다'고 하는데,〔당시의 여러 대가들은 승의제(勝義諦, 제1의제)의 공적함을 계교해서 어떤 성인도 용납하지 않는 것으로 간주하였다.〕나는 평소 (이것은) 내 생각과 차이가 나서(徑庭)〔『장자莊子』에 나오는 말로 뜻은 아주 멀고 아득한 것을 말한다.〕인정(人情, 세상 사람들의 심정)에 다가가지 못한 것으로 생각한다. 만약 성인이 없다면 (저들이 말하는 것처럼) 없다는 것을 아는 이는 (과연) 누구인가?"라고 하셨습니다.〔"나는 늘~'" 이하는

진왕이 요숭姚崇에게 답한 말씀이다. 이를테면 성인이 없다는 말은 이치에 어긋나고, 그 말은 아득히 멀어 인정에 가깝지 못하다는 것이다. "만약 성인이 없다면 없음을 아는 자는 누구이겠는가?"라고 한 뜻은 반드시 이치를 증득한 성인이 있다는 것이다.〕

(이는) **실로 명철한 조서(明詔)이고, 실로 명철한 조서입니다.** 〔여기서는 논주가 진왕의 사리에 맞는 말씀이 이치에 일치한다고 인가하였다. 그런 까닭에 거듭 칭찬한 것이다.〕

무릇 도는 황홀恍惚하고 요명窈冥하지만 그 안에 정精이 있습니다. 〔두 말은 『노자』에 나온다. "황홀하고 황홀하다! 그 속에 물物이 있고, 깊고 그윽하다! 그 속에 정精이 있다"[25]고 하였다. 뜻은 정精이라는 것은 곧 성인이라는 것을 가키는 것인데, 비슷하기는 하지만 온당하지는 못하다.〕

(그런데) **만약 성인이 없다면 누가 도와 더불어 노닐 수 있겠습니까!** 〔뜻을 말하자면 성제제일의聖諦第一義를 증득할 수 있으면 이를 성인이라 하는 것이지, 성의제聖義諦 가운데 성인이 있는 것이 아니라는 것이다. 아래에서는 출처가 다른 명칭을 말했기 때문에 "도와 더불어 노닌다"고 한 것이다.〕

---

25 노자 21장에 다음과 같이 전한다.

孔德之容 惟道是從 道之爲物 惟恍惟惚. 惚兮恍兮 其中有象 恍兮惚兮 其中有物. 窈兮冥兮 其中有精

위대한 덕의 모습은 오직 도를 좇을 뿐이니 도의 사물 됨은 황홀하다. 황홀하구나 그 속에 형상이 있고, 황홀하구나 그 속에 사물이 있고, 그윽하고 컴컴하구나 그 속에 정신이 있다. (전게서 상, p.391)

❀

頃諸學徒 莫不躊躇〔不進之貌〕**道門 怏怏**〔不決之意〕**此旨 懷疑終日 莫之能正.**〔謂一時學人 聞無聖之說 皆猶豫不進 於入道之門 不決此理. 故懷疑終日 無與正者〕**幸遭**〔逢也〕**高判 宗徒𢥞**〔裂帛聲〕**然**〔謂幸逢秦王有聖之論 乃高遠判決. 故宗徒之疑 𢥞然盡裂〕**扣關**〔入道之人〕**之儔 蔚**〔盛貌〕**登玄室.**〔言一時學人 聞秦主之論 其疑盡決 扣關入道之人 蔚然登堂入室〕**眞可謂法輪再轉於閻浮 道光重映於千載者矣.**〔謂當時之疑無能決之 卽有談者未必見信. 幸遇王言其出如綸. 故無不宗仰. 一言之重 可謂法輪再轉 道光重映矣〕

※莫不(막불): ~하지 않는 자가 없다. 모두 ~하다.
※怏怏(앙앙): 만족스럽지 않은 모양. 즐겁지 않은 모양. 재미가 없는 모양.
※𢥞(비단 찢는 소리 획): 비단 찢는 소리.
※蔚(고을 이름 울): 빽빽하다. 무성하다.
※扣關(고관)=관문을 열어 줄 것을 청하다. 문을 두드리다.
※登堂(등당)=登聞(등문): 방문하다. 심방하다.

요사이 여러 학도들이 모두 도문道門에서 주저하면서〔나아가지 못하는 모양〕**이 뜻을 흔쾌히 납득하는 이가 없고,**〔결단내리지 못한다는 뜻이다.〕**종일토록 마음속으로 의심만 하고 있어 바로잡을 수가 없었습니다.**〔이를테면 당시에 배우는 이들이 성인이 없다는 말을 듣고 모두 머뭇거리면서 나아가지 못하고, 도에 들어가는 문에서 이 이치를 결단하지 못하고 있다는 것이다. 그런 까닭에 종일토록 의심만 품고 있으니, 바로 잡아 줄 사람이 없었다는 것이다.〕

(하지만) **다행이도** (폐하의 이치에 대한) **뛰어난 판단을 만나** 〔조遭=봉逢〕 **종도들이 획연하게** 〔획嚍은 비단 찢는 소리〕 **되고,** 〔이를테면 다행이도 진왕의 성인이 계시다는 논(有聖之論)을 만나 이에 고상하고 원대한 뜻을 판단할 수 있었다. 그런 까닭에 종도들의 의심이 비단이 찢어지듯이 (분명하게 의심이) 모두 찢어졌다는 것이다.〕 **문을 두드리는**〔도에 들어가는 사람들의〕 **무리들이 무성하게**〔성대한 모습〕 **현실玄室에 오르게 되었습니다.** 〔당시 배우는 이들이 진왕의 논論을 듣고 그들의 의심을 모두 해결하였으며, 문을 두드리며 도에 들어가는 사람들이 무성하게 찾아와 입실하였다.〕

(그러므로 이는) **진실로 법륜法輪을 염부**(閻浮, 인간세상)**에 재차 굴려 도광道光이 천 년을 거듭 비춘 것이라 말할 수 있는 것입니다.** 〔이를테면 당시의 의심은 능히 해결할 수 없었고, 바로 말하는 사람이 있어도 반드시 믿을 수 있는 것은 아니었다. (하지만) 다행이도 왕의 말씀은 (실과 같아도) 나오면 (굵은) 줄과 같음을 만났다.[26] 그런 까닭에 으뜸으로 우러르지 않은 이가 없었다는 것이다. 한 마디 말의 무게(一言之重)가 법륜을 재차 굴려 도광이 거듭 비춘 것이라고 할 만하다.〕

---

26 『예기禮記』「치의緇衣」편에 다음과 같이 전한다.

子曰 "王言如絲 其出如綸 王言如綸 其出如綍"

공자께서 말씀하시기를 "왕의 말씀이 (가는) 실과 같아도 나오면 (굵은) 줄과 같고, 왕의 말씀이 (굵은) 줄과 같아도 나오면 밧줄과 같다." (가는 실은 실오라기로, 굵은 줄은 명주실로 해석하기도 한다.)

❀

今演論之作旨 曲辨涅槃無名之體寂〔止息也〕彼廓然排方外之談.〔方外 謂遊方之外 謂學佛者. 當時流輩 有宗廓然無聖者. 遂起斷見謂絶無聖人. 因排斥聖爲權現非眞 撥無因果 恥修行者以爲著相. 是以喧然以爲得 莫能正者. 今幸秦主答嵩書云 "若無聖人 誰與道游" 卽此一言 使偏見之流邪說頓息 使曉曉者寂然無聲. 故重演之 以助明敎〕條牒如左. 謹以仰呈 若少參〔合也〕聖旨 願勅存記 如其有差 伏承指授.

※曲(굽을 곡): 자세하다.

※曉曉(효효): 말이 많은 모양. 재잘재잘하는 모양.

※如左(여좌): 왼쪽에 적힌 내용과 같음. (위에서 아래로, 오른쪽에서 왼쪽으로 글을 썼기 때문이다.)

지금 (폐하의) 논을 부연해서 지은 뜻은 열반무명涅槃無名의 체體가 고요하다〔(망상분별이) 그쳐졌다(止息)〕**는 것을 자세하게 변별해서 저 확연**(廓然, 廓然無聖)**에 대한 방외方外의 이야기들을 배척하려는 것입니다.**〔방외方外는 이를테면 세상 밖에서 노니는 것으로 불교를 배우는 이들을 말한다. 당시의 무리들 중에 확연무성廓然無聖을 숭상하는 이들이 있었는데, 마침내 단견斷見을 일으켜 "절대로 성인은 없다"고 하였다. 이로 인해 성인은 방편으로 드러나는 것이기 때문에 진실한 것이 아니라고 배척하고 인과를 부정하면서 수행자를 상에 집착하는 것으로 여겨 수치스러워했다. 그래서 시끄럽게 떠들어대는 것으로 얻은 것이라 여겼기 때문에 바로 잡아 줄 사람이 없었던 것이다. (하지만) 지금 다행이도 진왕이 요숭의 편지에 답을 해서 말한 "만약 성인이 없다면 누가 도와 노닐 수 있겠는가?"라고 한 바로 이 한 마디 말이 편견의 부류들로 하여금 삿된 말을 단박에 쉬게 하였으며, 말 많은 사람들로 하여금 말 한마디도 내지 못하게 하였다. 그런 까닭에 거듭 부연해서 (진왕의) 총명한 가르침을 도왔던 것이다.〕

이첩한 (논의) **조목**條目**은 왼쪽에 적힌 내용과 같습니다.**

삼가 우러러 바치오니, 만약 조금이나마 (폐하의) **뜻**(聖旨)**을 헤아렸다면** 〔(서로의 뜻이) 맞는 것이다.〕 **칙령으로 기록하여 보존하여 주시기를 바라오며, 만약 어긋남이 있다면 엎드려 가르침을 받겠습니다.**

❀

僧肇言. 〔論呈秦王覽之 答旨慇懃 備加讚述. 勅令繕寫 班諸子姪 其爲人主推重如此〕 **"泥曰泥洹涅槃 此三名前後異出 蓋是楚夏不同耳. 云涅槃音正也"** 〔五竺梵音不同. 如此方之楚夏. 蓋以涅槃爲正音也〕

※繕寫(선사): 정서하다. 베껴 쓰다. 필사하다.

승조가 말씀드립니다. 〔논문을 증정하자, 진왕이 보고는 은근히(=정성스럽게) 답을 하고 (여기에) 더하여 찬술하였다. 조칙으로 필사를 해서 여러 자손들에게 나누도록 했는데, 임금이 그를 이와 같이 추앙하

여 존중했기 때문이다.〕

"니왈泥曰**·니원**泥洹**·열반**涅槃 **이 세 이름은 전후에 달리 나와 초하**(楚夏,[27] 표준말과 사투리)**가 같지 않을 따름입니다. 열반이라는 말이 바른 것입니다."** 〔오축(五竺, 인도)의 범음이 동일하지 않다. 예를 들면 이 나라의 초楚나라 하夏나라와 같은 것이다. 열반涅槃으로 정음을 삼았다.〕

27 초楚는 지방을, 하夏는 중국 전체를 뜻한다. 간혹 초하는 중국이라는 말로도 쓰인다.

2. 구절십연九折十演

〔약주〕[28]

折謂折辨 有名立難 演爲敷演 無名通理. 謂其難有九 而演有十也. 意蓋以涅槃有名而難 以無名而答 以顯無名之理.

※折(꺾을 절): 꺾다. 깎다. 타협하다. 따지다. 힐난하다.

절折은 절변(折辨, 따져서 변별하는 것)을 말하는데 유명有名이 질문(難, 힐난)한 것이고, 연演은 부연(敷演, 덧붙여 알기 쉽게 설명을 늘어놓음)이라고 하는데 무명無名이 이치에 정통한 것이다. (이는) 이를테면 질문은 아홉 가지가 있고 답은 열 가지가 있다는 것이다.

(이) 의도는 열반유명涅槃有名으로 질문을 하고, 열반무명涅槃無名으로 답을 해서 무명의 이치(無名之理)를 드러낸 것이다.

28 구절십연에 관한 개괄적인 설명이다.

1) 개종開宗

무명無名은 말한다. 〔無名曰.〕

경전에서 일컫는 유여열반·무여열반은 중국말(秦言, 진나라 말)로 무위無爲라고 하고, 또한 멸도滅度라고도 한다. 〔經稱有餘涅槃 無餘涅槃者 秦言無爲 亦名滅度.〕

무위無爲는 허무적막(虛無寂寞, 텅 비어 고요함)하여 유위有爲를 오묘하게 끊은 것으로 (그 뜻을) 취한다. 〔無爲者 取乎虛無寂寞 妙絶於有爲.〕

멸도滅度는 큰 근심(大患)을 영원히 없애고 사류四流를 뛰어넘은 것을 말한다. 〔滅度者 言其大患永滅 超度四流.〕

이는 거울 속 형상이 돌아갈 바이고, 명칭이 끊어진 그윽한 집(幽宅)이다. 〔斯蓋是鏡像之所歸 絶稱之幽宅也.〕

그런데도 유여·무여를 말하는 것은 참으로 출처(出處, 근원)가 다른 명칭(異號)이고 물物에 응한 거짓 이름(假名, 빌린 이름)일 뿐이다. 〔而曰有餘無餘者 良是出處之異號 應物之假名耳.〕

(이에 대해) 내가 시험 삼아 말해 보겠다. 〔余嘗試言之.〕

무릇 열반의 도道라 하는 것은 적요허광(寂寥虛曠, 고요하고 텅 빔)하여 형상과 명칭으로 얻을 수 없고, 미묘무상(微妙無相, 미묘하여 상이 없음)하여 유심有心으로 알 수가 없다. 〔夫涅槃之爲道也 寂寥虛曠 不可以形名得 微妙無相 不可以有心知.〕

만물을 뛰어넘어 그윽함에 오르고 허공을 헤아려 영원하니 따라가도 그 자취를 얻지 못하고 맞이해도 그 머리를 볼 수 없다.〔超群有以幽升 量太虛而永久 隨之弗得其蹤 迎之罔眺其首.〕

육취(六趣, 육도)에서는 그 생生을 포섭할 수 없고 힘으로 짊어져도 그 체를 변화시킬 수 없다.〔六趣不能攝其生 力負無以化其體.〕

황망潢漭하고 황홀惚恍하여 살아 있는 것 같기도 하고 죽은 것 같기도 하다.〔潢漭惚恍 若存若往.〕

오목五目으로는 그 모습을 보지 못하고, 이청二聽으로는 그 소리를 듣지 못한다.〔五目不覩其容 二聽不聞其響.〕

명명요요(冥冥窈窈, 지극히 이치가 헤아릴 수 없이 깊음)한데 누가 보고 누가 깨달을 수 있겠는가?〔冥冥窈窅 誰見誰曉.〕

두루하여 존재하지 않는 곳이 없지만 홀로 유·무 밖으로 내던져졌다.〔彌綸靡所不在 而獨曳於有無之表.〕

그런즉, 말을 하면 그 참됨을 잃고 안다고 하면 반대로 어리석게 되며, 있다고 하면 그 성품에 어긋나고 없다고 하면 그 몸을 다치게 되는 것이다.〔然則 言之者失其眞 知之者反其愚 有之者乖其性 無之者傷其軀.〕

그런 까닭에 석가釋迦는 마갈摩竭에서 문을 잠가 버렸고, 정명淨名은 비야毘耶에서 입을 다물었으며, 수보리須菩提는 무설無說을 제창하여 도를 드러냈고, 석범(釋梵, 제석천과 범천)은 들은 것 없이 꽃비를 내렸다.〔所以釋迦掩室於摩竭 淨名杜口於毘耶 須菩提唱無說以顯道 釋梵絶聽而雨華.〕

이는 모두 이치로 마음(神)을 제어한 것이기 때문에 입으로는

침묵을 하였던 것이다. [斯皆理爲神御 故口以之而默]
(그런데) 어째서 말씀이 없었다고 말할 수 있겠는가? [豈曰 "無辯"]
(네 가지) 변辯으로도 말할 수 없는 것이기 때문이다. [辯所不能言也.]
경전에 이르기를 "진실한 해탈은 말(言)과 수(數, 분별지)를 떠나 적멸해서 영원히 편안하다. 시작도 없고 끝도 없으며, 어둡지도 않고 밝지도 않으며, 춥지도 않고 덥지도 않으며, 맑은 것이 허공과 같아서 이름도 없고 말할 수도 없다"고 하였다. [經云 "眞解脫者 離於言數 寂滅永安. 無始無終 不晦不明 不寒不暑 湛若虛空 無名無說"]
또한 논에 이르기를 "열반은 있는 것도 아니고 또한 없는 것도 아니다. 언어의 길이 끊어지고 마음 갈 곳이 없어졌다"고 하였다. [論曰 "涅槃非有 亦復非無 言語道斷 心行處滅"]
무릇 경론에서 말한 것을 자세히 연구해 보자! [尋夫經論之作.]
(위에서 말한 것이) 어찌 허구이겠는가? [豈虛構哉.]
정말로 불유不有인 이유가 있기 때문에 유有를 얻을 수 없고, 불무不無인 이유가 있기 때문에 무無를 얻을 수 없을 뿐이다. [果有其所以不有 故不可得而有 有其所以不無 故不可得而無耳.]
어째서 그런가? 유의 경계에 근거하면 오음五陰은 영원히 멸했고, 무의 고향에서 추정해 보면 그윽하고 신령함(幽靈)이 다하지 않았기 때문이다. [何者. 本之有境 則五陰永滅 推之無鄕 而幽靈不竭.]
그윽하고 신령함이 다하지 않았으니 하나를 품어 잠연하고 오음을 영원히 멸했으니 온갖 누(萬累, 번뇌)를 모두 버렸다. [幽靈不竭 則抱一湛然 五陰永滅 則萬累都捐.]

온갖 누를 모두 버렸기 때문에 도와 더불어 환하게 통하고, 하나를 품어 잠연하기 때문에 마음(神)에 공(功, 애쓰는 것)이 없다. 〔萬累都捐 故與道通洞 抱一湛然 故神而無功.〕

마음에 공功이 없기 때문에 지극한 공功이 항상 존재하고 도와 더불어 환하게 통하는 까닭에 텅 비어 바뀌지 않는다. 〔神而無功 故至功常存 與道通洞 故沖而不改.〕

텅 비어 바뀌지 않기 때문에 유有라고 할 수 없고 지극한 공功이 항상 존재하기 때문에 무無라고 할 수 없다. 〔沖而不改 故不可爲有 至功常存 故不可爲無.〕

그런즉, 유·무는 안에서 끊어졌고 칭위(稱謂, 명칭)는 밖에서 몰락하였다. 〔然則 有無絕於內 稱謂淪於外.〕

(이는) 보고 듣는 것으로 미칠 바가 아니니, 사공(四空, 무색계 사천의 천인들)도 (여기에 이르러서는) 사리에 어둡고 깨닫지 못해 헤맬 뿐이다. 〔視聽之所不曁 四空之所昏昧.〕

염언이이(恬焉而夷, 고요하고 안온)하고 백언이태(怕焉而泰, 담담하고 편안)하니, 구류(九流, 구품중생)가 이에 교대로 귀의하고 모든 성인들이 이에 그윽하게 회합한다. 〔恬焉而夷 怕焉而泰 九流於是乎交歸 衆聖於是乎冥會.〕

이것은 희이의 영역(希夷之境)이고 태현의 고향(太玄之鄕)이다. 〔斯乃希夷之境 太玄之鄕.〕

그런데도 유有와 무無로 제목을 붙이고 방위와 구역을 표방해서 신령한 도(神道)를 말한다면, 또한 아득해지지 않겠는가! 〔而欲以有

無題榜 標其方域 而語其神道者 不亦邈哉.〕

〔약주〕[29]

開示涅槃無名之正義 爲下答難之綱宗 亦猶四論之宗本也. 一論大旨不出此章. 將顯無名之致 先標有名以彰宗依也. 教說涅槃有四 今但稱二名. 以自性約理 無住約行. 二者有名無實 故不必論. 今二涅槃約人以名 無餘乃如來所證 有餘乃三乘所證. 今論指佛應緣未盡 有名有實 將爲宗依 故但稱二也. 今詳論主立意 前尊秦王"若無聖人 誰與道游"之詔 以破邪宗廓然無聖之流 以爲發論之端. 今標二種涅槃以爲論宗 蓋謂能證之人有實 所證之理無名. 故依之以立論也.

※立意(입의): 생각을 결정하다. 결심하다. 구상. 착상.
※立論(입론): 이론을 내세우다. 입론. 내세운 이론.

열반무명의 정의正義를 열어 보이고, 아래에서 물음에 답하는 강종綱宗[30]으로 삼은 것이기 때문에 (이는) 또한 사론四論의 종본宗本과도 같다. (열반무명론, 이) 한 논論의 대지(大旨=대의大意)는 이 장(章, 「개종開宗」)을 벗어나지 않는다.

장차 (열반)무명의 이치를 드러내려고 먼저 (열반)유명을 나타내

---

29 개종開宗에 대한 개괄적인 설명이다.

30 綱宗=綱要與宗旨(중요한 요점과 종의의 극치)

고, 이로써 종의(宗依, 종지가 되는 구성 요소)를 드러냈다.

교(敎, 경전)에서는 네 종류의 열반이 있다고 설하는데 지금은 다만 두 가지 명칭만을 칭했다.[31] (왜냐하면) 자성自性은 이理를 따르고, 무주無住는 행行을 따르기 때문이다. (또한) 둘은 명칭만 있을 뿐 실제가 없기(有名無實) 때문에 따질 필요가 없다.

지금 두 열반은 사람을 근거로 이름한 것으로써 무여無餘는 여래께서 깨달으신 것이고 유여有餘는 곧 삼승이 깨달은 것이다.

지금 논論에서는 부처님께서 인연에 응하는 것이 아직 다하지 않은 것을 지적하고, 이름도 있고(有名) 실제도 있는 것(有實)으로 종의(宗依, 종지가 되는 구성요소)를 삼으려고 했기 때문에 다만 둘을 칭했을 뿐이다.

지금 논주의 구상을 자세히 살펴보니, 앞서 진왕秦王이 "만약 성인이 없다면 누가 도와 함께 노닐 수 있겠는가?"라고 한 조서(詔, 말씀)를 소중히 여기고, 확연무성(廓然無聖, 확연히 성인이 없다)을 삿되게 숭상하는 부류들을 타파하는 것으로써 논論을 일으키는 시초로 삼았다.

지금 두 가지 열반을 나타내서 논의 종지(論宗)로 삼았으니, 이는 이를테면 증득한 사람(能證之人)에게는 실제하는 것(實)이 있고 증득한 이치(所證之理)에는 명칭(名)이 없다는 것이다. 그런 까닭에 (두 열반을) 의지해서 논을 내세운 것이다.

---

31 앞에서 말한 자성열반과 무주열반은 논하지 않고 무여열반과 유여열반만을 논한다는 뜻이다.

【논】

無名曰. 〔假設通答之人. 如子虛無是公也〕 **經稱有餘涅槃 無餘涅槃者 秦言無爲 亦名滅度.** 〔梵語一名 翻有二義〕 **無爲者 取乎虛無寂寞** 〔離名絶相〕 **妙絶於有爲. 滅度者 言其大患永滅** 〔老子云 "吾所以有大患者 爲吾有身" 今指分段變易二種生死 二死永亡 故云 "大患永滅"〕 **超度四流.** 〔四流 謂欲流 有流 見流 無明流 爲二死之本〕 **斯蓋是鏡像之所歸** 〔鏡像 楞伽經云 "譬如明鏡 現衆色象 現識處現亦復如是" 謂一切衆生身心世界 皆唯識所現 乃八識相分. 攝相歸性元是眞如. 故云 "鏡像之所歸"〕 **絶稱之幽宅也.** 〔以離名故絶稱 離相故言幽宅〕

무명無名은 말한다. 〔(열반에) 정통해서 (유명의 물음에) 답하는 사람을 임시로 세웠다. 예를 들면 자허子虛와 무시공無是公과 같다.[32]〕 **경전에서 일컫는 유여열반·무여열반은 중국말**(秦言, 진나라 말)**로 무위無爲라고 하고, 또한 멸도滅度라고도 한다.** 〔범어로는 명칭은 하나인데 번역에 두 가지 뜻이 있다.〕

무위無爲는 허무적막(虛無寂寞, 텅 비어 고요함)**하여** 〔명名을 떠나고 상相이 끊어진 것이다.〕 **유위有爲를 오묘하게 끊은 것으로** (그 뜻을) **취한다.**

멸도滅度는 큰 근심(大患)**을 영원히 없애고** 〔『노자』에 이르기를

---

32 한나라 때 사마상여司馬相如가 지은 『자허부子虛賦』에서는 자허子虛·오유선생烏有先生·무시공無是公 등의 가공의 인물을 등장시킨다.

"나에게 큰 근심이 있는 까닭은 내게 몸이 있기 때문이다"[33]고 하였다. 지금 분단分段과 변역變易 두 가지 생사를 지적하고, 두 가지 생사를 영원히 없앴기 때문에 "큰 근심을 영원히 없앴다"고 하였다.〕 **사류四流를 뛰어넘은 것을 말한다.** 〔사류는 욕류欲流·유류有流·견류見流·무명류無明流를 말하는데 이종생사의 근본이 된다.〕

이는 거울 속 형상이 돌아갈 바이고, 〔경상鏡像은 『능가경楞伽經』[34]에 이르기를 "비유하면 명경에 여러 색상이 드러나는 것과 같아서 현식現識이 머물고 드러나는 것 또한 이와 같다"고 하였다. 이는 이를테면 일체중생의 신심세계身心世界가 모두 유식唯識으로 드러나는 것이고, 8식의 상분(相分, 인식 대상)일 뿐이라는 것이다. 상을 거두어 성으로 돌아가는 것(攝相歸性)이 원래 진여眞如이다. 그런 까닭에 말하기를 "거울 속 모습이 돌아갈 바이다"고 하였던 것이다.〕 **명칭이 끊어진 그윽한 집(幽宅)이다.** 〔이름(名)을 떠났기 때문에 칭하는 것이 끊어졌고 상을 떠났기 때문에 그윽한 집(幽宅)이라고 말했다.〕

---

33 노자 제13장에 다음과 같이 전한다.

何謂貴大患若身. 吾所以有大患者 爲吾有身. 及吾無身 吾有何患. 故貴以身爲天下 若可寄天下. 愛以身爲天下 若可託天下.

큰 근심을 귀하게 여기기를 자기 몸 같이 여긴다 함은 무엇을 이르는가? 나에게 큰 근심이 있는 까닭은 나에게 몸이 있기 때문이다. 나에게 몸이 없다면 나에게 무슨 근심이 있겠는가? 그러므로 몸을 귀하게 여겨 천하를 다스린다면 천하를 맡길 수 있다. 몸을 사랑하여 천하를 다스린다면 천하를 맡길 수 있다.

34 4권 본, 구나발타라求那跋陀羅가 443년에 번역한 『능가아발타라보경(楞伽阿跋陀羅寶經』을 뜻한다. 제1권, 「일체불어심품切佛語心品」에 다음과 같이 전한다.
大慧 譬如明鏡 持諸色像 現識處現 亦復如是. (내용 동일, 번역 생략)

❀

而曰有餘無餘者〔旣離名相 又有有餘無餘二名者〕**良是出處之異號應物之假名耳**.〔言涅槃者 蓋一眞法界法身之眞體也. 證此法身 是稱爲佛. 機感必應 卽現身說法 故爲出. 緣畢而隱 攝相歸體 故爲處. 故一切諸佛 以現身爲有生 以緣滅爲涅槃 殊不知滅元不滅. 如云餘國作佛 更有異名 所謂應物之假名也〕**余嘗試言之**.〔下正廣論無名之旨〕

※嘗試(상시): 시험해 보다. 시행해 보다.
※機感(기감): 중생의 근기가 부처의 교화를 받아들임.

그런데도 유여·무여를 말하는 것은〔명과 상을 떠났는데 또 유여와 무여 두 명칭이 있는 것은〕**참으로 출처**(出處, 근원)**가 다른 명칭**(異號)**이고 물物에 응한 거짓 이름**(假名, 빌린 이름)**일 뿐이다**.〔열반이라고 말하는 것은 일진법계一眞法界의 법신의 진실한 모습(眞體)이다. 이 법신을 증득한 것을 부처라고 부른다. 중생의 근기가 부처의 교화를 받아들이면 반드시 감응해서 바로 몸을 드러내 설법을 하기 때문에 '출연한다(出)'고 한 것이다. 연緣이 다하면 은거하여 상을 거두어 체로 돌아가기 때문에 '처한다(處)고 한 것이다. 그런 까닭에 일체제불이 몸을 드러내는 것으로 태어남이 있는 것(有生)이라고 하고 연緣이 멸하는 것을 열반涅槃이라고 하지만, (이는) 멸해도 원래 멸하는 것이 아니라는 것을 전혀 모르는 것이다. 가령 "다른 나라에서 부처가 되면 또 다른 이름이 있다"고 말하는 것은 이른바 중생을 따라 응하는 임시로

붙인 이름이라는 것이다.〕

(이에 대해) **내가 시험 삼아 말해 보겠다.**〔아래에서 (열반)무명의 뜻을 정면으로 자세하게 논하였다.〕

❀

夫涅槃之爲道也 寂寥虛曠〔其體寂滅〕**不可以形名得**〔離名字相〕**微妙無相 不可以有心知.**〔離心緣相〕**超群有以幽升**〔高超三界 惑無不斷〕**量太虛而永久**〔永證無爲 眞無不極〕**隨之弗得其蹤**〔未來無終〕**迎之罔眺其首**〔過去無始〕**六趣不能攝其生**〔五住究盡〕**力負無以化其體.**〔二死永亡〕

※群有(군유)=群生(군생): 만물.
※眺(바라볼 조): 바라보다. 보다. 알현하다.

무릇 열반의 도道라 하는 것은 적요허광(寂寥虛曠, 고요하고 텅 빔)**하여**〔그 체는 적멸해서〕**형상과 명칭으로 얻을 수 없고**〔명자名字의 상을 떠나서〕**미묘무상**(微妙無相, 미묘하여 상이 없음)**하여**〔마음으로 연緣하는 상을 떠나서〕[35] **유심有心으로 알 수가 없다.**

만물을 뛰어넘어 그윽함에 오르고〔삼계를 높이 뛰어넘고 미혹이 끊어지지 않은 것이 없다.〕**허공을 헤아려 영원하니**〔무위를 영원히 증득해서 진실이 지극하지 않음이 없다.〕**따라가도 그 자취를 얻지 못하고**〔미래에도 끝이 없다.〕**맞이해도 그 머리를 볼 수 없다.**[36]

---

35 앞에서 수식하는 것으로 이해하였다.

〔과거에도 시작이 없었다.〕

육취(六趣, 육도)**에서는 그 생生을 포섭할 수 없고** 〔오주번뇌가 모두 다했다.〕 **힘으로 짊어져도**[37] **그 체를 변화시킬 수 없다.** 〔이종생사가 영원히 없어졌다.〕

❀

潢漭 〔水無涯貌. 謂汪洋無涯〕 **惚恍** 〔言非有非無. 不可以定名〕 **若存** 〔生而不生〕 **若往** 〔滅而不滅〕 **五目** 〔謂肉眼 天眼 法眼 慧眼 佛眼〕 **不覩其容** 〔無狀無相. 以離色故視之而不見〕 **二聽** 〔謂肉耳 天耳〕 **不聞其響.** 〔以離聲故不可聞〕 **冥冥窈窅 誰見誰曉.** 〔冥冥不可見. 窅深貌. 窅窅不可窺〕 **彌綸** 〔充滿包羅之義〕 **靡** 〔無也〕 **所不在 而獨曳**

---

36 노자 제14장에 다음과 같이 전한다.

視之不見名曰夷 聽之不聞名曰希 搏之不得名曰微. 此三者不可致詰, 故混而爲一. 其上不皦. 其下不昧. 繩繩不可名 復歸於無物. 是謂無狀之狀. 無物之象 是謂惚恍. 迎之不見其首. 隨之不見其後. 執古之道 以御今之有. 能知古始 是謂道紀.

(視之~曰希까지는 번역 생략) 그것을 잡으려 해도 잡히지 않는지라 이름하여 미微라 한다. 이 세 가지는 그 답을 구할 수 없으니, 그러므로 섞여 하나가 된다. 그 위라고 하여 밝지 않다. 그 아래라 하여 어둡지 않다. 끊임없이 이어져 이름 붙일 수 없고 다시 아무것도 없음으로 돌아간다. 이것을 일러 형상 없는 형상이라 한다. 아무것도 없는 형상, 이것을 일러 황홀이라고 한다. 그것을 앞에서 맞이하려 해도 그 머리가 보이지 않는다. 그것을 뒤따라가도 그 뒤가 보이지 않는다. 옛날의 도를 잡고서 오늘의 만물을 다스린다. 옛날의 시작을 알 수 있으므로 이를 일러 도의 기원이라 한다. (전게서 상, p.295)

37 물불천론 편의 註40, 참조.

〔超脫也〕 於有無之表.

※潢漭(황망): 광대한 모습. (潢:웅덩이 황, 漭: 넓을 망)

※惚恍(홀황)=恍惚(황홀): 광채가 어른어른하여 눈이 부심. 사물에 마음이 팔려 멍하니 서 있는 모양. 미묘하여 헤아려 알기 어려움.

※窈(고요할 요): 그윽하다. / 窅(움평 눈 요): 움푹 들어간 눈. 으슥하다.

※밑줄 친 부분의 '窈窅'는 '窈窈'로 읽었다.

※명요冥窈=요명窈冥: 날이 어스레함. 이치가 헤아릴 수 없이 깊음.

황망潢漭하고 〔물이 끝이 없는 모습이다. 넓은 바다처럼 끝이 없음을 말한다.〕 **황홀惚恍하여**[38] 〔있는 것도 아니고 없는 것도 아닌 것을 말한다. 이름 지을 수 없다.〕 **살아 있는 것 같기도 하고** 〔생해도 생하는 것이 아니다.〕 **죽은 것 같기도 하다**. 〔멸해도 멸하는 것이 아니다.〕

오목五目〔육안·천안·법안·혜안·불안〕**으로는 그 모습을 보지 못하고**, 〔형상도 없고 모습도 없다. 색을 떠났기 때문에 보려 해도 볼 수 없다.〕 **이청二聽**〔육이肉耳·천이天耳〕**으로는 그 소리를 듣지 못한다**. 〔소리를 떠났기 때문에 들을 수 없다.〕

명명요요(冥冥窅窅, 지극히 이치가 헤아릴 수 없이 깊음)**한데 누가 보고 누가 깨달을 수 있겠는가**? 〔아득하고 아득해서 볼 수가 없다. 요窅는 깊은 모습이다. 요요해서(=깊고 깊어서) 엿볼 수가 없다.[39]〕

두루하여〔=가득하게 포괄한다는 뜻〕 **존재하지 않는 곳이 없지만**

---

38 앞의 註37 참조.

39 역자는 단어 설명과 번역에서 窅(요)를 요窈 자로 해석하였다. 왜냐하면 명명冥冥은 눈에, 요요窈窈에 귀에 대비하는 것으로 이해했기 때문이다.

〔미靡=무無〕 **홀로 유·무 밖으로 내던져졌다.**[40] 〔유·무를 초월하였다.〕

❀

然則 言之者失其眞 〔言生理喪〕 **知之者反其愚** 〔非智可知〕 **有之者乖其性** 〔若執是有 則違寂滅之體〕 **無之者傷其軀.** 〔法身流轉五道名曰衆生. 若執是無 則墮斷滅〕 **所以釋迦掩室於摩竭** 〔佛初成道 三七思惟 而不說法〕 **淨名杜口於毘耶** 〔文殊問維摩不二法門 維摩默然〕 **須菩提唱無說以顯道 釋梵絕聽而雨華.** 〔須菩提巖中晏坐 帝釋散華供養 謂其善說般若. 尊者以無說而說 天帝以無聞而聞〕 **斯皆理爲神御** 〔不言之道 唯證乃知〕 **故口以之而默. 豈曰無辯. 辯所不能言也.** 〔四辯不能談其狀〕

※包羅(포라): 포괄하다. 망라하다.

그런즉, 말을 하면 그 참됨을 잃고 〔말을 하면 이치를 잃는다.〕 **안다고 하면 반대로 어리석게 되며,** 〔지혜로 알 수 있는 것이 아니다.〕 **있다고 하면 그 성품에 어긋나고** 〔만약 유에 집착하면 적멸의 체를 거스르게 된다.〕 **없다고 하면 그 몸을 다치게 되는 것이다.** 〔법신이 5도五道에 윤회하는 것을 중생이라고 한다. 만약 무에 집착하면 단멸斷滅에 떨어지게 된다.〕

그런 까닭에 석가釋迦는 마갈摩竭에서 문을 잠가 버렸고, 〔부처님께

---

40 예曳=拽로 '힘껏 던지다. 내던지다. 뿌리다. 팽개치다'의 뜻이 있다. 직역으로 내던져졌다고 하였지만, 뜻은 감산의 말처럼 '벗어나다, 초월하다'의 뜻이다.

서 처음 도를 이루셨을 때 3·7일을 사유하면서 법을 설하지 않았다.〕 **정명淨名은 비야毘耶에서 입을 다물었으며**, 〔문수는 유마에게 불이법문을 물었는데 유마는 (이에) 침묵하였다(=침묵으로 답하였다).〕 **수보리須菩提는 무설無說을 제창하여 도를 드러냈고**, **석범**(釋梵, 제석천과 범천)**은 듣는 것을 끊어 버리고 꽃비를 내렸다.**[41] 〔수보리가 바위에 가만히 앉아 있는데 제석이 꽃을 뿌려 공양하면서 말하기를 "반야를 훌륭하게 설하십니다"고 하였다. (이것이) 존자尊者는 설하는 것 없이 설하고 천제天帝는 들은 것 없이 들은 것이다.〕

이는 모두 이치로 마음(神)**을 제어한 것이기 때문에** 〔말로 할 수 없는 도(不言之道)는 오직 증득해야 알 수 있다.〕 **입으로는 침묵을 하였던 것이다.** (그런데) **어째서 말씀이 없었다고 말할 수 있겠는가?** (네 가지) **변辯으로도 말할 수 없는 것이기 때문이다.** 〔사변四辯[42]으로

---

41 선문염송집 제2권(N.69)에서는 다음과 같이 전한다.

須菩提嵒中燕坐 帝釋雨花讚歎 須菩提問曰 "雨花讚歎者是何人" 對曰 "我是天帝 見尊者善說般若 故來讚歎" 須菩提曰 "我於般若 未曾說一字" 帝釋云 "尊者無說 我乃無聞 無說無聞 是眞說般若"

수보리가 바위굴에서 좌선(燕坐)을 하고 있는데, 제석이 꽃비를 내리면서 찬탄하자, 수보리가 물었다.

"꽃비를 내리며 찬탄하는 이는 누구입니까?"

"저는 제석천입니다. 존자께서 반야를 훌륭하게 말씀하시는 것을 보고, 와서 찬탄한 것입니다."

"나는 반야를 한 자도 말한 적이 없습니다."

"존자께서는 말씀하신 적이 없고, 저는 들은 적이 없으니, 말한 것도 없고 들은 것도 없는 것이 진실로 반야를 말씀하신 것입니다."

42 四辯=四辯才=四無礙辯(법무애法無礙·의무애義無礙·사무애辭無礙·요설무애樂說

는 그 상황을 이야기할 수 없다.〕

❀

經云 "眞解脫者 離於言數 〔象也〕 **寂滅永安**. 〔生滅已滅〕 **無始無終** 〔非生非滅 故無始終〕 **不晦不明** 〔寂光常照 不屬晦明〕 **不寒不暑** 〔非遷流之法 不屬時分 故不寒不暑〕 **湛若虛空** 〔法身淸淨 湛然常寂 猶若虛空〕 **無名無說"** 〔離相故無名 離言故無說. 此義引涅槃淨名等經〕 **論曰** 〔中論〕 **"涅槃非有 亦復非無 言語道斷 心行處滅"** 〔口不能言故言語道斷 心不能思故心行處滅〕

경전에 이르기를 "진실한 해탈은 말(言)**과 수**數〔=상象〕[43]**를 떠나 적멸해서 영원히 편안하다**. 〔생멸이 이미 멸하였다.〕 **시작도 없고 끝도 없으며**, 〔생하는 것도 아니고 멸하는 것도 아니기 때문에 시작과 끝이 없다.〕 **어둡지도 않고 밝지도 않으며**, 〔적광寂光이 항상 비춰 어둠과 밝음에 속하지 않는다.〕 **춥지도 않고 덥지도 않으며**, 〔천류하는 법이 아니고, 때(時分)에 속하는 것이 아니기 때문에 춥지도 않고 덥지도 않다.〕 **맑은 것이 허공과 같아서** 〔법신은 청정하며 잠연하고 항상 고요해서 허공과 같다.〕 **이름도 없고 말할 수도 없다"**〔상을 떠났기 때문에 이름이 없고, 말을 떠났기 때문에 설할 것이 없다. 이 뜻은 열반경과 정명경 등에서 인용한 것이다.〕**고 하였다**.

또한 논〔=중론〕**에 이르기를 "열반은 있는 것도 아니고 또한 없는**

無礙)

43 역자는 앞서 수數를 분별지로 해석하였다는 것을 밝혀둔다.

것도 아니다. 언어의 길이 끊어지고 마음 갈 곳이 없어졌다"[44] 고 하였다. 〔입으로 말할 수 없기 때문에 언어의 길이 끊어졌고, 마음으로 생각할 수 없기 때문에 마음을 쓸 곳이 없어졌다.〕

❀

尋夫經論之作. 〔上引斯論立言本意〕 **豈虛搆哉.** 〔言非虛稱架空之談〕 **果** 〔實也〕 **有其所以不有 故不可得而有** 〔本亦非有〕 **有其所以不無 故不可得而無耳.** 〔亦復非無〕 **何者.** 〔徵釋非有非無之所以〕 **本** 〔言尋究也〕 **之有境 則五陰永滅** 〔不屬生死 故五陰永滅 不可得而有. 滅則離苦 乃樂德也〕 **推** 〔言推測也〕 **之無鄕 而幽靈不竭.** 〔雖絶見聞而幽深窅眇. 靈知獨照 至眞常存. 此眞我德也〕

※搆＝構

44 승조가 제시한 문장이 중론과 정확하게 일치하지는 않는다.

言語道斷 心行處滅은 오히려 『석마하연론釋摩訶衍論』 제6권과 7권에 여러 차례 등장한다.

참고로 중론 제25, 「관열반품觀涅槃品」에 涅槃非有非無의 문구가 여러 차례 등장하며, 제18, 「관법품觀法品」에 言語道斷 心行處滅과 관련해서는 다음과 같이 전한다.

問曰 "若佛不說我非我 諸心行滅 言語道斷者 云何令人知諸法實相"

물었다. "만약 부처님께서 아我와 비아非我의 모든 마음 작용의 소멸과 언어의 길이 끊어진 것을 말씀하지 않으셨다면 어떻게 사람들로 하여금 제법의 실상을 알게 하였겠는가?"

무릇 경론에서 말한 것을 자세히 연구해 보자!

〔위의 이 논에서 인용해서 말한 본래의 뜻이〕[45] **어찌 허구이겠는가?** 〔헛되이 저울질을 해서 터무니없이 한 말이 아니라는 것을 말한다.〕

정말로〔=진실로〕 **불유不有인 이유가 있기 때문에 유有를 얻을 수 없고,** 〔본래 있는 것도 아니다.〕 **불무不無인 이유가 있기 때문에 무無를 얻을 수 없을 뿐이다.** 〔또한 없는 것도 아니다.〕

어째서 그런가? 〔(아래에서) 있는 것도 아니고 없는 것도 아닌 이유를 따져서 설명하였다.〕

유의 경계에 근거하면 〔자세히 탐구하는 것을 말한다.〕[46] **오음五陰은 영원히 멸했고,** 〔생사에 속하는 것이 아니기 때문에 오음이 영원히 멸해서 있는 것(有)을 얻을 수 없다. 멸하면 고苦를 떠나는데 이것이 곧 (열반사덕 가운데) 낙덕樂德[47]이다.〕 **무의 고향에서 추정해 보면** 〔생각하고 헤아린 것을 말한다.〕 **그윽하고 신령함(幽靈)이 다하지 않았기 때문이다.** 〔비록 보고 듣는 것이 끊어졌지만 그윽하게 심오하고 깊이 정묘하다. 신령스러운 앎이 홀로 비추고 지극히 진실한 것이 영원히 존재한다. 이것이 (열반사덕 가운데) 진실한 아덕我德이다.〕

❀

幽靈不竭 則抱一湛然 〔一眞之地 湛然常寂. 此眞常德也〕 **五陰永滅 則萬累都捐.** 〔永離生死 則衆惑俱消. 此眞淨德也〕 **萬累都捐 故與道**

45 앞뒤 문장을 연결해주는 역할을 하는 것으로 이해하였다.

46 본本을 동사(근거로 하다)로 이해했기 때문에 부득이 번역 상 순서를 바꿨다.

47 상락아정常樂我淨을 법신과 열반의 사덕(四德, 法身四德, 涅槃四德)이라고 한다.

通洞〔由其惑淨 故內冥至理〕**抱一湛然 故神而無功.**〔由其體常寂而妙用無方 故神而無功〕**神而無功 故至功常存**〔無心而應 故功垂不朽〕**與道通洞 故沖而不改.**〔由惑盡眞窮 故沖深而不變〕**沖而不改 故不可爲有**〔由體虛不變 故不可爲有〕**至功常存 故不可爲無.**〔以隨緣應現 利樂無窮. 故不可爲無〕

그윽하고 신령함(幽靈)이 다하지 않았으니 하나를 품어 잠연하고〔일진一眞의 경지는 잠연상적(湛然常寂, 맑고 항상 고요)하다. 이것이 (열반사덕 가운데) 진실한 상덕常德이다.〕**오음을 영원히 멸했으니 온갖 누(萬累, 번뇌)를 모두 버렸다.**〔생사를 영원히 떠나면 온갖 미혹이 모두 없어진다. 이것이 (열반사덕 가운데) 진실한 정덕淨德이다.〕

온갖 누를 모두 버렸기 때문에 도와 더불어 환하게 통하고,〔미혹을 청정하게 함으로 말미암아 안으로 지극한 이치가 그윽하다.〕**하나를 품어 잠연하기 때문에 마음(神)에 공(功, 애쓰는 것)이 없다.**〔체가 상적常寂하고 오묘한 작용이 무방(無方, 일정한 방향과 장소가 없는 것)함으로 말미암아 마음에 공(功, 공훈)이 없다.〕

마음에 공功이 없기 때문에 지극한 공功이 항상 존재하고〔무심으로 응하는 까닭에 공적이 전사에 길이 빛나며(功垂, 功垂竹帛) 썩지 않는다.〕**도와 더불어 환하게 통하는 까닭에 텅 비어 바뀌지 않는다.**〔미혹이 다하도록 진실을 궁구하였기 때문에 텅 비고 깊으면서 변하지 않는다.〕

텅 비어 바뀌지 않기 때문에 유有라고 할 수 없고〔체가 텅 비어 변하지 않기 때문에 있는 것이라 하지 못한다.〕**지극한 공功이 항상**

존재하기 때문에 무無라고 할 수 없다. 〔인연 따라 응하고 드러남으로써(隨緣應現) 이롭고 즐겁게 하는 것이 다함이 없다. 그런 까닭에 없는 것이라고 할 수 없다.〕

❀

然則 〔下總結離名離相〕 **有無絶於內** 〔以其體至眞 寂用一源. 故內絶有無〕 **稱謂淪** 〔泯絶也〕 **於外** 〔不可以名字加之 故稱謂泯絶〕 **視聽之所不暨** 〔及也. 非色非聲 故視聽不及〕 **四空之所昏昧.** 〔四空天人迷而不知 故所昏昧〕 **恬焉而夷** 〔平等一如〕 **怕焉而泰** 〔寂而常照. 無幽不鑒〕 **九流於是乎交歸** 〔九流 非世之九流 乃指九界衆生. 以涅槃乃一切衆生之本源 故曰 "交歸"〕 **衆聖於是乎冥會.** 〔十方諸佛究竟之鄕 故云 "冥會"〕

※恬(편안할 염): 편안하다. 평온하다. 고요하다. 담담하다. 조용하다.
※夷(오랑캐 이): 평탄하다. 온화하다. 안온하다.
※怕(담담할 백): 담담하다. 담백하다. 편안하다. 조용하다.
※泰(클 태): 편안하다. 너그럽다. 태평하다.

그런즉, 〔아래에서 명을 떠나고 상을 떠난 것임을 총괄해서 결론 맺었다.〕 **유·무는 안에서 끊어졌고** 〔체가 지극히 진실함으로써 고요함과 작용이 하나의 근원이다. 그런 까닭에 안에서 있음과 없음이 끊어졌다.〕 **칭위**(稱謂, 명칭)**는 밖에서** 〔명자名字를 더하지 못하기 때문에 칭위가 없어졌다.〕 **몰락하였다.**

(이는) **보고 듣는 것으로 미칠 바가 아니니**, 〔기曁는 급(及, 미치다, 이르다)이다. 색도 아니고 소리도 아니기 때문에 보고 듣는 것으로 이를 수 없다.〕 **사공**(四空, 무색계 사천의 천인들)**도** (여기에 이르러서는) **사리에 어둡고 깨닫지 못해 헤맬 뿐이다**. 〔사공천인四空天人[48]도 미혹해서 모르기 때문에 어둡고 어리석은 것이다.〕

염언이이(恬焉而夷, 고요하고 안온)**하고** 〔평등일여하다.〕 **백언이태**(怕焉而泰, 담담하고 편안)**하니**, 〔고요하면서 항상 비춘다. 그윽해서 보지 않는 것이 없다.〕 **구류**(九流, 구품중생)[49]**가 이에 교대로 귀의하고** 〔구류는 세간의 구류가 아니고, 구계중생九界衆生을 가리킨다. 열반이 곧 일체중생의 본원本源이기 때문에 '교귀(交歸, 교대로 귀의한다)'라고 하였다.〕 **모든 성인들이 이에 그윽하게 회합한다**. 〔시방 제불의 궁극적인 고향이다. 그런 까닭에 '명회冥會'라고 하였다.〕

❀

斯乃希夷之境 〔非見聞之境〕 **太玄之鄕**. 〔玄之又玄. 故云太玄〕 **而欲以有** 〔出有〕 **無** 〔入無〕 **題榜 標** 〔指也〕 **其方域** 〔謂以涅槃爲諸聖出生入死之名. 特以有無之名題榜標 指其方所〕 **而語其神道者** 〔以此爲得者〕**不亦邈** 〔遠也〕 **哉**.

---

48 무색계 사천(공처空處·식처識處·무소유처無所有處·비상비비상처非想非非想處)의 천인을 말한다(열반경에 나온다).

49 구류九流: ① 구품중생. ② 중국 한漢나라 때의 아홉 학파. 유가儒家·도가道家·음양가陰陽家·법가法家·명가名家·묵가墨家·종횡가縱橫家·잡가雜歌·농가農歌.

이것은 희이의 영역(希夷之境)**이고**[50] 〔보고 듣는 경계가 아니다.〕 **태현의 고향**(太玄之鄕)**이다.** 〔현하고 또 현하다(玄之又玄).[51] 그런 까닭에 '태현太玄'이라고 하였다.〕

그런데도 유有와 〔있음에서 나와〕 **무無로** 〔없음으로 들어가므로〕 **제목을 붙이고 방위와 구역을 표방해서**〔=지시해서〕 〔이를테면 열반으로 모든 성인이 출생出生·입사入死하는 명칭을 삼는다는 것이다. 특히 유·무로 명칭과 제목을 표방해서 그 방향과 처소를 가리키는 것이다.〕 **신령한 도**(神道)**를 말한다면,** 〔이것으로 얻은 것으로 삼는다면〕 **또한 아득해지지**〔=멀어지지〕 **않겠는가!**

2) 핵체覈體

유명有名은 말한다. 〔有名曰.〕

무릇 명호名號는 헛되이 생겨난 것이 아니고, 칭위稱謂는 저절로

---

50 희이希夷에 관해서는 반야무지론의 註17 참조.

51 노자 제1장에 다음과 같이 전한다.

道可道 非常道. 名可名 非常名. 無名天地之始. 有名萬物之母. 故常無 欲以觀其妙 常有 欲以觀其徼. 此兩者同出而異名 同謂之玄. 玄之又玄 衆妙之門.

도는 말할 수 있으면 변함없는 절대적인 도가 아니다. 이름은 부를 수 있으면 변함없는 절대적인 이름이 아니다. 무는 하늘과 땅의 시작을 일컫는다. 유는 만물의 어머니를 일컫는다. 그러므로 항상 없음은 그 오묘함을 보고자 함이다. 항상 있음은 그 끝을 보고자 함이다. 이 둘은 같은 곳에서 나왔으나 이름이 다르니 모두 현하다 이른다. 오묘하고 또 오묘하니(玄之又玄) 만물의 오묘함의 문이로다. (전게서, p.67)

일어난 것이 아니다. 〔夫名號不虛生 稱謂不自起.〕

경전에서 일컫는 유여열반有餘涅槃·무여열반無餘涅槃은 근본으로 돌아가는 진실한 이름이며 신령한 도(神道)를 오묘하게 일컬은 것이다. 〔經稱有餘涅槃無餘涅槃者 蓋是返本之眞名 神道之妙稱者也.〕

시험 삼아 (이에 대해) 진술해 보겠다. 〔請試陳之.〕

유여(有餘, 유여열반)는 여래께서 대각大覺을 처음 일으키고 법신法身을 최초로 건립한 것을 말한다. 〔有餘者 謂如來大覺始興 法身初建.〕

(부처님께서는) 팔해(八解, 팔해탈)의 맑게 흐르는 물에 목욕을 하고 칠각(七覺, 칠각지)의 무성한 숲에서 쉬셨다. 〔澡八解之淸流 憩七覺之茂林.〕

오랜 세월 온갖 선을 쌓아 무시이래로 남아 있던 번뇌를 (깨끗이) 씻어 버리셨다. 〔積萬善於曠劫 蕩無始之遺塵.〕

삼명三明으로 안을 비추고 신광으로 밖을 비추셨다. 〔三明鏡於內 神光照於外.〕

시심(始心, 초발심)에 승나(僧那, 서원)를 맺고 종국에는 대비로 난難을 구하러 나가셨다. 〔結僧那於始心 終大悲以赴難.〕

(위로는) 현근(玄根, 보리)을 우러러 반연하고 (아래로는) 약상(弱喪, 중생)을 끌어당기셨다. 〔仰攀玄根 俯提弱喪.〕

삼역(三域, 삼계)을 뛰어넘고 대방(大方, 깨달음)을 홀로 밟으셨다. 〔超邁三域 獨蹈大方.〕

팔정(도)의 평평하고 넓은 길(平路)을 열고 여러 가지 비천한 견해의 길을 평탄하게 하셨다. 〔啓八正之平路 坦衆庶之夷途.〕

육신통(六通)으로 신령한 천리마를 달리게 하고 오연五衍의 편안한 수레를 타셨다. 〔騁六通之神驥 乘五衍之安車.〕

능히 출생出生·입사入死에 이르러 중생과 함께 추이(推移, 변화)하셨다. 〔至能出生入死 與物推移.〕

도道는 윤택하게 하지 않은 것이 없고 덕德은 베풀지 않은 것이 없으셨다. 〔道無不洽 德無不施.〕

화모化母로부터 시작된 물物을 궁구하고 현추(玄樞, 지혜)로 오묘한 작용을 지극히 하셨다. 〔窮化母之始物 極玄樞之妙用.〕

텅 빈 우주를 넓혀 보다 더 끝없이 하고 살운(薩雲, 일체지)으로 비춰 보다 더 그윽하게 비추셨다. 〔廓虛宇於無疆 耀薩雲於幽燭.〕

(그리고는) 구지(九止, 九地)에서 조짐을 끊고 영원히 태허(太虛, 허공)에 빠져들려 하셨다. 〔將絕朕於九止 永淪太虛.〕

그런데도 다하지 못한 남은 인연이 있어 남은 자취가 없어지지 않았다. 〔而有餘緣不盡 餘迹不泯.〕

업보는 혼魂과 같아서 성지(聖智, 성인의 지혜)는 여전히 존재한다. 〔業報猶魂 聖智尚存.〕

이것이 유여열반이다. 〔此有餘涅槃也.〕

경전에 이르기를 "번뇌(塵滓)를 녹이기를 마치 진금을 단련하듯 하고 온갖 누累를 모두 다해서 신령스런 깨달음이 홀로 존재한다"고 하였다. 〔經曰 "陶冶塵滓 如鍊眞金 萬累都盡 而靈覺獨存"〕

무여(無餘, 무여열반)는 이를테면 지인至人이 (중생)교화의 인연을 모두 마치고 신령스런 비춤이 영원히 없어졌다는 것이다. 〔無餘者

謂至人教緣都訖 靈照永滅.〕

텅 비어서 조짐이 없기 때문에 '무여'라고 말하는 것이다.〔廓爾無朕 故曰 "無餘"〕

어째서 그런가? 큰 우환(大患)으로는 몸뚱이가 있는 것만한 것이 없기 때문에 몸뚱이를 멸해서 무無로 돌아가고, 힘을 들여 부지런히 일하는 것(勞勤)으로는 지혜가 있는 것보다 우선하는 것이 없기 때문에 지혜를 끊고 허虛에 빠져든다.〔何則. 夫大患莫若於有身 故滅身以歸無 勞勤莫先於有智 故絕智以淪虛.〕

그런즉, 지혜는 몸뚱이 때문에 피곤하고 몸뚱이는 지혜 때문에 애를 쓰면서 윤회(輪轉)의 길이나 닦으니 피로가 그치지 않는 것이다.〔然則 智以形倦 形以智勞 輪轉修途 疲而弗已.〕

경전에 이르기를 "지혜는 잡독이고 몸뚱이는 질곡(桎梏, 속박)이다. 깊은 침묵(淵默)은 이로써 멀어지고 환란患難이 이로써 일어난다"고 하였다.〔經曰 "智爲雜毒 形爲桎梏 淵默以之而遼 患難以之而起"〕

그런 까닭에 지인至人은 몸뚱이를 재로 만들어 지혜를 없애고, 몸뚱이를 버리고 사려를 끊어 버린다.〔所以至人 灰身滅智 捐形絕慮.〕

(그리하여) 안으로는 기機를 비추는 부지런함이 없고 밖으로는 대환(大患, 사려)의 근본을 쉬는 것이다.〔內無機照之勤 外息大患之本.〕

초연히 군유群有와는 영원히 구분되고 혼연히 허공(太虛)과 동체가 되면 고요해서 (그 어떤 것도) 들리는 것이 없고 담담해서 (그 어떤) 조짐도 없다.〔超然與群有永分 渾爾與太虛同體 寂焉無聞 怕爾無兆.〕

아득하고 그윽하게 멀리 떠나가서 간 곳을 모르니, 그것은 마치 등불이 다해 불이 꺼지면 기름과 밝음이 모두 다한 것과 같다. 〔冥冥長往 莫知所之 其猶燈盡火滅 膏明俱竭.〕

이것이 무여열반이다. 〔此無餘涅槃也.〕

경전에 이르기를 "오음이 영원히 다한 것은 비유하면 등불이 꺼진 것과 같다"고 하였다. 〔經云 "五陰永盡 譬如燈滅"〕

그런즉, 유여有餘는 유有로 칭하고 무여無餘는 무無로 이름할 수 있는 것이다. 〔然則 有餘可以有稱 無餘可以無名.〕

무無로 명칭을 세우면 허虛를 숭상하는 사람은 충묵(沖默, 텅 빈 고요함)을 흠모하고 숭상하며, 유有로 명칭을 생하면 마음에 덕을 품은 사람은 더욱 성인의 공을 우러른다. 〔無名立 則宗 虛者 欣尚於沖默 有稱生 則懷德者彌仰於聖功.〕

이것이 고전(誥典, 옛 사람들이 말한 전적들)에서 베푼 문장이고, 선성先聖의 궤철(軌轍, 법칙)이다. 〔斯乃誥典之所垂文 先聖之所軌轍.〕

그런데도 말하기를 "유·무가 안에서 끊어졌고 칭위(稱謂, 명칭)가 밖에서 몰락하였으며, 보고 듣는 것으로 미칠 바가 아니니 사공(四空, 무색계 사천의 천인들)도 (여기에 이르러서는) 사리에 어둡고 깨닫지 못해 헤맬 뿐이다"라고 한다면 (이는) 무릇 마음속에 덕을 품은 사람으로 하여금 자멸케 하고 허虛를 숭상하는 사람으로 하여금 의탁할 곳을 없게 하는 것이다. 〔而曰 "有無絕於內 稱謂淪於外 視聽之所不暨 四空之所昏昧" 使夫懷德者自絕 宗虛者靡託.〕

(또한, 이는) 귀와 눈을 태각(胎殼, 태반의 껍질) 속에 막아 버리고

현상玄象을 하늘 밖으로 가리고서 궁宮과 상商의 다름을 꾸짖고 현(玄, 검은 것)과 소(素, 흰 것)의 차이를 따지는 것과 다를 것이 없는 것이다. 〔無異杜耳目於胎殼 掩玄象於雲霄外 而責宮商之異 辯玄素之殊者也.〕

그대는 부질없이 지인至人을 유·무 밖으로 멀리 밀어내고, 고상한 운치로 형상과 명칭 밖을 간절하게 노래할 줄만 알았지 논지論旨는 끝내 돌아갈 바를 몰랐다. 〔子徒知遠推至人於有無之表 高韻絕唱於形名之外 而論旨竟莫知所歸.〕

(이는 열반의) 길이 아득해졌기 때문에 스스로 간직하고 있던 것을 드러내지 못한 것이다. 〔幽途故自蘊而未顯.〕

고요히 생각하고 깊이 연구해도 마음을 기탁할 것이 없는데 어찌 이른바 어두운 방에 대명大明을 밝히고 소리를 듣지 못하는 이들에게 현묘한 음향音響을 연주한다고 하겠는가? 〔靜思幽尋 寄懷無所 豈所謂朗大明於冥室 奏玄響於無聞者哉.〕

〔약주〕[52]

此有名興難 乃折之一也. 因前云"涅槃之體非有非無" 故今折之. 體竟何在. 故云"覈體" 謂卽有餘無餘之名 以責有實體 非無名也.

※折(꺾을 절): 꺾다. 따지다. 힐난하다.

52 핵체覈體에 대한 개괄적인 설명이다.

※覈(핵실할 핵): 핵실하다(사실을 조사하여 밝히다).

여기서는 유명이 힐난(難, 질문)을 일으켰는데, 이것이 절(折, 힐난, 질문)의 첫 번째이다.

앞에서 (무명이) 말한 "열반의 체는 있는 것도 아니고 없는 것도 아니다"고 한 것으로 인해 지금 그것을 따졌다.

(열반의) 체體는 결국 어디에 있는 것인가? 그런 까닭에 (제목을) '핵체(覈體, 체를 조사하여 밝히다)'라고 한 것이다. (이는) 이를테면 바로 유여有餘와 무여無餘의 명칭에 나아가서 실체實體가 있다는 것을 책망한 것이지, 명칭이 없다(無名)는 것이 아니라는 것이다.

【논】

有名曰. 〔名家按名以責實 故興折難〕 **夫名號不虛生** 〔謂有名必有實 豈有無實而彰名者〕 **稱謂不自起.** 〔凡名不自名. 必因人見有可稱 乃稱其名〕 **經稱有餘涅槃無餘涅槃者 蓋是返本之眞名** 〔非是虛稱〕 **神道之妙稱** 〔神道之妙 無可稱之 故以涅槃名之 是爲妙稱〕 **者也. 請試陳之.** 〔謂按涅槃 有餘無餘之稱 是則涅槃有名也. 何言無名 先論有餘興難〕 **有餘者 謂如來大覺始興 法身初建.**

※稱謂(칭위): 무엇이라고 이름하여 부름.

※請(청할 청): 여기서는 고告하다의 뜻이다.

유명有名은 말한다. 〔명가名家[53]는 (열반이라는) 명칭을 살펴서 실제를 따졌다. 그런 까닭에 힐난(=질문)을 일으켰다.〕

무릇 명호名號는 헛되이 생겨난 것이 아니고, 〔이를테면 이름이 있으면 반드시 실제가 있어야 하는데, 어찌 실제가 없는데 이름을 드러낼 수 있겠냐는 것이다.〕 **칭위稱謂는 저절로 일어난 것이 아니다.** 〔무릇 명칭은 스스로 이름 붙이지 못한다. 반드시 사람이 칭할 수 있는 (어떤) 것이 있다는 것을 봄으로 인해 이름을 칭하는 것이다.〕

경전에서 일컫는 유여열반有餘涅槃·무여열반無餘涅槃은 근본으로 돌아가는 진실한 이름이며 〔헛된 명칭이 아니라는 것이다.〕 **신령한 도(神道)를 오묘하게 일컬은 것이다.** 〔신령스런 도의 오묘함은 칭할 수 없기 때문에 열반으로 그것을 이름하였다. 이것을 오묘하게 칭하는 것(妙稱)이라고 한다.〕

시험 삼아 (이에 대해) **진술해 보겠다.** 〔이를테면 열반을 살펴보니 유여와 무여의 명칭은 곧 열반에 명칭이 있는 것인데, 어째서 (열반에) 명칭이 없다(無名)고 말했냐는 것이다. 먼저 유여를 논해서 힐난을 일으켰다.〕

유여(有餘, 유여열반)**는 여래께서 대각大覺을 처음 일으키고 법신法身을 최초로 건립한 것을 말한다.**

〔약주〕

因有餘以定名 先擧果德以彰因行有餘也. 他處有餘 皆依三乘之人 證

---

53 명가名家는 본래 춘추전국시대에 제자백가諸子百家 가운데 명목名目과 실제實際가 일치해야 함을 주장한 학파를 말하는데, 여기서는 유명을 지칭한 것이다.

理未圓 斷惑未盡而說. 今此論中 單約佛果利生 有餘緣未盡而說. 詳論文義 蓋是權敎三十四心斷結成佛之果號. 乃小乘所見之佛 非法報冥一之極果. 蓋依小乘見有出生入死以立難也. 今言如來 乃十號之一 謂乘如實道而來三界. 大覺 乃就德立稱 謂如來自覺覺他 覺行圓滿. 三覺已圓 故稱大覺 然此大覺 乃報身之稱. 今論通稱權敎之佛 亦是大覺 約總德也. 法身 非淸淨法身 乃權敎之佛. 五分所成之法身 謂戒定慧解脫解脫知見 此五法熏成之身也. 姓興初建 蓋指應身初現 六年苦行 於鹿野苑 初成正覺 非菩提場爲初成也.

※밑줄 친 부분의 姓은 시始의 誤字이다.

유여有餘로 인해 명칭을 정했기 때문에 먼저 과덕(果德, 증득한 과위의 공덕)을 거론해서 인행(因行, 因地修行)의 유여有餘를 드러냈다.

다른 곳에서의 유여有餘는 모두 삼승인三乘人에 근거해서 이치를 증득함이 원만하지 못하고 미혹을 끊어 버린 것이 다하지 못한 것을 말한다. (하지만) 지금 이 논論에서는 단지 중생을 이롭게 하는 불과佛果에 근거해서 유여의 인연(有餘緣)을 아직 다하지 못한 것을 말했다.

글의 뜻을 자세히 따져 보면 이는 권교權敎[54]의 34심(三十四心)[55]의 번뇌를 끊고(斷結) 성불한 과위의 호칭(果號)이다. 이는 소승에서 보는 부처님이지 법신法身과 보신報身이 그윽하게 하나인 지극한 과위(極

54 실교實敎와 상대되는 말. 일승교(화엄, 천태)는 실교, 삼승교(법상, 삼론 등)는 권교.

55 전오식前五識과 상응하는 34심소(三十四心所)를 뜻한다.

果)가 아니다. 소승의 견해에 의지해서 출생出生·입사入死[56]가 있는 것으로써 힐난을 세운 것이다.

지금 여래如來라고 말하는 것은 십호十號 가운데 하나이니, 이를테면 여실한 도(如實道)를 타고 삼계에 오셨다는 것이다.

대각大覺은 곧 덕德을 이룬 것으로 명칭을 정한 것이니, 이를테면 여래는 자각自覺·각타覺他·각행覺行이 원만하다는 것이다.

(이) 세 각(三覺)이 원만하기 때문에 '대각'이라고 칭하는데, 여기서의 대각은 바로 보신報身을 칭한다. 지금 논에서 통틀어 칭하고 있는 권교(權敎, 삼승교三乘敎)의 부처님 또한 대각이지만 (이는) 총체적으로 덕에 근거한 것이다. (여기서의) 법신法身은 청정법신淸淨法身이 아니라 권교의 부처님이니, 오분五分으로 이루어진 법신은 이를테면 계戒·정定·혜慧·해탈解脫·해탈지견解脫知見의 이 오법을 훈습熏習해서 이룬 몸이라는 것이다.

시흥초건(始興初建=大覺始興 法身初建, 대각大覺을 처음 일으키고 법신法身을 최초로 건립한 것)은 응신應身을 처음으로 드러내서 6년 고행을 하다가 녹야원에서 최초로 정각을 이룬 것을 가리키는 것이지, 보리도량에서 처음으로 이룬 것을 말하는 것이 아니다.

---

56 노자, 제50장에 다음과 같이 전한다.

出生入死 生之徒十有三 死之徒十有三. 人之生動之死地 亦十有三. 夫何故. 以其生生之厚. (이하 생략)

나오면 살고 들어가면 죽거니와, 사는 무리가 열에 셋 있고, 죽는 무리가 열에 셋 있다. 사람의 삶을 움직여서 사지로 가는 것이 또한 열에 셋 있다. 대저 무슨 까닭인가? 그 삶을 지나치게 두터이 하려 하기 때문이다. (전게서 하, p.249)

【논】

澡八解之清流 憩七覺之茂林.

(부처님께서는) 팔해(八解, 팔해탈)의 맑게 흐르는 물에 목욕을 하고 칠각(七覺, 칠각지)의 무성한 숲에서 쉬셨다.[57]

〔약주〕

此下正擧佛果已成 返彰因行也. 八解者 一內有相外現色 二內無色相外現色 三淨解脫 四空處定 五識處定 六無所有處定 七非非想處定 八滅受想定. 此八有斷惑之能 故如淸流有浣濯之用. 憩者 休息也. 七覺支 謂擇法進念定喜捨倚. 此七覺法 如來修習已圓 安逸其中 故如休息於茂林之下也. 此上言果滿 下顯因圓.

---

57 팔해탈과 칠각지의 설명은 감산의 약주로 대신한다.
나집 역, 유마경「불도품佛道品」게송에 다음과 같이 전한다.

八解之浴池　팔해탈의 연못에는
定水湛然滿　선정의 물이 맑고 가득해서
布以七淨華　칠정의 꽃을 펼쳐놓고
浴此無垢人　번뇌의 때 없는 사람이 여기서 목욕합니다.
(중략)
總持之園苑　총지의 동산과
無漏法林樹　무루법의 숲에서
覺意淨妙華　각의의 청정하고 오묘한 꽃과
解脫智慧果　해탈과 지혜의 과실이 열립니다.

※浣(빨 완): (옷을) 빨다. 세탁하다.

※濯(씻을 탁): 씻다. 빨다. 빛나다.

여기서부터는 불과佛果를 이룬 것을 정면으로 거론하고, 인행因行을 돌이켜 나타냈다.

팔해八解는 첫째 내유상외현색內有相外現色, 둘째 내무색상외현색二內無色相外現色, 셋째 정해탈淨解脫, 넷째 공처정空處定, 다섯째 식처정識處定, 여섯째 무소유처정無所有處定, 일곱째 비비상처정非非想處定, 여덟째 멸수상정滅受想定이다. 이 여덟 가지에는 미혹을 끊는 능력이 있기 때문에 마치 맑은 물에 빨래하고 씻어내는 작용이 있는 것과 같다.

쉰다(憩)는 것은 휴식休息이다.

칠각지七覺支는 택법擇法·진進·염念·정定·희喜·사捨·의倚를 말한다. 이 칠각법은 여래께서 닦고 익혀서 원만해진 다음에 그 안에서 편안하고 한가하였기 때문에 마치 무성한 숲 아래에서 휴식을 취하는 것과 같은 것이다.

이상은 불과의 원만함(果滿)을 말했고, 다음은 인지의 원만함(因圓)을 드러냈다.

【논】

積萬善於曠劫 蕩無始之遺塵.

오랜 세월 온갖 선善을 쌓아 무시이래로 남아 있던 번뇌를 (깨끗이) 씻어 버리셨다.

〔약주〕

此讚佛因行 曠大劫來 廣修萬善. 蕩 洗滌也. 無始無明煩惱 洗滌無遺.

여기서는 아주 오랜 세월 동안 온갖 선을 널리 닦은 부처님의 인행(因行, 因地修行)을 찬탄하였다.

탕蕩은 깨끗이 씻어내는 것이다. 시작 없는(=무시이래의) 무명번뇌를 남김없이 깨끗이 씻어 버린 것이다.

【논】

三明鏡於內 神光照於外.

삼명三明으로 안을 비추고 신광神光으로 밖을 비추셨다.

〔약주〕

內證三明 謂過去宿命明 未來天眼明 現在漏盡明. 由具三明 故了知三世 鑒機說法 曲盡隨宜.

※曲盡(곡진): 간곡하게 정성을 다함.

안으로 삼명三明을 증득한 것이니, 과거의 숙명명宿命明·미래의 천안명天眼明·현재의 누진명漏盡明을 말한다.

삼명을 갖춤으로 말미암아 삼세를 분명히 알고, 기(機, 중생)를 살펴 법을 설하면서 알맞도록 간곡하게 정성을 다한 것이다.

【논】

結僧那於始心 終大悲以赴難.

※赴難(부난): 위험에 처한 나라를(남을) 구하러 나가다.

시심(始心, 초발심)**에 승나**(僧那[58], 서원)**를 맺고 종국에는 대비로 난**難**을 구하러 나가셨다.**

〔약주〕

梵語僧那 此云"弘誓" 謂菩薩最初發心 先發四弘誓願. 故云"始心" 及至成佛 專以利生爲事 故云赴難. 謂捄八難也.

※'捄(구할 구)'는 '救' 자의 이체자이다.

범어인 승나僧那는 여기서는 '홍서弘誓'라고 하는데 보살이 최초로

---

58 승나승렬僧那僧涅: saṃnāha-saṃnaddha의 음사. saṃnāha는 갑옷, saṃnaddha는 입었다는 뜻. 갑옷은 서원誓願을 비유함.

발심을 해서 먼저 사홍서원四弘誓願을 일으킨 것을 말한다. 그런 까닭에 '시심始心'이라고 하였다.

그리고 성불에 이르러서는 오로지 중생을 이롭게 하는 것(利生)으로 일을 삼았기 때문에 '부난赴難'이라고 하였다. 이를테면 팔난八難을 구했다는 것이다.

【논】

仰攀玄根 俯提弱喪.

※仰攀(앙반): 자기보다 신분이 높은 사람과 교제하거나 인척 관계를 맺다.

(위로는) **현근**(玄根, 보리)**을 우러러 반연하고** (아래로는) **약상**(弱喪, 중생)[59]**을 끌어당기셨다.**

---

59 장자, 내편, 제물론에 다음과 같이 전한다.

予惡乎知說生之非惑邪 予惡乎知惡死之非弱喪而不知歸者耶. 麗之姬 艾封人之子也. 晉國之始得之也 涕泣沾襟. 及其至於王所 與王同筐床 食芻豢 而後悔其泣也. 予惡乎知夫死者不悔其始之蘄生乎.

삶을 기뻐한다는 것이 미혹迷惑이 아닌지를 내 어찌 알겠소? 죽음을 싫어한다는 것이 어려서 고향을 떠난 채 돌아갈 길을 잃은 자가 아닌지를 내 어찌 알겠소? 여희麗姬는 애艾라는 곳의 국경지기 딸인데, 진晉나라가 처음 그 여희를 가졌을 때(즉 진나라로 처음 이끌려 갈 때)는 너무 슬프게 울어서 눈물로 옷깃을 적실 정도였으나, 왕의 궁전에 이르러 왕과 잠자리를 같이 하며, 소 돼지고기 등 맛있는 음식을 먹게 되자 처음 울고불고 한 것을 후회했다 하오. (이와 마찬가지로) 저 이미 죽은 사람들도 처음에(살았을 때) 삶을 바랐던 일을 (지금) 후회하지

〔약주〕

因中上求佛果 以實智證理. 故云 "仰攀玄根" 權智化物 故日 "俯提弱喪" 言衆生沈迷 猶自幼亡家. 故云 "弱喪"

인중(因中, 因地修行中)에 위로는 불과佛果를 구하고, 이로써 진실지혜(實智)로 이치를 증득하였다. 그런 까닭에 "(위로는) 현근玄根을 우러러 반연한다"고 한 것이다.

방편지혜(權智)로 중생을 교화하기 때문에 "(아래로는) 약상(弱喪, 중생)을 끌어당긴다"고 한 것이다.

중생이 미혹에 빠진 것이 마치 어려서 집을 잃은 것과 같다. 그런 까닭에 '약상弱喪'이라고 말한 것이다.

【논】

超邁三域 獨蹈大方.

삼역(三域, 삼계)을 뛰어넘고 대방(大方, 반야, 깨달음)을 홀로 밟으셨다.

〔약주〕

三域 謂三界. 謂佛能遠超三界 高證無爲. 大方 喩所證之理. 小乘獨許悉達成佛. 故云 "獨蹈"

않는지를 내 어찌 알겠소? (전게서, pp.80~81)

삼역三域은 삼계三界를 말한다. 이를테면 부처님은 능히 삼계를 멀리 뛰어넘어 무위無爲를 높이 증득했다는 것이다.

대방大方은 증득한 이치를 비유한 것이다.

소승에서는 오직 실달(悉達, 싯다르타)의 성불만을 인정한다. 그런 까닭에 '독답(獨踏, 홀로 밟았다)'이라고 한 것이다.

【논】

啓八正之平路 坦衆庶之夷途.

팔정(도)의 평평하고 넓은 길(平路)을 열고 여러 가지 비천한 견해의 길을 평탄하게 하셨다.

〔약주〕

八正 卽八正道 謂正見正思惟等 由佛開啓衆庶. 庶 孽也 卽指諸異見外道. 夷途應作邪途 唯佛能坦之.

팔정八正은 팔정도八正道로 정견正見·정사유正思惟 등을 말하는데 부처님으로 말미암아 여러 외도를 일깨워주는 것이다.

서庶는 얼孽인데, 바로 여러 외도들의 다른 견해를 가리킨다.

이도夷途는 마땅히 사도邪途라고 해야 하는데 오직 부처님만이 평탄하게 할 수 있는 것이다.

【논】

騁六通之神驥 乘五衍之安車.

※驥(천리마 기): 천리마. 준마.

육신통(六通)으로 신령한 천리마를 달리게 하고 오연五衍의 편안한 수레를 타셨다.

〔약주〕

言佛以六通御物 如騁神駿. 五衍 梵語衍那 此云乘. 謂界內人天 出世三乘 共有五乘. 應機說法 運載衆生至無畏處. 故云“安車”

※駿(준마 준): 준마. 준걸. 빼어나다. (준기駿驥: 뛰어나게 좋은 말)
※運載(운재): (배나 수레에) 실어서 나름.

부처님께서 육신통으로 중생(物)을 다스리는 것은 마치 신령스런 준마(神駿, 천리마)를 달리게 하는 것과 같다는 것을 말한다.

오연五衍(의 연衍)은 범어로 연나衍那인데, 여기서는 승乘이라고 한다. 이를테면 (삼)계 안의 인人과 천天 그리고 출세간의 삼승(出世三乘, 성문·연각·보살)이 함께 오승五乘에 속한다는 것이다.

기(機, 중생의 근기)에 따라 법을 설하면서 중생을 무외처(無畏處, 두려움이 없는 곳)에 실어 나른다. 그런 까닭에 '안거安車'라고 한 것이다.

【논】

至能出生入死 與物推移.

※推移(추이): 일이나 형편이 차차 옮아가거나 변해 감.

능히 출생出生·입사入死에 이르러 중생과 함께 추이(推移, 변화)[60]하셨다.

〔약주〕

言如來應機利物. 有感卽現 緣盡卽滅 故云出生入死. 隨順機宜 故云推移. 楚辭 聖人與世推移 而不凝滯於物.

여래께서 근기에 따라 중생을 이롭게 하는 것(應機利物)을 말한다.

감응하면 바로 드러내고 연緣이 다하면 멸하기(有感卽現 緣盡卽滅) 때문에 '출생·입사'라고 한 것이다.

시의 적절하게 따랐기(隨順機宜) 때문에 '추이(推移, 변화)'라고 한 것이다.

『초사楚辭』[61]에 "성인은 세상과 함께 변화하면서 물物에 엉기거나 막히지 않는다"고 하였다.

---

60 『한비자韓非子』에 여세추이(與世推移, 세상의 변화에 따라 함께 변한다)라고 전한다.

61 한漢나라 때에 유향劉向이 굴원屈原·송옥宋玉 및 가의賈誼·회남소산淮南小山 등이 지은 사부辭賦를 모아서 '초사'라고 부른다. 이는 남방 문학의 대표로써 왕일王逸 이래로 여기에 주注를 단 사람이 아주 많다.

【논】

道無不洽 德無不施.

※洽(흡족할 흡): 흡족하다. 넉넉하게 하다. 적시다. 넓다. 윤택하게 하다.

도道는 윤택하게 하지 않은 것이 없고 덕德은 베풀지 않은 것이 없으셨다.

〔약주〕

一雨普潤 無不充洽. 三檀等施 物無不利.

한바탕 비를 내려 두루 윤택하게 하고, 넉넉히 채우지 않는 것이 없다. 삼단(三檀, 세 가지 보시)[62]을 평등하게 베풀어 이롭게 하지 않는 것이 없으셨다.

【논】

窮化母之始物 極玄樞之妙用.

화모化母로부터 시작된 물物을 궁구하고 현추(玄樞, 지혜)로 오묘한 작용을 지극히 하셨다.

62 재보시財布施·법보시法布施·무외보시無畏布施이다.

〔약주〕

化母 謂造化生物. 以喩因緣生法 謂一切諸法從因緣生 故云 "始物"
玄樞實智 妙用權智. 卽實之權故云 "極"

화모化母는 이를테면 조화에서 물(物. 만물)이 생겨나는 것이다.

인연으로 생한 법(因緣生法)을 비유한 것으로써 이를테면 일체제법은 인연으로 생겨났다는 것이다. 그런 까닭에 '시물(始物, 만물의 시작)'이라고 한 것이다.

현추玄樞는 실지(實智, 진실지혜)이고, 묘용妙用은 권지(權智, 방편지혜)이다. 진실에서 나아간 방편이기 때문에 '극極'이라고 한 것이다.

【논】

廓虛宇於無疆 耀薩雲於幽燭.

※無疆(무강): 얼마 또는 어디까지라고 정함이 없음. 한이 없음. 끝이 없음.
※於(어조사 어): 여기서는 "~보다 더 ~하다"는 뜻.
※燭(촛불 촉): 비치다. 비추다. 간파하다. 꿰뚫어 보다.

텅 빈 우주를 넓혀 보다 더 끝없이 하고 살운(薩雲, 일체지)으로 비춰 보다 더 그윽하게 비추셨다.

〔약주〕

昭廓心境 徹法界之量 故云 "無疆" 梵語薩雲若 此云 "一切智" 謂以一切智 照盡微塵刹土 盡見衆生心數. 故云 "幽燭"

마음과 경계를 밝고 크게 하고 법계의 한량을 꿰뚫었기 때문에 '무강(無疆, 끝이 없음)'이라고 한 것이다.

범어인 살운야薩雲若[63]는 여기서 '일체지혜(一切智)'라고 한다. (이는) 이를테면 일체지혜로 미진찰토微塵刹土를 남김없이 비추고 중생의 심수(心數, 마음 작용)를 모두 본다는 것이다. 그런 까닭에 '유촉(幽燭, 그윽하게 비췄다)'이라고 한 것이다.

【논】

將絕朕於九止 永淪太虛.

(그리고는) **구지**(九止, 九地)**에서 조짐을 끊고 영원히 태허**(太虛, 허공)**에 빠져들려 하셨다.**

〔약주〕

上言應緣益物 此言緣盡入滅. 朕謂朕兆 物始萌之微也. 九止卽九地 謂地乃佛之行履 今化緣已畢 將絕跡於化境 永淪太虛. 指無餘涅槃.

---

63 범어 sabbañāṇa(일체지一切智)의 음역. 살바야薩婆若·살운연薩云然·살벌야薩伐若·살정야薩梃若 등으로도 표기한다.

위에서는 인연 따라 중생을 이익되게 함(應緣益物)을 말했고, 여기서는 인연이 다해 입멸하는 것(緣盡入滅)을 말했다.

짐朕은 짐조(朕兆, 조짐)를 말하는데 물(物, 만물)이 처음 싹이 트는 미세함이다.

구지九止는 곧 구지九地[64]이다. 이를테면 지地는 부처님의 행리(行履, 일상의 일체행위)를 말하는데, 지금 교화의 인연(化緣)이 다해서 장차 교화의 경계에서 흔적들을 끊고 영원히 태허에 빠져들려는 것이다. (이는) 무여열반無餘涅槃을 가리키는 것이다.

【논】

而有餘緣不盡 餘迹不泯.

그런데도 다하지 못한 남은 인연이 있고, 남은 자취가 없어지지 않았다.

〔약주〕

度生之緣未盡 教道之跡未圓 故云"不泯"

중생을 제도하는 인연이 아직 다하지 않고(未盡) 교도한 자취가 굴러서

---

64 구중생거처九衆生居處·구유정거九有情居·구중생거九衆生居·구거九居라고도 한다. 욕계의 1처(인人과 천天), 색계色界의 4처(범천梵天·광음천光音天·변정천遍淨天·무상천無想天), 무색계의 4처(공무변처空無邊處·식무변처識無邊處·무소유처無所有處·비상비비상처非想非非想處)를 말한다.

다함이 없지 않았기 때문에 '불민(不泯, 없어지지 않는다)'이라고 한 것이다.

【논】

業報猶魂 聖智尚存. 此有餘涅槃也.

업보는 혼魂과 같아서 성지(聖智, 성인의 지혜)는 여전히 존재한다. 이것이 유여열반이다.

〔약주〕

按此二語 論中立難有餘涅槃 正指三藏果頭佛也 所謂同除四住 此處爲齊 若伏無明 三藏則劣 以無明未盡 異熟未空. 故云 "業報猶魂" 尙須智斷 故云 "聖智尙存" 以二皆有餘 立難以此.

이 두 말을 살폈더니 논에서 힐난한 유여열반은 바로 삼장(三藏=소승교)[65]의 과두불果頭佛[66]을 가리키는 것인데, (이는) 이른바 사주四住[67]를 동일하게 제거함은 이곳(=사교四教)과 같지만 만약 무명無明을 조

65 천태학에서 말하는 사교四教, 즉 장藏·통通·별別·원圓 가운데 장교(藏教, 소승교)를 말한다.

66 천태에서 일컫는 말로써 사교四教에서 말하는 과상果上의 부처이다. 수행을 원인으로 해서 깨우침으로 부처의 지위를 얻는 부처님을 뜻한다.

67 오주번뇌 가운데 마지막 무명주지를 제외한 네 가지를 말한다. (종본의 편註16 참조.)

복한다는 면에서 보자면 삼장(三藏, 소승교)이 하열하다[68]는 것이다.

무명이 다하지 않았기 때문에 이숙(異熟, 아뢰야식)이 아직 공하지 못하다. 그런 까닭에 '업보유혼業報猶魂'이라고 한 것이고, 여전히 모름지기 지혜로 끊어 버려야 하는 까닭에 '성지상존聖智尙存'이라고 한 것이다. 둘 다 유여有餘이기 때문에 이렇게 질문한 것이다.

【논】

經曰 "陶治塵滓 如鍊眞金 萬累都盡 而靈覺獨存"

※밑줄 친 부분의 '치治'는 '야(冶, 풀무 야)'의 誤字다.

경전에 이르기를 "번뇌(塵滓)를 녹이기를 마치 진금을 단련하듯 하고 온갖 누累를 모두 다해서 신령스런 깨달음이 홀로 존재한다"[69]고 했다.

〔약주〕

此結證有餘涅槃也. 約塵滓之言 陶應是淘 謂洗也. 冶鎔冶銷融也. 塵滓喩煩惱 如銷眞金 先去鑛垢.

※鎔冶(용야): 쇠붙이를 녹여 물건을 주조하는 일.

---

68 『천태사교의天台四敎儀』에서는 영가현각永嘉玄覺이 말한 것으로 전한다.
永嘉大師云 "同除四住此處爲齊 若伏無明三藏則劣 卽此位也"

69 정확한 경전의 출처를 알 수 없다. 감산 또한 출처를 설명하지 않는다.

여기서는 유여열반에 대한 증명을 결론 맺었다.

진재(塵滓, 번뇌)라는 말을 따르면, 도(陶, 질그릇 도) 자는 도(淘, 쌀 일 도) 자여야 하는데, 이를테면 씻는다(洗)는 것이다.

야(冶, 풀무 야)는 풀무로 쇠를 녹이고 융화하는 것이다.

진재塵滓는 번뇌를 비유한 것인데 마치 진금을 녹이려면 먼저 (광석의) 때를 제거해야 하는 것과 같은 것이다.

【논】

無餘者 謂至人教緣都訖 靈照永滅. 廓爾無朕 故曰 "無餘"

무여(無餘, 무여열반)는 이를테면 지인至人이 (중생)교화의 인연을 모두 마치고 신령스런 비춤이 영원히 없어졌다는 것이다. 텅 비어서 조짐이 없기 때문에 '무여'라고 말하는 것이다.

〔약주〕

此下言無餘涅槃也. 謂聖人由機教相扣 故現身三界 機教俱盡 故潛耀斂輝 靈照永滅. 永滅 應跡俱絶 故廓爾無朕. 如薪盡火滅 故云 "無餘"

여기서부터는 무여열반을 말했다.

이를테면 성인은 기교상고(機教相扣, 중생의 근기와 교화가 서로 부딪침)[70]함으로 말미암아 삼계에 몸을 드러내고 기교구진(機教俱盡, 중생과

---

70 기교機教는 중생의 근기와 부처님의 가르침을 가리킨다. 중생의 근기가 다르지만

교화가 모두 다함)하기 때문에 빛을 거두어 신령스런 비춤이 영원히 없어진다는 것이다.

영멸永滅은 응하는 자취가 모두 끊어졌기 때문에 확연하게 조짐이 없는 것이다. 마치 땔감이 다해 불이 꺼진 것(薪盡火滅)[71]과 같기 때문에 '무여'無餘라고 하였다.

【논】

何則. 夫大患莫若於有身 故滅身以歸無 勞勤莫先於有智. 故絕智以淪虛.

어째서 그런가? 큰 우환(大患)으로는 몸뚱이가 있는 것만한 것이 없기 때문에 몸을 멸해서 무無로 돌아가고, 힘을 들여 부지런히 일하는 것(勞勤)으로는 지혜가 있는 것보다 우선하는 것이 없기 때문에 지혜를 끊고 허虛에 빠져든다.

부처님이 근기에 따라 깊고 낮은 가르침으로 베푸는 것을 말한다(指衆生之機與佛陀之教. 謂衆生之根機各異 佛陀乃隨其機 施以深淺之教. 불광대사전).

71 법화경 방편품 게송에 전한다. (서품의 게송에서도 전한다.)

自成無上道　스스로 위없는 도를 이루고
廣度無數衆　널리 헤아릴 수 없이 많은 중생을 제도해서
入無餘涅槃　무여열반에 드시니
如薪盡火滅　마치 땔감이 다해 불이 꺼진 것과 같다.

〔약주〕

何則下 徵釋無餘之所以也. 蓋以身智爲累 故俱滅爲無. 是爲無餘 此正小乘所見也. 大患莫若於有身 老子云 "吾所以有大患者 爲吾有身 若吾無身 吾有何患" 以厭患其身 故滅身以歸無. 又云 "絶聖棄智" 謂因智以勞形 故絶智淪虛 故心逸而無累.

"어째서 그런가?" 이하에서는 무여無餘의 이유를 따져서 설명하였다.

몸과 지혜는 (열반에) 누累가 되기 때문에 모두 멸해서 없게 하는 것을 '무여無餘'라고 하는데, 이것은 바로 소승의 견해이다.

"큰 우환(大患)은 몸뚱이가 있는 것 만한 것이 없다"고 한 것은 『노자』에 이르기를 "내게 큰 우환이 있는 이유는 내 몸이 있기 때문이다. 만약 내게 몸이 없다면 내게 무슨 근심이 있으리오"[72]라고 한 것에서

---

72 노자 제13장에 다음과 같이 전한다.

寵辱若驚 貴大患若身. 何謂寵辱若驚. 寵 爲下 得之若驚 失之若驚 是謂寵辱若驚. 何謂貴大患若身. 吾所以有大患者 爲吾有身. 及吾無身 吾有何患. 故貴以身爲天下 若可寄天下. 愛以身爲天下 若可託天下.

영화와 굴욕을 놀라는 것같이 하고, 큰 근심을 귀하게 여기기를 자기 몸같이 여긴다. 영화와 굴욕을 놀라는 것같이 함은 무엇을 이르는가? 영화를 나쁜 것이라 여겨, 그것을 얻으면 놀라는 것같이 하고, 그것을 잃으면 놀라는 것같이 하니, 이것을 일러 영화와 굴욕을 놀라는 것같이 한다고 한다. 큰 근심을 귀하게 여기기를 자기 몸같이 여긴다 함은 무엇을 이르는가? 나에게 큰 근심이 있는 까닭은 나에게 몸이 있기 때문이다. 나에게 몸이 없다면 나에게 무슨 근심이 있겠는가? 그러므로 몸을 귀하게 여겨 천하를 다스린다면 천하를 맡길 수 있다. 몸을 사랑하여 천하를 다스린다면 천하를 맡길 수 있다. (전게서 상, p.283)

인용한 것으로써 몸을 걱정하고 싫어하기 때문에 몸을 멸해서 무로 돌아가는 것이다.

또 (『노자』에) 이르기를 "성스러움도 끊고 지혜도 버린다"[73]고 한 것은 이를테면 지혜로 인해 몸뚱이가 애를 쓰기 때문에 지혜를 끊고 허虛에 빠져든다는 것이고, (또한) 그런 까닭에 마음이 편안하여 누累가 없다는 것이다.

【논】

然則 智以形倦 形以智勞 輪轉修途 疲而弗已.

그런즉, 지혜는 몸뚱이 때문에 피곤하고 몸뚱이는 지혜 때문에 애를 쓰면서 윤회(輪轉)의 길이나 닦으니 피로가 그치지 않는 것이다.

〔약주〕

智則分別執取 形則根塵和合 起惑造業 故輪轉生死. 長劫不返者 身心

---

73 노자 제19장에 다음과 같이 전한다.

絶聖棄智 民利百倍. 絶仁棄義 民復孝慈. 絶巧棄利 盜賊無有. 此三者 以爲文不足 故令有所屬. 見素抱樸 少私寡欲.

성을 끊고 지혜를 버리면 백성의 이익이 백배가 더한다. 인을 끊고 의를 버리면 백성이 효도와 사랑으로 돌아간다. 기교를 끊고 이로움을 버리면 도둑이 없어질 것이다. 이 세 가지는 그로써 표현하기에 부족하니, 그러므로 속하는 바가 있게 한다. 바탕을 드러내고 소박함을 지니며, 사심을 적게 하고 욕심을 줄여야 한다. (전게서 상, p.361)

之過也.

지혜는 분별해서 집착하고 취하며, 몸뚱이는 (육)근根과 (육)진塵이 화합하여 미혹을 일으키고 업을 짓기 때문에 생사를 윤회한다. 오래도록(長劫, 영원토록) 되돌리지 못하는 것은 몸과 마음의 허물이다.

【논】

經曰 "智爲雜毒 形爲桎梏 淵默以之而遼 患難以之而起"

경전에 이르기를 "지혜는 잡독이고 몸뚱이는 질곡(桎梏, 속박)**이다. 깊은 침묵**(淵默)**은 이로써 멀어지고 환난**患難**이 이로써 일어난다"**[74]**고 하였다.**

〔약주〕

此引證智形爲累之所以也. 智卽起信六麤之智相 乃分別執取. 爲無明三毒煩惱之本 故爲雜毒. 桎梏刑器 乃形累之譬. 桎拘足 梏縛手. 形骸拘攣 亦猶是也. 謂分別情生 故與淵默之理相遠 生死苦患因之而起. 此智之過也. 故聖人釋智遺形 所以免累.

여기서는 지혜와 몸뚱이가 누累가 되는 이유를 인용해서 증명하였다.

---

74 경전의 출처를 알 수 없다. 참고로 길장吉藏의 『이제의二諦義』에서는 "智爲雜毒 形爲桎梏"을 승조의 말로 전하기도 한다.

지혜는 『기신론(起信)』의 육추六麤의 지혜의 모습(智相)[75]인데, 이는 분별해서 집착하고 취하는 것이다.

무명의 삼독(三毒, 탐·진·치)은 번뇌의 근본이 되기 때문에 '잡독雜毒'이라고 한 것이다.

질곡桎梏은 (원래) 형벌하는 도구인데 몸뚱이가 누累가 되는 것을 비유한 것이다. 질桎로 발을 구속하고, 곡梏으로 손을 결박하는 것이다. 몸뚱이(形骸)를 구속해 얽매는 것 또한 이와 같다.

이를테면 분별하는 정(情, 마음)이 생하기 때문에 깊은 침묵의 이치(淵默之理)와는 서로 멀어지게 되고 생사의 괴로움과 근심이 이로 인해 일어나는데, 이것이 지혜의 허물이다. 그런 까닭에 성인은 지혜를 내버리고 몸뚱이를 내버리는 것이고, 그래서 누累를 면할 수 있다는 것이다.

【논】

所以 至人灰身滅智 捐形絕慮. 內無機照之勤 外息大患之本

그런 까닭에 지인至人은 몸뚱이를 재로 만들어 지혜를 없애고,[76] 몸뚱이를 버려 사려를 끊어 버린다. (그리하여) 안으로는 기機를 비추는 부지런함이 없고 밖으로는 대환(大患, 사려)의 근본을 쉬는 것이다.

---

75 반야무지론의 註56 참조.

76 灰身滅智: 소승불교에서 말하는 무여열반의 경지이다.

〔약주〕

聖人因知形智之累 故灰身歸無 以損其形 滅智淪虛. 故忘緣絶慮. 由絶慮故 內無機照之勤. 勤 勞也. 由損形故 外息大患之本 身心兩忘. 所以大患永息 生死頓超.

※밑줄 친 부분의 損(덜 손)은 捐(버릴 연)으로 읽었다.

성인은 몸뚱이와 지혜의 누累를 알기 때문에, 그런 까닭에 몸을 (불살라서) 재로 만들어 무無로 돌아가고, 몸뚱이를 버림으로써 지혜를 멸하고 허虛에 빠져든다. 그런 까닭에 인연을 잊고 근심을 끊는다. 근심을 끊음으로 말미암아 안으로 기를 비추는 부지런함이 없다. 근(勤, 부지런함)은 노(勞, 힘을 씀)이다.

몸뚱이를 버림으로 말미암아 밖으로 큰 근심의 근본을 쉬고 (안으로) 몸과 마음을 모두 잊는다. 그런 까닭에 큰 근심(大患)을 영원히 쉬고 생사를 단박에 뛰어넘는 것이다.

【논】

超然與群有永分 渾爾與太虛同體

※超然(초연): 초연하다. 뛰어나다.

※渾爾(혼이)=渾然(혼연): 다른 것이 조금도 섞이지 않은 모양. 구별이나 차별 또는 결점 등이 없이 원만한 모양.

초연히 군유群有[77]와는 영원히 구분되고 혼연히 허공(太虛)과 동체가 되면

〔약주〕

形智俱亡 則生死永絶 高超三界. 故與羣有永分 心與理冥. 返一絶跡 故渾與太虛同體.

※渾(흐릴 혼): 온통. 전부. 모두 완전히.

몸뚱이와 지혜를 모두 잊으면 생사가 영원히 끊어져 삼계를 높이 뛰어넘는다. 그런 까닭에 군유(羣有=群有)와 영원히 구분되고 마음은 이치와 그윽하게 된다. 하나로 돌아가 자취를 끊어 버렸기 때문에 완전히 태허와 동체인 것이다.

【논】

寂焉無聞 怕爾無兆. 冥冥長往 莫知所之 其猶燈盡火滅 膏明俱竭. 此無餘涅槃也. 經云 "五陰永盡 譬如燈滅"

※膏(기름 고): 기름. 지방. 기름진 고기.

고요해서 (그 어떤 것도) 들리는 것이 없고 담담해서 (그 어떤) 조짐도

77 삼계의 25유를 뜻한다.

없다. 아득하고 그윽하게 멀리 떠나가서 간 곳을 모르니, 그것은 마치 등불이 다해 불이 꺼지면 기름과 밝음이 모두 다한 것과 같다. 이것이 무여열반이다.

경전에 이르기를 "오음이 영원히 다한 것은 비유하면 등불이 꺼진 것과 같다"[78]고 하였다.

〔약주〕

此結屬無餘涅槃之相也. 謂涅槃之體無聲 故寂焉無聞 無色 故怕爾無兆. 泯絶見聞 故冥冥長往 莫知所之. 之 猶往也. 形智俱泯 故如燈盡火滅 膏明俱竭 以竭盡無餘 故云"無餘涅槃" 下引經證此 乃小乘偏空涅槃也. 蓋論意折辭 皆約小乘起見故難 其答以大乘正義 故以破偏執也.

여기서는 무여열반의 상相을 결론으로 붙였다.

이를테면 열반의 체體는 소리가 없기 때문에 고요해서 들리는 것이 없고, 색(色=형상)이 없기 때문에 담담해서 조짐이 없다는 것이다. 보고 듣는 것이 완전히 없어졌기 때문에 "아득하고 그윽하게 멀리 떠나가서 간 곳을 모른다"고 하였다. '지之' 자는 왕(往, 감)과 같다.

몸뚱이와 지혜가 모두 없어졌기 때문에 마치 등불이 다해서 불이 꺼지면 기름과 밝음이 모두 다한 것과 같다. (몸뚱이와 지혜를) 다해서 남음이 없기 때문에 '무여열반'이라고 하였다.

---

78 경전의 정확한 출처는 알 수 없다. 다만 열반(泥洹)을 등불이 꺼진 것으로 비유하는 경전으로는 『불설대반니원경佛說大般泥洹經』이 있다.

다음은 경전을 인용하여 이것을 증명했는데, 이는 곧 소승의 편공(偏空, 공에 치우친) 열반이다.

(유명이) 논의 뜻을 힐난해서 말한 것은 모두 소승에 근거해서 견해를 일으켰기 때문에 힐난한 것이고 (무명은) 그것을 대승의 올바른 뜻으로 답을 했기 때문에 편집(偏執, 편공의 집착)을 타파한 것이다.

【논】

然則 有餘可以有稱 無餘可以無名. 無名立 則宗〔崇也〕虛者 欣尙於沖默 有稱生 則懷德者彌仰於聖功. 斯乃誥典之所垂文 先聖之所軌轍.

그런즉, 유여有餘는 유有로 칭하고 무여無餘는 무無로 이름할 수 있는 것이다.

무無로 명칭을 세우면 허虛를 숭상하는〔종宗=숭崇〕 사람은 충묵(沖默, 텅 빈 고요함)을 흠모하고 숭상하며, 유有로 명칭을 생하면 마음에 덕을 품은 사람은 더욱 성인의 공을 우러른다.

이것이 고전(誥典, 옛사람들이 말한 전적들)에서 베푼 문장이고 선성先聖의 궤철(軌轍, 법칙)이다.

〔약주〕

此擧益將以結難意也. 如上有餘無餘之說 則若有若無 皆可指陳. 若無名立 則使小乘崇虛者 欣然趣尙於沖默虛無之理 若有名可稱 則合

大乘懷聖德者益觀其功. 此讚述有無皆不失理. 此乃聖經誥典之垂文先聖隱顯化物之軌轍. 故下責之曰.

※指陳(지진): 설명하다. 지적하여 개진하다.

여기서는 (유여와 무여의) 이익을 거론하고, 이로써 힐난한 의도를 결론 맺으려고 하였다.

위와 같이 유여와 무여의 말씀은 유有로든 무無로든 모두 설명할 수 있다. 만약 무명無名을 세우면 소승의 허虛를 숭상하는 사람들로 하여금 기꺼이 충묵허무(沖默虛無, 텅 비어 고요하고, 텅 비어 없음)의 이치를 흠향하게 하고, 만약 유명有名을 칭할 수 있으면 대승大乘의 성덕聖德을 품은 사람들이 그 공덕을 더욱 관하는 것이 합당하게 된다. 이것은 유·무 모두 이치를 잃지 않는다는 것을 찬탄해서 서술한 것이다. (또한) 이는 곧 성경고전聖經誥典에서 전하는 문장이고, 선성先聖이 은현(隱顯, 숨었다 드러냈다)하면서 중생을 교화하는 궤철(軌轍, 법칙)인 것이다. 그런 까닭에 아래에서 (무명을) 책망해서 말하였다.

【논】

而曰 "有無絕於內 稱謂淪於外 視聽之所不曁 四空之所昏昧" 使夫懷德者自絕 宗虛者靡託. 無異杜耳目於胎殼 掩玄象於雲霄外 而責宮商之異 辯玄素之殊者也.

그런데도 말하기를 "유·무가 안에서 끊어졌고 칭위(稱謂, 명칭)가 밖에서 몰락하였으며, 보고 듣는 것으로 미칠 바가 아니니 사공(四空, 무색계 사천의 천인들)도 (여기에 이르러서는) 사리에 어둡고 깨닫지 못해 헤맬 뿐이다"[79]라고 한다면 (이는) 마음속에 덕을 품은 사람으로 하여금 자멸케 하고 허虛를 숭상하는 사람으로 하여금 의탁할 곳을 없게 하는 것이다.

(또한 이는) 귀와 눈을 태각(胎殼, 태반의 껍질) 속에 막아 버리고 현상玄象을 하늘 밖으로 가리고서 궁宮과 상商의 다름을 꾸짖고 현(玄, 검은 것)과 소(素, 흰 것)의 차이를 따지는 것과 다를 것이 없는 것이다.

〔약주〕

此指本論責其乖理也. 難者意謂若有名可稱 使懷德者有所歸 無名旣立 則令崇虛者有所託. 今如所論有無雙絶 稱謂俱喪 如此 則懷德絶分崇虛者無憑. 雖云玄妙 但非見聞之竟[80] 何異杜塞耳目於胎殼 爲生盲生聾之人. 玄象 指日月 且又掩日月之光如長夜 而責之以辯宮商之音別玄素之色者 不亦遠乎.

여기서는 본론(本論, 무명이 개종에서 한 말)을 지적해서 이치에 어긋남을 책망하였다.

힐난한 이의 뜻을 말하자면, (다음과 같다.)

만약 유명有名으로 칭할 수 있으면 마음에 덕을 품은 사람들로 하여금

---

79 무명이 앞의 개종開宗 편 말미에서 한 말이다.

80 전산 본에서는 竟(마침내 경) 자를 '境'으로 표기하고 있다.

돌아갈 바가 있고, 무명無名을 이미 세웠다면 허虛를 숭상하는 사람들로 하여금 의탁할 곳이 있다. (그런데) 가령 지금 논한 것과 같이 유와 무를 쌍으로 끊어 칭위를 모두 잃어 버렸다면, 이와 같은 것은 곧 덕을 품은 사람은 (성인의 공을 우러를) 몫(分, 명분)이 끊어지고 허를 숭상하는 사람은 기댈 것이 없게 된다는 것이다.

(또한) 비록 "현묘玄妙하다"고 하면서 단지 보고 듣는 경계가 아니라고 한다면, (이것이) 눈과 귀를 태각胎殼 속에 막아 버리고 눈멀고 귀먹은 사람이 되는 것과 무엇이 다르겠냐는 것이다.

(또한) 현상玄象은 해와 달을 가리키는데, 다시금 또 해와 달의 빛을 (겨울의) 기나긴 어두운 밤처럼 가리고서 궁과 상의 소리를 변별하고 검은색과 흰색을 구별하라고 책망하는 것이라면, 또한 멀어지지 않겠냐는 것이다.

【논】

子徒知遠推至人於有無之表 高韻絕唱於形名之外 而論旨竟莫知所歸. 幽途故自蘊而未顯. 靜思幽尋 寄懷無所 豈所謂朗大明於冥室 奏玄響於無聞者哉.

※高韻(고운): 고상하고 우아한 멋.

※絕唱(절창): 절창. 비할 데 없이 뛰어난 시문. 죽기 전의 마지막 노래.

※寄懷(기회): 생각이나 감정을 기탁하다(다른 사물에 의탁하여 말하다).

그대는 부질없이 지인至人을 유·무 밖으로 멀리 밀어내고 고상한 운치로 형상과 명칭 밖을 간절하게 노래할 줄만 알았지 논지論旨는 끝내 돌아갈 바를 몰랐다. (이는 열반의) 길이 아득해졌기 때문에 스스로 간직하고 있던 것을 드러내지 못한 것이다.

고요히 생각하고 깊이 연구해도 마음을 기탁할 것이 없는데 어찌 이른바 어두운 방에 대명大明을 밝히고 소리를 듣지 못하는 이들에게 현묘한 음향(玄響)을 연주한다고 하겠는가?

〔약주〕

此結責違理 以明無益也. 謂子言涅槃之道 超出有無稱謂之外 徒知高推聖境 逈絶形名. 而論之旨趣 畢竟莫知所歸宿 涅槃幽眇之途 自是蘊覆而未顯發. 名家謂"我靜而思之 幽而尋討之 茫然奇懷無所依託, 非所謂朗涅槃大明之道於重冥之室 使其共見 奏玄響於絶聽之地 令其共聞者哉" 謂是欲明而返暗 欲通而返塞也.

※幽眇(유묘): 정치하다. 정미하다.

여기서는 이치에 어긋남을 결론으로 책망하고, 이로써 이익이 없음을 밝혔다.

이를테면 그대가 말한 "열반의 도가 유·무의 칭위稱謂를 뛰어넘었다"는 것은 부질없이 성인의 경계(聖境)를 높이 받들면서 형상과 명칭을 멀리 끊어 버린 것만 알았다는 것이다. 그리고 논의 취지(旨趣)는 결국에는 귀착할 바를 몰랐고, 열반의 정미한(精微, 정밀하고 자세함)

길이 이로부터 감춰지고 덮여져서 드러나지 않았다는 것이다.

명가名家[81]가 "내가 고요히 생각해 보고 그윽하게 찾아봤지만 아득해서 마음을 기탁하고 의탁할 곳이 없다. (이는) 이른바 겹겹이 어두운 방에서 열반의 대명의 도를 환하게 해서 함께 보도록 하고, 듣는 것이 끊어진 자리에서 현묘한 가락을 연주해서 함께 듣도록 한 것이 아니겠는가?"[82]라고 한 것은 이를테면 밝히려고 한 것이 도리어 어두워지고 통하려고 한 것이 도리어 막히게 되었다는 것이다.

3) 위체位體

무명은 말한다. 〔無名曰.〕

유여·무여는 열반의 표면적인 명칭이며 물物에 따라 응한 가명(假名, 거짓이름)일 뿐이다. 〔有餘無餘者 蓋是涅槃之外稱 應物之假名耳.〕

하지만 칭위稱謂에 마음이 쏠리는 자는 명칭에 갇히고 기상(器象, 사물의 형상)에 뜻을 둔 자는 형상에 즐겨 빠진다. 〔而存稱謂者封名志器象 者耽形.〕

명칭은 제목題目에서 극치를 이루고 형상은 방원方圓으로 극치에 이르지만 방원으로 묘사하지 못하는 것이 있고 제목으로 전하지 못하는 것이 있다. 〔名也極於題目 形也盡於方圓 方圓有所不寫 題目有所不傳.〕

81 유명有名을 말한다.

82 바로 앞에서 유명이 한 말을 감산이 풀어서 말한 것으로 이해하였다.

(그런데) 어찌 무명(無名, 이름이 없는 것)에 이름을 붙일 수 있고 무형(無形, 형상이 없는 것)을 (형상으로) 드러낼 수 있겠는가? 〔焉可以名於無名 而形於無形者哉.〕

물은 것을 차례대로 말해 보면 유여·무여는 진실로 방편과 고요함으로 가르침을 이룬 본래의 뜻(=진심)이고, 또한 여래께서 감추기도 하고 드러내기도 한 진실한 자취라는 것인데, (이는) 단지 언어가 끊어진 현묘하고 고요함의 그윽한 이치가 아닐 뿐더러 지인至人의 환중(環中, 공空)의 오묘한 술법도 아니다. 〔難序云 有餘無餘者 信是權寂致教之本意 亦是如來隱顯之誠跡也 但未是玄寂絕言之幽致 又非至人環中之妙術耳.〕

그대는 어찌 정관正觀에 대한 말씀을 듣지 못했는가? 〔子獨不聞正觀之說歟.〕

유마힐이 말하기를 "내가 여래를 관해 보니 시작도 없고 끝도 없다. 육입六入을 넘어섰고 삼계를 벗어나서 (어떤 특정한) 방위에 있지도 않고 방위를 떠나지도 않았다. 유위有爲도 아니고 무위無爲도 아니며, 식識으로 알 수도 없고 지혜(智)로도 알 수가 없다. 말도 없고 말할 수도 없으며 마음 갈 곳도 없다. 이렇게 관하는 것을 정관正觀이라 이름하고 다르게 관하는 것은 부처를 보는 것이 아니다"고 하였다. 〔維摩詰言 "我觀如來 無始無終 六入已過 三界已出 不在方 不離方. 非有爲 非無爲 不可以識識 不可以智知. 無言無說 心行處滅 .以此觀者 乃名正觀 以他觀者 非見佛也"〕

(또한) 『방광반야경(放光)』에 이르기를 "부처님은 허공과 같아서

가는 것도 없고 오는 것도 없다. 연緣을 따라 응해서 드러나지만 (일정한) 방소(方所, 방위와 장소)가 없다"고 하였다. 〔放光云 "佛如虛空 無去無來 應緣而現 無有方所"〕

그런즉, 성인은 천하에 계시면서 적막허무(寂寞虛無, 고요하고 텅 비어 없음)하고, 집착도 없고 다툼도 없으며, 인도하면서 앞서지 않고, 느낀 뒤에 응하는 것이다. 〔然則 聖人之在天下也 寂莫虛無. 無執無競 導而弗先 感而後應.〕

비유하면 깊은 골짜기의 메아리와 밝은 거울 속의 형상과 같아서 마주해도 온 이유를 모르고 따라가도 가는 이유를 모른다. 〔譬猶幽谷之響 明鏡之像 對之弗知其所以來 隨之罔識其所以往.〕

황홀하게 있다가 황홀하게 없어지고, 움직일수록 더욱 고요하고 숨을수록 더욱 드러난다. 〔恍焉而有 惚焉而亡 動而逾寂 隱而彌彰.〕

그윽함(幽)에서 나와 그윽함(冥)으로 들어가니 변화가 무상無常하다. 〔出幽入冥 變化無常.〕

저 명칭(稱)은 응함으로 인해 일어나는 것이니 자취가 드러나면 생生이라 하고 자취가 쉬면 멸滅이라고 한다. 〔其爲稱也 因應而作 顯迹爲生 息迹爲滅.〕

생하는 것을 유여有餘라고 하고 멸하는 것을 무여無餘라고 이름한다. 〔生名有餘 滅名無餘.〕

그런즉, 유·무의 명칭은 무명(無名, 명칭이 없음)을 근본으로 하는 것이거늘 무명의 도라면 어디엔들 이름 붙이지 못하겠는가? 〔然則 有無之稱 本乎無名 無名之道 於何不名.〕

그래서 지인至人은 모난 곳에 머물면 모나고 둥근 곳에 머물면 둥글며, 천상天上에 있으면 천인天人이 되고 인간계에 처하면 인간이 되는 것이다. 〔是以至人 居方而方 止圓而圓 在天而天 處人而人.〕
무릇 천인天人도 되고 인간도 되는 것을 살펴봤지만 어찌 천인天人이나 인간이 (그렇게) 할 수 있는 것이겠는가? 〔原夫能天能人者 豈天人之所能哉.〕
정말로 천인天人도 아니고 인간도 아니기 때문에 천인天人이 될 수도 있고 인간이 될 수도 있는 것일 뿐이다. 〔果以非天非人 故能天能人耳.〕
저 보살핌(治, 교화)은 그런 까닭에 응하지만 (인위적으로) 하지 않고 인因해서 베풀지 않는 것이다. 〔其爲治也 故應而不爲 因而不施.〕
인해서 베풀지 않기 때문에 베푸는 것이 그보다 광대한 것이 없고 응하지만 (인위적으로) 하지 않기 때문에 하는 것이 그 보다 큰 것이 없다. 〔因而不施 故施莫之廣 應而不爲 故爲莫之大.〕
(또한) 하는 것이 그보다 큰 것이 없기 때문에 소성小成으로 되돌아가고, 베푸는 것이 그보다 광대한 것이 없기 때문에 무명無名으로 돌아간다. 〔爲莫之大 故乃返於小成 施莫之廣 故乃歸乎無名.〕
경전에 이르기를 "보리의 도는 헤아림으로 도모해서는 안 된다. 위없이 높아서 광대함은 (그) 끝을 알 수 없고 밑 없이 깊어서 (그) 깊음을 헤아릴 수 없다. 천지를 크게 감싸고 틈이 없는 곳에 미세하게 들어가기 때문에 도라고 한다"고 하였다. 〔經曰 "菩提之道 不可圖度. 高而無上 廣不可極 淵而無下 深不可測. 大包天地 細入無間. 故謂

之道"〕

그런즉, 열반의 도는 유·무로 얻으려 해서는 안 된다는 것이 분명하다. 〔然則 涅槃之道 不可以有無得之 明矣.〕

그런데도 미혹한 사람은 신령스런 변화를 보면 이로 인해 유有라고 하고 멸도滅度를 보고는 곧바로 무無라고 한다. 〔而惑者覩神變因謂之有 見滅度便謂之無.〕

유·무의 경계는 허망한 생각의 세계인데 어찌 현묘한 도(玄道)를 (말로) 표방하면서 성심聖心을 말하는 것이 충분할 수 있겠는가? 〔有無之境 妄想之域 豈足以標榜玄道 而語聖心者乎.〕

(나의) 생각을 말하자면 지인至人은 고요하고 담담해서 조짐이 없다. 〔意謂 至人寂怕無兆.〕

숨고 드러나는 근원이 같아서 (살아) 있지만 (진실로) 있는 것이라고 하지 않고 (죽어) 없지만 (진실로) 없는 것이라고 하지 않는다. 〔隱顯同源 存不爲有 亡不爲無.〕

어째서 그런가? 부처님께서 말씀하시길 "나는 생生도 불생不生도 없다. 비록 생하지만 생하는 것이 아니다. (나는) 형상(形)도 형상 아님(不形)도 없다. 비록 (형상으로) 드러내지만 (형상으로) 드러낸 것이 아니다"고 하셨으니, 이로써 존재하면서도 (진실로) 있지 않다는 것을 알 수 있다. 〔何則. 佛言 "吾無生不生 雖生不生 無形不形 雖形不形" 以知存不爲有.〕

(또한) 경전에 이르기를 "보살이 무진삼매無盡三昧에 들어가서 과거에 멸도하신 모든 부처님을 본다"고 하였고, 또 이르기를

"열반에 드셨지만 반열반般涅槃은 아니다"고 하였으니, 이로써 (죽어) 없지만 (진실로) 없는 것이라고 하지 않는다는 것을 알 수 있다. 〔經云 "菩薩入無盡三昧 盡見過去滅度諸佛" 又云 "入於涅槃而不般涅槃" 以知亡不爲無.〕

(죽어) 없지만 (진실로) 없는 것이 아니라고 하지 않기 때문에 비록 없지만 있는 것이고, (살아) 있지만 (진실로) 있는 것이라고 하지 않기 때문에 비록 있지만 없는 것이다. 〔亡不爲無 雖無而有 存不爲有 雖有而無.〕

비록 있지만 없는 것이기 때문에 이른바 있는 것이 아니고, 비록 없지만 있는 것이기 때문에 이른바 없는 것이 아니다. 〔雖有而無 故所謂非有 雖無而有 故所謂非無.〕

그런즉, 열반의 도는 정말로 유·무의 영역을 벗어났고, 언어와 형상의 길이 끊어진 것이 확실하다. 〔然則涅槃之道 果出有無之域 絕言象之徑 斷矣.〕

(그런데도) 그대는 말하기를 "성인은 몸뚱이가 있는 것을 근심하기 때문에 몸뚱이를 멸해 무無로 돌아간다. 부지런히 힘을 쓰는 것으로 지혜보다 앞서는 것이 없기 때문에 지혜를 끊고 허虛에 빠져든다"고 한다면 (여기에) 신령한 극치를 어기고 현묘한 뜻을 손상한 것은 없는가? 〔子乃云 "聖人患於有身 故滅身以歸無. 勞勤莫先於有智 故絕智以淪虛" 無乃乖乎神極 傷於玄旨者也.〕

경전에 이르기를 "법신은 형상 없이 물物에 응해서 드러내 보이고 반야는 앎이 없이 연緣을 만나 비춘다"고 하였다. 〔經曰 "法身無象

應物而形 般若無知 對緣而照"〕

만기(萬機, 온갖 상황)가 단박에 이르러도 마음(神)을 흔들지 못하고 온갖 어려움을 뜻밖에 마주 대해도 사려(慮, 생각)를 간섭하지 못한다. 〔萬機頓赴而不撓其神 千難殊對而不干其慮.〕

움직이는 것은 지나가는 구름과 같고 머무는 것은 곡신谷神과 같은데 어찌 이것과 저것에 마음이 있으며 움직임과 고요함에 얽매일 정情이 있겠는가? 〔動若行雲 止猶谷神 豈有心於彼此 情係於動靜者乎.〕

움직임과 고요함에 무심하고, 또한 오고 감에 형상이 없다. 〔旣無心於動靜 亦無象於去來.〕

오고 감으로 형상을 삼지 않기 때문에 기(器, 형상)로 드러내지 않는 것이 없고 움직임과 고요함으로 마음을 삼지 않기 때문에 느끼면 응하지 않는 것이 없다. 〔去來不以象 故無器而不形 動靜不以心故無感而不應.〕

그런즉, 마음은 마음이 있다(有心)고 하는 데서 나오고 형상은 형상이 있다(有象)고 하는 데서 나오는 것이다. 〔然則 心生於有心象出於有象.〕

형상은 나(我)에게서 나오는 것이 아니기 때문에 쇳덩이가 (녹아) 흘러도 타지 않고 마음은 나에게서 나오는 것이 아니기 때문에 매일 써도 움직이지 않는다. 〔象非我出 故金石流而不燋 心非我生 故日用而不動.〕

번잡하고 어지러운 것은 저것으로(=상대로) 말미암거늘 나를 어찌

하겠는가? 〔紜紜自彼 於我何爲.〕

그런 까닭에 지혜가 만물에 두루해도 수고롭지 않고 형상이 팔극(八極, 온 세상)에 가득해도 근심이 없는 것이다. 〔所以 智周萬物而不勞 形充八極而無患.〕

더해도 가득할 수 없고 덜어도 이지러질 수 없거늘 어찌 다시 길거리에서 염병에 걸리고, 목숨이 사라쌍수에서 다하며, 신령스러움이 천관天棺에서 다하고, 몸이 횃불로 불살라 없어졌겠는가? 〔益不可盈 損不可虧 寧復痾癘中逵 壽極雙樹 靈竭天棺 體盡焚燎者哉.〕

그런데도 미혹한 사람들은 보고 듣는 경계에 머물면서 달리 응한 흔적을 찾는다. 〔而惑者居見聞之境 尋殊應之迹.〕

규구(規矩, 규구준승規矩準繩)를 들고 대방(大方, 반야)을 헤아리는 것은 지혜로 지인至人을 수고롭게 하고 형상으로 대성大聖을 근심스럽게 하려는 것이다. 〔秉執規矩而擬大方 欲以智勞至人 形患大聖.〕

유를 버리고 무에 들어간다고 말하면서 이로 인해 이름을 붙인다면 어찌 귀로 듣는 것 밖에서 미언微言을 캐고 허양(虛壤, 텅 빈 땅)에서 현근玄根을 뽑는 것이겠는가? 〔謂捨有入無 因以名之 豈謂採微言於聽表 拔玄根於虛壤者哉.〕

〔약주〕[83]

位 猶安也 亦立也. 因有名覈體 寄懷無所. 故無名答以位之 發明聖人

83 위체位體에 대한 개괄적인 설명이다.

非出生入死. 而稱有餘無餘 蓋法身隨緣隱顯以答之.

위位는 안(安, 둔다)과 같으며, 또한 립(立, 확립하다)이기도 하다.

유명有名이 (열반의) 체體를 자세히 살폈지만 마음을 의탁할 곳이 없었다. 그런 까닭에 무명無名이 답을 해서 (마음을 의탁할 곳을) 확립하게 하고, 성인은 출생出生·입사入死하는 것이 아님을 밝혔다. 그리고 유여有餘와 무여無餘로 칭한 것은 법신이 인연 따라 숨기도 하고 드러나기도 하는 것(隨緣隱顯)으로써 답을 하였다.

【논】

無名曰. 〔據難以答〕 **有餘無餘者 蓋是涅槃之外稱 應物之假名耳.**

무명은 말한다. 〔힐난한 것에 근거해서 답을 하였다.〕

유여·무여는 열반의 표면적인 명칭이며 물物에 따라 응한 가명(假名, 거짓이름)**일 뿐이다.**

〔약주〕

由前難云 "涅槃乃神道之妙稱 返本之眞名" 故今答意直以應物之假名以破之 卽此一言 盡祛其迷.

앞에서 (유명이) 힐난해서 말하기를 "열반은 신령스런 도의 오묘한 명칭이며 근본으로 되돌아가는 진실한 이름이다"[84]라고 한 것으로 말미암았다. 그런 까닭에 지금 답한 의도는 바로 물物에 따라 응하는 가명일 뿐이라고 하는 것으로써 (유명의 힐난을) 타파하려는 것이었고, 바로 이 한마디 말로 (유명의) 미혹함을 모두 떨쳐버렸다.

【논】

而存稱謂者封名 志器象 者耽形. 名也極於題目 形也盡於方圓 方圓有所不寫 題目有所不傳. 焉可以名於無名 而形於無形者哉.

하지만 칭위稱謂에 마음이 쏠리는 자는 명칭에 갇히고 기상(器象, 사물의 형상)에 뜻을 둔 자는 형상에 즐겨 빠진다.

명칭은 제목題目에서 극치를 이루고 형상은 방원方圓으로 극치에 이르지만 방원으로 묘사하지 못하는 것이 있고 제목으로 전하지 못하는 것이 있다. (그런데) 어찌 무명(無名, 이름이 없는 것)에 이름을 붙일 수 있고 무형(無形, 형상이 없는 것)을 (형상으로) 드러낼 수 있겠는가?

〔약주〕

此破難者妄執之情也. 稱謂名也 形乃相也. 然名相乃依他緣起 爲徧計所執 若封名志相 蓋徧計之執未忘. 故名不能超題目之虛稱 形不能出方圓之假象. 若了依他性假 則徧計體空. 而圓成實性 離名離相 則

84 유명이 핵체의 서두에서 한 말은 "經稱有餘涅槃無餘涅槃者 蓋是返本之眞名神道之妙稱者也"이다.

形有所不能顯 名有所不能傳. 是爲超情離見 非常情之境. 無形無名之道 安可以形名求之哉 涅槃無名之義 於是乎顯矣.

여기서는 힐난자(=유명)의 허망하게 집착하는 정情을 타파하였다.

칭위稱謂는 명(名, 이름)이고 형形은 상相이다.

명과 상은 의타연기依他緣起하는 것이고 변계소집徧計所執하는 것이지만[85] 만약 명칭에 갇히고 상에 뜻을 둔다면 (이는) 변계소집의 집착을 잊지 못한 것이다. 그런 까닭에 명칭은 제목의 허구적인 칭호를 뛰어넘을 수 없고 형상은 방원의 허구적인 형상(假象)을 벗어날 수 없다.

(하지만) 만약 의타성依他性이 거짓(假)임을 알면 변계소집의 체體는 공하게 된다. 그리고 원성실성圓成實性으로 명을 떠나고 상을 떠나면(離名離相) 형상으로 능히 드러낼 수 없는 것이 있고 명칭으로 전할 수 없는 것이 있게 된다. 이를 초정이견(超情離見, 정을 뛰어넘고 견해를 떠난 것)이라고 하는데, (이는) 상정의 경계(常情之境, 범부의 일반적인 생각의 경계)가 아니다.

형상도 없고 이름도 없는 도를 어찌 형상과 명칭으로 구할 수 있겠는가? 열반무명涅槃無名의 뜻이 여기서 드러났다.

---

85 삼성三性: 의식에 형성되어 있는 현상의 세 가지 성질.

①의타기성依他起性: 온갖 분별을 잇달아 일으키는 인식 작용.

②변계소집성遍計所執性: 온갖 분별로써 마음속으로 지어낸 허구적인 대상. 온갖 분별로 채색된 허구적인 차별상.

③원성실성圓成實性: 분별과 망상이 소멸된 상태에서 드러나는, 있는 그대로의 청정한 모습. (시공 불교사전)

【논】

難序云 有餘無餘者 信是權寂致〔立也〕敎之本意 亦是如來隱顯之誠跡也〔上縱下奪〕但未是玄寂絕言之幽致 又非至人環中之妙術〔道也〕耳.〔言但是聖人應化隱顯之跡 非返一絶跡之道也〕子獨不聞正觀之說歟. 維摩詰言 "我觀如來 無始無終 六入已過 三界已出 不在方 不離方. 非有爲 非無爲 不可以識識 不可以智知. 無言無說 心行處滅 以此觀者 乃名正觀 以他觀者 非見佛也"

물은 것을 차례대로 말해 보면 유여·무여는 진실로 방편과 고요함으로 가르침을 이룬〔=확립한〕 본래의 뜻(=진심)이고, 또한 여래께서 감추기도 하고 드러내기도 한 진실한 자취라는 것인데,〔위에서는 (유명의 말을 그대로) 늘어놓고, 아래에서는 부정하였다.〕 (이는) 단지 언어가 끊어진 현묘하고 고요함의 그윽한 이치가 아닐 뿐더러 지인至人의 환중(環中, 공空)의 오묘한 술법〔=도道〕도 아니다.〔단지 성인이 마땅히 교화하면서 감추기도 하고 드러내기도 하는 자취일 뿐이지 하나로 돌아가 자취가 끊어진 도(返一絶跡之道)는 아님을 말했다.〕

그대는 어찌[86] 정관正觀에 대한 말씀을 듣지 못했는가?

유마힐이 말하기를 "내가 여래를 관해 보니 시작도 없고 끝도 없다. 육입六入을 넘어섰고 삼계를 벗어나서 (어떤 특정한) 방위에 있지도 않고 방위를 떠나지도 않았다. 유위有爲도 아니고 무위無爲도 아니며,

86 독獨은 '어찌'로 읽었다.

식識으로 알 수도 없고 지혜(智)로도 알 수가 없다. 말도 없고 말할 수도 없으며 마음 갈 곳도 없다. 이렇게 관하는 것을 정관正觀이라 이름하고 다르게 관하는 것은 부처를 보는 것이 아니다"[87]고 하였다.

〔약주〕

此正示如來法身眞如實際 超三世 離根量 出三界 徧一切處而無方所. 不屬有無分別 非思議之境 豈可以有餘無餘假名稱謂 可盡其量哉.

여기서는 진여실제眞如實際인 여래법신如來法身은 삼세를 뛰어넘고 근량(根量, 육근으로 헤아리는 것)을 떠났으며 삼계를 벗어나 일체처에 두루하면서도 방소가 없다는 것을 정면으로 보였다.

(진여실제인 여래법신은) 유·무로 분별하는 것에도 속하지 않고 사의思議의 대상도 아닌데, 어찌 유여·무여의 가명으로 칭할 수 있으며, 어찌 다 헤아릴 수 있겠는가?

【논】

放光云 "佛如虛空 無去無來 應緣而現 無有方所"[88]

(또한) 『방광반야경』에 이르기를 "부처님은 허공과 같아서 가는 것도

87 나집 역, 유마경 「견아촉불품」의 내용을 요약한 것이다.

88 전산 본, 『조론약주』에서는 이 부분을 약주로 전하는데, 오기인 듯해서 바로 잡았다(조론 원본에는 이 부분 또한 포함되어 있다).

없고 오는 것도 없다. 연緣을 따라 응해서 드러나지만 (일정한) **방소**(方所, 방위와 장소)**가 없다"**[89]**고 하였다.**

〔**약주**〕

引證上義以顯自性涅槃也. 經云 "佛眞法身 猶若虛空. 應物現形 如水中月" 故云 "應緣而現 無有方所"

위의 뜻을 (경전에서) 인용하여 증명하고, 이로써 자성열반自性涅槃을 드러냈다.

경전에 이르기를 "부처님의 진실한 법신은 마치 허공과 같다. 중생을 따라 응하면서 형상을 드러내니 마치 물속의 달과 같다"[90]고 하였다. 그런 까닭에 "연緣을 따라 응해서 드러나지만 방소가 없다(應緣而現 無有方所)"고 한 것이다.

---

89 상기 경전에서는 문장 그대로 전하는 것이 없다.

90 담무참(曇無讖, 385~433)이 번역한 『금광명경金光明經』 제2권, 「사천왕품四天王品」에서 사천왕이 게송으로 찬탄한 일부분이다.
佛月淸淨 滿足莊嚴 佛日暉曜 放千光明 如來面目 最上明淨 齒白無垢 如蓮華根 功德無量 猶如大海 智淵無邊 法水具足 百千三昧 無有缺減 足下平滿 千輻相現 足指網縵 猶如鵝王 光明晃耀 如寶山王 微妙淸淨 如鍊眞金 所有福德 不可思議 佛功德山 我今敬禮 佛眞法身 猶如虛空 應物現形 如水中月 無有障礙 如焰如化 是故我今 稽首佛月 (번역 생략)

【논】

然則 聖人之在天下也 寂莫虛無 無執無競 導而弗先 感而後應.

※밑줄 친 부분의 寂莫은 '寂寞'으로 바로잡아 번역하였다(아래 감산의 주해를 따랐다).

그런즉, 성인은 천하에 계시면서 적막허무(寂寞虛無, 고요하고 텅 비어 없음)**하고, 집착도 없고 다툼도 없으며, 인도하면서 앞서지 않고, 느낀 뒤에 응하는 것이다**(感而後應).[91]

〔약주〕

此承上經義以明無住涅槃也. 以法身徧在一切處 一切衆生及國土 故云 "之在天下" 三世悉在無有餘 亦無形相而可得 故云 "寂寞虛無" 競諍也. "有諍說生死 無諍說涅槃 生死及涅槃 二俱不可得" 故云 "無執無競" 此言眞身也 導而弗先等 言應身隨緣也 寂然不動 故導不能先 感而遂通天下之故 故云 "感而後應"

여기서는 위의 경전의 뜻을 받아들이고, 이로써 무주열반無住涅槃을 밝혔다.

법신은 일체처와 일체중생과 국토에 두루 계시기 때문에 "(성인은)

---

91 감응에는 두 가지 뜻이 있다. 첫째는 어떤 느낌을 받아 마음이 따라 움직이는 것이고, 둘째는 믿거나 바라는 것이 통하는 것이다.

천하에 계신다"고 하였으며, 삼세에 모두 남음(有餘)이 없이 계시면서 또한 형상으로도 얻을 수 없기 때문에 '적막허무寂寞虛無'라고 하였다.

경競은 쟁(諍, 언쟁)이다. (경전에 이르기를) "다툼이 있으면 생사라 말하고 다툼이 없으면 열반이라 말하지만, 생사와 열반은 둘 다 얻을 수 없다."[92](고 하였다.) 그런 까닭에 "집착도 없고 다툼도 없다"고 한 것이니, 이것은 진신眞身을 말한 것이다.

"인도하면서 앞서지 않는다"는 것은 연을 따르는 응신하는 것(應身隨緣)을 말한다. 고요해서 움직이지 않기 때문에 인도하면서도 앞서지 않는 것이고(導而弗先), 감응하면 천하에 통하기 때문에 "느낀 뒤에 응한다(感而後應)"고 한 것이다.

【논】

譬猶幽谷之響 明鏡之像 對之弗知其所以來 隨之罔識其所以往. 恍焉而有 惚焉而亡 〔此釋鏡像喩〕 動而逾寂 隱而彌彰. 出幽入冥 變化無常.

비유하면 깊은 골짜기의 메아리와 밝은 거울 속의 형상과 같아서 마주해도 온 이유를 모르고 따라가도 가는 이유를 모른다.

---

92 화엄경, 「수미정상게찬품須彌頂上偈讚品」에 전하는 게송의 일부이다.
此人無慧眼 不能得見佛 於無量劫中 流轉生死海 <u>有諍說生死 無諍卽涅槃 生死及涅槃 二俱不可得</u> 若逐假名字 取着此二法 此人不如實 不知聖妙道 (이하 중략, 번역 생략)

황홀하게 있다가 황홀하게 없어지고, 〔여기서는 거울에 비친 형상의 비유로 설명하였다.〕 **움직일수록 더욱 고요하고 숨을수록 더욱 드러난다. 그윽함(幽)에서 나와 그윽함(冥)으로 들어가니 변화가 무상無常하다.**

〔약주〕

此正喩顯無住義也. 谷鏡 喩法身虛明湛寂之體. 臨照呼聲 喩感應之機 像喩現身 響喩說法. 不知所以來 不住有餘也 不識所以往 不住無餘也. 其猶月映于江 隨方各應 而本體湛然 故云"動而逾寂" 風吹萬竅 羣響並作 而谷體愈虛 故云"隱而彌彰" 此所以出有入無 幽冥莫測 變化無常. 以此名爲無住涅槃也.

여기서는 정면으로 무주無住의 뜻을 비유로 드러냈다.

골짜기와 거울은 법신法身의 허명잠적(虛明湛寂, 텅 비고 밝으며, 맑고 고요함) 한 체體를 비유하였다. (마주) 대해서 비추고 (응해서) 부르는 소리는 감응하는 기(感應之機)를 비유한 것이고, 형상은 몸을 드러내는 것을 비유한 것이며, 메아리는 법을 설하는 것을 비유한 것이다.

"오는 이유를 모른다"는 것은 유여有餘에도 머물지 않는다는 것이고, "가는 이유를 모른다"는 것은 무여無餘에도 머물지 않는다는 것이다. 그것은 마치 달이 강에 비춰 방위를 따라 각기 응하지만 본체는 잠연湛然한 것과 같기 때문에 "움직일수록 더욱 고요하다"고 한 것이다.

온갖 구멍에 바람을 불어넣으면 온갖 메아리가 아울러 일어나지만 계곡 자체는 더욱 텅 비었기 때문에 "숨을수록 더욱 드러난다"고 한 것이다.

이것이 있음에서 나오고 없음으로 들어가는(出有入無) 이유이니 그윽해서 헤아릴 수 없고 변화가 무상한 것이다. 이로써 무주열반無住涅槃이라고 한다.

【논】

其爲稱也〔有餘無餘之名〕因應而作 顯迹爲生 息迹爲滅. 生名有餘 滅名無餘.

저 명칭〔=유여와 무여의 명칭〕은 응함으로 인해 일어나는 것이니 자취가 드러나면 생生이라 하고 자취가 쉬면 멸滅이라고 한다. 생하는 것을 유여有餘라고 하고 멸하는 것을 무여無餘라고 이름 한다.

〔약주〕

此釋有無之稱 乃應物之假名耳 故云 "因應而作" 但顯化爲生 生名有餘 緣息爲滅 滅名無餘.

여기서는 유·무의 명칭이 물物에 따라 응하는 가명假名일 뿐이라는 것을 설명했기 때문에 "응함으로 인해 일어난다"고 한 것이다.

다만 드러내서 교화하는 것(顯化)을 생生이라 하고 생을 유여有餘라고 하며, 연이 쉬는 것(緣息)을 멸滅이라고 하고 멸을 무여無餘라고 하는 것이다.

【논】

然則 有無之稱 本乎無名 無名之道 於何不名.

그런즉, 유·무의 명칭은 무명(無名, 명칭이 없음)을 근본으로 하는 것이거늘 무명의 도를 어디엔들 이름 붙이지 못하겠는가?

〔약주〕

有無乃應物之跡 無名爲本. 是則名出於無名 從本垂迹 何所不名哉. 但不可執跡以昧其本耳.

유·무는 물物에 따라 응하는 자취이고 무명無名을 근본으로 한다. 이것은 바로 명칭이 무명에서 나온 것이고 본래부터(=무명을 근본으로 한 것에서) 자취를 드리운 것이니 어느 곳인들 이름을 붙이지 못하겠는가? 다만 자취에 집착해서 그 근본을 어둡게 해서는 안 될 뿐이다.

【논】

是以至人 居方而方 止圓而圓 在天而天 處人而人. 原夫能天能人者 豈天人之所能哉. 果以非天非人 故能天能人耳.

그래서 지인至人은 모난 곳에 거하면 모나고 둥근 곳에 머물면 둥글며, 천상天上에 있으면 천인天人이 되고 인간계에 처하면 인간이 되는 것이다.

무릇 천인도 되고 인간도 되는 것을 살펴봤지만 어찌 천인天人이나 인간이 (그렇게) 할 수 있는 것이겠는가? 정말로 천인天人도 아니고 인간도 아니기 때문에 천인도 될 수 있고 인간도 될 수 있을 따름이다.

〔약주〕

言聖人安住無名法身之體 而應用無方 無刹不現. 豈天人所能哉 由其超出人天 故能天能人耳.

성인은 무명법신無名法身의 체에 안주하면서도 응하고 작용함에 (정해진) 방위가 없고 드러나지 않는 세계가 없다는 것을 말했다.

"어찌 천인이나 인간이 할 수 있는 것이겠냐?"는 것은 인간과 천인을 뛰어넘음으로 말미암아 천인도 될 수 있고 인간도 될 수 있다는 것이다.

【논】

其爲治〔化也〕也 故應而不爲 因而不施.〔作也〕因而不施 故施莫之廣 應而不爲 故爲莫之大.

저 보살핌〔=교화〕은 그런 까닭에 응하지만 (인위적으로) 하지 않고 인因해서 베풀지〔=작위하지〕 않는 것이다. 인해서 베풀지 않기 때문에 베푸는 것이 그보다 광대한 것이 없고 응하지만 (인위적으로) 하지 않기 때문에 하는 것이 그보다 큰 것이 없다.

〔약주〕

此言卽實之權. 故其用廣大也. 治爲敎化衆生. 以待感而應 故不强爲因機說法. 待扣而說 故但因之 而無施作. 以作則有心也 以無心而施故大地齊扣 一時普應. 故莫之大 以不爲而應 故十方徧感 一身普應故莫之廣 此所爲其用廣大也.

여기서는 진실에서 방편으로 나아간 것을 말했다. 그런 까닭에 (방편의) 작용이 광대한 것이다.

치治는 중생을 교화하는 것이다. 느끼면 응하는 것이기 때문에 억지로 하는 것이 아니고 기(機, 중생)로 인因해 법을 설하는 것이다. (또한) 물으면 설하기 때문에 다만 (중생으로) 인因하되 작위해서 베푸는 것(施作)이 없는 것이다.

작위 함으로써 마음이 있게 되지만 무심으로 베풀기 때문에 (온) 대지에서 일제히 물어도 한꺼번에 두루 응하는 것이다. 그런 까닭에 그보다 광대함이 없고 (작위)하지 않으면서 응하기 때문에 시방에 두루 감응하는 것이다. 한 몸으로 두루 응하기 때문에 그보다 광대함이 없다. 이것이 그 작용의 광대한 까닭이다.

【논】

爲莫之大 故乃返於小成 施莫之廣 故乃歸乎無名.

(또한) 하는 것이 그보다 큰 것이 없기 때문에 소성小成으로 되돌아가

고 베푸는 것이 그보다 광대한 것이 없기 때문에 무명無名으로 돌아간다.

〔약주〕

此言卽權之實 以顯體微也. 小成語出莊子 道隱於小成. 彼言大道在人 而所成者自小耳. 此言小成 謂返一絶跡也. 謂以無爲而爲 故大而絶跡 無心而作 故廣而無名. 由卽權以顯實 故不可以有無之名求之耳.

여기서는 방편에서 진실로 나아간 것을 말하고, 이로써 체의 미묘함(體微)을 드러냈다.

소성小成이라는 말은 『장자莊子』에 나오는데 "도는 소성(小成, 작은 성취)에 숨는다"[93]고 하였다. 그것은 대도가 사람에게 있으면 이루는

---

93 내편, 제물론에 다음과 같이 전한다.

道惡乎隱而有眞僞 言惡乎隱而有是非. 道惡乎往而不存 言惡乎存而不可. 道隱於小成 言隱於榮華. 故有儒墨之是非 以是其所非而非其所是. 欲是其所非而非其所是 則莫若以明.

도는 (본래 상대적인 진실과 허위 따위를 초월한 것인데) 어디에 가려진 채 진실과 허위가 나올까. 말은 (본래 소박한 것인데) 어디에 가려진 채 시비가 나올까. 참된 도는 어디에나 다 있고, 소박한 말은 어디서나 받아들여진다. (그런데) 그 도는 (인위적인) 잔재주에 가려지고, 말은 화려한 수식 속에 파묻힌다. 그러므로 유가儒家와 묵가墨家의 시비가 벌어져서 상대가 나쁘다는 것을 좋다고 하고, 상대가 좋다고 하는 것을 나쁘다고 한다. 상대가 나쁘다는 것을 좋다, 상대가 좋다는 것을 나쁘다 하려면, (실은 그러한 시비를 초월한) 명지明智의 처지에 서느니만 못하다. (전게서, pp.57~58)

것이 작다는 것을 말한다.

(하지만) 여기서 말하는 소성小成은 하나로 돌아가 자취가 끊어진 것(返一絶跡)을 말한다. 이를테면 무위無爲로 하기 때문에 커서 자취가 끊어진 것이며 무심無心으로 짓기 때문에 광대해서 이름할 것이 없다는 것이다.

방편에서 나아가 진실을 드러내기 때문에 유·무의 명칭으로 구해서는 안 되는 것이다.

【논】

經曰 "菩提之道 不可圖度. 高而無上 廣不可極 淵而無下 深不可測. 大包天地 細入無間 故謂之道" 然則 涅槃之道 不可以有無得之 明矣.

경전에 이르기를 "보리의 도는 헤아림으로 도모해서는 안 된다. 위없이 높아서 광대함은 (그) 끝을 알 수 없고 밑 없이 깊어서 (그) 깊음을 헤아릴 수 없다. 천지를 크게 감싸고 틈이 없는 곳에 미세하게 들어가기 때문에 도라고 한다"[94]고 하였다. 그런즉, 열반의 도는 유·무로 얻으려 해서는 안 된다는 것이 분명하다.

〔약주〕

此引證用廣體微之義也. 經乃太子本起瑞應經. 謂菩提之道 其體微

94 전체 문장의 출처는 알 수 없다. 다만 高而無上~細入無間은 『수행본기경修行本起經』 하권, 『불설태자서응본기경佛說太子瑞應本起經』 하권 등에 전한다.

妙 非言思境 故不可圖度. 其用廣大 故極上極下而不可測 然雖包天地 而細入無間 故極廣大而盡精微. 以此而推 則涅槃之道 不可以有無之 跡而得之者 明矣.

여기서는 (방편의) 작용은 광대하지만 (진실의) 체는 미묘하다(用廣體微)는 뜻을 인용해 증명하였다.

(인용한) 경전은 『태자본기서응경太子本起瑞應經』[95]이다.

이를테면 보리의 도는 그 체가 미묘해서 말로 경계를 생각할 수 있는 것이 아니기 때문에 헤아림으로 도모할 수 없다. (또한) 그 작용은 광대하기 때문에 가장 높고 가장 낮은 것(極上極下)을 헤아릴 수가 없다. 비록 천지를 감싸지만 틈이 없는 곳(無間)에 미세하게 들어가기 때문에 지극히 광대하면서도 정미함을 다한다는 것이다.

이로써 추론해 보건대 열반의 도는 유·무의 자취로 얻을 수 없다는 것이 분명하다.

【논】

而惑者覩神變因謂之有 見滅度便謂之無. 有無之境 妄想之域 豈足以標榜玄道 而語聖心者乎.

※足以(족이): 충분히 ~할 수 있다. ~하기에 족하다.

---

95 불설태자서응본기경의 다른 이름.

그런데도 미혹한 사람은 신령스런 변화를 보면 이로 인해 유有라고 하고 멸도滅度를 보고는 곧바로 무無라고 한다.

유·무의 경계는 허망한 생각의 세계인데 어찌 현묘한 도(玄道)를 (말로) 표방하면서 성심聖心을 말하는 것이 충분할 수 있겠는가?

〔약주〕

此解惑責迷也. 由上言極槃之道體用微妙 不可以有無得之 故此責其惑者不達. 覩其神變卽謂之有 見滅度卽謂之無 故說有餘可以有稱 無餘可以無名 殊不知有無之境 乃妄想之域. 豈足標示涅槃之妙道 而語聖心者乎 其實法身體中 有無雙絶.

여기서는 미혹을 풀어 어리석음을 책망하였다.

위에서 말한 "지극한 열반의 도는 체와 용이 미묘해서 유·무로 얻으려 해서는 안 된다"[96]는 것으로 말미암아 여기서는 그 미혹한 자가 통달하지 못한 것을 책망하였다.

신통변화를 보면 있다고 말하고 멸도를 보면 없다고 말하기 때문에 유여는 유有로 칭할 수 있고 무여는 무無로 이름할 수 있다고 말하는 것은 유·무의 경계가 망상의 영역이라는 것을 전혀 모르는 것이다. (그런데) 어찌 열반의 묘도를 드러내 보이고 성인의 마음을 말하는 것이 충분할 수 있겠는가? 사실 법신의 체(法身體) 안에는 유·무가 쌍으로 끊어졌다.

---

96 감산이 요약 정리한 것이다.

【논】

意謂 至人寂怕無兆. 隱顯同源 存不爲有 亡不爲無.

(나의) 생각을 말하자면 지인至人은 고요하고 담담해서 조짐이 없다. 숨고 드러나는 근원이 같아서 (살아) 있지만 있는 것이라고 하지 않고 (죽어) 없지만 없는 것이라고 하지 않는다.

〔약주〕

此示法身極證 將解惑者之迷也. 謂法身寂滅無爲 不墮諸數. 故寂怕無兆 隱顯同源. 眞應不二 故雖生而不生 故存不爲有. 雖滅而不滅 故亡不爲無.

여기서는 증득을 다한 법신法身을 제시해서 장차 미혹한 사람의 어리석음을 풀어주려고 하였다.

(이는) 이를테면 법신은 적멸무위寂滅無爲해서 제수諸數에 떨어지지 않는다[97]는 것이다. 그런 까닭에 고요하고 담담해서 조짐이 없고

---

97 유마경 제자품에 다음과 같이 전한다.

佛身無爲 不墮諸數.

부처님의 몸은 함이 없어 온갖 수에 떨어지지 않는다.

제수諸數: 수는 법수이다. 유위의 제법은 갖가지 차별의 수가 있기 때문에 제수諸數라고 이름한다(數者法數也 有爲之諸法 有種種差別之數 故名諸數., 불학대사전).

숨고 드러나는 근원이 같은 것이다.

진신(=법신)과 응신이 둘이 아니기 때문에 비록 생겨나도 생겨나는 것이 아니다. 그런 까닭에 (살아) 있지만 있는 것이라고 하지 않고, 비록 멸해도 멸하는 것이 아니기 때문에 (죽어) 없지만 없는 것이라고 하지 않는 것이다.

【논】

何則.〔徵釋上二義〕佛言 "吾無生不生 雖生不生 無形不形 雖形不形" 以知存不爲有.

어째서 그런가?〔위의 두 뜻을 따져가며 설명하였다.〕

부처님께서 말씀하시길 "나는 생生도 불생不生도 없다. 비록 생하지만 생하는 것이 아니다. (나는) 형상(形)도 형상 아님(不形)도 없다. 비록 (형상으로) 드러내지만 (형상으로) 드러낸 것이 아니다"[98]고 하셨으니, 이로써 존재하면서도 (진실로) 있지 않다는 것을 알 수 있다.

〔약주〕

此引證存不爲有也. 佛言者 乃義引般若涅槃經語. 言無生不生者 謂無一衆生之類而不示生也 無形不形者 謂無一類之形而不受也. 不唯人天六道 乃至異類鬼神 總之四生一十二類 無處不入也. 此乃法身普

98 경전의 정확한 출처는 알 수 없다.

應 其體湛然不動. 故雖生而不生 雖形而不形. 所以存不爲有也.

여기서는 존재하면서도 (진실로) 있지 않다(存不爲有)는 것을 (경전을) 인용해 증명하였다.

부처님께서 말씀하셨다(佛言)는 것은 『반야경』과 『열반경』의 말씀에서 뜻을 인용했다는 것이다.

"생生도 불생不生도 없다"고 말한 것은 이를테면 (그 어떤) 한 중생의 부류도 (나의) 생을 보이지(示生) 않는 것이 없다는 것이고, "형상도 형상 아님도 없다"는 것은 어떤 종류의 형태도 (나의 모습을) 받아들이지 않는 것이 없다는 것이다.

다만 인간·천상의 육도뿐만 아니라 이류異類의 귀신들에 이르기까지 모두 사생·십이류에 들어가지 않는 곳이 없다. 이것이 법신으로 두루 응하면서 그 체가 잠연해서 움직이지 않는 것이다. 그런 까닭에 생하지만 생하는 것이 아니고(生而不生) 형상을 드러내지만 형상으로 드러내지 않는 것이다(形而不形). 그래서 있지만 있는 것이 아니다(存不爲有).

【논】

經云 "菩薩入無盡三昧 盡見過去滅度諸佛" 又云 "入於涅槃而不般涅槃" 以知亡不爲無.

(또한) 경전에 이르기를 "보살이 무진삼매無盡三昧에 들어가서 과거에

멸도하신 모든 부처님을 본다"고 하였고, 또 이르기를 "열반에 드셨지만 반열반般涅槃은 아니다"[99]고 하였으니, 이로써 (죽어) 없지만 (진실로) 없는 것이라고 하지 않는다는 것을 알 수 있다.

〔약주〕

此引證亡不爲無也. 經乃普華嚴經 卽安住長者成就法門名不滅度 所得三昧名無盡佛性 唐釋名佛種無盡. 三昧 此云 "正思" 亦云 "正受" 無盡者 以佛性無盡 故入此三昧 見三世佛亦無盡. 以此圓宗 三世互現 故義引盡見過去滅度諸佛. 楞伽云 "無有佛涅槃 亦無涅槃佛" 故云 "入於涅槃而不般涅槃" 以此故知亡不爲無.

※밑줄 친 부분의 '普'는 '진晋'의 誤字다.

여기서는 (죽어) 없지만 없는 것이라고 하지 않는다(亡不爲無)는 것을 인용해 증명하였다.

(인용한) 경전은 『진역 화엄경晋譯華嚴經』인데, 안주장자安住長者가 성취한 법문을 '불멸도不滅度'라고 이름하고 얻은 삼매를 '무진불성

99 두 말씀 모두 정확한 경전의 출처를 알 수 없다.
반열반(般涅槃, parinirvāṇa): 멸도. 육신의 완전한 소멸, 곧 죽음. 석가의 죽음. 모든 번뇌를 완전히 소멸한 상태.
상기 두 경전의 문구는 출처를 알 수 없다. 다만 아래 약주에서 감산은 화엄경에서 인용한 것이라고 하는데, 승조는 화엄경을 접한 일이 없는 것으로 생각된다. 한편, 방광반야경 제4권, 「문마하연품問摩訶衍品」에 173가지의 삼매가 있다고 하면서 그중에 하나로 무진삼매를 말하고 있다.

無盡佛性'이라고 이름한다. 『당역 화엄경唐釋華嚴經』[100]에서는 (이를) '불종무진佛種無盡'이라고 한다.

삼매三昧는 여기서 정사正思라고 하고 또한 정수正受라고도 한다.

무진無盡이라는 것은 불성佛性이 다함이 없기 때문에 이 삼매에 들어가 삼세제불 또한 다함이 없음(無盡)을 보는 것이다.

이러한 원만한 종지로써 삼세가 번갈아들면서 드러나기 때문에 (경전의) 뜻을 인용해서 "과거에 멸도하신 모든 부처님을 본다"고 하였다.

『능가경』에 이르기를 "부처님의 열반도 없고 또한 열반하신 부처님도 없다"[101]고 하였기 때문에 (이를 인용해서) "열반에 들어도 반열반은 아니다"고 한 것이다. 이러한 까닭으로 (죽어) 없지만 (진실로) 없는 것이라고 하지 않는다는 것을 알 수 있다.

---

100 『진역 화엄경晉譯華嚴經』: 60권 본으로 동진東晋의 불타발타라佛駄跋陀羅 번역. 『당역 화엄경唐釋華嚴經』: 80권 본으로 당唐의 실차난타實叉難陀 번역.

101 4권 본, 능가경(능아발다라보경) 제1권, 「일체불어심품一切佛語心品」에 대혜보살의 게송을 다음과 같이 전한다.

(이상 중략)

一切無涅槃　일체에 열반이 없고
無有涅槃佛　열반하신 부처님도 없다.
無有佛涅槃　부처님도 열반도 없으니,
遠離覺所覺　깨달음(覺)과 깨달은 것(所覺)을 멀리 떠났다. (이하 중략)

【논】

亡不爲無 雖無而有. 存不爲有 雖有而無. 雖有而無 故所謂非有 雖無而有 故所謂非無. 然則涅槃之道 果出有無之域 絕言象之徑 斷矣.

(죽어) 없지만 (진실로) 없는 것이라고 하지 않기 때문에 비록 없지만 있는 것이고, (살아) 있지만 (진실로) 있는 것이라고 하지 않기 때문에 비록 있지만 없는 것이다.

비록 있지만 없는 것이기 때문에 이른바 있는 것이 아니고, 비록 없지만 있는 것이기 때문에 이른바 없는 것이 아니다.

그런즉, 열반의 도는 정말로 유·무의 영역을 벗어났고 언어와 형상의 길이 끊어진 것이 확실하다.

〔약주〕

此躡前以明雙非 以顯無住. 由是而知涅槃之道 實超有無之境 絕言象之路 斷然明矣. 又何以生死去來有無稱謂而擬議哉. ○上通答有無以破其惑. 下別破勞患 以祛生滅之見.

여기서는 앞의 것을 이어서 쌍으로 아님(雙非)을 밝히고. 이로써 무주無住를 드러냈다.

이로 말미암아 열반의 도는 진실로 유·무의 경계를 뛰어넘고 언어와 형상의 길이 끊어졌음이 단연코 분명하다는 것을 알 수 있다. (그런데 다시) 또 무엇으로 생·사의 오고 감과 유·무의 칭위를 헤아릴 수 있겠는가?

이상, 유·무를 통틀어 답함으로써 (유명의) 미혹을 타파하였다. 아래에서는 (지혜의) 수고로움과 (몸뚱이의) 근심을 구별해서 타파하고, 이로써 생멸에 대한 견해를 떨쳐 버렸다.

【논】

子乃云 "聖人患於有身 故滅身以歸無. 勞勤莫先於有智 故絕智以淪虛" 無乃乖乎神極 傷於玄旨者也.

(그런데도) 그대는 말하기를 "성인은 몸뚱이가 있는 것을 근심하기 때문에 몸뚱이를 멸해 무無로 돌아간다. 부지런히 힘을 쓰는 것으로 지혜보다 앞서는 것이 없기 때문에 지혜를 끊고[102] 허虛에 빠져든다"고 한다면 (여기에) 신령한 극치를 어기고 현묘한 뜻을 손상한 것은 없는가?

〔약주〕

此敘計責迷也. 由上發揮涅槃超情離見 逈出言象有無之外 而名家妄以厭患生死 而以滅身絕智爲無餘. 故責之曰 "若子之所云聖人云云者 豈不乖違於法身神極之理 傷於涅槃之玄妙旨趣者乎" 下引經極成.

여기서는 (유명이) 헤아린 것을 서술해서 (그의) 미혹함을 책망하

102 여기서 말하는 지혜(智)는 분별지分別智를 뜻한다.

였다.

위로부터 열반을 발휘發揮해서 정을 뛰어넘고 견해를 벗어나(超情離見) 언어와 형상의 유·무 밖으로 멀리 뛰어넘었는데도 명가(名家, 유명)는 허망하게 생·사를 싫어하고 근심해서 몸을 멸하고 지혜를 끊는 것(滅身絶智)으로 무여無餘를 삼았다. 그런 까닭에 (무명이) 책망하여 말하기를 "만약 그대가 성인 운운 하며 말을 한다면 (이것이) 어찌 법신의 신령스런 극치의 이치를 어기고,열반의 현묘한 뜻(旨趣)을 상하게 한 것이 아니겠는가?"라고 한 것이다.

아래에서는 경전을 인용하여 (법신의 신령함의) 극치를 이루었다.

【논】

經曰 "法身無象 應物而形 般若無知 對緣而照"

경전에 이르기를 "법신은 형상 없이 물物에 응해서 드러내 보이고 반야는 앎이 없이 연緣을 만나 비춘다"[103]고 하였다.

〔약주〕

此引經證聖人身心本無 勞患何有也. 晉華嚴三十二略云 "淸淨法身 非有非無 隨衆生所應 悉能示現" 此證無身而現身 無身可厭也. 般若

103 경전의 정확한 출처를 알 수 없다. 다만 승조는 자신의 저술 『주유마힐경注維摩詰經』 서序에 "夫聖智無知而萬品俱照 法身無象而殊形並應"이라는 표현을 쓰는 것으로 볼 때 유마경을 인용, 요약한 것으로 추정할 수 있다.

無知下 義引般若無心而照 證無智可勞也. 下明不但身心兩忘 抑且身心雙寂.

※抑且(억차)=況且(황차): 하물며. 게다가. 더구나.

여기서는 경전을 인용하여 성인의 몸과 마음이 본래 없는데 수고와 근심이 어찌 있겠냐는 것을 증명하였다.

『진역 화엄경』 32권을 간략하게 말하면 "청정법신은 있는 것도 아니고 없는 것도 아니다. 중생을 따라 응하면서 모두 능히 드러내 보인다"고 하였다. 이는 몸 없이 몸을 드러내서 싫어할 몸이 없다는 것을 증명한 것이다.

"반야는 앎이 없다"고 한 이하는 반야는 무심으로 비춘다는 뜻을 인용해서 수고로울 지혜가 없다는 것을 증명한 것이다.

아래에서는 단지 몸과 마음 둘 다를 잊는다(身心兩忘)는 것뿐만 아니라 몸과 마음이 쌍으로 고요하다(身心雙寂)는 것을 밝혔다.

【논】

萬機頓赴而不撓其神 千難殊對而不干其慮. 動若行雲 止猶谷神 豈有心於彼此 情係於動靜者乎.

만기(萬機, 온갖 상황)가 단박에 이르러도 마음(神)을 흔들지 못하고 온갖 어려움을 마주 대해도 사려(慮, 생각)를 간섭하지 못한다. 움직이는 것은 지나가는 구름과 같고 머무는 것은 곡신谷神[104]과 같은데 어찌 이것과 저것에 마음이 있을 수 있으며 움직임과 고요함에 얽매일 정情이 있겠는가?

〔약주〕

此明無心應物 以釋無智可勞也. 萬機頓赴 如月照萬川 有何撓其神. 千難殊對 如一雨普潤 又何于其慮. 華嚴云"假使無量阿僧祇衆生 一一各具阿僧祇口 一一口具阿僧祇舌 一一舌出阿僧祇問難 而菩薩以一言演說 盡答無餘" 今言千難 猶小小耳. 以無心而動 故若行雲 虛而常寂 故止若谷神. 谷神語出老子 謂虛而能應也. 聖人如此 豈有心於彼此 精係於動靜者乎. 此無心而應 有何智可勞乎.

※撓(어지러울 요): 어지럽다. 어지럽히다.

※밑줄 친 부분의 우于는 '간(干, 방패 간)'의 誤字이다.

여기서는 무심으로 물物에 응함을 밝히고, 이로써 수고로울 지혜가 없다는 것을 설명하였다.

만기(萬機, 온갖 상황)가 단박에 이르러도 마치 달이 온갖 개울을

---

104 노자 제6장에 다음과 같이 전한다.

谷神不死 是謂玄牝. 玄牝之門 是謂天地根. 緜緜若存 用之不勤.

골짜기의 신은 죽지 않으니, 이를 일러 오묘한 암컷이라 한다. 오묘한 암컷의 문은 이를 일러 하늘과 땅의 근본이라 한다. 끊임없이 존재하는 것 같고, 아무리 써도 지치지 않는다. (전게서 상, p.205)

비추는 것 같은데 무슨 마음(神)을 어지럽힐 것이 있겠는가?

온갖 고난이 뜻밖에 닥쳐도 마치 한바탕 비로 두루 적셔주는 것과 같은데 또 무슨 생각(慮)을 간섭하겠는가?

『화엄경』에 이르기를 "설령 헤아릴 수 없는 아승기의 중생이 하나하나 각기 아승기의 입을 갖추고, 하나하나의 입에 아승기의 혀를 갖추며, 하나하나의 혀에 아승기의 질문을 하더라도 보살은 한마디 말로 연설을 해서 남음 없이 모두 답한다"[105]고 하였다. (그러므로) 지금 말한 온갖 고난은 오히려 소소할 뿐이다.

무심無心으로 움직이기 때문에 지나가는 구름과 같고 텅 비고 항상 고요하기 때문에 머무는 것이 마치 곡신谷神과 같은 것이다. 곡신谷神은 『노자』에 나오는 말인데 텅 비어 있으면서도 능히 응하는 것을 말한다.

성인은 이와 같거늘 어찌 이것과 저것에 마음이 있으며 움직임과 고요함에 얽매일 정精이 있겠는가? 이는 무심으로 응하는 것이니 (여기에) 무슨 수고로울 지혜가 있겠는가?

【논】

旣無心於動靜 亦無象於去來. 去來不以象 故無器而不形 動靜不以心 故無感而不應.

움직임과 고요함에 무심하고 또한 오고 감에 형상이 없다. 오고 감으로

105 화엄경에 정확하게 일치하는 경문은 없다. 감산이 인용, 요약한 듯하다.

형상을 삼지 않기 때문에 기(器, 형체)로 드러내지 않는 것이 없고 움직임과 고요함으로 마음을 삼지 않기 때문에 느끼면 응하지 않는 것이 없다.

〔약주〕

此明非形現形. 故無身可患也. 言旣無心勤靜 則無身生滅 有何去來. 由其身心兩亡 故能隨緣普應 故無器不形 無感不應. 如此 又何有身可厭患乎.

※밑줄 친 부분의 勤靜은 動靜의 誤字다.

여기서는 형상이 아닌 것으로 형상이 드러나는 것(非形現形)을 밝혔다. 그런 까닭에 근심할 만한 몸이 없는 것이다.

"(이미) 움직임과 고요함에 무심하다"는 것은 바로 생멸하는 몸이 없다는 것이니 (여기에) 무슨 오고 감이 있겠는가? 몸과 마음을 둘 다 잊음으로 말미암아 능히 인연 따라 두루 응하는 것이고, 그런 까닭에 기(器, 형체)로 드러내지 않는 것이 없고 느끼면 응하지 않는 것이 없는 것이다. 이와 같은데 또 무슨 싫어하고 근심할 몸이 있겠는가?

【논】

然則 心生於有心 象出於有象.

그런즉, 마음은 마음이 있다(有心)고 하는 데서 나오고 형상은 형상이 있다(有象)고 하는 데서 나오는 것이다.

〔약주〕

此言聖人無心生心 無相現相也. 謂聖人本自無心 以衆生心爲心 聖本無相 因衆生願見 故應之以相. 是以身心如幻 患累何生. 下釋無患.

여기서는 성인은 무심無心으로 마음을 내고 무상無相으로 상을 드러낸다는 것을 말했다.

(이는) 이를테면 성인은 본래 자신에게는 마음이 없지만 중생의 마음으로 마음을 삼고, 성인은 본래 상이 없지만 중생이 보기를 원하기 때문에 상相으로 응한다는 것이다. 그래서 몸과 마음은 환幻과 같은 것이니 근심(患)과 누累가 어떻게 생겨나겠는가? 아래에서는 근심이 없다는 것을 설명하였다.

【논】

象非我出 故金石流而不燋 心非我生 故日用而不動. 紜紜自彼 於我何爲.

※紜紜(운운): 잡다하고 난잡하다. 번잡하다. (紜: 어지러울 운)

형상은 나(我)에게서 나오는 것이 아니기 때문에 쇳덩이가 (녹아)

흘러도 타지 않고 마음은 나에게서 나오는 것이 아니기 때문에 매일 써도 움직이지 않는다. 번잡하고 어지러운 것은 저것으로(=상대로) 말미암거늘 나를 어찌 하겠는가?

〔약주〕

言聖人無我故無患 雖流金爍石而不燋 無心故日應衆緣而不動. 以紜紜自彼 於我何爲 又何患乎.

성인은 무아無我이기 때문에 근심이 없어 비록 금빛 돌덩이가 녹아 흘러도 불에 타지 않고 무심하기 때문에 매일 온갖 인연에 응해도 움직이지 않는다는 것을 말했다.

잡다하고 난잡한 것은 저것으로(=상대로) 말미암는 것인데 또 (다시) 무슨 근심이 있겠는가?

【논】

所以 智周萬物而不勞 形充八極而無患. 益不可盈 損不可虧 寧復痾癘中逵 壽極雙樹 靈竭天棺 體盡焚燎者哉.

※癘(창병 여): 창병. 염병.
※逵(길거리 규): 길거리. 한길. 물속 길.

그런 까닭에 지혜가 만물에 두루해도 수고롭지 않고 형상이 팔극(八極,

온 세상)에 가득해도 근심이 없는 것이다.

더해도 가득할 수 없고 덜어도 이지러질 수 없거늘 어찌 다시 길거리에서 염병에 걸리고, 목숨이 사라쌍수에서 다하며, 신령스러움이 천관天棺에서 다하고, 몸이 횃불로 불살라 없어졌겠는가?

〔약주〕

此示無患之所以 將斥小乘之見也. 以無心而應 故智周而不勞 以無身而現 故形云而無患. 經云 "法身徧在一切處 一切衆生及國土" 故益不可盈. 三世悉在無有餘 亦無形相而可得 故損不可虧. 聖人之身心如此 下斥小見. 豈有痾癘中逵 此痛背之事. 阿含經說 "如來向拘尸羅城中路背痛" 令弟子四疊僧伽黎 樹下休息等 如來雙樹入滅. 故云 "壽極天棺" 乃佛之葬儀 焚燎乃火化等. 此乃小乘見應化佛有生死去來之跡而不知法身常住. 豈可以此爲無餘涅槃哉.

※火化(화화): 불로 익히다. 화장하다. 태우다.

여기서는 (성인이) 근심이 없는 이유를 보여서 소승의 견해를 배척하려고 하였다.

무심無心으로 응하기 때문에 지혜가 (만물에) 두루해도 수고롭지 않고 무신無身으로 드러내기 때문에 형상을 드러내 보이면서도 말하기를 '근심이 없다'고 하였다.

경전에 이르기를 "법신은 일체처와 일체중생과 (일체)국토에 두루 계신다"[106]고 하였기 때문에 "더해도 가득하지 않다"고 하였다. (또한)

“삼세에 모두 존재하여 남음이 없고 또한 얻을 형상도 없다”[107]고 하였기 때문에 “덜어도 이지러지지 않는다”고 하였다. 성인의 몸과 마음은 이와 같아서 (이어서) 아래에서 소승의 견해를 배척하였다.

“어찌 길거리에서 염병에 걸릴 것이며(豈有痾癘中逵)”[108]라고 한 것은 이것은 (부처님의) 등창의 사건(痛背之事)으로 『아함경阿含經』에 이르기를 “여래께서 구시라성으로 향하시다가 중도에 등이 아프셨다”고 하였던 것이다.

(그리하여) 제자로 하여금 승가려(僧伽黎, 가사)를 네 겹으로 접게 하시고는 나무 아래에서 휴식을 취하셨는데, (이는) 여래께서 사라쌍수에서 입멸하신 것을 견준 것이다.

그런 까닭에 이르기를 “수명이 천관에 다했다”고 한 것이고, 이에 부처님의 장례의식은 횃불로 불살라 화장한 것을 견준 것이다.

하지만 이는 소승이 응화불應化佛에게 생사거래의 자취가 있다는 것만 보았지 법신이 상주한다는 것을 모른 것이다. (그런데) 어찌 이것으로 무여열반이라 할 수 있겠는가?

【논】

而惑者居見聞之境 尋殊應之迹. 秉執規矩而擬大方 欲以智勞至人

---

106 화엄경 제28권, 「십회향품十迴向品」에서는 게송의 일부분으로 “法性遍在一切處 一切衆生及國土”로 전한다. 법성을 법신으로 전하는 차이밖에는 없다.

107 상기 註106에 이어서 계속되는 문장인데, 감산은 마치 자기의 말처럼 하고 있어 번역에서는 인용을 분명히 하였다.

108 논의 원문을 따라 번역한 것이다.

形患大聖. 謂捨有入無 因以名之 豈謂採微言於聽表 拔玄根於虛壤者哉.

그런데도 미혹한 사람들은 보고 듣는 경계에 머물면서 특별하게 (달리) 응한 흔적을 찾는다. 규구(規矩, 규구준승規矩準繩)[109]를 들고 대방(大方, 반야)을 헤아리는 것은 지혜로 지인至人을 수고롭게 하고 형상으로 성인을 근심스럽게 하려는 것이다.
유를 버리고 무에 들어간다(捨有入無)고 말하면서 이로 인해 이름을 붙인다면 어찌 귀로 듣는 것 밖에서 미언微言을 캐고 허양(虛壤, 텅 빈 땅)에서 현근玄根을 뽑는 것이겠는가?

〔약주〕

此結責迷情也. 如上所談 至人身心如此之妙. 而惑者不知 以生滅見聞之境 求隨應之跡 而擬議法身. 其猶執規矩方圓而擬度太虛 將欲以智與形可以勞患聖人. 卽以生死捨有入無 名爲涅槃 如此之小見 豈是超視聽之表 得法身之理哉. 玄根 意指法身 虛壤 意指寂光 此非尋常見聞可及也.

---

109 맹자孟子,「이루 상離婁上」편에 다음과 같이 전한다.

孟子曰 "規矩 方圓之至也. 聖人 人倫之至也"

맹자가 말했다. 규와 구는 방형과 원형의 지극한 것이요, 성인은 인륜의 지극한 분이다.

規矩準繩(규구준승): 규는 원을 그리는 컴퍼스, 구는 네모를 그리는 곡척, 준은 수평을 재는 수준기, 승은 직선을 그리는 먹줄을 말한다.

※擬度(의탁): 추측하다.

※意指(의지): 뜻하다.

여기서는 미혹한 마음(迷情)을 결론으로 책망하였다.

위에서 이야기한 것처럼 지인至人의 몸과 마음은 이와 같이 오묘하다. 그런데도 미혹한 사람은 알지 못하고 생멸의 보고 듣는 경계를 가지고 응하는 것을 따라서 자취를 찾으며 법신을 예견(豫見, 추측)한다. 그것은 마치 방원方圓을 재는 규거規矩를 들고 허공을 헤아리려는 것과 같아서 지혜와 형상으로써 성인을 가히 수고롭고 근심하게 하려는 것이다.

(그리고는) 바로 생사 때문에 유를 버리고 무에 들어가는 것(捨有入無)을 열반이라고 이름한다면 이와 같은 소승의 견해(小見)로 어찌 보고 듣는 밖을 뛰어넘어 법신의 이치를 얻을 수 있겠는가?

현근玄根은 법신法身을 뜻하고 허양虛壤은 적광寂光을 뜻하는데, 이것은 일상의 보고 듣는 것으로 미칠 수 있는 것이 아니다.

4) 징출徵出

유명은 말한다. 〔有名曰.〕

무릇 혼원渾元이 둘로 갈라져 열리고 만유萬有가 셋으로 나뉘었다.

〔夫渾元剖判 萬有參分.〕

(만)유가 원래 유有라면 무無가 아니면 안 된다. 〔有旣有矣 不得不無.〕

무無는 원래 무無가 아니라 반드시 유有로 인한다.〔無自不無 必因於有.〕

그런 까닭에 고·하가 서로 기울고 유·무가 서로 생겨나는 것이니, 이것이 자연의 수(數, 이치)이고 수數가 여기에서 지극하게 되는 것이다.〔所以高下相傾 有無相生 此乃自然之數 數極於是.〕

이로써 관해 보건대 화모化母로부터 생육된 것은 이치가 헤아리기 어려울 만큼 깊은 것이 없지만, 회(恢, 광대함)·궤(恑, 괴이함)·휼(憰, 가장함)·괴(怪, 기이함)가 유有가 아닌 것이 없다.〔以此而觀化母所育 理無幽顯 恢恑憰怪 無非有也.〕

(또한) 유有가 변화해서 무無가 되는 것이니 무無가 아닌 것이 없다.〔有化而無 無非無也.〕

그런즉, 유·무의 경계는 이치에 통괄되지 않는 것이 없다.〔然則有無之境 理無不統.〕

경전에 이르기를 "유·무 두 법으로 일체법을 거둔다"고 하였다.〔經曰 "有無二法 攝一切法"〕

또한 삼무위三無爲라고 칭한 것은 허공虛空·수연진數緣盡·비수연진非數緣盡인데, 수연진이 바로 열반이다.〔又稱三無爲者 虛空 數緣盡 非數緣盡 數緣盡者 卽涅槃也.〕

그런데도 논에서 말하기를 "유·무 밖에 따로 오묘한 도가 있으니 유·무에 오묘함을 열반이라고 한다"고 하니, 오묘한 도의 근본을 조사해서 밝혀 보자!〔而論云 "有無之表 別有妙道 妙於有無 謂之涅槃" 請覈妙道之本.〕

정말로 유有라면 비록 오묘하지만 무無는 아니고, 비록 오묘하지만 무無가 아니면 바로 유의 경계(有境)에 들어간다. 〔果若有也 雖妙非無 雖妙非無 卽入有境.〕

(또한) 정말로 무無라면 무는 바로 차별이 없고, 무無가 차별이 없으면 바로 무의 경계(無境)에 들어간다. 〔果若無也 無卽無差 無而無差 卽入無境.〕

총괄해서 바로 연구해 보면 무無가 유有와 다른 것이 있으면 무無가 아니고, 무無가 유有와 다른 것이 없으면 유有가 아닌 것이 분명하다. 〔總而括之 卽而究之 無有異有而非無 無有異無而非有者 明矣.〕

그런데도 말하기를 "유·무 밖에 따로 오묘한 도가 있다. 유도 아니고 무도 아닌 것을 열반이라고 한다"고 하니, 나는 이런 말을 들었어도 마음에 와 닿지 않는다. 〔而曰 "有無之外 別有妙道. 非有非無 謂之涅槃" 吾聞其語 未卽於心也.〕

〔약주〕[110]

徵 責也. 以前云 "涅槃之道 果出有無之境" 徵意云 "有無二法 攝盡一切 如何有無之外 別有涅槃之體" 今詳徵辭 包擧儒老有無之說 復引小乘有無爲例 以詰難之.

※包擧(포거): 총괄하다. 통괄하다.

110 징출徵出 전체에 대한 개괄적인 설명이다.

징徵은 책(責, 따지는 것)이다.

앞에서 (무명은) "열반의 도는 정말로 유·무의 경계를 벗어났다"고 했는데, (유명이 이에 대해) 책망의 뜻으로 "유·무 두 법은 일체를 모두 포섭하는데 어떻게 유·무 밖에 따로 열반의 체가 있겠는가?"라고 하였다.

지금 책망한 말을 자세히 살펴보니 (유명은) 유학과 노장학의 유·무설을 총괄하고 있고, 또한 소승의 유·무를 인용하여 일례로 삼아서 (무명이 유·무의 경계를 벗어났다고 한 것을) 힐난하였다.

【논】

有名曰. 夫渾元剖判 萬有參分. 有旣有矣 不得不無. 無自不無 必因於有. 所以高下相傾 有無相生 此乃自然之數〔謂理數〕數極於是.

※剖判(부판): 둘로 갈라져 열림. 또는 둘로 갈라서 엶.

유명은 말한다.

무릇 혼원渾元[111]이 둘로 갈라져 열리고 만유萬有가 셋으로 나뉘었다. (만)유가 원래 유有라면 무無가 아니면 안 된다. 무無는 원래 무無가 아니라 반드시 유有로 인한다. 그런 까닭에 고·하가 서로 기울고 유·무가 서로 생겨나는 것이니, 이것이 곧 자연의 수數〔이수(理數, 이치, 도리)〕이고 수數가 여기에서 지극하게 되는 것이다.

111 천지자연의 기(天地自然之氣)를 말한다. (『대만 국어사전』)

〔약주〕

此言有無相生 以爲定有定無也. 渾元 乃混沌一氣未分之前 名太極無極 謂本無也. 及陰陽初判 兩儀既分 而人居中 是爲三才. 謂一生二 二生三 三生萬物 故曰"萬有參分"是謂有也. 有既有矣 變化遷訛 四時代謝 不得不無. 且無不自無 必因有以成無. 只如寒中無暑 暑中無寒 日中無暗 暗中無日 晝夜相代. 所以高下相傾. 譬如四時 成功者退. 有無相生 此乃自然必定之理 天地之理數 極盡於是而已矣.

※兩儀(양의): 양과 음. 하늘과 땅.

※遷訛(천와): 변천하여 본디의 모양이나 뜻을 잃음. 변하여 바뀜.

여기서는 유·무가 서로 (상대해서) 생겨나고, 이로써 정유定有·정무定無[112]로 삼는다는 것을 말했다.

혼원渾元은 혼돈混沌의 일기一氣가 아직 나눠지기 이전으로 태극太極·무극無極[113]이라고 이름하며, (본 논에서는) 본무本無를 말한다. 그리고 (혼돈에서) 음과 양이 처음으로 나눠지는데, 하늘과 땅(兩儀)으로 나뉘어 사람이 가운데 위치하니 이를 삼재(三才, 천·지·인)라고 한다. (이는) 이를테면, 하나에서 둘이 나오고, 둘에서 셋이 나오며, 셋에서 만물이 나온다[114]는 것이다. 그런 까닭에 '만유삼분(萬有參分,

---

112 추상적이고 본질적인 있고 없음에 대해 구체적이고 개별적으로 있고 없음을 말한다.

113 태극은 음양이 나눠기 이전을 뜻하고, 무극은 태극의 무한정함을 말한다.

114 노자 제42장에 다음과 같이 전한다.

道生一 一生二 二生三 三生萬物. 萬物負陰而抱陽 沖氣以爲和.

만유는 셋으로 나뉨에 있다)'이라 한 것이며, 이것을 유有라고 하는 것이다.

(만)유가 있어 변화하고 바뀌며 사시사철이 교대로 바뀌니 무無가 되지 않으면 안 된다. 또한 무無는 스스로 무無가 되는 것이 아니고, 반드시 유有로 인해서 없어지게 된다. 예를 들면, 추위 속에는 더위가 없고 더위 속에는 추위가 없으며, 낮에는 어둠이 없고 어둠에는 낮이 없지만 낮과 밤이 서로 교대하는 것과 같다. 그래서 "높고 낮음이 서로 기운다"고 하였다. 비유하면 사계절이 공功을 이루면 물러나는 것과 같다.

유·무가 서로 생하는 것, 이것이 곧 자연의 필연적인 정해진 이치이며, 천지天地의 이수(理數, 이치)가 여기서 다할 따름인 것이다.

【논】

以此而觀 化母所育 理無幽顯 恢〔大也〕 恑〔奇也〕 憰〔詐也〕 怪〔夭也〕 無非有也. 有化而無 無非無也. 然則有無之境 理無不統.

※幽顯(유현): 사물의 이치 또는 아취雅趣가 헤아리기 어려울 만큼 깊음.

이로써 관해 보건대 화모化母로부터 생육된 것은 이치가 헤아리기

도는 하나를 낳고, 하나는 둘을 낳고, 둘은 셋을 낳고, 셋은 만물을 낳았다. 만물은 음을 업고 양을 안으며, 온화한 기운으로써 조화를 삼는다. (전게서 하, p.183)

어려울 만큼 깊은 것은 없지만, 회恢〔광대함, =대大〕·**궤**恑〔괴이함, =기奇〕·**휼**憰〔가장함, =사詐〕·**괴**怪〔기이함, =요夭〕[115]**가 유**有**가 아닌 것이 없다.**

(또한) **유**有**가 변화해서 무**無**가 되는 것이니 무**無**가 아닌 것이 없다. 그런즉, 유·무의 경계는 이치에 통괄되지 않는 것이 없다.**

〔약주〕

謂歷觀化母所育. 化母 指一氣生成萬物. 故云"所育" 凡在陰陽所生之物 無論恢恑憰怪 皆是有也 有形之物 必歸變滅 故云"有化爲無" 此則實實是無. 故云"無非無也" 以此而知有無之境 理無不統. 此則世間之法 不出有無.

이를테면 화모(化母, 조화모)로부터 생육된 것을 두루 살폈다는 것이다. 화모는 만물을 생성하는 일기一氣를 가리킨다. 그런 까닭에 '소육(所育, 생육한 것)'이라고 한 것이다.

---

115 장자, 내편, 제물론에 다음과 같이 전한다.

物固有所然 物固有所可 無物不然 無物不可. 故爲是擧莛與楹 厲與西施 恢詭憰怪 道通爲一.

사물에는 본래 그래야 할 것이 갖추어져 있고, 또 본래 좋다고 할 만한 데가 있어서 어떤 사물이든 그렇지 않은 것이 없고 좋지 않은 데가 없는 것이다. 그러므로 그것을 명백히 하기 위하여 작은 풀줄기와 큰 기둥, 문둥병 환자와 미인 서시西施를 대조해 보인다면, 매우 괴이하고 야릇한 대조이지만 (그것은 현상에 사로잡혀 있기 때문이지) 참된 도의 입장에서는 (그 구별은 사라져서) 다 같이 하나가 된다. (전게서, pp.61~63)

무릇 음양에서 생겨난 (만)물物은 회恢·궤恑·휼憰·괴怪를 따질 것도 없이 모두 유有이며, 형상이 있는 것은 반드시 변해서 멸滅로 돌아가기 때문에 "유有가 변화해서 무無가 된다"고 하였다. 이것이 바로 정말로 무無이기 때문에 "무無가 아닌 것이 없다"고 하였다. 이로써 유·무의 경계는 이치에 통괄되지 않음이 없다는 것을 알 수 있다. (하지만) 이것은 바로 세간의 법으로 유·무를 벗어나지 않는다.

【논】

經曰 "有無二法 攝一切法" 又稱三無爲者 虛空 數緣盡 非數緣盡 數緣盡者 卽涅槃也.

경전에 이르기를 "유·무 두 법으로 일체법을 거둔다"[116]고 하였다. 또한 삼무위三無爲라고 칭한 것은 허공虛空·수연진數緣盡·비수연진非數緣盡[117]인데, 수연진이 바로 열반이다.

---

116 경전의 정확한 출처를 알 수 없다.

117 삼무위三無爲는 다음과 같다.

①허공虛空은 절대적 공간으로 그 자체가 불생불멸한다.

②수연진(數緣盡=택멸)은 초기불교에서 말하는 열반의 개념으로 일체의 번뇌를 끊어 속박으로부터 벗어난 상태를 말한다.

③비수연진(非數緣盡=비택멸)은 무루의 지혜에 의하지 않고 저절로 획득한 열반을 말한다.

이상은 초기불교에서 기본적으로 이야기하는 삼무위이다. 이후 대승의 유식에서는 여섯 가지로 나눈다. 아래 註에서 나머지 셋을 소개하였다.

〔약주〕

此引出世三乘之法 亦以有無統之也. 三無爲者 乃唯識六種無爲之三也. 按百法解 虛空無爲 乃喩眞如之理 猶如虛空 其體常住. 擇滅無爲乃二乘涅槃析色所證 謂因慧數揀擇而證滅故. 非擇滅者 謂圓成之理本來寂滅 不復更滅. 故非擇滅 卽非數緣滅. 新疏以非數緣滅 謂諸法緣離自滅 同前儒老自有入無 似非論義. 難家通以無爲爲涅槃 今聞有無之外 別有妙道. 所以立難.

여기서는 세간을 벗어난 삼승의 법을 인용하고, 또한 유·무로 통합하였다.

삼무위三無爲는 유식唯識의 여섯 가지 무위(六種無爲)[118] 가운데 세 가지이다.

『백법해百法解』[119]를 살펴봤더니 허공무위虛空無爲는 진여의 이치를 비유한 것으로써 허공처럼 그 체가 상주常住한다는 것이었다.

택멸무위擇滅無爲는 이승二乘이 색色을 분석하고 증득한 열반으로 혜수(慧數, 심소법)[120]를 인해 간택해서 멸滅을 증득한 것을 말한다.

---

118 오위백법五位百法 가운데 무위법으로 여섯 가지가 있는데, 허공虛空·택멸擇滅·비택멸非擇滅·부동멸不動滅·상수멸想受滅·진여眞如를 말한다.
④부동멸不動滅은 괴로움에도 즐거움에도 치우치지 않는 마음 상태를 뜻한다.
⑤상수멸想受滅은 표상작용과 감수작용이 소멸된 마음 상태를 뜻한다.
⑥진여眞如는 모든 분별과 대립이 소멸된 마음 상태를 뜻한다.

119 『대승백법명문논해大乘百法明門論解』: 세친이 짓고, 당 현장玄奘이 번역한 것에 규기窺基가 註를 단 책.

120 혜수慧數: 신역에서는 심소법心所法, 구역에서는 수법數法이라고 한다. 심왕은

비택멸非擇滅은 원만하게 이룬 이치는 본래 적멸해서 또 다시 멸하지 않는다는 것을 말한다. 그런 까닭에 비택멸이라 하고, 바로 (이것이) 비수연멸非數緣滅이다. 『신소新疏』[121]에서는 비수연멸非數緣滅이라고 하는데 제법이 인연을 떠나 스스로 멸하는 것을 말한다. (이는) 앞의 유학과 노장학에서 "유에서 무로 들어간다(自有入無)"고 한 것과 같다. (하지만 이는) 논의 의미가 아닌 듯하다.

힐난한 이(難家, 유명)는 통틀어서 무위로 열반을 삼았는데 지금 (무명으로부터) 유·무 밖에 따로 오묘한 도가 있다고 들었다. 그런 까닭에 질문을 하였던 것이다.

【논】

而論云 "有無之表 別有妙道 妙於有無 謂之涅槃" 請覈妙道之本.〔體也〕果若有也 雖妙非無 雖妙非無 卽入有境. 果若無也 無卽無差 無而無差 卽入無境. 總而括之 卽而究之 無有異有而非無 無有異無而非有者 明矣.

그런데도 논에서 말하기를 "유·무 밖에 따로 오묘한 도가 있으니 유·무에 오묘함을 열반이라고 한다"[122]고 하니, 오묘한 도의 근본〔=본

하나지만, 심소법은 여럿이다. 혜수는 바로 지혜의 마음 대상이다(新譯曰 心所法 舊譯曰 數法 以心王雖爲一 而心所法有多數也 慧數者卽慧之心所. 불학대사전).

121 『조론신소』를 뜻한다.

122 앞의 무명이 위체位體에서 말한 것을 요약한 것이다.

체]을 조사해서 밝혀 보자!

정말로 유有라면 비록 오묘하지만 무無는 아니고, 비록 오묘하지만 무가 아니면 바로 유의 경계(有境)에 들어간다. (또한) 정말로 무無라면 무는 바로 차별이 없고, 무無가 차별이 없으면 바로 무의 경계(無境)에 들어간다.

총괄해서 바로 연구해 보면 무無가 유有와 다른 것이 있으면 무無가 아니고, 무無가 유有와 다른 것이 없으면 유有가 아닌 것이 분명하다.

〔**약주**〕

此申難意. 謂三教之理 世出世間有無之法 該括殊盡 而今論云 "有無之外 別有妙道 名爲涅槃" 是所難信也. 請覈下 正出難意. 謂妙道之體果實是有 雖妙亦定有 定有卽入有境. 若妙道果實是無 則必定無 卽入無境. 以此總萬法而括之以理 卽教以究其元 不出有無之外. 豈有異有而又言不無 異無而又言不有者耶.

여기서는 힐난한 뜻을 서술했다. 이를테면 삼교(三教, 유학·노장학·불학)의 이치는 세간과 출세간의 유·무의 법을 뛰어나게 모두 포괄하고 있는 것인데, 지금 논에서 말하기를 "유·무 밖에 따로 오묘한 도가 있으니 이를 열반이라 한다"고 하니, 이는 믿기 어렵다는 것이다.

'청핵(請覈, 오묘한 도의 근본을 조사한 것을 말하겠다)' 이하는 정면으로 힐난한 뜻을 드러낸 것이다.

이를테면 오묘한 도의 체가 정말로 진실로 있는 것이라면 비록 오묘하지만 역시 결정코 있는 것(定有)이고, 결정코 있는 것이라면 바로 유의 경계(有境)에 들어간다. (또한) 만약 오묘한 도(妙道)가 정말로 진실로 없는 것이라면 반드시 결정코 없는 것(定無)이고, 무의 경계(無境)에 들어간다. 이로써 만법을 이치로 총괄하고 교로써 그 근원을 연구해 보면 (열반은) 유·무 밖을 벗어나지 않는다. (그런데) 어찌 다른 것이 있어 다시 없는 것이 아니다(不無)고 말하고, 다른 것이 없어 다시 있는 것이 아니다(不有)고 말하는 것이 있겠냐는 것이다.[123]

【논】

而曰 "有無之外 別有妙道. 非有非無 謂之涅槃" 吾聞其語 未卽於心也.

그런데도 말하기를 "유·무 밖에 따로 오묘한 도가 있다. 유도 아니고 무도 아닌 것을 열반이라고 한다"고 하니, 나는 이런 말을 들었어도 마음에 와 닿지 않는다.

〔약주〕

此難家責違也. 謂非有非無之說 其論雖妙 吾聞其語而已 未愜於心. 實所未悟也.

---

123 원문의 "請覈下 正出難意. 謂~"에서 謂는 아래 문장 전체를 일컫는 것으로 번역하였다.

※愜(쾌할 협): 쾌하다. 만족하다. 맞다.

여기서는 힐난한 이가 (이치가) 어긋난다고 책망하였다.

이를테면 비유비무非有非無의 설은 그 논이 비록 오묘하기는 하지만, 나는 그 말을 들었어도 마음에 와 닿지 않는다는 것이다. (이는 유명이) 진실로 깨닫지 못한 것이다.

5) 초경超境

무명은 말한다. 〔無名曰.〕

유·무의 수數는 진실로 법을 포용하지 않는 것이 없고 이치로 통괄하지 않는 것이 없다. 〔有無之數 誠以法無不該 理無不統.〕

하지만 그것을 통괄하는 것은 속제俗諦일 뿐이다. 〔然其所統 俗諦而已.〕

경전에 이르기를 "진제란 무엇인가? 열반의 도이다. 속제란 무엇인가? 유·무의 법이다"고 하였다. 〔經曰 "眞諦何耶. 涅槃道是. 俗諦何耶. 有無法是"〕

어째서 그런가? 유有는 무無를 상대해서 있고 무無는 유有를 상대해서 없기 때문이다. 〔何則. 有者有於無 無者無於有.〕

무無가 있는 까닭에 유有라고 칭하고 유有가 없는 까닭에 무無라고 칭한다. 〔有無所以稱有 無有所以稱無.〕

그런즉, 유有는 무無에서 나오고 무無는 유有에서 나오는 것이다.

〔然則 有生於無 無生於有.〕

유有를 떠나서 무無가 없고 무無를 떠나서 유有가 없다.〔離有無無離無無有.〕

유有와 무無는 (서로) 상대해서 생겨나니 그것은 마치 높고 낮음이 상대적으로 기운 것과 같다.〔有無相生 其猶高下相傾.〕

높은 것이 있으면 반드시 낮은 것이 있고 낮은 것이 있으면 반드시 높은 것이 있다.〔有高必有下 有下必有高矣.〕

그런즉, 유·무가 비록 다르지만 모두 유有를 면치 못하는 것이다.〔然則 有無雖殊 俱未免於有也.〕

이것은 곧 말과 형상이 드러나는 까닭이고 옳고 그름이 생겨나는 까닭인데 어찌 유극(幽極=이치)을 통괄하고 신령스런 도(神道)를 헤아리려 한다는 것인가?〔此乃言象之所以形 是非之所以生 豈是以統夫幽極 擬夫神道者乎.〕

그래서 논論에서 유·무를 벗어났다고 칭한 것은 진실로 유·무의 수數는 육경六境 안에 그치는 것이다.〔是以 論稱出有無者 良以有無之數 止乎六境之內.〕

(또한) 육경의 안은 열반의 집이 아니기 때문에 출出 자를 빌려 떨어내는 것이다.〔六境之內 非涅槃之宅 故借出以袪之.〕

바라건대, 그윽한 도(幽途)를 (유·무와) 같은 것으로 느끼면서(髣髴) 도를 희구하는 부류들이여! 정情이 끊어진 세계에 의탁하라.〔庶悕道之流 髣髴 幽途 託情絕域.〕

뜻을 얻어 말을 잊으면 저 비유비무非有非無를 체득할 것인데 어찌 유·무 밖에 따로 하나의 유有가 있어 칭할 만하다고 말하는 것인가? 〔得意忘言 體其非有非無 豈曰有無之外 別有一有而可稱哉.〕
경전에서 말한 삼무위(三無爲, 허공무위·택멸무위·비택멸무위)는 중생이 서로 얽혀서 두터운 근심을 발생하는데, 두터운 근심이 그지없기로는 유有보다 앞선 것이 없고, 유有를 끊어 버리는 명칭으로는 무無보다 앞선 것이 없기 때문에 무無를 빌려 유有가 아님을 밝힌 것이다. 〔經曰 三無爲者 蓋是羣生紛繞 生乎篤患 篤患之尤 莫先於有 絕有之稱 莫先於無 故借無以明其非有.〕
(이는) 유有가 아님을 밝힌 것이지 무無를 말한 것이 아니다. 〔明其非有 非謂無也.〕

〔약주〕[124]
境 卽上難家有無之境 謂根塵爲有 小乘灰滅取爲涅槃 是稱爲無. 今演大涅槃 超卓有無 以破其執.

경(境, 경계)은 바로 위에서 힐난한 이(難家, 유명)의 유·무의 경계로, 이를테면 근根과 진塵을 유有로 삼고 소승의 회멸(灰滅, 灰身滅智)을 취해 열반으로 삼아 이를 무無라고 칭한 것이다.

지금 (무명은) 유·무를 높이 뛰어넘은 대열반大涅槃을 서술하고, 이로써 그의 집착을 타파하였다.

---

124 초경超境에 대한 개괄적인 설명이다.

【논】

無名曰. 有無之數〔名也〕誠以法無不該 理無不統.〔縱也〕然其所統俗諦而已.

무명은 말한다.

유·무의 수數〔=명칭〕는 진실로 법을 포용하지 않는 것이 없고 이치로 통괄하지 않는 것이 없다.〔(일단 유명의 말을 수용해서) 늘어놓았다.〕

하지만 그것을 통괄하는 것은 속제俗諦일 뿐이다.

〔약주〕

大品云 "菩薩以世諦故 示衆生若有若無 非第一義" 故云 "俗諦" 唯識百法該世出世 然皆有我 故稱爲俗.

『대품반야경』에 이르기를 "보살(마하살)은 세제世諦 때문에 중생에게 유有나 무無로 보이는 것이지 제일의제第一義諦는 아니다"[125]고 하였다. 그런 까닭에 '속제俗諦'라고 말한 것이다.

유식唯識에서는 (오위五位)백법百法으로 세간과 출세간을 포용하지만 (세간과 출세간) 모두 아我가 있기 때문에 속俗(제諦)이라고 칭한 것이다.

---

125 마하반야바라밀경 제22권, 「도수품道樹品」에 전한다.

【논】

經曰 "眞諦何耶 涅槃道是 俗諦何耶 有無法是"

경전에 이르기를 "진제란 무엇인가? 열반의 도이다. 속제란 무엇인가? 유·무의 법이다"[126]고 하였다.

〔약주〕

此引證世出世法 通名俗諦.

여기서는 세간법과 출세간법을 통틀어 속제俗諦라고 이름한다는 것을 (경전을) 인용해서 증명하였다.

【논】

何則. 〔徵明有無皆俗諦義〕 有者有於無 無者無於有. 有無所以稱有 無有所以稱無.

어째서 그런가? 〔유와 무가 모두 속제의 뜻임을 따져가며 밝혔다.〕

유有는 무無를 상대해서 있고 무無는 유有를 상대해서 없기 때문이다. 무無가 있는 까닭에 유有라고 칭하고 유有가 없는 까닭에 무無라고 칭한다.

---

126 경전의 정확한 출처를 알 수 없다.

〔약주〕

此則有無相形也. 本無生死而今有之 本無身心而今有之. 此有者有於無耳. 二乘之人灰滅身心 超脫生死而證無爲. 是以無者無其有耳 是以有其所無故稱有 無其所有故稱無. 此相待相形 故爲俗也.

※相形(상형): 서로 비교하다.

여기서는 바로 유·무를 서로 비교하였다.

본래 생사가 없는데 지금은 (생사가) 있고, 본래 몸과 마음이 없는데 지금은 (몸과 마음이) 있다. 여기서의 유有는 무無를 상대해서 있는 것일 뿐이다.

이승인(성문·연각)은 몸과 마음이 불에 타 재가 되어 없어진(灰滅身心) 것처럼 해서 생사를 벗어나 무위(無爲, 열반)를 증득한다. 그러므로 (이승인이 말하는) 무無는 저 유有가 없어진 것일 뿐이다.

그러므로 없어진 것이 있기 때문에 유有라고 칭하고, 있던 것이 없어졌기 때문에 무無라고 칭하는 것이다. 이는 상대해서 서로 비교한 것이기 때문에 '속俗(제)'이라고 한 것이다.

【논】

然則 有生於無 無生於有. 離有無無 離無無有. 有無相生 其猶高下相傾. 有高必有下 有下必有高矣. 然則 有無雖殊 俱未免於有也.

그런즉, 유有는 무無에서 나오고 무無는 유有에서 나오는 것이다.

유有를 떠나서 무無가 없고 무無를 떠나서 유有가 없다. 유有와 무無는 (서로) 상대해서 생겨나니 그것은 마치 높고 낮음이 상대적으로 기운 것과 같다. 높은 것이 있으면 반드시 낮은 것이 있고 낮은 것이 있으면 반드시 높은 것이 있다. 그런즉, 유·무가 비록 다르지만 모두 유有를 면치 못하는 것이다.

〔약주〕

釋成有無相生. 如高下相傾. 是則有無之名雖殊 俱未免於有. 故所以爲俗耳.

유·무 상생으로 이루어지는 것임을 설명하였다. 마치 높고 낮음이 서로 기우는 것과 같다. 이것이 바로 유·무의 명칭이 비록 다르지만, 모두 유有를 면치 못하는 것이다. 그런 까닭에 속俗일 뿐인 것이다.

【논】

此乃言象之所以形 是非之所以生 豈是以統夫幽極 擬夫神道者乎.

이것은 말과 형상이 드러나는 까닭이고 옳고 그름이 생겨나는 까닭인데 어찌 유극(幽極, 이치)을 통합하고 신령스런 도(神道)를 헤아리려는 것인가?

〔약주〕

此結責有無既形於言象 必生其是非 未爲一定之理 豈足以統攝幽妙之極致 而擬議涅槃之神道乎.

여기서는 결론으로 유·무가 언어와 형상으로 드러났다면 반드시 옳고 그름이 생겨나서 일정한 이치가 되지 못하는데 어찌 (유·무로) 그윽하고 오묘한 극치極致를 통섭하고 열반의 신령스런 도를 헤아리는 것이 충분하겠냐고 책망하였다.

【논】

是以 論稱出有無者 良以有無之數〔名也〕止乎六境之內. 六境之內非涅槃之宅 故借出以祛〔遣〕之.

그래서 논論에서 유·무를 벗어났다고 칭한 것은 진실로 유·무의 수數〔=명칭〕는 육경六境 안에 그치는 것이다. (또한) 육경의 안은 열반의 집이 아니기 때문에 출出 자를 빌려 떨어내는〔=버리는〕 것이다.

〔약주〕

此正明出意也. 謂涅槃之道超出有無者. 良以有無之名 止乎六境根塵之內. 以根塵生滅之法 非涅槃不生不滅之致 故假借一出字 以遣執迷之情耳 始非出此之外 別有一有可居也.

여기서는 출(出, 벗어남) 자의 뜻을 바로 밝혔다. 이를테면 유·무를 뛰어넘은 열반의 도라는 것이다.

진실로 유·무의 명칭은 육경·육근·육진 안에 머물러 있다. 근根과 진塵은 생멸의 법으로써 불생불멸하는 열반의 이치가 아니다. 그런 까닭에 출出이라는 한 글자를 빌려 미혹에 집착한 정(執迷之情)을 버리게 한 것이지, 처음부터 이 (유·무) 밖을 벗어나 따로 머무는 하나의 유有가 있는 것이 아니다.

【논】

庶悕道之流 髣髴〔比擬也〕幽途 託情絶域. 得意忘言 體其非有非無 豈曰有無之外 別有一有而可稱哉.

※髣髴(방불): 거의 비슷함. 흐릿하거나 어렴풋함. 무엇과 같다고 느끼게 함.
※幽途(유도): 지옥, 아귀, 축생의 삼악도.

바라건대, 그윽한 도(幽途)를 (유·무와) 같은 것으로 느끼면서〔=비교하는 것이다.〕 **도를 희구하는 부류들이여! 정情이 끊어진 세계에 의탁하라.**

뜻을 얻어 말을 잊으면 저 비유비무非有非無를 체득할 것인데. 어찌 유·무 밖에 따로 하나의 유有가 있어 칭할 만하다고 말하는 것인가?

〔약주〕

此勉玄悟忘情也. 所以言超出者 冀望學道之流 因言比量涅槃之妙 寄心於忘情絕證之域. 得意忘言 悟其非有非無耳. 豈是有無之外 別有一有可稱謂哉. 執言昧旨 失之甚矣.

※冀望(기망): 희망하다.

여기서는 정을 잊고 현묘하게 깨닫는 것(玄悟忘情)을 권하였다.

뛰어넘는다(超出)고 말한 이유는 도를 배우는 부류가 열반의 오묘함을 비교해서 헤아려 본다고 한 말로 인해서 정情을 잊고 증오도 끊어진(忘情絕證) 영역에 의탁하기를 바란 것이다.

말을 잊고 뜻을 얻으면(得意忘言) 있는 것도 아니고 없는 것도 아니다(非有非無)는 것을 깨닫게 된다. (그런데) 어찌 유·무 밖에 따로 칭위할 하나의 유有가 있겠는가? 말에 집착해 뜻이 어두우면, 잘못함이 대단하다.

【논】

經曰 三無爲者 蓋是羣生紛繞 生乎篤患 篤患之尤 莫先於有 絕有之稱 莫先於無 故借無以明其非有. 明其非有 非謂無也.

※紛繞(분요): 서로 얽힘.

※篤(도타울 독): 도탑다. 두터이 하다. 진심이 깃들어 있다.

경전에서 말한 삼무위(三無爲, 허공무위·택멸무위·비택멸무위)는 중생이 서로 얽혀서 두터운 근심을 발생하는데, 두터운 근심이 그지없기로는 유有보다 앞선 것이 없고, 유有를 끊어 버린 명칭으로는 무無보다 앞선 것이 없기 때문에 무無를 빌려 유有가 아님을 밝힌 것이다. (이는) 유有가 아님을 밝힌 것이지 무無를 말한 것이 아니다.

〔약주〕

此斥迷也. 經言三無爲者. 蓋因衆生生死往來紛紛繞繞而不停者 生乎根塵爲篤患之本也. 而篤患之甚者 莫先貪著執有之情也. 若欲絶其貪著之心 莫先於涅槃之無 以爲安逸之宅 因此故借一無字以明其生死之法中非有耳. 此意但只明其根塵虛妄 本不是有 非是絶無爲無也. 此言揀有二義. 一揀涅槃非有無攝 二揀爲無之無 非二家所計之無.

※安逸(안일): 안일하다. 편안하고 한가롭다.

여기서는 미혹함을 배척하였다.

경전에서 삼무위三無爲를 말한 것은 다음과 같다.

중생이 생사를 왕래하며 분분요요(紛紛繞繞, 계속해서 휘감기는 것)하며 멈추지 못하는 것은 (육)근根과 (육)진塵을 내어 두터운 근심의 근본으로 삼기 때문이다. 그런데 두터운 근심 가운데 (가장) 심한 것은 유有를 탐하고 집착하는 정情보다 앞선 것이 없다. 만약 저 탐착하는 마음을 끊어 버리고자 한다면 열반의 무(涅槃之無)를 편안하고 한가로운 집(安逸之宅)으로 여기는 것보다 앞선 것이 없기 때문이다. 이러한 까닭으로 인해서 무無라는 한 글자를 빌려서 (열반이) 생사의 법 가운데 있는 것이 아니라는 것을 밝힌 것이다. 이 뜻은 단지 저 (육)근과 (육)진이 허망해서 본래 있는 것이 아님을 밝혔을 뿐이지, 절무(絶無, 절대 없는 것)를 무無로 삼은 것이 아니다.

여기서 구별해서 말한 것에는 두 가지 뜻이 있다. 첫째는 열반은 유·무로 거둘 수 있는 것이 아님을 구별했고, 둘째는 무無를 없는 것이라고 한 것(爲無之無)은 이가(二家, 유학과 노장학)에서 헤아린 무無가 아님을 구별하였다.

6) 수현搜玄

유명은 말한다. 〔有名曰.〕

논에서 몸소 말하기를 "열반은 유·무를 벗어나지 않는다"고 하고, 또한 "유·무에도 있지 않다"고 하였다. 〔論自云 "涅槃旣不出有無" 又 "不在有無"〕

유·무에 있지 않다면 유·무에서 얻는다고 해서도 안 되고, 유·무를 벗어나지 않는다면 유·무를 떠나서 찾아도 안 된다. 〔不在有無 則不可於有無得之矣 不出有無 則不可離有無求之矣.〕

찾아도 없다면 마땅히 도무지 없는 것이어야 한다. 〔求之無所 便應都無.〕

하지만 또 도가 없는 것도 아니다. 〔然復不無其道.〕

도가 없는 것이 아니라면 그윽한 길(幽途, 열반)은 찾을 수 있다.
〔其道不無 則幽途可尋.〕
그런 까닭에 일 천 성인이 행적(轍)을 함께하면서 일찍이 부질없이 되돌아오지 않는 것이다. 〔所以 千聖同轍 未嘗虛返者也.〕
도가 이미 존재하는데도 "벗어나지도 않지만 있지도 않다"고 하면 반드시 다른 뜻이 있을 것이다. 들을 수 있겠는가? 〔其道旣存 而曰 "不出不在" 必有異旨. 可得聞乎.〕

〔약주〕[127]

此承無名言 "涅槃之道妙出有無" 故名家搜之. 搜 尋求也.

여기서는 무명이 말한 "열반의 도는 유·무를 오묘하게 벗어났다"고 말한 것을 받아들였다. 그런 까닭에 명가名家가 이를 탐구한 것이다.

수搜는 심구(尋求, 자세히 찾는 것=탐구)이다.

【논】

有名曰. 論自云 "涅槃旣不出有無" 又 "不在有無" 〔引論意〕 不在有無 則不可於有無得之矣 不出有無 則不可離有無求之矣. 求之無所 便應都無.

---

127 수현搜玄에 대한 개괄적인 설명이다.

유명은 말한다.

논에서 몸소 말하기를 "열반은 유·무를 벗어나지 않는다"고 하고, 또한 "유·무에도 있지 않다"고 하였다. 〔논의 뜻을 인용하였다.〕[128]

유·무에 있지 않다면 유·무에서 얻는다고 해서도 안 되고, 유·무를 벗어나지 않는다면 유·무를 떠나서 찾아도 안 된다. 찾아도 없다면 마땅히 도무지 없는 것이어야 한다.

〔**약주**〕

此名家按蹟興疑也. 上云 "良以有無之數"等 是不出有無也 前云 "果出有無"等 是不在有無也. 以不在故 不可卽而得之矣 不出 則不可離而求之矣. 於卽離之間求之 而所求不可得 便應都無 豈以斷滅爲妙道乎.

여기서는 명가名家가 (열반의) 자취를 살펴서 의심을 일으켰다.

위에서 말한 "진실로 유·무의 수~"[129]는 "이것은 유·무를 벗어나지 않는다"고 한 것과 같고, 앞에서 말한 "(열반의 도는) 정말로 유·무를 벗어났다"[130]는 "이것은 유·무에 있는 것이 아니다"고 한 것과 같다

있는 것이 아니기(不在) 때문에 없는 그것(卽)에서 얻는다고 해서도

---

128 문장 자체를 인용한 것이 아니라 뜻을 인용했다는 말이다.

129 무명이 초경에서 "진실로 유·무의 수(數, 이치)는 육경六境 안에 그치는 것이다(良以有無之數 止乎六境之內)"를 말한다.

130 무명이 위체에서 말한 "(열반의 도는) 정말로 유·무의 영역을 벗어났다(果出有無之域)"를 말한다.

안 되고, 벗어나지 않는다(不出)고 해서 그것을 떠나서 구해서도 안 된다.

그것(卽)과 (그것을) 떠남(離) 사이에서 구했지만 구한 것을 얻을 수가 없다면 마땅히 도무지 없는 것(都無)이어야 하는데 (그렇다고) 어찌 단멸斷滅로써 묘도妙道를 삼겠는가?

【논】

然復不無其道. 其道不無 則幽途可尋. 所以千聖同轍 未嘗虛返者也. 其道旣存 而曰 "不出不在" 必有異旨. 可得聞乎.

하지만 또 도가 없는 것도 아니다. 도가 없는 것이 아니라면 그윽한 길(幽途, 열반)은 찾을 수 있다. 그런 까닭에 일 천 성인이 행적(轍)을 함께하면서 일찍이 부질없이 되돌아오지 않는 것이다.

도가 이미 존재하는데도 "벗어나지도 않지만 있지도 않다"고 하면 반드시 다른 뜻이 있어야 할 것이다. 들을 수 있겠는가?

〔약주〕

旣云 "不出不在" 然又 "不無" 其道 是則妙道可尋. 足知千聖一軌 同歸一極 未嘗虛返者也. 然其道旣存 則有所可指 而曰 "不出不在" 使人趣向無所. 必有異旨 可得聞乎.

이미 "벗어나지도 않았지만 있지도 않다"고 하였다. 그런데 또 "없는 것이 아니다"고도 했으니, 그 도는 곧 찾을 수 있는 묘도妙道인 것이다. (또한) 일천 성인이 행적(軌)을 하나로 해서 일극一極으로 함께 돌아가서 일찍이 부질없이 되돌아온 자가 없었다는 것을 충분히 알 수 있는 것이다.

하지만 그 도가 이미 존재하고 있다는 것은 바로 (도가 있는 곳을) 가리킬 만한 바가 있는 것이다. 그런데도 말하기를 "벗어나지도 않았지만 있지도 않다"고 한 것은 사람들로 하여금 향하게 할 곳을 없게 한다는 것이다. (그래서) "반드시 다른 뜻이 있을 것이다. 들을 수 있겠는가?"라고 하였던 것이다.

7) 묘존妙存

무명은 말한다. 〔無名曰.〕

무릇 말은 명칭으로 말미암아 일어나고 명칭은 상相 때문에 생겨난다. 〔夫言由名起 名以相生.〕

상相은 상이라고 할 만한 것(可相)으로 인하니 상이 없으면 명칭도 없다. 〔相因可相 無相無名.〕

명칭이 없으면 말할 것이 없고 말할 것이 없으면 들을 것도 없다. 〔無名無說 無說無聞.〕

경전에 이르기를 "열반은 법도 아니고 법 아닌 것도 아니다. 들은 것도 없고 말한 것도 없으며 마음으로 아는 것도 아니다"고 하였다. 〔經曰 "涅槃非法 非非法. 無聞無說 非心所知"〕

(그런데) 내가 어찌 감히 말할 수 있겠는가? 그런데도 그대는 듣고 싶은가? 〔吾何敢言之 而子欲聞之耶.〕

비록 그렇기는 하지만, 선길(善吉, 수보리)이 말하기를 "사람들이 만약 능히 무심無心으로 받아들이고 듣는 것 없이 들을 수 있다면 저는 마땅히 무언無言으로 말할 것이며, (부처님의) 말씀을 서술하기를 바라면 또한 말로 할 수도 있습니다"라고 하였다. 〔雖然 善吉有言 "衆人若能以無心而受 無聽而聽者 吾當以無言言之 庶述其言 亦可以言"〕

정명(淨名, 유마힐)은 말하기를 "번뇌를 떠나지 않고 열반을 얻는다"고 하였고, 천녀天女는 말하기를 "마구니의 세계를 떠나지 않고 부처의 세계에 들어간다"고 하였다. 〔淨名曰 "不離煩惱 而得涅槃" 天女曰 "不出魔界而入佛界"〕

그런즉, 현도玄道는 묘오(妙悟, 오묘하게 깨닫는 것)에 있고, 묘오는 즉진(卽眞, 진리에 나아감)에 있는 것이다. 〔然則 玄道在於妙悟 妙悟在於卽眞.〕

진리에 나아가면 바로 유·무를 똑같이 관하고, 똑같이 관하면 바로 상대와 자기가 둘이 없다. 〔卽眞卽有無齊觀 齊觀卽彼己莫二.〕

그런 까닭에 천지와 내가 뿌리가 같고 만물과 나는 한 몸인 것이다. 〔所以天地與我同根. 萬物與我一體.〕

(천지와 만물이) 나와 같으면 다시는 유·무로 돌아가지 않지만, 나와 다르면 회통하는데 어긋나게 된다. 〔同我則非復有無 異我則乖於會通.〕

그런 까닭에 벗어나지도 않지만 있지도 않은 그 사이에 도가 존재하는 것이다. 〔所以不出不在 而道存乎其間矣.〕

어째서 그런가? 무릇 지인至人은 텅 빈 마음으로 그윽하게 비춰 이치로 통괄하지 않는 것이 없기 때문이다. 〔何則. 夫至人虛心冥照 理無不統.〕

(또한) 육합(六合, 천지)을 가슴에 품으면서도 신령한 비춤은 남음이 있고 만유를 마음에 비추면서도 그 마음(神)은 항상 텅 비었기 때문이다. 〔懷六合於胸中 而靈鑒有餘 鏡萬有於方寸 而其神常虛.〕

(지인至人은) 무시이래로 현근玄根을 능히 뽑음에 이르러서는 온갖 움직임으로 나아가도 마음이 고요하고 염담연묵(恬淡淵默, 욕심 없고 담백하며 말이 없음)해서 오묘하게 자연에 계합한다. 〔至能拔玄根於未始 卽羣動以靜心 恬淡淵默 玅契自然.〕

그런 까닭에 유有에 처處하지만 유有가 아니고, 무無에 거居하지만 무無가 아니다. 〔所以 處有不有 居無不無.〕

무無에 거하지만 무無가 아니기 때문에 무無는 무無가 아니고, 유有에 처하지만 유有가 아니기 때문에 유有는 유有가 아니다. 〔居無不無 故不無於無 處有不有 故不有於有.〕

그런 까닭에 능히 유·무를 벗어나지 않지만 유·무에 있는 것도 아니다. 〔故能不出有無 而不在有無者也.〕

그런즉, 법은 유·무의 상이 없고, 성인은 유·무의 앎이 없는 것이다. 〔然則 法無有無之相 聖無有無之知.〕

성인에게 유·무의 앎이 없으니 안으로 마음이 없고, 법에 유·무의

상이 없으니 밖으로 수數가 없다. 〔聖無有無之知 則無心於內 法無有無之相 則無數於外.〕

밖에 수數가 없고 안에 마음이 없으니 저것(=경계)과 이것(=마음)이 고요하다. 〔於外無數 於內無心 彼此寂滅.〕

대상과 내가 그윽하게 하나가 되어 담담(淡淡, 그윽하고 평온)하고 조짐이 없으면 이것을 '열반'이라고 한다. 〔物我冥一 怕爾無朕 乃曰"涅槃"〕

열반은 이와 같이 도모하고 헤아리는 것이 끊어졌거늘 어찌 유·무로 안을 책망하고, 또 유·무로 밖을 따지겠는가? 〔涅槃若此 圖度絕矣 豈容可責之於有無之內 又可徵之有無之外耶.〕

〔**약주**〕[131]

不出不在曰妙 體非斷絕曰存 乃無住之深趣. 存乎不卽不離之間 故曰"妙存" 雖云"妙存" 正顯無住.

벗어나지도 않았지만 있지도 않은 것을 묘妙라고 하고, 체體가 단절되지 않은 것을 존存이라고 하는데, 이는 무주(無住, 유·무에 머물지 않음)의 심오한 뜻이다.

그것(卽)도 아니고 그것을 떠난(不卽不離) 사이에 존재하기 때문에 '묘존妙存'이라고 하였다. 비록 묘존이라고 했지만 무주無住를 올바르

131 묘존妙存에 대한 개괄적인 설명이다.

게 드러낸 것이다.

【논】

無名曰. 夫言由名起 名以相生. 相因可相 無相無名. 無名無說 無說無聞.

무명은 말한다.

무릇 말은 명칭으로 말미암아 일어나고 명칭은 상相 때문에 생겨난다. 상相은 상이라고 할 만한 것(可相)으로 인하니 상이 없으면 명칭도 없다. 명칭이 없으면 말할 것이 없고 말할 것이 없으면 들을 것도 없다.

〔약주〕

此意責名家執名相以求無言之妙道 故就有無以求之 非得無言之旨也. 謂凡言說從名相而起 名相從妄想而生. 故曰 "相因可相" 若名相兩忘 則言說俱無 言說旣無 則從何所聞. 然此涅槃妙道 本無言說 子於何而得聞乎.

여기서의 뜻은 명가名家가 명名과 상相에 집착해서 무언無言의 묘도妙道를 구했기 때문에 유·무를 따라서 찾았지만 무언의 뜻을 얻지 못한 것을 책망하였다.

이를테면 무릇 언설이라는 것은 명과 상으로부터 일어나고, 명과 상은 허망한 생각으로부터 생겨난다는 것이다. 그런 까닭에 "상은 상이라고 할 만한 것(可相)으로 인하는 것이다"고 한 것이다.

만약 명과 상 둘 다 잊으면 언설이 모두 없게 되는데, 언설이 없으면 어느 곳을 따라 들을 수 있는 것인가?

분명 이 열반의 묘도는 본래 언설이 없는 것인데 (유명) 그대는 무엇으로 들을 수 있겠는가?

【논】

經曰 "涅槃非法 〔故不在〕 **非非法.** 〔故不出〕 **無聞無說 非心所知" 吾何敢言之 而子欲聞之耶.**

경전에 이르기를 "열반은 법도 아니고 〔그런 까닭에 존재하는 것이 아니다.〕 **법 아닌 것도 아니다.** 〔그런 까닭에 벗어난 것도 아니다.〕

들은 것도 없고 말한 것도 없으며 마음으로 아는 것도 아니다"[132] **고 하였다.** (그런데) **내가 어찌 감히 말할 수 있겠는가? 그런데도 그대는 듣고 싶은가?**

〔약주〕

此正申責意也. 由名象家云 "不出不在 必有異旨 可得聞乎" 故此引經證涅槃本不可說 亦非可聞也. 經卽本經二十一略云 "涅槃非相非不相

132 경전의 정확한 출처는 알 수 없다. (다만 마하반야바라밀경, 제20권에 "見一切法非法非非法"의 문구가 있으며, 아래 약주에서 감산은 열반경을 출처로 하고 있다.)

非物非不物"等 亦淨名義. 謂有無二者皆名爲法. 所云非法 則不在也 非非法 則不出也. 不出不在 則無言說 離言之道 非心所知. 吾何敢妄言 而子欲聞之耶.

여기서는 바로 책망의 뜻을 말했다.

명상가名象家가 "벗어나지도 않았지만 있지도 않다고 한다면 반드시 다른 뜻이 있을 것이다. 들을 수 있겠는가?"라고 한 것으로 말미암아 여기서는 경전을 인용하여 열반은 본래 말할 수도 없고 또한 들을 수 있는 것도 아니라는 것을 증명하였다.

경전은 바로 『본경(本經, 열반경)』으로 제21권을 간략하게 말하면 "열반은 상相도 아니고 상이 아닌 것도 아니다. (또한) 물物도 아니고 물 아닌 것도 아니다"[133]고 하였다.

(이는) 또한 『정명경(淨名, 유마경)』의 뜻이기도 한데, 이를테면 유有와 무無 둘 모두를 이름해서 법으로 삼는다는 것이다.

(경전에서) 말한 비법非法은 곧 (유·무에) 있는 것이 아니며, 비비법非非法은 곧 (유·무를) 벗어난 것이 아니다.

---

133 대반열반경 제21권, 「광명변조고귀덕왕보살품光明遍照高貴德王菩薩品」에 다음과 같이 전한다. (번역 생략, 밑줄 참조)

如來涅槃 非有非無 非有爲非無爲 非有漏非無漏 非色非不色 非名非不名 非相非不相 非有非不有 非物非不物 非因非果~.

한편, 승조 사후에 보리유지菩提留支가 번역한 『입능가경入楞伽經』 제1권, 「청불품請佛品」에서는 다음과 같이 전한다. (번역 생략, 밑줄 참조)

楞伽王 一切法非法無聞無說. 楞伽王 一切世間法皆如幻 而諸外道凡夫不知. 楞伽王 若能如是見如實見者名爲正見.

벗어나지도 않았지만 있지도 않다면 언설이 없는 것이고, 언설을 떠난 도는 마음으로 아는 것이 아니다. (그런데) 어떻게 내가 감히 허망하게 말할 수 있겠는가? 그런데도 그대는 듣고 싶은 것인가?

【논】

雖然 善吉有言 "衆人若能以無心而受 無聽而聽者 吾當以無言言之 庶述其言 亦可以言"

비록 그렇기는 하지만, 선길(善吉, 수보리)이 말하기를 "사람들이 만약 능히 무심無心으로 받아들이고, 듣는 것 없이 들을 수 있다면 나는 마땅히 무언無言으로 말할 것이며, (부처님의) 말씀을 서술하기를 바라면 또한 말로 할 수도 있습니다"[134]라고 하였다.

〔약주〕

此陳道本無言 亦可以因言顯道也. 善吉 須菩提之名也. 義引般若須菩提云 "我觀般若 本無言說. 若衆人能以無心而受 無聽而聽者 我當述佛之言 亦可以言之" 意欲通難解迷 不得不言之耳.

※意欲(의욕): (마음·기분에) ~하고 싶다. ~하고자 하다.

여기서는 도는 본래 말이 없는 것(道本無言)이지만, 또한 말로 인해

134 경전의 정확한 출처를 알 수 없다. 아래 약주에서는 반야경이라고 한다.

도를 드러낼(因言顯道)[135] 수 있음을 진술하였다.

선길善吉은 수보리(須菩提)의 이름이다.

뜻은 『반야경』에 수보리가 말하기를 "내가 반야를 관해 보니 본래 언설이 없다. 만약 여러 사람들이 능히 무심으로 받아들이고 듣는 것 없이 들을 수 있으면 나는 마땅히 부처님의 말씀을 진술할 것이며, 또한 말할 수도 있다"고 한 것에서 인용하였다.

(이는) 힐난을 꿰뚫어 미혹을 풀어주고자 하여 부득이 말하지 않을 수 없었던 것이다.

【논】

淨名曰 "不離煩惱 而得涅槃" 天女曰 "不出魔界而入佛界"

정명(유마힐)은 말하기를 "번뇌를 떠나지 않고 열반을 얻는다"[136]고 하였고, 천녀天女는 말하기를 "마구니의 세계를 떠나지 않고 부처의 세계에 들어간다"고 하였다.

---

135 道本無言 因言顯道는 원오극근을 비롯하여 여러 선사들이 고인古人의 말이라고 하면서 많이 인용하는 문구이기도 하다.

136 경전을 인용해서 승조가 해석한 것이다. 유마경 제1권, 제자품에 "不斷煩惱而入涅槃 是爲宴坐 若能如是坐者 佛所印可(유마힐이 사리불에게 말하기를 "번뇌를 끊지 않고 열반에 들어가는 것, 이것을 연좌라고 합니다. 만약 이와 같이 앉는다면 부처님께서 인가하실 것입니다)"라고 전한다.

〔약주〕

此引二經證不出不在義也. 淨名 卽弟子品文. 天女 卽寶女所問經. 第四偈曰 "如魔之境界 佛境界平等 相應爲一類 以是印見印" 據此經義 妙道本來不出不在. 只在當人妙悟. 豈可執言求實也. 故下明妙悟.

여기서는 두 경전을 인용해서 "벗어난 것도 아니지만 있는 것도 아니다(不出不在)"는 뜻을 증명하였다.

"정명은~"이라고 한 것은 바로 (유마경) 제자품弟子品에 있는 문장이다. (또한) "천녀天女는~"이라고 한 것은 바로 『보녀소문경寶女所問經』[137]에 있는 문장으로, 제4게에 이르기를 "마군의 경계는 부처의 경계와 평등하고 상응해서 하나의 경계가 되어 이 인印으로 인印을 본다"고 하였다.

이 경전의 뜻에 근거하면 묘도妙道는 본래 벗어난 것도 아니지만 있는 것도 아니다. 다만 자기 자신(當人)의 오묘한 깨달음에 있을 뿐이다. (그런데) 어찌 말에 집착하여 진실을 구할 수 있겠냐는 것이다. 그런 까닭에 아래에서 오묘한 깨달음을 밝혔다.

【논】

然則 玄道在於妙悟 妙悟在於卽眞. 卽眞卽有無齊觀 齊觀卽彼己莫

---

137 서진西晉의 축법호竺法護 번역. 『대방등대집경大方等大集經』, 「보녀품寶女品」의 별역으로 『보녀품보녀경寶女經』·『보녀삼매경寶女三昧經』·『보녀문혜경寶女問慧經』이라고도 한다.

二 所以天地與我同根 萬物與我一體. 同我則非復有無 異我則乖於會通. 所以不出不在 而道存乎其間矣.

그런즉, 현도玄道는 묘오(妙悟, 오묘하게 깨닫는 것)에 있고, 묘오는 즉진(卽眞, 진리에 나아감)에 있는 것이다.

진리에 나아가면 바로 유·무를 똑같이 관하고, 똑같이 관하면 바로 상대와 자기가 둘이 없다. 그런 까닭에 천지와 내가 뿌리가 같고 만물과 나는 한 몸인 것이다.

(천지와 만물이) 나와 같으면 다시는 유·무로 돌아가지 않지만, 나와 다르면 회통하는데 어긋나게 된다. 그런 까닭에 벗어나지도 않지만 있지도 않은 그 사이에 도가 존재하는 것이다.

〔약주〕

此言涅槃妙道 在乎妙悟等觀 非言說可到也. 所言涅槃者 乃法身寂滅之稱也. 大經云 "法身徧在一切處 一切衆生及國土 三世悉在無有餘 亦無形相而可得" 此非妙悟不足以了達. 然妙悟要在卽物以見眞 卽眞要在有無齊觀. 若能齊觀 則物我不二. 如此 則天地與我同根 萬物與我一體. 若物我等觀 則不落有無 若物與我異 心境角立 則不能會通 故所以言不出不在而妙存乎其間矣. 若不如此 則取捨情生 是非繆亂 又何以見忘言之道乎.

여기서는 열반의 오묘한 도(涅槃妙道)는 오묘하게 깨달아 동등하게 관하는 데 있는 것이지 언설로 도달할 수 있는 것이 아니라는 것을 말했다.

(여기서) 말한 열반은 곧 법신의 적멸(法身寂滅)을 일컫는다. 『대경(大經, 화엄경)』에 이르기를 "법신은 일체처와 일체중생 그리고 일체국토에 두루하고, 삼세에 모두 남음 없이 존재하며, 또한 형상으로는 얻을 수가 없다"[138]고 하였다. 이것은 오묘한 깨달음이 아니면 분명하게 통달할 수가 없는 것이다.

오묘한 깨달음(妙悟)의 요지는 물物에 나아가서 진실(眞)을 보는 데 있고, 진실에 나아가는(卽眞) 요지는 유·무를 똑같이 관하는 데 있다. 만약 똑같이 관할 수 있으면 바로 물物과 아我가 둘이 아니게 된다. 이와 같으면 바로 천지와 내가 같은 뿌리이고 만물과 내가 하나의 몸인 것이다.

(또한) 만약 물物과 아我를 평등하게 관하면 유·무(양변)에 떨어지지 않지만, 만약 물物과 아我를 다르게 관하면 마음과 경계는 (대립) 각을 세워 회통하지 못하게 되는 까닭에, 그래서 말하기를 "벗어난 것도 아니지만 있는 것도 아닌 그 사이에 오묘하게 존재한다"고 말했던 것이다.

만약 이와 같지 않다면 취하고 버리는 정情이 생겨 옳고 그름이 어지럽게 얽히게 되는데, 또 무엇으로 말을 잊은 도(忘言之道)를 볼 수 있겠는가?

---

138 제28권, 「십회향품十迴向品」 말미에 전하는 게송의 일부분이다. 다만 법신을 법성法性으로 전하는 차이가 있다.

【논】

何則. 〔徵釋妙悟〕 夫至人虛心冥照 理無不統. 懷六合於胸中 而靈鑒有餘 鏡萬有於方寸 而其神常虛.

어째서 그런가? 〔묘오妙悟를 따져가며 설명하였다.〕

무릇 지인至人은 텅 빈 마음으로 그윽하게 비춰 이치로 통괄하지 않는 것이 없기 때문이다. (또한) 육합(六合, 천지)을 가슴에 품었으면서도 신령한 비춤은 남음이 있고, 만유를 마음에 비추면서도 그 마음(神)은 항상 텅 비었기 때문이다.

〔약주〕

此言聖人照理達事 故卽事而眞也. 由照眞理極 故事無不攝. 故懷六合而有餘 鏡萬有而常虛. 此聖人之心也.

여기서는 성인은 이치를 비춰 일을 통달하기(照理達事) 때문에 사가 바로 진실임(卽事而眞)을 말했다.

진리를 지극하게 비추기 때문에 거두지 못하는 일이 없다. 그런 까닭에 육합(六合, 천지사방)을 품으면서도 남음(餘, 여분)이 있고 만유를 비추면서도 항상 텅 빈 것이다. 이것이 성인의 마음이다.

【논】

至能拔〔言證窮也〕**玄根**〔指涅槃實際也〕**於未始**〔言無始 指未迷已前〕**卽羣動以靜心 恬淡淵默 玅契自然.**

※恬淡(염담): 욕심이 없고 담백함.
※淵默(연묵): 묵묵하다. 입이 무겁다. 침착하고 말수가 적다.

(지인至人은) **무시이래로**〔미시未始는 무시無始를 말하며, 미혹 이전을 가리킨다.〕[139] **현근玄根을 능히**〔열반의 실제實際를 가리킨다.〕**뽑음에**〔증득을 다하였음을 말한다.〕[140] **이르러서는 온갖 움직임으로 나아가도 마음이 고요하고 염담연묵**(恬淡淵默, 욕심 없고 담백하며 말이 없음)**해서 오묘하게 자연에 계합한다.**

〔약주〕

言由妙悟. 故能眞窮惑盡 破無始之迷 徹法界之理. 故權應羣機 卽動而常靜 無爲湛寂 妙契自然.

오묘한 깨달음(妙悟)으로 말미암은 것임을 말했다. 그런 까닭에 능히 진리를 궁구하여 미혹을 다하고 무시이래의 미혹을 타파하고 법계의 이치를 꿰뚫었다. (또한) 그런 까닭에 방편으로 중생(羣機)에 응하면

---

139 번역 상, 앞으로 옮겼다.
140 이 부분은 번역 상, 원문과 감산의 존평의 순서를 바꿨다.

서 움직임에 나아가서도 항상 고요한 것이고, 무위잠적(無爲湛寂, 함이 없이 맑고 고요함)해서 자연에 오묘하게 계합하였다.

【논】

所以 處有不有 居無不無. 居無不無 故不無於無 處有不有 故不有於有. 故能不出有無 而不在有無者也.

그런 까닭에 유有에 처處하지만 유有가 아니고, 무無에 거居하지만 무無가 아니다. 무無에 거하지만 무無가 아니기 때문에 무無는 무無가 아니고, 유有에 처하지만 유有가 아니기 때문에 유有는 유有가 아니다. 그런 까닭에 능히 유·무를 벗어나지 않지만 유·무에 있는 것도 아니다.

〔약주〕

此言聖人理極情亡 故出在兩超 不墮有無之見也. 由實智理窮 故處有不有 權應無方 故居無不無. 以不無故不滯於無 不有故不著於有. 如此所以 不出有無 而不在有無者也 豈可以一定於有無而求之哉.

여기서는 성인은 이치가 지극해서 정이 없기(理極情亡) 때문에 벗어남(出)과 존재함(在)의 둘을 뛰어넘고 유·무의 견해에 떨어지지 않는다는 것을 말했다.

진실지혜(實智)로 이치를 궁구함으로 말미암아 유有에 처하면서도 있는 것이 아니며(不有), 방편으로(=방편지혜로) 일정한 방소(方所,

방향과 장소)가 없이 응하기 때문에 무無에 거해도 없는 것이 아니다(不無).

없는 것이 아니기(不無) 때문에 (진실로) 무無에 걸리지 않고, 있는 것이 아니기(不有) 때문에 (진실로) 유有에 집착하지 않는다.

이와 같은 까닭으로 유·무를 벗어나지 않았지만 유·무에 있는 것도 아닌 것이다. (그런데) 어찌 유·무를 하나로 단정해서 구할 수 있겠는가?

【논】

然則 法無有無之相〔境空〕**聖無有無之知.**〔心空〕**聖無有無之知 則無心於內**〔亡知絶照〕**法無有無之相 則無數**〔名相也〕**於外.**〔離名絶相〕**於外無數**〔則境絶〕**於內無心**〔則智絶〕**彼**〔境也〕**此**〔心也〕**寂滅.**〔心境雙絶〕**物我冥一**〔物我如如〕**怕爾無朕 乃曰"涅槃"**

그런즉, 법은 유·무의 상이 없고,〔경계가 공하다.〕**성인은 유·무의 앎이 없는 것이다.**〔마음이 공하다.〕

성인에게 유·무의 앎이 없으니 안으로 마음이 없고,〔앎도 없고 비춤도 끊어졌다.〕**법에 유·무의 상이 없으니 밖으로 수數**〔명칭과 형상〕**가 없다.**〔명칭을 떠나고 형상을 끊었다.〕

밖에 수數가 없고〔경계가 끊어지게 된다.〕**안에 마음이 없으니**〔지혜가 끊어지게 된다.〕**저것**〔경계〕**과 이것**〔마음〕**이 고요하다.**〔마음과 경계가 쌍으로 끊어진다.〕

대상과 내가 그윽하게 하나가 되어〔물아가 여여하다(物我如如).〕**담담**(淡淡, 그윽하고 평온)**하고 조짐이 없으면 이것을 '열반'이라고 한다.**

〔**약주**〕

此歎聖人心境雙絶. 物我如如 纖塵不立 乃曰涅槃. 此爲聖人之極證究竟涅槃之果也.

여기서는 마음과 경계가 쌍으로 끊어진 성인을 찬탄하였다.

물아가 여여해서 털끝만큼도 서지 못하는 것, 이것을 '열반'이라고 한다. 이것이 성인의 지극한 증득이며, 구경의 열반의 과果이다.

【논】

涅槃若此 圖度絶矣 豈容可責之於有無之內 又可徵之有無之外耶.

※圖度(도탁): 어떤 일을 도모하고 헤아림.

열반은 이와 같이 도모하고 헤아리는 것이 끊어졌거늘 어찌 유·무로 안을 책망하고, 또 유·무로 밖을 따지겠는가?

〔**약주**〕

此責迷也. 謂涅槃如此 超出思議圖度之境 豈容可以有無內外而求

之耶.

여기서는 미혹을 책망하였다.

이를테면 열반은 이와 같아서 사의思議와 도도圖度의 경계를 뛰어넘었는데 어찌 유·무의 안과 밖에서 (열반을) 구하는 것을 용납하겠냐는 것이다.

8) 난차難差

유명은 말한다. 〔有名曰.〕
열반이 도모하고 헤아리는 영역이 끊어진 것이라면 육경 밖으로 뛰어넘은 것이고, 벗어난 것도 아니고 있는 것도 아니지만 현묘한 도(玄道)가 홀로 존재하는 것이면 이는 곧 이치와 성품을 남김없이 궁구한 것이다. 〔涅槃旣絕圖度之域 則超六境之外 不出不在 而玄道獨存 斯則窮理盡性.〕
구경의 도는 오묘한 하나이고 차별이 없어야 이치가 (과연) 그러할 것이다. 〔究竟之道 妙一無差 理其然矣.〕
그런데 『방광반야경』에 이르기를 "삼승의 도는 모두 무위無爲로 인해 차별이 있다"고 하였다. 〔而放光云 "三乘之道 皆因無爲而有差別"〕
(또한) 부처님께서 말씀하시길 "나는 옛적에 보살이었을 때 이름을 유동儒童이라고 하였다. (그때) 연등불께서 계신 곳에서 이미 열반에 들어갔는데 유동보살은 그때 칠주七住에서 처음으로 무생

법인(無生忍)을 얻고 (나머지) 삼위三位를 점진적으로 힘써 닦았다" 고 하였다. 〔佛言 "我昔爲菩薩時 名曰儒童 於然燈佛所 已入涅槃 儒童菩薩時於七住初獲無生忍 進修三位"〕

만약 열반이 하나라면 마땅히 셋이 있어서는 안 되고, 셋이 있으면 구경究竟이 아니다. 〔若涅槃一也 則不應有三 如其有三 則非究竟.〕

구경의 도인데도 오르고 내림에 다름이 있고, 여러 경전에서도 다르게 말하고 있는데, 어떻게 취해야 맞겠는가? 〔究竟之道 而有升降之殊 衆經異說 何以取中耶.〕

〔**약주**〕[141]

此承上言涅槃之道 心境不二 物我一如之妙 是爲平等無二之理 如此何以三乘修證有差. 旣曰冥一 則不應有三.

여기서는 위에서 말한 "열반의 도는 마음과 경계가 둘이 아니고 대상과 내가 일여한 오묘함이다. 이것으로 평등하여 둘이 없는 이치로 삼는다"[142]고 한 것을 받아들인다면 (열반의 도가) 이와 같은데 어째서 삼승의 수증修證에 차이가 있냐는 것이다. (또한) 이미 '명일冥一'이라고 했으면 셋이 있다고 해서는 안 된다는 것이다.

---

141 난차難差에 대한 개괄적인 설명이다.

142 바로 앞에 무명의 묘존妙存 말미에 한 말을 감산이 요약, 정리한 것이다.

【논】

有名曰. 涅槃旣絕圖度之域 則超六境之外 不出不在 而玄道獨存 斯則窮理盡性. 究竟之道 妙一無差 理其然矣.

유명은 말한다.

열반이 도모하고 헤아리는 영역이 끊어진 것이라면 육경 밖으로 뛰어넘은 것이고, 벗어난 것도 아니고 있는 것도 아니지만 현묘한 도(玄道)가 홀로 존재하는 것이라면 이는 곧 이치와 성품을 남김없이 궁구한 것이다.

구경의 도는 오묘한 하나이고 차별이 없어야 이치가 (과연) 그러할 것이다.

〔약주〕

名家敍領涅槃超出有無之妙 爲窮理盡性之談. 理其然矣 但理旣一 而三乘所證 何以不同. 故此下立難.

명가名家는 열반을 유·무를 뛰어넘은 오묘함으로 알아차리고, (이를) 이치를 다하고 성품이 다한(窮理盡性) 이야기라고 서술하였다.

“이치가 (과연) 그러할 것이다”고 한 것은 다만 이치는 하나이어야 하는데, 삼승이 깨달은 것이 어째서 같지 않느냐는 것이다. 그런 까닭에 아래에서 질문을 한 것이다.

【논】

而放光云 "三乘之道 皆因無爲而有差別" 佛言 "我昔爲菩薩時 名曰儒童 於然燈佛所 已入涅槃 儒童菩薩 時於七住初獲無生忍 進修三位"

그런데 『방광반야경』에 이르기를 "삼승의 도는 모두 무위無爲로 인해 차별이 있다"[143]고 하였다.

(또한) 부처님께서 말씀하시길 "나는 옛적에 보살이었을 때 이름을 유동儒童이라고 하였다. (그때) 연등불께서 계신 곳에서 이미 열반에 들어갔는데 유동보살은 그때 칠주七住에서 처음으로 무생법인(無生忍)을 얻고 (나머지) 삼위三位[144]를 점진적으로 힘써 닦았다"[145]고 하였다.

〔약주〕

難意謂涅槃妙道旣是一 則三乘所證不應有差. 引放光義 金剛亦同 謂 "一切聖賢皆以無爲法而有差別" 所謂證異也. 儒童於然燈佛所已入涅槃. 而又云 "時於七住獲無生法忍" 圓敎七住 卽權敎七地. 故言 "旣入涅槃" 則已證極果 如何後又進修三位耶. 此疑涅槃未爲極證也. 此

143 방광반야경에 일치하는 문장은 없다. 요약해서 인용한 것이다.

144 주住는 지地와 동일하다. 삼위는 제8 부동지不動地, 제9 선혜지善慧地, 제10 법운지法雲地를 뜻한다.

145 정확한 경전의 출처를 알 수 없다.

引證意. 下正難.

물은 뜻은 이를테면 열반의 오묘한 도(涅槃妙道)가 하나라면 삼승이 깨달은 것에는 차별이 있어서는 안 된다는 것이다.

『방광반야경』에서 뜻을 인용한 것인데, 『금강반야경』 또한 (뜻이) 같다. 이를테면 "일체현성이 모두 무위법으로 차별이 있다(一切聖賢皆以無爲法 而有差別)"는 것이다. (이는) 이른바 증득한 것이 다르다(證異)는 것이다.

유동儒童은 연등불께서 계신 곳에서 이미 열반에 들어갔다. 그런데도 또 말하기를 "그때 칠주七住에서 무생법인을 얻었다"고 하였다. 원교圓敎의 칠주七住는 바로 권교權敎의 칠지七地이다. 그런 까닭에 "이미 열반에 들어갔다"고 말한 것은 바로 극과極果를 증득한 것인데, 어떻게 뒤에 또 (나아가) 삼위三位를 힘써 닦아야 하냐는 것이다. 이것은 열반을 아직 지극하게 증득하지 못한 것이라고 의심한 것이다.

여기서는 (경전의) 뜻을 인용해서 (유명이 자신의 뜻을) 증명했고, 아래에서는 바로 힐난하였다.

【논】

若涅槃一也 則不應有三 如其有三 則非究竟. 究竟之道 而有升降之殊 衆經異說 何以取中耶.

만약 열반이 하나라면 마땅히 셋이 있어서는 안 되고, 셋이 있으면

구경究竟이 아니다. 구경의 도인데도 오르고 내림에 다름이 있고, 여러 경전에서도 다르게 말하고 있는데 어떻게 취해야 맞겠는가?

〔약주〕

此正難差也. 若一 則不應有三. 有三 則非究竟矣. 旣曰究竟之道. 而有升降之不同 敎有明言 又何以折中耶.

※折中(절중)=折衷(절충): 어느 편으로 치우치지 않고 이것과 저것을 취사하여 그 알맞은 것을 얻음.

여기서는 차별이 있는 것을 정면으로 힐난하였다.

만약 하나라면 셋이 있어서는 안 된다. 셋이 있으면 구경이 아니다. 이미 구경의 도를 말했는데도 오르고 내림의 같지 않음이 있고, 경전(敎)에서도 (이를) 밝힌 말씀이 있으면 어떤 것으로 올바르게 얻어야 하겠는가? (라는 것이다.)

9) 변차辯差

무명은 말한다. 〔無名曰.〕

그렇기는 하지만, 구경의 (열반의) 도는 이치에 차이가 없다.

〔然究竟之道 理無差也.〕

『법화경』에 이르기를 "제일의 대도에는 두 개의 바름이 없다.

(하지만) 나는 방편으로 태만한 이들을 위해 일승의 도를 분별해서 셋으로 설한 것이다"고 하였다. 〔法華經云 "第一大道無有兩正. 吾以方便爲怠慢者 於一乘道分別說三"〕

'삼거출화택(三車出火宅, 세 수레로 불난 집에서 나오게 한 것)'이 바로 그 일이다. 〔三車出火宅 卽其事也.〕

(이는) 함께 생사를 벗어났기 때문에 무위無爲라고 동일하게 칭하는 것으로써 탄 수레가 하나가 아니기 때문에 세 가지 명칭이 있지만 (타는 수레를) 통틀어서 회귀會歸하면 하나일 뿐이다. 〔以俱出生死 故同稱無爲 所乘不一 故有三名 統其會歸 一而已矣.〕

그런데도 힐난해서 말하기를 "삼승의 도는 모두 무위無爲로 인해 차별이 있다"고 한다면 이것은 사람이 셋이어서 무위를 셋이라고 한 것이지, 무위에 셋이 있는 것이 아니다. 〔而難云 "三乘之道 皆因無爲而有差別" 此以人三 三於無爲 非無爲有三也.〕

그런 까닭에 『방광반야경』에 이르기를 "'열반에 차별이 있는가?' 하고 묻자, 답하기를 '차별이 없다. 다만 여래는 번뇌의 습기(結習, 結習)를 모두 다한 것이고, 성문은 번뇌의 습기를 다하지 못하였을 뿐이다'"고 하였다. 〔故放光云 "涅槃有差別耶 答曰無差別. 但如來結習都盡 聲聞結習不盡耳"〕

알기 쉬운 비유로 심오한 뜻을 견주어 말해 보겠다. 〔請以近喩以況遠旨.〕

(이는) 마치 어떤 사람이 나무를 벨 때 한 자를 (베어) 없애면 한 자만큼 없어지고 한 치를 베어 없애면 한 치만큼 없어지는

것처럼 길고 짧음은 자(尺)와 치(寸)에 있는 것이지 무無에 있는 것이 아니다. 〔如人斬木 去尺無尺 去寸無寸 脩短在於尺寸 不在無也.〕
무릇 형형색색의 중생은 식의 근기(識根)가 하나가 아니기 때문에 지혜로 (비추고) 살피는 것에 얕고 깊음이 있고 덕행에 두텁고 얇음이 있는 것이다. 〔夫以羣生萬端 識根不一 智鑒有淺深 德行有厚薄.〕
그런 까닭에 함께 피안彼岸으로 가도 오르고 내림이 동일하지 않은 것이다. 〔所以俱之彼岸 而升降不同.〕
(하지만) 피안에 어찌 다른 것(=차별)이 있겠는가? 〔彼岸豈異.〕
다른 것은 나로부터 나올 뿐이다. 〔異自我耳.〕
그런즉, 여러 경전에서 다르게 말씀을 하셨어도 이치에 어긋나는 것은 아니다. 〔然則 衆經殊辯 其致不乖.〕

【논】[146]

無名曰. 然究竟之道 理無差也. 法華經云 "第一大道無有兩正. 吾以方便爲怠慢者 於一乘道分別說三" 三車出火宅 卽其事也.

무명은 말한다.

그렇기는 하지만, 구경의 (열반의) 도는 이치에 차이가 없다. 『법화경』에 이르기를 "제일의 대도(第一大道)에는 두 개의 바른 것(兩正)이 없다. (하지만) 나는 방편으로 태만한 이들을 위해 일승의

146 변차辯差에 대한 개괄적인 설명이 없다.

도(一乘道)를 분별해서 셋으로 설한 것이다"[147]고 하였다.

'삼거출화택(三車出火宅, 세 수레로 불난 집에서 나오게 한 것)'이 바로 그 일이다.

〔**약주**〕

此領難意理本一也. 然有三乘者 乃卽一之三 權實之義耳. 正法華云 "是一乘道 寂然之地 無有二上" 論正與經上 皆極果也. 妙法華云 "佛爲求道者 中路懈廢 爲止息故 以方便力 於一乘道 分別說三" 火宅喩先許三車 及諸子出宅 皆等賜一大車 是則本無有三. 三非實法也.

여기서는 이치는 본래 하나(理本一也)라는 힐난(자)의 뜻을 받아들였다. 하지만 삼승三乘이 있는 것은 하나에서 셋으로 나아간 것이니(卽一之三), 방편과 진실의 뜻일 뿐이다.

『정법화경(正法華)』[148]에 이르기를 "이 일승의 도는 고요함의 경지이니 두 개의 최상승이 없다"[149]고 하였다. 논에서 정의한 것(論正)과 경에서 말한 것(經上)이 모두 극과極果이다.

『묘법연화경』에 이르기를 "부처님께서는 구도자가 도중에 게으름

---

147 이 경전의 문구는 엄밀하게 말하면 "第一大道無有兩正"과 뒷부분이 출처를 달리한다. 앞은 도행반야경 제10권, 「마하반야바라밀도행경촉루품摩訶般若波羅蜜道行經囑累品」에 나오는 문구이고, 뒷부분은 묘법연화경 제1권, 「방편품」을 요약한 것이다.

148 축법호가 번역. 총 10권 27품으로 구성. 이역본으로는 구마라집의 『묘법연화경』, 사나굴다와 급다가 공역한 『첨품묘법연화경』이 있다.

149 정법화경 제1권, 「선권품善權品」에 나오는 세존의 게송이다.

에 떨어져 그만두는 까닭에 방편력으로 일승의 도를 분별해서 삼승으로 설하셨다"[150]고 하였다.

화택의 비유(火宅喩)는 먼저 세 수레를 승낙하고 모든 아들들이 집에서 나와 모두에게 똑같이 하나의 큰 수레를 준 것이니, 이것이 바로 본래 셋이 없는 것이다. 셋은 실법實法이 아니다.

【논】

以俱出生死 故同稱無爲 所乘不一 故有三名 統其會歸 一而已矣.

(이는) 함께 생사를 벗어났기 때문에 무위無爲라고 동일하게 칭하는 것으로써 타는 수레가 하나가 아니기 때문에 세 가지 명칭이 있지만 (타는 수레를) 통틀어 회귀會歸한 것은 하나일 뿐이다.

〔약주〕

此言三乘會歸一極 以申答意也.

여기서는 삼승이 일극一極으로 회귀함을 말하고, 이로써 답한 뜻을 폈다.

---

150 묘법연화경 제1권 방편품을 인용, 감산이 요약 정리한 것이다. 경문은 "舍利弗 劫濁亂時 衆生垢重 慳貪嫉妬 成就諸不善根故 諸佛以方便力 於一佛乘分別說三"이다.

【논】

而難云 "三乘之道 皆因無爲而有差別" 此以人三 三於無爲 非無爲有三也. 故放光云 "涅槃有差別耶 答曰無差別. 但如來結習都盡 聲聞結習不盡耳"

그런데도 힐난해서 말하기를 "삼승의 도는 모두 무위無爲로 인해 차별이 있다"고 한다면 이것은 사람이 셋이어서 무위를 셋이라고 한 것이지, 무위에 셋이 있는 것이 아니다. 그런 까닭에 『방광반야경』에 이르기를 "'열반에 차별이 있는가?' 하고 묻자, 답하기를 '차별이 없다. 다만 여래는 번뇌의 습기(結習, 結習)[151]를 모두 다한 것이고, 성문은 번뇌의 습기를 다하지 못하였을 뿐이다'"[152]고 하였다.

〔약주〕

此正答難意. 但人有三 而涅槃之道本無三也. 所以有差者 但如來煩惱無明結習已盡 三乘未盡故有差耳. 以結習盡處 心契無爲 名爲涅槃. 故下以喻明.

여기서는 힐난한 뜻에 바로 답을 하였다.

다만 사람이 셋이 있을 뿐이지 열반의 도에는 본래 셋이 없다.

---

151 結習(결습): 번뇌의 습기를 가리킨다. 결은 번뇌, 습은 습기이다(指煩惱習氣 結 煩惱 習 習氣, 불광대사전).

152 방광반야경을 인용, 요약한 것이다.

차별이 있는 이유는 다만 여래는 무명 번뇌의 습기가 다했지만, 삼승은 (번뇌의 습기가) 다하지 못했기 때문에 차별이 있는 것일 뿐이다.

번뇌의 습기(結習)가 다한 곳에서 마음이 무위와 계합하기 때문에 열반이라고 이름하는 것이다. 그런 까닭에 아래에서 비유로 밝혔다.

【논】

請以近喩 以況遠旨. 如人斬木 去尺無尺 去寸無寸 脩短在於尺寸 不在無也.

※請은 여기서는 '말하다, 아뢰다'의 뜻이다.
※況은 여기서는 동사로 견주다, 비유하다의 뜻이다.
※脩: 길다는 뜻이 있다.

알기 쉬운 비유로 심오한 뜻을 견주어 말해 보겠다.

(이는) 마치 어떤 사람이 나무를 벨 때 한 자를 (베어) 없애면 한 자만큼 없어지고 한 치를 베어 없애면 한 치만큼 없어지는 것처럼 길고 짧음은 자(尺)와 치(寸)에 있는 것이지 무無에 있는 것이 아니다.

〔약주〕

此喩最顯. 言無無長短 意旨更妙. 此法本不異.

※意旨(의지): 취지. 의지. 의향. 의도

이 비유에서 가장 잘 드러냈다.

무無에는 길고 짧음(長短)이 없다고 말한 취지가 더욱 오묘하다. 이것이 법은 본래 다른 것이 아닌 것(法本不異)이다.

【논】

夫以羣生萬端 識根不一 智鑒有淺深 德行有厚薄. 所以俱之彼岸 而升降不同. 彼岸豈異. 異自我耳 然則 衆經殊辯 其致不乖.

※羣生(군생)=衆生

※萬端(만단): 여러 가지. 여러 측면. 갖가지. 형형색색.

무릇 형형색색의 중생은 식의 근기(識根)가 하나가 아니기 때문에 지혜로 (비추고) 살피는 것에 얕고 깊음이 있고 덕행에 두텁고 엷음이 있는 것이다. 그런 까닭에 함께 피안彼岸으로 가도 오르고 내림이 동일하지 않은 것이다. (하지만) 피안에 어찌 다른 것(=차별)이 있겠는가? 다른 것은 나로부터 나올 뿐이다. 그런즉, 여러 경전에서 다르게 말씀을 하셨어도 이치에 어긋나는 것은 아니다.

〔약주〕

此明法本不異. 異在於機 .智有淺深 德有厚薄. 正不一之所以也. 彼岸豈異 正示法一. 衆經隨機之說 故不乖耳.

여기서는 법은 본래 다르지 않다(法本不異)는 것을 밝혔다.

다름은 기(機, 중생의 근기)에 있다. 지혜에 얕고 깊음이 있고 덕에 두텁고 얇음이 있다. (이것이) 바로 하나가 아닌 이유이다.

"피안에 어찌 다른 것(=차별)이 있겠는가?"라고 한 것은 법은 하나(法一)라는 것을 바르게 보인 것이다.

여러 경전들은 근기에 따라 설한 것이기 때문에 어긋나는 것이 아니다.

10) 책이責異

유명은 말한다. 〔有名曰.〕

함께 화택을 벗어나면 근심이 없는 것이 한결같고, 함께 생사를 벗어나면 무위無爲는 한결같다. 〔俱出火宅 則無患一也 同出生死 則無爲一也.〕

그런데도 말하기를 "피안에 어찌 다른 것이 있겠는가? 다른 것은 나로부터 나올 뿐이다"고 하였다. 〔而云 "彼岸無異 異自我耳"〕

피안은 바로 무위의 언덕이고, 나는 무위를 체득한 사람이다. 〔彼岸 則無爲岸也 我則體 無爲者也.〕

묻겠다. 〔請問.〕

나와 무위는 같은가, 다른가? 〔我與無爲 爲一爲異.〕

만약 내가 바로 무위라면 무위 또한 바로 나이니, "무위에 다른 것이 없지만 다른 것은 나로부터 나올 뿐이다"고 말해서는 안

된다. 〔若我卽無爲 無爲亦卽我 不得言 "無爲無異 異自我也"〕
(또한) 만약 내가 무위와 다르다면 나는 무위가 아니니, 무위는 처음부터 무위이고 나는 처음부터 항상 유위이어야 할 것이다.
〔若我異無爲 我則非無爲 無爲自無爲 我自常有爲.〕
명회冥會의 이치 또한 막혀서 통하지 않는다. 〔冥會之致 又滯而不通.〕
그런즉, 나와 무위는 같아도 셋이 없고 달라도 셋이 없는 것인데, (그렇다면) 삼승의 명칭은 (과연) 무슨 연유로 생겨난 것인가?
〔然則 我與無爲 一亦無三 異亦無三 三乘之名 何由而生也.〕

〔약주〕[153]

謂無爲之理旣一 如何能證之人有三. 蓋躡前致難也 故云 "責異"

이를테면 무위의 이치가 하나라면 어떻게 증득한 사람이 셋이 있을 수 있겠냐는 것이다.

앞에 것을 따라서 물었기 때문에 '책이(責異, 다름을 책망하다)'라고 한 것이다.

【논】

有名曰. 俱出火宅 則無患一也 同出生死 則無爲一也. 〔此領旨也〕

153 책이責異에 대한 개괄적인 설명이다.

而云 "彼岸無異 異自我耳" 〔此興疑也〕 彼岸 則無爲岸也 我則體〔證也〕 無爲者也. 〔立難意 下申難〕

유명은 말한다.

함께 화택을 벗어나면 근심이 없는 것이 한결같고, 함께 생사를 벗어나면 무위無爲가 한결같다. 〔여기까지는 (무명의) 뜻을 받아들였다.〕

그런데도 말하기를 "피안에 어찌 다른 것(=차별)이 있겠는가? 다른 것은 나로부터 나올 뿐이다"고 하였다. 〔여기서부터 (무명의 뜻에) 의문을 일으켰다.〕

피안은 바로 무위의 언덕이고, 나는 무위를 체득한〔=증득한〕 사람이다. 〔힐난의 뜻을 정립하고, 아래에서는 힐난한 뜻을 폈다.〕

❀

請問. 我與無爲 爲一爲異. 若我卽無爲 無爲亦卽我 不得言 "無爲無異 異自我也" 〔言我與無爲旣一 則無彼此之分. 故不可言異自於我〕 若我異無爲 我則非無爲 〔我是衆生 自屬有爲 故非無爲〕 無爲自無爲 〔自一向無爲〕 我自常有爲. 〔我在生死 則一向有爲〕

묻겠다.

나와 무위는 같은가, 다른가?

만약 내가 바로 무위라면 무위 또한 바로 나이니, "무위는 다른 것이 없지만 다른 것은 나로부터 나올 뿐이다"고 말해서는 안 된다.

〔나와 무위가 동일하면 서로 나눌 것이 없다는 것을 말한다. 그런 까닭에 다른 것이 나에게서 나온다고 말해서는 안 된다.〕

(또한) **만약 내가 무위와 다르다면 나는 무위가 아니니,** 〔나는 중생이고 처음부터 유위에 속하기 때문에 무위가 아니다.〕 **무위는 처음부터 무위**〔=본래 한결같은 무위〕**이고 나는 처음부터 항상 유위이어야 할 것이다.** 〔내가 생사에 있으면 한결같이 유위이다.〕

❀

冥會之致 又滯而不通. 〔無爲有爲條然各別 故難通會〕 **然則 我與無爲 一亦無三** 〔若生死涅槃 本來平等一際 如此旣一 則畢竟無三〕 **異亦無三** 〔若生死與涅槃 本來不同 則生死自生死 涅槃自涅槃 何有三乘之設〕 **三乘之名 何由而生也.** 〔進退推之. 一亦無三 異亦無三 如此則三乘之名 何由而生耶〕

※通會(통회): 환하게 깨쳐 앎.

명회冥會의 이치 또한 막혀서 통하지 않는다. 〔무위와 유위를 조리 있게(=조목조목) 각기 구별하기 때문에 통틀어 알기가 어렵다.〕

그런즉, 나와 무위는 같아도 셋이 없고, 〔만약 생사와 열반이 본래 평등해서 이처럼 하나라면 결국에는 셋이 없다.〕 **달라도 셋이 없는 것인데,** 〔만약 생사와 열반이 본래 같지 않다면 생사는 처음부터 생사이고 열반은 처음부터 열반인데 어떻게 삼승을 시설할 수 있겠는가?〕 (그렇다면) **삼승의 명칭은** (과연) **무슨 연유로 생겨난 것인가?** 〔추론하는 것이 진퇴양난이다. 같아도 셋이 없고 달라도 셋이 없는데, 이와 같다면 삼승의 명칭은 무슨 연유로 나온 것인가?〕

11) 회이會異

무명은 말한다.〔無名曰.〕

무릇 여기에 머물면 차안이고 저기로 가면 피안이다.〔夫止此而此適彼而彼.〕

그런 까닭에 얻는 것을 함께하면 얻고 또 얻으며, 잃는 것을 함께하면 잃고 또 잃는 것이다.〔所以 同於得者 得亦得之 同於失者失亦失之.〕

내가 무위無爲로 가면 내가 바로 무위이다.〔我適無爲 我卽無爲.〕

무위는 하나이지만 어찌 하나가 아닌 것과 어긋나겠는가?〔無爲雖一 何乖不一耶.〕

비유하면 세 마리의 새가 그물에서 벗어나 함께 근심이 없는 곳으로 가면 근심이 없는 것은 비록 동일해도 새들은 새들마다 각기 다른 것과 같은 것이다.〔譬猶三鳥出網 同適無患之域 無患雖同而鳥鳥各異.〕

(하지만) 새들마다 각기 다르기 때문에 근심이 없는 것 또한 다르다고 말해서는 안 된다.〔不可以鳥鳥各異 謂無患亦異.〕

또한 근심이 없는 것이 동일하다고 해서 여러 새들도 동일하다고 해서도 안 된다.〔又不可以無患旣一 而一於衆鳥也.〕

그런즉, 새는 근심이 없고 근심이 없는 것이 새이다. 〔然則 鳥卽無患無患卽鳥.〕

근심이 없는데 어찌 다르겠는가? 다른 것은 새로 말미암을 뿐이다. 〔無患豈異. 異自鳥耳.〕

이와 같이 삼승과 중생이 함께 망상의 울타리를 뛰어넘어 함께 무위의 경계로 간다. 〔如是三乘衆生 俱越妄想之樊 同適無爲之境.〕

무위가 비록 동일하지만 승(乘, 성문·연각·보살)마다 각기 다르다. 〔無爲雖同 而乘乘各異.〕

(하지만) 승마다 다르다고 해서 무위 또한 다르다고 해서는 안 된다. 〔不可以乘乘各異 謂無爲亦異.〕

또한 무위가 동일하기 때문에 삼승을 하나라고 해서도 안 된다. 〔又不可以無爲旣一 而一於三乘也.〕

그런즉, 내가 바로 무위이고 무위가 바로 나인 것이다. 〔然則 我卽無爲 無爲卽我.〕

(그런데) 무위가 어찌 다르겠는가? 다른 것은 나로 말미암을 뿐이다. 〔無爲豈異. 異自我耳.〕

그런 까닭에 근심이 없는 것은 동일하지만 허공을 날아오르는 데는 멀고 가까움이 있고, 무위無爲는 하나이지만 그윽하게 살피는 것에는 깊고 얕음이 있는 것이다. 〔所以無患雖同 而升虛有遠近 無爲雖一 而幽鑒有淺深.〕

무위가 곧 승乘이고 승이 곧 무위이다. 〔無爲卽乘也 乘卽無爲也.〕

이것은 내가 무위와 다른 것이 아니라 무위를 다하지 못했기

때문에 셋(=삼승)이 있는 것일 뿐이다. 〔此非我異無爲 以未盡無爲 故有三耳.〕

〔약주〕[154]

名家執異以難非一. 故無名會通無二.

※會通(회통): 불경의 어려운 뜻을 잘 통하도록 해석함.

명가(名家, 유명)는 다른 것(異, 차별)에 집착해서 하나가 아니라고 힐난하였다. 그런 까닭에 무명無名이 둘이 없다(無二)는 것으로 회통하였다.

【논】

無名曰. 夫止此而此〔意謂迷時涅槃卽生死〕適彼而彼.〔悟時生死卽涅槃〕所以同於得者 得亦得之〔證則三乘同證〕同於失者 失亦失之.〔迷則六道同迷〕我適無爲 我卽無爲. 無爲雖一 何乖不一耶.

※適(맞을 적): 맞다. 알맞다. 마땅하다. 가다. 찾아가다.

---

154 회이會異에 대한 개괄적인 설명이다.

무명은 말한다.

무릇 여기에 머물면 차안이고 〔뜻은 이를테면 미혹할 때는 열반이 곧 생사라는 것이고〕 **저기로 가면 피안이다.** 〔깨달았을 때는 생사가 곧 열반이라는 것이다.〕

그런 까닭에 얻는 것을 함께하면 얻고 또 얻으며, 〔깨달으면 삼승이 동일하게 깨닫고〕 **잃는 것을 함께하면 잃고 또 잃는 것이다.**[155] 〔미혹하면 육도가 함께 미혹하다.〕

내가 무위無爲로 가면 내가 바로 무위이다. 무위는 비록 하나이지만 어찌 하나가 아닌 것(不一)과 어긋나겠는가?

〔약주〕

此言生死涅槃本無二致 迷悟同源 以人證法 法則在人. 故曰"我適無爲 我卽無爲"人大則法亦隨大 機小則法亦隨小. 是則無爲雖一 何妨

---

155 노자 제23장에 다음과 같이 전한다.

希言自然. 故飄風不終朝. 驟雨不終日. 孰爲此者. 天地. 天地尙不能久 而況於人乎. 故從事於道者 道者同於道. 德者同於德. 失者同於失. 同於道者 道亦樂得之. 同於德者 德亦樂得之. 同於失者 失亦樂得之. 信不足焉 有不信焉.

희언希言은 자연이다. 그러므로 회오리바람은 아침 내 불지 못한다. 소나기는 하루 종일 내리지 못한다. 누가 이것을 하는가? 하늘과 땅이다. 하늘과 땅도 오히려 오래 계속하지 못하거늘 하물며 사람이랴? 그러므로 도를 좇아 일하는 사람은 도를 지닌 사람에게는 도로 함께한다. 덕을 지닌 사람에게는 덕으로 함께한다. 잃은 사람에게는 잃은 것으로 함께한다. 도를 지닌 사람과 함께하면 도 역시 그를 얻어 즐거워한다. 덕을 지닌 사람과 함께하면 덕 역시 그를 얻어 즐거워한다. 잃은 사람과 함께하면 잃음이 그를 얻어 즐거워한다. 믿음이 부족하고 믿지 않음이 있다. (전게서 상, p.447)

因人而有三耶.

여기서는 생사와 열반이 본래 두 개의 이치가 없고 미혹과 깨달음이 동일한 근원이지만 사람이 법을 증득하는 것이기 때문에 법은 곧 사람에게 있는 것임을 말했다. 그런 까닭에 말하기를 "내가 무위로 가면 내가 바로 무위이다"고 한 것이다.

사람이 (근기가) 크면 법 역시 큰 것을 따르고 기(機, 근기)가 작으면 법 역시 작은 것을 따른다. 이것이 바로 무위가 비록 하나이지만, 사람으로 인해 셋이 있는 것이 무슨 상관이 있겠냐는 것이다.

【논】

譬猶三鳥出網 同適無患之域 無患雖同 而鳥鳥各異. 不可以鳥鳥各異 謂無患亦異. 又不可以無患旣一 而一於衆鳥也. 然則 鳥卽無患無患卽鳥. 無患豈異. 異自鳥耳.

비유하면 세 마리의 새가 그물에서 벗어나 함께 근심이 없는 곳으로 가면 근심이 없는 것은 비록 동일하지만, 새들은 새들마다 각기 다른 것과 같은 것이다.

(하지만) 새들마다 각기 다르기 때문에 근심이 없는 것 또한 다르다고 말해서는 안 된다. 또한 근심이 없는 것이 동일하다고 해서 여러 새들이 동일하다고 해서도 안 된다.

그런즉, 새는 근심이 없고 근심이 없는 것이 새이다. 근심이 없는데

어찌 다르겠는가? 다른 것은 새로 말미암을 뿐이다.

〔약주〕

此喩顯法一而人異也. 鳥喩衆生 網喩生死 無患喩涅槃. 謂衆鳥出網無患一而鳥鳥異. 異謂飛有遠近也. 此以無患喩涅槃最妙.

여기서는 비유로 법은 하나지만 사람이 다르다(法一而人異)는 것을 드러냈다.

새는 중생을 비유한 것이고, 그물은 생사를 비유한 것이며, 근심이 없는 것은 열반을 비유한 것이다.

이를테면 여러 마리 새들이 그물을 벗어나면 재앙이 없는 것은 동일하지만, 새들마다 다르다는 것이다. 다르다는 것은 날아가는 것(=정도)에 멀고 가까움이 있다는 것을 말한다.

여기서는 근심이 없는 것으로 열반의 가장 오묘함을 비유하였다.

【논】

如是三乘衆生 俱越妄想之樊 同適無爲之境. 無爲雖同 而乘乘各異. 不可以乘乘各異 謂無爲亦異. 又不可以無爲旣一 而一於三乘也. 然則我卽無爲 無爲卽我. 無爲豈異. 異自我耳.

※樊(울타리 번): 울타리 새장.

이와 같이 삼승과 중생이 함께 망상의 울타리를 뛰어넘어 함께 무위의 경계로 간다.

무위가 비록 동일하지만 승(乘, 성문·연각·보살)마다 각기 다르다. (하지만) 승마다 다르다고 해서 무위 또한 다르다고 해서는 안 된다. 또한 무위가 동일하기 때문에 삼승을 하나라고 해서도 안 된다.

그런즉, 내가 바로 무위이고 무위가 바로 나인 것이다. (그런데) 무위가 어찌 다르겠는가? 다른 것은 나로 말미암을 뿐이다.

〔약주〕

法合甚明. 謂衆生同出生死 所證涅槃是一 但根有大小 智有淺深 故證有高下. 此是異在人 不在法也.

법에 합치한 것이 아주 분명하다.

이를테면 중생이 생사를 함께 벗어나서 증득한 열반은 하나인데(=동일한데) 다만 근기의 크고 작음이 있고 지혜에 깊고 얕음(=차별)이 있어 증득에 높고 낮음(의 차별)이 있다는 것이다.

이것은 다름(異)이 사람에게 있는 것이지 법에 있는 것이 아니다.

【논】

所以無患雖同 而升虛有遠近 無爲雖一 而幽鑒有淺深. 無爲卽乘也 乘卽無爲也. 此非我異無爲 以未盡無爲 故有三耳.

그런 까닭에 근심이 없는 것은 동일하지만 허공을 날아오르는 데는 멀고 가까움이 있고, 무위는 하나이지만 그윽하게 살피는 것에는 깊고 얕음이 있는 것이다.

무위가 곧 승乘이고, 승이 곧 무위이다. 이것은 내가 무위와 다른 것이 아니라 무위를 다하지 못했기 때문에 셋(=삼승)이 있는 것일 뿐이다.

〔약주〕

此喩法雙結生死涅槃本來不二. 但出生死之人 未盡無爲之理 故有三乘之分 非有三法以待人也. 此論正義 特顯生死涅槃不二之旨 學人不可以迷悟三一求之.

※待(기다릴 대): 기다리다. 대접하다. 의지하다. 돕다. 시중들다.

여기서는 비유와 법을 쌍으로 해서 생사와 열반이 본래 둘이 아님을 결론 맺었다.

다만 생사를 벗어난 사람이 무위의 이치를 다하지 못했기 때문에 삼승의 구분이 있는 것이지 세 가지 법이 있기 때문에 사람(人, 경계)과 상대하는 것이 아니다.

이 논論의 정의(正義, 올바른 의미)는 다만 생사와 열반이 둘이 아니라는 뜻을 드러낸 것이니, 학인學人은 미혹과 깨달음을 셋과 하나로 구해서는 안 된다는 것이다.

12) 힐점詰漸

유명은 말한다. 〔有名曰.〕

만루(萬累, 지말 번뇌)가 자라고 드러나는 것은 망상(妄想, 근본 번뇌)을 근본으로 하니, 망상이 제거되면 번뇌는 모두 쉬게 된다. 〔萬累滋彰 本於妄想 妄想旣祛 則萬累都息.〕

이승(二乘, 성문·연각)은 진지盡智를 얻고 보살은 무생지無生智를 얻는데, 이때 망상이 모두 다하게 되고 결박(結縛, 번뇌)이 영원히 없어지게 된다. 〔二乘得盡智 菩薩得無生智. 是時妄想都盡 結縛永除.〕

결박이 없으면 마음은 무위가 되고, 마음이 무위이면 이치는 여타의 가림(翳, 장애)이 없게 된다. 〔結縛旣除 則心無爲 心旣無爲 理無餘翳.〕

경전에 이르기를 "이 모든 성인들의 지혜는 서로 위배되지 않는다. 벗어난 것도 아니지만 있는 것도 아니며, 사실은 모두 공하다"고 하였다. 〔經曰 "是諸聖智 不相違背. 不出不在 其實俱空"〕

또한 이르기를 "무위의 대도는 평등하여 둘이 아니다"고 하였다. 〔又曰 "無爲大道 平等不二"〕

"둘이 없다(無二)"고 말한 것은 곧 마음이 다르다는 것을 용납하지 않는다는 것이다. 〔旣曰 "無二" 則不容心異.〕

체득하지 않으면 그만이지만, 체득함에는 마땅히 미묘함까지도 다해야 한다. 〔不體則已 體應窮微.〕

그런데도 말하기를 "체득했어도 다하지 못하였다"고 한다면 이

는 아직 깨닫지 못한 것이다. 〔而曰 "體而未盡" 是所未悟也.〕

〔약주〕[156]

詰 難也. 由前云 "未盡有三" 是爲漸義 故此詰之.

힐詰은 난(難, 따져 묻는 것)이다.

앞에서 말한 '미진삼유(未盡有三, 무위를 다하지 못했기 때문에 셋이 있는 것일 뿐이다)'[157]로 말미암은 것이니, (여기에는) 점차(漸)의 뜻이 있다. 그런 까닭에 여기서 따져 물은 것이다.

〔논〕

有名曰. 萬累滋彰 本於妄想 妄想旣祛 則萬累都息. 〔此言三乘斷惑同〕 **二乘得盡智 菩薩得無生智.** 〔此言三乘智同〕 **是時妄想都盡 結縛永除. 結縛旣除 則心無爲** 〔此言三乘證理同〕 **心旣無爲 理無餘翳.**

유명은 말한다.

만루(萬累, 지말 번뇌)**가 자라고 드러나는 것은 망상**(妄想, 근본 번뇌)**을 근본으로 하니, 망상이 제거되면 번뇌는 모두 쉬게 된다.** 〔여기서는

---

156 힐점詰漸에 대한 개괄적인 설명이다.

157 "以未盡無爲 故有三耳"이다.

삼승이 미혹을 끊은 것은 동일하다고 말했다.〕

이승(二乘, 성문·연각)**은 진지**盡智**를 얻고 보살은 무생지**無生智[158]**를 얻는데,** 〔여기서는 삼승의 지혜가 동일하다고 말했다.〕 **이때 망상이 모두 다하게 되고 결박**(結縛, 번뇌)**이 영원히 없어지게 된다.**

결박이 없으면 마음은 무위가 되고, 〔여기서는 삼승이 이치를 깨달은 것이 동일하다고 말했다.〕 **마음이 무위이면 이치는 여타의 가림**(翳, 장애)**이 없게 된다.**

〔**약주**〕

此詰三乘斷惑證智 證理皆同 同則不應取果有異也. 萬累指枝末煩惱 妄想指根本煩惱. 根本旣斷 則枝末不生. 故云"都息" 二乘盡智等 新疏

158 10지十智는 다음과 같다.
① 세속지世俗智: 세속의 일을 아는 지혜.
② 법지法智: 욕계의 사제四諦를 체득한 지혜.
③ 유지類智: 색계·무색계의 사제四諦를 체득한 지혜.
④ 고지苦智: 욕계·색계·무색계의 고제苦諦를 체득한 지혜.
⑤ 집지集智: 욕계·색계·무색계의 집제集諦를 체득한 지혜.
⑥ 멸지滅智: 욕계·색계·무색계의 멸제滅諦를 체득한 지혜.
⑦ 도지道智: 욕계·색계·무색계의 도제道諦를 체득한 지혜.
⑧ 타심지他心智: 남의 마음을 아는 지혜.
⑨ 진지盡智: 자신은 이미 고苦를 알았고, 집集을 끊었고, 멸滅을 체득했고, 도道를 닦았다고 아는 지혜.
⑩ 무생지無生智: 자신은 이미 고苦를 알았기 때문에 다시 알 필요가 없고, 집集을 끊었기 때문에 다시 끊을 필요가 없고, 멸滅을 체득했기 때문에 다시 체득할 필요가 없고, 도道를 닦았기 때문에 다시 닦을 필요가 없다고 아는 지혜. (시공 불교사전)

引大品說“三乘之人共十一智. 第九名盡智 謂苦已盡見等. 第十名無生智 謂苦已見而不更見等 則前之十智聲聞皆有 盡智在已 辦地得之. 今云菩薩得無生智者 二地已上 第九菩薩地 阿鞞跋致 如實知諸法本自不生 今亦無滅 名無生智 不共二乘也”上引聲聞亦證無生 今言菩薩不共者 以二但盡生死名爲無生 菩薩乃達諸法寂滅無生 故不共耳. 通言“三乘斷惑證理皆同 而取果不應有異”此乃名家約義以難 其實三乘斷惑不同. 以二乘斷見思 菩薩斷塵沙伏無明. 霄壤有異 豈可同哉 學者不可不知也.

※밑줄 친 부분의 第九는 第八로 바꿔 번역하였다.

※霄壤(소양): 하늘과 땅.

여기서는 삼승이 미혹을 끊고 지혜를 증득하면 증득한 이치는 모두 동일하며, 동일하면 마땅히 과위를 얻음에 다름(=차별)이 있어서는 안 된다고 힐난하였다.

만루萬累는 지말번뇌枝末煩惱를 가리키고 망상妄想은 근본번뇌根本煩惱를 가리킨다. 근본이 끊어지면 지말은 생하지 않는다. 그런 까닭에 말하기를 “모두 쉰다(都息)”고 한 것이다.

이승(성문·연각)의 진지盡智 등은 『신소新疏』에서는 『대품반야경』에서 인용해서 말하기를 “삼승인은 십일지十一智[159]를 함께한다. 아홉

159 十一智(십일지): 소승에서 말하는 10지(十智, 註161 참조)에 여실지如實智를 더한 것. 무릇 일체법을 여실하게 바로 알아서 걸림이 없는 지혜. 이것을 불지佛智를 총괄해서 부르는 명칭으로 한다(於小乘所說之十智加如實智之一 凡一切法如實正知

번째를 진지盡智라고 하고, (이는) 괴로움이 다한 견해 등을 말한다. 열 번째는 무생지無生智라 하고, 고苦를 보고 다시는 보지 않는 것 등을 말한다. 바로 앞의 십지十智는 성문 모두에게 있지만 진지는 이판지已辦地에서 얻는 것이다. 지금 '보살은 무생지를 얻는다'고 말한 것은 이지二地 이상 제8 보살지의 아비발치(阿鞞跋致, 불퇴전)까지는 제법이 본래 스스로 생겨나지 않으며 지금 또한 멸하는 것이 없다는 것을 여실하게 안다. 이를 일러 무생지라고 하고, 이승과 함께하지 않는다."[160]고 하였다.

위에서는 "성문 또한 무생을 증득한다"고 한 것을 인용했는데, 지금 (『신소』에서) "보살은 함께하지 않는다"고 말한 것은 이승은 단지 생사가 다한 것을 무생無生이라고 하지만, 보살은 제법이 적멸해서 무생임을 통달하였기 때문에 함께하지 않을 뿐이라는 것이다.

일반에서 통용하는 말로 "삼승은 미혹을 끊고 이치를 증득함이 모두 같아서 과위를 취함에 마땅히 다름이 있어서는 안 된다"고 하는데, 이는 명가名家가 뜻에 근거해서 따진 것이지, 진실로 삼승이 미혹을 끊은 것은 동일하지 않은 것이다. (왜냐하면) 이승은 견혹과 사혹을 끊었지만 보살은 진사혹塵沙惑[161]을 끊고 무명無明을 조복 받았기 때문

而無罣礙之智也. 是爲佛智之總名. 정복보, 불학대사전).

160 감산이 조론신소에서 전하는 것을 그대로 인용한 것이다.

161 삼혹三惑: 천태종에서 설하는 세 가지 번뇌.

①견사혹見思惑: 이치를 알지 못함으로써 일어나는 견혹見惑과 대상에 집착함으로써 일어나는 사혹思惑.

②진사혹塵沙惑: 진사는 많음을 비유함. 한량없는 차별 현상을 알지 못하여 중생을 구제하는 데 장애가 되는 번뇌.

이다. 하늘과 땅만큼이나 다름이 있는데 어찌 같을 수 있겠는가? 배우는 이라면 (이를) 몰라서는 안 된다.

【논】

經曰 "是諸聖智 不相違背. 不出不在〔應作生字〕其實俱空" 又曰 "無爲大道 平等不二"

경전에 이르기를 "이 모든 성인들의 지혜는 서로 위배되지 않는다. 벗어난 것도 아니지만 있는 것도 아니며, 〔(재在는) 마땅히 생生 자여야 한다.〕 사실은 모두 공하다"[162]고 하였다.

또한 이르기를 "무위의 대도는 평등하여 둘이 아니다"[163]고 하였다.

〔약주〕

此引證三乘證理不異也. 疏引放光云 "聲聞辟支佛 菩薩佛世尊 是諸聖智不相違背" 乃至云 "不出不在 其實空者 無有差殊" 今在字宜是生字. 智論解云 因邊不起 名爲不出 緣邊不起 名爲不生. 又曰下 亦義引

---

③ 무명혹無明惑: 모든 번뇌의 근본으로서, 차별을 떠난 본성을 알지 못하여 일어나는 지극히 미세한 번뇌. 이 가운데 견사혹은 성문·연각·보살이 함께 끊는 번뇌이므로 통혹通惑, 진사혹과 무명혹은 오직 보살만이 끊는 번뇌이므로 별혹別惑이라 함. (시공 불교사전)

162 경전의 출처를 알 수 없다. 아래 약주 참조.

163 일치하는 경전이 없다. 무위대도는 정법화경과 태자서응본기경 등에, 평등불이는 화엄경에 자주 등장하는 문구이다. 아래 약주 참조.

大品三慧品. 須菩提白佛言 "世尊 無爲法中可得差別不" 佛言 "不也" 故義言大道平等無二.

여기서는 삼승이 증득한 이치에는 다른 것이 없다는 것을 인용해서 증명하였다.

(신)소疏에서는 『방광반야경』에 이르기를 "성문·벽지불·보살·불세존 이 모든 성인들의 지혜는 서로 위배되지 않는다"고 한 것과 "벗어나지도 않고 있는 것도 아니다. 사실은 공한 것에는 차이가 없다"[164]고 한 것까지를 인용하였다.

지금 '재在'라고 한 글자는 마땅히 '생生' 자字여야 한다. (왜냐하면) 『지론(智論, 대지도론)』을 풀어서 말하면 "인因쪽에서 일어나지 않는 것을 불출不出이라 하고 연緣 쪽에서 일어나지 않는 것을 불생不生이라고 한다"고 하였기 때문이다.

"또 말하기를~" 이하 역시 『대품반야경』(제21권) 「삼혜품三慧品」을 인용한 것인데, 수보리가 부처님께 "세존이시여! 무위법 가운데 차별이 있습니까?" 하자, 부처님께서 말씀하시기를 "아니다"고 하셨다. 그런 까닭에 (경전의) 뜻을 "대도는 평등하여 둘이 없다"는 것으로 말한 것이다.

---

164 방광반야경 제1권, 「마하반야바라밀가호품摩訶般若波羅蜜假號品」에서 인용, 요약한 것이다.

【논】

旣曰 "無二" 則不容心異. 不體〔證也〕則已 體應窮微. 而曰 "體而未盡" 是所未悟也.

"둘이 없다(無二)"고 말한 것은 곧 마음이 다르다는 것을 용납하지 않는다는 것이다. 체득〔=증득〕하지 않으면 그만이지만, 체득함에는 마땅히 미묘함까지도 다해야 한다. 그런데도 말하기를 "체득했어도 다하지 못하였다"고 한다면 이는 아직 깨닫지 못한 것이다.

〔약주〕

言旣所證之理不二 則能證之心又何容異. 以不異之心 證不二之理 不證則已 證則窮微徹底. 而曰 "體而未盡" 是所未悟也.

증득한 이치(所證之理)가 둘이 아니라면 증득하는 마음(能證之心) 또한 다르다는 것을 어떻게 용납하겠냐고 말했다.

다르지 않은 마음(不異之心)으로 둘이 아닌 이치(不二之理)를 증득하는 것이니, 증득하지 않으면 그만이지만 증득했다면 미세한 것까지도 궁구하고 밑바닥까지 철저해야 한다. 그런데도 말하기를 "체득했어도 다하지 못하였다"고 한다면 이는 아직 깨닫지 못했다는 것이다.

13) 명점明漸

무명은 말한다. 〔無名曰.〕

무위에 둘이 없음은 본래 그런 것이다. 〔無爲無二 則已然矣.〕

결(結, 번뇌)은 무거운 미혹이니 단박에 없앨 수 있다고 말한다면 (이) 또한 깨치지 못한 것이다. 〔結是重惑 可謂頓盡 亦所未喩.〕

경전에 이르기를 "세 개의 화살을 과녁에 맞히고, 세 짐승이 강을 건넌다"고 하였다. 〔經曰 "三箭中的 三獸渡河"〕

맞추는 것(中)과 건너는 것(渡)은 다른 것이 없지만 깊고 얕음에 다른 것이 있는 것은 힘을 쓰는 것(爲力)이 같지 않기 때문이다. 〔中渡無異 而有淺深之殊者 爲力不同故也.〕

삼승과 중생은 모두 연기緣起의 나루터를 건너서 사제四諦의 과녁을 동일하게 보고, 거짓을 끊고 진실에 나아가서 함께 무위無爲에 오른다. 〔三乘衆生 俱濟緣起之津 同鑒四諦之的 絕僞卽眞 同升無爲.〕

그런즉, (삼승이) 타는 것이 하나가 아닌 것 또한 지혜의 힘(智力)이 동일하지 않기 때문이다. 〔然則 所乘不一者 亦以智力不同故也.〕

무릇 군유(羣有, 만물)가 아무리 많다고는 하지만 그 양은 끝이 있다. 〔夫羣有雖衆 然其量有涯.〕

(하지만) 설사 정말로 지혜가 신자(身子, 사리불)와 같고 변재(辯)가 만원(滿願, 부루나)과 같아서 재능을 다하고 생각을 다할지라도 그 끝(畔)을 볼 수가 없거늘, 하물며 허무虛無의 수數이겠는가? 〔正使智猶身子 辯若滿願 窮才極慮 莫窺其畔. 況乎虛無之數.〕

중현重玄의 영역은 그 도가 끝이 없거늘, (그런데도) 단박에 없애고자 하는 것인가? 〔重玄之域 其道無涯 欲之頓盡耶.〕

서(書, 『노자』)에 "학문에 힘쓰는 사람은 날마다 더하고 도를 위하는 사람은 날마다 덜어낸다"고 말하지 않았던가! 〔書不云乎 "爲學者日益 爲道者日損"〕

도에 힘쓰는 사람이 무위를 행하는 사람이다. 〔爲道者爲於無爲者也.〕

무위를 행함에 "날마다 덜어낸다"고 하였으니 이것이 어찌 단박에 증득함을 말하는 것이겠는가? 〔爲於無爲而曰 "日損" 此豈頓得之謂.〕

중요한 것은 덜고 또 덜어내는 것이니, 이로써 (더 이상) 덜어낼 것이 없는 데에 이를 뿐이다. 〔要損之又損之 以至於無損耳.〕

경전에 반딧불(螢)과 태양(日)의 비유가 있으니 (이로써) 지혜의 작용을 알 수 있을 것이다. 〔經喩螢日 智用可知矣.〕

〔약주〕[165]

言結習不可頓盡 無爲不可頓證. 譬如磨鏡 垢盡明現.

번뇌의 습기(結習)를 단박에 다하지 못하고 무위를 단박에 증득하지 못한 것을 말했다. 비유하면 거울을 닦을 때 더러운 때가 다해야 밝음이 드러나는 것과 같은 것이다.

---

165 명점明漸에 대한 개괄적인 설명이다.

【논】

無名曰. 無爲無二 則已然矣.〔領難理無差〕結是重惑 可謂頓盡 亦所未喩.〔經云 "理須頓悟 乘悟併消 事因漸除 因次第盡"〕經曰 "三箭中的 三獸渡河" 中渡無異 而有淺深之殊者 爲力不同故也.

※爲力(위력): 힘을 쓰다(다하다). 힘써 도와주다.

무명은 말한다.

무위에 둘이 없음은 본래 그런 것이다.〔이치에 차이가 없다고 물은 것을 받아들였다.〕

결(結, 번뇌)은 무거운 미혹이니 단박에 없앨 수 있다고 말한다면 또한 깨치지 못한 것이다.〔경전에 이르기를 "이理는 모름지기 단박에 깨달아 깨달음을 타고 한꺼번에 없애야 하지만, 사事는 점차로 제거하고 순서에 따라 없애야 한다"[166]고 하였다.〕

경전에 이르기를 "세 개의 화살을 과녁에 맞히고, 세 짐승이 강을 건넌다"[167]고 하였다. 맞히는 것(中)과 건너는 것(渡)은 다른 것이 없지만 깊고 얕음에 다른 것이 있는 것은 힘을 쓰는 것(爲力)이 같지 않기 때문이다.

---

166 감산이 능엄경을 인용, 편집한 것이다. 제10권에서는 "理則頓悟 乘悟併銷 事非頓除 因次第盡(이理는 단박에 깨달아서 깨달음을 타고 한꺼번에 없애지만, 사事는 단박에 제거하지 못하니 점차로 없앤다)"이라고 전한다.

167 열반경에 삼수도하三獸渡河의 비유가 있다.

〔약주〕

二喩疏引毗婆沙論之義 云"猶如一的 若木若鐵 衆箭所中 一無爲體爲三想所行" 又云"於甚深十二因緣河 能盡其底 是名爲佛. 二乘不爾如三獸渡河. 謂象馬兎 兎則騰擲而渡 馬或盡底 或不盡底 香象於一切時 無不盡底"

두 비유(과녁에 맞히는 것과 강을 건너는 비유)를 소疏[168]에서는 『비바사론毗婆沙論』에서 뜻을 인용한 것이라고 하면서, 말하기를 "비유하면, 하나의 과녁에 나무나 무쇠로 만든 여러 개의 화살로 맞히는 것처럼 하나의 무위체無爲體에 세 가지 생각으로 행하는 것이다"[169]고 하였다.

또 말하기를 "아주 깊은 십이인연의 강을 능히 그 밑바닥까지 닿는 것, 이것을 부처라고 한다. (하지만) 이승은 그렇지 못하니, 마치 세 짐승이 강을 건너는 것과 같다. 이를테면 코끼리·말·토끼이니, 토끼는 (껑충) 뛰어올라 건너고 말은 밑바닥까지 닿기도 하고 밑바닥까지 닿지 않기도 하지만, 향상은 일체시에 밑바닥까지 닿지 않음이 없다"[170]고 하였다.

---

168 조론신소를 말한다.
『아비달마대비바사론阿毗達磨大毗婆沙論』: 200권. 협존자脇尊者 외 500명 편찬, 당唐의 현장玄奘 번역. 『아비달마발지론阿毗達磨發智論』을 중심으로 설일체유부說一切有部의 교리를 상세하게 해설하고, 다른 부파와 외도의 교리를 비판한 저술.

169 조론신소에서는 비바사론 제22권으로 전한다.

170 조론신소에서는 비바사론 제55권으로 전한다.

【논】

三乘衆生 俱濟緣起之津 同鑒四諦之的 絶僞卽眞 同升無爲. 然則所乘不一者 亦以智力不同故也.

삼승과 중생은 모두 연기緣起의 나루터를 건너서 사제四諦의 과녁을 동일하게 보고, 거짓을 끊고 진실에 나아가서 함께 무위無爲에 오른다.

그런즉, (삼승이) 타는 것이 하나가 아닌 것 또한 지혜의 힘(智力)이 동일하지 않기 때문이다.

〔약주〕

此法合也. 緣起十二因緣 乃廣四諦而說. 故四諦有生滅 無生無作 無量 四種不同. 故是三乘同觀 故云 "俱濟同鑒 而斷惑證眞 同升無爲" 亦各證自乘 故所乘不一 亦以智力不同故也. ○下擧例難盡.

※擧例(거례): 예를 들다.

여기서는 법에 부합하였다.

십이인연의 연기법은 사제四諦를 확대해서 설명한 것이다. 그런 까닭에 사제에 생멸生滅·무생無生·무작無作·무량無量[171]의 네 가지 같지 않은 것이 있다. 그런 까닭에 이는 삼승이 동일하게 관하는 것이고, 그런 까닭에 "모두 연기의 나루터를 건너서 사제四諦의 과녁을 동일하

171 네 가지 사제를 제시하는 것은 천태지의天台智顗의 주장이다.

게 보고, 거짓을 끊고 진실에 나아가서 함께 무위에 오른다"고 한 것이다. 또한 각자 증득해서 스스로 오르는 것이기 때문에 "(삼승과 중생이) 타는 것이 하나가 아닌 것 또한 지혜의 힘(智力)이 같지 않기 때문이다"고 한 것이다.

아래에서는 다하기 어려움(難盡)을 예로 들었다.

【논】

夫羣有雖衆 然其量有涯. 正使智猶身子 辯若滿願 窮才極慮 莫窺其畔.

무릇 군유(羣有, 만물)가 아무리 많다고는 하지만 그 양은 끝이 있다. (하지만) 설사 정말로 지혜가 신자(身子, 사리불)와 같고 변재(辯)가 만원(滿願, 부루나)[172]과 같아서 재능을 다하고 생각을 다할지라도 그 끝(畔)을 볼 수가 없거늘,

〔약주〕

此擧有爲之法難盡 以例無爲不可頓窮也. 言萬物雖多 各有涯量. 直使智慧如身子 辯才如滿慈 窮其才 極其慮 亦莫能窺其邊. 有爲如此 況無爲乎. 涅槃云 "佛言 '我與彌勒等共論世諦 舍利弗等都不識知 何況出世第一義諦'"

172 梵名 Pūrna, 巴利名 Punna. 만자자滿慈子, 만축자滿柷子, 만원자滿願子 등으로 불린다(만滿은 이름, 자慈는 어머니의 성이다).

여기서는 유위의 법이 다하기 어렵다는 것을 거론하고, 이로써 무위가 단박에 다할 수가 없음을 인증(例, 인용하여 증거로)하였다.

만물이 아무리 많다고는 하지만 각기 양에는 한계가 있다. (하지만) 설사 솔직히 지혜가 신자(身子, 사리불)와 같고 변재가 만자(滿慈, 부루나)와 같아서 재능을 다하고 생각을 다해도 또한 그 끝을 엿볼 수는 없다. 유위有爲가 이와 같은데, 하물며 무위無爲는 어떠하겠는가?

『열반경』에 이르기를 "부처님께서 말씀하시기를 '나와 미륵 등이 함께 세제世諦를 논할 때, 사리불 등은 도무지 분별해 알지 못하였다. 하물며 출세간의 제일의제(出世第一義諦)이겠는가?'"[173]라고 하였다.

【논】

況乎虛無之數〔妙也〕重玄之域 其道無涯 欲之頓盡耶.

하물며 허무虛無의 수數이겠는가?〔오묘하다.〕

중현(重玄, 玄之又玄)의 영역은 그 도가 끝이 없거늘, (그런데도) 단박에 없애고자 하는 것인가?

---

173 감산이 열반경 제36권, 「가섭보살품迦葉菩薩品」에서 인용, 요약한 것이다. 전문은 다음과 같다.

(중략) 我往一時在耆闍崛山 與彌勒菩薩共論世諦 舍利弗等五百聲聞 於是事中都不識知 何況出世第一義諦. (내용 동일, 번역 생략)

〔약주〕

此法合也. 虛無重玄 用老子文 玄之又玄 故曰重玄. 皆況涅槃無爲之義. 言有爲之數 二乘之智 尙不能窮 況涅槃無爲之道乎 譬如大海無涯 而操舟有里數 太虛寥廓 而翔翮有遠近. 三乘之人 於涅槃之道 亦猶是也.

※操舟(조주): 배를 젓다(몰다).

※里數(이수): 길의 거리를 이里로 헤아려 나타낸 수.

※翔(날 상): 날다. 돌다. 돌아보다.

※翮(깃촉 핵): 깃촉. 조류.

여기서는 법을 (하나로) 모았다.

허무虛無와 중현重玄은 『노자』의 문장인 "현지우현(玄之又玄, 현묘하고 또 현묘하다)"[174]을 인용하였다. 그런 까닭에 '중현重玄'이라고 하였다. (이는) 모두 열반무위涅槃無爲의 뜻을 비유한 것이다.

---

174 노자 제1장에 다음과 같이 전한다.

道可道 非常道. 名可名 非常名. 無名天地之始. 有名萬物之母. 故常無欲 以觀其妙. 常有欲 以觀其徼. 此兩者同出而異名 同謂之玄. 玄之又玄 衆妙之門.

도는 말할 수 있으면 변함없는 절대적인 도가 아니다. 이름을 부를 수 있으면 변함없는 절대적인 이름이 아니다. 무는 하늘과 땅의 시작을 일컫는다. 유는 만물의 어머니를 일컫는다. 그러므로 항상 없음은 그 오묘함을 보고자 함이다. 항상 있음은 그 끝을 보고자 함이다. 이 둘은 같은 곳에서 나왔으나 이름이 다르니 모두 현하다 이른다. 오묘하고 또 오묘하니 만물의 오묘함의 문이로다. (전게서 상, p.67)

"유위의 수(有爲之數)는 이승二乘의 지혜로도 능히 다할 수가 없는데, 하물며 열반무위의 도이겠는가?"[175]라고 말한 것은 비유하면 큰 바다가 끝이 없지만 배를 저어 거리를 헤아릴 수 있으며, 허공이 텅 비고 넓지만 새가 날아감에 멀고 가까움이 있는 것과 같다. 삼승인도 열반의 도에 있어서는 또한 이와 같은 것이다.

【논】

書不云乎 "爲學者日益 爲道者日損" 爲道者爲於無爲者也. 爲於無爲而曰 "日損" 此豈頓得之謂. 要損之又損之 以至於無損耳. 經喩螢日智用可知矣.

서(書, 『노자』)에 "학문에 힘쓰는 사람은 날마다 더하고 도를 위하는 사람은 날마다 덜어낸다"[176]고 말하지 않았던가! 도에 힘쓰는 사람이 무위를 행하는 사람이다.

무위를 행함에 "날마다 덜어낸다"고 하였으니 이것이 어찌 단박에

175 감산이 무명의 말을 요약, 정리한 것으로 이해하였다.

176 노자 제48장에 다음과 같이 전한다.

爲學日益 爲道日損 損之又損 以至於無爲 無爲而無不爲. 取天下常以無事 及其有事 不足以取天下.

학문을 하면 날로 늘어나고, 도를 닦으면 날로 줄어들거니와, 줄이고 또 줄이면 인위적 행함이 없음에 이르게 되고, 인위적 행함이 없음에 이르면 하지 못하는 것이 없게 된다. 천하를 취함에는 항상 일이 없음으로써 하니, 일을 만들어 내서는 천하를 취하지 못한다. (진게서 하, p.233)

증득함을 말하는 것이겠는가? 중요한 것은 덜고 또 덜어내는 것이니, 이로써 (더 이상) 덜어낼 것이 없는 데에 이를 뿐이다.

경전에 반딧불(螢)과 태양(日)의 비유가 있으니[177] (이로써) 지혜의 작용을 알 수 있을 것이다.

〔**약주**〕

引老子 "爲學日益 爲道日損 損之又損 至於無損" 以明漸斷漸證之義. 至於無損者 至無可損爲極證耳. 螢日 放光義云 "二乘之智 如螢火虫 不敢作念徧照閻浮 菩薩之智 譬如日出 徧照閻浮 生盲之人 皆得利益等"

『노자』에 "배우면 날로 더하고 도를 행하면 날로 덜어낸다. 덜고 또 덜어내어 덜어낼 것이 없음에 이르러야 한다"고 한 것을 인용하고, 이로써 점차로 끊고 점차로 증득하는(漸斷漸證) 뜻을 밝혔다.

"덜어낼 것이 없음(無損)에 이른다"는 것은 더 이상 덜어낼 것이 없음(無可損)에 이르는 것으로 극증(極證, 증득의 극치)을 삼는 것일 뿐이다.

(경전에서 말했다는) 영일(螢日, 반딧불과 태양)은 『방광반야경』에서 뜻을 인용한 것이니, "이승의 지혜는 마치 반딧불이 곤충과 같아서 감히 염부제를 두루 비춘다는 생각을 못하지만, 보살의 지혜는 비유하면 태양이 솟아 염부제를 두루 비추는 것과 같아서 날 때부터 눈먼

---

177 방광반야경과 유마경 등에서 비유를 한다.

사람들도 모두가 동등하게 이익을 얻는다"[178]는 것이다.

14) 기동譏動

유명은 말한다. 〔有名曰.〕

경전에서 칭하기를 "법신法身(보살) 이상은 무위의 경계(無爲境, 열반)에 들어간다. 마음은 지혜로 알 수 없고 형상은 모양으로 헤아릴 수 없다. 체體는 오음陰·육입入이 끊어져 마음과 지혜가 적멸하다"고 하였다. 〔經稱 法身已上 入無爲境. 心不可以智知 形不可以象測. 體絕陰入 心智寂滅"〕

그리고는 다시 또 말하기를 "삼위를 진수(進修, 더욱 힘써 닦음)하고 덕을 쌓아(積德) 더욱 넓어진다"고 하였다. 〔而復云 "進修三位積德彌廣"〕

무릇 진수進修는 애호와 숭상을 근본으로 하며, 적덕積德은 겪고 구하는 데서 생겨난다. 〔夫進修本於好尚 積德生於涉求.〕

애호하고 숭상하면 취사의 정情이 드러나고, 겪고 구하면 덜고 더함이 교대로 펼쳐지게 된다. 〔好尚則取捨情現 涉求則損益交陳.〕

---

178 감산이 경전을 인용, 요약한 것이다. 방광반야경에 다음과 같이 전한다. 佛言 "菩薩能爾 菩薩行六波羅蜜 具足十八法 成阿惟三佛 當度脫一切衆生 舍利弗 譬如螢火蟲不作是念言 '我光明照閻浮提普令大明' 如是 舍利弗 諸聲聞 辟支佛亦無是念言 '我當行六波羅蜜 具足十八法 成阿惟三佛 度脫衆生' 舍利弗 譬如日出遍照閻浮提 莫不蒙明者 如是菩薩行六波羅蜜 具足十八法 成阿惟三佛 度不可計一切衆生" (번역 생략)

(하지만 법신보살 이상은) 이미 취하고 버리는 것으로 마음을 삼고, 덜고 더함으로 체를 삼았기에 "체는 오음과 육입이 끊어져 마음과 지혜가 적멸하다"고 한 것은 이 문장이 이치에 어긋나 다른 것이다. 〔旣以取捨爲心 損益爲體 而曰 "體絕陰入 心智寂滅" 此文乖致殊.〕

그리고 (법신보살 이상을) 한 사람으로 아는 것은 남쪽을 가리켜 북쪽이라고 하고, 이로써 미혹한 범부를 깨치려 하는 것과 다름이 없는 것이다. 〔而會之一人 無異指南爲北 以曉迷夫.〕

〔약주〕[179]

如前所云 旣以取捨爲心 損益爲行 是則尙求之心擾動未息. 何以動擾之心 證不動無爲之理乎. 故譏以詰之.

※譏(비웃을 기): 비웃다. 나무라다. 기찰하다.

앞에서 말한 것처럼 취하고 버리는 것으로 마음을 삼고, 덜고 더하는 것으로 행을 삼았기 때문에 이것은 곧 숭상하고 구하는 마음이 요동하면서 쉬지 못하는 것이다. 어떻게 요동하는 마음으로 부동무위不動無爲의 이치를 증득하겠는가? 그런 까닭에 나무라면서 따진 것이다.

179 기동譏動에 대한 개괄적인 설명이다.

【논】

有名曰. 經稱 "法身已上 入無爲境. 心不可以智知 形不可以象測. 體絶陰入 心智寂滅"〔上明無爲之理〕而復云 "進修三位 積德彌廣"〔此明好尙之心〕夫進修本〔因也〕於好尙 積德生〔起也〕於涉求. 好尙則取捨情現 涉求則損益交陳. 旣以取捨爲心 損益爲體〔言體究行也〕而曰 "體絶陰入 心智寂滅" 此文乖致殊 而會之一人 無異指南爲北 以曉迷夫.

유명은 말한다.

경전에서 칭하기를 "법신法身(보살)[180] 이상은 무위의 경계(無爲境, 열반)에 들어간다. 마음은 지혜로 알 수 없고, 형상은 모양으로 헤아릴 수 없다. 체體는 오음陰·육입入이 끊어져 마음과 지혜가 적멸하다"[181]고 하였다.〔이상은 무위의 이치를 밝혔다.〕

그리고는 다시 또 말하기를 "삼위三位를 진수(進修, 더욱 힘써 닦음)하고 덕을 쌓아(積德) 더욱 넓어진다"[182]고 하였다.〔여기서는 애호하고 숭상하는 마음을 밝혔다.〕

무릇 진수進修는 애호와 숭상을 근본으로 하며〔=인因으로 하며〕, 적덕積德은 겪고 구하는 데서 생겨난다〔=일어난다〕.

애호하고 숭상하면 취사의 정情이 드러나고, 겪고 구하면 덜고

---

180 초지에서 십지까지의 보살을 뜻한다. 아래 註187 참조.

181 경전의 정확한 출처를 알 수 없다.

182 경전의 정확한 출처를 알 수 없다.

더함이 교대로 펼쳐지게 된다.

(하지만 법신보살 이상은) 이미 취하고 버리는 것으로 마음을 삼고, 덜고 더함으로 체를 삼았기에 〔체구행(體究行, 체득하고 궁구하는 행)을 말한다.〕 "체는 오온과 육입이 끊어져 마음과 지혜가 적멸하다"고 한 것은 이 문장이 이치에 어긋나 다른 것이다. 그리고 (법신보살 이상을) 한 사람으로 아는 것은 남쪽을 가리켜 북쪽이라 하고, 이로써 미혹한 범부를 깨치려 한 것과 다름이 없는 것이다.

〔약주〕

此躡前進修損益以興難也. 經稱法身已上 謂初登地 已契法身 證眞如理. 故云"入無爲境" 以無分別智 現身益物 故云"心不可以智知 形不可以象測" 至七地頓捨藏識 故云"體絶陰入" 證平等眞如 故云"心智寂滅" 自此復進修三位 方成佛果. 此引經按定. 下申難意 謂進修積德 本於好尙涉求 凡好尙則取捨未忘 涉求則損益交陳. 旣有取捨損益之心 則動擾未息 而又曰"體絶陰入 心智寂滅" 此則文乖於理. 如何會之一人 以動心而取靜理. 無異指南爲北也.

여기서는 앞의 진수進修와 손익損益을 뒤좇아 힐난을 일으켰다.

경전에서 일컫는 법신(보살) 이상은 처음으로 (보살)지地에 올라 법신과 계합하고 진여의 이치를 증득한 것을 말한다. 그런 까닭에 "무위의 경계에 들어갔다(入無爲境)"고 말한 것이다.

(또한) 이로써 무분별의 지혜(無分別智)로 몸을 드러내어 중생을 이익되게 하였기 때문에 "마음은 지혜로 알 수가 없고 형체는 형상으로

헤아릴 수가 없다"고 한 것이다.

칠지七地[183]에 이르러 단박에 장식(藏識, 아뢰야식)을 버렸기 때문에 "체는 오온과 육입이 끊어졌다"고 한 것이며, 평등진여를 증득했기 때문에 "마음과 지혜가 적멸하다"고 한 것이다.

이로부터 다시 삼위三位를 진수(進修, 더욱 힘써 닦음=점수漸修)해서 바야흐로 불과佛果를 이루는 것이다. 이상은 경전을 인용하고 살펴서 정립하였다.

아래에서는 힐난한 뜻을 말했다.

이를테면 진수進修와 적덕積德은 애호와 숭상, 겪음과 구함을 근본으로 하지만, 무릇 애호와 숭상은 취하고 버림을 잊지 못한 것이고, 겪으면서 구하는 것은 덜고 더함이 교대로 펼쳐진다는 것이다. (또한) 취사와 손익의 마음이 있으면 동요해서 쉬지 못하게 되는데, 그런데도 또 말하기를 "체는 오음과 육입이 끊어져 마음과 지혜가 적멸하다"고 하니, 이것은 문장이 이치에 어긋난다는 것이다.

(그런데) 어떻게 (법신보살 이상을 그 중에) 한 사람으로 알고, 이로써 움직이는 마음으로 고요함의 이치를 취할 수 있겠는가? (이는) 남쪽을 가리켜 북쪽이라고 하는 것과 다름이 없다는 것이다.

---

183 참고로 화엄십지華嚴十地는 환희지歡喜地·이구지離垢地·발광지發光地·염혜지焰慧地(·극)난승지(極)難勝地·현전지現前地·원행지遠行地·부동지不動地·선혜지善慧地·법운지法雲地이다.

15) 동적動寂

무명은 말한다. 〔無名曰.〕

경전에 일컫기를 "성인은 하는 것도 없고 하지 않는 것도 없다"고 하였다. 〔經稱 "聖人無爲而無所不爲"〕

하는 것이 없기 때문에 움직이지만 항상 고요하고, 하지 않는 바가 없기 때문에 고요하지만 항상 움직인다. 〔無爲 故雖動而常寂 無所不爲 故雖寂而常動.〕

고요하지만 항상 움직이기 때문에 물物은 하나일 수 없고, 움직이지만 항상 고요하기 때문에 물物은 둘일 수가 없다. 〔雖寂而常動 故物莫能一 雖動而常寂 故物莫能二.〕

물物은 둘일 수가 없기 때문에 움직일수록 더욱 고요하고, 물物은 하나일 수 없기 때문에 고요할수록 더욱 움직인다. 〔物莫能二 故逾動逾寂 物莫能一 故逾寂逾動.〕

그런 까닭에 하는 것이 곧 하는 것이 없는 것이고, 하는 것이 없는 것이 곧 하는 것이다. 〔所以 爲卽無爲 無爲卽爲.〕

움직임과 고요함이 비록 다르지만 다르다고 할 수 없다. 〔動寂雖殊而莫之可異也.〕

『도행반야경』에 이르기를 "마음 또한 있는 것도 아니고, 또한 없는 것도 아니다"고 하였다. 〔道行曰 "心亦不有亦不無"〕

불유不有는 유심有心의 유有와 같지 않고, 불무不無는 무심無心의 무無와 같지 않다. 〔不有者 不若有心之有 不無者 不若無心之無.〕

어째서 그런가? 마음이 있으면 중생이라 하고, 마음이 없으면 허공이라 하기 때문이다. 〔何者. 有心則衆庶是也 無心則太虛是也.〕

중생은 망상을 그치고 허공은 신령스런 비춤을 끊었는데, 어찌 망상을 그치고 신령스런 비춤을 끊어 신령스런 도를 나타내면서 성인의 마음을 말할 수 있겠는가? 〔衆庶止於妄想 太虛絶於靈照 豈可止於妄想 絶於靈照 標其神道 而語聖心者乎.〕

그래서 성심聖心은 있는 것이 아니지만 없다고 말해서도 안 되고, 성심은 없는 것이 아니지만 있다고 말해서도 안 되는 것이다. 〔是以 聖心不有 不可謂之無 聖心不無 不可謂之有.〕

불유不有이기 때문에 심상(心想, 마음속 생각)은 모두 멸했고, 불무不無이기 때문에 이치에 계합하지 않는 것이 없다. 〔不有 故心想都滅 不無 故理無不契.〕

(또한) 이치에 계합하지 않는 것이 없기 때문에 만덕萬德이 여기서 넓게 되고, 심상心想이 모두 멸했기 때문에 공功을 이루어도 내(我)가 (이룬 것이) 아니다. 〔理無不契 故萬德斯弘 心想都滅 故功成非我.〕

그런 까닭에 응화(應化, 감응하고 교화함)에 (일정한) 방향이 없지만 일찍이 유위有爲인 적이 없고, 고요해서 움직이지 않지만 일찍이 하지 않은 적이 없는 것이다. 〔所以 應化無方 未嘗有爲 寂然不動 未嘗不爲.〕

경전에 이르기를 "마음으로 행하는 것도 없고 행하지 않는 것도 없다"고 하였다. (이 말씀을) 믿으라! 〔經曰 "心無所行 無所不行" 信矣.〕

유동儒僮이 말하기를 "지난날 나는 오랜 세월 나라와 재산 그리고 몸과 목숨을 헤아릴 수 없이 많은 사람들에게 베풀었지만, 망상으로 베풀었기 때문에 보시라고 할 수가 없었다. 지금 무생심無生心으로 다섯 송이 꽃을 보시하고서야 비로소 보시라고 이름한다"고 하였다. 〔儒僮曰 "昔我於無數劫 國財身命 施人無數 以妄想心施 非爲施也. 今以無生心 五華施佛 始名施耳"〕

또한 공행空行보살은 공해탈문에 들어가고 나서야 "지금은 수행할 때이지 증득할 때가 아니다"라고 말하게 되었다. 〔又空行菩薩 入空解脫門 方言今是行時 非爲證時.〕

그런즉, 마음을 텅 비울수록 수행은 더욱 광대해지고, 종일토록 수행해도 행함이 없는 것과 어긋나지 않는 것이다. 〔然則 心彌虛 行彌廣 終日行 不乖於無行者也.〕

그래서 『현겁경賢劫經』에서는 '무사지단(無捨之檀, 희사 없는 보시)'이라고 칭했고, 『성구경』에서는 '불위지위(不爲之爲, 하는 것이 아닌 함)'를 찬미했으며, 『선전禪典』에서는 '무연지자(無緣之慈, 인연 없는 자비)'를 제창했고, 『사익경』에서는 '부지지지(不知之知, 아는 것이 아닌 앎)'를 연설하였다. 〔是賢劫稱無捨之檀 成具美不爲之爲 禪典唱無緣之慈 思益演不知之知.〕

(이는) 성지聖旨의 허현(虛玄, 텅 비어 현묘함)을 다른 문장으로 동일하게 말한 것이다. 〔聖旨虛玄 殊文同辯.〕

(그런데) 어찌 유위를 곧장 유위라 하고 무위를 곧장 무위라 할 수 있겠는가? 〔豈可以有爲便有爲 無爲便無爲哉.〕

보살은 다해도 다함이 없는 평등법문에 머물며, "유위를 다하지도 않고 무위에 머물지도 않는다"고 한 것이 바로 그 일이다. 〔菩薩住盡不盡平等法門 不盡有爲 不住無爲. 卽其事也.〕
그런데도 (이를) 남북으로 비유한다면 (이는) 전혀 깨달아서 제창한 것이 아니다. 〔而以南北爲喩 殊非領會之唱.〕

〔**약주**〕[184]

前名家譏動 今答以動寂 而不言寂動者 以問家但譏其動. 謂動則違寂 不知動時全寂 故云 "動寂"

앞에 명가名家의 기동譏動에 대해 지금 동적動寂으로 답을 한 것인데, 적동寂動이라고 말하지 않은 것은 물은 이(問家, 유명)가 단지 저 동(動, 움직임)만을 나무랐기 때문이다.

이를테면 움직임은 고요함을 위배하는 것인데 움직일 때 전체가 고요하다(動時全寂)는 것을 몰랐던 것이다. 그런 까닭에 '동적動寂'이라고 한 것이다.

【**논**】

無名曰. 經稱 "聖人無爲而無所不爲"

---

184 동적動寂을 개괄적으로 설명한 것이다.

무명은 말한다.

경전에 일컫기를 "성인은 하는 것도 없고, 하지 않는 것도 없다"고 하였다.

〔약주〕

此引證聖人動靜一如 總答難意也. 經卽放光云 "佛言 適無所爲 故行般若波羅蜜" 無所爲 寂也 無所不爲 動也. 卽寂而動 故雖動而常寂. 故下廣明進修無取捨.

※여기서의 適은 마땅하다는 뜻으로 해석하였다.

여기서는 성인은 동정이 일여하다(動靜一如)는 것을 인용해 증명하고, 힐난한 뜻을 총괄해서 답하였다.

(인용한) 경전은 바로 『방광반야경』인데, "부처님께서 말씀하시기를 마땅히 하는 바가 없기 때문에 반야바라밀을 행한다"[185]고 하였다.

무소위(無所爲, 하는 바 없음)는 고요함(寂)이고, 무소불위(無所不爲, 하지 않는 바가 없음)는 움직임(動)이다. 바로 고요하면서 움직이기 때문에 아무리 움직인다고 할지라도 항상 고요한 것이다.

---

185 방광반야경 제16권, 「구화품漚惒品」에 다음과 같이 전한다.
(수보리가) 復問 "爲何誰故行般若波羅蜜" 佛言 "適無所爲故行般若波羅蜜. 何以故 諸法無有作者 般若波羅蜜亦無有作者 亦無成者 道亦無作者亦無成者 菩薩亦無有作者亦無有成者 菩薩當作是行般若波羅蜜 應無所作 應無所成" (번역 생략)

그런 까닭에 아래에서 진수進修해도 취사取捨가 없음을 자세하게 밝혔다.

【논】

無爲 故雖動而常寂 無所不爲 故雖寂而常動. 雖寂而常動 故物〔心也〕莫能一〔以體用雙彰 故莫能一〕雖動而常寂 故物〔境也〕莫能二. 〔以心境一如 故莫能二〕物〔境也〕莫能二 故逾動逾寂 物〔心也〕莫能一 故逾寂逾動.

하는 것이 없기 때문에 움직이지만 항상 고요하고, 하지 않는 바가 없기 때문에 고요하지만 항상 움직인다.

고요하지만 항상 움직이기 때문에 물物〔=마음〕은 하나일 수 없고, 〔체와 용이 쌍으로 드러났기 때문에 하나일 수가 없다.〕 움직이지만 항상 고요하기 때문에 물〔=경계〕은 둘일 수가 없다. 〔마음과 경계가 일여하기 때문에 둘일 수 없다.〕

물物〔=경계〕은 둘일 수가 없기 때문에 움직일수록 더욱 고요하고, 물〔=마음〕은 하나일 수 없기 때문에 고요할수록 더욱 움직인다.

〔약주〕

此言聖心寂照雙流 體用雙彰. 故心境一如 動靜不二 豈可動靜而二其聖心哉.

여기서는 성인의 마음은 고요함과 비춤이 쌍으로 흐르고 체와 용이 쌍으로 드러남을 말했다.

그런 까닭에 마음과 경계가 일여하고(心境一如), 움직임과 고요함이 둘이 아닌 것인데(動靜不二), 어찌 움직임과 고요함으로 성인의 마음을 둘로 할 수 있겠는가? (라는 것이다.)

【논】

所以 爲卽無爲 無爲卽爲. 動寂雖殊 而莫之可異也.

그런 까닭에 하는 것이 곧 하는 것이 없는 것이고, 하는 것이 없는 것이 곧 하는 것이다. 움직임과 고요함이 비록 다르지만 다르다고 할 수 없다.

〔약주〕

此證經義以明動靜不二之所以也. 下明聖心絶待 答前積德.

여기서는 경전의 뜻을 증명하고, 이로써 움직임과 고요함이 둘이 아닌(動靜不二) 이유를 밝혔다.

아래에서는 성인의 마음은 상대가 끊어졌음을 밝혀서 앞의 적덕(積德, 덕을 쌓음)에 답을 하였다.

【논】

道行曰 "心亦不有亦不無"

『도행반야경』에 이르기를 "마음 또한 있는 것도 아니고, 또한 없는 것도 아니다"[186]고 하였다.

〔약주〕

此引經證聖心不涉有無 以明積德非有心也. 雖好尙涉求 似分身心 而總攝於心. 故言 "積德雖涉求 亦非有心 亦非無心 任運而已.

여기서는 경전을 인용하여 성인의 마음은 유·무와 관계하지 않음을 증명하고, 이로써 덕을 쌓는 것(積德)은 유심(有心, 마음이 있는 것)이 아님을 밝혔다.

비록 (진수進修를) 애호하고 숭상하는 것(好尙)과 (적덕積德을) 겪고 구하는 것(涉求)이 마치 몸과 마음을 나눈 것과 같아도 총체적으로는 마음에 포섭된다. 그런 까닭에 "덕을 쌓고 비록 겪으면서 구하지만, 마음이 있는 것도 아니고 또한 마음이 없는 것도 아니다"고 하였으니, 운행하는 대로 따를 뿐인 것이다.

---

186 제1권, 「마하반야바라밀도행품摩訶般若波羅蜜道行品」에 다음과 같이 전한다. 舍利弗謂須菩提 "云何有心無心" 須菩提言 "心亦不有 亦不無 亦不能得 亦不能知處"

【논】

不有者 不若有心之有 不無者 不若無心之無.

불유不有는 유심有心의 유有와 같지 않고, 불무不無는 무심無心의 무無와 같지 않다.

〔약주〕

此釋經義 揀非斷常也. 言不有者 不是絶無 但不似衆生之有心耳. 言不無者 不是實有 但不比無情之無耳.

※不比(불비): ~의 비교가 되지 않다. ~에 필적할 수 없다. ~과 다르다.

여기서는 경전의 뜻을 설명하고, 단斷과 상常이 아님을 분간하였다.

있는 것이 아니다(不有)고 말한 것은 절대로 없는 것(絶無)이 아니고, 다만 중생의 유심有心과는 같지 않다는 것이다.

없는 것이 아니다(不無)고 말한 것은 진실로 있는 것(實有)이 아니고, 다만 무정無情의 무無와는 다를 뿐임을 말한 것이다.

【논】

何者. 有心則衆庶是也 無心則太虛是也. 衆庶止於妄想 太虛絶於靈照 豈可止於妄想 絶於靈照 標其神道〔指涅槃〕而語聖心者乎.

※衆庶(중서): 대중.

어째서 그런가? 마음이 있으면 중생이라 하고, 마음이 없으면 허공이라 하기 때문이다.

중생은 망상을 그치고 허공은 신령스런 비춤을 끊었는데, 어찌 망상을 그치고 신령스런 비춤을 끊어 신령스런 도〔열반을 가리킨다.〕**를 나타내면서 성인의 마음을 말할 수 있겠는가?**

〔**약주**〕

此重明聖心不有不無之所以也. 若有心則是凡夫 無心則是太虛. 凡夫則所止於妄想 太虛則絶然無知. 豈可以妄想無知 以擬涅槃妙道 以語聖心爲有無哉.

여기서는 거듭해서 성인의 마음은 있는 것도 아니고 없는 것도 아닌 이유를 밝혔다.

만약 마음이 있으면(有心) 범부이고, 마음이 없으면(無心) 허공이다. 범부는 바로 망상을 그만두어야 하고, 허공은 전혀 아는 것이 없다. (그런데) 어찌 (범부의) 망상과 (허공과 같이 전혀) 아는 것이 없는 것으로써 열반의 오묘한 도를 헤아려서 성인의 마음을 유·무로 말할 수 있겠는가? (라는 것이다.)

【논】

是以 聖心不有 不可謂之無〔絶無〕聖心不無 不可謂之有〔實有〕.

그래서 성심聖心**은 있는 것이 아니지만 없다**〔=전혀 없다.〕**고 말해서도 안 되고, 성인의 마음은 없는 것이 아니지만 있다**〔=진실로 있다.〕**고 말해서도 안 되는 것이다.**

〔**약주**〕

此雙遮聖心 不屬有無 以遣妄見.

여기서는 성인의 마음을 쌍으로 부정하고, (성인의 마음은) 유·무에 속하지 않는다는 것으로써 망견妄見을 버리게 하였다.

【논】

不有 故心想都滅〔不比凡夫〕不無 故理無不契.〔不比太虛〕理無不契 故萬德斯弘 心想都滅 故功成非我.

불유不有**이기 때문에 심상**(心想, 마음속 생각)**이 모두 멸했고,** 〔범부와 비교되지 않는다.〕 **불무**不無**이기 때문에 이치에 계합하지 않는 것이 없다.** 〔허공과 비교되지 않는다.〕

(또한) **이치에 계합하지 않는 것이 없기 때문에 만덕**萬德**이 여기서**

넓게 되고, 심상心想이 모두 멸했기 때문에 공功을 이루어도 내(我)가 (이룬 것이) **아니다.**

〔**약주**〕

以明離過顯德 以彰聖心本無涉求也. 以滅妄想 又非無知 乃離二邊之過 故能證一眞之理 故云 "理無不契" 以證一眞法界 則恒沙性德 總在心源. 故 "萬德斯弘" 以妄想盡滅 則永絶貪求 故雖功成而非我證. 如此又何好尙涉求之有哉.

※밑줄 친 부분에 故자 다음에 '云'이 빠진 것으로 이해하였다.

이로써 허물을 떠나 덕을 드러내는 것(離過顯德)을 밝히고, 이로써 성인의 마음은 겪고 구하는 것(涉求, 積德涉求)이 본래 없음을 드러냈다. 이로써 망상妄想을 멸했지만 또한 무지無知도 아니니, (이는) 양변의 허물을 떠났기 때문에 능히 하나의 참된 이치(一眞之理)를 증득할 수 있다. 그런 까닭에 "이치에 계합하지 않는 것이 없다"고 한 것이다.

(또한) 이로써 일진법계一眞法界를 증득하면 바로 항하의 모래같이 많은 성덕性德[187]은 모두 마음을 근원으로 두게 된다. 그런 까닭에 "만덕이 여기서 넓게 된다"고 한 것이다.

(또한) 이로써 망상이 모두 멸하면 탐내고 구하는 것이 영원히 끊어지기 때문에 아무리 공을 이루었다고 해도 내가 증득한 것이

187 모든 중생이 본성으로 갖추고 있는 선천적 능력을 말하는데, 특히 천태종에서 일컫는 용어이다.

아니다.

이와 같은데 또 무슨 (진수進修를) 애호하고 숭상하며 (적덕積德을) 겪고 구할 것이 있겠는가?

【논】

所以 應化無方 未嘗有爲 寂然不動 未嘗不爲. 經曰 "心無所行 無所不行" 信矣.

그런 까닭에 응화(應化, 감응하고 교화함)에 (일정한) 방향이 없지만 일찍이 유위有爲인 적이 없고, 고요해서 움직이지 않지만 일찍이 하지 않은 적이 없는 것이다.

경전에 이르기를 "마음으로 행하는 것도 없고 행하지 않는 것도 없다"[188]고 하였다. (이 말씀을) 믿으라!

〔약주〕

此總結答難意. 謂聖心無爲而爲 寂然而應. 如此 豈有爲好尚涉求之心 而以動擾譏之哉. 引經證一致 可知.

여기서는 힐난한 뜻에 전체적으로 결론을 맺어 답을 하였다.

이를테면 성인의 마음은 함이 없이 하고(無爲而爲) 고요히 감응한다

188 도행반야경 제4권, 「마하반야바라밀탄품摩訶般若波羅蜜嘆品」의 "般若波羅蜜無所行 亦無所不行"을 인용한 것이다.

(寂然而應)는 것이다. 이와 같은데 어찌 (진수進修를) 애호하고 숭상하며 (적덕積德을) 겪고 구하는 마음이 있으며, 이로써 동요한다고 나무라겠는가? 경전을 인용해서 하나의 이치(一致)라는 것을 증명하였음을 알 수 있다.

【논】

儒僮曰 "昔我於無數劫 國財身命 施人無數 以妄想心施 非爲施也. 今以無生心 五華施佛 始名施耳"

유동儒僮이 말하기를 "지난날 나는 오랜 세월 나라와 재산 그리고 몸과 목숨을 헤아릴 수 없이 많은 사람들에게 베풀었지만, 망상으로 베풀었기 때문에 보시라고 할 수가 없었다. 지금 무생심無生心으로 다섯 송이 꽃을 보시하고서야 비로소 보시라고 이름 한다"고 하였다.

〔약주〕

儒僮義引智論事. 謂以身命等施 出妄想心 求五波羅蜜 未有所得. 今見然燈 以五華供佛 布髮掩泥 卽得無生法忍 滿足波羅蜜等. 謂七地以前 有相觀多 未達三輪體空 名住相布施 非眞施也. 至第八無相地 證平等眞如 三輪空寂 故卽得受記. 故云 "始是施耳" 意謂聖心果有好尙涉求 豈能證無爲之理乎.

유동儒僮은 『대지도론(智論)』[189]에서 뜻을 인용하였다.

이를테면 몸과 목숨 등의 보시가 망상심妄想心에서 나왔기 때문에 오바라밀五波羅蜜을 구해도 얻지 못했다. (그런데) 지금 연등불을 뵙고 다섯 송이 꽃을 부처님께 공양하고 머리카락으로 진흙을 덮어 보시했기 때문에 바로 무생법인無生法忍을 얻고 바라밀을 만족하게 되었다는 것이다.

(또한 이는) 이를테면 칠지七地 이전에는 유상관有相觀이 많아서 삼륜의 체가 공함을 통달하지 못해서 상에 집착하는 보시(住相布施)라고 하는 것이니, (이는) 진정한 보시가 아니다. 제8지인 무상지無相地에 이르러야 평등진여平等眞如를 증득해서 삼륜이 공적空寂하게 되기 때문에 바로 수기受記를 받게 된다는 것이다. 그런 까닭에 "비로소 보시를 행한 것이다(또는 보시라고 이름 한다)"고 한 것이다.

뜻을 말하자면 성인의 마음에 과연 (진수進修를) 애호하고 숭상하며 (적덕積德을) 겪고 구하는 마음이 있다면 어찌 무위의 이치를 증득할 수 있었겠냐는 것이다.

【논】

又空行菩薩 入空解脫門 方言今是行時 非爲證時.

또한 공행空行보살은 공해탈문에 들어가고 나서야 "지금은 수행할 때이지 증득할 때가 아니다"[190]라고 말하게 되었다.

---

189 75권, 「석항가제사품釋恒伽提婆品」에서 인용 요약한 것이다. (참고로 항가제사는 여인의 이름이다.)

〔약주〕

此引放光義 言菩薩已入空解脫門 方言乃是行時 非爲證時. 意謂單空尙不能證 況動心乎. 顯寂用同時 爲眞行耳.

여기서는 『방광반야경』에서 뜻을 인용해서 "보살은 공해탈문空解脫門[191]에 들어가고 나서야 '지금은 수행할 때이지 증득할 때가 아니다'라고 말하게 되었다"고 하였다.

(이) 뜻은 이를테면 단공單空[192]도 아직 능히 증득하지 못한 것인데, 하물며 움직이는 마음(動心)이겠냐는 것이다.

고요함(寂)과 작용(用)이 동시에 드러나는 것을 참된 수행(眞行)으로 하는 것이다.

【논】

然則 心彌虛 行彌廣 終日行 不乖於無行者也.

그런즉, 마음을 텅 비울수록 수행은 더욱 광대해지고, 종일토록 수행해

---

190 제37권, 「석습상응품釋習相應品」에 전하는 것을 인용, 요약한 것이다.

191 삼해탈문三解脫門 중의 하나. 공空·무상無相·무원無願(=무작無作, 무소유無所有) 해탈문으로 삼삼매三三昧와도 통한다.

192 정복보의 불학대사전에서는 편진偏眞을 다음과 같이 설명한다.
소승에서 말하는 진리는 공의 한 쪽에 치우친 것이라고 하는 까닭에 편진(偏眞, 치우친 진리)이라고 하며, 한편으로는 단공單空이라고 한다(小乘所說之眞理爲偏於空之一邊者 故曰偏眞 一云單空).

도 행함이 없는 것과 어긋나지 않는 것이다.

〔약주〕

謂菩薩已入空解脫門 依空起行 則寂而常照 故心心寂滅 行行契眞. 所以動而常寂也.

이를테면 보살이 공해탈문空解脫門에 들어가 공을 의지해 수행을 일으키면 바로 고요하면서 항상 비추게 되기(寂而常照) 때문에 마음마다 적멸하고 행하는 것마다 진리에 계합한다(心心寂滅 行行契眞)는 것이다. 그래서 움직이면서 항상 고요하다(動而常寂)는 것이다.

【논】

是以 賢劫稱無捨之檀 成具美不爲之爲 禪典唱無緣之慈 思益演不知之知. 聖旨虛玄 殊文同辯.

그래서 『현겁경賢劫經』에서는 '무사지단(無捨之檀, 희사 없는 보시)'이라고 칭했고, 『성구경』에서는 '불위지위(不爲之爲, 하는 것이 아닌 함)'를 찬미했으며, 『선전禪典』에서는 '무연지자(無緣之慈, 인연 없는 자비)'를 제창했고, 『사익경』에서는 '부지지지(不知之知, 아는 것이 아닌 앎)'를 연설하였다. (이는) 성지聖旨의 허현(虛玄, 텅 비어 현묘함)을 다른 문장으로 동일하게 말한 것이다.

〔약주〕

連引四經以證不爲而爲之義. 梵語檀那 此云布施. 賢劫經說 “一切諸法無有與者 是名布施” 成具云 “不爲而過爲” 禪經說 “慈心三昧 有無緣之慈” 思益云 “無取捨之知方爲知” 此上四義 皆言不爲而爲之旨 故云 “殊文同辯”

네 경전을 연이어 인용하고. 이로써 불위이위(不爲而爲, 하는 것이 아니면서 하는 것)의 뜻을 증명하였다.

범어 단나檀那는 여기서 보시布施라고 한다.

『현겁경』에 설하기를 “일체제법에 베푸는 사람이 없는 것, 이를 일러 보시라고 한다”[193]고 하였고, 『성구경』에 이르기를 “하지 않음으로 함을 뛰어넘는다”[194]고 하였고, 『선경禪經』에 이르기를 “자심삼매에 아무 인연 없는 자비가 있다”[195]고 하였고, 『사익경』에 이르기를 “취하고 버리는 앎이 없어야 바야흐로 아는 것이라고 할 수 있다”[196]고 하였다.

---

193 현겁경 제2권, 「무제품無際品」에 다음과 같이 전한다.

“何謂一切所入度無極有六事” “一切諸法無有與者而自逮得 以是勸助救諸窮匱 是曰布施 (중략)”

“어떤 것을 일체에 들어가 끝없이 제도하는 여섯 가지 일이라고 합니까?” “일체제법에는 베푸는 이가 없으니 스스로 속히 얻어서 모든 궁핍한 이들에게 권하고 도와서 구제해야 한다. 이것을 보시라고 한다.

194 경전의 내용을 인용, 요약한 것이다.

195 선경은 좌선삼매경坐禪三昧經을 뜻하며, 내용은 인용하여 요약한 것이다.

196 경전의 내용을 인용, 요약한 것이다.

이상의 네 경전의 뜻은 모두 불위이위(不爲而爲, 하는 것이 아니면서 하는 것)의 뜻을 말한 것이다. 그런 까닭에 "다른 문장으로 동일하게 말한 것이다"고 한 것이다.

【논】

豈可以有爲便有爲 無爲便無爲哉. 菩薩住盡不盡平等法門 不盡有爲 不住無爲. 卽其事也. 而以南北爲喩 殊非領會之唱.

(그런데) 어찌 유위를 유위라 하고, 무위를 무위라 할 수 있겠는가? 보살은 다해도 다함이 없는 평등법문에 머물며, "유위를 다하지도 않고 무위에 머물지도 않는다(不盡有爲 不住無爲)[197]"고 한 것이 바로 그 일이다. 그런데도 (이를) 남북으로 비유한다면, (이는) 전혀 깨달아서 제창한 것이 아니다.

〔약주〕

此責其動靜異見 而引經證義也. 菩薩下 卽義引淨名經 略云 "上方香積世界菩薩 欲還本國 向佛求法 佛言 有盡無盡法門 汝等當學" 云云. 如菩薩者 不盡有爲 不住無爲. 彼疏云 "有爲雖僞 捨之而大業不成 無爲雖實 住之而慧心不朗 卽其事者 正同前動寂無礙" 之旨也. 若有無異見 動寂殊觀 而以南北爲喩 豈能領會聖心哉.

---

197 유마경 전반에 걸쳐 사용되는 중요 문구이다.

여기서는 (유명의) 움직임과 고요함에 대한 다른 견해를 책망하고, 경전을 인용해 뜻을 증명하였다.

(위의 문장 가운데) "보살~" 이하는 곧 『정명경』에서 뜻을 인용한 것이다. 간략하게 말하면 "상방의 향적세계 보살이 본국으로 돌아가고자 부처님께 법을 구하였다. (이에) 부처님께서 말씀하시길 '다함이 있고 다함이 없는 법문을 그대들은 마땅히 배워야 하니~' 하며 운운하였던 것이다.[198] (이는) "보살은 유위를 다하지도 않고 무위에도 머물지 않는다"고 한 것을 저 『소疏』에서 (풀어서) 말하기를 "유위가 비록 거짓이지만 그것을 버리면 대업大業을 이루지 못하고, 무위가 비록 진실이지만 그것에 머물면 지혜로운 마음이 빛나지 않는다. 바로 그 일이라는 것은 앞에서 움직임과 고요함이 걸림이 없다는 뜻과 정확하게 같다"[199]고 한 뜻과 같은 것이다.

만약 유·무의 다른 견해로 움직임과 고요함을 다르게 관해서 남·북

---

198 유마경 제3권, 「향적불품香積佛品」에 다음과 같이 전한다.

佛告諸菩薩 "有盡無盡解脫法門 汝等當學. 何謂爲盡 謂有爲法 何謂無盡 謂無爲法 如菩薩者 不盡有爲 不住無爲"

부처님께서 (중향국)의 모든 보살들에게 말씀하셨다.

"다함이 있고(有盡) 다함이 없는(無盡) 해탈법문解脫法門을 그대들은 마땅히 배워야 한다. 어떤 것을 다함(盡=有盡)이라고 하는가? 유위법有爲法을 말한다. 어떤 것을 다함이 없는 것(無盡)이라고 하는가? 무위법無爲法을 말한다. 만약 보살이라면 유위를 다 해서도 안 되고, 무위에 머물러서고 안 된다."

199 조론신소를 말하며, 다음과 같이 전한다. (번역, 생략, 차이나는 것은 밑줄로 표시)

不住無爲 彼疏解云 "有爲雖僞 捨之而大業不成 無爲雖實 住之而慧心<u>不明</u> 卽其事者 <u>同前</u>動寂無礙"

으로 비유한다면, 어찌 성인의 마음을 깨달을 수 있겠는가?

16) 궁원窮源

유명은 말한다. 〔有名曰.〕

중생이 아니면 삼승을 제어할 수 없고, 삼승이 아니면 열반을 이를 수가 없다. 〔非衆生無以御三乘 非三乘無以成涅槃.〕

그렇다면, 반드시 앞에 중생이 있고 뒤에 열반이 있어야 한다. 〔然必先有衆生 後有涅槃.〕

이것이 바로 열반은 시작이 있는 것이고, 시작이 있으면 반드시 끝이 있어야 한다는 것이다. 〔是則涅槃有始 有始必有終.〕

그런데도 경전에 이르기를 "열반은 시작도 없고 끝도 없으며, 잠연하기가 마치 허공과 같다"고 하였으니, 바로 열반이 앞에 있는 것이지 다시 배워서 뒤에 이루는 것이 아니다. 〔而經云 "涅槃無始無終 湛若虛空" 則涅槃先有 非復學而後成者也.〕

〔약주〕[200]

窮謂窮討 源謂根源. 由聞前說 已知動靜不二 今則行成必證. 未審能證之人 與所證之法 誰先誰後.

---

200 궁원窮源의 개괄적인 설명이다.

궁窮은 끝까지 탐구하는 것을 말하고, 원源은 근원根源을 말한다.

앞에서 말한 것을 들음으로 말미암아 움직임과 고요함이 둘이 아니다(動靜不二)는 것을 알았으니, 지금 수행한다면 반드시 증득을 이룰 것이다. (하지만) 증득하는 사람(能證之人)과 증득해야 할 법(所證之法)은 어느 것이 먼저이고, 어느 것이 나중인지 잘 모르겠다.(는 것이다.)

【논】

有名曰. 非衆生無以御〔控進也〕**三乘 非三乘無以成涅槃. 然必先有衆生 後有涅槃 是則涅槃有始 有始必有終.**〔約人 則人先法後. 約法則法先人後〕**而經云 "涅槃無始無終 湛若虛空" 則涅槃先有 非復學而後成者也.**

※控(당길 공): 당기다. 고하다. 아뢰다. 던지다. 두드리다.

유명은 말한다.

중생이 아니면 삼승을 제어할〔=끌고 나아갈〕 **수 없고, 삼승이 아니면 열반을 이룰 수가 없다. 그렇다면 반드시 앞에 중생이 있고 뒤에 열반이 있어야 한다. 이것이 바로 열반은 시작이 있는 것이고, 시작이 있으면 반드시 끝이 있어야 한다는 것이다.**〔사람을 근거로 하면 사람이 먼저고 법이 나중이다. 법을 근거로 하면 법이 먼저고 사람이 나중이다.〕

그런데도 경전에 이르기를 "열반은 시작도 없고 끝도 없으며, 잠연하기가 마치 허공과 같다"[201]고 한 것은 바로 열반이 앞에 있는 것이지 다시 배워서 뒤에 이루는 것이 아니다.

〔약주〕

此難涅槃與人兩異. 設難若先有衆生 是衆生證得 則涅槃有始終 若先有涅槃 則不屬修得 何言衆生得涅槃耶. 此難似不易通. 下答以涅槃無始無終 無古無今. 浩然大均 物我無二. 唯會物爲己 卽是聖人 亦無始得.

여기서는 열반과 사람이 둘로 다르다는 것을 물었다.

가령 물은 것이 만약 먼저 중생이 있고 (이것을) 중생이 증득하는 것이라면 열반은 시작과 끝이 있게 되고, 만약 먼저 열반이 있는 것이라면 닦고 증득함에 속하지 않는데, 어째서 말하기를 "중생이 열반을 얻는다"고 하는 것이냐는 것이다. 이 물음은 쉽게 통하지 않을 것 같다.

아래에서 답으로 "열반은 시작도 없고 끝도 없으며, 옛도 없고 지금도 없다. 넓고 커서 아주 균일하며, 물아物我가 둘이 아니다"[202]고 하였다. (이는) 오직 물物을 아는 것으로 자기를 삼는 것(會物爲己)이 바로 성인이고, 또한 처음(=비로소) 얻는 것도 없는 것일 것이다.[203]

---

201 경전의 정확한 출처를 알 수 없다.

202 바로 아래 통고通古 편에 "古今通 始終同 窮本極末 莫之與二 浩然大均 乃曰涅槃"이라고 무명은 말한다.

17) 통고通古

무명은 말한다. 〔無名曰.〕

무릇 지인至人은 텅 비어 형상이 없고, 만물은 내가 만들지 않은 것이 없다. 〔夫至人空洞無象 而萬物無非我造.〕

만물을 알고 이로써 자기를 이룬 사람, 그것은 오직 성인뿐이다. 〔會萬物以成己者 其唯聖人乎.〕

어째서 그런가? 이(理, 이치)가 아니면 성(聖, 지혜)이 아니고 성聖이 아니면 이理가 아니니, 이理이면서 성聖이 되는 것은 성聖이 이理와 다르지 않기 때문이다. 〔何則. 非理不聖 非聖不理 理而爲聖者 聖不異理也.〕

그런 까닭에 천제天帝가 말하기를 "반야는 마땅히 어디서 구해야 하는가?"라고 하자, 선길(善吉, 수보리)이 말하기를 "반야는 색에서 구해서도 안 되고 또한 색을 떠나서 구해서도 안 된다"고 하였다. 〔故天帝曰 "般若當於何求" 善吉曰 "般若不可於色中求 亦不離色中求"〕

(그리고) 또 말하기를 "연기를 보는 것을 법을 본다고 하고 법을 보는 것을 부처를 본다고 한다"고 하였다. 〔又曰 "見緣起爲見法 見法爲見佛"〕

이것이 바로 물아불이物我不異의 효험이다. 〔斯則物我不異之效也.〕

그런 까닭에 지인至人은 현기玄機를 조짐이 있기 전에 거두어 넣고, 그윽함과 운동을 변화로 나아감에 감추며, 육합(六合, 천지와 사방)을 총괄해서 마음을 비추고, 오고 감을 하나로 하여 체를

203 통고古 편에서 한 말로 대신 답을 하고, 결론을 맺은 것으로 이해하였다.

이룬 것이다.〔所以 至人戢玄機於未兆 藏冥運於即化 總六合以鏡心 一去來以成體.〕

고금에 통하고 시작과 끝이 동일하며, 근본을 다하고 지말을 다해 둘이 없으며, 넓고 커서 대단히 고른 것, 이것을 열반이라고 한다.〔古今通 始終同 窮本極末 莫之與二 浩然大均 乃曰涅槃.〕

경전에 이르기를 "제법을 떠나지 않고 열반을 얻는다"고 하였고, 또 이르기를 "제법은 끝이 없기 때문에 보리도 끝이 없다"고 하였다.〔經曰 "不離諸法 而得涅槃" 又曰 "諸法無邊故 菩提無邊"〕

이로써 열반의 도는 오묘하게 계합하는 데 있고, 오묘하게 계합한 이치는 (마음과 경계가) 그윽하게 하나가 되는 것을 근본으로 한다는 것을 알 수 있다.〔以知涅槃之道 存乎妙契 妙契之致 本乎冥一.〕

그런즉, 물物은 나와 다르지 않고 나는 물物과 다르지 않으며, 물物과 아我를 현묘하게 알아 무극無極으로 돌아가는 것이다.〔然則物不異我 我不異物 物我玄會 歸乎無極.〕

앞으로 나아가도 앞서지 않고 뒤로 물러나도 뒤에 있지 않는데, 어찌 그 사이에 시작과 끝을 용납하겠는가?〔進之弗先 退之弗後 豈容終始於其間哉.〕

천녀天女가 말했다. "어르신께서 해탈하신 것, (이) 또한 어찌 오래된 것이겠습니까?"〔天女曰 "耆年解脫 亦如何久"〕

〔약주〕[204]

意謂 涅槃之體 性自常然 無古無今 何有始終. 萬法本寂 當體涅槃. 三乘悟此 卽爲證得 亦無先後. 但以智契理 理智冥一. 唯心契會 故無始終.

뜻은 이를테면 열반의 체(涅槃之體)는 성품이 본래부터 항상해서 옛도 없고 지금도 없는데, 어찌 시작과 끝이 있을 수 있겠냐는 것이다.

만법은 본래 고요해서 바로 (그) 체 자체가 열반이니, 삼승이 이것을 깨달으면 바로 증득을 이루게 되는데, (여기에는) 또한 먼저라고 할 것도 나중이라고 할 것도 없다. 다만 지혜로 이치에 계합해서 이치와 지혜가 그윽하게 하나일 뿐이다. 오직 마음으로 계합해서 아는 것이기 때문에 시작과 끝이 없는 것이다.

【논】

無名曰. 夫至人空洞無象 而萬物無非我造. 會萬物以成己者 其唯聖人乎.

무명은 말한다.

무릇 지인至人은 텅 비어 형상이 없고, 만물은 내가 만들지 않은 것이 없다. 만물을 알고 이로써 자기를 이룬 사람, 그것은 오직 성인뿐이다.

---

204 통고通古에 대한 개괄적인 설명이다.

〔약주〕

言聖人一心寂滅 空洞無象 以隨緣成事. 故三界萬法 唯心所現 故云 "無非我造" 以諸法寂滅之體 卽是涅槃 若能了達萬法唯心 法法皆歸自己. 是名聖人證得涅槃. 但是以如如智 照如如理 理智冥一 是爲涅槃. 豈有先後始終於其間哉. 卽此一語 盡破其疑.

성인의 일심은 적멸寂滅하여 텅 비어 형상이 없고, 이로써 인연을 따라 일을 이루는 것(隨緣成事)임을 말했다.

그런 까닭에 삼계의 만법은 오직 마음에서 드러나는 것일 뿐이며(三界萬法 唯心所現), 그런 까닭에 "내가 만든 것이 아닌 것이 없다(無非我造)"고 한 것이다.

제법은 적멸의 체로써 바로 이것이 열반이니, 만약 능히 만법은 오직 마음일 뿐(萬法唯心)이라는 것을 요달하면 법마다 모두 자기에게로 돌아오게 된다. 이를 일러 성인이 열반을 증득했다고 한다. (또한) 다만 이것은 여여지如如智로 여여리如如理를 비추는 것이기 때문에 이치와 지혜가 그윽하게 하나가 되는 것이니, 이를 일러 열반이라고 한다. (그런데) 어찌 그 사이에 먼저와 나중, 시작과 끝이 있겠는가?[205] 바로 이 한마디 말로 그 의심을 모두 타파하였다.

【논】

何則. 〔徵釋理智一如〕 非理不聖 非聖不理 理而爲聖者 聖不異理也.

205 본편, 통고通古의 맨 마지막에 무명이 한 말이다.

어째서 그런가? 〔이치와 지혜가 일여함을 따져가며 설명하였다.〕

이(理, 이치)가 아니면 성(聖, 지혜)이 아니고 성聖이 아니면 이理가 아니니, 이理이면서 성聖이 되는 것은 성聖이 이理와 다르지 않기 때문이다.

〔약주〕

理卽萬法一眞之理 聖謂照理之智. 謂非契理不足以彰聖智 故云 "非理不聖" 非智不足以證理 故云 "非聖不理" 以證理而爲智 故智不異理. 平等一心 是爲證得涅槃.

이(理, 이치)는 곧 만법일진(萬法一眞, 만법이 하나의 진실이다)의 이치이며, 성聖은 이치를 비추는 지혜를 말한다.

(이는) 이를테면 이치에 계합하지 않으면 성스러운 지혜(聖智)를 드러내는 것이 만족하지 못해서, 그런 까닭에 "이(理, 이치)가 아니면 성(聖, 지혜)이 아니다"고 한 것이며, 지혜가 아니면 이치를 증득하는 것이 만족하지 못해서 그런 까닭에 "성聖이 아니면 이理가 아니다"고 하였다는 것이다. 이치를 증득하는 것으로 지혜를 삼기 때문에 지혜가 이치와 다르지 않은 것이다.

평등일심平等一心, 이것을 열반을 증득한 것(證得涅槃)이라고 한다.

【논】

故天帝曰 "般若當於何求" 善吉曰 "般若不可於色中求 亦不離色中

求" 又曰 "見緣起爲見法 見法爲見佛" 斯則物我不異之效也.

그런 까닭에 천제天帝가 말하기를 "반야는 마땅히 어디서 구해야 하는가?"라고 하자, 선길(善吉, 수보리)이 말하기를 "반야는 색에서 구해서도 안 되고 또한 색을 떠나서 구해서도 안 된다"[206]고 하였다. (그리고) 또 말하기를 "연기를 보는 것을 법을 본다고 하고 법을 보는 것을 부처를 본다고 한다"[207]고 하였다. 이것이 바로 물아불이物我不異의 효험이다.

〔약주〕

由上云 "一心成萬法 照萬法唯一心 名爲涅槃" 萬法境寬 今就五蘊中擧一色法以明. 則法法皆然 故引天帝之問. 乃大品經散華品文 謂般若乃能照之智 萬法乃所照之境. 今但擧色法以例餘 言心境非一 故不可於色中求 以心境非異 故不離色中求. 以色卽是空 空卽如如 無如外智能證於如 故云 "不離不卽 不卽不離" 是爲一心中道. 又曰下 義引涅槃經文. 緣起十二因緣也. 見緣起性空 是爲見法. 見法卽見佛 斯則物我不異之效也. 又何有先後始終哉.

위에서 말한 "일심으로 만법을 이루며, 만법을 비추는 것은 오직 마음일 뿐이니, 이것을 열반이라고 한다"[208]는 것으로 말미암아 만법의 경계

---

206 마하반야바라밀경 제8권, 「산화품」을 요약한 것인데, 여기서는 천제를 석제환인으로, 선길은 수보리로 전한다.

207 열반경에서 인용, 요약한 것이다.

(境, 대상, 영역)는 광활해서 지금 오온五蘊 가운데 색법色法 하나만을 거론해서 밝힌 것이다. (그리고) 바로 (이어서) 법마다 모두 그러하기(法法皆然) 때문에 천제天帝의 물음을 인용한 것이다.

이는 『대품반야경』「산화품散華品」의 문장인데, 이를테면 반야는 능히 비추는 지혜(能照之智)이고, 만법은 비추는 경계(所照之境)라는 것이다.

지금은 다만 색법色法만을 거론하는 것으로 나머지를 인증하는 것은 마음과 경계가 하나가 아니기 때문에 색에서 구해서는 안 되는 것이고, 마음과 경계가 다르지 않기 때문에 색을 떠나서 구해서도 안 된다는 것을 말한 것이다.

색이 곧 공(色卽是空)하기 때문에 공이 곧 여여한 것(空卽如如)이니, 여여함 밖의 지혜(如外智)로는 능히 여여함을 증득할 수가 없다. 그런 까닭에 "불리부즉 부즉불리(不離不卽 不卽不離, 그것을 떠난 것도 아니고 그것도 아니며, 그것도 아니고 그것을 떠난 것도 아니다)"고 한 것이며, 이것을 일심중도一心中道라고 한 것이다.

"또 말하기를~" 이하는 『열반경』의 문장에서 뜻을 인용한 것이다.

연기는緣起는 십이인연十二因緣이다. 연기의 성품이 공하다(緣起性空)는 것을 보는 것, 이것을 "법을 본다(見法)"고 한다. 법을 보는 것이 곧 부처를 보는 것이니, 이것이 바로 물物과 아我가 둘이 아닌 효험인 것이다. (그런데) 또 무슨 앞과 뒤, 시작과 끝이 있겠는가?

---

208 감산이 본편 맨 앞의 말을 정리한 것이다.

【논】

所以 至人戢〔止也〕玄機〔智也〕於未兆 藏冥〔寂也〕運〔動也〕於卽化 總六合以鏡心 一去來以成體. 古今通 始終同 窮本極末 莫之與二 浩然大均 乃曰涅槃.

※戢(거둘 집): 거두다. 그치다. 거두어 넣다 정지하다. 편안하게 하다.

그런 까닭에 지인至人은 현기玄機〔=기지機智, 지혜〕를 조짐이 있기 전에 거두어 넣고〔=머물게 하고〕, 그윽함〔=고요함〕과 운동〔=움직임〕을 변화로 나아감(卽化)에 감추며, 육합(六合, 천지와 사방)을 총괄해서 마음을 비추고, 오고 감을 하나로 하여 체를 이룬 것이다.

고금에 통하고 시작과 끝이 동일하며, 근본을 다하고 지말을 다해 둘이 없으며, 넓고 커서 대단히 고른 것, 이것을 열반이라고 한다.

〔약주〕

此正出涅槃之體也. 未兆 寂然不動之境也. 謂聖人以眞智照理 止於寂然不動之先. 運卽寂之動 潛於萬化之域 六合不離一心 故云"總" 古今不離一念 故云"一去來" 故十世古今 始終不離當處 故云"通" 云"同" 窮本極末 究竟一際 浩然大均 乃曰涅槃. 涅槃之道 如此廣大虛寂. 豈可以先後始終而擬之哉.

여기서는 열반의 체를 바로 드러냈다.

조짐이 있기 전(未兆)은 고요하여 움직이지 않는 경계이다. 이를테면 성인은 진지(眞智, 진실지혜)로 이치를 비추기 때문에 고요하여 움직이지 않는 것보다 앞에 머문다는 것이다.

운運은 고요함에서 나아가는 움직임이니 온갖 변화(萬化, 千變萬化)의 영역에 잠겨 있고, 육합은 한 생각을 떠나지 않기 때문에 총괄한다고 한 것이다.

고금古今이 한 생각(一念)을 떠나지 않기 때문에 "오고 감을 하나로 한다(一去來)"고 한 것이며, 그런 까닭에 십세(十世, 十方世界)의 고금과 시종은 그 자리(當處)를 떠나지 않는 것이다. 그런 까닭에 '통한다(通)'고 하고, '동일하다(同)'고 한 것이다.

근본을 다하고 지말을 다해 구경에는 하나의 경계(一際)로 넓고 커서 대단히 고른 것, 이것을 열반이라고 한다.

열반의 도는 이와 같이 광대하고 텅 비어 고요하다(廣大虛寂). (그런데) 어찌 먼저와 나중, 시작과 끝으로 헤아릴 수 있겠는가?

【논】

經曰 "不離諸法 而得涅槃" 又曰 "諸法無邊故 菩提無邊"

경전에 이르기를 "제법을 떠나지 않고 열반을 얻는다"[209]고 하였고, 또 이르기를 "제법은 끝이 없기 때문에 보리도 끝이 없다"[210]고 하였다.

---

209 유마경 제자품」에 "不斷煩惱 而入涅槃(번뇌를 떠나지 않고 열반에 들어간다)"를 인용한 것이다.

〔약주〕

此引證諸法卽眞 故心境不二也. 放光云 "諸法無邊際 故般若波羅蜜亦無際" 此證理智皆依諸法 以顯心境不二也.

여기서는 제법이 바로 진실(諸法卽眞)이기 때문에 마음과 경계가 둘이 아니다(心境不二)는 것을 인용해 증명하였다.

『방광반야경』에 이르기를 "제법은 끝이 없기 때문에 반야바라밀 또한 끝이 없다"[211]고 하였다. 이것은 이치와 지혜가 모두 제법을 의지하는 것임을 증명하고, 이로써 마음과 경계가 둘이 아님(心境不二)을 드러낸 것이다.

【논】

以知涅槃之道 存〔在也〕乎妙契 妙契之致 本〔因也〕乎冥一.

이로써 열반의 도는 오묘하게 계합하는 데 있고〔=존재하며〕, 오묘하게 계합한 이치는 (마음과 경계가) 그윽하게 하나가 되는 것을 근본으로〔=원인으로〕 한다는 것을 알 수 있다.

---

210 승조가 반야바라밀을 보리로 바꿔 전하였다. 아래 註213 참조.

211 제20권, 「마하반야바라밀법상품摩訶般若波羅蜜法上品」에서는 "諸法無邊際故般若波羅蜜亦無邊際"로 전한다.

〔약주〕

依聖言量. 因知涅槃之道 單在妙合心境 心境如如 因乎理智冥一 此外無可證者.

성언량(聖言量, 성인의 말씀에 근거한 인식)을 의지하였다.

열반의 도는 단적으로 마음과 경계에 오묘하게 계합하는 데 있다는 것을 앎으로 인해 마음과 경계가 여여한 것(心境如如)이고, 이치와 지혜가 그윽하게 하나가 됨(理智冥一)으로 인해서 이 밖에 증득할 것이 없는 것이다.

【논】

然則 物〔境也〕**不異我**〔心也〕**我不異物 物我玄**〔冥也〕**會 歸乎無極.**

그런즉, 물物〔=경계〕**은 나**〔=마음〕**와 다르지 않고 나는 물物과 다르지 않으며, 물物과 아我를 현묘하게**〔=그윽하게〕 **알아 무극無極으로 돌아간다.**

〔약주〕

理智一如 物我無二 忘心絶照 冥會一心. 故曰 "歸乎無極" 蓋寄無極之言 以顯一心廣大寂滅之體耳.

이치와 지혜가 일여하고(理智一如) 물과 아가 둘이 아니니(物我無二),

마음을 잊고 비춤을 끊으면 일심一心을 그윽하게 안다. 그런 까닭에 "무극無極으로 돌아간다"고 한 것이다.

이는 무극無極이라는 말에 의탁해서 일심一心의 광대하고 적멸한 체를 드러낸 것일 뿐이다.

【논】

進之弗先 退之弗後 豈容終始於其間哉.

앞으로 나아가도 앞서지 않고 뒤로 물러나도 뒤에 있지 않는데, 어찌 그 사이에 시작과 끝을 용납하겠는가?

〔약주〕

謂三乘證之而弗先 六道迷之而非後. 無古無今 前後際斷 豈容終始於其間哉.

이를테면 삼승이 증득했다고 해서 앞선 것도 아니고, 육도가(=중생이) 미혹하다고 해서 뒤처진 것도 아니다. 고금古今도 없고 전후前後도 끊어졌는데, 어찌 그 사이에 시작과 끝을 용납하겠는가?

【논】

天女曰 "耆年解脫 亦如何久"

천녀天女가 말했다.

"어르신께서 해탈하신 것, (이) 또한 어찌 오래된 것이겠습니까?"

〔약주〕

此引證久近也. 淨名 身子問天女 "止此室其已久如" 曰 "如耆年解脫" 身子曰 "止此久耶" 天女云云. 謂身子所得解脫 豈屬久近之時耶.

여기서는 (열반을 증득한 시간의) 오래됨과 가까움을 인용하여 증명하였다.

『정명경』에, 신자(身子, 사리불)가 천녀에게 물었다.

"이 방에 머문 지 아주 오래되었군요."

(천녀가) 말했다.

"어르신께서 해탈하신 것과 같습니다."

신자가 말했다.

"여기에 머문 것이 그렇게나 오래되셨습니까?"

천녀가 말했다.

"어르신께서 해탈하신 것, (이)또한 어찌 오래된 것이겠습니까?"[212]

---

212 천녀가 운운했다(天女云云)는 말은 나집 역, 유마경 제2권 「관중생품觀衆生品」에 "耆年解脫 亦何如久"로 전하며, 이를 번역해서 실은 것임을 밝혀둔다. 또한 천녀의 이 말에 사리불은 "默然不答(침묵한 채 답이 없었다)" 하였으며, 천녀가 사리불에게 침묵한 이유를 묻고, 이에 답하는 것이 계속해서 이어진다.

이는 이를테면 신자身子가 얻은 해탈이 어찌 오래고 가까움의 시간에 속하는 것이겠냐는 것이다.

18) 고득考得

유명은 말한다. 〔有名曰.〕
경전에 이르기를 "중생의 성품은 오음五陰 안에서 극치를 이룬다"고 하였다. 〔經云 "衆生之性 極於五陰之內"〕
또한 이르기를 "열반을 얻은 사람은 오음이 모두 다하니 비유하면 등불이 꺼진 것과 같다"고 하였다. 〔又云 "得涅槃者五陰都盡 譬猶燈滅"〕
그런즉, 중생의 성품은 오음 안에서 단박에 다하고 열반의 도는 삼유三有 밖에서 홀로 건립되는 것이다. 〔然則 衆生之性 頓盡於五陰之內 涅槃之道 獨建於三有之外.〕
(중생의 성품과 열반의 도는) 아득히 먼 다른 영역이어서 또 다시 중생이 열반을 얻는 것이 아니다. 〔邈然殊域 非復衆生得涅槃也.〕
정말로 만약 (열반을) 얻었다면 중생의 성품은 오음에 머물지 않을 것이고, 반드시 오음에 머문다면 오음은 모두 다하지 않을 것이다. 〔果若有得 則衆生之性不止於五陰 必若止於五陰 則五陰不都盡.〕
오음이 만약 모두 다했다면 누가 또 열반을 얻겠는가? 〔五陰若都盡 誰復得涅槃耶.〕

〔약주〕[213]

承上不離諸法而得涅槃 因之稽考盡陰存陰 違教違理. 當何得乎. 所以末後辯者 謂從前決擇修悟已周 意顯極證故也.

※稽考(계고): 고찰하다. 검사하다. 조사하다.

위에서 "제법을 떠나지 않고 열반을 얻는다"고 한 말을 이어서 오음이 다함(盡陰)과 오음이 있음(存陰)을 고찰해 보니 경전(教)에도 위배되고 교리(理)에도 위배된다. (그렇다면 열반을 얻는 것을) 어떻게 해야 하는가? (하는 것이다.)

(이를) 마지막에 헤아린 이유는 이를테면 (유명이) 종전의 결택決擇으로 수행하고 깨달은 것이 이미 두루해서 (결론으로) 증득의 극치(極證)를 드러내려고 생각했기 때문이다.

【논】

有名曰. 經云 "衆生之性 極於五陰之內" 又云 "得涅槃者五陰都盡 譬猶燈滅" 〔上引經定理 下申難〕 然則衆生之性 頓盡於五陰之內 涅槃之道 獨建於三有之外. 邈然殊域 非復衆生得涅槃也. 〔陰盡無得違〕 果若有得 則衆生之性不止於五陰 必若止於五陰 則五陰不都盡. 五陰若都盡 誰復得涅槃耶. 〔存陰有得違〕

---

213 고득考得에 대한 개괄적인 설명이다.

※邈然(모연): 요원하다. 아득하게 멀다.

유명은 말한다.

경전에 이르기를 "중생의 성품은 오음五陰 안에서 극치를 이룬다"고 하였다.

또한 이르기를 "열반을 얻은 사람은 오음이 모두 다하니 비유하면 등불이 꺼진 것과 같다"[214]고 하였다. 〔이상은 경전을 인용하여 이치를 정립한 것이고, 아래에서는 힐난을 하였다.〕

그런즉, 중생의 성품은 오음 안에서 단박에 다하고 열반의 도는 삼유三有 밖에서 홀로 건립되는 것이다.

(중생의 성품과 열반의 도는) 아득히 먼 다른 영역이어서 또 다시 중생이 열반을 얻는 것이 아니다. 〔오음이 다함과 (열반을) 얻지 못함은 위배된다.〕

정말로 만약 (열반을) 얻었다면 중생의 성품은 오음에 머물지 않을 것이고, 반드시 오음에 머문다면 오음은 모두 다하지 않을 것이다. 오음이 만약 모두 다했다면 누가 또 열반을 얻겠는가? 〔오음이 존재하는데도 (열반을) 얻는다면 위배된다.〕

〔약주〕

難意謂衆生得涅槃 然衆生之性止於五陰之內 且涅槃獨建於三有之外. 此則內外本自相懸 今云 "五陰都盡 乃得涅槃" 然五陰已盡於內 又誰得界外之涅槃耶. 此則陰盡無能得者也. 若衆生果得涅槃者 則

214 경전의 정확한 출처를 알 수 없다.

性不止於五陰矣. 若止於五陰 則五陰不盡 若五陰都盡 誰復得涅槃耶. 此則陰存而無得者也. 未達五陰空寂 卽是涅槃故耳.

물은 뜻은 이를테면 (다음과 같다.)

중생이 열반을 얻는다고 하지만, 중생의 성품은 오음의 안에 머물고, 또한 열반은 삼유三有의 밖에 홀로 건립된다. 이는 곧 안과 밖이 본래부터 서로 동떨어져 있는 것인데, 지금 말하기를 "오음이 다하면 곧 열반을 얻는다"고 한다면 오음이 이미 안에서 다했는데 또 누가 삼계 밖의 열반을 얻겠는가? 이는 곧 오음이 다하면 얻을 수 있는 사람이 없다는 것이다.

만약 중생이 정말로 열반을 얻는 것이라면 곧 (중생의) 성품은 오음에 머물지 않을 것이고, 만약 오음에 머문다면 오음이 다하지 않을 것이다. (그렇다면) 만약 오음이 모두 다했다면 누가 또 열반을 얻을 수 있겠는가? (라는 것이다.) 이것은 바로 오음이 있으면 얻는 자도 없다는 것이다.

(이는 유명이) "오음의 공적함이 곧 열반이다(五陰空寂 卽是涅槃)"는 것을 통달하지 못한 까닭이다.

19) 현득玄得

무명은 말한다. [無名曰.]

무릇 진실은 떠남으로 말미암아 일어나고 거짓은 집착으로 생겨난

다. 〔夫眞由離起 僞因著生.〕

집착하기 때문에 얻는 것이 있고(有得) (집착을) 떠났기 때문에 이름할 것이 없다(無名). 〔著故有得 離故無名.〕

그래서 진실을 칙(則, 법)으로 삼는 사람은 진실과 동일하고, 거짓을 법으로 삼는 사람은 거짓과 동일하게 되는 것이다. 〔是以 則眞者同眞 法僞者同僞.〕

그대는 얻는 것이 있는 것(有得)으로 얻는 것을 삼기 때문에 얻는 것이 있는 것(有得)에서 찾을 뿐이고, 나는 얻는 것이 없는 것(無得)으로 얻는 것을 삼기 때문에 얻은 것이 얻는 것 없음(無得)에 있는 것이다. 〔子以有得爲得 故求於有得耳 吾以無得爲得 故得在於無得也.〕

먼저, 담론(談論, 논의)을 일으키려면 반드시 먼저 (담론하고자 하는) 근본을 세워야 하는데 이왕 열반을 논했다면 열반을 떠나서 열반을 말해서는 안 된다. 〔且談論之作 必先定其本 旣論涅槃 不可離涅槃而語涅槃也.〕

만약 열반에 나아가서 말을 한 것이라면 그 무엇이 열반이 아니겠는가? 〔若卽涅槃以興言 誰獨非涅槃.〕

그런데도 그것을 얻고자 하는가? 〔而欲得之耶.〕

어째서 그런가? 무릇 열반의 도는 상수(常數, 통상의 이법)를 오묘하게 다하고 하늘과 땅(二儀)을 서로 녹이고 불려서 만유를 깨끗이 씻어내어 천인과 인간이 균등하고 같음과 다름이 동일하기 때문이다. 〔何者. 夫涅槃之道 妙盡常數 融冶二儀 蕩滌萬有 均天人 同一異.〕

안을 살펴보지만 자기가 보는 것이 아니고 돌이켜 듣지만 내가 듣는 것이 아니니, 일찍이 얻은 것이 있는 것도 아니고 얻은 것이 없는 것도 아니다. 〔內視不己見 返聽不我聞 未嘗有得 未嘗無得.〕

경전에 이르기를 "열반은 중생이 아니며 또한 중생과 다르지도 않다"고 하였다. 〔經曰 "涅槃非衆生 亦不異衆生"〕

(또한) 유마힐이 말하기를 "만약 미륵(보살)이 멸도滅度를 얻었다면 일체중생 또한 마땅히 멸도할 것이다. 왜냐하면 일체중생은 본성이 항상 멸해서 다시는 멸하지 않기 때문이다"고 하였다. 〔維摩詰言 "若彌勒得滅度者 一切衆生亦當滅度 所以者何 一切衆生 本性常滅 不復更滅"〕

이것을 일러 '멸도는 멸하는 것이 없는 데에 있다'고 한다. 〔此名滅度在於無滅者也.〕

그런즉, 중생은 중생이 아닌데 누가 얻는다는 것이고, 열반은 열반이 아닌데 무엇을 얻는다고 하겠는가? 〔然則 衆生非衆生 誰爲得之者. 涅槃非涅槃 誰爲可得者.〕

『방광반야경』에 이르기를

"'보리를 유有에서 얻을 수 있느냐?' '그렇지 않습니다.'

'무無에서 얻을 수 있느냐?' '그렇지 않습니다.'

'유·무에서 얻을 수 있느냐?' '그렇지 않습니다.'

'유·무에서 벗어나 얻을 수 있느냐?' '그렇지 않습니다.'

'그렇다면 도무지 얻을 수 없는 것이냐?' '그렇지 않습니다.'

'이 뜻이 무엇인가?' '얻을 것이 없기 때문에 얻는다고 합니다.

이런 까닭에 얻을 것이 없는 것을 얻는 것입니다'"라고 하였다. 〔放光云 "'菩提從有得耶' 答曰 '不也' '從無得耶' 答曰 '不也' '從有無得耶' 答曰 '不也' '離有無得耶' 答曰 '不也' '然則都無得耶' 答曰 '不也' '是義云何' 答曰 '無所得故爲得也 是故得無所得也'"〕

얻을 것이 없는 것(無所得)을 얻는 것이라고 하면 누군들 어찌 그러하지 않겠는가? 〔無所得謂之得者 誰獨不然耶.〕

그런즉, 현도玄道는 단절된 세계에 있기 때문에 얻는 것이 아닌 것(不得)으로써 얻고, 묘지妙智는 물 밖(物外)에 있기 때문에 아는 것이 아닌 것(不知)으로써 아는 것이다. 〔然則 玄道在於絶域 故不得以得之 妙智存乎物外 故不知以知之.〕

대상大象은 형상이 없는 것(無形)에 숨어 있기 때문에 보는 것 없이 보고, 대음大音은 희이한 소리(希聲)에 숨어 있기 때문에 듣는 것 없이 듣는다. 〔大象隱於無形 故不見以見之 大音匿於希聲 故不聞以聞之.〕

그런 까닭에 능히 시종과 고금을 포괄해서 여러 방법으로 인도해서 도달케 하니, 중생을 화육化育(정독亭毒)하는 것이 성겨도(=사이가 떠도) 새지 않는 것이다. 〔故能囊括終古 導達羣方 亭毒蒼生 疎而不漏.〕

가없이 넓고 광대하다! 〔汪哉洋哉.〕

(그러나) 어찌 연유하는 것이 없겠는가? 〔何莫由之哉.〕

그런 까닭에 범지梵志가 말하기를 "내가 불도를 들으니 그것은 뜻이 넓고 깊다. 넓고 커서 끝이 없지만 성취하지 못할 것도

없고 제도하지 못할 중생도 없다"고 하였다. 〔故梵志曰 "吾聞佛道 厥義弘深. 汪洋無涯 靡不成就 靡不度生"〕

그런즉, 삼승의 길을 열어 진실과 거짓의 길을 논변하고 성현의 도를 간직해 무명의 이치를 드러낸 것이다. 〔然則 三乘之路開 眞僞之途辯 賢聖之道存 無名之致顯矣.〕

〔약주〕

得無所得. 無得而得 故云 "玄得"[215]

얻어도 얻은 것이 없다. 얻은 것 없이 얻기 때문에 '현득(玄得, 현묘하게 얻음)'이라고 하였다.

【논】

無名曰. 夫眞由離起 〔顯也〕 僞因著生. 著故有得 離故無名.

무명은 말한다.

무릇 진실은 떠남으로 말미암아 일어나고 〔드러나고〕 거짓은 집착으로 생겨난다. 집착하기 때문에 얻는 것이 있고(有得) (집착을) 떠났기 때문에 이름할 것이 없다(無名).

---

215 현득玄得에 대한 개괄적인 설명이다.

〔약주〕

謂涅槃眞理 由超情離見而顯 分別妄僞 由執著名相而生. 故執名相者爲有得 離情見者故無名.

이를테면 열반의 진리는 정견情見을 뛰어넘는 것으로 말미암아 드러나고, 분별의 허망한 거짓은 명名과 상相을 집착함으로 말미암아 생겨난다는 것이다. 그런 까닭에 명과 상을 집착하면 얻을 것이 있다(有得)고 하고, 정견情見을 떠났기 때문에 이름할 것이 없는 것(無名)이라고 한다.

【논】

是以 則〔法也〕眞者同眞 法僞者同僞. 子以有得爲得 故求於有得耳 吾以無得爲得 故得在於無得也.

그래서 진실을 칙則〔=법〕으로 삼는 사람은 진실과 동일하고, 거짓을 법으로 삼는 사람은 거짓과 동일하게 되는 것이다.

그대는 얻는 것이 있는 것(有得)으로 얻는 것을 삼기 때문에 얻는 것이 있는 것(有得)에서 찾을 뿐이고, 나는 얻는 것이 없는 것(無得)으로 얻는 것을 삼기 때문에 얻은 것이 얻는 것이 없음(無得)에 있는 것이다.

〔약주〕

言凡取法於眞者則契眞 執著於僞者則同僞. 故不以有得爲眞 以無得爲得耳. 此正申玄得之旨也.

무릇 진실에서 법을 취하는 이는 진실에 계합하고, 거짓에 집착하는 이는 거짓과 동일하게 됨을 말했다.

그런 까닭에 얻을 것이 있는 것(有得)으로 진실을 삼지 않고 얻을 것이 없는 것(無得)으로 얻는 것을 삼을 뿐이다.

여기서는 현득玄得의 뜻을 바로 폈다(=말했다).

【논】

且談論之作 必先定其本 旣論涅槃 不可離涅槃而語涅槃也. 若卽涅槃以興言 誰獨非涅槃. 而欲得之耶.

먼저, 담론(談論, 논의)을 일으키려면 반드시 먼저 (담론하고자 하는) 근본을 세워야 하는데 이왕 열반을 논했다면 열반을 떠나서 열반을 말해서는 안 된다. 만약 열반에 나아가서 말을 한 것이라면 그 무엇이 열반이 아니겠는가? 그런데도 그것을 얻고자 하는가?

〔약주〕

若剋體而言涅槃 則一切衆生本來涅槃. 故云"誰獨非涅槃 而欲得之耶" 以一切法本來如故. 此標宗 下辯義.

만약 체를 지적해서 열반을 말한다면 일체중생이 본래 열반이다. 그런 까닭에 말하기를 "어느 누가 열반이 아니겠는가, 그런데도 그것을 얻고자 하겠는가?"라고 한 것이다. (이는) 일체법이 본래 여여하기 때문이다.

여기서는 종지를 나타냈고, 아래에서는 뜻을 말했다.

【논】

何者. 〔徵釋正義〕 **夫涅槃之道 妙盡常數** 〔泯絶諸相〕 **融** 〔和也〕 **冶** 〔銷也〕 **二儀 蕩滌萬有 均天人 同一異. 內視不己見 返聽不我聞 未嘗有得 未嘗無得.**

※蕩滌(탕척): 깨끗이 씻다. 씻어내다. 가시다. 세척하다.

어째서 그런가? 〔따져가며 바른 뜻을 설명하였다.〕

무릇 열반의 도는 상수(常數, 통상의 이법)[216]**를 오묘하게 다하고** 〔모든 상을 끊었으며〕 **하늘과 땅**(二儀)**을 서로 녹이고**〔=화합하고〕 **불려서**〔=녹여서〕 **만유를 깨끗이 씻어내어 천인과 인간이 균등하고 같음과 다름이 동일하기 때문이다. 안을 살펴보지만 자기가 보는 것이 아니고, 돌이켜 듣지만 내가 듣는 것이 아니니,** (이는) **일찍이 얻은 것이 있는 것도 아니고 얻은 것이 없는 것도 아니다.**

---

216 통상의 이법을 가리킨다(指通常之理法, 불광대사전).

〔약주〕

此辯涅槃妙體也. 以涅槃妙體離一切相 故云 "妙盡常數" 二儀 天地也 萬有 萬物也. 經云 "一人發眞歸元 十方虛空悉皆銷殞 何況空中所有國土而不振裂" 故云 "融冶二儀 蕩滌萬有" 由此所以均天人 同一異也. 以非色故內視不已見 以非聲故返聽不我聞. 以寂漠沖虛故未嘗有得 以諸法寂滅平等無二故未嘗無得.

여기서는 열반의 오묘한 체(涅槃妙體)를 말했다(=분별했다).

열반의 오묘한 체는 일체의 상相을 떠났기 때문에 "상수(常數, 통상의 이법)를 오묘하게 다했다"고 한 것이다.

이의二儀는 천지天地이고 만유萬有는 만물萬物이다.

경전에 이르기를 "한 사람이 진실을 일으켜 근원으로 돌아가면(發眞歸元) 시방의 허공이 모두 다 녹아 없어지거늘, 하물며 허공에 있는 국토가 부서지지 않겠는가?"[217]라고 하였다. 그런 까닭에 "하늘과 땅을 융합하고 불려서 만유를 깨끗이 씻어냈다"고 하였다. 이런 이유로 말미암아 하늘과 인간이 균등하고 하나와 다름이 동일한 것이다. (또한) 색이 아니기 때문에 안을 보지만 내가 보는 것이 아니고 소리가 아니기 때문에 되돌려 들어도 내가 듣는 것이 아니다.

적막충허(寂漠沖虛, 고요하고 텅 빔)하기 때문에 일찍이 얻은 것이 있었던 적이 없고, 제법이 적멸하고 평등해서 둘이 없기 때문에 일찍이 얻은 것이 없었던 적이 없는 것이다.

---

217 능엄경 제9권에 다음과 같이 전한다. (내용 동일, 번역 생략)

汝等一人發眞歸元 此十方空皆悉銷殞 云何空中所有國土而不振裂.

【논】

經曰 "涅槃非衆生 亦不異衆生" 維摩詰言 "若彌勒得滅度者 一切衆生亦當滅度. 所以者何 一切衆生 本性常滅 不復更滅" 此名滅度 在於無滅者也.

경전에 이르기를 "열반은 중생이 아니며 또한 중생과 다르지도 않다"[218] 고 하였다. (또한) 유마힐이 말하기를 "만약 미륵(보살)이 멸도滅度를 얻었다면 일체중생 또한 마땅히 멸도할 것이다. 왜냐하면 일체중생은 본래의 성품이 항상 멸해서 다시는 멸하지 않기 때문이다"고 하였다.[219] 이것을 일러 "멸도는 멸하는 것이 없는 데에 있다"고 한다.

〔약주〕

引涅槃經義 言涅槃之體 永離生滅 故非衆生 以衆生之性 本來寂滅 故不異涅槃. 引淨名經義 彌勒若得滅度者 則一切衆生亦當滅度 以一切衆生本性畢竟寂滅 卽涅槃相 不復更滅" 此名滅度 在於無滅. 豈有

---

218 경전의 정확한 출처를 알 수 없다. 다만 감산은 열반경에서 뜻을 인용한 것이라고 한다.

219 유마경 제1권, 「보살품菩薩品」에 다음과 같이 전한다.

若彌勒得滅度者 一切衆生亦應滅度. 所以者何 諸佛知一切衆生畢竟寂滅 卽涅槃相 不復更滅.

만약 미륵(보살)이 멸도滅度를 얻었다면 일체중생 또한 마땅히 일체중생 또한 멸도하게 될 것이다(=멸도를 얻을 것이다). 왜냐하면 모든 부처님께서는 일체중생은 본성이 항상 멸해서 다시는 결코 멸하지 않는다는 것을 아시기 때문이다.

盡五陰而求涅槃 又豈可存五陰而別求得涅槃耶.

『열반경』[220]에서 뜻을 인용해서 열반의 체(涅槃之體)는 생멸을 영원히 떠났기 때문에 중생이 아니며, 중생의 성품은 본래 적멸해서 열반과 다르지 않다는 것을 말했다. (또한) 『정명경』에서 뜻을 인용해 "미륵(보살)이 만약 멸도滅度를 얻었다면 일체중생 또한 마땅히 멸도할 것이다. 일체중생의 본성은 필경 적멸해서 열반의 상은 다시는 결코 멸하지 않는다는 것을 말한다"고 하였다. 이것을 일러 "멸도는 멸하는 것이 없는 데에 있다"고 하는 것이다.

(그런데) 어찌 오음을 다했는데 열반을 구하는 것이 있고, 또한 어찌 오음이 존재하는데 따로 열반을 구할 것이 있을 수 있겠는가?

【논】

然則 衆生非衆生 〔以性空故〕 **誰爲得之者.** 〔無能得之人〕 **涅槃非涅槃** 〔以離相故〕 **誰爲可得者.** 〔無所得之法〕 **放光云 "'菩提從有得耶' 答曰 '不也' '從無得耶' 答曰 '不也' '從有無得耶' 答曰 '不也' '離有無得耶' 答曰 '不也' '然則都無得耶' 答曰 '不也' '是義云何' 答曰 '無所得故爲得也 是故得無所得也'" 無所得謂之得者 誰獨不然耶.**

그런즉, 중생은 중생이 아닌데 〔성품이 공하기 때문이다.〕 **누가 얻는다**

220 대반열반경 제26권에 "涅槃之體畢竟無因 猶如無我及無我所", 제23권에 "善男子 衆生之性與虛空性俱無實性" 등으로 전한다.

는 것이고, 〔얻은 사람이 없다.〕 열반은 열반이 아닌데 〔형상을 떠났기 때문이다.〕 무엇을 얻는다고 하겠는가? 〔얻을 것이 없는 법이다.〕

『방광반야경』에 이르기를,

"'보리를 유有에서 얻을 수 있느냐?'

'그렇지 않습니다.'

'무無에서 얻을 수 있느냐?'

'그렇지 않습니다.'

'유·무에서 얻을 수 있느냐?'

'그렇지 않습니다.'

'유·무에서 벗어나 얻을 수 있느냐?'

'그렇지 않습니다.'

'그렇다면 도무지 얻을 수 없는 것이냐?'

'그렇지 않습니다.'

'이 뜻이 무엇인가?'

'얻을 것이 없기 때문에 얻는다고 합니다. 이런 까닭에 얻을 것이 없는 것(無所得)을 얻는 것입니다'"[221]라고 하였다.

얻을 것이 없는 것(無所得)을 얻는 것이라고 하면 누군들 어찌 그러하지 않겠는가?

---

221 정확히 일치하는 경문이 없다. 승조가 인용해서 요약한 것이다.

〔약주〕

言得涅槃者 以衆生性空 故無能得之人 涅槃寂滅離相 故無可得之法. 能所雙忘 故無所得爲得. 以無所得爲得者 則一切諸法本來寂滅 不復更滅. 斯則法法眞常 生佛平等 且誰獨不然耶.

열반을 얻었다는 것은 중생의 성품이 공하기 때문에 얻은 사람이 없고, 열반은 적멸해서 상을 떠났기 때문에 얻을 만한 법이 없다는 것을 말한다.

능(能, 주관)과 소(所, 객관)를 쌍으로 잊었기 때문에 얻을 것이 없는 것(無所得)을 얻는 것으로 삼는 것이다. 얻을 것이 없는 것으로 얻는 것을 삼으면 일체제법이 본래 적멸해서 다시 (생)멸하지 않는다. 이것이 바로 법마다 참되고 항상(=영원)한 것이고(法法眞常) 중생과 부처가 평등한 것이니(生佛平等), 또한 어느 누가 그러하지 않겠는가?

【논】

然則 玄道在於絕域 故不得以得之 妙智存乎物外 故不知以知之. 大象隱於無形 故不見以見之 大音匿於希聲 故不聞以聞之.

그런즉, 현도玄道는 (유·무가) 끊어진 세계에 있기 때문에 얻는 것이 아닌 것(不得)으로써 얻고, 묘지妙智는 물 밖(物外)에 있기 때문에 아는 것이 아닌 것(不知)으로써 아는 것이다.

대상大象은 형상이 없는 것(無形)에 숨어 있기 때문에 보는 것 없이

보고, 대음大音은 희이한 소리(希聲)에 숨어 있기 때문에 듣는 것 없이 듣는다.

〔약주〕

此言涅槃之體 超心境 絶見聞 結示玄得之方也. 玄道 指涅槃實際 爲所觀之境. 以體絶諸相 故稱絶域 以此非所得之境 故不得以得之. 妙智謂能證之智. 實智照理 離諸對待 故云“物外” 以寂而照 故“不知以知之” 以一眞法界 謂之大象 無狀無形 非可見之境 故“不見以見之” 寂滅圓音 謂之大音 羣動永息 非妄聞可及 故“不聞以聞之”

여기서는 열반의 체(涅槃之體)는 마음과 경계를 뛰어넘고 보고 듣는 것을 끊었음을 말하고, 결론으로 현묘한 도(玄道)를 얻는 방법을 제시하였다.

현도玄道는 열반의 실제實際를 가리키며, (열반의 실제를) 관하는 경계(所觀之境)로 삼는다.

(열반의) 체는 모든 상이 끊어졌기 때문에 ‘끊어진 세계(絶域)’라고 칭한 것이며, 이는 얻는 경계가 아니기 때문에 얻는 것이 아닌 것으로써 얻는 것이다.

묘지妙智는 증득한 지혜(能證之智)를 말한다. 진실지혜(實智)로 이치를 비춰서 모든 상대(對待)를 끊었기 때문에 ‘물외(物外, 경계 밖)’라고 하고, 고요하면서 비추기 때문에 “아는 것이 아닌 것으로써 안다”고 한 것이다.

일진법계一眞法界를 대상大象이라고 하는데, 상狀도 없고 형形도 없어 볼 수 있는 경계가 아니기 때문에 "보는 것이 아닌 것으로써 본다"고 한 것이다.

적멸원음寂滅圓音은 대음大音이라고 하는데, 온갖 움직임이 영원히 쉬어 허망하게 듣는 것으로 미칠 수 있는 것이 아니기 때문에 "듣는 것이 아닌 것으로써 듣는다"고 한 것이다.

【논】

故能囊括終古 導達羣方 亭毒〔養育也〕蒼生 疎而不漏. 汪哉洋哉. 何莫由之哉.

※囊括(낭괄): 포괄하다. 망라하다. 독점하다.
※亭毒(정독): 양육함. 정육함.

그런 까닭에 능히 시종과 고금을 포괄해서 여러 방법으로 인도해서 도달케 하니, 중생을 화육化育〔정독亭毒=양육養育〕 **하는 것이 성겨도** (=사이가 떠도) **새지 않는 것이다.**

가없이 넓고 광대하다! (그러나) **어찌 연유하는 것이 없겠는가?**

〔약주〕

上示涅槃玄得之體 此顯無方大用也. 故能爾者 由自體甚深 所以能德用廣大. 囊括 義取易云括囊無咎. 謂結其囊口 今取包括無遺之義. 謂涅槃眞常 不但無始 亦且無終 今古常然 故云"囊括終古" 導 開引也

達 示悟也 羣方 九界衆生也. 由其用廣 故開悟九類 養育羣生. 以衆生迷之而不返 似爲疎遠. 如不修則已 修而卽得. 故云"不漏" 汪洋無涯 故聖凡以之而出入 依正以之而建立 法界以之而恢張 因果以之而不昧. 故曰 "何莫由之哉"

※恢張(회장): 크게 넓히다. 확장하다. 확대하다.

위에서는 현묘하게 얻는 열반의 체를 제시했고, 여기서는 일정한 방소(方所, 방향과 처소)가 없는 대용(無方大用)을 드러냈다.

"그런 까닭에 능히 시종과 고금을~"이라고 한 것은 (열반) 자체自體가 매우 심오함으로 말미암아 덕德과 용用이 광대할 수 있는 것이다.

낭괄囊括은 『주역』에 이르기를 "낭괄은 허물이 없다(括囊無咎)"[222]고 한 것에서 뜻을 취한 것이다. 주머니 입구를 꽉 묶는 것을 말하는데, 지금 (여기서는) 빠뜨림 없이 포괄한다는 뜻으로 취한 것이다. 이를테면 열반의 진상(涅槃眞常)은 단지 시작이 없을 뿐만 아니라 또한 끝도 없으며, 예나 지금이나 항상 그러하다는 것이다. 그런 까닭에 '낭괄종고(囊括終古, 시종과 고금을 포괄하였다)'라고 한 것이다.

도導는 열어서 인도하는 것이고 달達은 깨달음을 보이는 것이며, 군방羣方은 구계중생九界衆生이다. 저 (열반의) 작용이 광대하기 때문에 구류九類를 개오하고, 중생을 양육하는 것이다.

중생이 (열반을) 미혹해서 돌아오지 않기 때문에 마치 소원疎遠한

---

222 ䷁ 곤괘坤卦 육사六四에 "주머니를 꽉 묶으면 허물이 없고 명예로움도 없을 것이다(括囊 無咎無譽)"고 하였다.

듯하다(=중생과 열반이 멀리 떨어져 있는 듯하다).

수행하지 않으면 그만이지만 수행하면 얻게 되는 것과 같으니, 그런 까닭에 "새지 않는다"고 한 것이다.

(열반의 도는) 가없이 넓고 커서 끝이 없기 때문에 성인과 범부가 이로써 들어오고 나가며, 의보依報와 정보正報[223]가 이로써 건립되며, 법계가 이로써 확대되고, 인과가 이로써 어둡지 않게 되는 것이다. 그런 까닭에 "어찌 연유하는 것이 없겠는가?"라고 한 것이다.

【논】

故梵志曰 "吾聞佛道 厥〔其也〕義弘〔廣也〕深. 汪洋無涯 靡〔無也〕不成就 靡不度生"

그런 까닭에 범지梵志[224]가 말하기를 "내가 불도를 들으니 그것은〔궐厥=기其〕 뜻이 넓고〔홍弘=광廣〕 깊다. 넓고 커서 끝이 없지만 성취하지 못할 것도 없고〔미靡=무無〕 제도하지 못할 중생도 없다"[225]고 하였다.

---

223 부처나 중생의 몸이 의지하고 있는 국토와 의식주 등을 의보依報, 과거에 지은 행위의 과보로 받은 부처나 중생의 몸을 정보正報라고 함.

224 『불설팔사경佛說八師經』(지겸支謙 역)에서는 범지의 이름을 야구耶旬로 전한다.

225 상기 경전에 다음과 같이 전한다.

梵志就座 須臾退坐曰 "吾聞佛道 厥義弘深 汪洋無涯 靡不成就 靡不度生 巍巍堂堂 猶星中月 神智妙達 衆聖中王 諸天所不逮 黎民所不聞. 願開盲冥 釋其愚癡. 所事何師 以致斯尊"

(야구) 범지가 자리에 앉아 있다가 잠시 뒤로 물러나 말했다.

〔약주〕

此引梵志歎佛之言 以證涅槃化生之用.

여기서는 범지가 부처님을 찬탄했던 말을 인용하고, 이로써 중생을 교화하는 열반의 용(用, 작용)을 증명하였다.

【논】

然則 三乘之路開 眞僞之途辯 賢聖之道存 無名之致顯矣.

그런즉, 삼승의 길을 열어 진실과 거짓의 길을 논변하고 성현의 도를 간직해 무명의 이치를 드러낸 것이다.

〔약주〕

此總結宗極也. 一論所述 九折皆三乘權敎之跡 十演乃一乘之實. 今論開權顯實 故云"三乘之路開" 無名顯理爲眞 有名執跡爲僞. 如上所論眞僞自辯. 以時宗廓無聖 秦主斥曰"若無聖人 知無者誰" 故論主奉詔作論 以破無聖斷見之執. 今言儒童進修空行 起行是有能修能證之

"제가 듣기로 불도佛道는 그 뜻이 넓고 깊어 끝없는 바다와 같고, 성취하지 않음이 없고 중생을 구원하지 않는 바가 없으며, 외외당당함은 뭇 별들 가운데 달과 같고, 신이한 지혜로 오묘하게 통달함은 성인들 가운데 왕이어서 제천이 미칠 바가 아니고 일반의 사람들이 들을 수 없는 것이라고 합니다. 원컨대, 눈멀고 어두운 것을 열어 그 어리석음을 풀어 주십시오. 어떤 스승을 섬겨야 하는가 하면서, 여기 계신 존귀한 분께 이르렀습니다."

人. 故曰 "賢聖之道存" 名家按名責實 今論主發揮無名之致 故云 "顯矣"

여기서는 종극(宗極, 궁극적인 요지)을 총괄해서 결론 맺었다.

(이) 한 편의 논論에서 서술한 구절九折은 모두 삼승권교三乘權敎의 자취이고, 십연十演은 일승의 진실(實)[226]이다.

지금 방편을 열어 진실을 드러내는 것(開權顯實)을 논했기 때문에 "삼승의 길을 열었다"고 한 것이다.

무명이 (일승의) 이치를 드러낸 것을 진실이라 하고 유명이 (삼승의) 자취에 집착한 것을 거짓이라고 하는데, 위에서 논한 것처럼 진실과 거짓을 스스로 변별하였다.

당시에 확연해서 성인이 없다(廓無聖, 廓然無聖)는 것을 숭상했기 때문에 진주(秦主, 요홍)가 배척하여 말하기를 "만약 성인이 없다면 (성인이) 없다는 것을 아는 사람은 누구이겠는가?"라고 하였던 것이다. 그런 까닭에 논주가 (진주의) 조서를 받들어 『(열반무명)논』을 짓고 성인이 없다(無聖)는 단견斷見의 집착을 타파한 것이다.

지금 (논에서) 말하기를 "유동이 (연등불께) 나아가 공행空行을 닦았다"[227]고 했는데, (마음을) 일으켜 행했다는 것은 여기에 수행하고 증득한(能修能證) 사람이 있다는 것이다. 그런 까닭에 말하기를 '성현의 도를 간직한다'고 한 것이다.

명가(名家, 유명)는 이름할 것이 있는 것(有名)을 살펴 진실(實)을

---

226 일승실교一乘實敎라는 뜻이다.

227 불설태자서응본기경에 전하는 내용으로 정광불定光佛로부터 수기를 받으면서 칭찬받은 말씀 가운데 일부분이다.

책망했지만, 지금 논주는 무명無名의 이치를 발휘했기 때문에 "(무명의 이치를) 드러냈다"고 한 것이다.

참고문헌

〈서적 류〉

『유마경강의』, 이기영 저, 2010, 한국불교연구원

『열반경』, 이운허 옮김, 2017, 동국역경원

『법화경』, 이운허 옮김, 1998, 동국역경원

『선문염송 염송설화』, 김월운 옮김, 2012, 동국역경원

『대승기신론 강의』, 이경 저, 2013, 한국불교연구원

『주역강설』, 이기동 역해, 2014, 성균관대학교 출판부

『노자타설』, 남회근 저, 설순남 역, 2013, 부키

『선시와 함께 엮은 장자』, 김달진 역, 1987, 고려원

『장자』, 안동림 역, 2020, 현암사

『논어강의』, 남회근 저, 송친문 역, 2012, 마하연

『중론』, 김성철 역주, 1993, 경서원

『조론』, 송찬유 옮김, 2012, 경서원

『감산자전』, 대성 옮김, 2003, 여시아문

〈논문 류〉

「승랑과 승조」, 김성철

「조론은 어떤 책인가?(외 월간 고경古鏡에 수록된 다수)」, 조병활

「마명, 대승기신론 해제」, 서울대학교 철학사상연구소, 서정형

역자 후기

중국에 불교가 전래된 것은 대략 후한(後漢, 25~220) 1세기 때로 실크로드를 통한 활발한 교역에 기인한다.

최초의 경전 번역은 안세고安世高에 의해 이루어졌는데, 그는 148년에 낙양洛陽에 와서 『안반수의경安槃守意經』을 비롯한 소승경전들을 번역하였다. 179년에 지루가참支婁迦讖이 대승경전인 『도행반야경道行般若經』 등을 번역했는데, 이때 당시의 지성인 사회에 불교가 전파되기 시작하였다.

유비, 조조, 손권으로 대표되는 삼국시대(184~280)[1]를 거치면서 위진현학魏晉玄學의 토대 위에서 공空을 허무虛無로 해석하는 이른바 격의불교格義佛敎의 시대가 이때 열렸다.

이후 전진(前秦, 351~394)의 부견符堅은 서역의 구마라집을 통해 중국 땅에 부처님의 연꽃을 피울 인연을 준비하고, 마침내 후진後秦의 요흥姚興 재위 시(366~416)에 화려하게 꽃을 피우기 시작하였다.

바로 이때 승조僧肇라는 열매가 만들어졌으니, 바로 그 반야般若의 열매가 『조론肇論』이다.

중국은 인도와 더불어 4대 문명 국가 가운데 하나이다. 그들은

1 184년은 황건적黃巾賊의 난이 일어난 해이고, 280년은 사마염司馬炎이 진晉을 건국한 해이다.

오랜 역사 속에서 『주역(周易, 역경易經)』이라는 문화의 중심 틀을 만들고, 이 토대 위에서 공자와 맹자로 대표되는 유학儒學과 노자와 장자로 대표되는 도학道學으로, 한 쪽에서는 인의예지仁義禮智를 통한 군자君子를 꿈꾸고, 또 한편으로는 자연自然을 통한 무위無爲의 지인(至人, 진인眞人)을 이상향으로 여겼다.

이러한 땅에 2,000여 년 전 장張씨 성을 가지고 태어난 이가 있었으니, 그가 바로 10대 초반에 출가해 31살의 젊은 나이에 생을 마감한 승려(僧) 조肇이다.

기타와 거문고가 만나 하나의 새로운 음악 장르를 만든다. 우리는 이런 것을 크로스오버(Cross-over)라고 한다. 하지만 처음 이 둘이 만났을 때는 낯설기가 다반사茶飯事다. 과연 둘이 어울릴 수 있을까 하는 의구심은 서로 각자의 장점만을 주장하는 이들의 기득권을 뚫고 몇몇 천재적인 아티스트들에 의해 시험되고, 끊임없는 과감한 도전 속에서 마침내 앙상블을 이뤄낸다. 이것이 바로 둘이 본래 하나인 현(絃, 줄)에 바탕을 둔 만남이다.

현학玄學과 불학佛學은 한마디로 공空과 무無의 만남이다. 무無로써 공空을 이해하느냐, 공空으로 무無를 이해하느냐에 따라 천양지차天壤之差가 된다. 앞서 기타와 거문고의 비유는 문화의 한 영역이지만, 이 둘은 두 문화의 큰 뿌리이고 기둥이다.

진리에 대한 목마름은 한 어린 소년에게 출신이나 지역, 여타의 배경 등은 그 어떤 걸림돌이 될 수 없었다. 노장老莊의 청량淸涼은 청량이 되지 못하고 갈증이 되었다.

본래 무無와 유有가 둘이 아니라는 유마維摩의 말씀에 깨달음의 길을 나서고 나집羅什과 함께한 대승경전의 번역은 어린 소년으로 하여금 이쪽을 초월해서 저쪽으로 넘어가는 새로운 하나, 본래의 하나를 만들게 했으니, 이것이 바로 천재天才 승려 조肇의 이쪽과 저쪽을 아우른 앙상블이다.

이와 같은 승조의 빼어난 업적은 이후 중국의 수많은 학승들의 지침서가 되었고, 선을 중시하는 이들과 교학을 중시하는 이들 그리고 재가불자들에 의해 화엄華嚴과 선禪이라는 불교의 꽃을 피우는 밑거름이 되어, 중국 문화 전반에 걸쳐 오늘날까지 깊숙이 영향을 끼치며 이어져 오고 있다.

번역을 마치는 지금 이 시간 우리는 3년째 이어 오고 있는 코로나 바이러스19로 인해, 지금도 매일 만 명 내외의 감염자가 발생하는 일상 속에서 마치 마스크가 하나의 새로운 의상이 되어 버린 듯한 시대에 살고 있다. 또한 세계는 팬데믹과 함께 한편에서는 러시아의 우크라이나 침략을 규탄하고 한편에서는 이를 옹호하는 것을 목격하면서, 강대국은 강대국대로 더 강해지려 하고 약소국은 약소국대로 그 나약함에서 벗어나려는 처절한 발버둥을 생생하게 목격하면서 살아가고 있다.

개인의 자유와 공공의 이익은 무엇이 먼저인가로 서로 다툼을 하고, 나와 너는 끝없는 분별의 깊은 나락에 빠지고, 자신만이 우선이고 강자가 되어야 한다는 욕망은 공멸이라는 몰락의 길을 재촉한다. 그야말로 탐貪·진瞋·치癡 삼독三毒이 활화산처럼 타올라 언제 꺼질지

모를 지경이니, 이 또한 중생의 기본인 것이거늘 어찌 하겠는가 하는 생각에 그러려니 하고 넘어가고 싶기도 하지만 대승의 불법을 소중히 여기는지라 그래도 오늘보다는 내일 우리 모두가 밝은 희망을 갖고 살 수 있는 길이 뭘까 하며 고민케 한다.

A4지 종이 한 장을 반으로 접었다 펴면 이쪽과 저쪽이 구분이 된다. 하지만 이쪽과 저쪽은 반드시 종이 한 장에서 비롯되는 것이니 이 종이 한 장에는 본래 이쪽과 저쪽이 없다.

우리는 부지불식不知不識 간에 이렇듯 둘로 나누는 것이 습習이 되어, 그 둘을 반대되는 것으로 여기고 고착해 왔다.

깨끗함의 반대는 더러움이 아니고 바름의 반대는 나쁨이 아니다. 굳이 반대를 얘기하자면 깨끗함의 반대는 깨끗하지 않음이다. 깨끗하지 않은 것의 일부가 더러운 것이고 바르지 않은 것의 일부가 나쁜 것일 뿐이다. 깨끗함과 더러움은 종이를 반으로 접어 표시되는 것처럼 반반의 대립 구조가 절대 아니다.

우리에서 나와 너가 나온 것이어야지 나와 너에서 우리가 나온 것이 우선되면 나와 너는 영원히 풀 수 없는 반목反目이 됨은 자명自明할 것이다.

오른팔이 앞에 있으면 왼팔은 뒤에 있고, 왼팔이 앞에 있으면 오른팔은 뒤에 있다. 앞에 있을 때는 뒤로 갈 준비를 하고 뒤에 있을 때는 앞으로 갈 준비를 한다. 이것이 몸이 앞으로 나아가는 방식이다.

두 팔을 등 뒤로 하면 건방짐이 되지만 두 팔을 앞으로 할 땐 겸손함이 된다. 또한 둘을 뒤에서 손잡으면 음흉이 되지만 앞에서 잡으면 화합이 된다.

생각은 바뀌었는데 행동이 바뀌지 않으면 아무 소용이 없다. 바뀐 생각은 반드시 행동으로 바뀌어야 운명이 개척되는 것이다.

상대가 없으면 나라고 하는 존재 역시 의미가 없다. 공생공존共生共存은 상호를 존중하고 배려하며 양보하는 데 있다. 존중과 배려는 생각이고 양보는 행동이다. 부딪히면 만나서 대화하고, 나와 네가 위협을 받으면 함께 손잡고 헤쳐 나아가야 한다. 이것이 오늘날 불조佛祖의 혜명慧明이다.

매번 아낌없는 관심과 본서에 관해 수차례 필담筆談을 함께한 귀원 류내우 형님께 깊은 감사의 말씀을 드린다. 또한 늘 옆에서 말없이 지켜봐 주는 아내 보경궁 손혜원에게 고마움을 전한다.

무엇보다 본서의 출간을 흔쾌히 받아주고 문서 포교에 일로매진一路邁進하는 도서출판 운주사 김시열 사장에게 감사드리며, 항상 불법을 밝히는 등불이 되길 간절히 두 손 모아 기원한다.

1년 동안 쉼 없이 보고 또 봤다.

"나는 승조의 뜻에 통한 것인가, 나아가 부처님의 뜻을 진정 올바르게 이해한 것인가?" 하며, 번민과 고침의 연속이었다.

그럼에도, 한 번 더 봤으면 하는 아쉬움을 말미에 남긴다.

삼각산 아래에서 덕우 강승욱 합장

찾아보기

조론 본문의 번역만을 색인했음을 밝혀둔다.
보살, 범부, 중생, 부처, 여래, 진제(진), 속제(속), 비유, 비무, 중도, 열반, 생사, 반야, 유명, 무명, 미혹, 지혜, 번뇌, 청정, 이승, 삼승, 성인, 성심, 성지, 무상, 무지, 무심, 방편, 진실, 허공, 이理, 사事, 지인至人 등은 생략한다.

【ㅈ】

【ㅊ】

덕우 강승욱德雨 康勝旭

남산정일南山正日 선사禪師를 은사로 불법에 귀의하였다.

동국대학교 불교학과를 졸업하고, 동 대학 인도철학과 대학원을 수료하였다.

육군종합행정학교 교관, 5사단 군종참모를 역임하였고, 육군대학, 육군사관학교 등에서 불법을 홍포하였다.

2010년 수도방위사령부에서 전역 후, 지인들과 경전 및 선어록 강독을 하고 있다.

펴낸 책으로 『원오심요 역주』, 『마조어록 역주』, 『방거사어록·시 역주』, 『임제어록 역주』가 있다.

E-mail : skrvh@hanmail.net

조론 역주

초판 1쇄 인쇄 2022년 7월 15일 | 초판 1쇄 발행 2022년 7월 25일

지은이 승조 | 약주 감산 | 역주 덕우 강승욱 | 펴낸이 김시열

펴낸곳 도서출판 운주사

(02832) 서울 성북구 동소문로 67-1 성심빌딩 3층

전화 (02) 926-8361 | 팩스 0505-115-8361

ISBN 978-89-5746-703-9 94220

ISBN 978-89-5746-508-0 (세트) 값 38,000원

http://cafe.daum.net/unjubooks 〈다음카페: 도서출판 운주사〉